Das *Informationshandbuch Deutsche Literaturwissenschaft* informiert umfassend über die wichtigsten Bücher und Institutionen auf dem Gebiet der Literaturwissenschaft, Literaturdidaktik, Theaterwissenschaft und Medienkunde und führt zu weiteren Informationsquellen hin. Es nennt Spezialbestände und besondere Sammelgebiete der Bibliotheken und Archive im deutschsprachigen Raum. In Kurzkommentaren werden Literaturarchive, Spezialbibliotheken und Datenbanken vorgestellt. Lehr- und Forschungsinstitute, Arbeitsstellen und Institutionen der Literaturvermittlung sind mit ihren Adressen verzeichnet. Damit will das Handbuch der Kommunikation und dem Austausch zwischen Wissenschaftlern und Nicht-Wissenschaftlern dienen – besonders auch dem Informationsfluß zwischen alten und neuen Bundesländern. Den gleichen Zweck erfüllen Auflistung und Beschreibung der wichtigsten Autoren- und Fachverbände, der überregional bekannten literarischen Gesellschaften und der bedeutendsten Literaturpreise in Deutschland, Österreich und der Schweiz. – Die Einleitung (Teil A) richtet sich überwiegend an Studienanfänger und vermittelt Grundkenntnisse im Bibliographieren, Recherchieren und in der Informationsermittlung. Schon bald nach seinem ersten Erscheinen hat sich dieses Handbuch als unentbehrliches Hilfsmittel für Studium, Lehre und Forschung erwiesen.

Dr. phil. Hansjürgen Blinn, geb. 1941, studierte an den Universitäten Saarbrücken, Kiel und Paris (Sorbonne) die Fächer Ältere deutsche Philologie, Neuere deutsche Literaturwissenschaft, Komparatistik, Philosophie und Pädagogik. Seit 1972 lehrt er in der Fachrichtung Germanistik der Universität des Saarlandes. – *Publikationen* (u. a.): Die altdeutsche Exodus (1974); August Langen: Gesammelte Studien zur deutschen Sprache und Literatur (1978, Mithrsg.); Shakespeare-Rezeption. Die Diskussion um Shakespeare in Deutschland. 2 Bde. (1982–1988); Emanzipation und Literatur (1984); Horst Wilhelm: Informationshandbuch Psychologie (1987, Mithrsg.); Der deutsche Shakespeare/The German Shakespeare. Eine annotierte Bibliographie (1993); Gustav Regler: Amimitl. Verwunschenes Land Mexiko. Kommentierte Ausgabe (1994).

HANSJÜRGEN BLINN

Informationshandbuch
Deutsche Literaturwissenschaft

Dritte, neu bearbeitete
und erweiterte Ausgabe

FISCHER TASCHENBUCH VERLAG

Fischer Informationshandbücher
Herausgegeben von
Hansjürgen Blinn und Harald H. Zimmermann

6.–7. Tausend: Februar 1996

Überarbeitete Neuausgabe
der 1982 und 1990 erschienenen Ausgaben
Veröffentlicht im Fischer Taschenbuch Verlag GmbH,
Frankfurt am Main, Oktober 1994

Gedruckt auf chlor- und säurefreiem Papier

INHALT

VORWORT

Die dritte Ausgabe des *Informationshandbuches Deutsche Literatur-wissenschaft (IDL)* ist zugleich die erste gesamtdeutsche Ausgabe. Sie bietet nicht nur die - selbstverständliche - Aktualisierung der bisherigen Eintragungen, sondern stellt eine Neubearbeitung dar, die auch den politischen Entwicklungen Rechnung trägt. Als Folge des Einigungs-vertrages zwischen der Bundesrepublik Deutschland und der Deutschen Demokratischen Republik vom 3. Oktober 1990 sind Veränderungen ein-getreten, die sowohl im bibliographischen, als auch - und dies haupt-sächlich - im institutionenkundlichen Teil zu berücksichtigen waren und eine Änderung der Gliederung in den Teilen H bis M nach sich zogen: Erhalten gebliebene Institutionen der ehemaligen DDR wurden an entsprechender Stelle im Abschnitt 'Deutschland' integriert, so etwa die großen Bibliotheken und die Universitätsinstitute. Geschlossene Ein-richtungen, aufgelöste Verbände und Gesellschaften sowie eingestellte Literaturpreise fehlen ohne näheren Hinweis. Neugründungen, wie etwa das Deutsche Literaturinstitut Leipzig, stehen in ihrem sachlichen Zusammenhang innerhalb des Abschnitts 'Deutschland'. Trotz des Weg-falls der DDR-spezifischen Institutionen brachte die deutsche Einheit wegen zahlreicher Neugründungen und der jetzt besseren Zusammen-arbeit mit den Bibliotheken, Archiven und sonstigen Einrichtungen der neuen Bundesländer insgesamt eine wesentliche Erweiterung mit sich. - Diese Ausgabe berücksichtigt auch die postalischen Veränderungen: Alle Anschriften enthalten die neuen Postleitzahlen (bei Postfach- *und* Haus-adresse beide Postleitzahlen), ggf. auch die Fax-Nummer.

Die Neubearbeitung verzeichnet nunmehr über 1400 Titel (Einführun-gen, Handbücher, Lexika, Adreßbücher, Wörterbücher, Bibliographien, Zeitschriften und Zeitungen mit relevantem Literaturteil) und über 850 Institutionen (Bibliotheken, Archive, Datenbanken, literarische Museen, Akademien, germanistische Institute, Forschungsstellen, Wissenschaft-liche und Literarische Gesellschaften, Verbände, preisverleihende Einrichtungen), von denen fast 430 genauer beschrieben werden. Durch Neugründungen und Nachträge stieg die Zahl der verzeichneten Bibliotheken und Archive erheblich an. Das gilt auch für die Akademien, Wissenschaftlichen Gesellschaften, Lehr- und Forschungsinstitute und Arbeitsstellen (jetzt rd. 280), wobei Institutionen des internationalen Kulturaustauschs neu aufgenommen wurden. Im Teil G werden rd. 110 Literaturmuseen vorgestellt; auch die Zahl der annotierten Literarischen Gesellschaften beläuft sich in dieser Ausgabe auf über 110. Schließlich erfaßt die Neubearbeitung rd. 90 bedeutende Literatur- und Kulturpreise mit annähernd 1000 Preisträgern seit 1981 (die Ausgabe von 1982 behält also auch weiterhin ihren Wert, da - wie schon 1990 - aus Platzgründen nicht alle Preisträger übernommen werden konnten). In einem mittleren Kapitel (Teil F) nennt das *Informationshandbuch Deutsche Literaturwissenschaft* zu jetzt über 370 Schlagwörtern Spezialbestände und Sammelgebiete in einigen hundert Bibliotheken und Archiven.

Die Titelaufnahmen für die Teile B bis E wurden im Winter 1993/94 abgeschlossen. Die Angaben beruhen weitgehend auf Autopsie. Die Umfragen für die Teile F bis M erfolgten von Januar bis April 1994. Autor und Verlag hoffen, auch mit dieser dritten Ausgabe Studierenden, Forschenden und Lehrenden einen Informationsträger an die Hand zu geben, der schnellen Zugriff erlaubt, zuverlässige Daten liefert und der Kommunikation zwischen Wissenschaftlern untereinander, zwischen Wissenschaftlern und interessierten Laien sowie dem Informationsfluß zwischen neuen und alten Bundesländern dient.

Auch diesmal ist es mir eine angenehme Pflicht, all jenen für die Bereitschaft zur Zusammenarbeit zu danken, die in Universitäten, Akademien und Archiven, in wissenschaftlichen, öffentlichen und privaten Bibliotheken, bei Verbänden, Gesellschaften und Behörden sich der Mühe unterzogen, die Eintragungen der Ausgabe von 1990 zu überprüfen und fortzuschreiben. Für die gute Zusammenarbeit mit dem Fischer Taschenbuchverlag danke ich auch diesmal Herrn Wolfgang Balk, Herrn Willi Köhler und Frau Ingeborg Mues. Nicht zuletzt danke ich meiner Frau. Auch dieses Buch ist ihr gewidmet.

Juni 1994   Hansjürgen Blinn

Fachrichtung 8.1 Germanistik
Universität des Saarlandes
Postfach 15 11 50
D-66041 Saarbrücken

Aus dem Vorwort zur ersten Ausgabe

Die deutsche Literaturwissenschaft hat seit den sechziger Jahren einen tiefgreifenden Wandel erfahren. Die Ausweitung des Literaturbegriffs, die Suche nach neuen methodischen Wegen, die Annäherung an Wissenschaftsdisziplinen, die bislang kaum in das Blickfeld der Germanistik gerückt waren, haben eine Ausweitung der Perspektiven mit sich gebracht, die die Zahl der literaturwissenschaftlichen Publikationen vervielfältigte. Parallel dazu verlief ein Entwicklungsprozeß, der die Germanistik von einer nationalen in eine international betriebene Wissenschaft verwandelte. Durch die Forderung nach größerer Praxisnähe öffnete sich die Literaturwissenschaft den neuen Medien und bezog auch Fragen der Literaturdidaktik in ihre Ausbildungspläne mit ein. Dies alles führte zu einer Multiplikation des germanistischen Schrifttums in einem bisher nicht gekannten Ausmaß.

Die Fülle der Informationen und Informationsträger ließen es notwendig erscheinen, einen Wegweiser durch das Dickicht gedruckten und ungedruckten Materials zu schaffen, der den gewandelten Bedingungen Rechnung trägt. Deshalb verzeichnet das Informationshandbuch

- Einführungen und Handbücher, Lexika, Bibliographien und Zeitschriften nicht nur zur Deutschen und Vergleichenden Literaturwissenschaft, sondern auch zur Literaturdidaktik, Theaterwissenschaft und Medienkunde;

- Institutionen, die der Informationsermittlung und -vermittlung dienen, die Literatur sammeln, erschließen und dem Benutzer zur Verfügung stellen (auch auf elektronischem Weg);

- Akademien, Literaturarchive, Dichtermuseen, Spezialbibliotheken u.ä. mit genauen Anschriften und Telefonnummern (im deutschsprachigen Raum), um den Zugang zu bibliographisch nicht Erfaßtem, aber bibliothekarisch oder archivisch Erreichbarem zu ermöglichen;

- Germanistische Institute, einschl. der Forschungs- und Arbeitsstellen, um verstärkter Kommunikation und dem Austausch von Erkenntnissen zu dienen;

- Autoren- und Fachverbände, Literarische Gesellschaften, bedeutende Literatur- und Kulturpreise, um Fragen nach dem literarischen Leben in der Bundesrepublik Deutschland, der Deutschen Demokratischen Republik, in Österreich und der Schweiz beantworten zu helfen;

- Spezialbestände in Bibliotheken und Archiven des deutschsprachigen Raumes, um ein wesentliches Hilfsmittel der Forschung zu sein.

Ein Informationshandbuch dieser Bandbreite muß notwendigerweise sich darauf beschränken, aus der Fülle des Möglichen auszuwählen. So wird mancher dieses oder jenes vermissen, hier oder dort andere Akzente gesetzt sehen wollen. Das ist unvermeidbar. Ein Nachschlagewerk dieser Art bedarf auch der Mithilfe vieler in Bibliotheken, Archiven, Institutionen. Sicher wird mancher Spezialbestand, manches Archiv, manche Publikation unserer Aufmerksamkeit entgangen sein. So wünscht sich der Verfasser nichts mehr als konstruktiv-produktive Kritik, die hilft, Lücken zu schließen und dieses Handbuch zu vervollständigen, damit es im Dienst aller, die sich beruflich mit Literatur beschäftigen oder sich privat für Literatur interessieren, seine Funktion erfüllt.

TEIL A: EINLEITUNG

1 ZUR BEDEUTUNG DES BIBLIOGRAPHIERENS UND RECHERCHIERENS

A 10 Das *Informationshandbuch Deutsche Literaturwissenschaft (IDL)* möchte dem Literaturwissenschaftler, dem Deutschlehrer, dem Studierenden und auch dem interessierten Laien Auskunft über Möglichkeiten der Informationsermittlung im Bereich der Literaturwissenschaft, Literaturdidaktik, der Theaterwissenschaft und Medienkunde geben. Dabei will es versuchen, dem Studienanfänger, dem Fortgeschrittenen und dem Kenner ein hilfreiches Nachschlagewerk zu sein, das gleichsam berufsbegleitenden Charakter hat. Die Einleitung ist in erster Linie für den Studierenden gedacht. Hier sollen ihm Wege der Informationsermittlung und die wichtigsten Informationsmöglichkeiten aufgezeigt werden. Im Vordergrund steht dabei die Frage: wie sammle ich Material für eine Seminar-, Staats- oder sonstige wissenschaftliche Arbeit? Doch ehe Anleitungen für die Praxis gegeben werden, einige Vorüberlegungen zur Bedeutung des Bibliographierens und Recherchierens.

A 20 Der Begriff *Deutsche Literatur* als Gegenstand literaturwissenschaftlichen Forschens wurde seit etwa drei Jahrzehnten beträchtlich erweitert. Beschäftigte sich die in den 50er Jahren dominierende Schule der werkimmanenten Interpretation lediglich mit "hoher" Literatur, mit ästhetischen und intellektuellen Spitzenleistungen, so sind heute engagierte Literatur, Volksliteratur, die sog. "Trivialliteratur" und auch die Gebrauchsliteratur gleichermaßen in den Blickwinkel gerückt. Ein extensiver Literaturbegriff hat den intensiven, normativ verfahrenden abgelöst. Das brachte nicht nur eine Ausweitung des Gegenstandsbereichs mit sich, sondern verlangte auch nach neuen methodischen Ansätzen. Hatte sich die Literaturwissenschaft früher vornehmlich in der Nähe der Wissenschaften gesehen, die ebenfalls ästhetische Gegenstände behandeln, wie etwa die Kunst- und Musikwissenschaft, so suchte sie nun auf dem Weg der Neuorientierung zunehmend den Kontakt zu den Sozialwissenschaften. Dies geschah in erster Linie unter dem Eindruck der Erkenntnis, daß Literatur nicht nur ein ästhetisches Phänomen, sondern auch gesellschaftliches und kommunikatives Handeln und als solches Teil einer allgemeinen sozialen Interaktion sei. Das führte unter

anderem zu einer verstärkten Herausbildung literatursoziologischer wie
kommunikationswissenschaftlicher Ansätze und zur Genese der Rezeptionsforschung. Die Anwendung psychologischer wie psychoanalytischer
Verfahrensweisen in der Literaturanalyse, feministische Ansätze und die
in den achtziger und neunziger Jahren sich rasch ablösenden Tendenzen
des Poststrukturalismus, der Dekonstruktion, des Konstruktivismus, der
Systemtheorie u.a. vervielfältigten die literaturwissenschaftlichen Methoden.

A 30 Brachte diese Entwicklung schon eine Multiplikation der jährlich
erscheinenden Forschungsarbeiten mit sich, so tat die Forderung nach
mehr Praxisnähe ein übriges. Die Ausbildungsgänge der Germanistik
bezogen - soweit sie auf das Lehramt zielten - sprach- und literaturdidaktische Fragestellungen mit ein. Hier wurden nach einer allgemeinen
Methodik des Deutschunterrichts in den siebziger Jahren gezielte Ansätze
einer neuen Literaturdidaktik gewonnen. Gleichzeitig öffnete sich die
Literaturwissenschaft den "neuen Medien". Während das Hörspiel schon
seit längerem in den Kanon der von der Literaturwissenschaft zu behan-
delnden Gattungen eingegliedert war, wurde erst jetzt das multimediale
Fernsehspiel einbezogen. Vor allem die Frage nach dem Einsatz gestalte-
rischer Mittel bei der Umsetzung von Literatur in das Medium des Films
(Medientransformation) fand primäres Interesse.

A 40 Gegenstandserweiterung und neue methodische Wege in Verbindung mit der Internationalisierung der Germanistik führten zu einer
eminenten Vervielfältigung des germanistischen Schrifttums auf jährlich
über 20.000 Publikationen. Diese Informationsflut zu sichten, ist dem
einzelnen Wissenschaftler unmöglich. Er wird lediglich die Literatur zu
seinen Spezialgebieten zur Kenntnis nehmen und vielleicht dort schon
wegen der Materialfülle nicht alles verarbeiten können. Das enthebt ihn
allerdings nicht der Pflicht, sich über neueste Forschungsergebnisse zu
informieren und sich mit ihnen vertraut zu machen. Aus dieser Verpflichtung des Wissenschaftlers erwächst für den Bibliographen die Aufgabe, das Material bibliographisch zur Verfügung zu stellen. Ob er dabei
selektiv verfahren, d.h. bereits vor dem Fachwissenschaftler eine (immer
ja auch wertende) Auswahl treffen darf, scheint fraglich. Ebenso fraglich
ist es allerdings, ob mit herkömmlichen Bibliographien die Fülle des
Materials zu meistern ist. Mittlerweile ist es allgemeiner Konsens, daß es
auf Dauer zeit- und kostengünstiger ist, elektronische Erfassungs- und
Zugriffsmöglichkeiten zur Verfügung zu stellen. Vor allem die optimale
Verschlagwortung, die die elektronische Verzeichnung bietet, wird den

Zugriff erleichtern und zugleich die Verarbeitung und Weiterwirkung der Forschungsergebnisse intensivieren. Daß bislang ein großer Teil der weltweit publizierten germanistischen Arbeiten bibliographisch nicht er- faßt wurde, ist ein untragbarer Zustand. Keine Wissenschaft kann es sich leisten, die Ergebnisse wissenschaftlichen Forschens nicht oder nur unvollständig zur Kenntnis zu nehmen. Wie andere Wissenschaften hat auch die Literaturwissenschaft die Frage nach der gesellschaftlichen Relevanz nicht nur der Literatur, sondern auch ihrer selbst zu stellen. Ihre Verfahrensweisen und ihre Ergebnisse sind dementsprechend zu überprüfen. Allein schon aus der Verpflichtung gegenüber der Gesell- schaft, die eine Vermeidung von Mehrfacharbeiten und von Redundanz in den Forschungsergebnissen gebietet, ist eine intensive bibliographi- sche Verzeichnung und eine ebenso intensive Benutzung der Informa- tionsträger notwendig. Dies gilt erst recht für die Erfassung der Quellen, der Primärliteratur. Gerade hier, bei dem ureigenen Gegenstand der Literaturwissenschaft, ist es notwendig, das Material nicht nur zu sam- meln und zu bewahren, sondern auch aufzubereiten, zu erschließen (d.h. zu verzeichnen) und damit der Wissenschaft und der Gesellschaft zur Verfügung zu stellen. - Zur bibliographischen Situation auf dem Gebiet der Germanistik vgl.:

A 50 Bibliographische Probleme im Zeichen eines erweiterten Literaturbegriffs. Zweites Kolloquium zur bibliographischen Lage in der germanistischen Literaturwis- senschaft, veranstaltet von der Deutschen Forschungsgemeinschaft an der Herzog August Bibliothek Wolfenbüttel, 23. - 25.9.1985. Hrsg. in Verbindung mit Georg Jäger u.a. von Wolfgang Martens. Weinheim: VCH, 1988 (Mitteilungen der Kom- mission für Germanistische Forschung, 4).

A 60 Batts, Michael S.: The Bibliography of German Literature: An Historical und Critical Survey. Bern, Frankfurt/M., Las Vegas: Lang, 1978 (Kanadische Studien zur deutschen Sprache und Literatur, 19).

A 70 Bibliographieren ist grundlegender Bestandteil, unumgängliche Basis literaturwissenschaftlicher Arbeit. Deren Güte hängt auch ab von der Sorgfalt, mit der Informationen ermittelt wurden. Das Erfassen der Primär- und Sekundärliteratur, die Auswertung der Quellen und der For- schungsergebnisse bilden zusammen mit der eigenen innovatorischen Leistung eine Einheit, die die Qualität der wissenschaftlichen Arbeit ausmacht. Die Zusammenstellung des Materials, der Primär- und der Sekundärliteratur bilden eine wesentliche Grundlage wissenschaftlichen Schrifttums. Sie sind die Informationsträger, auf denen aufbauend weiter gearbeitet werden kann. Mit Hilfe bibliographischer Kenntnisse können bei bestimmten Themen und Fragestellungen allerdings nicht alle Informationen gesammelt werden. Immer dann, wenn ungedruckte Quellen, aktuelle Forschungsbeiträge oder biographische Fakten lexikalisch noch nicht erfaßter Autoren ermittelt werden sollen, muß mit anderen Hilfsmitteln weiter recherchiert werden. Deshalb ist neben der Kenntnis wichtiger Bibliographien auch die Kenntnis wesentlicher Institutionen, d.h. von Spezialbibliotheken, Archiven usw. von Bedeutung. Bibliographieren und Recherchieren gehören somit nicht nur zur Ausbildung, sondern auch zur Berufspraxis all derer, die mit Literatur in irgendwelcher Form zu tun haben.

A 80 Der Wissenschaftler, der Deutschlehrer wie der Studierende stehen heute vor einer Fülle von Informationen. Diese Fülle macht einen "Wegweiser" notwendig, der zu den Informationsträgern, seien sie nun in Buchform, elektronisch oder als Materialsammlung in Bibliotheken und Archiven zur Verfügung, hinführt. Ein solcher Wegweiser möchte das Informationshandbuch sein. Wie es zu benutzen ist und welche Wege zur Informationsermittlung einzuschlagen sind, wird im folgenden erläutert.

A 90 Dem Studienanfänger wird empfohlen, sich zunächst mit den wichtigsten Einführungen, Handbüchern, lexikalischen und bibliographischen Nachschlagemöglichkeiten vertraut zu machen. Sie werden nachstehend genannt. Durch diese Auflistung soll aus der Fülle der Informationsträger, die hier verzeichnet sind, speziell für das Erstsemester das besonders Wichtige herausgestellt werden, um den Einstieg in die Bücherkunde zu erleichtern. Dabei erfolgt die Akzentuierung oft unter gleichgerichteten oder gleichwertigen Möglichkeiten. Solche Empfehlungen haben notwendigerweise subjektiven Charakter; es sollen deshalb auch nur Empfehlungen sein ohne jeden apodiktischen Anspruch. In den einzelnen Teilen sind dies:

A 100 Teil B: Einführungen und Handbücher

B 40 Hülshoff, Friedhelm; Kaldewey, Rüdiger: Mit Erfolg studieren.

B 70 Meyer-Krentler, Eckhardt: Arbeitstechniken Literaturwissenschaft.

B 80 Bangen, Georg: Die schriftliche Form germanistischer Arbeiten.

B 120 Grundzüge der Literatur- und Sprachwissenschaft. Hrsg. von Heinz Ludwig Arnold und Volker Sinemus.

B 125 Erkenntnis der Literatur. Hrsg. von Dietrich Harth und Peter Gebhardt.

B 130 Gutzen, Dieter; Oellers, Norbert; Petersen, Jürgen H.: Einführung in die neuere deutsche Literaturwissenschaft.

B 135 Schutte, Jürgen: Einführung in die Literaturinterpretation.

B 180 Hauff, Jürgen; Heller, Albrecht; Hüppauf, Bernd u.a.: Methodendiskussion.

B 290 Link, Hannelore: Rezeptionsforschung.
B 390 Seiffert, Helmut: Einführung in die Wissenschaftstheorie.
B 450 Fricke, Harald; Zymner, Rüdiger: Einübung in die Literaturwissenschaft.
B 460 Braak, Ivo: Poetik in Stichworten.
B 470 Asmuth, Bernhard; Berg-Ehlers, Luise: Stilistik.
B 480 Sowinski, Bernhard: Stilistik.
B 520 Kayser, Wolfgang: Kleine deutsche Versschule.
B 530 Knörrich, Otto: Lexikon lyrischer Formen.
B 535 Wagenknecht, Christian: Deutsche Metrik. Eine historische Einführung.
B 550 Asmuth, Bernhard: Aspekte der Lyrik.
B 570 Killy, Walther: Elemente der Lyrik.
B 580 Pfister, Manfred: Das Drama. Theorie und Analyse.
B 590 Asmuth, Bernhard: Einführung in die Dramenanalyse.
B 610 Greiner, Norbert u.a.: Einführung ins Drama.
B 620 Vogt, Jochen: Aspekte erzählender Prosa.
B 645 Arbeitsbuch Romananalyse. Hrsg. von Hans-Werner Ludwig.
B 660 Lämmert, Eberhard: Bauformen des Erzählens.
B 670 Belke, Horst: Literarische Gebrauchsformen.

A 130 Bereits am Studienbeginn sollte man sich einen Überblick über den geschichtlichen Ablauf der deutschsprachigen Literatur verschaffen. Dies geschieht am zweckmäßigsten anhand einer einbändigen Literaturgeschichte (→ B 1310 ff.). Auf den Kenntnissen, die dort gewonnen werden, kann dann die Lektüre größerer Literaturgeschichten oder von Detailuntersuchungen aufbauen. In erster Linie sollte man aber durch das Lesen von Quellen (Primärliteratur) einen Einblick in den historischen Wandel der Literatur gewinnen. Hilfestellung bei der Auswahl der Lektüre geben die in vielen Universitätsinstituten erarbeiteten und verteilten *Leselisten*. Neben den Lektüreempfehlungen von Karl Otto Conrady (→ B 50) gibt es neuerdings Lesevorschläge von Wulf Segebrecht.

A 135 Segebrecht, Wulf: Was sollen Germanisten lesen? Berlin: E. Schmidt, 1994.

A 140 Teil C: Lexika und Wörterbücher

Aus der Gruppe der Lexika werden folgende Autoren- und Werklexika herausgestellt:
C 50 Deutsches Literatur-Lexikon (DLL).
C 80 Literatur-Lexikon (Killy).
C 90 Lexikon deutschsprachiger Schriftsteller.
C 95 Metzler Autoren-Lexikon.
C 330 Kritisches Lexikon zur deutschsprachigen Gegenwartsliteratur.
C 370 Kürschners Deutscher Literatur-Kalender.
C 515 Kindlers Neues Literatur-Lexikon.

A 150 Sach- und Speziallexika sind eine der wichtigsten Informationsquellen für den Studierenden, einmal weil sie Sachbegriffe der Literaturwissenschaft erläutern und zum zweiten weiterführendes bibliographisches Material enthalten. Hier werden besonders hervorgehoben:

C 530 Reallexikon der deutschen Literaturgeschichte.

C 550 Wilpert, Gero von: Sachwörterbuch der Literatur.

C 560 Metzler Literatur-Lexikon.

C 690 Frenzel, Elisabeth: Stoffe der Weltliteratur.

C 700 Frenzel, Elisabeth: Motive der Weltliteratur.

A 160 Zum Nachschlagen biographischer Daten bedeutender Persönlichkeiten:

C 2130, C 2131, C 2135 Deutsches Biographisches Archiv.

C 2120 Neue Deutsche Biographie.

A 170 Teil D: Bibliographien und Referatenorgane

Zur Bedeutung und Handhabung der folgenden Bibliographien → die Punkte 2 und 3
der Einleitung.

D 60 Arnold, Robert F.: Allgemeine Bücherkunde zur neueren deutschen Literaturgeschichte.

D 80 Hansel, Johannes: Bücherkunde für Germanisten.

D 90 Raabe, Paul: Einführung in die Bücherkunde.

D 110 Paschek, Carl: Praxis der Literaturermittlung Germanistik.

D 170 Bibliographisches Handbuch der deutschen Literaturwissenschaft.

D 180 Internationale Bibliographie zur Geschichte der deutschen Literatur.

D 200 Handbuch der deutschen Literaturgeschichte.

D 360 Bibliographie der deutschen Sprach- und Literaturwissenschaft.

D 380 Germanistik.

D 4420 Jahresverzeichnis der deutschen Hochschulschriften.

D 4630 Gesamtverzeichnis des deutschsprachigen Schrifttums 1700-1910.

D 4670 Gesamtverzeichnis des deutschsprachigen Schrifttums 1911-1965.

D 4740-4770 Deutsche Bibliographie bzw. Deutsche Nationalbibliographie.

D 4820 Verzeichnis lieferbarer Bücher.

D 4960 Internationale Bibliographie der Zeitschriftenliteratur.

D 4970 Internationale Bibliographie der Rezensionen.

D 4980 Zeitungsindex.

D 5280 Paschek, Carl: Bibliographie germanistischer Bibliographien.

A 180 Zunehmend wichtig für die literaturwissenschaftliche Arbeit werden die Datenbanken (→ Teil H).

A 190 Generell sei an dieser Stelle auch auf mehrere Publikationsreihen verwiesen, die schon dem Erstsemester bekannt sein sollten. Die *Sammlung Metzler* (Stuttgart: Metzler) mit ihren mittlerweile rund 280 Titeln ist die bedeutendste und umfangreichste. Die Bände behandeln einzelne Autoren, oder sie sind literarhistorisch, gattungsspezifisch oder methodenorientiert ausgerichtet. Allen Bänden sind reiche Literaturangaben beigefügt, so daß sie als (auswählende) Spezialbibliographien gelten können. Über Leben und Werk bedeutender Persönlichkeiten informieren *Rowohlts Monographien* (romo; Reinbek: Rowohlt). Einführungen in Epochen und Gattungen bieten die vom Verlag leider eingestellten *Winkler Kommentare* (Artemis/Winkler). Schriftsteller-Porträts enthalten die *Materialien zu Leben, Werk und Wirkung zeitgenössischer Autoren* aus dem Fischer Taschenbuch Verlag (Frankfurt am Main) sowie die *Autoren-Bücher* des Beck-Verlages (München). Dessen *Arbeitsbücher zur Literaturgeschichte* verdienen wegen ihrer gründlichen Erarbeitung von Autoren und Gattungen einen besonderen Hinweis. Überwiegend literaturtheoretische, aber auch epochengeschichtliche Fragestellungen werden von den germanistischen und literaturwissenschaftlichen Bänden der *UTB-Reihe* behandelt, die ebenfalls weiterführende Literatur enthalten. Empfehlenswerte Einführungen in das literarische Einzelwerk bieten die neu bearbeiteten Bände der Reihen *Grundlagen und Gedanken zum Verständnis des Dramas* und *Grundlagen und Gedanken zum Verständnis erzählender Literatur* (Frankfurt/M.: Diesterweg).

A 200 Eine überschaubare Auswahlbibliographie von wichtigen Neuerscheinungen des Faches enthält der *Fachdienst Germanistik* (→ E 755); über Zeitschriftenaufsätze informieren laufend die *Mitteilungen des Deutschen Germanisten-Verbandes* (→ E 880). Ein weiterer Hinweis gilt der *Wissenschaftlichen Buchgesellschaft* (Postfach 100110, D-64276 Darmstadt. Tel.: 06151-33080; Fax: 06151-314128). Sie hat sich zum Ziel gesetzt, literarische Texte in wissenschaftlich relevanten Ausgaben und wissenschaftliche Literatur als Verlagsübernahmen und in eigener Produktion mit erheblichem Preisnachlaß an ihre Mitglieder abzugeben (jährlicher Mitgliedsbeitrag für Studierende [1994]: DM 9,-).

A 210 Bereits Studierende sollten die wichtigsten Literaturarchive, die Bedeutung und Aufgaben der Nationalbibliotheken und Sondersammelgebietsbibliotheken kennen. Hervorhebend wird hier hingewiesen auf die *Stiftung Weimarer Klassik* (→ G 10), das *Deutsche Literaturarchiv Marbach* (→ G 20), das *Frankfurter Goethe-Museum* (→ G 30), das

Heinrich-Heine-Institut (→ G 40) sowie das *Fritz-Hüser-Institut für deutsche und ausländische Arbeiterliteratur* (→ G 90). Neben den Nationalbibliotheken (→ H 10-H 40) ist für Germanisten in erster Linie die Stadt- und Universitätsbibliothek Frankfurt am Main (→ H 80) mit ihren Sondersammelgebieten *Allgemeine Germanistik, Deutsche Sprache und Sprachwissenschaft, Deutsche Literatur und Literaturwissenschaft, Theaterwissenschaft und Medienkunde* von Bedeutung. Wo überall Germanistik studiert werden kann, zeigt das Verzeichnis der Lehr- und Forschungsinstitute (→ I 300ff.).

2 DAS ERFASSEN VON WISSENSCHAFTLICHER LITERATUR

A 220 Die Suchstrategien beim Sammeln von wissenschaftlicher Literatur werden bestimmt von der Themenstellung und dem Anspruch der Arbeit. Ob nur eine erste Information gewünscht wird oder für eine Staatsarbeit, Dissertation oder sonstige wissenschaftliche Arbeit das Schrifttum möglichst vollständig erfaßt werden soll, entscheidet über den einzuschlagenden Weg. Zur ersten Information über vorliegendes Schrifttum genügen in der Regel die Literaturhinweise in Einführungen und Handbüchern (→ Teil B). Die Einführungen in die Literaturwissenschaft und ihre Methoden, in Literaturdidaktik, Theaterwissenschaft und Medienkunde enthalten ebenso wie die Handbücher weiterführende Literatur zu Grundfragen der Fachgebiete und zu Detailproblemen. Mit Hilfe dieser versteckten Bibliographien kann ein erster Literaturüberblick gewonnen werden. In den meisten Fällen werden diese Angaben allerdings nicht ausreichen. Man kann dann mit Hilfe einschlägiger Lexika (→ Teil C) weiter bibliographieren. Von den in Teil C beschriebenen Lexika informieren das *Deutsche Literatur-Lexikon* (→ C 50), *Die Deutsche Literatur* (→ C 70) und das *Kritische Lexikon zur deutschsprachigen Gegenwartsliteratur* (→ C 330) bereits sehr weitreichend über Primär- und Sekundärliteratur.

A 230 Von vielen wird auch das sog. *"Schneeballsystem"* bevorzugt. Man besorgt sich eine neuere Publikation zum gestellten Thema, wertet das Literaturverzeichnis aus, beschafft sich die relevanten Titel, schöpft nun deren Literaturverzeichnisse aus usw. Das ist allerdings ein Verfahren, in dem Zufälligkeiten und - subjektive - Vorauswahl eine zu große Rolle spielen, als daß es für anspruchsvollere wissenschaftliche Arbeiten empfohlen werden könnte, zumal mit ihm zwar immer weiter in die

Vergangenheit, aber nicht in die unmittelbare Gegenwart hinein bibliographiert werden kann.

A 240 Um umfassende und zuverlässige Informationen zu erhalten, muß man zu den eigentlichen Bücherverzeichnissen, den *Bibliographien*, greifen. Man unterscheidet Allgemeinbibliographien, die nicht fachspezifisch ausgerichtet sind, von den eigentlichen Fachbibliographien, in unserem Fall germanistischen bzw. literaturwissenschaftlichen Bibliographien. Über diese informieren Bibliographien der Bibliographien, sog. Metabibliographien. Für unseren Bedarf ist der Teil D dieses Informationshandbuches eine solche Metabibliographie.

A 245 Neben Bibliographien, die das Gesamtgebiet der Germanistik oder der Literaturwissenschaft abdecken, gibt es weitere, die einzelne Epochen und Strömungen, Themen und Motive oder Personen zum Gegenstand haben. Man spricht in diesem Fall von *Spezialbibliographien*. Die wichtigsten von ihnen werden in Teil D vorgestellt. - Neben diesen Fachbibliographien müssen Literaturwissenschaftler/innen (auch die angehenden!) noch einige *Allgemeinbibliographien* kennen, da nur sie bis in die unmittelbare Gegenwart verzeichnen, während die Fachbibliographien Verzugszeiten von einigen Monaten bis zu mehreren Jahren haben können. Während die Fachbibliographien *selbständig* (= Bücher) und *unselbständig* erschienenes Schrifttum (= Beiträge zu Sammelbänden, Zeitschriften, Jahrbüchern usw.) verzeichnen, nehmen die Allgemeinbibliographien in der Regel nur eine der beiden Kategorien auf (→ D 4580ff.).

A 250 Weiterhin unterscheidet man *retrospektive* (abgeschlossene, zurückblickende) und *periodische* (laufend erscheinende) Bibliographien, reine Titelverzeichnisse und annotierte Bibliographien, wobei die Annotationen (Anmerkungen, Erläuterungen) ein Inhaltsreferat darstellen, aber auch kritisch sein können. Man spricht dann von *räsonierenden, analytischen* oder *kommentierten* Bibliographien.

Wie ist nun im Einzelfall zu verfahren?

A 260 Die erste Frage muß lauten: Recherchiere ich *personenbezogen, themen-/problembezogen* oder *epochenbezogen*? Je nach Antwort, ist eine unterschiedliche Vorgehensweise einzuschlagen, bei Überschneidung ist u. U. mehrgleisig zu verfahren. Die beiden bekanntesten Einführungen in das Bibliographieren, Hansels *Bücherkunde für Germanisten* (→ D 80) und Raabes *Einführung in die Bücherkunde* (→ D 90), die in ihrer Grundkonzeption auf die späten 50er Jahre zurückgehen, empfehlen vier bzw. fünf Schritte, wobei sie sich nur im ersten Schritt unterscheiden. Hansel nimmt als Ausgangspunkt die unselbständig (versteckt) erschienenen Bibliographien in Handbüchern und Lexika (1. Stufe), um mit den abgeschlossenen (2. Stufe) und periodischen Fachbibliographien (3. Stufe) fortzufahren. An sie schließen zur Erfassung des neuesten Schrifttums die periodischen Allgemeinbibliographien (4. Stufe) und die eigene Durchsicht der wesentlichen Fachzeitschriften (5. Stufe) an. Raabe schlägt für die 2. bis 4. Stufe den gleichen Weg vor. Sein Ausgangspunkt ist allerdings nicht die versteckte Bibliographie, sondern die Personalbibliographie (womit er sich als Vertreter einer primär autororientierten Literaturwissenschaft ausweist).

A 270 Seit Hansel und Raabe ihre Konzeptionen entwickelten, hat sich auf dem bibliographischen Sektor wesentliches verändert. Es sind zahlreiche *Spezialbibliographien*, das sind Personal-, Epochen- und Sachthemenbibliographien, erschienen, die dem Informationssuchenden die Arbeit erleichtern. Deshalb ist es ratsam, als erstes zu recherchieren, ob zu dem zu bearbeitenden Thema bereits eine solche Spezialbibliographie vorliegt. Diese Verfahrensweise wurde durch die vor einigen Jahren erschienene *Praxis der Informationsermittlung Germanistik* von Carl Paschek (→ D 110) bestätigt (Carl Paschek behandelt die einzelnen Suchstrategien sehr ausführlich und greift auch detailliertere Fragestellungen auf). Die Suche nach der Spezialbibliographie führt man mit Hilfe der Bibliographien der Bibliographien (Metabibliographien) bzw. mit den entsprechenden Teilen dieses Informationshandbuches durch. Gibt es eine solche Spezialbibliographie, ist von deren Redaktionsschluß ausgehend (meistens auf der Rückseite des Titelblattes oder im Vorwort angegeben) mit Hilfe abgeschlossener und periodischer Fachbibliographien und anschließender Auswertung der Allgemeinbibliographien, bei entsprechendem Anspruch der Arbeit evtl. auch unter (meist kostenpflichtiger) Ausnutzung der Datenbanken, bis in die unmittelbare Gegenwart hinein bibliographisches Material zu erfassen.

Folgende Tabelle soll die Verfahrensweise verdeutlichen:

A 280

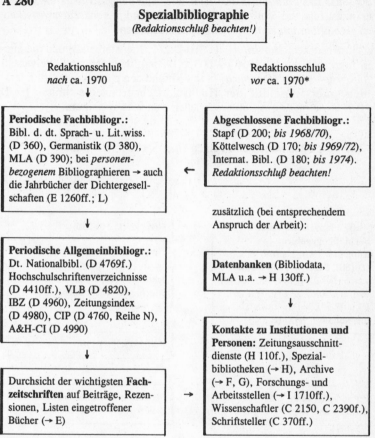

| **Spezialbibliographie** |
| *(Redaktionsschluß beachten!)* |

Redaktionsschluß
nach ca. 1970
↓

Redaktionsschluß
vor ca. 1970*
↓

Periodische Fachbibliogr.:
Bibl. d. dt. Sprach- u. Lit.wiss.
(D 360), Germanistik (D 380),
MLA (D 390); bei *personen-
bezogenem* Bibliographieren → auch
die Jahrbücher der Dichtergesellschaften (E 1260ff.; L)

←

Abgeschlossene Fachbibliogr.:
Stapf (D 200; *bis 1968/70*),
Köttelwesch (D 170; *bis 1969/72*),
Internat. Bibl. (D 180; *bis 1974*).
Redaktionsschluß beachten!

↓

zusätzlich (bei entsprechendem
Anspruch der Arbeit):

Periodische Allgemeinbibliogr.:
Dt. Nationalbibl. (D 4769f.)
Hochschulschriftenverzeichnisse
(D 4410ff.), VLB (D 4820),
IBZ (D 4960), Zeitungsindex
(D 4980), CIP (D 4760, Reihe N),
A&H-CI (D 4990)

Datenbanken (Bibliodata,
MLA u.a. → H 130ff.)

↓

↓

Durchsicht der wichtigsten **Fachzeitschriften** auf Beiträge, Rezensionen, Listen eingetroffener
Bücher (→ E)

→

**Kontakte zu Institutionen und
Personen:** Zeitungsausschnitt-
dienste (H 110f.), Spezial-
bibliotheken (→ H), Archive
(→ F, G), Forschungs- und
Arbeitsstellen (→ I 1710ff.),
Wissenschaftler (C 2150, C 2390f.),
Schriftsteller (C 370ff.)

* bei Redaktionsschluß vor 1945 sind - wenn mit dem Ziel der Vollständigkeit bibliographiert werden soll - auch die *Jahresberichte* heranzuziehen (vgl. A 310).

A 290 Ist keine Spezialbibliographie vorhanden, ist mit Hilfe älterer
Fachbibliographien das Schrifttum zu erfassen. Genügt eine Auswahl der
älteren Sekundärliteratur, so zieht man Körner (→ D 190), die *Internationale Bibliographie zur Geschichte der deutschen Literatur* (→ D

180) oder das *Handbuch der deutschen Literaturgeschichte* (→ D 200) heran. Ist man auf Vollständigkeit bedacht, sind *je nach Themenstellung und zu bibliographierendem Zeitraum* zu benutzen:

A 300 Goedekes *Grundriß* (→ D 210-D 230; Registerband!) und die älteren *Jahresberichte* bis 1950 (→ D 320-D 350); dann ist mit Köttelweschs *Bibliographischem Handbuch* (→ D 170) und den periodischen Bibliographien unter Einschluß der Hochschulschriftenverzeichnisse (→ D 4410ff.) wie in Tab. **A 280** beschrieben weiter zu verfahren.

A 310 Vorgehensweise beim Fehlen einer Spezialbibliographie:

Auswahl genügt: *Vollständigkeit angestrebt:*

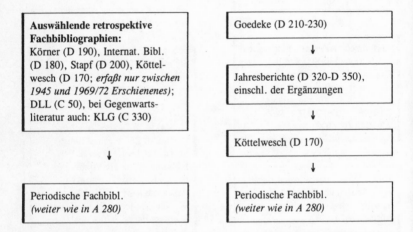

Auswählende retrospektive Fachbibliographien:
Körner (D 190), Internat. Bibl. (D 180), Stapf (D 200), Köttelwesch (D 170; *erfaßt nur zwischen 1945 und 1969/72 Erschienenes*); DLL (C 50), bei Gegenwartsliteratur auch: KLG (C 330)

Goedeke (D 210-230)
↓
Jahresberichte (D 320-D 350), einschl. der Ergänzungen
↓
Köttelwesch (D 170)
↓

Periodische Fachbibl. *(weiter wie in A 280)*

Periodische Fachbibl. *(weiter wie in A 280)*

A 320 Mit Hilfe dieser Suchstrategien kann man die deutschsprachige Sekundärliteratur nahezu vollständig, die internationale wissenschaftliche Literatur zumindest für die neuere Zeit in breiter Auswahl bibliographieren. Nimmt man weitere, in Abschnitt A 410 f. genannte Informationsmöglichkeiten hinzu, kann man sicher sein, daß nichts wesentliches bei der Materialsammlung fehlen wird (zu Ordnung und Auswertung des Materials vgl. die *Einführungen in das wissenschaftliche Arbeiten* [→ B 40, B 70, B 80, B 85]). Hilfestellung bei der Bewertung des gesammelten Sekundärschrifttums leisten *Forschungsberichte, annotierte Biblio-*

graphien und die *Rezensionen* in Referatenorganen, Fachzeitschriften, Jahrbüchern und Bücherdiensten (Publikationsorgane mit Rezensionenteil sind über das Register unter dem Stichwort *Rezensionen* zu erfragen).

A 330 In dieser Einleitung kann nicht auf alle möglichen Fragestellungen eingegangen werden. Weitere bibliographische und lexikalische Hilfsmittel finden sich in den Teilen C und D. Vor allem können hier nicht die Wege der Informationsermittlung vorgestellt werden, wenn es um Themen geht, die in andere wissenschaftliche Disziplinen hinüberreichen. Je nach Themenstellung können Philosophie, Soziologie, Psychologie, Erziehungswissenschaft, Kunstgeschichte, Musikwissenschaft u.a. zu Kontaktdisziplinen werden, deren Methoden, Theorien und Ergebnisse von Bedeutung sind und verarbeitet werden müssen. In einem solchen Fall muß individuell vorgegangen werden. Dem Benutzer wird empfohlen, anhand der Fachlexika der Nachbarwissenschaften (→ C 1310ff.) erste Erkenntnisse über Sekundärliteratur und weitere Informationsmöglichkeiten zu gewinnen.

3 DAS ERFASSEN DER PRIMÄRLITERATUR

A 340 Das Bibliographieren von Primärliteratur, von *Quellen*, verlangt ebenso wie das Bibliographieren der Sekundärliteratur unterschiedliche Verfahrensweisen. Je nachdem, ob die Primärtexte eines bestimmten Autors, einer Epoche, einer Gattung oder zu einem Sachthema zusammengestellt werden sollen, wird man in Metabibliographien und Fachlexika bzw. in den entsprechenden Abschnitten dieses Handbuches (→ D 460ff., D 1310ff., D 2060ff.) suchen. Handelt es sich um Primärtexte eines Autors, so bietet sich neben der Personalbibliographie (→ B 2010ff.) auch die Gesamtausgabe, die z. B. über das *Handbuch der Editionen* (→ D 3550) herauszufinden ist, als bibliographische Quelle an. Fehlen beide, so kann man versuchen, in anderen Quellenverzeichnissen (→ D 3510ff.) oder in den Epochenbibliographien (→ D 460ff.) fündig zu werden. Nachdrücklich sei für die Gegenwart auf das *Kritische Lexikon zur deutschsprachigen Gegenwartsliteratur* (→ C 330) hingewiesen.

A 350 Versagen diese Hilfsmittel, so kann man zur Erfassung des *selbständig* erschienenen Schrifttums (Buchpublikationen) auf die Bücherverzeichnisse zurückgreifen (→ D 4560ff.) Für die ältere Zeit ist das *Gesamtverzeichnis des deutschsprachigen Schrifttums 1700-1910* (→ D 4630), für das 20. Jahrhundert das *Gesamtverzeichnis des deutschsprachigen Schrifttums 1911-1965* (→ D 4640), die *Deutsche Bibliographie* (→ D 4740 - D 4760; bis 1990) und für 1991 ff. die *Deutsche National-*

bibliographie (→ D 4770) heranzuziehen. Auch hier kann zur Erleich-
terung der bibliographischen Arbeit die Datenbank Der Deutschen
Bibliothek BIBLIODATA (→ H 130) befragt werden (berichtet für
1966ff.). Will man nur die erste Ausgabe eines Werkes erfassen,
empfiehlt es sich, im *Deutschen Literatur-Lexikon* (→ C 50) oder in
Wilpert/Gührings *Erstausgaben deutscher Dichtung* (→ D 3540) nachzuschlagen. Für die neueste Zeit bringt Reclam in der Reihe *Deutsche
Literatur für 1981 [ff.] Jahresüberblick* eine Auswahlbibliographie neu
erschienener Bücher. Lieferbare Titel sind in das *Verzeichnis lieferbarer
Bücher* (→ D 4820) aufgenommen. Eine Auswahl der Primärtexte wird
man auch über die einschlägigen Literaturlexika (→ C 50ff.) erhalten.
Bei kaum bekannten Autoren sei auf die lokalen Literaturlexika besonders hingewiesen (Zugang über Friedrichs: *Literarische Lokalgrößen* [→
C 280]). In schwierigen Fällen, in denen - vor allem für vorangehen-
de Jahrhunderte - die Bücherverzeichnisse versagen, helfen oft die großen Bibliothekskataloge (→ D 5010ff.) oder auch die *Auskunftsdienste*
der Nationalbibliotheken (→ H 10ff.) weiter.

A 360 Mühsamer ist das Bibliographieren *unselbständig* erschienener
literarischer Texte (Beiträge zu Sammelwerken und Periodika). Liegen in
diesem Fall keine Personalbibliographie und keine Gesamtausgabe vor,
kann man auch nicht auf *Die Deutsche Literatur* (→ C 70), den Goedeke
(→ D 210 - D 230) oder das *KLG* (→ C 330) zurückgreifen, so bleibt
einem die eigene Durchsicht der Zeitschriften und evtl. auch der Zeitungen, in denen der betreffende Autor publiziert hat, nicht erspart. Für
manche Zeiträume liegen mittlerweile Zeitschrifteninhaltsbibliographien
(z.B.: E 90, E 235, D 1180) vor, die die Sucharbeit wesentlich erleichtern. Für die neuere Zeit kann die Zeitungsausschnittsammlung der
Bibliotheken der Stadt Dortmund (→ H 110), für 1974ff. der *Zeitungsindex* (→ D 4980) weiterhelfen. Haben die literarischen Texte auch einen
wissenschaftlichen oder fachlichen Charakter, sind sie im *Dietrich* (→ D
4920f.) und der Folgebibliographie *IBZ* (→ D 4960) verzeichnet. Wichtige Zeitungsaufsätze aus der ersten Jahrhunderthälfte sind auch in zwei
literarischen Zeitschriften bibliographisch erfaßt: *Das literarische Echo*
[ab 1925 u.d.T.: *Die Literatur*] Jg. 1-44, Stuttgart 1898 bis 1941/42 und
Die schöne [ab 1930 u.d.T.: *Neue*] *Literatur*, Jg. 25-44, Leipzig 1925
bis 1943. Zunehmend an Bedeutung gewinnen die in den letzten Jahren
verstärkt erscheinenden Zeitschrifteninhaltsbibliographien (*analytische
Zeitschriftenbibliographien*), die nicht nur alle Artikel, die in einer
Zeitschrift über Jahre oder Jahrzehnte hinweg erschienen sind, auflisten,
sondern auch inhaltlich erschließen (→ Teil E).

A 370 Das Erfassen von Primärtexten (eines Autors):

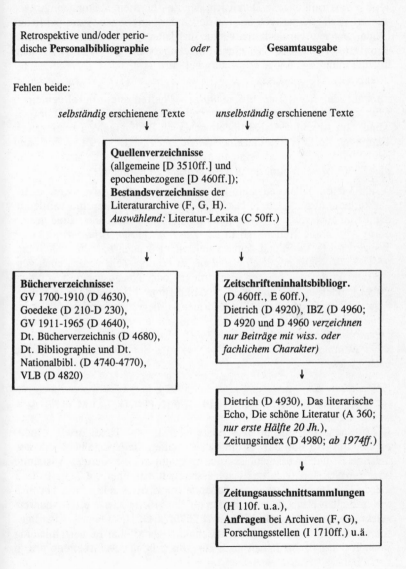

Retrospektive und/oder perio-
dische **Personalbibliographie**   *oder*   **Gesamtausgabe**

Fehlen beide:

selbständig erschienene Texte   *unselbständig* erschienene Texte
↓   ↓

Quellenverzeichnisse
(allgemeine [D 3510ff.] und
epochenbezogene [D 460ff.]);
Bestandsverzeichnisse der
Literaturarchive (F, G, H).
Auswählend: Literatur-Lexika (C 50ff.)

↓   ↓

Bücherverzeichnisse:
GV 1700-1910 (D 4630),
Goedeke (D 210-D 230),
GV 1911-1965 (D 4640),
Dt. Bücherverzeichnis (D 4680),
Dt. Bibliographie und Dt.
Nationalbibl. (D 4740-4770),
VLB (D 4820)

Zeitschrifteninhaltsbibliogr.
(D 460ff., E 60ff.),
Dietrich (D 4920), IBZ (D 4960;
D 4920 und D 4960 *verzeichnen
nur Beiträge mit wiss. oder
fachlichem Charakter)*

↓

Dietrich (D 4930), Das literarische
Echo, Die schöne Literatur (A 360;
nur erste Hälfte 20 Jh.),
Zeitungsindex (D 4980; *ab 1974ff.*)

↓

Zeitungsausschnittsammlungen
(H 110f. u.a.),
Anfragen bei Archiven (F, G),
Forschungsstellen (I 1710ff.) u.ä.

A 380 Bringt das Recherchieren mit diesen Hilfsmitteln keine Ergebnisse, bleibt nur die eigene Durchsicht der Zeitschriften, Zeitungen, Anthologien, Verlagsalmanache u.ä., in denen der betreffende Autor publiziert haben könnte. Aber auch und gerade hier kann sich die Anfrage in einem Archiv (→ F, G) oder bei einer Forschungsstelle (→ I 1710ff.) lohnen und die mühselige Suche erleichtern helfen.

A 390 Sucht man Primärtexte nicht nur eines Autors, sondern einer *Epoche* oder *literarischen Strömung*, so helfen auch die allgemeinen bzw. epochenbezogenen Quellenverzeichnisse (→ D 3510ff., D 460ff.) weiter. Im Abschnitt D 1.3 finden sich auch Bibliographien zu einzelnen *Gattungen*, in D 1.4 zu einzelnen *Sachthemen* (→ D 1310ff.). *Stoff- und motivgleiche* Primärtexte sind in den Stoff- und Motivlexika (→ C 690 bis C 700) bzw. -bibliographien (→ D 1660ff.) nachgewiesen.

A 400 Viele Quellen, auch ein recht großer Teil älterer wichtiger Sekundärliteratur, liegen heute in Nachdrucken vor. Solche Reprints werden in der Regel auch in den Allgemeinbibliographien verzeichnet. Eine gesonderte Aufnahme findet sich in der *Internationalen Bibliographie der Reprints* (→ D 3560) und dem an sie anschließenden *Bulletin of Reprints* (→ D 3570), das periodisch erscheint. In neuerer Zeit werden auch verstärkt Mikroformen bei den Nachdrucken oder Neuausgaben bevorzugt. Dabei handelt es sich entweder um Mikrofilme, Microcards oder Mikrofiches. Über Texte, die in Mikroformen vorliegen, informiert der *Guide to microforms in print* (→ D 4870). Sie werden auch in den Reihen der *Deutschen Bibliographie* (→ D 4740ff.) bzw. für 1991ff. in der *Deutschen Nationalbibliographie* (→ D 4770) unter der jeweiligen Sachgruppe nachgewiesen.

4 DAS ERFASSEN VON UNVERÖFFENTLICHTEM MATERIAL

A 410 Sucht man ungedrucktes Material, d.h. Nachlässe, Briefe, Dokumente, unveröffentlichte Bildnisse, so helfen die Nachlaßverzeichnisse und die Bestandsverzeichnisse der Literaturarchive weiter. Auskünfte über den Standort wichtiger Nachlässe erhält man über die Teile F, G, I dieses Handbuches; ist weitergehende Information nötig, so zieht man die speziellen Nachlaßverzeichnisse (→ D 3610ff.) oder die Bestandsverzeichnisse der Literaturarchive (→ D 3670ff., G, H, I) heran. Allerdings finden sich in ihnen nur summarische Angaben; eine Feinerschließung steht in den meisten Fällen noch aus. Auch ist die Aufarbeitung des in den zahlreichen Archiven liegenden Materials noch nicht abgeschlossen. Genauere Auskünfte sind deshalb nur durch den Kontakt mit den betreffenden Institutionen zu erhalten (Anschriften und Telefon- bzw. Faxnummern in den Teilen F-I). Sehr erfolgversprechend sind Anfragen bei Forschungs- und Arbeitsstellen (→ I 1710ff.), wo meistens gedrucktes und ungedrucktes Material in dem jeweils angegebenen Rahmen entweder im Original oder in Kopien vollständig vorliegt.

A 420 Auch die literarischen Gesellschaften (→ Teil L) unterhalten häufig Archive, in denen sich Handschriftliches des betreffenden Autors befinden kann. Ebenso sind die Archivbestände literarischer Verlage und die Redaktionsarchive literarischer Zeitschriften Fundstellen für handschriftliche Quellen. Wenn auch die Staatsbibliothek zu Berlin - Preußischer Kulturbesitz eine *Zentralkartei der Autographen* (→ H 50; *Auskunftsdienst*) mit über 1 Million Einzelnachweisen zur Tiefenerschließung des gesamten öffentlich zugänglichen Nachlaßbesitzes in der Bundesrepublik Deutschland unterhält, so ist doch vieles noch nicht erschlossen. In besonders schwierigen Fällen kann eine Rückfrage bei Experten weiterhelfen. Anschriften von Germanisten sind in Teil I (→ I 310ff.) bzw. in *Kürschners Gelehrtenkalender* (→ C 2150) und den Germanisten-Verzeichnissen (→ C 2390f.) aufgeführt. Verlangt das Thema der Arbeit Kontakt zu Schriftstellern, so sind ihre Adressen über *Kürschners Literaturkalender* und ähnliche Verzeichnisse (→ C 370ff.) herauszufinden. Versagen diese Nachschlagewerke, kann sich eine Anfrage beim Munzinger-Archiv (→ C 2210) lohnen. Das Material dieses Archivs wird übrigens von vielen Universitätsbibliotheken zur Verfügung gehalten.

5 DAS ERFASSEN VON LITERATURVERFILMUNGEN UND AUDIOVISUELLEN LEHRMITTELN

A 430 Über verfilmte Literatur bzw. über die Literaturvorlagen von Kino- und Fernsehfilmen informieren Hans Taddik und Silvia Ellner (→ D 4360). Auch *Kindlers Neues Literatur-Lexikon* (→ C 510) weist Verfilmungen literarischer Werke nach. Zahlreiche Filme sind mittlerweile für den Literaturunterricht auf Video-Kassette (oder in SUPER 8- bzw. 16-mm-Fassungen) erhältlich. Sie sind dann über die Landesbildstellen (→ F 1920) beziehbar. Eine nach Autoren geordnete Zusammenstellung der verfügbaren Kopien hat Jürgen Wolff (Mitteilungen des Deutschen Germanisten-Verbandes 2, 1981, S. 43-48) publiziert.

A 440 Literarische Schallplatten und Kassetten sind in der *Deutschen Bibliographie* (→ D 4740ff.) bzw. für 1991ff. in der *Deutschen Nationalbibliographie* (→ D 4770) in den Reihen A und B unter der jeweiligen Sachgruppe verzeichnet.

A 450 Audio-visuelle Lehrmittel gewinnen im Unterricht eine immer größere Bedeutung. Deshalb sollte der bzw. die Lehramtsstudierende sich schon frühzeitig mit deren Angebot und den Möglichkeiten des Unterrichtseinsatzes vertraut machen. Nähere Kenntnisse werden während der pädagogischen Ausbildung vermittelt.

A 480 Audio-visuelle Lehr- und Lernmittel sind wie Literaturverfilmungen über die Landesbildstellen (die in der Regel nicht über die Landesgrenzen hinaus ausleihen) erhältlich (→ F 1920).

6 VON DER MATERIALSAMMLUNG ZUR LITERATURBESCHAFFUNG

A 490 Die in Bibliographien und Bestandsverzeichnissen ermittelte Literatur kann in der Regel über die örtliche Bibliothek beschafft werden. Neben den wissenschaftlichen Bibliotheken (Universitäts-, Landes-, Seminar-, Instituts- und Fachbereichsbibliotheken) halten auch die öffentlichen Bibliotheken deutsche Literatur und Literaturwissenschaft zur Verfügung. Die bibliothekarische Lage ist auf diesen Gebieten relativ gut. Haben die örtlichen Bibliotheken die gesuchten Titel nicht in ihren Beständen, so können sie über den *auswärtigen Leihverkehr* aus jeder anderen Bibliothek des Landes bzw. über den *Internationalen Leihverkehr* auch aus dem Ausland besorgt werden. Braucht man zu einem bestimmten Thema die Literatur möglichst vollständig und bietet die örtliche Bibliothek nur wenig davon, so kann sich die Reise zu einer Bibliothek, die das Gewünschte vollständig gesammelt hat, lohnen. Über Bibliotheken mit Spezialbeständen informiert Teil F dieses Handbuches. Mit seiner Hilfe kann man auch bei der Fernleihebestellung gezielte Hinweise geben, die zur Beschleunigung der Bestellung beitragen.

A 500 Allerdings ist zu beachten, daß viele Bibliotheken Präsenzbibliotheken sind, d.h. daß sie ihre Bestände nicht ausleihen, sondern nur in ihren Räumen dem Benutzer zur Verfügung stellen. Gleiches gilt für ungedrucktes Material in Archiven und Arbeitsstellen. Es empfiehlt sich in jedem Fall, vor einer Bibliotheks- oder Archivreise Modalitäten der Benutzung schriftlich oder telefonisch mit der jeweiligen Institution zu klären.

A 510 Literatur, die erst in den letzten Jahren Gegenstand der Literaturwissenschaft wurde, wie etwa Massen- oder Trivialliteratur, Abenteuerliteratur, Comic Strips u. ä., ist in Bibliotheken häufig nicht - oder nur in den Landesbibliotheken mit Pflichtablieferung - erhältlich. Auch hier ist über den Teil F Aufschluß über Standorte zu gewinnen. Gerade in diesen Fällen haben Privatsammler oft größere Bestände. Allerdings gilt hier noch mehr als bei Präsenzbibliotheken und Archiven das Gebot der Absprache mit dem Eigentümer.

A 520 Bei all diesen Recherchen ist - wie auch beim Bibliographieren - stets die Zielrichtung im Auge zu behalten. Je nach Anspruch der Arbeit sind Abbruchkriterien zu entwickeln und die Relation zwischen Aufwand und zu erwartendem Ergebnis zu bedenken, um damit eine gewisse Arbeitsökonomie zu erreichen.

A 530 Zur Auswertung der Quellen- und der Sekundärliteratur siehe die Anleitungen in den Einführungen in das wissenschaftliche Arbeiten (→ z.B.: B 40, B 70, B 80, B 85).

7 HINWEISE FÜR DEN BENUTZER

A 540 Das *Informationshandbuch Deutsche Literaturwissenschaft* besteht aus einem bücherkundlichen und einem institutionenkundlichen Teil, dem Verzeichnis der Verbände, Literarischen Gesellschaften, Literaturpreise sowie dem Verzeichnis der Spezialbestände und besonderen Sammelgebiete.

A 550 Bei der Auswahl der Titel für den bücherkundlichen Teil (B-E) wurde darauf geachtet, daß Nachschlagemöglichkeiten nicht nur zu "alltäglichen", sondern auch zu diffizileren Fragestellungen aufgenommen wurden. Allerdings waren dem Bestreben nach umfassender Information durch den geplanten Bandumfang Grenzen gesetzt. Die hier vorgestellten Informationsmittel ermöglichen aber den Zugang zu weiteren Informationsträgern, so daß sich auch zu Detailfragen, die hier nicht angesprochen werden, Literatur finden läßt. *Teil B: Einführungen und Handbücher* verfolgt neben der Funktion, erste Informationsmöglichkeiten bei bibliographischen Recherchen aufzuzeigen, auch den Zweck, dem Studienanfänger als "kleine Bücherkunde" zu dienen, die ihm die Literatur an die Hand gibt, in der er sich zuverlässig über Realien und bestimmte Problemstellungen seines Faches informieren kann (→ B 10f.). Die Annotationen geben Aufschluß entweder über den Inhalt des betreffen-

den Buches oder über seine formale Gliederung, seine Brauchbarkeit
oder seinen Wert für die bibliographische Ermittlung. *Redaktionsschluß
für diese Teile war im Winter 1993/94.* In Einzelfällen konnten Neuerscheinungen und -auflagen bis März/April 1994 berücksichtigt werden.

A 560 In den institutionenkundlichen Teilen (G bis I) informieren die
Annotationen über die Funktion und die wichtigsten Bestände der Lite-
ratur-Museen, Bibliotheken, Archive und Akademien. Für diejenigen,
die mehr und detailliertere Informationen wünschen, werden - soweit
vorhanden - Bestandsverzeichnisse und die genauen Anschriften mit
Telefonnummern, ggf. auch mit Fax-Nummer, angegeben. Die Ausführungen über die Bestände gehen auf die Meldungen der Institutionen
zurück. Anschriften, Telefon- und Fax-Nummern wurden von diesen
überprüft. Damit ist eine authentische Information sichergestellt. Die
Fragebogenaktionen zu diesen Teilen wurden vom *Januar bis März 1994*
durchgeführt.

A 570 Auch bei der Darstellung der Verbände, Literarischen Gesellschaften sowie der preisverleihenden Institutionen (K bis M) wurde auf
deren Angaben zurückgegriffen. Die Ausführungen über allgemeine
Zielsetzungen sind in der Regel den Satzungen entnommen. Auch hier
wurden Anschriften und Telefonnummern überprüft. Die Korrektur-
aktion zu diesen Teilen lief ebenfalls von *Januar bis März 1994*, so daß
aktuelle Daten gewährleistet sind. Neugründungen der Jahre 1989 ff.
wurden weitgehend berücksichtigt.

A 580 Das Verzeichnis der Spezialbestände und besonderen Sammelgebiete ging aus einer Umfrageaktion hervor, die erstmals im Jahre 1981
durchgeführt wurde. Hier erfolgte, wie schon 1989, eine gründliche
Überprüfung und Ergänzung. In der neuen Ausgabe sind die Bibliotheken und Archive der neuen Bundesländer verstärkt berücksichtigt.

A 590 Abschließend sei darauf hingewiesen, daß die in der Einleitung
erläuterten Verfahrensweisen des Bibliographierens und die Suchstrategien in den Einleitungs- und Zwischenbemerkungen der Teile B bis D
rekapituliert werden.

TEIL B: EINFÜHRUNGEN, HANDBÜCHER UND DARSTELLUNGEN

B 10 Einführungen, Handbücher und Darstellungen ermöglichen nicht nur einen Zugang in das jeweilige Fachgebiet bzw. in Teilbereiche, sondern bilden durch ihre Literaturverzeichnisse auch einen ersten Schritt der bibliographischen Ermittlung (→ Teil A). Gerade der Anfänger wird zunächst zu diesen Hilfsmitteln greifen, um in einer ersten Phase der Literaturerfassung nicht mit einer Fülle von Titeln in den Bibliographien konfrontiert zu werden, die ihm - sofern es sich nicht um eine annotierte Bibliographie handelt - unübersichtlich und undifferenziert zu sein scheint. Hier bieten die Einführungen und Handbücher mit ihren auswählenden, das Wichtigste zusammenstellenden Literaturverzeichnissen leichteren Zugang. Je nach Themenstellung wird man eine der Einführungen heranziehen (für literaturwissenschaftliche Fragestellungen ist die weite Bereiche des Fachgebietes abdeckende, von H. L. Arnold und V. Sinemus edierte Einführung [→ B 120] mit ihren reichhaltigen Literaturangaben immer noch zu empfehlen) oder zu den literarhistorischen, gattungstheoretischen, themenorientierten Handbüchern greifen. Die neueste Literatur kann dann von deren Redaktionsschluß ausgehend mit Hilfe abgeschlossener und periodischer Bibliographien (→ Teil D) erfaßt werden.

B 20 Aber nicht nur wegen ihrer bibliographischen Verzeichnungen sind die Einführungen und Handbücher hier aufgenommen. Teil B hat auch die Aufgabe, dem Auskunftssuchenden die Literatur an die Hand zu geben, in der er sich zuverlässig über bestimmte Probleme und Fragestellungen seines Fachgebietes informieren kann. Deshalb ist dieser Teil auch als überschaubare Bücherkunde speziell für den Anfänger gedacht. Bei der Auswahl wurde versucht, ein breiteres Spektrum einzuhalten und unterschiedliche methodische Ansätze und Verfahren zu berücksichtigen. Die für die eigene Zielsetzung methodisch relevante Literatur auszuwählen, ist jedem einzelnen überlassen. Am Studienbeginn wird der jeweilige Seminarleiter die notwendige Akzentuierung vornehmen. Neben den traditionell literaturwissenschaftlichen Publikationen wird auch eine kleine Auswahl wichtiger Handbücher aus Literaturdidaktik, Theaterwissenschaft und Medienkunde geboten.

1 EINFÜHRUNGEN IN DIE DEUTSCHE LITERATURWISSENSCHAFT

B 30 Seit der Krise der Germanistik in den späten sechziger Jahren ist eine Fülle von Einführungen in die Literaturwissenschaft erschienen, in denen sich die Erweiterung des Literaturbegriffs, Methodenpluralismus als Nebeneinander tradierter Verfahren und methodische Neuansätze spiegeln. Viele dieser Einführungen erscheinen aus heutiger Sicht nur noch bedingt brauchbar; einige waren auch eher für Dozent/inn/en als für Studierende geschrieben. Im folgenden wird eine Auswahl der für Studenten geeigneten Einführungen genannt. Einen Überblick über die Entwicklung auf diesem Sektor bietet Herbert Jaumann (*Tendenzen der Literaturwissenschaft im Spiegel der Einführungen.* In: Mitteilungen des Deutschen Germanistenverbandes 27, 1980, H. 3, S. 2-15).

Zur Studienorganisation:

B 40 Hülshoff, Friedhelm; Kaldewey, Rüdiger: Mit Erfolg studieren. Studienorganisation und Arbeitstechniken. 3., neubearb. Aufl. München: Beck, 1993 (Beck'sche Elementarbücher).
Vermittelt eine Vielzahl praktischer Hilfen und Hinweise (von der sozialen Absicherung bis zum zweckmäßigen Arbeitsstil).

B 50 Conrady, Karl Otto: Einführung in die Neuere deutsche Literaturwissenschaft. Reinbek: Rowohlt, 1966 u.ö. (rde 252-253).
Darstellung der Aufgabenbereiche der Literaturwissenschaft; Anlage und Durchführung des Studiums; *Lektüreliste.*

B 60 Propädeutik der Literaturwissenschaft. Wissenschaftsgeschichte - Methodenlehre - Studium und Beruf. Hrsg. von Dietrich Harth. München: Fink, 1973 (UTB 205).
Zur Formierung der Geisteswissenschaften; Aufgaben der Philologie; Begriffsbildung und Wissenschaftssprache; Studienpraxis und Studienreform; literarische Bildung.

Arbeitspraktische Einführungen:

B 70 Meyer-Krentler, Eckhardt: Arbeitstechniken Literaturwissenschaft. 3. Aufl. München: Fink, 1993 (UTB 1582).
Anleitung zum wissenschaftlichen Arbeiten und zur Manuskriptgestaltung; Zur Form bibliographischer Angaben; Zitierweisen; Anlegen einer Kartei, Archivierung im Computer; Recherchieren und Bibliographieren. - Mit zahlreichen nützlichen Hinweisen.

B 80 Bangen, Georg: Die schriftliche Form germanistischer Arbeiten. Empfehlungen für die Anlage und die äußere Gestaltung wissenschaftlicher Manuskripte unter besonderer Berücksichtigung der Titelangaben von Schrifttum. 9., durchges. Aufl. Stuttgart: Metzler, 1990 (Sammlung Metzler, 13).
Anleitung zur Manuskriptgestaltung und Titelaufnahme. Enthält ein *Verzeichnis der wichtigsten Abkürzungen bibliographisch-technischer Ausdrücke.*

B 82 Poenicke, Klaus: Wie verfaßt man wissenschaftliche Arbeiten? Ein Leitfaden vom ersten Studiensemester bis zur Promotion. 2., neubearb. Aufl. Mannheim: Dudenverlag, 1988.

B 84 Eco, Umberto: Wie man eine wissenschaftliche Abschlußarbeit schreibt. 5. Aufl. Heidelberg: C.F. Müller, 1992 (UTB 1512).
Unkonventionelle Anweisungen zum Verfassen von Doktor-, Diplom- und Magisterarbeiten in den Geistes- und Sozialwissenschaften.

1.1 ALLGEMEINE EINFÜHRUNGEN

B 90 - B 110 sind ältere Einführungen, die aber auch unter geändertem Literaturbegriff und gewandelter Methodik in Teilbereichen ihren Wert behalten haben:

B 90 Kayser, Wolfgang: Das sprachliche Kunstwerk. Eine Einführung in die Literaturwissenschaft. 20. Aufl. Tübingen, Basel: Francke, 1992.
1. Aufl. 1948. Enthält zahlreiche noch heute gültige Definitionen von literaturwissenschaftlichen Grundbegriffen.

B 100 Wellek, René; Warren, Austin: Theorie der Literatur. Frankfurt/M.: Athenäum, 1971 (AT 2005; Neuaufl. 1985).
1. Aufl. 1942. Perspektivenreiche Darstellung, die sowohl literaturimmanente wie literaturtranszendierende Fragestellungen berücksichtigt.

B 110 Ingarden, Roman: Das literarische Kunstwerk. Im Anhang: Von den Funktionen der Sprache im Theaterschauspiel. 4., unv. Aufl. Tübingen: Niemeyer, 1972.
1. Aufl. 1931. Beschäftigt sich in erster Linie mit dem Aufbau des literarischen Werkes als mehrschichtigem Gebilde. Wurde für die Herausbildung der Rezeptionsforschung von Bedeutung.

B 120 Grundzüge der Literatur- und Sprachwissenschaft. Bd. 1: Literaturwissenschaft. Hrsg. von Heinz Ludwig Arnold und Volker Sinemus. 2. Aufl. München: dtv, 1974 u.ö. (dtv - WR 4226).
Versuch eines systematischen Aufrisses. Ausführungen über Textkritik und Editionstechnik, Hermeneutik, Ästhetik, Poetik, Rhetorik, Stilistik, Gattungslehre, Methoden der Textanalyse u.a. Enthält im Anhang ein *Glossar literaturwissenschaftlicher Fachausdrücke*.

B 125 Erkenntnis der Literatur. Theorien, Konzepte, Methoden der Literaturwissenschaft. Hrsg. von Dietrich Harth und Peter Gebhardt. Stuttgart: Metzler, 1982.
Behandelt: Strukturprobleme der Literaturwissenschaft; Literaturtheoretische Grundbegriffe; Ästhetische Erfahrung; Theorie der literarischen Produktion; Literarische Kritik; Textkritik; Textauslegung; Literatursoziologie; Literaturgeschichtsschreibung; Literarische Kommunikation; Empirische Literaturwissenschaft; Medienwissenschaft; Fachgeschichte.

B 130 Gutzen, Dieter; Oellers, Norbert; Petersen, Jürgen H.; Einführung in die neuere deutsche Literaturwissenschaft. 6., neugefaßte Aufl. Berlin: E. Schmidt, 1989.

Anleitung zur Textinterpretation (vorwiegend werkimmanent); Darstellung von Text-kritik und Editionstechnik sowie literaturwissenschaftlicher Methoden (Werkimmanenz, Positivismus, Geistesgeschichte, sozialgeschichtliche, psychoanalytische, struktura-listische Literaturwissenschaft). Klare, auf den Anfänger zielende Darstellung.

B 135 Schutte, Jürgen: Einführung in die Literaturinterpretation. 3., überarb. und erw. Aufl. Stuttgart: Metzler, 1993 (Sammlung Metzler, 217).
Literaturaneignung als kommunikative Praxis; produktionsästhetische Analyse; Kate-gorien und Verfahren der Strukturanalyse; rezeptionsästhetische Analyse.

B 140 Schulte-Sasse, Jochen; Werner, Renate: Einführung in die Litera-turwissenschaft. 7., unv. Aufl. München: Fink, 1991 (UTB 640).
Einführung in die Textanalyse unter Anwendung semiotischer Theorien und Analyse-verfahren. Ziel ist die Entschlüsselung des Bedeutungsgehaltes von Literatur als Zeichensystem.

B 150 Link, Jürgen: Literaturwissenschaftliche Grundbegriffe. Eine programmierte Einführung auf strukturalistischer Basis. 4., unv. Aufl. München: Fink, 1990 (UTB 305).
Literatur als Zeichensystem; literarische Verfremdungen; Gattungstheorie; Verslehre.

B 155 Strelka, Joseph P.: Einführung in die literarische Textanalyse. Tübingen: Francke, 1989 (UTB 1508).
Textanalytisches Verfahren auf der Basis von R. Ingardens *Literarischem Kunstwerk* (→ B 110).

B 160 Funk-Kolleg Literatur. Hrsg. von Helmut Brackert und Eberhard Lämmert. 2 Bde. und 2 Bde. Reader. Frankfurt/M.: Fischer, 1976-1978 (Fischer Taschenbuch, 6324-6327).
Auf breitere Rezipientenkreise ausgerichtete Darstellung der Themenbereiche Literatur als Medium der Kommunikation, Textkonstitution, Textauslegung, Rezeption, Litera-turgeschichte, Literaturkritik und Literaturwissenschaft u.a. Der Reader bietet zu den angesprochenen Themenbereichen weiterführende Texte. - Die zweibändige Darstellung bringt die überarbeitete und erweiterte Fassung der gleichnamigen Hörfunksendungen, die 1976/77 über mehrere Sender ausgestrahlt wurden.

B 170 Literaturwissenschaft. Ein Grundkurs. Hrsg. von Helmut Brackert und Jörn Stückrath. Reinbek: Rowohlt, 1992 (re 523).
Beschäftigt sich mit den Themenbereichen Textinterpretation, Literatur als Struktur, Geschichtlichkeit von Literatur, Literarische Institutionen, Funktionsbestimmung von Literatur, Geschichte und Aufgaben der Literaturwissenschaft. - In die Darstellung sind Studienbegleitmaterialien des Funk-Kollegs Literatur (→ B 160) integriert worden.

1.2 EINFÜHRUNGEN IN LITERATURWISSENSCHAFTLICHE METHODEN

B 180 Hauff, Jürgen; Heller, Albrecht; Hüppauf, Bernd u.a.: Methodendiskussion, Arbeitsbuch zur Literaturwissenschaft. 2 Bde. 5. Aufl. Frankfurt/M.: Athenäum, 1987 (AT 2003-2004).
Breit angelegte, fundierte Darstellung von Positivismus, Formalismus und Strukturalismus, Hermeneutik und Marxistischer Literaturtheorie. Jedem Abschnitt sind zur Dokumentation Textauszüge führender Vertreter der einzelnen Methoden beigefügt.

B 190 Zima, Peter V.: Literarische Ästhetik. Methoden und Modelle der Literaturwissenschaft. Tübingen: Francke, 1991 (UTB 1590).
Behandelt die wichtigsten Methoden der Literaturwissenschaft vom russischen Formalismus und New Criticism über die Kritische Theorie, den Prager Strukturalismus, die Rezeptionsästhetik und die Semiotik bis zur Dekonstruktion, zeigt ihre ästhetischen Grundlagen und untersucht sie kritisch.

B 200 Maren-Grisebach, Manon: Methoden der Literaturwissenschaft. 10., unv. Aufl. Tübingen: Francke, 1992 (UTB 121).
Kurzgefaßte, teilweise etwas simplifizierende Darstellung der wichtigsten Methoden seit dem Positivismus.

B 205 Neue Literaturtheorien. Eine Einführung. Hrsg. von Klaus-Michael Bogdal. Wiesbaden: Westdt. Verlag, 1990 (WV studium, 156).
Behandelt neuere methodische Ansätze, z.B. Diskursanalyse, psychoanalytische Verfahren, Rezeptions- und Handlungstheorien, Systemtheorie, feministische Literaturwissenschaft, Dekonstruktivismus u.a.

B 210 Wellbery, David E.: Positionen der Literaturwissenschaft. Acht Modellanalysen am Beispiel von Kleists *Das Erdbeben von Chili*. 3. unv. Aufl. München: Beck, 1993.

B 220 Methoden der deutschen Literaturwissenschaft. Eine Dokumentation. Hrsg. von Viktor Žmegač. Frankfurt/M.: Athenäum, 1971 u.ö. (AT 2001).

→ B 120, B 130.

Zu einzelnen Methoden:

Hier werden nur einige der literaturwissenschaftlichen Methoden genannt. Die methodischen Ansätze, die sich in den 80er und beginnenden 90er Jahren in einer Geschwindigkeit ablösten, die geradezu von einem "Methodenkarussell" sprechen lassen, werden nicht einzeln dokumentiert (→ B 205).

Textkritik und Edition:

B 225 Scheibe, Siegfried (u.a.): Vom Umgang mit Editionen. Eine Einführung in Verfahrensweisen und Methoden der Textologie. Berlin: Akademie-Verlag, 1988.

B 226 Kraft, Herbert: Editionsphilologie. Mit Beiträgen von Jürgen Gregolin, Wilhelm Ott und Gert Vonhoff. Unter Mitarbeit von Michael Billmann. Darmstadt: Wiss. Buchgesellschaft, 1990.

B 227 Kanzog, Klaus: Einführung in die Editionsphilologie der neueren deutschen Literatur. Berlin: E. Schmidt, 1991 (Grundlagen der Germanistik, 31).

Hermeneutik:

B 230 Hufnagel, Erwin: Einführung in die Hermeneutik. Stuttgart: Kohlhammer, 1976 (Urban-Taschenbuch, 233).

B 240 Szondi, Peter: Einführung in die literarische Hermeneutik. Frankfurt/M.: Suhrkamp, 1975 (Studienausgabe der Vorlesungen, stw 124).

Strukturalismus:

B 250 Fietz, Lothar: Strukturalismus. Eine Einführung. 2., überarb. und erw. Aufl. Tübingen: Narr, 1992 (Literaturwissenschaft im Grundstudium, 15).

B 260 Titzmann, Michael: Strukturale Textanalyse. Grundlagen für Theorie und Praxis der Interpretation. 3., unv. Aufl. München: Fink, 1993 (Information und Synthese, 5; UTB 582).

Literatursoziologie:

B 270 Scharfschwerdt, Jürgen: Grundprobleme der Literatursoziologie. Ein wissenschaftsgeschichtlicher Überblick. Stuttgart: Kohlhammer, 1977 (Urban-Taschenbuch, 217).

B 280 Link, Jürgen; Link-Heer, Ursula: Literatursoziologisches Propädeutikum. München: Fink, 1980 (UTB 799).

Rezeptionsforschung:

B 290 Link, Hannelore: Rezeptionsforschung. Eine Einführung in Methoden und Probleme. 2. Aufl. Stuttgart: Kohlhammer, 1980 (Urban-Taschenbuch, 215).

B 300 Grimm, Gunter: Einführung in die Rezeptionsforschung. In: Literatur und Leser. Theorien und Modelle zur Rezeption literarischer Werke. Hrsg. von Gunter Grimm. Stuttgart: Reclam, 1975, S. 11-84.

B 310 Grimm, Gunter: Rezeptionsgeschichte. Grundlegung einer Theorie. Mit Analysen und Bibliographie. München: Fink, 1977 (UTB 691).

B 320 Stückrath, Jörn: Historische Rezeptionsforschung. Ein kritischer Versuch zu ihrer Geschichte und Theorie. Stuttgart: Metzler, 1978.

B 330 Rezeptionsästhetik. Theorie und Praxis. Hrsg. von Rainer Warning. 3., unv. Aufl. München: Fink, 1988 (UTB 303).
Enthält Beiträge von Ingarden, Vodicka, Gadamer, Jauß, Iser u.a.

B 340 Naumann, Manfred u.a.: Gesellschaft, Literatur, Lesen. Literaturrezeption in theoretischer Sicht. 3. Aufl. Berlin, Weimar: Aufbau, 1976 (Akademie der Wissenschaften der DDR. Zentralinstitut für Literaturgeschichte).

Literaturpsychologie:

B 350 Matt, Peter von: Literaturwissenschaft und Psychoanalyse. Eine Einführung. Freiburg: Rombach, 1972 (hochschul paperback, 44).

B 353 Schönau, Walter: Einführung in die psychoanalytische Literaturwissenschaft. Stuttgart: Metzler, 1990 (Sammlung Metzler, 259).

B 355 Reh, Albert M.: Literatur und Psychologie. Bern: Lang, 1986 (Germanistische Lehrbuchsammlung, 72).

B 360 Groeben, Norbert: Literaturpsychologie. Literaturwissenschaft zwischen Hermeneutik und Empirie. Stuttgart: Kohlhammer, 1972 (Sprache und Literatur, 80).

B 365 Psychoanalytische und psychopathologische Literaturinterpretation. Hrsg. von Bernd Urban und Winfried Kudszus. Darmstadt: Wiss. Buchgesellschaft, 1981 (Ars interpretandi, 10).

Literaturwissenschaft und Linguistik:

B 370 Literaturwissenschaft und Linguistik. Ergebnisse und Perspektiven. Hrsg. v. Jens Ihwe. 3 in 4 Bden. Wiesbaden: Athenaion, 1971 bis 1972 (Ars Poetica, Texte, 8).
Bd. 1: Grundlagen und Voraussetzungen; Bd. 2, 1-2 und Bd. 3: Zur linguistischen Basis der Literaturwissenschaft I-II. - *Gekürzte Taschenbuchausgabe*.:

B 380 Literaturwissenschaft und Linguistik. Eine Auswahl. Texte zur Theorie der Literaturwissenschaft. Hrsg. von Jens Ihwe. 2 Bde. Frankfurt/M.: Athenäum/Fischer, 1972-1973 (AT 2015-2016).

Zur allgemeinen Wissenschaftstheorie:

B 390 Seiffert, Helmut: Einführung in die Wissenschaftstheorie. 3 Bde. München: Beck, 1969-1985 u.ö. (Beck'sche Schwarze Reihe, 60-61, 270).
Bd. 1 (10. Aufl. 1983): Sprachanalyse (Logische Propädeutik und Zeichentheorie); Deduktion und Induktion in den Naturwissenschaften. Bd. 2 (8. Aufl. 1983): Geisteswissenschaftliche Methoden (Phänomenologie, Hermeneutik und historische Methode, Dialektik). Bd. 3: Handlungstheorie, Modallogik, Ethik, Systemtheorie.

1.3 HILFSMITTEL ZUR ANALYSE DES EINZELWERKES

→ B 90, B 120, B 130, B 140, B 150, C 550-560.

B 450 Fricke, Harald; Zymner, Rüdiger: Einübung in die Literaturwissenschaft. Parodieren geht über Studieren. 2. Aufl. Paderborn: Schöningh, 1993 (UTB 1616).
Enthält knappe, aber präzise Definitionen der rhetorischen Tropen und Figuren sowie der wichtigsten Termini der Lyrik-, Erzähltext- und Dramenanalyse. Hinweise zum literaturwissenschaftlichen Formulieren, Definieren und Argumentieren (mit Lernzielkontrollen).

B 460 Braak, Ivo: Poetik in Stichworten. Literaturwissenschaftliche Grundbegriffe. Eine Einführung. 7., überarb. und erw. Aufl. Unterägeri: Hirt, 1990 (Hirts Stichwortbücher).
Erläutert Begriffe zum Stil, zur Struktur und zur Gattungsform der Dichtung (in Einzelfällen nicht immer zuverlässig).

B 470 Asmuth, Bernhard; Berg-Ehlers, Luise: Stilistik. 3. Aufl. Opladen: Westdeutscher Verlag, 1978 (Grundstudium Literaturwissenschaft, 5).

B 480 Sowinski, Bernhard: Deutsche Stilistik. Beobachtungen zur Sprachverwendung und Sprachgestaltung im Deutschen. 6. Aufl. Frankfurt/M.: Fischer, 1988 (Fischer Taschenbuch, 6147).

B 485 Sowinski, Bernhard: Stilistik. Stiltheorien und Stilanalysen. Stuttgart: Metzler, 1991 ((Sammlung Metzler, 263).

B 490 Thieberger, Richard: Stilkunde. Bern: Lang, 1989 (Germanistische Lehrbuchsammlung, 59).

B 500 Lausberg, Heinrich: Handbuch der literarischen Rhetorik. Eine Grundlegung der Literaturwissenschaft. 2. Aufl. 2 Bde. München: Hueber, 1973.
Standardwerk. Bd. 1: Darstellung; Bd. 2: Register.

B 510 Lausberg, Heinrich: Elemente der literarischen Rhetorik. Eine Einführung für Studierende der klassischen, romanischen, englischen und deutschen Philologie. 5. Aufl. München: Hueber, 1976.
Stark gekürzte Fassung des *Handbuches*.

Zur Versanalyse:

B 520 Kayser, Wolfgang: Kleine deutsche Versschule. 24., unv. Aufl. Tübingen: Francke, 1992 (UTB 1727).
Behandelt den neueren deutschen Vers.

B 530 Knörrich, Otto: Lexikon lyrischer Formen. Stuttgart: Kröner, 1992 (KTA 479).
Erläutert in alphabetischer Folge Begriffe der Verslehre und gibt kurze Definitionen der lyrischen Textarten. Im Anhang: Tabelle der Versmaße.

B 535 Wagenknecht, Christian: Deutsche Metrik. Eine historische Einführung. 3., durchges. Aufl. München: Beck, 1993.
Behandelt theoretische Voraussetzungen und die Metrik des 15.-20. Jh's.

B 540 Behrmann, Alfred: Einführung in den neueren deutschen Vers. Stuttgart: Metzler, 1989.
Darstellung der aus der antiken und romanischen Tradition kommenden Versmaße, Strophen- und Gedichtformen im historischen Zusammenhang.

B 545 Breuer, Dieter: Deutsche Metrik und Versgeschichte. 2., verb. Aufl. München: Fink, 1991 (UTB 745).

Zur Lyrik :

B 550 Asmuth, Bernhard: Aspekte der Lyrik. Mit einer Einführung in die Verslehre. 7. Aufl. Opladen: Westdeutscher Verlag, 1984 (Grundstudium Literaturwissenschaft, 6).

B 560 Ludwig, Hans-Werner: Arbeitsbuch Lyrikanalyse. 3., unv. Aufl. Tübingen: Narr, 1990 (Literaturwissenschaft im Grundstudium, 3).

B 565 Frank, Horst J.: Wie interpretiere ich ein Gedicht? 2. Aufl. Tübingen: Francke, 1993 (UTB 1639).

B 570 Killy, Walther: Elemente der Lyrik. 2. Aufl. München: Beck, 1972. - *Taschenbuchausgabe*: München: dtv, 1983 (dtv-WR 4417).

Zum Drama:

B 580 Pfister, Manfred: Das Drama. Theorie und Analyse. 7., unv. Aufl. München: Fink, 1992 (Information und Synthese, 3; UTB 580).
Umfassende Darstellung, die auch kommunikationstheoretische Aspekte berücksichtigt. *Mit ausführlicher Bibliographie.*

B 590 Asmuth, Bernhard: Einführung in die Dramenanalyse. 3., durchges. und erg. Aufl. Stuttgart: Metzler, 1990 (Sammlung Metzler, 188).

B 600 Platz-Waury, Elke: Drama u. Theater. Eine Einführung. 3. Aufl. Tübingen: Narr, 1992 (Literaturwissenschaft im Grundstudium, 2).

B 610 Greiner, Norbert; Hasler, Jörg; Kurzenberger, Hajo; Pikulik, Lothar: Einführung ins Drama. Handlung, Figur, Szene, Zuschauer. 2 Bde. München: Hanser, 1982 (Literaturkommentare, 20).

Zur Erzählliteratur:

B 620 Vogt, Jochen: Aspekte erzählender Prosa. Eine Einführung in Erzähltechnik und Romantheorie. 7., neubearb. und erweiterte Aufl. Opladen: Westdeutscher Verlag, 1990 (WV studium, 145).
Über die Erzählung als Fiktion, typische Erzählsituationen, Zeitgerüst, Figurenrede. Mit knappem Abriß der Romantheorie und einer Geschichte des Romans.

B 630 Kahrmann, Cordula; Reiß, Gunter; Schluchter, Manfred: Erzähltextanalyse. Eine Einführung. Mit Studien- und Übungstexten. Königstein: Athenäum, 1986 (Athenäum Taschenbücher, 2184.
Textanalyse unter kommunikationstheoretischem Aspekt (mit Beispielanalysen).

B 640 Behrmann, Alfred: Einführung in die Analyse von Prosatexten. 5., neu bearb. Aufl. Stuttgart: Metzler, 1982 (Sammlung Metzler, 59).

B 645 Arbeitsbuch Romananalyse. Hrsg. von Hans-Werner Ludwig. 4. Aufl. Tübingen: Narr, 1993 (Literaturwiss. im Grundstudium, 12).

B 650 Stanzel, Franz K.: Typische Formen des Romans. 12. Aufl. Göttingen: Vandenhoeck & Ruprecht, 1993 (Kleine Vandenhoeck-Reihe, 1187).

B 660 Lämmert, Eberhard: Bauformen des Erzählens. 8., unv. Aufl. Stuttgart: Metzler, 1983.

Zur Gebrauchsliteratur:

B 670 Belke, Horst: Literarische Gebrauchsformen. Opladen: Westdeutscher Verlag, 1973 (Grundstudium Literaturwissenschaft, 9).

2 EINFÜHRUNGEN IN DIE LITERATURDIDAKTIK

B 710 Bredella, Lothar: Einführung in die Literaturdidaktik. Stuttgart: Kohlhammer, 1976 (Urban-Taschenbuch, 230).

B 720 Kreft, Jürgen: Grundprobleme der Literaturdidaktik. Eine Fachdidaktik im Konzept sozialer und individueller Entwicklung und Geschichte. 2. Aufl. Heidelberg: Quelle & Meyer, 1982 (UTB 714).

B 730 Taschenbuch des Deutschunterrichts. Grundfragen und Praxis der Sprach- und Literaturdidaktik. Hrsg. von Günter Lange. 4., neubearb. und erw. Aufl. Baltmannsweiler: Schneider, 1986.

B 740 Literaturdidaktik. Aussicht und Aufgaben. Hrsg. von Jochen Vogt. 2. Aufl. Opladen: Westdeutscher Verlag, 1973 (Literatur in der Gesellschaft, 10).

B 745 Schiefele, Hans; Stocker, Karl: Literatur-Interesse. Ansatzpunkte einer Literaturdidaktik. Weinheim: Beltz, 1990 (Reihe Pädagogik).

3 EINFÜHRUNGEN IN DIE VERGLEICHENDE LITERATURWISSENSCHAFT

B 750 Komparatistik. Aufgaben und Methoden. Hrsg. von Horst Rüdiger. Stuttgart: Kohlhammer, 1973.
Aufsatzsammlung. Mit kritischer Bibliographie (→ D 3920).

B 760 Kaiser, Gerhard R.: Einführung in die Vergleichende Literaturwissenschaft. Forschungsstand, Kritik, Aufgaben. Darmstadt: Wiss. Buchgesellschaft, 1980.
Zu Gegenstand, Methoden, thematischen und methodischen Differenzierungen des Faches sowie zur Organisation des Studiums. Bibliographie.

B 770 Vergleichende Literaturwissenschaft. Theorie und Praxis. Hrsg. von Manfred Schmeling. Wiesbaden: Athenaion, 1981 (Athenaion Literaturwissenschaft, l6).
Aspektreicher Sammelband, der Beiträge zum Aufgabenbereich, zu Themen und Methoden der Vergleichenden Literaturwissenschaft enthält. Weiterführende Literatur. Namen-, Sachregister.

B 772 Konstantinovic, Zoran: Vergleichende Literaturwissenschaft. Bestandsaufnahme und Ausblicke. Bern: Lang, 1988 (Germanistische Lehrbuchsammlung, 81).

B 775 Zima, Peter V.: Komparatistik. Einführung in die vergleichende Literaturwissenschaft. Tübingen: Francke, 1993 (UTB 1705).

4 EINFÜHRUNGEN IN DIE THEATERWISSENSCHAFT

B 780 Kutscher, Arthur: Grundriß der Theaterwissenschaft. 2. Aufl. München: Desch, 1949.

B 790 Steinbeck, Dietrich: Einleitung in die Theorie und Systematik der Theaterwissenschaft. Berlin: de Gruyter, 1970.

B 800 Knudsen, Hans: Methodik der Theaterwissenschaft. Stuttgart: Kohlhammer, 1971.

B 810 Lazarowicz, Klaus: Theaterwissenschaft heute. München: Kitzinger, 1975 (Münchner Beiträge zur Theaterwissenschaft, Sonderheft).

B 812 Fischer-Lichte, Erika: Semiotik des Theaters. Eine Einführung. 3 Bde. Tübingen: Narr, 1983.
Bd. 1: Das System der theatralischen Zeichen; Bd. 2: Vom "künstlerischen" zum "natürlichen" Zeichen. Theater des Barock und der Aufklärung; Bd. 3: Die Aufführung als Text.

B 814 Theaterwissenschaft heute. Eine Einführung. Hrsg. von Renate Möhrmann. Berlin: Reimer, 1990.

B 815 Berg, Jan: Einführung in die Theaterwissenschaft. Zur Geschichte und Systematik fiktionaler Darstellung in Theater, Film und Fernsehen. Darmstadt: Wiss. Buchgesellschaft, *in Vorber.*

5 EINFÜHRUNGEN IN DIE MEDIENKUNDE
UND MASSENKOMMUNIKATIONSFORSCHUNG

B 820 Schanze, Helmut: Medienkunde für Literaturwissenschaftler. Einführung und Bibliographie. Mitarbeit: Manfred Kammer. München: Fink, 1974 (UTB 302).
Grundbegriffe der Medienanalyse, Darstellung der verschiedenen Medien, zum Verhältnis von Medienkunde und Literaturwissenschaft.

B 821 Waldmann, Werner; Waldmann, Rose: Einführung in die Analyse von Fernsehspielen. Tübingen: Narr, 1980 (Literaturwissenschaft im Grundstudium, 10).

B 823 Hickethier, Knut: Film- und Fernsehanalyse. Stuttgart: Metzler, 1993 (Sammlung Metzler, 277).

B 826 Bolz, Norbert: Theorie der neuen Medien. München: Raben-Verlag, 1990.

B 830 Steinmüller, Ulrich: Kommunkationstheorie. Eine Einführung für Literatur- und Sprachwissenschaftler. Stuttgart: Kohlhammer, 1977 (Urban-Taschenbuch, 257).

B 840 Einführung in die Massenkommunikationsforschung. Hrsg. von Gerhard Maletzke. 2. Aufl. Berlin: Spiess, 1975.
Einführung in Begriffsbildung, Forschungsmethoden und Einzelfragen. Weiterführende Literatur.

B 850 Einführung in die Kommunkationswissenschaft. Der Prozeß der politischen Meinungs- und Willensbildung. Ein Kurs im Medienverbund. 2 Bde. Erarb. von einer Projektgruppe am Institut für Politikwissenschaft der Universität München. 3. Aufl. München: Saur, 1983.

B 860 Feldmann, Erich: Theorie der Massenmedien. Eine Einführung in die Medien- und Kommunikationswissenschaft. 2. Aufl. München, Basel: Reinhardt, 1977 (UTB 180).

B 870 Brendel, Detlef; Grobe, Bernd: Journalistisches Grundwissen. München: Saur, 1976 (UTB 565).
Formen und Mittel journalistischer Arbeit.

B 880 Medien im Unterricht. Intention, Analyse, Methode. Hrsg. von Albert Schnitzer. München: Ehrenwirth, 1977.

6 HANDBÜCHER UND DARSTELLUNGEN ZUR LITERATURWISSENSCHAFT

B 1000 Handbücher und Darstellungen sind eine wichtige Quelle für die bibliographische Ermittlung (→ B 10 - B 20). Ihre Literaturverzeichnisse enthalten in der Regel die wichtigste weiterführende Literatur zum jeweiligen Gegenstand.

6.1 GESAMTDARSTELLUNGEN, KOMPENDIEN, FACHGESCHICHTEN

Gesamtdarstellungen

B 1010 Eine neuere Gesamtdarstellung des Faches Germanistik oder des Fachgebietes Literaturwissenschaft, die den Forschungsstand etwa der achtziger Jahre spiegeln würde, fehlt. Erste Ansätze bieten die Sammelbände *Grundzüge der Sprach- und Literaturwissenschaft* (→ B 120), *Erkenntnis der Literatur* (→ B 125) und - für breitere Rezipientenkreise - der Band *Literaturwissenschaft. Ein Grundkurs* (→ B 170). - Die einzelnen Beiträge der folgenden Gesamtdarstellungen sind von unterschiedlicher Aktualität und Qualität und zum Teil nur noch forschungsgeschichtlich interessant.

B 1020 Grundriß der germanischen Philologie. Unter Mitwirkung zahlreicher Fachgelehrter. Begründet von Hermann Paul. 3., völlig neu bearb. Aufl. Straßburg: Trübner (später: Berlin: de Gruyter), 1911 ff.
Der *Grundriß* umfaßt rd. 20 Bde. mit zahlreichen Teilbänden. Das Fachgebiet Literaturwissenschaft berühren: Bd. 7: Hermann Jellinghaus: Geschichte der mittelniederdeutschen Literatur. 3. Aufl. 1925; Bd. 8: Andreas Heusler: Deutsche Versgeschichte. 3 Bde., 1925-1929 (mehrere Nachdrucke); Bd. 10: Hermann Schneider: Germanische Heldensage. 2 in 3 Bden. 1928-1934 (Bd. 1 in 2. Aufl. 1962); Bd. 13: Bruno Markwardt: Geschichte der deutschen Poetik (→ B 1280); Bd. 14: Friedrich Beißner: Geschichte der deutschen Elegie. 3. Aufl. 1965; Bd. 15-16: Jan de Vries: Altnordische Literaturgeschichte. 2 Bde. 1941-1942 (Bd. 1 in 2. Aufl. 1964); Bd. 17: Deutsche Wortgeschichte. Hrsg. von Friedrich Maurer und Heinz Rupp. 3 Bde. 3. Aufl. 1974; Bd. 20: Wolfgang F. Michael: Das deutsche Drama des Mittelalters. 1971. - In Teilbereichen nur noch von forschungsgeschichtlichem Interesse.

B 1030 Deutsche Philologie im Aufriß. Unter Mitarbeit zahlreicher Fachgelehrter hrsg. von Wolfgang Stammler. 2. Aufl. 3 Bde. und Registerbd. Berlin: E. Schmidt, 1957-1962, 1969 (*mehrere unv. Nachdrucke*).
Abteilung I: Methodenlehre; II: Sprachgeschichte und Mundarten; III, A: Literaturgeschichte in Längsschnitten; III, B: Ausländische Einflüsse; III, C: Sprachkunst in Wirkung und Austausch; III, D: Der Dichter hat das Wort; IV: Kulturkunde und Religionsgeschichte; V: Volkskunde. - *Standardwerk*, mit dem bisher letzten Versuch, das Fach Germanistik in seiner Gesamtheit darzustellen. Spiegelt den Forschungsstand der fünfziger Jahre; in Teilbereichen veraltet.

Kompendien

Grundzüge der Sprach- und Literaturwissenschaft (→ B 120); Erkenntnis der Literatur (→ B 125); Literaturwissenschaft. Ein Grundkurs (→ B 170).

Zur Geschichte des Faches

B 1040 Eine Geschichte des Faches Germanistik bleibt ein dringendes Desiderat. Ältere Darstellungen der Geschichte der deutschen Philologie behandeln die Literaturwissenschaft nur am Rande oder reichen, wie die Arbeiten von Lempicki (→ B 1050) und Weimar (→ B 1080), nicht bis in die neueste Zeit. Andere wieder, so Wellek (→ B 1070), sind thematisch zu stark eingegrenzt. Auch die Einführungen in die literaturwissenschaftlichen Methoden (→ B 180 ff.) beleuchten nur Teilaspekte der Fachgeschichte. Vgl. auch B 125.

B 1050 Lempicki, Sigmund von: Geschichte der deutschen Literaturwissenschaft bis zum Ende des 18. Jahrhunderts. 2. Aufl. Göttingen: Vandenhoeck & Ruprecht, 1968.
Um Register vermehrter Nachdruck der ersten Auflage von 1920.

B 1060 Dünninger, Josef: Geschichte der deutschen Philologie. In: Deutsche Philologie im Aufriß (→ B 1030), Bd. 1, Sp. 83-222.

B 1070 Wellek, René: Geschichte der Literaturkritik. 1750-1950. 4 Bde. Berlin: de Gruyter, 1959ff. (Komparatistische Studien, 5-7, 15).
Bd. 1 (1959): Das späte 18. Jahrhundert. Das Zeitalter der Romantik; Bd. 2 (1977): Das Zeitalter des Übergangs; Bd. 3 (1977): Das späte 19. Jahrhundert; Bd. 4: Das 20. Jahrhundert, Teil 1 (1990): Die englische und die amerikanische Literaturkritik 1900-1950.

B 1075 Geschichte der deutschen Literaturkritik (1730-1980). Hrsg. von Peter Uwe Hohendahl. Stuttgart: Metzler, 1985.

B 1080 Weimar, Klaus: Geschichte der deutschen Literaturwissenschaft bis zum Ende des 19. Jahrhunderts. München: Fink, 1989.
Behandelt die Entwicklung von Literaturkritik und Literaturwissenschaft vom 16. Jahrhundert an, verbunden mit der Universitätsgeschichte und eingebettet in die Geschichte des Literaturunterrichts.

Dokumentationsbände:

B 1090 Eine Wissenschaft etabliert sich. 1810-1870. Mit einer Einführung hrsg. von Johannes Janota. Tübingen: Niemeyer, 1980 (Texte zur Wissenschaftsgeschichte der Germanistik III; Deutsche Texte, 53).

B 1100 Materialien zur Ideologiegeschichte der deutschen Literaturwissenschaft. Von Wilhelm Scherer bis 1945. Mit einer Einführung hrsg. von Gunter Reiss. 2 Bde. Tübingen: Niemeyer, 1973 (Deutsche Texte, 21-22; *auch* dtv - WR 4260-4261).

Die Entwicklung der Germanistik seit den 1960er Jahren findet ihre Darstellung in:

B 1111 Lämmert, Eberhard: Das überdachte Labyrinth. Ortsbestimmungen der Literaturwissenschaft. 1960-1990. Stuttgart: Metzler, 1991.

B 1112 Kultureller Wandel und die Germanistik in der Bundesrepublik. Vorträge des Augsburger Germanistentags 1991. Hrsg. von Johannes Janota. 4 Bde. Tübingen: Niemeyer, 1993.
Bd. 1: Vielfalt der kulturellen Systeme und Stile; Bd. 2: Germanistik und Deutschunterricht im historischen Wandel; Bd. 3: Methodenkonkurrenz in der germanistischen Praxis; Bd. 4: Germanistik, Deutschunterricht und Kulturunterricht.

Vgl. auch B 3300.

Zur gegenwärtigen Diskussion:

B 1115 Wozu noch Germanistik? Wissenschaft - Beruf - Kulturelle Praxis. Hrsg. von Jürgen Förster, Eva Neuland und Gerhard Rupp. Stuttgart: Metzler, 1989.

B 1116 Wozu Literaturwissenschaft? Kritik und Perspektiven. Hrsg. von Frank Griesheimer und Alois Prinz. Tübingen: Francke, 1992 (UTB 1640).

B 1118 Zur Organisation des Germanistikstudiums in den 90er Jahren. In: Mitteilungen des Deutschen Germanistenverbandes 3, 1993, S. 3-43.
Diskussionsbeiträge zur Studienstrukturreform der Germanistik (auch vor dem Hintergrund der Einführung von Regelstudienzeiten).

Zur Situation der Germanistik im englischsprachigen Raum:

B 1120 Challenges of Germanistik / Germanistik weltweit? Zur Theorie und Praxis des Disziplinrahmens. Hrsg. von Eitel Timm. München: Iudicium, 1992.

6.2 LITERATURGESCHICHTEN

6.2.1 ZUR GESCHICHTE DER DEUTSCHEN LITERATUR

B 1150 Neuere umfassende Darstellungen der deutschen Literaturgeschichte erscheinen seit nunmehr gut dreißig Jahren. Von daher sind die Einzelbände nicht immer auf dem neuesten Forschungsstand, noch wird eine einheitliche methodische Linie eingehalten. Die älteren Literaturgeschichten - das gilt auch für die Epochendarstellungen (Abschn. 6.2.3) - sind meist aus geistesgeschichtlicher Sicht geschrieben. Erst die neueren, in den siebziger Jahren gestarteten Unternehmen berücksichtigen auch sozialliterarische bzw. literatursoziologische Fragestellungen.

B 1160 Geschichte der deutschen Literatur von den Anfängen bis zur Gegenwart. Begründet von Helmut de Boor und Richard Newald. München: Beck, 1949ff.

Von unterschiedlichen methodischen Standpunkten geschrieben. *Bis Frühjahr 1994*: Bd. I (9. Aufl. 1979): Boor, Helmut de: Die deutsche Literatur von Karl dem Großen bis zum Beginn der höfischen Dichtung. 770-1170. - Bd. II (11. Aufl. 1991; bearb. von Ursula Hennig): Boor, Helmut de: Die höfische Literatur. Vorbereitung, Blüte, Ausklang. 1170-1250. - Bd. III, 1 (5. Aufl. 1987; bearb. von Johannes Janota): Boor, Helmut de: Die deutsche Literatur im späten Mittelalter. Zerfall und Neubeginn. 1250 bis 1400. - Bd. III, 2 (1987): Reimpaargedichte, Drama, Prosa (1350-1370). Hrsg. von Ingeborg Glier. - Bd. IV, 1 (2. Aufl. 1994; neu bearb. von Hedwig Heger): Rupprich, Hans: Die deutsche Literatur vom späten Mittelalter bis zum Barock (Das ausgehende Mittelalter, Humanismus und Renaissance. 1370-1520); Bd. IV, 2 (1973): Rupprich, Hans: Die deutsche Literatur vom späten Mittelalter bis zum Barock (Das Zeitalter der Reformation. 1520-1570). - Bd. V (6. Aufl. 1967): Newald, Richard: Die deutsche Literatur vom Späthumanismus zur Empfindsamkeit. 1570-1750. - Bd. VI (1990): Jørgensen, Sven Aage; Bohnen, Klaus; Øhrgaard, Per: Aufklärung, Sturm und Drang, Frühe Klassik. - Bd. VII, 1-2 (1983-1989): Schulz, Gerhard: Die deutsche Literatur zwischen Französischer Revolution und Restauration (1789-1815/16).

B 1170 Geschichte der deutschen Literatur von den Anfängen bis zur Gegenwart. Hrsg. von Klaus Gysi, Kurt Böttcher u.a. Berlin: Volk und Wissen, 1960ff.

Darstellung aus *marxistischer* Sicht. *Bis Frühjahr 1994*: Bd. I, 1-2 (4. Aufl. 1983): Von den Anfängen bis 1160; Bd. II (1990): Mitte des 12. bis Mitte des 13. Jh's; Bd. IV (3. Aufl. 1983): 1480-1600; Bd. V (1962): 1600 bis 1700; Bd. VI (1979): Vom Ausgang des 17. Jh's. bis 1789; Bd. VII (1978): 1789 bis 1830; Bd. VIII, 1-2 (1975): Von 1830 bis zum Ausgang des 19. Jh's.; Bd. IX (2. Aufl. 1985): Vom Ausgang des 19. Jh's. bis 1917; Bd. X (2. Aufl. 1978): 1917 bis 1945; Bd. XI (2. Aufl. 1977): Literatur der DDR; Bd. XII (1983): Literatur der Bundesrepublik Deutschland.

B 1180 Handbuch der deutschen Literaturgeschichte. Bern, München: Francke, 1969ff.

Bd. 2 (1971): Gaede, Friedrich: Humanismus, Barock, Aufklärung. Geschichte der deutschen Literatur vom 16. bis zum 18. Jahrhundert. - Bd. 4 (1973): Just, Klaus Günter: Von der Gründerzeit bis zur Gegenwart. Geschichte der deutschen Literatur seit 1871. - *Mehr nicht erschienen.*

B 1190 Geschichte der deutschen Literatur von den Anfängen bis zur Gegenwart. Stuttgart: Reclam, 1965 ff.

Bd. 1 (1980): Wehrli, Max: Vom frühen Mittelalter bis zum Ende des 16. Jh's. - Bd. 2 (1965): Kohlschmidt, Werner: Geschichte der deutschen Literatur vom Barock bis zur Klassik. - Bd. 3 (1974): Kohlschmidt, Werner: Von der Romantik bis zum späten Goethe. - Bd. 4 (1975): Kohlschmidt, Werner: Geschichte der deutschen Literatur vom Jungen Deutschland bis zum Naturalismus. - Bd. 5 (1978): Lehnert, Herbert: Geschichte der deutschen Literatur vom Jugendstil zum Expressionismus. - *Mehr nicht erschienen.*

B 1200 Geschichte der deutschen Literatur vom 18. Jahrhundert bis zur Gegenwart. Hrsg. von Victor Žmegač. 3 Bde. Königstein: Athenäum, 1979-1985. - *Taschenbuchausgabe:* 6 Bde. Ebd. 1984-1985 u.ö.
Aus *literatursoziologischer* Sicht. - Bd. 1,1 (2. Aufl. 1984): Von 1670 bis zur Spätaufklärung; Bd. 1,2 (2. Aufl. 1984): Von der Klassik bis zur Märzrevolution; Bd. 2 (2. Aufl. 1985): Von 1848 bis zum Ersten Weltkrieg; Bd. 3 (1985): 1918 bis zur Gegenwart.

B 1210 Hansers Sozialgeschichte der deutschen Literatur. Hrsg. von Rolf Grimminger. München: Hanser, 1980ff. - *Taschenbuchausgabe:* München: dtv, 1980ff.
Wird die Geschichte der deutschen Literatur vom 16. Jahrhundert bis zur Gegenwart aus *literatursoziologischer* Sicht darstellen und eine Verknüpfung von Lebenspraxis, Alltagswelt und philosophisch-ästhetischer Kultur anstreben. - *Bis Frühjahrr 1994* (geplant sind 12 Bde.): Bd. 3 (1980): Deutsche Aufklärung bis zur Französischen Revolution (1680-1789). Hrsg. von Rolf Grimminger; Bd. 4 (1987): Ueding, Gerd: Klassik und Romantik (1789-1815); Bd. 10 (1986): Literatur in der Bundesrepublik Deutschland bis 1967. Hrsg. von Ludwig Fischer; Bd. 11 (1983): Die Literatur der DDR. Hrsg. von Hans-Jürgen Schmitt; Bd. 12 (1992): Gegenwartsliteratur seit 1968. Hrsg. von Klaus Briegleb und Sigrid Weigel.

B 1220 Deutsche Literatur. Eine Sozialgeschichte. Von den Anfängen bis zur Gegenwart. Hrsg. von Horst Albert Glaser. Reinbek: Rowohlt, 1980 ff. (rororo Handbuch 6250 ff.).
Strebt Verbindung von Sozialgeschichte und Literaturgeschichte an. - *Bis Frühjahr 1994* (geplant sind 10 Bde.): Bd. 1 (1988): Aus der Mündlichkeit in die Schriftlichkeit. Höfische und andere Literatur. 750-1320; Bd. 2 (1991): Von der Handschrift zum Buchdruck. Spätmittelalter, Reformation, Humanismus. 1320-1572; Bd. 3 (1985): Zwischen Gegenreformation und Frühaufklärung: Späthumanismus, Barock. 1572 bis 1740; Bd. 4 (1980): Zwischen Absolutismus und Aufklärung: Rationalismus, Empfindsamkeit, Sturm und Drang. 1740-1786; Bd. 5 (1980): Zwischen Revolution und Restauration: Klassik, Romantik. 1786-1815; Bd. 6 (1980): Vormärz: Biedermeier, Junges Deutschland, Demokraten. 1815-1848; Bd. 7 (1981): Vom Nachmärz zur Gründerzeit: Realismus. 1848-1880; Bd. 8 (1982): Jahrhundertwende: Vom Naturalismus zum Expressionismus. 1880-1918; Bd. 9 (1983): Weimarer Republik - Drittes Reich: Avantgardismus, Parteilichkeit, Exil. 1918-1945.

B 1230 Geschichte der deutschen Literatur. Kontinuität und Veränderung. Vom Mittelalter bis zur Gegenwart. Hrsg. von Ehrhard Bahr. 3 Bde. Tübingen: Francke, 1987-1988 (UTB 1463-1465).
Autorenorientierte, teilweise recht knappe Darstellung. - Bd. 1 (1987): Vom Mittelalter bis zum Barock; Bd. 2 (1988): Von der Aufklärung bis zum Vormärz; Bd. 3 (1988): Vom Realismus bis zur Gegenwartsliteratur.

B 1240 Deutsche Dichter. Leben und Werk deutschsprachiger Autoren. Hrsg. von Gunter E. Grimm und Frank Rainer Max. 8 Bde. Stuttgart: Reclam, 1988-1990. - Einbändige Ausg. im Lexikonformat: Ebd. 1993.
Nach Autoren gegliederte Darstellung. Bd. 1 (1989): Mittelalter; Bd. 2 (1989): Reformation, Renaissance und Barock; Bd. 3 (1988): Aufklärung und Empfindsamkeit; Bd. 4 (1989): Sturm und Drang, Klassik; Bd. 5 (1989) Romantik, Biedermeier und Vormärz; Bd. 6 (1989) Realismus, Naturalismus und Jugendstil; Bd. 7 (1988): Vom Beginn bis zur Mitte des 20. Jahrhunderts; Bd. 8 (1990): Gegenwart.

B 1250 Deutsche Literatur von Frauen. Hrsg. von Gisela Brinker-Gabler. 2 Bde. München: Beck, 1988.
Als Korrektiv zur bisherigen Literaturgeschichtsschreibung, die den weiblichen Anteil an der Literaturproduktion häufig genug nicht ausreichend berücksichtigte. Bd. 1: Vom Mittelalter bis zum Ende des 18. Jh's.; Bd. 2: 19. und 20. Jh.

B 1270 Geschichte der deutschen Kinder- und Jugendliteratur. Unter Mitarb. von Otto Brunken u.a. hrsg. von Reiner Wild. Stuttgart: Metzler, 1990.
Zusammenhängende Darstellung der Geschichte der Kinder- und Jugendliteratur von den Anfängen im Spätmittelalter bis zur Gegenwart. Behandelt auch Kindermedien wie Kassette, Film, Fernsehen und Video. Knappe Literaturhinweise.

Literaturgeschichtsschreibung unter besonderen Gesichtspunkten:

B 1280 Englisch, Paul: Geschichte der erotischen Literatur. 3. Aufl. Wiesbaden: Fourier, 1987.
Standardwerk. Unv. Nachdruck der 1. Aufl. 1927. - Ein Ergänzungsband mit dem Titel *Irrgarten der Erotik* erschien 1931 (mehrere Nachdrucke).

B 1281 Schlaffer, Heinz: Musa iocosa. Gattungspoetik und Gattungsgeschichte der erotischen Dichtung in Deutschland. Stuttgart: Metzler, 1971.

B 1282 Hyde, Montgomery: Geschichte der Pornographie. Eine wissenschaftliche Studie. Stuttgart: Günther, 1965.

B 1290 Markwardt, Bruno: Geschichte der deutschen Poetik. 5 Bde. Berlin: de Gruyter, 1937-1966 (Grundriß der german. Philologie, 13).

Umfassende Darstellung zur Geschichte der Poetik und Gattungstheorie. Ausgesprochen materialreich. - *Bandgliederung:* Bd. 1 (3. Aufl. 1964): Barock und Frühaufklärung; Bd. 2 (2. Aufl. 1970): Aufklärung, Rokoko, Sturm und Drang; Bd. 3 (2. Aufl. 1971): Klassik und Romantik; Bd. 4 (1959): Das 19. Jahrhundert; Bd. 5 (1967): Das 20. Jahrhundert. - Ergänzungsbd. zur Gegenwart geplant.

B 1295 Böckmann, Paul: Formgeschichte der deutschen Dichtung. Bd. 1: Von der Sinnbildsprache zur Ausdruckssprache. Der Wandel der literarischen Formensprache vom Mittelalter zur Neuzeit. 4. Aufl. Hamburg: Hoffmann und Campe, 1973 (mehr nicht erschienen).
Versuch, Literaturgeschichte im Formenwandel sichtbar zu machen.

B 1300 Rosenthal, Erwin Theodor: Deutschsprachige Literatur des Auslands. Bern: Lang, 1989 (Germanistische Lehrbuchsammlung, 84).
Behandelt: Elsaß, Südliches Afrika, Kanada, Australien, Israel, Brasilien, Argentinien, Rumänien.

Kompendien, knappe Darstellungen zur ersten Information:

B 1310 Martini, Fritz: Deutsche Literaturgeschichte. Von den Anfängen bis zur Gegenwart. 19., erw. Aufl. (in Zusammenarbeit mit Angela Martini-Wonde). Stuttgart: Kröner, 1991 (KTA 196).

B 1320 Fricke, Gerhard; Schreiber, Mathias: Geschichte der deutschen Literatur. Neubearb. Paderborn: Schöningh, 1988.

B 1330 Beutin, Wolfgang u.a.: Deutsche Literaturgeschichte. Von den Anfängen bis zur Gegenwart. 4., überarb. Aufl. Stuttgart: Metzler, 1993.
Darstellung mit starker Betonung der Literatur des 20. Jh's (über die Hälfte des Bandes). Mit tabellarischen Überblicken.

B 1335 Žmegač, Viktor; Škreb, Zdenko; Sekulić, Ljerka: Kleine Geschichte der deutschen Literatur. Von den Anfängen bis zur Gegenwart. 3. Aufl. Frankfurt/M.: Hirschgraben, 1986.

Datensammlungen:

B 1360 Frenzel, Herbert A.; Frenzel, Elisabeth: Daten deutscher Dichtung. Chronologischer Abriß der deutschen Literaturgeschichte. 2 Bde. 26. Aufl. München: dtv, 1991 u.ö. (dtv 3101-3102).

B 1365 Meid, Volker: Metzler Literatur Chronik. Werke deutschsprachiger Autoren. Stuttgart: Metzler, 1993.

Literaturgeschichte in Bildern:

B 1370 Könneke, Gustav: Bilderatlas zur Geschichte der deutschen Nationalliteratur. 2. Aufl. Marburg: Elwert, 1895.

B 1380 Wilpert, Gero von: Deutsche Literatur in Bildern. 2. Aufl. Stuttgart: Kröner, 1965.

B 1390 Deutsche Literaturgeschichte in Bildern. Eine Darstellung von den Anfängen bis zur Gegenwart. Hrsg. von Günter Albrecht, Kurt Böttcher u.a. 2 Bde. Leipzig: Bibliographisches Institut, 1969-1971.

B 1400 Deutsche Schriftsteller im Porträt. 6 Bde. München: Beck, 1979 bis 1984 (Beck'sche Schwarze Reihe).
Bd. 1 (1979): Das Zeitalter des Barock. Hrsg. von Martin Bircher; Bd. 2 (1980): Das Zeitalter der Aufklärung. Hrsg. von Jürgen Stenzel; Bd. 3 (1980): Sturm und Drang, Klassik, Romantik. Hrsg. von Jörn Göres; Bd. 4 (1981): Das 19. Jahrhundert. Hrsg. von Hiltrud Häntzschel; Bd. 5 (1983): Jahrhundertwende. Hrsg. von Hans-Otto Hügel; Bd. 6 (1984): Expressionismus und Weimarer Republik. Hrsg. von Karl-Heinz Habersetzer. - *Nicht fortgesetzt.*

B 1410 Epochen der deutschen Literatur in Bildern. Stuttgart: Kröner, 1986ff.
Bis Frühjahr 1994: Schlaffer, Hannelore: Klassik und Romantik (1986).

6.2.2 ZUR GESCHICHTE DER WELTLITERATUR

B 1420 Neues Handbuch der Literaturwissenschaft. Hrsg. von Klaus von See. 25 Bde. Wiesbaden: Athenaion/Aula (*auch* Darmstadt: Wiss. Buchgesellschaft), 1972 ff.
Bis Frühjahr 1994 (die deutsche Literatur betreffend): Bd. 6 (1985): Europäisches Frühmittelalter; Bd. 7 (1981): Europäisches Hochmittelalter; Bd. 8 (1978): Europäisches Spätmittelalter; Bd. 9-10 (1972): Renaissance und Barock I-II; Bd. 11-13 (1974 bis 1984): Europäische Aufklärung I-III; Bd. 14-16 (1982-1985): Europäische Romantik I-III; Bd. 17 (1980): Europäischer Realismus; Bd. 18-19 (1976): Jahrhundertende - Jahrhundertwende I-II; Bd. 20 (1983): Zwischen den Weltkriegen; Bd. 21-22 (1979): Literatur nach 1945 I-II; Bd. 25 (*in Vorber.*): Literaturwissenschaftliche Methodik, Gesamtregister.

Einbändige Darstellung aus literatursoziologischer Sicht:

B 1430 Hauser, Arnold: Sozialgeschichte der Kunst und Literatur. München: Beck, 1953. - Sonderausgabe: Ebd. 1983.
Behandelt die deutsche Literatur im europäischen Kontext.

Darstellung der Literatur im Rahmen der Kulturgeschichte:

B 1440 Handbuch der Kulturgeschichte. 40 Bde. Wiesbaden: Athenaion, 1960ff. (Abteilung I: Zeitalter deutscher Kultur).
Krogmann, Willy: Die Kultur der alten Germanen I. Hrsg. von Eugen Thurnher (1978); Zeeden, Ernst W.: Deutsche Kultur in der frühen Neuzeit (1970); Flemming, Willy: Deutsche Kultur im Zeitalter des Barock (1970); Ermatinger, Emil: Deutsche Kultur im Zeitalter der Aufklärung. Bearb. von Eugen Thurnher und Paul Stapf (1970); Bruford, Walter H.: Deutsche Kultur der Goethezeit (1970); Buchheim, Karl: Deutsche Kultur zwischen 1830 und 1870 (1970); Kramer, Hans: Deutsche Kultur zwischen 1871 und 1918 (1971); Schwarz, Dietrich W.: Die Kultur der Schweiz (1970).

6.2.3 LITERATURGESCHICHTEN NACH EPOCHEN

Mittelalter

→ B 1160 (Bd. I-IV), B 1170 (Bd. I, 1-2), B 1190 (Bd. 1), B 1200 (Bd. 1), B 1230, B 1250, B 1410, B 1420 (Bd. 8).

B 1480 Weddige, Hilkert: Einführung in die germanistische Mediävistik. 2., durchges. Aufl. München: Beck, 1992.
Einführung in die deutsche Literatur des Mittelalters.

B 1490 Geschichte der deutschen Literatur von den Anfängen bis zum Beginn der Neuzeit. Hrsg. von Joachim Heinzle. Bd. 1ff. Frankfurt/M.: Athenäum (*jetzt:* Tübingen: Niemeyer), 1984ff.
Bis Frühjahr 1994: Bd. 1, 1 (1988; 2., durchges. Aufl. in Vorber.): Haubrichs, Wolfgang: Die Anfänge. Versuche volkssprachiger Schriftlichkeit im frühen Mittelalter (ca. 700-1050/60); Bd. 1, 2 (1986; 2., durchges. Aufl. in Vorber.): Vollmann-Profe, Gisela: Wiederbeginn im hohen Mittelalter; Bd. 2, 2 (1984; 2., durchges. Aufl. in Vorber.): Heinzle, Joachim: Vom hohen zum späten Mittelalter. Wandlungen und Neuansätze im 13. Jh. (1220/30-1280/90).

B 1500 Bertau, Karl: Deutsche Literatur im europäischen Mittelalter. 2 Bde. München: Beck, 1972-1973.
Bd. 1: 800-1197; Bd. 2: 1195-1220.

B 1510 Nagel, Bert: Staufische Klassik. Deutsche Dichtung um 1200. Heidelberg: Stiehm, 1977.
Mit Zeittafel und umfangreicher Bibliographie.

B 1520 Kartschoke, Dieter: Geschichte der deutschen Literatur im frühen Mittelalter. München: dtv, 1989.

B 1521 Bumke, Joachim: Geschichte der deutschen Literatur im hohen Mittelalter. München: dtv, 1989.

B 1522 Cramer, Thomas: Geschichte der deutschen Literatur im späten Mittelalter. München: dtv, 1989.

B 1530 Nusser, Peter: Deutsche Literatur im Mittelalter. Lebensformen, Wertvorstellungen und literarische Entwicklungen. Stuttgart: Kröner, 1992 (KTA 480).

B 1540 Ehrismann, Gustav: Geschichte der deutschen Literatur bis zum Ausgang des Mittelalters. 2 Teile in 4 Bden. München: Beck, 1918-1935 (Handbuch des deutschen Unterrichts, 6 [Nachdruck: ebda. 1959 u.ö.]).
Ältere Darstellung, die wegen ihrer ausführlichen Inhaltsangaben und reichhaltigen bibliographischen Hinweise immer noch brauchbar ist.

Zur Entwicklung der mittellateinischen Literatur:

B 1600 Manitius, Max: Geschichte der lateinischen Literatur des Mittelalters. 3 Bde. München: Beck, 1911-1931 (Handbuch der Altertumswissenschaft, IX, 2 [Nachdruck: ebda. 1973-1976]).
Standardwerk. Bd. 1: Von Justinian bis zur Mitte des 10. Jahrhunderts; Bd. 2: Von der Mitte des 10. Jahrhunderts bis zum Ausbruch des Kampfes zwischen Kirche und Staat; Bd. 3: Vom Ausbruch des Kirchenstreites bis zum Ende des 12. Jahrhunderts.

B 1610 Brunhölzl, Franz: Geschichte der lateinischen Literatur des Mittelalters. Bd. 1 ff. München: Fink, 1975 ff.
Bis Frühjahr 1994: Bd. 1: Von Cassiodor bis zum Ausklang der karolingischen Erneuerung.

B 1620 Langosch, Karl: Lateinisches Mittelalter. Einführung in Sprache und Literatur. 4. Aufl. Darmstadt: Wiss. Buchgesellschaft, 1983.

15. / 16. Jahrhundert

→ B 1160 (Bd. IV), B 1170 (Bd. IV), B 1180 (Bd. 2), B 1190 (Bd. 1), B 1220 (Bd. 3), B 1230 (Bd. 1), B 1240 (Bd. 2), B 1250, B 1410, B 1420 (Bd. 9-10).

B 1630 Deutsche Dichter der frühen Neuzeit (1450-1600). Ihr Leben und Werk. Hrsg. von Stephan Füssel. Berlin: E. Schmidt, 1993.
Sammlung von Einzeldarstellungen zu den bedeutendsten Autoren. Mit weiterführender Bibliographie.

Einführungen:

B 1640 Könneker, Barbara: Die Literatur der Reformationszeit. Kommentar zu einer Epoche. München: Winkler, 1975.
Mit Zeittafel und umfangreicher Bibliographie.

B 1650 Bernstein, Eckhard: Die Literatur des deutschen Frühhumanismus. Stuttgart: Metzler, 1978 (Sammlung Metzler, 168).
Mit reichhaltigen bibliographischen Angaben.

B 1655 Könneker, Barbara: Satire im 16. Jahrhundert. München: Beck, 1991 (Arbeitsbücher zur Literaturgeschichte).

Zur neulateinischen Literatur:

B 1660 Ellinger, Georg: Geschichte der neulateinischen Literatur Deutschlands im 16. Jahrhundert. 3 Bde. Berlin: de Gruyter, 1929-1933.
Bd. 1: Italien und der deutsche Humanismus in der neulateinischen Lyrik; Bd. 2: Die neulateinische Lyrik Deutschlands in der ersten Hälfte des 16. Jahrhunderts; Bd. 3, 1: Geschichte der neulateinischen Lyrik in den Niederlanden. *Mehr nicht erschienen.*

1 7. J a h r h u n d e r t

→ B 1160 (Bd. V), B 1170 (Bd. V), B 1180 (Bd. 2), B 1190 (Bd. 2), B 1230 (Bd. 1), B 1240 (Bd. 2), B 1250, B 1410, B 1420 (Bd. 9-10).

B 1710 Deutsche Dichter des 17. Jahrhunderts. Ihr Leben und Werk. Hrsg. von Harald Steinhagen und Benno von Wiese. Berlin: E. Schmidt, 1984.
Sammlung von Einzeldarstellungen zu den bedeutendsten Autoren des Barock. Mit weiterführender Bibliographie.

B 1712 Szyrocki, Marian: Die deutsche Literatur des Barock. Eine Einführung. Stuttgart: Reclam, 1979 u.ö. (RUB 9924).

B 1715 Hoffmeister, Gerhart: Deutsche und europäische Barockliteratur. Stuttgart: Metzler, 1987 (Sammlung Metzler, 234).
Einführung und Überblick.

1 8. J a h r h u n d e r t (Aufklärung bis Romantik)

→ B 1160 (Bd. V-VII), B 1170 (Bd. VI bis VIII), B 1180 (Bd. 2), B 1190 (Bd. 3-4), B 1200 (Bd. 1), B 1210 (Bd. 3), B 1220 (Bd. IV-V), B 1230 (Bd. 2), B 1240 (Bd. 3), B 1250, B 1410, B 1420 (Bd. 11).

B 1720 Korff, Hermann August: Geist der Goethezeit. Versuch einer ideellen Entwicklung der klassisch-romantischen Literaturgeschichte. 4 Bde. und Registerbd. 8./9. Aufl. Leipzig: Köhler & Amelang, 1974 (1. Aufl. 1923-1953).
Darstellung aus *ideengeschichtlicher* Sicht. Bd. 1: Sturm und Drang; Bd. 2: Klassik; Bd. 3: Frühromantik; Bd. 4: Hochromantik.

B 1730 Kaiser, Gerhard: Aufklärung, Empfindsamkeit, Sturm und Drang. 4., unv. Aufl. München: Francke, 1991 (UTB 484).

B 1740 Balet, Leo; Gerhard, E.: Die Verbürgerlichung der deutschen Kunst, Literatur und Musik im 18. Jahrhundert. Frankfurt/M.: Ullstein, 1973 (Ullstein-Buch, 35133 [Nachdruck der Ausgabe Baden-Baden 1936]).
Darstellung aus *literatursoziologischer* Sicht. Nachdruck mit Einleitung und *umfangreicher Bibliographie* versehen.

B 1750 Deutsche Dichter des 18. Jahrhunderts. Ihr Leben und Werk. Hrsg. von Benno von Wiese. Berlin: E. Schmidt, 1977.
Sammlung von Einzeldarstellungen zu den bedeutendsten Autoren der Zeit. Ähnlich:

B 1760 Deutsche Dichter der Romantik. Ihr Leben und Werk. Hrsg. von Benno von Wiese. 2. Aufl. Berlin: E. Schmidt, 1981.

B 1770 Deutsche Literatur zur Zeit der Klassik. Hrsg. von Karl Otto Conrady. Stuttgart: Reclam, 1977.

B 1775 Eichner, Hans: Deutsche Literatur im klassisch-romantischen Zeitalter I, 1795-1805, 1. Teil. Bern: Lang, 1990 (Germanistische Lehrbuchsammlung, 36).

B 1780 Hettner, Hermann: Literaturgeschichte des achtzehnten Jahrhunderts. 3 Teile in 6 Bden. 5. Aufl. Braunschweig: Vieweg, 1893-1894.
Ältere Darstellung, die wegen ihres Materialreichtums immer noch brauchbar ist: Teil 3 (= 4 Bde.): Die deutsche Literatur im 18. Jh.

Teilbereiche:

B 1810 Sauder, Gerhard: Empfindsamkeit. 3 Bde. Stuttgart: Metzler, 1974ff.
Bd. 1: Voraussetzungen und Elemente (1974); Bd. 2: Ästhetische, literarische und soziale Aspekte (in Vorber.); Bd. 3: Quellen und Dokumente (1980).

B 1815 Wegmann, Nikolaus: Diskurse der Empfindsamkeit. Zur Geschichte eines Gefühls in der Literatur des 18. Jahrhunderts. Stuttgart: Metzler, 1988, 182 S.

B 1820 Pascal, Roy: Der Sturm und Drang. 2. Aufl. Stuttgart: Kröner, 1977.

B 1825 Seibert, Peter: Der Literarische Salon. Literatur und Geselligkeit zwischen Aufklärung und Vormärz. Stuttgart: Metzler, 1993.

Einführungen in einzelne Strömungen und Epochen:

B 1827 Alt, Peter-André: Tragödie der Aufklärung. Tübingen: Francke, 1994 (UTB 1781).

B 1830 Anger, Alfred: Literarisches Rokoko. 2. Aufl. Stuttgart: Metzler, 1968 (Sammlung Metzler, 25).

B 1832 Sturm und Drang. Ein literaturwissenschaftliches Studienbuch. Hrsg. von Walter Hinck. Kronberg: Athenäum, 1978 (AT 2133).

B 1835 Stephan, Inge: Literarischer Jakobinismus in Deutschland (1789 bis 1806). Stuttgart: Metzler, 1976 (Sammlung Metzler, 150).

B 1840 Borchmeyer, Dieter: Die Weimarer Klassik. Eine Einführung. 2 Bde. Königstein/Ts.: Athenäum, 1980.

B 1842 Lange, Victor: Das klassische Zeitalter der deutschen Literatur. 1740-1815. München: Winkler, 1983.

B 1845 Romantik. Ein literaturwissenschaftliches Studienbuch. Hrsg. von Ernst Ribbat. Königstein/Ts.: Athenäum, 1979 (AT 2149).

B 1846 Hoffmeister, Gerhart: Deutsche und europäische Romantik. 2. Aufl. Stuttgart: Metzler, 1990 (Sammlung Metzler, 170).

1 9. J a h r h u n d e r t

→ B 1170 (Bd. VIII), B 1180 (Bd. 4), B 1190 (Bd. 4), B 1200 (Bd. I, 2; II), B 1220 (Bd. VI), B 1230 (Bd. 2), B 1250, B 1410, B 1420 (Bd. 17 bis 19).

B 1850 Müller, Gerd: Deutsche Literatur im 19. Jahrhundert. Bd. 1ff. Bern: Lang, 1990 ff. (Germanistische Lehrbuchsammlung, 38). Bd. 1: 1800-1848 (1990).

B 1870 Deutsche Dichter des 19. Jahrhunderts. Ihr Leben und Werk. Hrsg. von Benno von Wiese. 2. Aufl. Berlin: E. Schmidt, 1979. Sammlung von Einzeldarstellungen zu den wichtigsten Autoren der Zeit.

B 1875 Die österreichische Literatur. Ihr Profil im 19. Jahrhundert (1830 bis 1880). Hrsg. von Herbert Zeman. Graz: Akadem. Druck- und Verlagsanstalt, 1982 (Die österreichische Literatur. Eine Dokumentation ihrer literarhistorischen Entwicklung. Jahrbuch für österreichische Kulturgeschichte, 11-12).

Umfassende Darstellung. Behandelt: Literatursoziologische, Rezeptions- und wirkungshistorische, literaturpsychologische Probleme; Literaturkritik; Stil- und gattungsgeschichtliche Aspekte; Beziehungen zwischen den Künsten.

Teilbereiche:

B 1890 Sengle, Friedrich: Biedermeierzeit. Deutsche Literatur zwischen Restauration und Revolution. 1815-1848. 3 Bde. Stuttgart: Metzler, 1971-1980.

Bd. 1: Allgemeine Voraussetzungen, Richtungen, Darstellungsmittel; Bd. 2: Formenwelt; Bd. 3: Die Dichter.

B 1895 Martini, Fritz: Deutsche Literatur im bürgerlichen Realismus. 4. Aufl. Stuttgart: Metzler, 1981.

B 1900 Soergel, Albert; Hohoff, Curt: Dichtung und Dichter der Zeit. Vom Naturalismus bis zur Gegenwart. Neubearbeitung. 2 Bde. Düsseldorf: Bagel, 1964 u.ö.

Bd. 1: Vom Naturalismus bis zum beginnenden Expressionismus. Gut lesbarer Überblick über die Entwicklung der Literatur im ausgehenden 19. Jh. Bd. 2 → B 2050. *Ältere Auflagen* beachten (enthalten zahlreiche später nicht mehr aufgenommene Autoren)!

B 1905 Hamann, Richard; Hermand, Jost: Gründerzeit. Berlin: Akademie-Verlag, 1965 (Deutsche Kunst und Kultur von der Gründerzeit bis zum Expressionismus, 1) *und* München: Nymphenburger, 1971 (Epochen deutscher Kultur von 1870 bis zur Gegenwart, 1).

B 1906 Hamann, Richard; Hermand, Jost: Naturalismus. Berlin: Akademie-Verlag, 1959 (Deutsche Kunst und Kultur von der Gründerzeit bis zum Expressionismus, 2) *und* München: Nymphenburger, 1972 (Epochen deutscher Kultur von 1870 bis zur Gegenwart, 2).

B 1907 Hamann, Richard; Hermand, Jost: Impressionismus. Berlin: Akademie-Verlag, 1960 (Deutsche Kunst und Kultur von der Gründerzeit bis zum Expressionismus, 3) *und* München: Nymphenburger, 1972 (Epochen deutscher Kultur von 1870 bis zur Gegenwart, 3).

Fortführung → B 2060, B 2061. - Die Darstellungen von Hamann und Hermand sind sehr materialreich und setzen Kenntnisse bereits voraus. Von daher sind sie nicht als Einstieg in die jeweilige literarische Strömung gedacht.

B 1915 Mennemeier, Franz Norbert: Literatur der Jahrhundertwende. Europäisch-deutsche Literaturtendenzen 1870-1910. 2 Bde. Bern: Lang, 1985-1988 (Germanistische Lehrbuchsammlung, 39).

Einführungen in einzelne Epochen und Strömungen:

B 1920 Aust, Hugo: Literatur des Realismus. 2. Aufl. Stuttgart: Metzler, 1981 (Sammlung Metzler, 157).
Mit reichhaltigen Literaturangaben.

B 1925 Koopmann, Helmut: Das Junge Deutschland. Eine Einführung. Darmstadt: Wiss. Buchgesellschaft, 1993.

B 1930 Cowen, Roy C.: Der Naturalismus. Kommentar zu einer Epoche. 3. Aufl. München: Winkler, 1981.
Mit umfangreicher Bibliographie und Zeittafel.

B 1940 Mahal, Günther: Naturalismus. 2. Aufl. München: Fink, 1982 (Deutsche Literatur im 20. Jahrhundert. Literaturwissenschaftliche Arbeitsbücher, 1; UTB 363).
Mit Bibliographie.

B 1950 Fischer, Jens Malte: Fin de siècle. Kommentar zu einer Epoche. München: Winkler, 1978.
Mit Zeittafel und umfangreicher Bibliographie.

B 1960 Dominik, Jost: Literarischer Jugendstil. 2. Aufl. Stuttgart: Metzler, 1980 (Sammlung Metzler, 81).
Mit reichhaltigen Literaturangaben.

20. Jahrhundert

→ B 1170 (Bd. IX-XII), B 1180 (Bd. 4), B 1190 (Bd. 5), B 1200 (Bd. II-III), B 1210 (Bd. 10-11), B 1220 (Bd. 8), B 1230 (Bd. 3), B 1240 (Bd. 7), B 1250, B 1410, B 1420 (Bd. 18-19, 21-22).

B 2010 Berg, Jan u.a.: Sozialgeschichte der deutschen Literatur von 1918 bis zur Gegenwart. Frankfurt/M.: Fischer, 1981 (Fischer Taschenbuch, 6475).

B 2020 Deutsche Literatur im 20. Jahrhundert. Begründet von Hermann Friedmann und Otto Mann. 5. Aufl. Hrsg. von Otto Mann und Wolfgang Rothe. 2 Bde. Bern, München: Francke, 1967.
Sammlung von Einzeldarstellungen (Bd. 1: Strukturen; Bd. 2: Gestalten).

B 2030 Deutsche Dichter des 20. Jahrhunderts. Ihr Leben und Werk. Hrsg. von Hartmut Steinecke. Berlin: E. Schmidt, 1994.
Sammlung von Einzeldarstellungen zu den wichtigsten Autoren der Zeit. Erscheint im Herbst 1994 und wird die beiden folgenden Bände ersetzen:

B 2035 Deutsche Dichter der Moderne. Ihr Leben und Werk. Hrsg. von Benno von Wiese. 3. Aufl. Berlin: E. Schmidt, 1975.

B 2040 Deutsche Dichter der Gegenwart. Ihr Leben und Werk. Hrsg. von Benno von Wiese. Berlin: E. Schmidt, 1973.

Teilbereiche:

B 2050 Soergel, Albert; Hohoff, Curt: Dichtung und Dichter der Zeit. Vom Naturalismus bis zur Gegenwart. Neubearbeitung. 2 Bde. Düsseldorf: Bagel, 1964 u.ö.
Bd. 2: Vom Expressionismus bis in die fünfziger Jahre. Bd. 1: → B 1880.

B 2060 Hamann, Richard; Hermand, Jost: Stilkunst um 1900. Berlin: Akademie-Verlag, 1967 (Deutsche Kunst und Kultur von der Gründerzeit bis zum Expressionismus, 4) *und* München: Nymphenburger, 1973 (Epochen deutscher Kultur von 1870 bis zur Gegenwart, 4).

B 2061 Hamann, Richard; Hermand, Jost: Expressionismus. Berlin: Akademie-Verlag, 1976 (Deutsche Kunst und Kultur von der Gründerzeit bis zum Expressionismus, 5) *und* München: Nymphenburger, 1976 (Epochen deutscher Kultur von 1870 bis zur Gegenwart, 5).
→ B 1905 - B 1907.

B 2075 Paulsen, Wolfgang: Deutsche Literatur des Expressionismus. Bern: Lang, 1983 (Germanistische Lehrbuchsammlung, 40).

B 2080 Deutsche Literatur in der Weimarer Republik. Hrsg. von Wolfgang Rothe. Stuttgart: Reclam, 1974.

B 2085 Trapp, Frithjof: Deutsche Literatur zwischen den Weltkriegen II. Literatur im Exil. Bern: Lang, 1983 (Germanistische Lehrbuchsammlung, 42).

B 2090 Walter, Hans-Albert: Deutsche Exilliteratur 1933-1950. Bd. 1ff. Neuwied: Luchterhand, 1972ff. (Sammlung Luchterhand, 76, 77, 136).
Bd. 1 (2. Aufl. 1974): Bedrohung und Verfolgung bis 1933; Bd. 2 (2. Aufl. 1974): Asylpraxis und Lebensbedingungen in Europa; Bd. 7 (1974): Exilpresse. - Mehr nicht erschienen. *Erweiterte Neuausgabe:*

B 2100 Walter, Hans-Albert: Deutsche Exilliteratur 1933-1950. Stuttgart: Metzler, 1978ff.
Bis Frühjahr 1994 (geplant sind 7 Bde.): Bd. 2 (1984): Europäisches Appeasement und überseeische Asylpraxis (1938-1941); Bd. 3 (1988): Internierung, Flucht und Lebensbedingungen im 2. Weltkrieg; Bd. 4 (1978): Exilpresse.

B 2110 Deutsche Exilliteratur 1933 bis 1945. Hrsg. von Manfred Durzak. Stuttgart: Reclam, 1973.

B 2115 Exilliteratur 1933-1945. Hrsg. von Wulf Koepke und Michael Winkler. Darmstadt: Wiss. Buchgesellschaft, 1989 (Wege der Forschung, 647).

B 2117 Presse im Exil. Beiträge zur Kommunikationsgeschichte des deutschen Exils 1933-1945. Hrsg. von Hanno Hardt u.a. München: Saur, 1979.

B 2120 Deutsche Literatur im Dritten Reich. Hrsg. von Horst Denkler und Karl Prümm. Stuttgart: Reclam, 1976.

B 2121 Schoeps, Karl-Heinz J.: Literatur im Dritten Reich. Bern: Lang, 1992 (Germanistische Lehrbuchsammlung, 43).

B 2130 Kindlers Literaturgeschichte der Gegenwart in Einzelbänden. Autoren, Werke, Themen, Tendenzen seit 1945. 5 Bde. Zürich, München: Kindler, 1973-1978.
Bd. 1 (1973): Die Literatur der Bundesrepublik Deutschland. Hrsg. von Dieter Lattmann; Bd. 2 (1974): Die Literatur der Deutschen Demokratischen Republik. Hrsg. von Konrad Franke; Bd. 3 (1976): Die zeitgenössische Literatur Österreichs. Hrsg. von Hilde Spiel; Bd. 4 (1974): Die zeitgenössischen Literaturen der Schweiz. Hrsg. von Manfred Gsteiger; Bd. 5 (1978): Die deutschsprachige Sachliteratur. Hrsg. von Rudolf Radler. - *Aktualisierte, überarbeitete Taschenbuchausgabe*:

B 2140 Kindlers Literaturgeschichte der Gegenwart. 11 Bde. und Registerbd. Frankfurt/M.: Fischer, 1980 (Fischer Taschenbuch, 6460).

B 2150 Deutsche Literatur der Gegenwart. Hrsg. von Dietrich Weber. 2 Bde. Stuttgart: Kröner, 1968-1977.
Bd. 1 (3. Aufl. 1976) behandelt die Autoren, die nach 1945 bis etwa 1960, Bd. 2 die Autoren, die ab 1960 bekannt geworden sind.

B 2160 Schnell, Ralf: Geschichte der deutschsprachigen Literatur seit 1945. Stuttgart: Metzler, 1993.
Mit zahlreichen Abbildungen. Lexikalischer Anhang mit Kurzbiographien und werkgeschichtlichen Daten.

B 2170 Deutsche Gegenwartsliteratur. Ausgangspositionen und aktuelle Entwicklungen. Hrsg. von Manfred Durzak. Stuttgart: Reclam, 1981.

B 2175 Tendenzen der deutschen Gegenwartsliteratur. Hrsg. von Thomas Koebner. 2., neuverfaßte Aufl. Stuttgart: Kröner, 1984.

B 2180 Brettschneider, Werner: Zwischen literarischer Autonomie und Staatsdienst. Die Literatur in der DDR. 3. Aufl. Berlin: E. Schmidt, 1980.

B 2190 Scharfschwerdt, Jürgen: Literatur und Literaturwissenschaft in der DDR. Eine historisch-kritische Einführung. Stuttgart: Kohlhammer, 1982 (Sprache und Literatur, 116).

Einführungen in einzelne Teilbereiche und Strömungen:

B 2195 Hoffmann, Paul: Symbolismus. München: Fink, 1987 (UTB 526).

B 2200 Sokel, Walter H.: Der Literarische Expressionismus. Der Expressionismus in der deutschen Literatur des zwanzigsten Jahrhunderts. München: Langen/Müller, 1959 u.ö.

B 2210 Vietta, Silvio; Kemper, Hans-Georg: Expressionismus. 4., unv. Aufl. München: Fink, 1990 (Deutsche Literatur im 20. Jahrhundert. Literaturwissenschaftliche Arbeitsbücher, 3; UTB 362).
Allgemeine Darstellung, Werkanalysen, Bibliographie.

B 2220 Philipp, Eckhard: Dadaismus. Einführung in der literarischen Dadaismus und die Wortkunst des *Sturm*-Kreises. München: Fink, 1980 (Deutsche Literatur im 20. Jahrhundert. Literaturwissenschaftliche Arbeitsbücher, 4; UTB 527).
Mit weiterführender Bibliographie.

B 2230 Fähnders, Walter: Proletarisch-revolutionäre Literatur der Weimarer Republik. Stuttgart: Metzler, 1977 (Sammlung Metzler, 158).
Mit reichhaltigen Literaturangaben.

B 2240 Ketelsen, Uwe K.: Völkisch-nationale und nationalsozialistische Literatur in Deutschland. 1890-1945. Stuttgart: Metzler, 1976 (Sammlung Metzler, 142).
Mit reichhaltigen Literaturangaben.

6.3 ZU THEORIE UND GESCHICHTE EINZELNER GATTUNGEN

B 2400 In diesem Abschnitt werden zu den einzelnen Gattungen jeweils nur wenige Titel erwähnt, die allerdings in der Regel weiterführende Literaturhinweise enthalten. Heranzuziehen sind auch die oben genannten Hilfsmittel zur Textanalyse. Zu den kleineren Textarten → auch die einschlägigen Artikel in den Reallexika (→ C 530ff.).

Allgemeine Gattungspoetik

B 2410 Staiger, Emil: Grundbegriffe der Poetik. 8. Aufl. Zürich: Artemis, 1968. - *Taschenbuchausgabe*: München: dtv, 1971 u.ö. (dtv 4090).

B 2420 Martini, Fritz: Poetik. In: Deutsche Philologie im Aufriß (→ B 1030), Bd. 1, Sp. 223-280.

B 2430 Hamburger, Käte: Die Logik der Dichtung. 3. Aufl. Stuttgart: Klett, 1977. - *Taschenbuchausgabe*: Berlin: Ullstein, 1980 (Ullstein Bücher, 39007).

B 2440 Ruttkowski, Wolfgang: Die literarischen Gattungen. Reflexionen über eine modifizierte Fundamentalpoetik. Bern, München: Francke, 1969.

B 2450 Hempfer, Klaus W.: Gattungstheorie. Information und Synthese. München: Fink, 1973 (Information und Synthese, 1; UTB 133).

Zur ersten Information:

B 2460 Grundzüge der Sprach- und Literaturwissenschaft (→ B 120), S. 115ff. [→ auch B 100.]

Die Diskussion spiegelt sich in:

B 2470 Textsorten und literarische Gattungen. Dokumentation des Germanistentages in Hamburg vom 1. bis 4. April 1979. Hrsg. von Karl Otto Conrady u.a. Berlin: E. Schmidt, 1983.

Zur Lyrik

B 2480 Geschichte der deutschen Lyrik vom Mittelalter bis zur Gegenwart. Hrsg. von Walter Hinderer. Stuttgart: Reclam, 1983.

B 2490 Kemper, Hans-Georg: Deutsche Lyrik der frühen Neuzeit. Bd. 1ff. Tübingen: Niemeyer, 1987ff.

Bd. 1 (1987): Epochen- und Gattungsprobleme. Reformationszeit; Bd. 2 (1987): Konfessionalismus; Bd. 3 (1988): Barock - Mystik; Bd. 5,1 (1991): Aufklärung und Pietismus; Bd. 5,2 (1991): Frühaufklärung.

B 2495 Kaiser, Gerhard: Geschichte der deutschen Lyrik von Goethe bis zur Gegenwart. Ein Grundriß in Interpretationen. Mit einem Textbeiheft. 2 Bde. Frankfurt/M.: Suhrkamp, 1988-1990 (suhrkamp tb. 2087, 2107).

Bd. 1: Von Goethe bis Heine; Bd. 2: Von Heine bis zur Gegenwart.

B 2500 Killy, Walther: Wandlungen des lyrischen Bildes. 7. Aufl. Göttingen: Vandenhoeck & Ruprecht, 1978 (Kleine Vandenhoeck-Reihe, 22 bis 23).

B 2510 Friedrich, Hugo: Die Struktur der modernen Lyrik. Von der Mitte des 19. bis zur Mitte des 20. Jahrhunderts. Reinbek: Rowohlt, 1970 u.ö. (rowohlts enzyklopädie, 420).

B 2520 Korte, Hermann: Geschichte der deutschen Lyrik seit 1945. Stuttgart: Metzler, 1989 (Sammlung Metzler, 250).

B 2530 Knörrich, Otto: Die deutsche Lyrik seit 1945. 2. Aufl. Stuttgart: Kröner, 1978 (KTA 401).

B 2540 Zur Lyrik-Diskussion. Hrsg. von Reinhold Grimm. 3. Aufl. Darmstadt: Wiss. Buchgesellschaft, 1987 (Wege der Forschung, 111).

B 2545 Lamping: Dieter: Moderne Lyrik. Eine Einführung. Göttingen: Vandenhoeck & Ruprecht, 1991 (Kleine Vandenhoeck-Reihe, 1557).

Zu weiterer Literatur, vor allem zur Lyrik einzelner Epochen und Strömungen sowie zu kleineren Gattungen → die Literaturverzeichnisse in B 550-570, D 1170, D 3830, D 3840, wo auch Interpretationssammlungen verzeichnet sind, sowie die einschlägigen Artikel der Reallexika (→ C 530ff.).

Zum Drama

Eine umfassende Geschichte des deutschen Dramas von den Anfängen bis zur Gegenwart, die den neuesten Forschungsstand berücksichtigt, ist ein dringendes Desiderat.

B 2550 Fischer-Lichte, Erika: Geschichte des Dramas. Epochen der Identität auf dem Theater von der Antike bis zur Gegenwart. 2 Bde. Tübingen: Francke, 1990 (UTB 1565-1566).

Bd. 1: Von der Antike bis zur deutschen Klassik; Bd. 2: Von der Romantik bis zur Gegenwart. - Behandelt das deutschsprachige Theater im europäischen Kontext mit den Schwerpunkten 18. Jh. ("Bürgerliches Illusionstheater"), 19. Jh. ("Drama der Identitätskrise") und 20. Jh. ("Theater des 'neuen' Menschen").

B 2555 Mann, Otto: Geschichte des deutschen Dramas. 3. Aufl. Stuttgart: Kröner, 1969 (KTA 296).
Behandelt nach einem kurzen Überblick über die Entwicklung des Dramas in Antike und Mittelalter die Geschichte des deutschen Dramas vom Humanismus bis nach dem Zweiten Weltkrieg. Oft nur kursorische Darstellung.

B 2560 Ziegler, Klaus: Das deutsche Drama der Neuzeit. In: Deutsche Philologie im Aufriß (→ B 1030) Bd. 2, Sp. 1997-2350.

B 2570 Dietrich, Margret: Das moderne Drama. 3. Aufl. Stuttgart: Kröner, 1974 (KTA 220).
Behandelt das deutsche Drama im internationalen Kontext. Umfangreiche Darstellung mit weiterführenden Literaturangaben.

B 2580 Handbuch des deutschen Dramas. Hrsg. von Walter Hinck. Düsseldorf: Bagel, 1980.
Einzelbeiträge zur Geschichte des Dramas und der Dramentheorie. Grundbegriffe der Interpretation von Dramen. Volkstheater. Probleme der Adaption von Dramen im Fernsehen. Das Drama im Unterricht.

B 2585 Kafitz, Dieter: Grundzüge einer Geschichte des deutschen Dramas von Lessing bis zum Naturalismus. 2 Bde. Frankfurt/M: Athenäum, 1982 (AT 2175-2176).

B 2590 Cowen, Roy C.: Das deutsche Drama im 19. Jahrhundert. Stuttgart: Metzler, 1988 (Sammlung Metzler, 247).

B 2600 Beiträge zur Poetik des Dramas. Hrsg. von Werner Keller. Darmstadt: Wiss. Buchgesellschaft, 1976.

B 2610 Szondi, Peter: Theorie des modernen Dramas. Frankfurt/M.: Suhrkamp, 1963 u.ö. (edition suhrkamp, 27).

B 2620 Klotz, Volker: Geschlossene und offene Form im Drama. 11., unv. Aufl. München: Hanser, 1985 (Literatur als Kunst).

Sonderformen:

B 2625 Steiner, George: Der Tod der Tragödie. Frankfurt/Main: Suhrkamp, 1981 (suhrkamp tb., 662).

B 2630 Europäische Komödie. Hrsg. von Herbert Mainusch. Darmstadt: Wiss. Buchgesellschaft, 1990.
Aufsatzsammlung zur Komödie von Aristophanes bis zu Dürrenmatt.

B 2631 Greiner, Bernhard: Die Komödie. Eine theatralische Sendung. Grundlagen und Interpretation. Tübingen: Francke, 1992 (UTB 1665).

B 2635 Aust, Hugo; Haida, Peter; Hein, Jürgen: Volksstück. Vom Hanswurstspiel zum sozialen Drama der Gegenwart. München: Beck, 1989.

B 2640 Kesting, Marianne: Das epische Theater. Zur Struktur des modernen Dramas. 8. Aufl. Stuttgart: Kohlhammer, 1989 (Urban-Taschenbuch, 36).

B 2645 Barton, Brian: Das Dokumentartheater. Stuttgart: Metzler, 1987 (Sammlung Metzler, 232).

B 2650 Esslin, Martin: Das Theater des Absurden. Reinbek: Rowohlt, 1965 u.ö. (rowohlts enzyklopädie, 414).

B 2660 Sengle, Friedrich: Das historische Drama in Deutschland. Geschichte eines literarischen Mythos. 3. Aufl. Stuttgart: Metzler, 1974.

B 2670 Dosenheimer, Elise: Das deutsche soziale Drama von Lessing bis Sternheim. Darmstadt: Wiss. Buchgesellschaft, 1974 (*Nachdruck der Ausgabe* Konstanz 1949).

B 2680 Melchinger, Siegfried: Geschichte des politischen Theaters. 2 Bde. Frankfurt/M.: Suhrkamp, 1974 (suhrkamp tb., 153/54).

Literatur zum Drama und zur Dramentheorie einzelner Epochen und zu einzelnen Gattungen (Tragödie, Komödie usw.) → B 580 - B 610 sowie die einschlägigen Artikel der Reallexika (→ C 530ff.).

Zur Erzählliteratur

Wie beim Drama fehlt auch eine umfassende Geschichte der erzählenden Dichtung. Es liegen lediglich Arbeiten zu einzelnen Gattungen (Roman, Novelle usw.) vor. Der Forschungsstand spiegelt sich in:

B 2690 Erzählforschung. Theorien, Modelle und Methoden der Narrativik. Hrsg. von Wolfgang Haubrichs. 3 Bde. Göttingen: Vandenhoeck

& Ruprecht, 1976-1978 (Zeitschrift für Literaturwissenschaft und Linguistik, 4, 6, 8).

B 2700 Erzählung und Erzählforschung im 20. Jahrhundert. Tagungsbeiträge eines Symposiums der Alexander von Humboldt-Stiftung 1980. Hrsg. von Rolf Klopfer und Gisela Janetzke-Dillner. Stuttgart: Kohlhammer, 1981 (Internationale Fachgespräche).

B 2702 Petersen, Jürgen H.: Erzählsysteme. Eine Poetik epischer Texte. Stuttgart: Metzler, 1993.

Roman und Erzählung:

B 2710 Emmel, Hildegard: Geschichte des deutschen Romans. 3 Bde. Bern, München: Francke, 1972-1978 (Sammlung Dalp, 103, 105, 106).
Bd. 1 (1972): Vom 15. Jh. bis zur Romantik; Bd. 2 (1975): Von der Goethezeit bis zur Mitte des 20. Jh's.; Bd. 3 (1978): Der Weg in die Gegenwart.

B 2715 Handbuch des deutschen Romans. Hrsg. von Helmut Koopmann. Düsseldorf: Bagel, 1983.

B 2720 Weydt, Günter: Der deutsche Roman von der Renaissance und Reformation bis zu Goethes Tod. In: Deutsche Philologie im Aufriß (→ B 1030), Bd. 2, Sp. 1217-1356.

B 2725 Mahoney, Dennis F.: Der Roman der Goethezeit (1774-1829). Stuttgart: Metzler, 1988 (Sammlung Metzler, 241).

B 2730 Majut, Rudolf: Der deutsche Roman vom Biedermeier bis zur Gegenwart. In: Deutsche Philologie im Aufriß (→ B 1030), Bd. 2, Sp. 1357-1794.

B 2740 Welzig, Werner: Der deutsche Roman im 20. Jahrhundert. 2. Aufl. Stuttgart: Kröner, 1970 (KTA 367).

B 2750 Durzak, Manfred: Der deutsche Roman der Gegenwart. Entwicklungsvoraussetzungen und Tendenzen. 3. Aufl. Stuttgart: Kohlhammer, 1978 (Sprache und Literatur, 70).

B 2755 Petersen, Jürgen H.: Der deutsche Roman der Moderne. Grundlegung - Typologie - Entwicklung. Stuttgart: Metzler, 1991.

B 2760 Handbuch der deutschen Erzählung. Hrsg. von Karl Konrad Polheim. Düsseldorf: Bagel, 1981.
Beiträge zur Geschichte der Erzählung vom Mittelalter bis zur Gegenwart und zu einzelnen Erzählern. Jeder Beitrag mit weiterführender Literatur.

B 2770 Hillebrand, Bruno: Theorie des Romans. Erzählstrategien der Neuzeit. 3., erw. Aufl. Stuttgart: Metzler, 1993.

B 2780 Deutsche Romantheorien. Hrsg. von Reinhold Grimm. Frankfurt/M., Bonn: Athenäum, 1968.

B 2790 Zur Poetik des Romans. Hrsg. von Volker Klotz. 2. Aufl. Darmstadt: Wiss. Buchgesellschaft, 1969 (Wege der Forschung, 35).

B 2800 Zur Struktur des Romans. Hrsg. von Bruno Hillebrand. Darmstadt: Wiss. Buchgesellschaft, 1978 (Wege der Forschung, 488).

B 2810 Stanzel, Franz K.: Theorie des Erzählens. 5., unv. Aufl. Göttingen: Vandenhoeck & Ruprecht, 1992 (UTB 904).

Sonderformen:

B 2814 Jacobs, Jürgen; Krause, Markus: Der deutsche Bildungsroman. Gattungsgeschichte vom 18. bis zum 20. Jahrhundert. München: Beck, 1989.

B 2815 Mayer, Gerhart: Der deutsche Bildungsroman. Von der Aufklärung bis zur Gegenwart. Stuttgart: Metzler, 1992.

B 2818 Hein, Jürgen: Die Dorfgeschichte. Stuttgart. Metzler, 1976 (Sammlung Metzler, 145).

B 2822 Nusser, Peter: Kriminalroman. 2., überarb. und erw. Aufl. Stuttgart: Metzler, 1992 (Sammlung Metzler, 191).

Novelle:

B 2840 Kunz, Josef: Die deutsche Novelle zwischen Klassik und Romantik. 3. Aufl. Bibliographisch ergänzt von Rainer Schönhaar. Berlin: E. Schmidt, 1992 (Grundlagen der Germanistik, 2).

B 2850 Kunz, Josef: Die deutsche Novelle im 19. Jahrhundert. 2. Aufl. Berlin: E. Schmidt, 1978 (Grundlagen der Germanistik, 10).

B 2860 Kunz, Josef: Die deutsche Novelle im 20. Jahrhundert. Berlin: E. Schmidt, 1977 (Grundlagen der Germanistik, 23).

B 2870 Novelle. Hrsg. von Josef Kunz. Darmstadt: Wiss. Buchgesellschaft, 1973 (Wege der Forschung, 55).
Aufsatzsammlung zur Geschichte der Novellentheorie. Mit Bibliographie.

B 2875 Schlaffer, Hannelore: Poetik der Novelle. Stuttgart: Metzler, 1993.

B 2880 Aust, Hugo: Novelle. Stuttgart: Metzler, 1990 (Sammlung Metzler, 256).
Einführung mit umfassenden Literaturhinweisen.

Kurzgeschichte:

B 2890 Durzak, Manfred: Die Kunst der Kurzgeschichte. Zur Theorie und Geschichte der deutschen Kurzgeschichte. München: Fink, 1989 (UTB 1519).
Mit ausführlicher Bibliographie.

B 2900 Marx, Leonie: Die deutsche Kurzgeschichte. Stuttgart: Metzler, 1985 (Sammlung Metzler, 216).

Zu weiteren epischen Formen bzw. zur Entwicklung epischer Texte in einzelnen Epochen und Strömungen → die Literaturverzeichnisse in B 620 - B 640 sowie die einschlägigen Artikel der Reallexika (→ C 530 ff.). Interpretationssammlungen: → D 3830 - D 3840.

Kleinere Formen und Sonderformen

B 2910 Jolles, André: Einfache Formen. Legende, Sage, Mythe, Rätsel, Spruch, Kasus, Memorabile, Märchen, Witz. 6. Aufl. Tübingen: Niemeyer, 1976 (Konzepte der Sprach- und Literaturwissenschaft, 15).
Seit der 1. Aufl. von 1930 unverändert.

B 2920 Schrader, Monika: Epische Kurzformen. Theorie und Didaktik. 2. Aufl. Königstein: Scriptor, 1986 (Scriptor Taschenbuch, 151).
Behandelt Sage, Märchen, Fabel, Parabel, Anekdote.

B 2925 Lüthi, Max: Märchen. 8. Aufl., bearb. von Heinz Rölleke. Stuttgart: Metzler, 1990 ((Sammlung Metzler, 16).

B 2926 Lüthi, Max: Das europäische Volksmärchen. Form und Wesen. 9., unv. Aufl. Tübingen: Francke, 1992 (UTB 312).

B 2928 Dolle-Weinkauff, Bernd: Comics. Geschichte einer populären Literaturform in Deutschland seit 1945. Erarbeitet unter Mitw. von Klaus Doderer. Weinheim: Beltz, 1990.

Gebrauchsliteratur

B 2930 Gebrauchsliteratur. Methodische Überlegungen und Beispielanalysen. Hrsg. von Ludwig Fischer, Knut Hickethier und Karl Riha. Stuttgart: Metzler, 1976.

B 2935 Prosakunst ohne Erzählen. Die Gattungen der nicht-fiktionalen Kunstprosa. Hrsg. von Klaus Weissenberger. Tübingen: Niemeyer, 1985.
Behandelt Aphorismus, Autobiographie, Biographie, Brief, Dialog, Essay, Fragment, Predigt, Reisebericht und Tagebuch.

Darbietungsformen der neuen Medien

B 2941 Würffel, Stefan Bodo: Das deutsche Hörspiel. Stuttgart: Metzler, 1978 (Sammlung Metzler, 172).

B 2942 Döhl, Reinhard: Das Hörspiel zur NS-Zeit. Darmstadt: Wiss. Buchgesellschaft, 1992 (Geschichte und Typologie des Hörspiels).

B 2944 Döhl, Reinhard: Das Neue Hörspiel. 2. Aufl. Darmstadt: Wiss. Buchgesellschaft, 1992 (Geschichte und Typologie des Hörspiels).

B 2948 Bolik, Sibylle: Das Hörspiel in der DDR. Themen und Tendenzen. Frankfurt/M.: Lang, 1994.

B 2960 Siegel, Christian: Die Reportage. Stuttgart: Metzler, 1978 (Sammlung Metzler, 164).

B 2970 Das Fernsehspiel. Möglichkeiten und Grenzen. Hrsg. von Peter von Rüden. München: Fink, 1975 (Kritische Information, 22).

B 2980 Waldmann, Werner: Das deutsche Fernsehspiel. Ein systematischer Überblick. Wiesbaden: Athenaion, 1977 (Athenaion Literaturwissenschaft, 2).

B 2990 Hickethier, Knuth: Das Fernsehspiel der Bundesrepublik. Themen, Form, Struktur, Theorie und Geschichte. 1951-1977. Stuttgart: Metzler, 1980.

6.4 HANDBÜCHER MIT BESONDERER THEMENSTELLUNG

Die Anordnung erfolgt alphabetisch nach Schlagwörtern.

Arbeiterliteratur

B 3000 Handbuch zur deutschen Arbeiterliteratur. 2 Bde. Hrsg. von Heinz Ludwig Arnold. München: edition text + kritik, 1977.
Bd. 1: Zur Entwicklung der Arbeiterliteratur vom 19. Jahrhundert bis zum "Werkkreis Literatur der Arbeitswelt"; Bd. 2 → D 1320.

B 3010 Ludwig, Martin H.: Arbeiterliteratur in Deutschland. Stuttgart: Metzler, 1976 (Sammlung Metzler, 149).

Autobiographie

B 3020 Misch, Georg: Geschichte der Autobiographie. 4 in 8 Bden. Frankfurt/M.: Schulte-Bulmke, 1949-1969.
Bd. 1: Das Altertum; Bd. 2: Das Mittelalter in der Frühzeit; Bd. 3: Das Hochmittelalter im Anfang; Bd. 4, 1: Das Hochmittelalter in der Vollendung; Bd. 4, 2 (bearb. von Bernd Neumann): Von der Renaissance bis zu den autobiographischen Hauptwerken des 18. und 19. Jh's. - Die Bde. liegen in unterschiedlichen Neuauflagen vor.

Kinder- und Jugendliteratur

B 3030 Handbuch zur Kinder- und Jugendliteratur. Bd 1ff. Hrsg. von Theodor Brüggemann in Verbindung mit Otto Brunken (Bd. 3 in Zusammenarbeit mit Hans Heino Ewers). Stuttgart: Metzler, 1982ff.
Bd. 1 (1986): Vom Beginn des Buchdrucks bis 1570; Bd. 2 (1991): Von 1570 bis 1750; Bd. 3 (1982): Von 1750 bis 1800; Bd 4. (in Vorber.). - Umfassende Darstellung mit Gesamtüberblick und Einzelanalysen. Alle Bände mit ausführlicher, z.T. annotierter Bibliographie. Mehrere Register.

B 3033 Kinder- und Jugendliteratur. Ein Handbuch. Hrsg. von Gerhard Haas. 3., völlig neu bearb. Aufl. Stuttgart: Reclam, 1984.
Zur ersten Einführung geeignet.

B 3034 Kinder- und Jugendmedien. Ein Handbuch für die Praxis. Hrsg. von Dietrich Grünewald und Winfred Kaminski. Weinheim: Beltz, 1984.
Behandelt Druckmedien, bewegte Bilder, auditive Medien, Theater und Spielzeug.

Leseforschung, Lesergeschichte

B 3040 Lesen - Ein Handbuch. Lesestoff, Leser und Leseverhalten, Lesewirkungen, Leseerziehung, Lesekultur. Hrsg. von Alfred Clemens Baumgärtner. Hamburg: Verlag für Buchmarktforschung, 1974.
Jedes Kapitel mit Auswahlbibliographie. Sach-, Namenregister.

Literarische Wertung

B 3050 Schulte-Sasse, Jochen: Literarische Wertung. 2. Aufl. Stuttgart: Metzler, 1976 (Sammlung Metzler, 98).
Mit reichhaltigen Literaturangaben.

B 3051 Schrader, Monika: Theorie und Praxis literarischer Wertung. Literaturwissenschaftliche und -didaktische Theorien und Verfahren. Berlin: de Gruyter, 1987 (Quellen und Forschungen zur Sprach- und Kulturgeschichte der germanischen Völker, 89).

Literarisches Leben

B 3060 Literaturbetrieb in der Bundesrepublik Deutschland. Ein kritisches Handbuch. Hrsg. von Heinz Ludwig Arnold. 2. Aufl. München: edition text + kritik, 1981.
Behandelt u.a. Literaturmärkte und Medien, Literaturszenen, Berufsbilder, Organisationen.

B 3070 Fohrbeck, Karla; Wiesand, Andreas J.: Der Autorenreport. Reinbek: Rowohlt, 1972 (das neue Buch, 11).
Zur Situation des Schriftstellers in der Bundesrepublik.

B 3080 Handbuch der Kulturpreise und der individuellen Künstlerförderung in der Bundesrepublik Deutschland 1985. Im Auftrage des Bundesministeriums des Innern erstellt von Karla Fohrbeck und Andreas Johannes Wiesand. Köln: DuMont, 1985.
Verzeichnet Kulturpreise aller Sparten mit Preisträgern.

Niederdeutsch

B 3085 Handbuch zur niederdeutschen Sprach- und Literaturwissenschaft. Unter Mitarbeit zahlreicher Fachgelehrter hrsg. von Gerhard Cordes und Dieter Möhn. Berlin: E. Schmidt, 1983.

Stoff- und Motivgeschichte

B 3090 Frenzel, Elisabeth: Stoff- und Motivgeschichte. 2. Aufl. Berlin: E. Schmidt, 1974 (Grundlagen der Germanistik, 3).

Symbolforschung

B 3100 Pongs, Hermann: Das Bild in der Dichtung. 4 Bde. Marburg: Elwert, 1927-1973.
Bd. 1 (5. Druck der 2. Aufl. 1971): Versuch einer Morphologie der metaphorischen Formen; Bd. 2 (3. Aufl. 1967): Voruntersuchungen zum Symbol; Bd. 3 (1969): Der symbolische Kosmos der Dichtung; Bd. 4 (1973): Symbolik der einfachen Formen.

Toposforschung

B 3110 Curtius, Ernst Robert: Europäische Literatur und lateinisches Mittelalter. 11. Aufl. Tübingen, Basel: Francke, 1993.

1. Aufl. 1947. Zeigt sehr materialreich den Zusammenhang zwischen antiker Literatur und den neueren europäischen Literaturen in der Geschichte einzelner Topoi auf. "Geisteswissenschaftlicher Klassiker".

Trivialliteratur

B 3120 Zimmermann, Hans-Dieter: Trivialliteratur? Schema-Literatur! Entstehung, Formen, Bewertung. 2. Aufl. Stuttgart: Kohlhammer, 1982 (Urban-Taschenbuch, 299).

Einführende Darstellung mit weiterführender Literatur.

B 3121 Nusser, Peter: Trivialliteratur. Stuttgart: Metzler, 1991 (Sammlung Metzler, 262).

Zensur

B 3150 Breuer, Dieter: Geschichte der literarischen Zensur in Deutschland. Heidelberg: Quelle & Meyer, 1982 (UTB 1208).

7 HANDBÜCHER UND DARSTELLUNGEN ZUR LITERATURDIDAKTIK

B 3300 Germanistik und Deutschunterricht im Zeitalter der Technologie - Selbstbestimmung und Anpassung. Vorträge des Berliner Germanistentages 1987. Hrsg. von Norbert Oellers. 4 Bde. Tübingen: Niemeyer, 1988.

Bd. 1: Das Selbstverständnis der Germanistik. Aktuelle Diskussionen; Bd. 2: Politische Aufgaben und soziale Funktionen von Germanistik und Deutschunterricht; Bd. 3: Literatur und Literaturunterricht in der Moderne; Bd. 4: Neue Technologien und Medien in Germanistik und Deutschunterricht.

B 3310 Projekt Deutschunterricht. 12 Bde. Hrsg. von Heinz Ide und Bodo Lecke. Stuttgart: Metzler, 1971-1977.

Umfassende Darstellung mit Unterrichtsprogrammen, Beispielanalysen und Materialien. Bd. 1 (4. Aufl. 1974): Kritisches Lesen. Märchen, Sage, Fabel, Volksbuch; Bd. 2 (4. Aufl. 1974): Sozialisation und Manipulation durch Sprache; Bd. 3 (2. Aufl. 1973): Soziale Fronten in der Sprache; Bd. 4 (2. Aufl. 1974): Sprache und Realität; Bd. 5 (2. Aufl. 1974): Massenmedien und Trivialliteratur; Bd. 6 (1974): Kritischer Literaturunterricht - Dichtung und Politik; Bd. 7 (1974): Literatur der Klassik I - Dramenanalysen; Bd. 8 (1974): Politische Lyrik; Bd. 9 (1975): Literatur der Klassik II - Lyrik, Epik, Ästhetik; Bd. 10 (1976): Kommunikative Übungen - Sprachgebrauch; Bd. 11

(1976): Kommunikationsanalyse I - Sprachbetrachtung; Bd. 12 (1977): Kommunikationsanalyse II - Sprachkritik.

B 3320 Handbuch Deutschunterricht. Hrsg. von Peter Braun und Dieter Krallmann. 2 Bde. Düsseldorf: Schwann, 1983.
Bd. 1 (Sprachdidaktik): Zur Didaktik einzelner Schulstufen; Sprechen/Schreiben; Rechtschreibung/Rechtschreibunterricht; Grammatik/Grammatikunterricht. - Bd. 2 (Literaturdidaktik): Lesen/Leseunterricht; Einzelwerke/Textsorten; Literaturwissenschaft/literaturdidaktische Ansätze; Didaktik der Trivialliteratur.

B 3330 Essen, Erika: Methodik des Deutschunterrichts. 10. Aufl. Heidelberg: Quelle & Meyer, 1980.

B 3340 Ivo, Hubert: Kritischer Deutschunterricht. 4. Aufl. Frankfurt/M.: Diesterweg, 1974.

B 3350 Kochan, Detlef C.: Forschungen zum Deutschunterricht. Weinheim, Basel: Beltz, 1975.
Forschungsbericht mit reichhaltigen Literaturangaben.

B 3360 Geißler, Rolf: Prolegomena zu einer Theorie der Literaturdidaktik. Bestandsaufnahme - Kritik - Neuansatz. 2. Aufl. Hannover: Schroedel, 1973.

B 3370 Weber, Albrecht: Grundlagen der Literaturdidaktik. München: Ehrenwirth, 1975.

B 3380 Handbuch "Deutsch". Für Schule und Hochschule. Sekundarstufe I. Hrsg. von Norbert Hopster. 3 Bde. Paderborn: Schöningh, 1984ff. (UTB - Große Reihe).
Bd. 1 (1984). *Mehr nicht erschienen.*

B 3385 Literaturdidaktik - Lektürekanon - Literaturunterricht. Hrsg. von Detlef C. Kochan. Amsterdam: Rodopi, 1990 (Amsterdamer Beiträge zur neueren Germanistik, 30).

Umfassende Information zur Bildungsgeschichte:

B 3400 Handbuch der deutschen Bildungsgeschichte. Hrsg. von Christa Berg u.v.a. 6 Bde. München: Beck, 1987ff.
Bis Frühjahr 1994: Bd. 3 (1987): 1800-1870. Von der Neuordnung Deutschlands bis zur Gründung des Deutschen Reiches; Bd. 4 (1991): 1870-1918. Von der Reichsgründung bis zum Ende des Ersten Weltkrieges; Bd. 5 (1989): 1918-1945. Die Weimarer Republik und die nationalsozialistische Diktatur

Weiterführende Literatur, auch zu Einzelproblemen → D 3830 sowie die einschlägigen Artikel der Lexika (→ C 1010 ff.).

8 HANDBÜCHER UND DARSTELLUNGEN ZUR THEATERWISSENSCHAFT

B 3500 In Hinblick auf das entstehende *Informationshandbuch Theater, Film, Funk und Fernsehen*, das die Theaterliteratur umfassend dokumentieren wird, werden hier nur wenige Titel genannt.

B 3510 Kindermann, Heinz: Theatergeschichte Europas. 10 Bde. Salzburg: Müller, 1957-1976.
Bd. 1 (2. Aufl. 1966): Das Theater der Antike und des Mittelalters; Bd. 2 (2. Aufl. 1966): Das Theater der Renaissance; Bd. 3 (2. Aufl. 1967): Das Theater der Barockzeit; Bd. 4-5 (2. Aufl. 1972-1976): Von der Aufklärung zur Romantik; Bd. 6 (1964): Romantik; Bd. 7 (1965): Realismus; Bd. 8 (1968): Naturalismus und Impressionismus I: Deutschland, Österreich, Schweiz; Bd. 9 (1970): Naturalismus und Impressionismus II: Frankreich, Rußland, England, Skandinavien; Bd. 10 (1974): Naturalismus und Impressionismus III: [übriges Europa].

B 3520 Brauneck, Manfred: Die Welt als Bühne. Geschichte des europäischen Theaters. Bd. 1ff. Stuttgart: Metzler, 1993ff.
Bd. 1: Antike, Mittelalter, Humanismus und Renaissance (1993). Reich illustrierte Darstellung.

B 3540 Fischer-Lichte, Erika: Kurze Geschichte des deutschen Theaters. Tübingen: Francke, 1993 (UTB 1667).

B 3550 Kindermann, Heinz: Theatergeschichte der Goethezeit. Wien: Baur, 1948.
Umfangreiche Darstellung zum 18. und frühen 19. Jahrhundert. Mit reichhaltigen Literaturangaben.

B 3560 Theaterwissenschaft im deutschsprachigen Raum. Texte zum Selbstverständnis. Hrsg. von Helmar Klier. Darmstadt: Wiss. Buchgesellschaft, 1981 (Wege der Forschung, 548).

Zu weitergehenden Literaturhinweisen → D 4140 (dort auch Detailuntersuchungen zur Geschichte des Theaters im deutschsprachigen Raum) und die einschlägigen Artikel in den Theaterlexika (→ C 1040 ff.).

9 HANDBÜCHER UND DARSTELLUNGEN ZU MEDIENKUNDE UND MASSENKOMMUNIKATIONSFORSCHUNG

B 3600 Im Hinblick auf das entstehende *Informationshandbuch Theater, Film, Funk und Fernsehen*, das die einschlägige Literatur umfassend dokumentieren wird, werden hier nur Titel zu Literaturverfilmungen und zu den Printmedien genannt.

B 3605 German Film and Literature. Adaptations and Transformations. Ed. by Eric Reutschler. New York, London: Methuen, 1986.
Zu Filmadaptionen literarischer Vorlagen vom Stummfilm bis zu Faßbinders *Berlin Alexanderplatz*.

B 3607 Literaturverfilmungen. Hrsg. von Franz Josef Albersmeier und Volker Roloff. Frankfurt/M.: Suhrkamp, 1989 (suhrkamp tb., 2093).

B 3610 Pross, Harry: Medienforschung. Film, Funk, Presse, Fernsehen. Darmstadt: Habel, 1972 (Das Wissen der Gegenwart).

B 3620 Massenkommunikationsforschung. 3 Bde. Hrsg. von Dieter Prokop. Frankfurt/M.: Fischer, 1972-1977 u.ö. (Fischer-Taschenbuch, 6151, 6152, 6343).
Bd. 1 (4. Aufl. 1976): Produktion; Bd. 2 (1973): Konsumtion; Bd. 3 (1977): Produktanalysen.

B 3630 Gesellschaftliche Kommunikation und Information. Forschungsrichtungen und Problemstellungen. Ein Arbeitsbuch zur Massenkommunikation. Hrsg. von Jörg Aufermann u.a. 2 Bde. Frankfurt/M.: Athenäum, 1973 (AT 4021-4022).

B 3640 Handbuch der Medienarbeit. Loseblattausgabe. Leverkusen: Leske und Budrich, 1978ff.

B 3650 Literaturwissenschaft - Medienwissenschaft. Hrsg. von Helmut Kreuzer. Heidelberg: Quelle & Meyer, 1977 (Medium Literatur, 6).
Zur Verbindung von Literatur- und Medienwissenschaft. Mit interdisziplinärer Auswahlbibliographie.

→ auch die Literaturverzeichnisse in B 820ff., die einschlägigen Artikel der Lexika (C 1160ff.) und die entsprechenden Bibliographien (D 4260ff.).

Verlagswesen, Buchhandel, Presse

B 3660 Handbuch des Buchhandels in vier Bänden. Hrsg. von Peter Meyer-Dohm u.a. Hamburg: Institut für Buchmarktforschung, 1974 bis 1977.
Bd. 1 (1974): Allgemeines; Bd. 2 (1975): Verlagsbuchhandel; Bd. 3 (2. Aufl. 1974): Sortimentsbuchhandel; Bd. 4 (1977): Übrige Formen des Bucheinzelhandels - Zwischenbuchhandel und Buchgemeinschaft.

B 3670 Kapp, Friedrich; Goldfriedrich, Johann: Geschichte des deutschen Buchhandels. 4 Bde. Aalen: Scientia, 1970 (*Nachdruck der Ausg. Leipzig 1886-1923*).
Bd. 1 (1886): Geschichte des deutschen Buchhandels bis ins 17. Jh.; Bd. 2 (1908): Vom Westfälischen Frieden bis zum Beginn der klassischen Literaturperiode (1648 bis 1740); Bd. 3 (1909): Von der klassischen Literaturperiode bis zum Beginn der Fremdherrschaft (1740-1804); Bd. 4 (1913-1923): Vom Beginn der Fremdherrschaft bis zur Reform des Börsenvereins (1805-1889).

B 3680 Handbuch der Publizistik. Hrsg. von Emil Dovifat. 3 Bde. Berlin: de Gruyter, 1968-1969.
Zur allgemeinen und zur praktischen Publizistik.

B 3690 Haacke, Wilmont: Handbuch des Feuilletons. 3 Bde. Emsdetten: Lechte, 1951-1953.
Gattungsprobleme des Feuilletons, zur Geschichte des Feuilletons; Bibliographie, Zeittafel, Namen- und Sachregister.

B 3700 Dovifat, Emil: Zeitungslehre. 2 Bde. 6. Aufl. von Jürgen Wilke. Berlin: de Gruyter, 1976 (Sammlung Göschen, 2090-2091).
Bd. 1 : Theoretische und rechtliche Grundlagen; Nachricht und Meinung; Sprache und Form. Bd. 2: Redaktion; Verlag und Vertrieb, Wirtschaft und Technik; Sicherung der öffentlichen Aufgabe.

B 3710 Kirchner, Joachim: Das deutsche Zeitschriftenwesen. Seine Geschichte und seine Probleme. Wiesbaden: Harrasowitz, 1958-1962.
Bd. 1 (2., neu bearb. Aufl. 1958): Von den Anfängen bis zum Zeitalter der Romantik; Bd. 2 1962): Vom Wiener Kongreß bis zum Ausgang des 19. Jh's.; mit einem wirtschaftsgeschichtlichen Beitrage von Hans M. Kirchner.

TEIL C: LEXIKA UND WÖRTERBÜCHER

C 10 Wie die Einführungen und Handbücher in Teil B erfüllen auch die nachstehenden Lexika eine doppelte Funktion. Sie informieren je nach ihrer Aufgabe nicht nur über Autoren, Werke, Sachbegriffe usw., sondern verzeichnen darüber hinaus literarische Quellen und wissenschaftliche Literatur. Besonders die großen Fachlexika - so etwa das *Deutsche Literatur-Lexikon* (→ C 50), das *Kritische Lexikon zur deutschsprachigen Gegenwartsliteratur* (→ C 330) oder das *Reallexikon der deutschen Literaturgeschichte* (→ C 530) - stellen zuverlässige Auswahlbibliographien zur Verfügung und vermitteln einen ersten Zugang zum Primär- und Sekundärschrifttum.

C 20 Bei der Auswahl der Lexika wurde darauf geachtet, daß auch solche Nachschlagewerke Aufnahme fanden, die für entlegenere Fragestellungen heranzuziehen sind. So wurden nicht nur Anonymen- und Pseudonymenlexika sowie Literaturführer, sondern auch Fachlexika der Nachbarwissenschaften, allgemeine biographische Nachschlagewerke, Verzeichnisse wissenschaftlicher Institutionen und literarischer Stätten erfaßt. Dieser Teil wird abgerundet durch eine Auswahl neuhochdeutscher Wörterbücher (→ C 2610ff.), deren Kenntnis für den Literaturwissenschaftler unerläßlich ist.

Umfassende Bibliographie der Lexika:

C 30 Zischka, Gert A.: Index Lexicorum. Bibliographie der lexikalischen Nachschlagewerke. Wien: Hollinek, 1959.

1 LITERATURWISSENSCHAFTLICHE LEXIKA

C 40 Hier werden zunächst die umfangreichsten Autorenlexika vorgestellt, die wie das *Deutsche Literatur-Lexikon* (→ C 50), die *Deutsche Literatur* (→ C 70) und das *Literatur-Lexikon* (→ C 80) ein hohes Maß an Vollständigkeit anstreben. Ab C 90 folgen auswählende Nachschlagewerke, die einen intensiven, enggefaßten Literaturbegriff vertreten. Solange die großen Literaturlexika C 50 bis C 80 noch nicht abgeschlossen sind, wird man noch eine Reihe älterer, meist epochenbezogener Nachschlagewerke heranziehen müssen, vor allem dann, wenn es um sehr spezialisierte Fragestellungen geht. Dies gilt vor allem für Autoren des 16. bis 18. Jahrhunderts. Die lexikalischen Verzeichnisse von Jöcher, Hamberger und Meusel (→ C 200ff.) sind nicht vollständig in neuere Lexika übernommen worden; ihre Weiterbenutzung wird meist auch von heutigen Lexikographen stillschweigend vorausgesetzt. Kaum bekannte Autoren, wie etwa reine Lokalgrößen oder in den offiziellen Kanon der Literaturgeschichtsschreibung nicht eingegangene Schriftstellerinnen, sind in den Lexika von Brümmer (C 270), Woods/Fürstenwald (C 230), Friedrichs (C 280f.) und Pataky (→ C 300) nachgewiesen. Spezielle Lexika zur Literatur des 20. Jahrhunderts → C 320ff.

1.1 AUTORENLEXIKA

C 50 Deutsches Literatur-Lexikon (DLL). 3., völlig neu bearb. Aufl. Hrsg. v. Bruno Berger, Heinz Rupp u.a. (ab Bd. 6 von Heinz Rupp und Carl Ludwig Lang). Bd. 1ff. Bern, München, Stuttgart: Francke, 1968ff.

Bis Frühjahr 1994: Bd. 1-15 (A - Schnydrig) u. Erg.-Bd. 1 (1994; A-Bernfeld). Umfangreiches, zuverlässiges und maßgebliches Autorenlexikon. Vertritt einen weiten Literaturbegriff. Verzeichnet außer Schriftstellern (durch Verzicht auf literaturästhetisch wertende Auswahl mit einem hohen Maß an Vollständigkeit) auch Germanisten, Philosophen, Theologen u.a. Gliederung der einzelnen Artikel in Biographie, Primärtexte, Sekundärliteratur (bei längeren Artikeln weitere Spezifizierung). Hinweise auf Nachlässe, Archive, Dichtergesellschaften. - *Ersetzt nach Fertigstellung nachfolgendes Lexikon und eine Reihe älterer Nachschlagewerke.*

C 60 Kosch, Wilhelm: Deutsches Literatur-Lexikon. Biographisches und bibliographisches Handbuch. 2. Aufl. 4 Bde. Bern: Francke, 1949-1958. Enthält auch Sachartikel.

C 70 Die Deutsche Literatur. Biographisches und bibliographisches Lexikon. Unter Mitarbeit zahlreicher Fachgelehrter hrsg. von Hans-Gert Roloff. Lfg. 1ff. Bern, Frankfurt/M., Las Vegas: Lang, 1979ff.

Als monumentales Werk geplantes Lexikon, das die deutsche Literatur umfassend und mit Vollständigkeitscharakter verzeichnen soll. Vorgesehen sind folgende Reihen: I. Die deutsche Literatur von den Anfängen bis 1450; II. Die deutsche Literatur zwischen 1450 und 1620; III. Die deutsche Literatur zwischen 1620 und 1720; IV. Die deutsche Literatur zwischen 1720 und 1830; V. Die deutsche Literatur zwischen 1830 und 1890; VI. Die deutsche Literatur zwischen 1890 und 1975. Die Reihen sind in zwei Abteilungen gegliedert: A = Autorenlexikon, B = Forschungsliteratur (in systematischer Gliederung). Erscheint in Lieferungen.

Bis Frühjahr 1994: Reihe II, Abt. A: Autorenlexikon, Bd. 1 (A - Al), Bd. 2, Lfg. 1-5 (Al-Am); Abt. B: Forschungsliteratur Bd. I, Lfg. 1-6; Bd. II, Lfg. 1-2; Reihe III, Abt. B: Forschungsliteratur Bd. I, Lfg. 1-3.

C 80 Literatur-Lexikon. Autoren und Werke deutscher Sprache. Hrsg. von Walter Killy unter Mitarb. von Hans Fromm u.v.a. 15 Bde. Gütersloh, München: Bertelsmann Lexikon Verlag, 1988-1993.

Gliederung: Autoren und Werke von A-Z (Bd. 1-12); Begriffe A-Z (Bd. 13-14); Register (Bd. 15). Die Artikel von recht unterschiedlicher Länge bestehen aus einem biographischen Abriß mit Charakteristik der wichtigsten Werke, der Nennung weiterer Titel und einer Auswahl der Sekundärliteratur. Informative Bildteile zu bedeutenderen Autoren und Autorinnen. - Nach Abschluß des Lexikons steht ein *Literaturauskunftsdienst* zur Verfügung (Neumarkterstr. 20, 81673 München), der konkrete Fragen zu Autoren, Werken und Sachbegriffen im Sinne eines persönlichen Benutzer-Service beantwortet (an Kauf des Lexikons gebunden).

C 85 Lexikon deutsch-jüdischer Autoren. Hrsg. vom Archiv Bibliographia Judaica. Bd. 1ff. München: Saur, 1992ff.
Geplant sind 16 Bde. - *Bis Frühjahr 1994:* Bd. 1-2 (A - Bins).

C 90 Lexikon deutschsprachiger Schriftsteller. Von den Anfängen bis zur Gegenwart. 2 Bde. Hrsg. von Kurt Böttcher u.a. Hildesheim: Olms, 1993ff.
Bis Frühjahr 1994: Bd. 2: 20. Jh. (Artikel zu rd. 1000 Autorinnen und Autoren, mit Kurzbiographie, Werkübersicht und Nennung weiterer Werke. *Keine* Angabe von Sekundärliteratur.

C 95 Metzler Autoren-Lexikon. Deutschsprachige Dichter und Schriftsteller vom Mittelalter bis zur Gegenwart. Hrsg. von Bernd Lutz. Stuttgart: Metzler, 1986.
Darstellungen zu rd. 340 Autorinnen und Autoren. Spärliche Literaturhinweise.

C 100 Wilpert, Gero von: Deutsches Dichterlexikon. Biographisch-bibliographisches Handwörterbuch zur deutschen Literaturgeschichte. 3., erw. Aufl. Stuttgart: Kröner, 1988 (KTA 288).
Erfaßt rd. 3000 Autoren und Autorinnen. Knappe Angaben zur Biographie, Auswahl der wichtigsten Werke.

Die deutschsprachige Literatur im weltliterarischen Kontext behandeln:

C 110 Lexikon der Weltliteratur. Bd. 1: Biographisch-bibliographisches Handwörterbuch nach Autoren und anonymen Werken. Unter Mitarbeit zahlreicher Fachgelehrter hrsg. von Gero von Wilpert. 3., vollst. überarb. Aufl. Stuttgart: Kröner, 1988.
Kurze biographische Angaben zu rd. 10500 Autoren und anonymen Werken, Werkverzeichnis, Auswahl der Sekundärliteratur. Bd. 2 → C 520.

C 120 Der Literatur-Brockhaus. 3 Bde. Hrsg. von Werner Habicht u.a. Mannheim: Bibliographisches Institut, 1988.
Verzeichnet Personen, Länder, Institutionen und Sachbegriffe in einem Alphabet. Kurzcharakteristiken der Autoren, Verzeichnis der wichtigsten Werke, knappe Auswahl der Sekundärliteratur.

C 130 Harenbergs Lexikon der Weltliteratur. Autoren, Werke, Begriffe. 5 Bde. Dortmund: Harenberg, 1989.
Reich illustriertes, anschauliches Lexikon mit Artikeln über etwa 3000 Autoren, 1400 Werke und 500 Sachbegriffe in einem Alphabet. Übersichtsartikel und -Tabellen.

→ C 331f.

Lexika zu einzelnen Epochen

C 170 Die deutsche Literatur des Mittelalters. Verfasserlexikon. Unter Mitarb. zahlr. Fachgenossen hrsg. von Wolfgang Stammler (ab Bd. 3: Karl Langosch). 5 Bde. Berlin: de Gruyter, 1933-1955.
Umfassendes Lexikon zur mittelalterlichen Literatur. Bd. 1-4: A-Z; Bd. 5: Nachträge.
Neubearbeitung:

C 180 Die deutsche Literatur des Mittelalters. Verfasserlexikon. Begründet von Wolfgang Stammler, fortgeführt von Karl Langosch. 2., völlig neu bearb. Aufl. unter Mitarbeit zahlreicher Fachgelehrter hrsg. von Kurt Ruh u.a. Redaktion: Kurt Illing, Christine Stöllinger. Lfg. 1 ff. Berlin, New York: de Gruyter, 1978ff.
Bis Frühjahr 1994: Bd. 1-8 und Bd. 9, Lfg. 1 (- Stetefeld). Die 2. Aufl. bringt eine völlige Neufassung der einzelnen Artikel und ist beträchtlich erweitert (vermehrte Aufnahme lateinischer Literatur). Knappe Literaturhinweise.

C 190 Lexikon des Mittelalters. Lfg. 1 ff. München, Zürich: Artemis, 1977ff.
Bis Frühjahr 1994: Bd. 1-6 und Bd. 7, Lfg. 1 (- Privilegien). Umfassendes Nachschlagewerk zu Geschichte, Kultur, Literatur und den Lebensformen des gesamten europäischen Mittelalters (300-1500). Artikel zu Sachbegriffen, Personen, Ländern und Städten. Umfangreiche, übergreifende "Dachartikel". Weiterführende Literaturangaben. Registerbd. geplant.

C 200 Jöcher, Christian Gottlieb: Allgemeines Gelehrten-Lexikon, darinne die Gelehrten aller Stände, sowohl männ- als weiblichen Geschlechts, welche vom Anfange der Welt bis auf die jetzige Zeit gelebt und sich der gelehrten Welt bekannt gemacht, nach ihrer Geburt, Leben merkwürdigen Geschichten, Absterben und Schriften aus den glaubwürdigsten Scripenten in alphabetischer Ordnung beschrieben werden. 4 Tle. nebst Fortsetzungen und Ergänzungen [= weitere 7 Bde.]. Leipzig: Weidmann, 1750-1897 [*Neudruck*: Hildesheim: Olms, 1960 bis 1961].
Das Grundwerk (Bd. 1-4) erfaßt bis 1750, die Ergänzungsbände verzeichnen mit gleitender Berichtszeit bis 1820 Verstorbene (- Romuleus). Versagt Jöcher, empfiehlt sich die Benutzung folgender Ergänzungen:
C 201 Dunkel, Johann Gottlieb Wilhelm: Historisch-kritische Nachrichten von verstorbenen Gelehrten und deren Schriften. (Insonderheit aber denjenigen, welche in der allerneuesten Ausgabe des Jöcherischen Allgemeinen Gelehrten-Lexikons entweder gänzlich mit Stillschweigen übergangen, oder doch mangelhaft und unrichtig angeführt werden.) 3 Bde. Dessau, Cöthen 1753-1760 [*Neudruck*: Hildesheim: Olms, 1968].
C 202 Hennicke, Karl August: Beiträge zur Ergänzung und Berichtigung des Jöcherschen Allgemeinen Gelehrten Lexikon's und des Meusel'schen Lexikon's der von 1750

bis 1800 verstorbenen deutschen Schriftsteller. 3 in 1 Bd. Leipzig 1811 bis 1812 [*Neudruck*: Hildesheim: Olms, 1969].

C 210 Jördens, Karl-Heinrich: Lexikon deutscher Dichter und Prosaisten. 6 Bde. Leipzig: Weidmann, 1806-1811 [*Neudruck*: Hildesheim: Olms, 1970].
Bd. 1-5: A-Z, Zusätze und Berichtigungen; Bd. 6: Supplemente. Umfangreiche Artikel mit biographischen Angaben und Schriftenverzeichnis (Auswahl).

C 220 Neumeister, Erdmann; Grohmann, Friedrich: De Poetis Germanicis hujus seculi praecipuis dissertatio compendiaria. 1695 [*Nachdruck*: Bern, München: Francke, 1978].
Nachdruck mit Übersetzung und umfangreichem bio-bibliographischem Apparat zu allen aufgenommenen Autoren (des 17. Jh's).

C 230 Woods, Jean M.; Fürstenwald, Maria: Schriftstellerinnen, Künstlerinnen und gelehrte Frauen des deutschen Barock. Ein Lexikon. Stuttgart: Metzler, 1984 (Repertorien zur Deutschen Literaturgeschichte, 10).
Erfaßt rd. 700 Frauen, die zwischen 1580 und 1720 geboren wurden und durch Publikationen, künstlerische Tätigkeit und Gelehrsamkeit hervorgetreten sind, mit biographischen Daten, Werken (auch unselbständig erschienenen) und Sekundärliteratur.

C 250 Hamberger, Georg Christoph; Meusel, Johann Georg: Das gelehrte Deutschland oder Lexikon der jetzt lebenden deutschen Schriftsteller. 5. Ausgabe. 23 Bde. Lemgo: Meyer, 1796-1834 [*Neudruck*: Hildesheim: Olms, 1965-1967. Mit einem Nachtrag von Paul Raabe].
Erfaßt Personen, die in den Berichtsjahren 1795-1827 lebten, in 6 Alphabeten. Knappe biographische Angaben, *sehr ausführliche Schriftenverzeichnisse*. Gesamtregister zu Bd. 1-12 in Bd. 12. Nachtrag 5 (Berichtsjahr 1827) bricht mit Buchstabe L ab. - *Registerbd.* zu Bd. 1-23, bearb. von Maria Th. Kirchberg und Rainer Pörzgen. München: Saur, 1979.

C 260 Meusel, Johann Georg: Lexikon der vom Jahr 1750 bis 1800 verstorbenen deutschen Schriftsteller. 15 Bde. Leipzig: Fleischer, 1802 bis 1816 [*Neudruck*: Hildesheim: Olms, 1967-1968. Mit einem Geleitwort von Paul Raabe.]
Ergänzung zu Hamberger/Meusel (C 250) und zu Jöcher (C 200). Ausführliches Schriftenverzeichnis.

C 270 Brümmer, Franz: Lexikon der deutschen Dichter und Prosaisten vom Beginn des 19. Jahrhunderts bis zur Gegenwart. 6., völlig neu bearb. u. stark verm. Aufl. 8 Bde. Leipzig: Reclam, 1913 [*Neudruck*: Nendeln: Kraus, 1975].

Umfassendes Lexikon zur Literatur des 19. Jh's, das auch kaum bekannte bzw. heute völlig unbekannte Autoren mit ihren wichtigsten Werken verzeichnet.

C 280 Friedrichs, Elisabeth: Literarische Lokalgrößen 1700-1900. Verzeichnis der in regionalen Lexika und Sammelwerken aufgeführten Schriftsteller. Stuttgart: Metzler, 1967 (Repertorien zur deutschen Literaturgeschichte, 3).
Schlüsselt rd. 600 regionale Lexika und Sammelwerke auf und verzeichnet so u.a. auch viele in größere Lexika nicht aufgenommene Autoren (mit Verweis auf die Fundstellen). Register.

C 290 Friedrichs, Elisabeth: Die deutschsprachigen Schriftstellerinnen des 18. und 19. Jahrhunderts. Ein Lexikon. Stuttgart: Metzler, 1981 (Repertorien zur deutschen Literaturgeschichte, 9).
Bietet zu fast 4000 Autorinnen, die zwischen 1700 und 1875 geboren sind, knappe biographische Angaben mit Verweis auf Referenzwerke. Namenregister.

C 300 Pataky, Sophie: Lexikon deutscher Frauen der Feder. Eine Zusammenstellung der seit dem Jahre 1840 erschienenen Werke weiblicher Autoren, nebst Biographien der lebenden und einem Verzeichnis der Pseudonyme. Berlin: C. Pataky, 1898 [*Nachdruck*: 2 Bde. Bern 1971].
Knappe biographische Angaben (oft nur Verweis auf andere Quellen). Werkverzeichnis.

C 305 Schmid-Bortenschlager, Sigrid; Schmedl-Bubenicek, Hanna: Österreichische Schriftstellerinnen 1880-1938. Eine Bio-Bibliographie. Stuttgart: Heinz, 1982 (Stuttgarter Arbeiten zur Germanistik, 119).

C 310 An Encyclopedia of continental women writers. Ed. by Kathleen M. Wilson. 2 vol. New York, London: Garland, 1991.
Umfassendes bio-bibliographisches Lexikon der Schriftstellerinnen Kontinentaleuropas. Biographisches, Werkverzeichnis, Sekundärliteratur (in Auswahl).

C 320 Biographisches Handbuch der deutschsprachigen Emigration nach 1933. 3 Bde. Hrsg. vom Institut für Zeitgeschichte. München: Saur, 1980-1983.
Bd. 1: Politik, Wirtschaft, Öffentliches Leben (1980); Bd. 2, 1-2: Wissenschaften, Kunst, Literatur (1983); Bd. 3: Gesamtregister (1983).

C 325 Berthold, Werner; Eckert, Britta; Wende, Frank: Deutsche Intellektuelle im Exil. Ihre Akademie und die 'American Guild for German Cultural Freedom'. Eine Ausstellung des Deutschen Exilarchivs 1933 bis 1945 der Deutschen Bibliothek Frankfurt/Main. München: Saur, 1993.

C 328 Hillesheim, Jürgen; Michael, Elisabeth: Lexikon nationalsozialistischer Dichter. Biographien, Analysen, Bibliographien. Würzburg: Königshausen & Neumann, 1993.
Umfangreichere Artikel zu 50 Autoren.

C 330 Kritisches Lexikon zur deutschsprachigen Gegenwartsliteratur (KLG). Loseblattausgabe. Hrsg. von Heinz Ludwig Arnold. München: edition text + kritik, 1978ff.
Erscheint als Loseblatt-Ausgabe mit regelmäßigen Nachlieferungen (Ergänzungen und Aktualisierungen). Die einzelnen Artikel (*Frühjahr 1994:* zu rd. 470 Autoren) enthalten Angaben zur Biographie, über Auszeichnungen, eine Werkanalyse und einen bibliographischen Teil (Primär- und Sekundärliteratur, einschl. der Zeitungsbeiträge). - Das *KLG-Archiv* enthält alle Artikel und Rezensionen aus Tages- und Wochenzeitungen, die im Verzeichnis der Sekundärliteratur aufgeführt sind. Sie können über den KLG Textdienst (c/o edition text + kritik, Postfach 800529, D-81605 München) gegen Gebühr in Kopie bezogen werden (Näheres im Vorwort des KLG). - Für die *fremdsprachige* Gegenwartsliteratur liegen vor:

C 331 Kritisches Lexikon zur fremdsprachigen Gegenwartsliteratur (KLfG). Loseblattausgabe. Hrsg. von Heinz Ludwig Arnold. München: edition text + kritik, 1984ff.
Anlage und Aufbau wie C 330.

C 332 KLRG. Kritisches Lexikon der romanischen Gegenwartsliteraturen. Loseblattausgabe. Hrsg. von Wolf-Dieter Lange u.a. Tübingen: Narr, 1982ff.

C 340 Lennartz, Franz: Deutsche Schriftsteller des 20. Jahrhunderts im Spiegel der Kritik. 4 Bde. Stuttgart: Kröner, 1984.
Bd. 1: Achleitner - Gurk; 2: Habe - Novak; 3: Oberkofler - Zwerenz; 4: Werkregister mit Dokumentation. Kurzartikel zu 845 Autoren des 20. Jahrhunderts, die von 1938 bis 1978 im Feuilleton und in der Literaturkritik genannt wurden.

C 350 Neues Handbuch der deutschen Gegenwartsliteratur seit 1945. Begr. von H. Kunisch, hrsg. von Dietz-Rüdiger Moser u. Mitw. von Petra Ernst u.a.. München: Nymphenburger, 1990. - *Aktualisierte Ausgabe:* München: dtv, 1993 (dtv 3296).

C 370 Kürschners Deutscher Literatur-Kalender. Jg. 1ff. Berlin: de Gruyter, 1897ff. - *Neueste Ausgabe*: Jg. 60 (1988).
Erfaßt lebende deutschsprachige Schriftsteller mit kurzen biographischen und bibliographischen Angaben. Nekrolog (seit der letzten Ausgabe Verstorbene); Festkalender; literarische Übersetzer; belletristische Bühnenverlage; literarische Agenturen; Rundfunkanstalten; deutschsprachige Zeitschriften zur Förderung und Kritik der Literatur;

Autorenverbände und literarische Vereinigungen; Literaturpreise; geographische Übersicht. - *Neubearbeitung in Vorber.*

C 380 Nekrolog über Kürschners Literatur-Kalender 1901-1935. Hrsg. von Gerhard Lüdtke. Berlin: de Gruyter, 1936. - 1936-1970. Hrsg. von Werner Schuder. Ebda. 1973.
Zusammenfassung der Nekrologe aus den einzelnen Jahrgängen.

C 400 Schriftsteller der Deutschen Demokratischen Republik (bearb. von Joachim Ret u.a.). 2. Aufl. Leipzig: Verlag für Buch- und Bibliothekswesen, 1975.

C 410 Bortenschlager, Wilhelm: Österreichische Dramatiker der Gegenwart. Kreativ-Lexikon. Wien: Österreichische Verlagsanstalt, 1976.
Biographische Angaben, knappe Werkanalysen. Dramenindex.

C 420 Lexikon der Schweizer Literaturen. Hrsg. von Pierre-Olivier Walzer. Basel: Lenos, 1991.
Behandelt die deutschsprachige, französische und italienische Literatur der Schweiz.

1.2 WERKLEXIKA

C 510 Kindlers Neues Literatur Lexikon (KNLL). Hrsg. von Walter Jens. 20 Bde. München: Kindler, 1988-1992.
Nach Autoren und Werken geordnetes, umfassendes Verzeichnis wichtiger Werke der Weltliteratur. Durch weitgefaßten Literaturbegriff auch literaturtheoretische sowie bedeutende philosophische, psychologische, pädagogische und naturwissenschaftliche Schriften aufgenommen. Die einzelnen Artikel bestehen aus Kurzbiographie, Inhaltsangaben einzelner Werke, Kurzanalysen und bibliographischen Angaben (Erstdruck, ggf. Uraufführung, Abdruck in Werkausgabe, ggf. Verfilmung, Auswahl an Sekundärliteratur). Beigegeben sind Essays zur Geschichte der einzelnen Nationalliteraturen. *Gliederung*: Autoren A-Z (Bd. 1-17); Anonyma I-II, Essays I (Bd. 18-19); Essays II, Register (Bd. 20).

C 520 Lexikon der Weltliteratur. Bd. 2: Hauptwerke der Weltliteratur in Charakteristiken und Kurzinterpretationen. Unter Mitarbeit zahlreicher Fachgelehrter hrsg. von Gero von Wilpert. 3., völlig neubearb. Aufl. Stuttgart: Kröner, 1993.
Kurzgefaßte Artikel zu einer Auswahl wichtiger Werke der Weltliteratur. Weiterführende Literaturangaben. Bd. 1 → C 110.

1.3 SACHLEXIKA

C 530 Reallexikon der deutschen Literaturgeschichte. Begr. von Paul Merker und Wolfgang Stammler. 2. Aufl. neu bearb. und unter red. Mitarb. von Klaus Kanzog sowie Mitw. zahlr. Fachgelehrter hrsg. von Werner Kohlschmidt und Wolfgang Mohr (ab Bd. 4 von Klaus Kanzog und Achim Masser). 4 Bde. u. Reg.bd. Berlin: de Gruyter, 1958-1988.

Maßgebliches Sachwörterbuch zur Literaturwissenschaft mit z.T. recht umfangreichen Artikeln. Weiterführende Literaturangaben. Durch die lange Bearbeitungsdauer in den ersten Teilen des Alphabets nicht auf dem neuesten Forschungsstand.

C 535 Reallexikon der deutschen Literaturwissenschaft. Gemeinsam mit Harald Fricke, Klaus Grubmüller und Jan-Dirk Müller hrsg. von Klaus Weimar. Bd. 1ff. Berlin: de Gruyter, *in Vorber.*

Neubearbeitung des *Reallexikons der deutschen Literaturgeschichte*. Geplant sind drei Bde., deren erster im Herbst 1995 erscheinen soll.

C 540 Ästhetische Grundbegriffe. Studien zu einem historischen Wörterbuch. Hrsg. von Karlheinz Barck u.a. Berlin: Akademie-Verlag, 1990.

Vorstudie zu einem auf 5 Bde. angelegten *Historischen Wörterbuch ästhetischer Grundbegriffe*, das ab Mitte der 90er Jahre erscheinen soll.

Folgende Lexika enthalten Kurzdefinitionen zu zahlreichen Begriffen aus Literaturwissenschaft und -geschichte, mit weiterführenden Literaturangaben:

C 550 Wilpert, Gero von: Sachwörterbuch der Literatur. 7., grundlegend überarb. Aufl. Stuttgart: Kröner, 1989 (KTA 231).

Ca. 5000 Stichwörter, mit reichhaltigen Literaturangaben.

C 560 Metzler Literatur-Lexikon. Begriffe und Definitionen. Hrsg. von Günther und Irmgard Schweikle. 2., überarb. Aufl. Stuttgart: Metzler, 1990.

Über 3000 Stichwörter. Mit weiterführenden Literaturhinweisen. Im Anhang: Sachgebiete im Überblick (Zuordnung der Stichwörter in den Sachzusammenhang).

C 570 Wörterbuch der Literaturwissenschaft. Hrsg. von Claus Träger. Leipzig: Bibliographisches Institut, 1986.

C 580 Best, Otto F.: Handbuch literarischer Fachbegriffe. Definitionen und Beispiele. Überarb. und stark erweiterte Ausg. Frankfurt/M.: Fischer, 1982 u.ö. (Fischer Taschenbuch, 6478).

C 590 Moderne Literatur in Grundbegriffen. Hrsg. von Dieter Borch-meyer und Viktor Žmegač. 2., bearb. Aufl. Tübingen: Niemeyer, 1992.
Enthält umfangreichere Artikel zu über sechzig Grundbegriffen (z.B. einzelne Epochen, Gattungen).

C 595 Sachwörterbuch der Mediävistik. Hrsg. von Peter Dinzelbacher. Stuttgart: Kröner, 1992 (KTA 477).

1.4 THEMATISCH BEGRENZTE LEXIKA

Die Anordnung erfolgt alphabetisch nach Schlagwörtern.

Comics

C 610 The World Encyclopedia of Comics. Ed. by Maurice Horn. New York: Chelsea House Publ., 1976.
Autoren-, Sach- und Werkartikel. Abriß der Geschichte der Comics, Auswahlbibliographie, Anhänge, Register.

C 612 Lexikon der Comics. Werke, Personen, Themen, Aspekte. Lose-blattausgabe. Hrsg. von Heiko Langhans (bis 4. Erg.-Lfg.) und Marcus Czerwionka. Meitingen: Corian-Verlag, 1991ff.
Aufbau: 1. Werke (A-Z); 2. Personen (A-Z); 3. Themen und Aspekte (A-Z). - Ergän-zungslieferungen.

Erotische Literatur

C 615 Lexikon der erotischen Literatur. Autoren, Werke, Themen, Aspekte. Loseblattausgabe. Hrsg. von Klaus W. Pietrek. Meitingen: Corian, 1992ff.
Gegliedert in vier Teile. 1: Werke (A-Z nach Titeln; Inhaltsangaben, Zitate, Abbildungen, bibliographische Angaben); 2: Autoren (Artikel zu bedeutenden Autoren der erotischen Literatur); 3: Themen - Aspekte (Artikel zu einzelnen Problemfeldern, z.B. 'Die Femme fatale'). - Jährlich Ergänzungslieferungen.

Germanisches Altertum

C 620 Reallexikon der germanischen Altertumskunde. Hrsg. von Johannes Hoops. 4 Bde. Straßburg: Vereinigung wissenschaftlicher Verleger, 1911-1919.- 2. neu bearb. u. stark erw. Aufl. Hrsg. von Heinrich Beck [u.a.]. Bd. 1ff. Berlin, New York: de Gruyter, 1973 ff.
Bis Frühjahr 1994: Bd. 1-6 (A-Einbaum). *Maßgebliches Lexikon* der germanischen Altertumskunde. Weiterführende Literaturangaben.

Kinder- und Jugendliteratur

C 630 Lexikon der Kinder- und Jugendliteratur. Hrsg. von Klaus Doderer. 3 Bde. u. Erg.bd. Weinheim, Basel: Beltz, 1975-1982.
Bd. 1 (2. Aufl. 1975): A-H; 2 (1977): I-Q; 3 (1979): P-Z; 4 (1982): Erg.- und Reg.-Bd. - Enzyklopädisches Lexikon zur Kinder- und Jugendliteratur und anderer -Medien mit Personen-, Sach- und Länderartikeln. Weiterführende Literaturangaben.

Kriminalliteratur

C 633 Lexikon der Kriminalliteratur. Autoren, Werke, Themen/Aspekte. Loseblattausgabe. Hrsg. von Klaus-Peter Walter. Meitingen: Corian, 1993ff.
Aufbau: 1. Autoren (A-Z); 2. Werke (nach Autoren A-Z); 3. Themen/Aspekte.

Literarische Figuren

C 635 Rinsum, Annemarie und Wolfgang van: Lexikon literarischer Gestalten. 2 Bde. Stuttgart: Kröner, 1988-1990 (KTA 420/21).
Bd. 1 (2., überarb. Aufl. 1993): Deutschsprachige Werke; 2 (1990): Fremdsprachige Werke. Bietet zu rd. 7000 literarischen Figuren knappe Hinweise über Vorkommen und psychologische Anlagen sowie zur literarhistorischen Einordnung.

Literarisches Leben

C 636 Handbuch für Autoren. Adressen und Informationen aus dem deutschsprachigen Literaturbetrieb. Hrsg. von Sandra Uschtrin und Sandra Klaucke. 3. Aufl. München: Grafenstein, 1990.

C 637 Basse, Michael; Pfeifer, Eckard: Literaturwerkstätten und Literaturbüros in der Bundesrepublik. Ein Handbuch der Literaturförderung und der literarischen Einrichtungen der Bundesländer. Lebach/Saar: Hempel, 1988.

C 638 Literarische Gesellschaften in Deutschland. Ein Handbuch mit Einzeldarstellungen in Texten und Bildern. Zusammengestellt und bearb. von Sven Arnold. Berlin: Argon, 1991.

C 639 Das Literaturbuch 1993/94. Literarisches Leben in der Bundesrepublik Deutschland. Hrsg. vom Deutschen Kulturrat im Auftrag der Fördergesellschaft für kulturelle Bildung des Deutschen Kulturrats e.V. Baden-Baden: Nomos, 1993.
Adreßbuch zum literarischen Leben in Deutschland. Verzeichnet Autorenverbände, Fördermaßnahmen, Sozialeinrichtungen für Schriftsteller, Institutionen der Aus- und Weiterbildung; Institutionen des Literaturmarktes, der Literaturvermittlung und Leseförderung; Institutionen des literarischen Lebens (Forschungs- und Dokumentations-

stellen, Literaturmuseen, -Archive, Literarische Gesellschaften, Autorenvereinigungen, Akademien); Einrichtungen im Rahmen nationaler und internationaler Kulturpolitik.

Märchen und Sagen

C 640 Enzyklopädie des Märchens. Handwörterbuch zur historischen und vergleichenden Erzählforschung. Hrsg. von Kurt Ranke zusammen mit Hermann Bausinger u.a. Bd. 1 ff. Berlin, New York: de Gruyter, 1977ff.
Bis Frühjahr 1994: Bd. 1-6 und 7, Lfg. 1-2/3 (A-Kalender). Geplant sind zwölf Bände.

C 650 Handwörterbuch der Sage. Hrsg. von Will-Erich Peuckert. Lfg. 1-3 (A-Auf). Göttingen: Vandenhoeck & Ruprecht, 1961-1963.
Mehr nicht erschienen.

Mystik

C 655 Wörterbuch der Mystik. Hrsg. von Peter Dinzelbacher. Stuttgart: Kröner, 1989 (KTA 456).
Rd. 1200 Artikel zur Mystik von der Antike bis zur Gegenwart unter Einschluß der Frauenmystik.

Mythologie

C 660 Hederich, Benjamin: Gründliches mythologisches Lexikon. Leipzig: Gleditsch, 1770. *Nachdruck*: Darmstadt: Wiss. Buchgesellschaft, 1967. - *Mikrofiche-Edition:* München: Saur, 1992.

C 665 Simek, Rudolf: Lexikon der germanischen Mythologie. Stuttgart: Kröner, 1984.
Rd. 1700 Artikel.

Zur Mythologie der Römer, Griechen und Ägypter → C 1320ff.

Reiseliteratur

C 666 Lexikon der Reise- und Abenteuerliteratur. Loseblattausgabe. Hrsg. von Friedrich Schegk. Meitingen: Corian, 1988ff.
Aufbau: 1. Autoren (A-Z); 2. Themen und Aspekte (A-Z); 3. Illustratoren (A-Z); 4: Verlage (A-Z).

Rhetorik

C 668 Historisches Wörterbuch der Rhetorik. Hrsg. von Gert Ueding (u.a.). Mitbegründet von Walter Jens. Bd. 1ff. Tübingen: Niemeyer, 1992ff.
Geplant sind 8 Bde. *Bis Frühjahr 1994:* Bd. 1-2 (A-Eth).

Science Fiction

C 670 Alpers, Hans-Joachim; Fuchs, Werner; Hahn, Ronald M.; Jeschke, Wolfgang: Lexikon der Science Fiction Literatur. 2 Bde. München: Heyne, 1980 (Heyne-Buch 7111-7112).
Entwicklungsgeschichte der Science-fiction-Literatur. Biographisches Lexikon. Bibliographisches Lexikon. Wichtige SF-Preise. Auswahl der Literatur über SF. Personenregister. → C 720, C 916, D 1590.

Stoffe und Motive

C 690 Frenzel, Elisabeth: Stoffe der Weltliteratur. Ein Lexikon dichtungsgeschichtlicher Längsschnitte. 8., überarb. und erw. Aufl. Stuttgart: Kröner, 1992 (KTA 300).
Behandelt in alphabetischer Folge die literarischen Bearbeitungen ausgewählter Stoffe, wobei unter Stoff eine durch Handlungskomponenten verknüpfte, schon außerhalb der Dichtung vorgeprägte Fabel verstanden wird. Literaturhinweise.

C 693 Dictionnaire des mythes littéraires. Sous la direction du Prof. Pierre Brunel. Monaco: Éditions du Rocher, 1988.

C 695 Dictionary of literary themes and motifs. Ed. by Jean-Charles Seigneuret a.o. 2 vol. New York: Greenwood, 1988.

C 700 Frenzel, Elisabeth: Motive der Weltliteratur. Ein Lexikon dichtungsgeschichtlicher Längsschnitte. 4., überarb. und erw. Aufl. Stuttgart: Kröner, 1992 (KTA 301).
Beschreibendes Verzeichnis der kleineren stofflichen Einheiten der Literatur. Weiterführende Literaturangaben.

Symbolkunde

C 710 Wörterbuch der Symbolik. Hrsg. von Manfred Lurker. 5., erw. Aufl. Stuttgart: Kröner, 1991 (KTA 464).
Informiert in ca. 1000 Artikeln über Symbolik in Dichtung, Kunst, Musik, Religion, Volksbrauch und politisch-öffentlichem Leben.

Utopie

C 720 Versins, Pierre: Encyclopédie de l'utopie, des voyages extraordinaires et de la Science fiction. Lausanne: Éditions l'Age d'Homme, 1972.
Personen-, Sach- und Länderartikel. *Keine* weiterführende Literatur.

Bibliographisches Lexikon der utopisch-phantastischen Literatur → D 1590.
Werkführer durch die utopisch-phantastische Literatur → C 916.

Verbotene Literatur

C 730 Houben, Heinrich Hubert: Verbotene Literatur von der klassischen Zeit bis zur Gegenwart. Ein historisch-kritisches Lexikon über verbotene Bücher, Zeitschriften und Theaterstücke, Schriftsteller und Verleger. 2 Bde. (Bd. 1 in 2. Aufl.). Dessau: Rauch bzw. Bremen: Schünemann, 1925-1928 [*Nachdruck*: Hildesheim: Olms, 1992].
Bd. 1 und 2 jeweils A-Z. Schlagwortregister in Bd. 2.

Volkskunde

C 740 Handwörterbuch des deutschen Aberglaubens. Hrsg. von Hanns Bächtold-Stäubli. 10 Bde. Berlin: de Gruyter, 1927-1942 (Handwörterbuch zur deutschen Volkskunde, Abt. 1 [*Nachdruck:* Ebd. 1987]).
Artikel zum Aberglauben in allen Gebieten des Lebens.

C 750 Beitl, Richard : Wörterbuch der deutschen Volkskunde. 3. Aufl. Stuttgart: Kröner, 1981 (KTA 127).

1.5 ANONYMEN- UND PSEUDONYMENLEXIKA, TITELBÜCHER

Hilfsmittel zur Aufschlüsselung der Verfasserschaft bei anonym bzw. pseudonym erschienenen Schriften:

C 810 Weller, Emil: Lexicon pseudonymorum. Wörterbuch der Pseudonymen aller Zeiten und Völker. 2. Aufl. Regensburg: Coppenrath, 1886 [*Nachdruck*: Hildesheim: Olms, 1963].
Verzeichnet alphabetisch die Pseudonyme mit Angabe der ermittelten wahren Namen.

C 820 Holzmann, Michael; Bohatta, Hans: Deutsches Anonymen-Lexikon. Aus den Quellen bearb. 7 Bde. Weimar: Gesellschaft der Bibliophilen, 1902-1928 [*Nachdruck*: Hildesheim: Olms, 1961].
Verzeichnet in mehreren Alphabeten die Sachtitel von rd. 83000 anonym (gelegentlich auch pseudonym) erschienenen Schriften unter Angabe der erschlossenen Verfasser und der Quellen.

C 830 Holzmann, Michael; Bohatta, Hans: Deutsches Pseudonymen-Lexikon. Wien: Akademischer Verlag, 1906 [*Nachdruck*: Hildesheim: Olms, 1961 und 1970].
Alphabetisches Verzeichnis von rd. 20000 Pseudonymen unter Angabe der richtigen Verfassernamen und der Quellen. Ergänzung zum Anonymenlexikon.

Für die neuere Zeit wird die Aufgabe der Anonymen- und Pseudonymenlexika von den Nationalbibliographien übernommen (→ D 4700ff.).

C 840 Schneider, Georg: Die Schlüsselliteratur. 3 Bde. Stuttgart: Hiersemann, 1951-1953.
Verzeichnis zur Entschlüsselung von literarischen Werken, die reale Personen und Vorgänge in verkleideter Form wiedergeben. Bd. 1: historische und methodische Ausführungen; Bd. 2: deutsche Schlüsselliteratur 1500-1914; Bd. 3: fremdsprachige Literatur. Nach Autoren alphabetisch geordnet.

C 845 Amos, William: The originals. An A-Z of fictions real-life characters. Boston, London: Cape, 1985.

Hilfsmittel zum Nachweis der Autoren literarischer Werke:

C 850 Schneider, Max: Deutsches Titelbuch. Ein Hilfsbuch zum Nachweis von Verfassern deutscher Literaturwerke. 2., verb. und wesentlich verm. Aufl. Berlin: Haude & Spener, 1927.
Verzeichnet literarische Werke, die vor 1915 erschienen sind, in alphabetischer Folge unter ihrem Sachtitel unter Angabe der Autoren. Decknamen-, Verfasser-, Sachregister.
Fortführung:

C 860 Ahnert, Heinz-Jörg: Deutsches Titelbuch 2. Ein Hilfsbuch zum Nachweis von Verfassern deutscher Literaturwerke 1915-1965 mit Nachträgen und Berichtigungen zum Deutschen Titelbuch 1 für die Zeit von 1900 bis 1914. Berlin: Haude & Spener, 1966.

C 870 Dühmert, Anneliese: Von wem ist das Gedicht? Eine bibliographische Zusammenstellung aus fünfzig deutschsprachigen Anthologien. Berlin: Haude & Spener, 1969.
Verzeichnet Gedichte aus 50 Anthologien alphabetisch nach Gedichtanfängen bzw. nach -überschriften unter Angabe der Verfasser. Register der Verfasser, historischen Personennamen, geographischen Namen.

C 875 Sechstausend Gedicht-Anfänge und ihre Verfasser. Hrsg. von Kurt Rüdiger. Karlsruhe o.J.

1.6 LITERATURFÜHRER, ZITATENSAMMLUNGEN

Literaturführer

C 880 Der Romanführer. Begr. von Wilhelm Olbrich und Johannes Beer unter Mitw. von Karl Weitzel, fortgef. von Alfred Clemens Baumgärtner und Bernd Gräf. Bd. 1ff. Stuttgart: Hiersemann, 1950ff.
Enthält Inhaltsreferate zu über 5000 literarisch bedeutenden und vielgelesenen Romanen, Erzählungen und Novellen der Weltliteratur.

Bd. 1-2 (2. Aufl. 1960): Deutsche Erzählliteratur bis etwa 1914; Bd. 3-5: bis ca. 1950;
Bd. 6-8: ausländische Literatur bis etwa 1914; Bd. 9-12: bis in die 50er Jahre; Bd. 13:
deutsche Literatur 1954-1963; Bd. 14: ausländische Literatur 1956-1965; Bd. 15:
Generalregister zu Bd. 1-14; Bd. 16: erzählende deutsche Prosa 1964-1973; Bd. 17:
erzählende ausländische Prosa 1967-1973; Bd. 18-19: erzählende deutsche Prosa 1974
bis 1985; Bd. 20: anglophone Prosa 1973-1987 (1989); Bd. 21: romanische Prosa
1973-1989 (1989); Bd. 22: Literaturen Nord- und Osteuropas 1973 bis 1989 (1990);
Bd. 23: Literaturen Asiens von den Anfängen bis zur Gegenwart (1991); Bd. 24: grie-
chische, türkische, arabische, jüdische, jiddische, isralische, niederländische,
flämische, afrikaanse und südafrikanische Erzählprosa von den Anfängen bis zur
Gegenwart (1991); Bd. 25-26: Prosa der DDR von den Anfängen bis zu ihrem Ende
1990: A-K, L-Z (1992); Bd. 27-28: deutsche Prosa 1986-1992 (im Druck). - Wird fortgeführt.

C 890 Romanführer A-Z. Hrsg. vom Kollektiv für Literaturgeschichte. 3
in 4 Bden. Berlin: Volk und Wissen, 1972-1978.
Bd. 1: Der deutsche, österreichische und schweizerische Roman. Von den Anfängen bis
Ende des 19. Jh's; Bd. 2, 1-2: 20. Jh. Der deutsche Roman bis 1949. Romane der
DDR; Bd. 3: 20. Jh. Der österreichische und schweizerische Roman. Romane der
BRD. Romanchronologie.

C 895 Deutscher Romanführer. Hrsg. von Imma Klemm. Stuttgart: Kröner, 1991 (KTA 370).
Inhaltsangaben und Kurzanalysen zu rd. 350 deutschen Romanen. Sehr knappe Literaturhinweise.

C 900 Der Schauspielführer. Begr. von Joseph Gregor, fortgef. (ab Bd.
7) von Margret Dietrich mit Unterstützung des Instituts für Theaterwissenschaft an der Universität Wien. Bd. 1ff. Stuttgart: Hiersemann,
1953ff.
Enthält Inhaltsreferate der bedeutendsten Theaterstücke der Weltliteratur (mit Angabe
des Erstdrucks, der Uraufführung u.ä.). Bd. 1-5 (1953-1957): deutsche und ausländische Schauspiele bis zu den 50er Jahren; Bd. 6 (1957): Nachträge. Vergleichender
Abriß der dramatischen Weltliteratur, *Gesamtregister* zu Bd. 1-6; Bd. 7 (1964): Ergänzungen; Bd. 8 (1967): 1956-1965; Bd. 9 (1972): 1966-1970; Bd. 10 (1976): 1971 bis
1973; Bd. 11 (1979): 1974-1976; Bd. 12 (1982): 1977-1979; Bd. 13 (1986): 1980 bis
1983; Bd. 14 (1989): 1984-1986; Bd. 15 (1993): 1987-1989. - Wird fortgeführt.

C 910 Berger, Karl Heinz; Böttcher, Kurt; Hoffmann, Ludwig; Naumann, Manfred: Schauspielführer. 3 in 6 Bden. Berlin: Henschel, 1975.
Bd. 1, 1: Antike, italienische, spanische und französische Dramatik; Bd. 1, 2: Englische und irische Dramatik. Dramatik der USA und skandinavische Dramatik; Bd. 2,
1-2: Deutsche Dramatik bis 1945. Dramatik der BRD. Dramatik der DDR; Bd. 3, 1:
Österreichische, Schweizer, niederländische, finnische und osteuropäische Dramatik;

Bd. 3, 2: Russische und sowjetische, asiatische und lateinamerikanische Dramatik. Autoren-, Werkregister.

C 912 Kienzle, Siegfried: Schauspielführer der Gegenwart. Interpretationen zum Theater heute. 5., neubearb. Aufl. Stuttgart: Kröner, 1990 (KTA 369).

C 915 Dramenlexikon. Hrsg. vom Deutschen Theatermuseum. Jahrbd. 1985ff. München: edition text + kritik, 1986ff.
Jährlich erscheinende Dokumentation der Bühnenliteratur mit Inhaltsangaben der neuen Stücke. Register 1985-1992. Ebd. 1994.

C 916 Werkführer durch die utopisch-phantastische Literatur. Loseblattausgabe. Hrsg. von Franz Rottensteiner und Michael Koseler. Meitungen: Corian, 1989ff.
Bd. 1ff.: Werke (nach Autoren A-Z). Inhalt, Interpretationsansätze; Literaturhinweise.

Zitatensammlungen

C 920 Büchmann, Georg: Geflügelte Worte. Der klassische Zitatenschatz. Hrsg. von Winfried Hofmann. Berlin: Ullstein, 1986.

C 930 Zoozmann, Richard: Zitatenschatz der Weltliteratur. Wiesbaden: Fourier, 1986.

C 940 Peltzer, Karl; Normann, Reinhard von: Das treffende Zitat. Gedankengut aus drei Jahrtausenden nach Stichwörtern alphabetisch geordnet. 8. erw. u. überarb. Aufl. Thun, München: Ott, 1985.

C 950 Lipperheide, Franz Frhr. von: Sprichwörterbuch. 9. Aufl. Berlin: Haude & Spener, 1982.

C 960 Wander, Karl Friedrich Wilhelm : Deutsches Sprichwörterbuch. Ein Hausschatz für das deutsche Volk. 5 Bde. Leipzig: Brockhaus, 1862 bis 1880 [*Nachdruck*: Aalen: Scientia, 1963].

2 LEXIKA ZUR LITERATURDIDAKTIK

C 1010 Lexikon zum Deutschunterricht. Mit einem Glossar. Hrsg. von Ernst Nündel. 2. Aufl. München, Wien, Baltimore: Urban & Schwarzenberg, 1981.
Sachbegriffe zum Deutschunterricht. Weiterführende Literatur.

C 1020 Taschenlexikon zur Literatur- und Sprachdidaktik. Hrsg. von Karl Stocker. 2 Bde. Kronberg: Scriptor; Frankfurt/M.: Hirschgraben, 1976.
Sachbegriffe zum Deutschunterricht. Berücksichtigt sachliche und unterrichtspraktische Aspekte. Weiterführende Literaturangaben.

C 1030 Kritische Stichwörter zum Deutschunterricht. Ein Handbuch. Hrsg. von Erika Dingeldey und Jochen Vogt. München: Fink, 1974 (UTB 299).
Sachbegriffe. Weiterführende Literaturangaben.

→ C 1570ff.

3 LEXIKA ZUR THEATERWISSENSCHAFT

Im Hinblick auf das entstehende *Informationshandbuch Theater, Film, Funk und Fernsehen* werden hier nur wenige große Lexika genannt.

C 1040 Enciclopedia dello spettacolo. Fond. da Silvio d'Amico. 9 vol. Roma: Maschere, 1954-1962.
Rd. 30000 Artikel über Personen, Organisationen, Städte und Dramengattungen des Welttheaters. - Ergänzungen und Aktualisierungen:

C 1050 Enciclopedia dello spettacolo. Aggiornamento 1955-1965. Roma: Unione Editoriale, 1966.

C 1060 Enciclopedia dello spettacolo. Appendice di aggiornamento: Cinema. Roma: Istituto per la Collaborazione Culturale, 1963.
Biographische Angaben zu Filmschaffenden.

C 1070 Enciclopedia dello spettacolo. Indice repertorio. Roma: Unione Editoriale, 1969.
Register zum Hauptwerk und den Nachträgen.

C 1080 Kosch, Wilhelm: Deutsches Theater-Lexikon. Biographisches u. bibliographisches Handbuch. Bd. 1-2: Klagenfurt 1953-1960; Bd. 3ff. fortgeführt von Hanspeter Bennwitz und Ingrid Biegler-Marschall. Bern, München: Francke (jetzt: München: Saur), 1965ff.
Bis Frühjahr 1994: Bd. 1-3 (A-Singer); Bd. 4, Lfg. 24ff. Artikel zu Personen, Sachbegriffen, Werktiteln und Städten.

C 1090 Deutsches Bühnen-Jahrbuch. Jg. 1 ff. Hamburg 1889ff.
Zuletzt: 102. Jg. 1993 (Spielzeit 1993/94). Theatergeschichtliches Jahr- und Adreßbuch zu Theater, Film, Funk und Fernsehen. Verzeichnet die Vorstände und Mitglieder der

deutschen Theater und der deutschsprachigen Theater im Ausland, Festspiele, Rundfunk- und Fernsehanstalten, Orchester, Organisationen u.ä.

4 LEXIKA ZUR MEDIENKUNDE
(Printmedien)

C 1150 Im Hinblick auf das entstehende *Informationshandbuch Theater, Film, Funk und Fernsehen* werden hier nur wenige Lexika zu den Printmedien genannt.

C 1160 Koszyk, Kurt; Pruys, Karl Hugo: Handbuch der Massenkommunikation. München: Saur, 1981. - *Taschenbuchausgabe*: München: dtv, 1981 (dtv 4370).
Sachartikel zu Presse, Rundfunk, Fernsehen. Mit weiterführender Literatur.

C 1180 Publizistik. Hrsg. von Elisabeth Noelle-Neumann und Winfried Schulz. Frankfurt/M.: Fischer, 1971 u.ö. (Das Fischer Lexikon).
Sachbegriffe. Mit Bibliographie.

5 FACHLEXIKA DER KONTAKTDISZIPLINEN

C 1310 Um bei fächerübergreifenden Arbeiten erste Nachschlagemöglichkeiten an die Hand zu geben, wird hier eine Auswahl fachspezifischer Lexika der Kontaktdisziplinen verzeichnet. Von ihnen ausgehend kann - auch unter Zuhilfenahme weiterführender Handbücher - sehr leicht bibliographisches Material erfaßt werden.

Antike

C 1320 Pauly-Wissowa: Realencyclopädie der klassischen Altertumswissenschaft. Neue Bearb. Stuttgart: Metzler (seit 1964: Druckenmüller), 1894 ff.
Bisher 68 Halbbde. und 15 Suppl.-Bde.: A-Z. Sowie Nachträge. Register d. Nachtr. u. Suppl. 1981.

C 1330 Der kleine Pauly. Lexikon der Antike. Hrsg. von Konrad Ziegler, Walther Sontheimer und Hans Gärtner. 5 Bde. Stuttgart: Druckenmüller, 1964-1975. - *Taschenbuchausgabe*: 5 Bde. München: dtv, 1980.

C 1340 Reallexikon für Antike und Christentum. Sachwörterbuch zur Auseinandersetzung des Christentums mit der antiken Welt. Begr. von Franz Joseph Dölger u.a. Fortgef. von der Rheinisch-Westfälischen Akademie der Wissenschaften. Hrsg. von Ernst Dassmann u.a. Bd. 1ff. Stuttgart: Hiersemann, 1950ff.
Bis Frühjahr 1994: Bd. 1-16, Lfg. 126 (- Hypatia). - Dazu Suppl.-Lieferungen 1985ff.

C 1350 Ausführliches Lexikon der griechischen und römischen Mythologie. Hrsg. von Wilhelm Heinrich Roscher. 6 Bde. (nebst) Suppl. 1-4. Leipzig: Teubner, 1884-1937.

C 1360 Hunger, Herbert: Lexikon der griechischen und römischen Mythologie mit Hinweisen auf das Fortwirken antiker Stoffe und Motive in der bildenden Kunst, Literatur und Musik des Abendlandes bis zur Gegenwart. 7. Aufl. Wien: Hollinek, 1975.

Buch- und Bibliothekswesen

C 1370 Lexikon des Bibliothekswesens. Hrsg. von Horst Kunze und Gotthard Rückl. 2. Aufl. Pullach: Verlag Dokumentation, 1974-1975 (*Nachdruck*: München: Saur, 1986).

C 1380 Lexikon des Buchwesens. Hrsg. von Joachim Kirchner. 4 Bde. Stuttgart: Hiersemann, 1952-1956.

C 1390 Lexikon des gesamten Buchwesens. 2., völlig neu bearb. und erw. Aufl. Hrsg. von Severin Corsten u.a. Bd. 1ff. Stuttgart: Hiersemann, 1987ff.
Bis Frühjahr 1994: Bd. 1-4, Lfg. 28 (A - Koreanische Schrift).

Geschichte

C 1400 Handbuch der europäischen Geschichte. Hrsg. von Theodor Schieder. Bd. 1ff. Stuttgart: Klett, 1976ff.

C 1410 Gebhardt, Bruno: Handbuch der deutschen Geschichte. 9., neu bearb. Aufl. hrsg. von Herbert Grundmann. 4 Bde. Stuttgart: Union Deutsche Verl. Ges., 1970-1976. - *Taschenbuchausgabe*: 22 Bde. München: dtv, 1973-1980 u.ö. (dtv-WR 4201-4222).

C 1420 Geschichtliche Grundbegriffe. Historisches Lexikon zur politisch-sozialen Sprache in Deutschland. 7 Bde. Stuttgart: Klett, 1972 bis 1992.

C 1430 Biographisches Wörterbuch zur deutschen Geschichte. Begr. von Hellmut Rössler und Günther Franz. 2., völlig neu bearb. Aufl. Bearb. von Karl Bosl u.a. 3 Bde. München: Francke, 1973-1975.

C 1440 Rössler, Hellmut; Franz, Günther: Sachwörterbuch zur deutschen Geschichte. München: Oldenburg, 1958.

C 1450 Sachwörterbuch der Geschichte Deutschlands und der deutschen Arbeiterbewegung. 2 Bde. Berlin (Ost): Dietz, 1969-1970.

C 1460 Lexikon der deutschen Geschichte. Personen, Ereignisse, Institutionen. 2., neubearb. Aufl. Hrsg. von Gerhard Taddey. Stuttgart: Kröner, 1983.

Kunstgeschichte

C 1470 Allgemeines Lexikon der bildenden Künstler von der Antike bis zur Gegenwart. Hrsg. von Ulrich Thieme und Felix Becker. 37 Bde. Leipzig: Seemann, 1907-1950 (*Nachdruck:* München: dtv, 1993). - *Nachträge:*

C 1471 Vollmer, Hans: Allgemeines Lexikon der bildenden Künstler des 20. Jahrhunderts. 6 Bde. Leipzig: Seemann, 1953-1962 (*Nachdruck:* München: dtv, 1993).

C 1475 Allgemeines Künstlerlexikon. Die Bildenden Künstler aller Zeiten und Völker. Hrsg. von Günther Meissner u.a. Bd. 1ff. München: Saur, 1991ff.
Geplant sind 60 Bde. - *Bis Frühjahr 1994:* Bd. 1-8 (A - Benech).

C 1480 Internationale Künstlerdatenbank (IKD). CD-ROM-Ausgabe. Ausgabe 1ff. München: Saur, 1993ff.
Die 1. Ausg. stellt in über 195000 Einträgen die Daten sämtlicher Artikel des Thieme-Becker (→ C 1470) zur Verfügung.

C 1490 Reallexikon zur deutschen Kunstgeschichte. Begr. von Otto Schmitt (fortgef. von Ernst Gall, Ludwig Heinrich Heydenreich, Hans Martin Frhr. von Erffa u. Karl-August Wirth; ab Bd. 6 hrsg. vom Zentralinstitut für Kunstgeschichte München). Bd. 1ff. Stuttgart: Metzler (ab 1948ff.: Druckenmüller, dann: München: Beck), 1937ff.
Bis Frühjahr 1994: Bd. 1-8 (A-Firnis) und Bd. 9, Lfg. 97-101 (-Flagge).

C 1495 Lexikon der Kunst. Architektur, Bildende Kunst, Angewandte Kunst, Industrieformgestaltung, Kunsttheorie. Bd. 1ff. Leipzig: Seemann, 1987ff.
Bis Frühjahr 1994: Bd. 1-5 (A-O).

Musikwissenschaft

C 1500 Die Musik in Geschichte und Gegenwart. Allgemeine Enzyklopädie der Musik. Hrsg. von Friedrich Blume. 14 Bde. und Suppl.-

Bde. Kassel: Bärenreiter, 1949-1968 und 1973ff. - *Taschenbuchausgabe*:
17 Bde. München: dtv, 1989 (dtv 5913).

C 1510 Eitner, Robert: Biographisch-bibliographisches Quellen-Lexikon
der Musiker und Musikgelehrten der christlichen Zeitrechnung bis zur
Mitte des 19. Jahrhunderts. 10 Bde. Leipzig: Breitkopf & Härtel, 1900
bis 1904.

C 1520 Riemann, Hugo: Musik-Lexikon. 12., völlig neubearb. Aufl.
von Wilibald Gurlitt u.a. 3 Bde. und 2 Erg.bde. Mainz: Schott, 1959-
1975. - *Taschenbuchausgabe*: 5 Bde. München: Piper-Schott, 1989
(Serie Musik).
Bd. 1-2: Personenteil A-Z: Bd. 3: Sachteil. Erg.bde.: Personenteil A-Z. Artikel mit
weiterführenden Literaturangaben.

C 1530 Das Große Lexikon der Musik in acht Bänden. Hrsg. von Marc
Honegger und Günther Massenkeil. 10 Bde. Freiburg: Herder, 1978 bis
1983.
Bd. 1-8 (A-Z); Personen-, Werktitel-, Sachartikel mit weiterführenden Literaturangaben. Berücksichtigt auch die Pop-Musik. Bd. 9-10: Geschichte der Musik.

C 1540 Klünder, Achim; Voigt, Christina: Lexikon des Musiktheaters
im Fernsehen. 1973-1987. München: Saur, 1991 (Bild- und Tonträger-
verzeichnisse, 19).

Pädagogik

C 1570 The Encyclopedia of Education. Ed. Lee C. Deighten. 10 Vol.
o.O.: Macmillan, 1971.

C 1580 Lexikon der Pädagogik. Hrsg. von Heinrich Raubach. 4 Bde.
Freiburg: Herder, 1971-1975.

C 1590 Handbuch pädagogischer Grundbegriffe. Hrsg. von Josef Speck
und Gerhard Wehle. 2 Bde. München: Kösel, 1970 (*Studienausgabe*
1973).

C 1600 Handlexikon zur Pädagogischen Psychologie. Hrsg. von Hans
Schiefele und Andreas Krapp. München: Ehrenwirth, 1985.

C 1610 Handlexikon zur Didaktik der Schulfächer. Hrsg. von Leo Roth.
München: Ehrenwirth (auch Darmstadt: Wiss. Buchgesellschaft), 1980.

C 1620 Böhm, Winfried: Wörterbuch der Pädagogik. 13., überarb.
Aufl. Stuttgart: Kröner, 1988 (KTA 94).

Philosophie

C 1630 Historisches Wörterbuch der Philosophie. Hrsg. von J. Ritter und K. Gründer. Bd. 1ff. Basel: Schwabe, 1971ff.
Bis Frühjahr 1994: Bd. 1-8 (A-Sc). Bis zur Fertigstellung ist zurückzugreifen auf:

C 1640 Eisler, Rudolph: Wörterbuch der philosophischen Begriffe. Historisch-quellenmäßig bearb. 4. Aufl. 3 Bde. Berlin: Mittler, 1927-1930.

C 1650 Ueberweg-Heinze: Grundriß der Geschichte der Philosophie. 12. Aufl. 5 Bde. Berlin: Mittler, 1923-1928 [Nachdruck: Basel 1967].

C 1660 Europäische Enzyklopädie zu Philosophie und Wissenschaften. Hrsg. von Hans Jörg Sandkühler. 4 Bde. Hamburg: Meiner, 1990.

C 1670 Philosophisches Wörterbuch. Hrsg. von Georg Klaus und Manfred Buhr. 2 Bde. 13. Aufl. Berlin: das europäische Buch, 1985.
Auf marxistischer Grundlage.

C 1690 Philosophisches Wörterbuch. Begr. von Heinrich Schmidt, neu bearb. v. Georgi Schischkoff. 22. Aufl. Stuttgart: Kröner, 1991 (KTA 13).

C 1695 Lexikon der philosophischen Werke. Hrsg. von Franco Volpi und Julian Nida-Rümelin. Stuttgart: Kröner, 1988.
Enthält rd. 1150 Artikel über die bekanntesten und wirkungsgeschichtlich bedeutendsten Werke von der Antike bis zur Gegenwart.

Psychologie

C 1699 *Vgl. dazu*: Horst Wilhelm: Informationshandbuch Psychologie. Frankfurt/M.: Fischer, 1987, Teil C.

C 1700 International Encyclopedia of Psychiatry, Psychology, Psychoanalysis, and Neurology. Ed. Benjamin B. Wolman. 12 Vol. New York: Nostrand, 1977.
Bd. 1-11 (A-Z); Bd. 12 (Indexes).

C 1710 Dorsch, Friedrich: Psychologisches Wörterbuch. 10., neubearb. Aufl. Bern: Huber, 1982.

C 1720 Sury, Kurt von: Wörterbuch der Psychologie und ihrer Grenzgebiete. 4. vollst. neubearb. Aufl. Olten, Freiburg/Br.: Walter, 1974.

C 1730 Arnold, Wilhelm; Eysenck, Hans-Jürgen; Meili, Richard: Lexikon der Psychologie. Studienausg. 3 Bde. Freiburg: Herder, 1984.

Religionen

C 1750 Die Religion in Geschichte und Gegenwart. Handwörterbuch für Theologie und Religionswissenschaft. 3. Aufl. hrsg. von K. Galling. 6 Bde. und Registerbd. Tübingen: Mohr, 1957-1965.

C 1760 Lexikon für Theologie und Kirche. Begr. von Michael Buchberger. 2. Aufl. hrsg. von J. Höfer und K. Rahner. 10 Bde., Reg.bd. und 3 Erg.-Bde. Freiburg i. Br.: Herder, 1957-1969.
Bd. 1-10: A-Z; Reg.-Bd.; Erg.-Bde. 1-3: Das Zweite Vatikanische Konzil.

C 1770 Enciclopedia cattolica. 12 Vol. Roma, Firenze 1948-1954.

C 1780 Handbuch theologischer Grundbegriffe. 2 Bde. Hrsg. von Heinrich Fries u.a. München: Kösel, 1963 (*Studienausgabe* 1976).

C 1785 The Encyclopedia of Religion. 16 vols. New York, London: Macmillan, 1987.
Vol. 1-15: A-Z; Vol. 16: Index.

C 1790 Encyclopaedia Judaica. Das Judentum in Geschichte und Gegenwart. 10 Bde. Berlin: Eschkol-Verlag, 1928-1934.

C 1800 Encyclopaedia Judaica. Ed. in chief: Cecil Roth, Geoffrey Wigoder. 16 Vol. Jerusalem: Encyclopaedia Judaica, 1971-1972.

C 1810 Große jüdische National-Bibliographie. Ein Nachschlagewerk für das jüdische Volk und dessen Freunde. Hrsg. von S. Wininger. 7 Bde. Cernauti 1925-1935.

C 1820 Enzyklopädie des Islam. Geographisches, ethnographisches und biographisches Wörterbuch der muhammedanischen Völker. Hrsg. von M.T. Houtsma. 4 Bde. (nebst) Ergänzungsbd. Leiden: Brill, 1908-1938.

C 1825 Lurker, Manfred: Lexikon der Götter und Dämonen. Namen, Funktionen, Symbole/Attribute. 2., erw. Aufl. Stuttgart: Kröner, 1989.
Über 2200 Artikel über die wichtigsten Götter und Dämonen aller Zeiten und Völker.

C 1827 Bertholet, Alfred: Wörterbuch der Religionen. Neubearb., erw. und hrsg. von Kurt Goldammer. 4. Aufl. Stuttgart: Kröner, 1985.

Soziologie

C 1830 Wörterbuch der Soziologie. Hrsg. von Wilhelm Bernsdorf. 2. Aufl. Stuttgart: Enke, 1969.

C 1840 Handbuch der Soziologie. Bearb. von H. Eichler u.a. Stuttgart: Enke, 1967.

C 1850 Hillmann, Karl-Heinz: Wörterbuch der Soziologie. 4., neu bearb. Aufl. Stuttgart: Kröner, *in Vorber.* (KTA 410).

6 ALLGEMEINE LEXIKA, ENZYKLOPÄDIEN

C 1910 Für die Arbeit des Literaturwissenschaftlers sind auch die älteren Auflagen der nachstehenden Lexika von Bedeutung, weil sie oft die einzige Möglichkeit darstellen, Namen nicht kanonisierter Autoren nachzuschlagen, und weil sich in ihnen der Wissensstand zur Zeit älterer literarischer Epochen spiegelt. Zu den allgemeinen Lexika und Enzyklopädien vgl. auch die beschreibenden Darstellungen in den Bibliographien der Bibliographien (→ D 5160ff.) sowie:

C 1920 Lenz, Werner: Kleine Geschichte großer Lexika. Gütersloh: Bertelsmann, 1972.

C 1930 Brockhaus Enzyklopädie in zwanzig Bänden. 17., völlig neubearb. Aufl. des Großen Brockhaus. 20 Bde. und 5 Erg.-Bde. Wiesbaden: Brockhaus, 1966-1981.
Bd. 1-20: A-Z; Bd. 21: Karten; Bd. 22-23: Ergänzungen A-Z; Bd. 24: Bildwörterbuch der deutschen Sprache; Bd. 25: Ergänzungen A-Z. *Bibliographische Angaben.* (Dazu auch → C 2660.). - *Neubearb.:*

C 1935 Brockhaus Enzyklopädie in vierundzwanzig Bänden. 19., völlig neu bearb. Aufl. Bd. 1ff. Mannheim: Brockhaus, 1986ff.
Bis Frühjahr 1994: Bd. 1-23 (A - Wej). Abschluß für 1994 vorgesehen. - Geplante Ergänzungsbde.: Bd. 25: Personenregister; Bd. 26-28: Deutsches Wörterbuch; Bd. 29: Wörterbuch Englisch-Deutsch/Deutsch-Englisch; Bd. 30: Ergänzungen A-Z. - *Jährliche Aktualisierungen:* Brockhaus Enzyklopädie. Jahrbuch 1993ff. Ebd. 1994ff.

C 1940 Meyers Enzyklopädisches Lexikon in fünfundzwanzig Bänden. 9. Aufl. 25 Bde., Erg.-Bde. und Atlas. Mannheim, Wien, Zürich: Bibliographisches Institut, 1971-1981.
Bd. 1-25 (A-Z); Bd. 26: Nachträge A-Z; Bd. 27: Weltatlas; Bd. 28: Personenregister; Bd. 29: Bildwörterbuch; Bd. 30: Das große Wörterbuch der deutschen Sprache. - Größere Rahmenartikel. *Bibliographische Angaben.* Dazu: Jahrbücher (1974-1983).

C 1970 Allgemeine Encyclopädie der Wissenschaften und Künste. Hrsg. von Johann Samuel Ersch und Johann Georg Gruber. Sect. 1, Th. 1-99 (A-G). Sect. 2, Th. 1-43 (H-Ligatur). Sect. 3, Th. 1-25 (O-Phyxios). Leipzig: Brockhaus, 1818-1889. [*Nachdruck:* 167 Bde. Graz: Akadem. Druck- und Verlagsanstalt, 1969ff.].

Trotz der Unvollständigkeit bis heute umfangreichstes Werk dieser Art. Artikel zu den einzelnen Schlagwörtern von unterschiedlicher Länge (bis zu mehreren Bänden). *Bibliographische Angaben.* - Auch heute noch von großer Bedeutung.

C 1980 (Zedler, Heinrich:) Großes vollständiges Universal-Lexikon aller Wissenschaften und Künste. 64 Bde. und 4 Suppl.-Bde. Halle: Zedler, 1732-1754 [*Nachdruck*: 68 Bde. Graz: Akad. Druck- und Verlagsanstalt, 1961-1964].
Umfassendes Lexikon, das den Wissensstand zur Mitte des 18. Jhs. spiegelt. *Bibliographische Angaben.*

Weitere ältere Lexika in Mikrofiche-Edition:

C 1985 Große deutsche Lexika. Aufklärung und frühes 19. Jahrhundert. Hrsg. von Walther Killy. München: Saur, 1992.
Zum Inhalt vgl. den Verlagskatalog.

Fremdsprachige Enzyklopädien:

C 1990 The New Encyclopaedia Britannica in 30 vols. Chicago, London, Toronto 1974.
Besteht aus: Propaedia (= systematische Übersicht); Micropaedia (= enzyklopädisches Lexikon): 10 Bde.; Macropaedia (= Enzyklopädie): 19 Bde.

C 2000 Svensk Uppslagbok. 2. bearb. u. erw. Aufl. 32 Bde. Malmö 1947-1955 [seither unveränderte Nachdrucke].

C 2010 Grote Winkler Prins. Encyclopedie in 20 delen. 2. Opl. 20 D. [nebst] Suppl. Amsterdam: Elsevier, 1970-1976.

C 2020 Grand Larousse encyclopédique. 10 vols. u. Suppl. Paris: Larousse, 1960-1968. - *Neubearbeitung:*

C 2030 La grande Encyclopédie. 60 vols., Appendix, Index. Paris: Larousse, 1972-1981.
Bd. 1-60: A-Z; Index; Suppl. (1981).

C 2035 Encyclopaedia Universalis. 23 vols. Paris 1988.
Vol. 1-18: A-Z; vol. 19-20: Symposium; vol. 21-23: Thesaurus/Index.

C 2040 Enciclopedia italiana di scienze, lettere ed arti. 36 vol., 3 app. Roma: Istituto della Enciclopedia italiana, 1949-1961.
Bd. 1-35: A-Z; Bd. 36: Indici; Bd. 37-39: App.

C 2050 Grande Dizionario enciclopedico UTET. 3. editione. riv. e accr. 19 vol. Torino: UTET, 1967-1973.

C 2060 Enciclopedia universal Illustrada Europeo-americana. 70 vol., 10 Suppl. Barcelona: Espasa, 1905-1933. - Ab 1934ff.: Supl. anual.
Umfassende Enzyklopädie auch zum ibero-amerikanischen Kulturraum.

C 2070 Diccionario Enciclopédico Espasa. Octava Edición. 12 vol. Madrid: Espasa, 1978.

C 2080 Bol'saja sovetskaja enciclopedija. 3. izd. 30 T. (u. Erg. Bd.) Moskva 1970-1981.
Erscheint auch in englischer Übersetzung (Great Soviet Encyclopedia. Vol. 1ff. London 1973 ff.).

7 ALLGEMEINE BIOGRAPHISCHE NACHSCHLAGEWERKE

C 2110 Allgemeine Deutsche Biographie (ADB). Hrsg. durch die Historische Commission bei der Königlichen Akademie der Wissenschaften. Red. von Rochus Frhr. von Liliencron und Franz Xaver von Wegele. 56 Bde. Leipzig: Duncker & Humblot, 1875-1912 [*Nachdruck*: 56 Bde. Berlin: Duncker & Humblot, 1967].
Erfaßt bedeutende Persönlichkeiten, die bis 1899 verstorben sind. Bd. 1-45: Grundwerk A-Z, Zusätze, Berichtigungen, Nachträge (bis Bd. 55); Bd. 56: Generalregister. Knappe *bibliographische Hinweise*.

C 2120 Neue deutsche Biographie (NDB). Hrsg. von der Historischen Kommission bei der Bayerischen Akademie der Wissenschaften. Bd. 1ff. Berlin: Duncker & Humblot, 1953ff.
Bis Frühjahr 1994: Bd. 1-17 (- Moller). Erfaßt bedeutende Persönlichkeiten, die bis zum (gleitenden) Berichtsschluß der einzelnen Bände verstorben sind. Register (in jedem Bd.). Bibliographische Hinweise.

C 2125 Deutsche Biographische Enzyklopädie (DBE). Hrsg. von Walther Killy. 10 Bde. München: Saur, *in Vorber. für 1994ff.*
Geplant als umfassendes biographisches Nachschlagewerk für den deutschen Sprachraum, erfaßt rd. 60000 Personen, die in der Zeit vom 3. Jh. bis ca. 1990 gelebt haben.

C 2130 Deutsches Biographisches Archiv (DBA). Mikrofiche-Edition. Hrsg. von Bernhard Fabian. Bearb. unter Leitung von Willi Gorzny. München: Saur, 1982-1985.
Kumulation aus 264 der wichtigsten biographischen Nachschlagewerke für den deutschen Bereich *bis zum Ausgang des 19. Jhs.* Nachweis von rd. 200000 Personen.

C 2131 Deutscher Biographischer Index. Ein Register zum Deutschen Biographischen Archiv. 4 Bde. Hrsg. von Willi Gorzny. München: Saur, 1986.

C 2135 Deutsches Biographisches Archiv. Neue Folge bis zur Mitte des 20 Jh's. Mikrofiche-Edition. Hrsg. von Willi Gorzny. München: Saur, 1989-1993.
Auswertung von 284 biographischen Lexika mit rd. 280000 Personen.

C 2136 Deutscher Biographischer Index. Neue Folge. Bearb. von Willi Gorzny. München: Saur, *in Vorber.*
Geplant sind 7 Bde. für 1994ff.

C 2140 Jüdisches Biographisches Archiv (JBA). Eine alphabetische Kumulation von biographischen Einträgen aus ca. 150 internationalen biographischen Nachschlagewerken und Enzyklopädien vom Anfang des 18. Jh's bis ca. 1948. Bearb. von Hilmar Schmuck. Hrsg. von Pinchas Lapide. Mikrofiche-Edition. München: Saur, *in Vorber. für 1994ff.*

C 2145 Internationale Biographische Datenbank. CD-ROM-Edition. München: Saur, *in Vorber. für 1995ff.*
Erfaßt deutschsprachige Länder, Spanien, Portugal, Iberoamerika, Großbritannien und ehemalige Kolonien, Irland.

C 2150 Kürschners Deutscher Gelehrten-Kalender. Jg. 1ff. Leipzig [später: Berlin]: de Gruyter, 1925ff. - *Zuletzt erschienen*: 16. Ausg. 3 Bde., 1992.
Verzeichnet lebende Gelehrte aus allen Fachgebieten. Nekrolog (seit der letzten Ausgabe Verstorbene); Festkalender; Register der Gelehrten nach Fachgebieten; wissenschaftliche Verlage.

C 2160 Wer ist wer? Das deutsche Who's who. 32. Ausg. Lübeck: Schmidt-Römhild, 1993.

C 2170 Buch, Günther: Namen und Daten. Biographien wichtiger Personen der DDR. 4. Aufl. Berlin, Bonn-Bad Godesberg: Dietz, 1987.

C 2180 Österreichisches biographisches Lexikon, 1815-1950. Hrsg. von der Österreichischen Akademie der Wissenschaften. Bd. 1ff. Graz, Köln: Böhlau, 1957ff.
Bis Frühjahr 1994: Bd. 1-9 (- Savic). Erfaßt zwischen 1815 und 1950 Verstorbene. *Bibliographische Angaben.*

C 2190 Historisch-biographisches Lexikon der Schweiz. Dictionnaire historique et biographique de la Suisse. 7 Bde. und Suppl. Neuenburg/Neuchâtel 1921-1934.
Erfaßt im Berichtszeitraum 1919-1932 verstorbene und lebende Personen. Enthält auch Sachartikel aus Geschichte und Landeskunde der Schweiz. *Bibliographische Angaben.*

C 2200 Schweizer biographisches Archiv. Archives biographiques suisses. Archivo biografico Svizzero. 6 Bde. Zürich, Lugano, Vaduz 1952 bis 1958.

C 2210 Internationales Biographisches Archiv. Hrsg. vom Munzinger Archiv (Archiv für publizistische Arbeit). Berlin, Dresden, (seit 1946:) Ravensburg: Munzinger Archiv, 1913ff.
Biographisches Lexikon in Loseblattform. Wöchentlich erscheinen 25 neue bzw. aktualisierte Biographien. Berücksichtigt u.a. Personen aus Literatur, Theater, Funk, Fernsehen, Wissenschaft. Anschrift für evtl. Rückfragen: Munzinger-Archiv GmbH, Hans-Züricher-Weg 7, D-88214 Ravensburg. Tel.: 0751-31916.

C 2220 Zu den biographischen Nachschlagewerken des außerdeutschen Sprachraums vgl. Helmut Allischewski [→ D 5170] und Hans-Joachim Koppitz [→ D 5190].

8 VERZEICHNISSE WISSENSCHAFTLICHER INSTITUTIONEN

C 2260 The World of Learning. Edition 1ff. London: Europa Publications, 1947ff.
Frühjahr 1994: 44th ed. 1994. Verzeichnet internationale und nationale wissenschaftliche Organisationen (Akademien, wiss. Gesellschaften, Universitäten, Bibliotheken, Archive usw.) unter Angabe ihrer periodischen Veröffentlichungen.

C 2270 Vademecum deutscher Lehr- und Forschungsstätten. Stätten der Lehre. Hrsg. von der Redaktion der Deutschen Universitäts-Zeitung. 2 Bde. Stuttgart (in regelmäßigen Abständen neu).
Teil 1 (1992): Wissenschaftliche Hochschulen. Teil 2 (1990): Fachhochschulen, Kunst- und Musikhochschulen, Verwaltungshochschulen, Technologietransfereinrichtungen.

C 2271 Vademecum deutscher Lehr- und Forschungsstätten. Forschung in der DDR. Hrsg. von der Redaktion der Deutschen Universitäts-Zeitung. Stuttgart 1990.

C 2280 Internationales Verzeichnis wissenschaftlicher Verbände und Gesellschaften. Hrsg. von Michael Zils. 4. Ausg. München: Saur, 1984 (Handbuch der internationalen Dokumentation und Information, 13).
Aktualisierungsmöglichkeit:

C 2281 Yearbook of International Organizations. CD-ROM-Edition. Edited by Union of International Associations. München: Saur, *in Vorber. für 1994*.

C 2290 Internationales Universitäts-Handbuch. World Guide to Universities. Bearb. von Michael Zils. 2. Ausg. München: Saur, 1976-1977 (Handbuch der internationalen Dokumentation und Information, 10).
Teil I: Europa; Teil II: Afrika, Amerika, Asien, Ozeanien.

C 2300 Handbuch der Universitäten und Fachhochschulen Bundesrepublik Deutschland, Österreich, Schweiz. Redaktion: Bettina Bartz u.a. 6. Aufl. München: Saur, 1993.

C 2310 Domay, Friedrich: Handbuch der deutschen wissenschaftlichen Akademien und Gesellschaften, einschließlich zahlreicher Vereine, Forschungsinstitute und Arbeitsgemeinschaften in der Bundesrepublik Deutschland. 2., völlig neu bearb. Aufl. Wiesbaden: Steiner, 1977.
Umfangreiche Darstellung zu allen Fachgebieten. Verzeichnet auf literaturwissenschaftlichem Sektor 16 literarische Gesellschaften mit Auszügen aus den Satzungen und Bibliographie ihrer Publikationen.

C 2320 DOGE. Dokumentationsstellen Geisteswissenschaften. Bundesrepublik Deutschland und Berlin (West). Hrsg. von der Informationsstelle zum Fachinformationsbereich Geisteswissenschaften (IFG). Ausgabe 1 (1982). Saarbrücken 1982.

C 2330 Verzeichnis Deutscher Informations- und Dokumentationsstellen. Bundesrepublik Deutschland und Berlin [West]. Ausg. 5 (1989). München: Saur, 1990.

C 2335 World Databases in the Humanities. Edited by Chris Armstrong. Vertrieb: München: Saur, *in Vorber. für 1995.*

C 2340 Verzeichnis deutscher Datenbanken, Datenbank-Betreiber und Informationsvermittlungsstellen. Bundesrepublik Deutschland und Berlin [West]. 2. Aufl. München: Saur, 1988.

C 2345 World Guide to Libraries. Edited by Bettina Bartz u.a. 11th edition. München: Saur, 1993 (Handbuch der Internationalen Dokumentation und Information, 8).

C 2350 World Guide to Special Libraries. Edited by Bettina Bartz u.a. 2 vols. 2nd edition. München: Saur, 1990 (Handbuch der Internationalen Dokumentation und Information, 17).

C 2355 Opitz, Helmut; Richter, Elisabeth (Redaktion): Handbuch der Bibliotheken Bundesrepublik Deutschland, Österreich und Schweiz. 3. Aufl. München: Saur, 1993.

C 2356 Deutsches Bibliotheksinstitut. Adreßbuch deutscher Bibliotheken 1990. Berlin: Deutsches Bibliotheksinstitut, 1990.

C 2360 Archive. Archive im deutschsprachigen Raum. 2 Bde. 2. Aufl. Berlin, New York: de Gruyter, 1974 (Minerva-Handbücher).

C 2370 Jahrbuch der deutschen Bibliotheken. Hrsg. vom Verein deutscher Bibliothekare. Wiesbaden: Harrassowitz (zweijährlich). *Zuletzt:* 55 (1993). Erfaßt über 700 wissenschaftliche Bibliotheken Deutschlands mit Bestandsangaben, Sondereinrichtungen, Publikationen. Leihverkehrsliste, Zentralkataloge; Personalverzeichnis.

C 2375 Information Schweiz/Suisse 1994. Bibliotheken, Archive, Dokumentationsstellen, Datenbankanbieter. Redaktion: Rainer Diederichs und Hermann Schneider. Aarau: Sauerländer, 1994. Informiert über Bibliotheken, Archive, Dokumentationsstellen, Museumsbibliotheken und Datenbankanbieter der Schweiz und des Fürstentums Liechtenstein, alphabetisch gegliedert nach Orten. Verzeichnet werden auch Bestände nicht-öffentlicher Institutionen (z.B. von Universitäten, Firmen, Gesellschaften, Verbänden und religiösen Gemeinschaften). *Erscheint ca. dreijährlich.*

C 2385 Schatzberg, Karin: Frauenarchive und Frauenbibliotheken. Göttingen: edition herodot, 1985 (Göttinger Schriften zur Sprach- und Literaturwissenschaft).

C 2390 Internationales Germanistenverzeichnis. 3. Ausg. 2 Tle. Hrsg. von Aloys M. Hagspihl und Hans-Gert Roloff. Bern, Frankfurt/M., Las Vegas: Lang, 1980ff. (Jahrbuch für Internationale Germanistik, Reihe D, Bd. l). Teil 1: Dokumentation der Institutionen (Stand der Angaben: 1978). Gliederung: I Europa (*ohne* DDR!); II Amerika; III Australien, Neuseeland, Afrika, Asien. Register der Universitätsorte, der Personennamen. - *Bedarf dringend der Aktualisierung!* - Teil 2: Dokumentation der Wissenschaftler (*in Vorber.*).

C 2400 Germanistik an deutschen Hochschulen. Verzeichnis der Hochschullehrer in der Bundesrepublik Deutschland. Ausgabe 1987. Zusammengestellt von Friedrich W. Hellmann. Bonn: DAAD, 1987. Verzeichnet - nach Universitäten geordnet - Hochschullehrer mit Angabe ihrer Forschungs- und Lehrgebiete sowie einer Auswahl der Publikationen. Aktualisierte Ausg. *in Vorber.*

Vom DAAD erstellte *Verzeichnisse von Hochschulen und Hochschullehrer/inne/n* im **Ausland** (Germanistik):

C 2401 Directory of German Studies in *Australia* (1984); Germanistik an Hochschulen in *Dänemark, Finnland, Island, Norwegen, Schweden*

(1990); Répertoire de la Germanistique *Française* (1987/88); Handbook of Germanists in *Great Britain* and *Ireland* (1992/93); Germanistik in *Indien* (1987); Repertorio della germanistica *italiana* (1990); Germanistik in *Neuseeland* (1984); Germanística em *Portugal* (1990); Directory of German Studies. Departments, Programs, and Faculties in the *United States* and *Canada* (1990).

C 2415 Kursbuch Germanistik 92/93ff. Dozenten, Veranstaltungen, Kommentare, Adressen. Hrsg. von Stefan Spang. Pullach: Gorzny, 1993ff.

Erscheint halbjährlich jeweils zum laufenden Semester. Verzeichnet mit Kommentierung die Lehrveranstaltungen an Universitäten des deutschsprachigen Raums (aufgrund fehlender Meldungen nicht immer vollständig).

Agenturen, Verlage und Buchhandel:

C 2420 Hillebrand, Jutta: Literarische Agenturen im deutschsprachigen Raum. Mit einem Geleitwort von Georg Jäger. Wiesbaden: Harrassowitz, 1993.

C 2425 Adreßbuch für den deutschsprachigen Buchhandel. 2 Bde. Frankfurt/M.: Buchhändlervereinigung (jährlich neu).

Bd. 1: Verlage; Bd. 2: Buchhandel.

Verlagsanschriften auch im *Verzeichnis lieferbarer Bücher* (→ D 4820), in *Kürschners Deutschem Literatur-Kalender* (→ C 370) und *Kürschners Deutschem Gelehrten-Kalender* (→ C 2150).

9 VERZEICHNISSE LITERARISCHER STÄTTEN

→ Teil G. - Hervorragende Beschreibungen literarischer Stätten finden sich in den Reihen *Spuren* (→ G 20) und *Frankfurter Buntbücher* (→ G 520).

C 2430 Oberhauser, Fred; Oberhauser, Gabriele: Literarischer Führer durch Deutschland. Frankfurt/M.: Insel, 1983 (Insel-Taschenbuch, 527). - *Neubearb. für Gesamtdeutschland in Vorber.*

Verzeichnet Autoren und literarische Ereignisse unter dem jeweiligen Ort ihres Wirkens bzw. des Geschehens. Enthält Hinweise auf Bibliotheken, Sammlungen, Museen, Literarische Gesellschaften. Abbildungen. Karten (Rundreisen). Literaturverzeichnis. Personen-, Ortsregister.

C 2440 Albrecht, Günter u.a.: Literaturführer Sachsen, Thüringen, Brandenburg, Sachsen-Anhalt, Mecklenburg-Vorpommern. Berlin: Volk und Wissen, 1990.

C 2445 Literaturführer Berlin. Hrsg. von Fred Oberhauser und Nicole Henneberg. Frankfurt/M.: Insel, *in Vorber.*

C 2450 "... in Dichters Lande..." Literarische Museen und Gedenkstätten in Baden-Württemberg. Eine Ausstellung im Schiller Nationalmuseum. Katalog von Thomas Scheuffelen, Eva Dambacher und Hildegard Dieke. Marbach: Deutsche Schillergesellschaft, 1981.
Beschreibendes Verzeichnis mit zahlreichen Textauszügen aus den Exponaten.

C 2455 Literarische Museen und Gedenkstätten in Baden-Württemberg. Bearb. von Friedrich Pfäfflin, Irina Renz und Thomas Scheuffelen. 2., durchgesehene u. erw. Aufl. Marbach: Deutsche Schillergesellschaft, 1991.

C 2460 Landschaftsführer Schwarzwald und Oberrhein. Hrsg. von Hans Bender und Fred Oberhauser. Frankfurt/M.: Insel, 1993.
Reiselesebuch mit literarisch-geographischem Anhang. Weitere Bände *in Vorber.*

C 2465 Gräter, Carlheinz; Schmidt, Hans Dieter: "... muß in Dichters Lande gehen ...". Dichterstätten in Franken. Bad Windsheim: Delp, 1989.

C 2470 Gödden, Walter; Nölle-Hornkamp, Iris: Kulturlandschaft Westfalen. Bd. 1: Dichter, Stätten, Literaturen. Münster: Ardei, 1992.

C 2500 Literarische Ausstellungen von 1949 bis 1985. Diskussion, Dokumentation, Bibliographie. Hrsg. von Susanne Ebeling u.a. München: Saur, 1991 (Literatur und Archiv, 5).

10 WÖRTERBÜCHER

C 2610 Hier werden nur wenige für die literaturwissenschaftliche Arbeit wichtige neuhochdeutsche Wörterbücher aufgeführt. Zu Wörterbüchern älterer Sprachzustände (germanisch bis frühneuhochdeutsch) und einzelner Dialekte → Hansel (D 80) und die nachfolgenden Bibliographien.

Bibliographien:

C 2620 Zaunmüller, Wolfram: Bibliographisches Handbuch der Sprachwörterbücher. Stuttgart: Hiersemann, 1958.
Erfaßt rd. 5600 Wörterbücher der Jahre 1460-1958 für mehr als 500 Sprachen und Dialekte (Sp. 47-92: deutsche Wörterbücher).

C 2625 Kühn, Peter: Deutsche Wörterbücher. Eine systematische Bibliographie. Tübingen: Niemeyer, 1978 (Germanistische Linguistik, 15).

C 2627 Henne, Helmut: Deutsche Wörterbücher des 17. und 18. Jahrhunderts. Hildesheim: Olms, 1975.

Wörterbücher:

C 2630 Grimm, Jacob; Grimm, Wilhelm: Deutsches Wörterbuch. Hrsg. von der Deutschen Akademie der Wissenschaften zu Berlin. 16 in 32 Bden. Leipzig: Hirzel, 1854-1960. - *Taschenbuchausgabe*: München: dtv, 1984. - Dazu Quellenverzeichnis. Ebd. 1971.
Umfassendes und maßgebliches Wörterbuch der deutschen Sprache mit reichhaltigen Belegstellen und Zitaten. Artikel z.T. sehr umfangreich. - *Neubearbeitung:*

C 2640 Grimm, Jacob; Grimm, Wilhelm: Deutsches Wörterbuch. Neubearb. Hrsg. von der Berlin-Brandenburgischen Akademie der Wissenschaften in Zusammenarbeit mit der Akademie der Wissenschaften zu Göttingen. Lfg. 1ff. Leipzig: Hirzel, 1965ff.
Bis Frühjahr 1994: Bd. 1 (1983); Bd. 2, Lfg. 1-4; Bd. 6 (1983); Bd. 7, Lfg. 1-8.

C 2650 Duden. Das große Wörterbuch der deutschen Sprache. Hrsg. und bearb. vom Wissenschaftlichen Rat und den Mitarbeitern der Dudenredaktion. 8 Bde. Mannheim: Dudenverlag, 1993-1994.
Neubearbeitung der 6bdgen. Ausgabe.

C 2660 Brockhaus - Wahrig. Deutsches Wörterbuch in sechs Bänden. Hrsg. von Gerhard Wahrig, Hildegard Krämer, Harald Zimmermann. Wiesbaden: Brockhaus; Stuttgart: Deutsche Verlagsanstalt, 1980-1984.

C 2670 Wörterbuch der deutschen Gegenwartssprache. Hrsg. von Ruth Klappenbach und Wolfgang Steinitz. 6 Bde. Berlin: Akademie-Verlag, 1961-1977.
Bedeutungswörterbuch, mit stilistischen Hinweisen, Quellenbibliographie in Bd. 6. Die Bände liegen in unterschiedlichen Neuauflagen vor. - Die Auswahl der Stichwörter und ihre Deutung orientiert sich zunehmend an marxistisch-leninistischer Weltanschauung.

C 2680 Küpper, Heinz: Illustriertes Lexikon der deutschen Umgangssprache. 8 Bde. Stuttgart: Klett, 1982-1984.

C 2690 Paul, Hermann: Deutsches Wörterbuch. 9., vollständig neu bearb. Aufl. von Helmut Henne u. Georg Objartel unter Mitarb. von Heidrun Kämper-Jensen. Tübingen: Niemeyer, 1992.

Mit Darstellung der Bedeutungsgeschichte und Belegen aus der Literatur von den Anfängen bis zur Gegenwart. Enthält auch Fremdwörter und Fachbegriffe aus Wissenschaft und Technik.

C 2700 Wahrig, Gerhard: Deutsches Wörterbuch. Mit einem "Lexikon der deutschen Sprachlehre". Jubiläumsausg. Gütersloh: Bertelsmann, 1991.
Rd. 230000 Stichwörter und Redewendungen, vor allem der Gegenwartssprache.

Zum Bedeutungswandel der Wörter und zu ihrer Entstehung:

C 2710 Deutsche Wortgeschichte. Hrsg. von Friedrich Maurer und Heinz Rupp. 3. Aufl. 3 Bde. Berlin, New York: de Gruyter, 1974 (Grundriß der germanischen Philologie, 17).
Behandelt auch die Modewörter einzelner Epochen und Strömungen.

C 2712 Etymologisches Wörterbuch des Deutschen. Erarbeitet im Zentralinstitut für Sprachwissenschaft der Akademie der Wissenschaften der DDR. Hrsg. von Wolfgang Pfeifer. 3 Bde. 2., durchgesehene und ergänzte Aufl. Berlin: Akademie-Verlag, 1993.

C 2715 Duden. Das Herkunftswörterbuch. Etymologie der deutschen Sprache. Bearb. von Günter Drosdowski. 2. Aufl. Mannheim: Dudenverlag, 1989 (Der Duden, 7).

Fremdwörterbücher:

C 2720 Deutsches Fremdwörterbuch. Begonnen von Hans Schulz, fortgeführt von Otto Basler, weitergeführt im Institut für deutsche Sprache. 6 Bde. Straßburg: Trübner (später Berlin: de Gruyter), 1913-1983.
Bd. 1 (1913): A-K; Bd. 2 (1942): L-P; Bd. 3 (1977): Q-R; Bd. 4 (1978): S; Bd. 5 (1981): T; Bd. 6 (1983): U-Z.

C 2730 Duden. Fremdwörterbuch. Bearb. von Wolfgang Müller. 5., neu bearb. u. erw. Aufl. Mannheim: Dudenverlag, 1990 (Der Duden, 5).

Hilfsmittel beim Übersetzen englischer Fachliteratur (bzw. beim Übersetzen deutscher Fachliteratur ins Englische):

C 2750 Fanning, James: Literaturwissenschaftliches Wörterbuch. Deutsch-Englisch, Englisch-Deutsch. Frankfurt/M.: Lang, 1993.

TEIL D: BIBLIOGRAPHIEN UND REFERATENORGANE

D 10 Mit diesem Teil D, der Bibliographien und Referatenorgane verzeichnet, werden die eigentlichen Nachschlagewerke zur Literaturermittlung vorgestellt. Mit ihrer Hilfe ist es möglich, das Schrifttum zu einzelnen Fragestellungen (nahezu) vollständig zusammenzustellen (→ Teil A).

D 20 Der bibliographische Weg soll hier noch einmal kurz skizziert werden. Sobald Einführungen, Handbücher und Lexika als erste Phase der Literaturermittlung ausgeschöpft sind bzw. wegen des Anspruches der Arbeit als Literaturauskunftsmittel nicht genügen, sollte die erste Frage lauten: Gibt es zu diesem Thema eine Spezialbibliographie? Je nach Themenstellung könnte dies eine Epochenbibliographie (→ D 460ff.), eine Sachthemen-Bibliographie (→ D 1310ff.) oder eine Personalbibliographie (→ D 2010ff.) sein. Kann diese Frage bejaht werden, ist vom jeweiligen Redaktionsschluß an (meist auf der Rückseite des Titelblatts oder im Vorwort angegeben) mit Hilfe der periodischen (bei Abschluß der Spezialbibliographie vor 1970 auch der abgeschlossenen) Fachbibliographien (→ D 160ff.) weiter zu recherchieren. Liegt keine Spezialbibliographie vor, sind die abgeschlossenen und periodischen Fachbibliographien gleich zu konsultieren. Mit diesen kommt man relativ nahe an die eigene Gegenwart heran (Verzugszeit durchschnittlich ein Jahr). Um auch die Literatur der letzten Monate zu erfassen, sind die periodischen Allgemeinbibliographien (→ D 4690ff. für selbständig, → D 4910ff. für unselbständig erschienenes Schrifttum) heranzuziehen. Mit Hilfe des CIP-Neuerscheinungs-Dienstes Der Deutschen Bibliothek (→ D 4770, Reihe N) ist sogar die selbständig erscheinende Literatur der kommenden Wochen zu eruieren. Statt der Durchsicht der periodischen Allgemeinbibliographie kann sich eine Recherche in den einschlägigen Datenbanken (→ H 130ff.) zeitlich lohnen (→ die Tabellen A 280, A 310, A 370).

D 30 Schließlich wurden die wichtigsten Allgemeinbibliographien, Bücherverzeichnisse (→ D 4560ff.) und für diffizilere Fragestellungen Bibliothekskataloge (→ D 5020ff.) aufgenommen (vgl. die Ausführungen D 4560ff. und D 5010). Am Ende dieses Teils stehen die Bibliographien der Bibliographien (→ D 5160ff.), mit deren Hilfe über die Angaben dieses Informationshandbuches hinaus einschlägige Nachschlagewerke erfaßt werden können. Insbesondere sei auf die periodische *Bibliographie germanistischer Bibliographien* von Carl Paschek (→ D 5280) hingewiesen.

D 40 Auch in diesem Teil sind wie in den vorhergehenden Literaturdidaktik, Vergleichende Literaturwissenschaft, Theaterwissenschaft und Medienkunde mit einer Auswahl der wichtigsten Bibliographien vertreten. Auf die Aufnahme wesentlicher Bibliographien der Kontaktdisziplinen - wie im Falle der Lexika - wurde hier verzichtet, da dies durch die Vielzahl der Publikationen eine überproportionale Ausweitung mit sich gebracht hätte. Die in Teil C (→ C 1310ff.) aufgenommenen Lexika der Nachbarwissenschaften enthalten ohnehin bereits weiterführende Literaturangaben.

D 50 Teil D beginnt mit den einführenden Bibliographien als Einstieg in die bibliographische Arbeit. Die Publikationen von Hansel (→ D 80), Raabe (→ D 90), Landwehr (→ D 100) und Paschek (→ D 110) verfolgen mit unterschiedlicher Gewichtung ähnliche Zielsetzungen wie die Teile B - E dieses Informationshandbuches.

1 BIBLIOGRAPHIEN ZUR LITERATURWISSENSCHAFT

1.1 EINFÜHRENDE FACHBIBLIOGRAPHIEN

D 60 Arnold, Robert F.: Allgemeine Bücherkunde zur neueren deutschen Literaturgeschichte. 4. Aufl. neu bearb. von Herbert Jacob. Berlin: de Gruyter, 1966.

Standardwerk, das zu zentralen und Randgebieten der deutschen Literatur und Literaturwissenschaft ein- und weiterführende Titel nennt. Trotz des Redaktionsschlusses von Herbst 1965 noch nicht ganz überholt, *bedarf aber dringend der Aktualisierung.* Gegliedert in: Literaturkundliche Grundlagen; Weltliteratur; Deutsche Literatur; Biographie, Bibliographie; Randgebiete. Innerhalb der Abschnitte jeweils vom Allgemeinen zum Besonderen fortschreitend. Erschlossen durch mehrere Register.

D 70 Hansel, Johannes: Bücherkunde für Germanisten. Wie sammelt man das Schrifttum nach dem neuesten Forschungsstand? Berlin: E. Schmidt, 1959.

D 80 Hansel, Johannes: Bücherkunde für Germanisten. Studienausgabe. Bearb. von Lydia Tschakert. 9., neubearb. Aufl. Berlin: E. Schmidt, 1991.

Gekürzte, aber zum jeweiligen Redaktionsschluß aktualisierte Studienausgabe von D 70. Bietet einen Wegweiser zur bibliographischen Schulung, der über fünf Stufen (Darstellungen [Einführungen, Forschungsberichte, Handbücher, Lexika], abgeschlossene Fachbibliographien, periodische Fachbibliographien, periodische Allgemeinbibliographien, Zeitschriften) führt. Zum Gesamtgebiet der Germanistik unter Berücksichtigung auch neuerer Forschungsrichtungen (Sozio-, Psycho-, Textlinguistik). Erfaßt rd. 1400 Titel (z.T. aber Mehrfacheintragungen).

D 90 Raabe, Paul: Einführung in die Bücherkunde zur deutschen Literaturwissenschaft. Mit 13 Tabellen im Anhang. 10., durchgesehene Aufl. unter Mitarbeit von Werner Arnold und Ingrid Hannich-Bode. Stuttgart: Metzler, 1984 (Sammlung Metzler, 1).

Gut lesbare Einführung in das Bibliographieren mit für den Anfänger überschaubarem Material. Beschränkung auf das Gebiet der Literaturwissenschaft. Gliedert sich in einen darstellenden (A), praktischen (B) und bibliographischen (C) Teil. Die Angaben in A repräsentieren nicht immer den aktuellen Forschungs- und Publikationsstand. Neuere Forschungstendenzen sind kaum berücksichtigt. Praktisch vor allem wegen der Tabellen im Anhang. Erfaßt etwa 300 Titel.

D 100 Landwehr, Jürgen; Mitzschke, Matthias; Paulus, Rolf: Praxis der Informationsermittlung: "Deutsche Literatur". Systematische Einführung in das fachbezogene Recherchieren. Theorie und Verfahren des Recherchierens - Handbücher und Bibliographien - Zeitschriften - Institutionen. München: Fink, 1978.

Kurz gefaßte Einführung in das Bibliographieren und Recherchieren, die zwar im bibliographischen Teil etwas knapp ist, aber durch Anführung auch anderer Informationsstellen den traditionellen Rahmen bisheriger Bücherkunden sprengt. Erfaßt 367 Buchtitel, Zeitschriften und Institutionen.

D 110 Paschek, Carl: Praxis der Literaturermittlung Germanistik. 2 Bde. Bern u.a.: Lang, 1986 (Germanistische Lehrbuchsammlung, 48).
Bd. 1: Grundbegriffe und Methodik; Bd. 2: Systematisches Verzeichnis. - Umfassende Einführung in die konventionelle und computergestützte Literatursuche zur Linguistik und Literaturwissenschaft. Erfaßt 1436 Bücher und Zeitschriften.

D 120 Heidtmann, Frank; Fertig, Elmar; Ulrich, Paul S.: Wie finde ich Literatur zur deutschen Literatur. Berlin: Berlin Verlag, 1979 (Orientierungshilfen, 9; = Veröffentlichungen des Instituts für Bibliothekarausbildung der Freien Universität Berlin, 20).
Einführung in die Bibliotheksarbeit, in Sachauskunftsmittel, Literaturauskunftsmittel und in Suchstrategien für die Bibliothekarausbildung. Enthält ein bibliothekarisch-bibliographisches Fach- und Fremdwortverzeichnis.

1.2 FACHBIBLIOGRAPHIEN ZUM GESAMTBEREICH DER LITERATURWISSENSCHAFT

1.2.1 ABGESCHLOSSENE FACHBIBLIOGRAPHIEN

D 160 Primär- und Sekundärliteratur in Auswahl verzeichnen auch die bibliographischen Lexika (→ C 50ff.). Besonders wird verwiesen auf das *Deutsche Literaturlexikon. DLL* (→ C 50), *Die Deutsche Literatur* (→ C 70) und das KLG (→ C 330).

D 170 Bibliographisches Handbuch der deutschen Literaturwissenschaft. 1945-1969/1972. Hrsg. von Clemens Köttelwesch. Mitarbeit H. Hüttemann und C. Maihofer. 3 Bde. Frankfurt/M.: Klostermann, 1973-1979.
Verzeichnet in repräsentativer Auswahl rd. 80000 Titel wissenschaftliches Schrifttum zum Gesamtgebiet der deutschen Literatur, das im Zeitraum von 1945-1969 (Bd. 1) bzw. 1945-1972 (Bd. 2) erschienen ist. Systematische Gliederung. Kumulierung und Ergänzung von D 360. Bd. 3: Verfasser-, Sachregister.

D 180 Internationale Bibliographie zur Geschichte der deutschen Literatur von den Anfängen bis zur Gegenwart. Gesamtredaktion: Günter Albrecht und Günter Dahlke. 3 Teile in 4 Bden. Berlin: Aufbau, 1969 bis 1977; München: Saur, 1970-1977. - Erg.-Bde. für 1965-1974. Ebd. 1984.
Auswahlbibliographie zum Gesamtbereich der deutschen Literatur (unter besonderer Berücksichtigung der Personalbibliographien). Systematische Gliederung. Starke

Betonung der osteuropäischen Germanistik, von daher Ergänzung der mehr westlich orientierten Bibliographien von Köttelwesch (→ D 170) und Stapf (→ D 200). Teil 1: Von den Anfängen bis 1789. Teil 2 (= 2 Bde.): Von 1789 bis zur Gegenwart. Teil 3: Sach-, Personen-, Werkregister. Erg.-Bde. mit analoger Gliederung.

D 190 Körner, Josef: Bibliographisches Handbuch des deutschen Schrifttums. 3., völlig umgearb. Aufl. Bern: Francke, 1949 [4. Aufl. (= Nachdruck der 3. Aufl.) ebda. 1966].

Auswahl der wichtigsten Ausgaben und der Sekundärliteratur zum Gesamtgebiet der deutschen Literatur. Erfaßt bis Mitte der 40er Jahre. Wurde ersetzt durch:

D 200 Handbuch der deutschen Literaturgeschichte. 2. Abt: Bibliographien. Hrsg. v. Paul Stapf. Bd. 1-6, 8-12. Bern, München: Francke, 1969-1974.

Auswahlbibliographie zum Gesamtbereich der deutschen Literatur für den Bedarf der Studierenden. Erfaßt Primär- und Sekundärliteratur (mit gleitendem Berichtszeitraum). Systematisch-chronologische Ordnung. *Gliederung*: Bd. 1: Henry Kratz: Frühes Mittelalter (1970); Bd. 2: Michael Batts: Hohes Mittelalter (1969); Bd. 3: George F. Jones: Spätes Mittelalter (1971); Bd. 4: James E. Engel: Renaissance, Humanismus, Reformation (1969); Bd. 5: Ingrid Merkel: Barock (1971); Bd. 6: E.K. Grotegut; G.F. Leneaux: Das Zeitalter der Aufklärung (1974); Bd. 8: John Osborne: Romantik (1971); Bd. 9: Roy C. Cowen: Neunzehntes Jahrhundert. 1830 bis 1880 (1970); Bd. 10: Penrith Goff: Wilhelminisches Zeitalter (1970); Bd. 11: Gertrud B. Pickar: Deutsches Schrifttum zwischen den beiden Weltkriegen. 1915 bis 1945 (1974); Bd. 12: Jerry Glenn: Deutsches Schrifttum der Gegenwart. Ab 1945 (1971). Alle Bände mit Namenregister. - Bd. 7 ist nicht erschienen.

D 205 Butt, Irene; Eichler, Monika: Bibliographie Sprache und Literatur. Deutschsprachige Hochschulschriften und Veröffentlichungen außerhalb des Buchhandels 1966-1980. 8 Bde. München: Saur, 1991-1992.

Verzeichnet Dissertationen, Habilitationsschriften, Diplomarbeiten, Veröffentlichungen von Gesellschaften und Forschungseinrichtungen aus dem Bereich der Philologien, Wörterbücher, Belletristik und Kinder- und Jugendliteratur. Insgesamt 42000 Titel. Register der Autoren, Körperschaften, Stichwörter.

D 210 Goedeke, Karl: Grundriß zur Geschichte der deutschen Dichtung. Aus den Quellen. 2. bzw. 3., ganz neu bearb. Aufl. 15 in 22 Bden. Dresden: Ehlermann; Berlin: Akademie-Verlag, 1884-1966 [Nachdruck: Nendeln: Kraus, 1975]; Bd. 16ff. Ebd. 1985ff.

Umfassende, auf Vollständigkeit zielende Bibliographie vom Mittelalter bis zur ausgehenden Romantik (noch nicht abgeschlossen). Erfaßt selbständig und unselbständig erschienenes Schrifttum, auch Zeitungsaufsätze. Obwohl einzelne Bände oder Teilbereiche (so etwa Bd. 1, 2, 5) heute überholt sind, ist "der Goedeke" unverzichtbar als Quellenbibliographie des 17. und 18. Jh's; als solche noch nicht ersetzt. Benutzbarkeit

wegen des komplizierten Aufbaus recht schwierig, jedoch durch einen 1975 erschienenen Autorenindex [→ D 230] erleichtert. - *Aufbau*:
Bd. 1 (2. Aufl. 1884): Das Mittelalter [- 1515]. - Bd. 2 (2. Aufl. 1886): Das Reformationszeitalter [1515-1600]. - Bd. 3 (2. Aufl. 1887): Vom Dreißigjährigen bis zum Siebenjährigen Krieg [1600 bis 1750].
Bd. 4 (in 5 Teilbden.) - 5: Vom Siebenjährigen bis zum Weltkriege [= Napoleonische und Befreiungskriege; 1750-1800]. - Bd. 4,1 (3. Aufl. 1916): Aufklärung, Vorklassik, Sturm und Drang. - Bd. 4,2 (3. Aufl. 1910): Biographisches zu Goethe, Literatur über Goethe. - Bd. 4,3 (3. Aufl. 1912): Goethes Werke und Sekundärliteratur darüber. - Bd. 4,4 (3. Aufl. 1913): Nachträge, Berichtigungen und Register zu Teil 2-4. - Bd. 4,5 (3. Aufl. 1960): Goethe-Bibliographie 1912-1950. - Bd. 5 (2. Aufl. 1893): Schiller; Goethes und Schillers Zeitgenossen.
Bd. 6-7: Die Zeit des Weltkrieges [1800-1815]. - Bd. 6 (2. Aufl. 1898): Die Zeit der Romantik: Dichter aus der Schweiz und aus Österreich. - Bd. 7 (1900): Dichter aus Österreich (Forts.), aus einzelnen deutschen Landschaften und dem Ausland; Mundartdichtung; Übersetzungen.
Bd. 8-18: Vom Weltfrieden bis zur Französischen Revolution [1815-1830]. - Bd. 8 (1905): Zeitschriften und Almanache; Lyriker und Dramatiker der Spätromantik. - Bd. 9 (2. Aufl. 1910): Romanschriftsteller nach Landschaften. - Bd. 10 (2. Aufl. 1913): Unterhaltungsschriftsteller. - Bd. 11,1 (2. Aufl. 1951): Drama und Theater in Deutschland [1815-1830]. - Bd. 11,2 (2. Aufl. 1953): Drama und Theater in Österreich [1815 bis 1830]. - Bd. 12 (2. Aufl. 1929): Dichtung der Schweiz, Österreichs und Bayerns (meist Lyriker). - Bd. 13 (2. Aufl. 1938): Dichtung in West- und Mitteldeutschland (einschl. Südwest- und Nordwestdeutschland). - Bd. 14 (2. Aufl. 1959): Dichtung in Nordostdeutschland. - Bd. 15 (2. Aufl. 1966): Ausland; Mundartdichter. - Bd. 16 (1985): Geistliche Dichtung; Autodidakten; Übersetzungen. - Bd. 17, Lfg. 1 (1989)ff.: Übersetzer. - Bd. 18 (in Vorber.): Generalregister zu Bd. 1-17.

D 220 Goedekes Grundriß zur Geschichte der deutschen Dichtung. Neue Folge. Fortführung von 1830-1880. Hrsg. von d. Dt. Akademie der Wissenschaften zu Berlin. Bearb. von Georg Minde-Pouet und Eva Rothe. Bd. 1ff. Berlin: Akademie-Verlag, 1962ff.
Bis Frühjahr 1994: Bd. 1 (- Ayßlinger). Allgemeiner Teil, dann alphabetisch nach Autoren gegliedert. Aufgenommen sind Autoren, die ab etwa 1800 geboren sind und bis 1880/90 publiziert haben. - *Wird in neuer Form fortgeführt.*

D 230 Rambaldo, Hartmut: Index zu Goedeke, Grundriß zur Geschichte der deutschen Dichtung. Aus den Quellen. Nendeln: Kraus, 1975.
Autorenindex zu Bd. 2-15 des Grundwerkes und zu Bd. 1 der Neuen Folge. - *Zu beachten:* Bd. 16 und 17 sind nicht berücksichtigt.

Auswertung von Festschriften:

D 240 Hannich-Bode, Ingrid: Germanistik in Festschriften von den Anfängen (1877) bis 1973. Verzeichnis germanistischer Festschriften und Bibliographie der darin abgedruckten germanistischen Beiträge. Stuttgart: Metzler, 1976 (Repertorien zur dt. Literaturgeschichte, 7).

Teil I: Verzeichnis der germanistischen Festschriften und der Festschriften mit germanistischen Beiträgen. Teil II: Systematisch-chronologisches Verzeichnis der Beiträge. Teil III: Verfasser-, Autoren-, Sach-, Titelregister.

1.2.2 PERIODISCHE FACHBIBLIOGRAPHIEN

Mit Hilfe periodischer Fachbibliographien ist das wissenschaftliche Schrifttum der jüngsten Vergangenheit zu erfassen. Dies kann vor allem mit der *Bibliographie der deutschen Sprach- und Literaturwissenschaft* (→ D 360), mit der *Germanistik* (→ D 380), der *MLA* (→ D 390) und für die Berichtsjahre 1980-1982 mit der *Internationalen Germanistischen Bibliographie* (→ D 370) geschehen. Für bibliographische Recherchen, die das Schrifttum der ersten Jahrhunderthälfte betreffen, greift man auf die Jahresberichte zurück (→ D 320-350); selbständig erschienene Literatur dieses Zeitraums ist auch im GV (→ D 4670) verzeichnet.

D 320 Jahresbericht über die Erscheinungen auf dem Gebiete der germanischen Philologie. Hrsg. von der Gesellschaft für deutsche Philologie. Jg. 1 (1879) - 42 (1920). Berlin 1880-1923. Neue Folge: Jg. 1 (1921) bis 16/19 (1939). Berlin 1924-1954.

Systematisch gegliederte Bibliographie mit kurzen Annotationen (vor Berichtsjahr 1921 Trennung in Literaturbericht und Bibliographie). Erfaßt Sekundärliteratur zur deutschen Dichtung bis zum Beginn des Barock.

D 330 Jahresberichte für neuere deutsche Literaturgeschichte. Hrsg. von Julius Elias (u.a.). Jg. 1 (1890) - 26 (1915). Stuttgart: [versch. Verlage] 1892-1919.

Jahrgang 1-12 stellen Forschungsberichte dar; ab Jg. 13 sind Bericht und Bibliographie voneinander getrennt. Erfaßt Sekundärliteratur zur deutschen Dichtung ab dem Barockzeitalter. Fortführung:

D 340 Jahresbericht über die wissenschaftlichen Erscheinungen auf dem Gebiete der neueren deutschen Literatur. Hrsg. von der Literaturarchiv-Gesellschaft in Berlin. NF. Jg. 1 (1921) - 16/19 (1939). Berlin: de Gruyter, 1924-1956.

Die Lücke 1916-1920 kann mit folgenden Hilfsmitteln geschlossen werden:
Alfred Rosenbaum: Bibliographie der in den Jahren 1914/18 erschienenen Zeitschriftenaufsätze und Bücher zur deutschen Literaturgeschichte. Stuttgart 1922 (Euphorion, Erg.-H. 12). - Paul Merker: Neuere deutsche Literaturgeschichte. Gotha 1922 (Wissenschaftliche Forschungsberichte, 8). - D 320 (erfaßt für das Berichtsjahr 1919 bis 1770, für 1920 bis 1832, für 1921 bis 1700). - Literaturblatt für germanische und romanische Philologie Jg. 37 (1916)ff.

D 350 Jahresbericht für deutsche Sprache und Literatur. Bd. 1-2 (1940 bis 1950). Bearb. von Gerhard Marx. Berlin: Akademie-Verl., 1960ff.
Zusammenfassung von D 320 und D 340. Systematisch gegliederte, sehr sorgfältig erarbeitete Bibliographie zum Gesamtbereich der Germanistik (mit Vollständigkeitscharakter).

D 360 Bibliographie der deutschen Sprach- und Literaturwissenschaft. Begründet von Hanns W. Eppelsheimer, fortgef. von Clemens Köttelwesch, hrsg. von Bernhard Koßmann. Bd. 9 (1969)ff. Frankfurt/M.: Klostermann, 1971ff.
Fortführung der *Bibliographie der deutschen Literaturwissenschaft* 1 (1945-1953) bis 8 (1968). Ebd. 1957ff., die im *Bibliographischen Handbuch der deutschen Literaturwissenschaft* (D 170) kumuliert wurden. - *Erscheinungsweise:* 1 Bd. pro Jahr (Verzugszeit 1994: rd. 24 Monate). Periodische Bibliographie zum Gesamtgebiet der deutschen Sprach- und Literaturwissenschaft in systematischer Gliederung. Erfaßt werden die Veröffentlichungen (Bücher, Sammelwerke, Zeitschriftenaufsätze und wichtige Rezensionen) zur deutschen Literaturwissenschaft (in den letzten Jahren zunehmend mit Vollständigkeitscharakter) und zur Sprachwissenschaft (im Hinblick auf die *Bibliographie linguistischer Literatur* in Auswahl). Namen-, Sachregister.

D 370 Internationale Germanistische Bibliographie. 1980-1982. Hrsg. von Hans-Albrecht Koch und Uta Koch. München: Saur, 1981-1984.
Erscheinungsweise: 1 Bd. pro Jg. Systematische Gliederung. Mit rd. 13000 Titeln (1980) hoher Grad an Vollständigkeit. Namen-, Sachregister. *Erscheinen eingestellt.*

D 380 Germanistik. Internationales Referatenorgan mit bibliographischen Hinweisen. Jg. 1ff. Tübingen: Niemeyer, 1960ff.
Erscheinungsweise: vier Hefte pro Jahrgang (Verzugszeit 1994: wenige Monate bis zwei Jahre). Erfaßt Neuerscheinungen zum Gesamtbereich der Germanistik, die teils nur verzeichnet, teils auch kritisch referiert werden. Systematische Gliederung in 34 Sachgruppen. Verfasser- und Namen-, ab Jg. 20 (1979) auch Sachregister (in Heft 4).

D 390 MLA International Bibliography of Books and Articles on the Modern Languages and Literatures. Vol. 1 (1921)ff. New York: Modern Language Association, 1922ff.
Erscheinungsweise: 1 Bd. pro Jahrgang (Verzugszeit: rd. 1 Jahr). Deutsche Literatur und Literaturwissenschaft in Bd. II. Systematisch-alphabetische Anordnung. Starke Betonung der englischsprachigen Sekundärliteratur. Die Titelaufnahmen der *MLA International Bibliography* sind ab Berichtsjahr 1976 in einer Datenbank gespeichert und dort abrufbar (→ H 140).

D 400 MLA Abstracts of Articles on Scholarly Journals. Compiled by J.H. Fisher and W.S. Achten (ab 1972: Eileen H. Mackesy). Jg. 1970ff. New York: Modern Language Association, 1972ff.

Abstracts zu ausgewählten Aufsätzen (Deutsche Literaturwissenschaft jeweils in Bd. II).
Systematisch-alphabetische Gliederung analog zur MLA Bibliography. Subject Index.

D 410 The year's work in modern language studies. Vol. 1 (1929)ff.
Oxford [später: Cambridge, jetzt: London] 1931ff.

D 420 Zeitschriftenschau. In: Mitteilungen des Deutschen Germanisten-
verbandes (→ E 880).
Auswahlbibliographie von Zeitschriftenaufsätzen (Linguistik und Literaturwissenschaft). *Nach kurzer Unterbrechung ab H. 3/94 wieder aufgenommen.*

1.3 EPOCHENBIBLIOGRAPHIEN

Mittelalter

D 460 Eine umfassende Bibliographie zur mittelalterlichen Literatur entsteht mit dem
großen bio-bibliographischen Lexikon *Die Deutsche Literatur* (→ C 70). Reihe I, Abt.
A wird das Autorenlexikon, Abt. B die Forschungsliteratur enthalten. Bis zu dessen
Fertigstellung → die abgeschlossenen Fachbibliographien (→ D 170, D 180) sowie:

Kratz, Henry: Frühes Mittelalter → D 200 (Bd. 1).

Batts, Michael: Hohes Mittelalter → D 200 (Bd. 2).

Jones, George F.: Spätes Mittelalter → D 200 (Bd. 3).

D 470 Bibliographical Bulletin of the International Arthurian Society 1ff.
Madison: A-R Editions, 1948ff.
Periodische Bibliographie zur mittelalterlichen Literatur. Geographisch-systematisch-
alphabetische Ordnung. Mit umfangreichen Annotationen.

Umfangreichere Literaturhinweise enthalten auch:

Deutsches Literaturlexikon. DLL → C 50.

Die deutsche Literatur des Mittelalters. Verfasserlexikon → C 180.

D 520 Krämer, Sigrid: Handschriftenerbe des deutschen Mittelalters.
2 Bde. München: Beck, 1989 (Mittelalterliche Bibliothekskataloge
Deutschlands und der Schweiz, Erg.-Bd. 1).
Nach Ortsnamen alphabetisch geordnete Rekonstruktion der Handschriftenbestände des
Mittelalters in Klöstern, Kirchen u.a. Verzeichnet über 50000 Manuskripte mit heuti-
gem Standort und Angabe der Provenienz.

Handschriftenkataloge verzeichnet:

Hansel, Johannes: Bücherkunde (→ D 70).

Zu einzelnen Autoren bzw. Texten:

D 530 Bibliographien zur deutschen Literatur des Mittelalters. Hrsg. von Ulrich Pretzel und Wolfgang Bachofer. Berlin: E. Schmidt, 1950ff.

Bd. 1: Nibelungenlied (→ D 3110); Bd. 2: Wolfram von Eschenbach (→ D 3360); Bd. 4: Walther von der Vogelweide (→ D 3350); Bd. 5 und 9: Gottfried von Straßburg (→ D 2370); Bd. 6: Hartmann von Aue (→ D 2550); Bd. 7: Otfrid von Weißenburg (→ D 3140); Bd. 8: Wernher der Gartenaere (→ D 3353).

Zum Minnesang:

D 540 Tervooren, Helmut: Bibliographie zum Minnesang und zu den Dichtern aus "Minnesangs Frühling". Berlin: E. Schmidt, 1969 (Bibliographien zur deutschen Literatur des Mittelalters, 3).

Zur geistlichen Dichtung:

D 545 Gentry, Francis G.: Bibliographie der frühmittelhochdeutschen geistlichen Dichtung. Berlin: E. Schmidt, 1992 (Bibliographien zur deutschen Literatur des Mittelalters, 11).

Zur Geschichte der Frau im Mittelalter:

D 545 Frauen im Frühmittelalter. Eine ausgewählte, kommentierte Bibliographie. Hrsg. von Werner Affeldt u.a. Frankfurt/Main: Lang, 1990.

Literatur zur Frau im 5.-10. Jh. in systematischer Ordnung mit Annotationen (Hinweise zum Inhalt, zum Zeitraum, zur Region und zur Quelle). Autorenregister.

Zur Rezeption mittelalterlicher Literatur:

D 550 Grosse, Siegfried; Rautenberg, Ursula: Die Rezeption mittelalterlicher deutscher Dichtung. Eine Bibliographie ihrer Übersetzungen und Bearbeitungen seit der Mitte des 18. Jahrhunderts. Tübingen: Niemeyer, 1989.

1 5. / 1 6. J a h r h u n d e r t

D 570 Für das 15. und 16. Jahrhundert fehlen noch umfassende literaturwissenschaftliche Spezialbibliographien. Die Quellenliteratur von der Erfindung des Buchdrucks bis 1500 wird vollständig der *Gesamtkatalog der Wiegendrucke* (→ D 4600) verzeichnen. Für das 16. Jahrhundert sind bei der Bayerischen Staatsbibliothek München und der Herzog August Bibliothek Wolfenbüttel Arbeitsstellen eingerichtet, die eine Bibliographie der Drucke des 16. Jahrhunderts erstellen, deren Gesamtumfang einmal rund 150000 bibliographische Einheiten betragen wird (→ D 4610). Umfassende Hinweise auf bibliographische und lexikalische Hilfsmittel zu diesem Zeitraum finden sich in: *Die Deutsche Literatur* (→ C 70). Reihe II, Abt. B, Lfg. 1f.

Quellenverzeichnisse:

Gesamtkatalog der Wiegendrucke (GW) → D 4600.

Verzeichnis der im deutschen Sprachbereich erschienenen Drucke des 16. Jahrhunderts → D 4610.

D 580 Johnson, Alfred Forbes; Scholderer, Victor: Short-Title Catalogue of books printed in the German speaking Countries and German books printed in the other Countries from 1455 to 1600, now in the British Museum. London: Trustees of the British Museum, 1962.

D 590 Repertorium der Sangsprüche und Meisterlieder des 12. bis 18. Jahrhunderts. Hrsg. von Horst Brunner u.a. Bd 1ff. Tübingen: Niemeyer, 1985ff.

D 593 Gotzkowsky, Bodo: 'Volksbücher'. Prosaromane, Renaissancenovellen, Versdichtungen und Schwankbücher. Bibliographie der deutschen Drucke. Teil 1: Drucke des 15. und 16. Jahrhunderts. Baden-Baden: Koerner, 1991 (Bibliotheca bibliographica Aureliana, 125).
Teil 2 wird die Drucke des 17. Jh's enthalten.

D 595 Köhler, Hans-Joachim: Bibliographie der Flugschriften des 16. Jahrhunderts. Bd. 1ff. Tübingen: Bibliotheca-Academica-Verlag, 1991ff.
Teil 1: Das frühe 16. Jh., Bd. 1-2: Druckbeschreibungen A-G, H-L (1991-1992).

Sekundärliteratur:

D 610 Schottenloher, Karl: Bibliographie zur deutschen Geschichte im Zeitalter der Glaubensspaltung 1517-1585. 6 Bde. Leipzig: Hiersemann, 1933-1940 [*Unv. Neudruck*: Stuttgart: Hiersemann, 1956-1958]. - Nachtragsbd. (= Bd. 7): Das Schrifttum von 1938-1960. Bearb. von Ulrich Thürauf. Stuttgart: Hiersemann, 1966.
Kritische Bibliographie der Sekundärliteratur (rd. 65000 Titel) zur Reformationszeit auf thematisch breiter Basis. Bd. 1-2: Personen; Bd. 3: Reich und Kaiser, Territorien und Landesherren; Bd. 4: Gesamtdarstellungen, Stoffe; Bd. 5: Ergänzungen, Berichtigungen, Zeittafel; Bd. 6: Verfasser und Titelregister; Bd. 7: Fortführung u. Nachträge.

D 615 Der Buchdruck im 15. Jahrhundert. Eine Bibliographie. Hrsg. von Severin Corsten und Reimar Walter Fuchs. Unter Mitarbeit von Kurt Hans Staub. 2 Bde. Stuttgart: Hiersemann, 1988ff. (Hiersemanns bibliographische Handbücher, 7).
Bd. 1 (1988): Bibliographie der inkunabelkundlichen Fachliteratur mit rd. 15000 Titelnachweisen; Bd. 2 (in Vorber. für 1994): Ergänzungen und Register.

Engel, James E.: Renaissance, Humanismus, Reformation → D 200.

D 630 Bibliographie internationale de l'Humanisme et de la Renaissance.
Vol. 1 (1965)ff. Genève: Droz, 1966ff.
Erscheint periodisch (allerdings mit mehrjähriger Verzugszeit).

17. Jahrhundert

D 650 Eine umfassende bibliographische Erschließung der Drucke des 17. Jh's ist bisher über erste Schritte nicht hinausgekommen, so daß sich hier die Lage kaum anders darstellt als für das 15. und 16. Jh. auch. Im Gegenteil, sie gestaltet sich wegen unübersichtlicher Druckverhältnisse vor allem während des Dreißigjährigen Krieges noch schwieriger. Allerdings ist auf literarischem Sektor schon einiges vorgearbeitet worden, während auf politischem, historischem, geistlichem, juristischem oder naturwissenschaftlichem Gebiet kaum Ansätze vorhanden sind. Abhilfe wird hier Martin Birchers *Deutsche Drucke des Barock 1600-1720*, ein Verzeichnis der umfangreichen Bestände der Herzog August Bibliothek Wolfenbüttel (→ D 670), und das geplante *Verzeichnis der im deutschen Sprachbereich erschienenen Drucke des 17. Jh's (VD 17)* schaffen. Als Bibliographie der Nachschlagemöglichkeiten ist zu empfehlen:

Dünnhaupt, Gerhard: Personalbibliographien zu den Drucken des Barock (→ D 710).
Enthält eine *Bibliographie der Bibliographien* mit rd. 1200 Titeln.

Quellenverzeichnisse:

D 670 Bircher, Martin: Deutsche Drucke des Barock 1600-1720 in der Herzog August Bibliothek Wolfenbüttel. Bd. 1ff. Nendeln: KTO (dann: München: Saur), 1977ff.
Das Verzeichnis gliedert sich entsprechend der historisch gewachsenen HAB in die Abteilungen A: Bibliotheca Augusta (9 Bde., 1977-1990); B: Mittlere Aufstellung (20 Bde., 1982-1992); C: Helmstedter Bestände (6 Bde., 1983-1989); D: Sonderbestände (Bd. 1ff., 1993ff.). - *Register* zu den Bänden A1 - A7, B1 - B6, C1 - C3: Namen, Anonyma, Verleger und Drucker, Verlage und Druckorte (1988).

D 680 Goedeke Bd. 3: Vom Dreißigjährigen bis zum Siebenjährigen Kriege → D 210.

D 690 Faber du Faur, Curt von: German Baroque Literature. A catalogue of the collection in the Yale University Library. 2 Vol. New Haven: Yale, 1958-1969.
Systematisch gegliedertes, exakt beschreibendes Verzeichnis der Barocksammlung der Yale University Library (insgesamt 2382 Nrr.). Indices of Authors, Composers, Illustrators.

D 700 German Baroque Literature. A descriptive catalogue of the collection of Harold Jantz. 2 Vol. New Haven: Research Publications, 1974.
Systematisch-alphabetisch angelegtes Verzeichnis, mit Hinweisen auf Mikrofilme. General Index; Indices of Portraits, Illustrators, Titles.

D 710 Dünnhaupt, Gerhard: Personalbibliographien zu den Drucken des Barock. 2., verb. und wesentl. erw. Aufl. 6 Bde. Stuttgart: Hiersemann, 1990-1993 (Hiersemanns Bibliographische Handbücher, 9).
Neubearbeitung des 1980/81 erschienenen 3bdgen *Bibliographischen Handbuchs der Barockliteratur.* Erfaßt vollständig zeitgenössische Drucke von über 180 Dichtern und Gelehrten, alphabetisch nach Autoren geordnet. Kurzbiographie, Titelangaben mit Standortnachweisen, Hinweis auf moderne Editionen, knappe Auswahl der Sekundärliteratur. Enthält eine *Bibliographie der Bibliographien* mit rd. 1200 allgemeinen Quellen- und Nachschlagewerken zum deutschen Schrifttum des 17. Jahrhunderts. - Bd. 1 (1990): Abele bis Bohse; Bd. 2 (1990): Breckling - Francisci; Bd. 3 (1991): Franck bis Kircher; Bd. 4 (1991): Klaj - Postel; Bd. 5 (1991) Praetorius - Spee; Bd. 6 (1993): Speer - Zincgref. Register (Namen und Pseudonyma; Drucker und Verleger; Druck- und Verlagsorte; Anonyma; Sachbegriffe).

D 715 Verzeichnis der gedruckten Briefe deutscher Autoren des 17. Jh's. 2 Teile. Wiesbaden: Harrassowitz, 1992ff. (Repertorien zur Erforschung der frühen Neuzeit, 12).
Teil 1 (4 Bde. 1992-1993): Drucke zwischen 1600 u. 1750, bearb. von Monika Estermann. Teil 2 (*in Vorber.*): Drucke zwischen 1751 u. 1980, bearb. von Thomas Bürger.

D 720 Habersetzer, Karl-Heinz: Bibliographie der deutschen Barockliteratur. Ausgaben u. Reprints 1945-1976. Hamburg: Hauswedell, 1978 (Dokumente des Internationalen Arbeitskreises für Barockliteratur, 5).
Verzeichnet Editionen auf Mikrofilm, Neudrucke in Anthologien und Einzeldrucke. Herausgeber- und Bearbeiter-Register.

D 725 Valentin, Jean-Marie: Le Théâtre des Jésuites dans les Pays de Langue Allemande. Répertoire chronologique des Pièces représentées et des Documents conservés (1555-1773). 2 Teilbde. Stuttgart: Hiersemann, 1983-1984.
Repertorium der erhaltenen Dokumente und aufgeführten Stücke. 7650 Eintragungen mit genauer Beschreibung, Literaturhinweisen, Standortangaben. Autoren- und Namenregister. Bühnenregister. Stoff- und Themenregister.

D 730 Asper, Helmut G.: Spieltexte der Wanderbühne. Ein Verzeichnis der Dramenmanuskripte des 17. und 18. Jahrhunderts in Wiener Bibliotheken. Wien: Verband der wiss. Gesellschaften Österreichs, 1975 (Quellen zur Theatergeschichte, 1).
S. 97-134: Katalog der Dramenmanuskripte; S. 159-182: Bibliographie.

D 735 Garber, Klaus; Jürgensen, Renate: Bibliographie der deutschen Schäfer- und Landlebendichtung des 17. Jahrhunderts. 3 Bde. Stuttgart: Hiersemann, *in Vorber.*

Zur Emblemforschung:

D 740 Emblemata. Handbuch zur Sinnbildkunst des XVI. und XVII. Jahrhunderts. Hrsg. im Auftrag der Göttinger Akademie der Wissenschaften von Arthur Henkel und Albrecht Schöne. Ergänzte Neuaufl. Stuttgart: Metzler, 1976.

D 750 Landwehr, John: German Emblem Books (1531-1888). A Bibliography. Utrecht, Leiden 1972 (Bibliotheca emblematica, 5).

Sekundärliteratur:

D 760 Bibliographie zur deutschen Literaturgeschichte des Barockzeitalters. Begründet von Hans Pyritz, fortgeführt und hrsg. von Ilse Pyritz. 1. Teil: Allgemeine Bibliographie (Kultur- und Geistesgeschichte, Poetik, Gattungen, Traditionen, Bezeichnungen, Stoffe). Bearb. von Reiner Bölhoff. - 2. Teil: Dichter und Schriftsteller, Anonymes. Textsammlungen. Bearb. von Ilse Pyritz. Lfg. 1ff. Bern, München: Francke (jetzt: Saur), 1980ff.
Umfassende Bibliographie der Sekundärliteratur (mit Vollständigkeitscharakter). *Bis Frühjahr 1994:* 1. Teil (1991; in systematisch-chronologischer Anordnung); 2. Teil (1985; in alphabetisch-systematisch-chronologischer Anordnung). *Gesamtregister* für 1994 vorgesehen.

Merkel, Ingrid: Barock → D 200 (Bd. 5).

D 780 Gabel, Gernot Uwe: Drama und Theater des deutschen Barock. Eine Handbibliographie der Sekundärliteratur. Hamburg 1974.
Systematisch-alphabetisch angelegtes Verzeichnis. Teil V: Sekundärliteratur zu einzelnen Dramatikern.

D 790 Periodische Bibliographie der Forschungsliteratur zum 17. Jahrhundert in den *Wolfenbütteler Barock-Nachrichten* (1976ff.).

18. Jahrhundert
(Aufklärung bis Romantik)

D 850 Als Quellenbibliographie ist auch heute noch Goedekes *Grundriß* (Bd. IV, 1-5, V, VI, VII → D 210) unentbehrlich.

Weitere Quellenverzeichnisse:

D 860 Schulte-Strathaus, Ernst: Bibliographie der Originalausgaben deutscher Dichtungen im Zeitalter Goethes. Nach den Quellen bearb. Bd. 1, Abt. 1 (mehr nicht erschienen). München: Georg Müller, 1913.

D 870 Brieger, Leopold: Ein Jahrhundert deutscher Erstausgaben. Die wichtigsten Erst- und Originalausgaben von etwa 1750 bis etwa 1880. Die Schweizer Autoren bearb. v. Hans Bloesch. Stuttgart: J. Hoffmann, 1925 (Taschenbibliographien für Büchersammler, 2).

D 875 Meyer, Reinhart: Bibliographia dramatica et dramaticorum. Kommentierte Bibliographie der im ehemaligen Reichsgebiet gedruckten und gespielten Dramen des 18. Jahrhunderts, nebst deren Bearbeitungen und Übersetzungen und ihrer Rezeption bis in die Gegenwart. Abt. 1ff., Bd. 1ff. Tübingen: Niemeyer, 1986ff.
Bis Frühjahr 1994: Abt. 1 (Werkausgaben, Sammlungen, Reihen), Bd. 1-3 (1986); Abt. 2 (Einzeltitel), Bd. 1: 1700, 2: 1701-1708, 3: 1709-1716 (1993).

D 880 Meyer, Reinhart: Das deutsche Trauerspiel des 18. Jahrhunderts. Eine Bibliographie. Mit ca. 1250 Titeln, einer Einleitung sowie Verfasser- und Stichwortverzeichnis. München: Fink, 1977.
Chronologisch-alphabetisches Verzeichnis, das den Zeitraum von 1730 (Gottsched: *Cato*) bis 1799 umfaßt.

D 883 Vogg, Elena: Bibliographie der Dramen der Oettingen-Wallersteinschen Bibliothek zwischen 1750 und 1800. In: Bürgerlichkeit im Umbruch. Studien zum deutschsprachigen Drama 1750-1800. Hrsg. von Helmut Koopmann. Tübingen: Niemeyer, 1993, S. 129-342.

D 885 Weber, Ernst; Mithal, Christine: Deutsche Originalromane zwischen 1680 und 1780. Eine Bibliographie mit Besitznachweisen. Berlin: E. Schmidt, 1983.
Alphabetisch nach Romantiteln geordnet (Ordnungskriterien beachten [S. 82ff.]). Ermittelt wurden rd. 1700 deutsche Originalromane, die zwischen 1680 und 1780 erstmals erschienen sind, Neuauflagen dieser Romane mit verändertem Titel, erweiterte Neuauflagen, erweiterte Übersetzungen, fiktive Übersetzungen sowie romanverwandte Schriften. Autoren- und Werk-, Verleger- und Drucker-, Namenregister. Verzeichnis der bibliographischen Quellen, wiss. Literatur, Bibliothekssigel.

D 886 Hadley, Michael: Romanverzeichnis. Bibliographie der zwischen 1750-1800 erschienenen Erstausgaben. Bern, Frankfurt/M., Las Vegas: Lang, 1977 (Europäische Hochschulschriften I, 166).
Verzeichnet über 5000 Romane, nach Erscheinungsjahren und innerhalb eines Jahres alphabetisch nach Autoren geordnet. Autorenregister.

D 890 Gallas, Helga; Runge, Anita: Romane und Erzählungen deutscher Schriftstellerinnen um 1800. Eine Bibliographie. Stuttgart: Metzler, 1993.
Exakt beschreibende Quellenbibliographie mit bibliographischen und Standortnachweisen. Verfasserinnen- und Werkregister; Titelregister.

D 892 Germer, Helmut: The German Novel of Education from 1764 to 1792. A complete Bibliography and Analysis. Bern, Frankfurt: Lang, 1982 (European University Studies I, 550).

D 893 Germer, Helmut: The German Novel of Education from 1792 to 1805. A complete Bibliography and Analysis. Introductory Remarks by Heinrich Meyer. Bern: Lang, 1968 (German Studies in America, 3).
Darstellung und Bibliographie zum deutschen Erziehungsroman der 2. Hälfte des 18. Jahrhunderts. Erfaßt Primär- und Sekundärliteratur.

D 895 Martin, Dieter: Das deutsche Versepos im 18. Jahrhundert. Studien und kommentierte Gattungsbibliographie. Berlin: de Gruyter, 1993 (Quellen und Forschungen zur Sprach- und Kulturgeschichte der germanischen Völker, 103).

D 897 Weiß, Christoph: Quellen- und Forschungsbibliographie zur deutschsprachigen Autobiographie im 18. Jahrhundert (1974-1984). In: Das achtzehnte Jahrhundert. Mitteilungen der Deutschen Gesellschaft für die Erforschung des achtzehnten Jahrhunderts 11, 1987, H. 1, S. 45-62.
Rd. 200 Titel.

D 900 Leser und Lektüre im 18. Jahrhundert. Die Ausleihbücher der Herzog August Bibliothek Wolfenbüttel 1714-1799. Bearb. von Mechthild Raabe. 4 Bde. München: Saur, 1989.
Bd. 1: Leser und Lektüre; Bd. 2: Lesergruppen und Lektüre; Bd. 3: Alphabetisches Verzeichnis der Bücher; Bd. 4: Systematisches Verzeichnis der Bücher.

D 905 Bartel, Klaus J.: German Literary History 1777-1835. An annotated bibliography. Bern, Frankfurt/M.: Lang, 1976 (German studies in America, 22).
Beschreibende Bibliographie der Literaturgeschichten, die im angegebenen Zeitraum erschienen sind (meist mit Inhaltsangaben).

D 906 Bio-bibliographisches Handbuch zur Sprachwissenschaft des 18. Jahrhunderts. Die Grammatiker, Lexikographen und Sprachtheoretiker des deutschsprachigen Raums mit Beschreibung ihrer Werke. Hrsg. von Herbert E. Brekle u.a. Bd. 1ff. Tübingen: Niemeyer, 1992ff.

Geplant auf 8 Bde. - *Bis Frühjahr 1994:* Bd. 1 (A-Br) 1992; 2 (Bu-E) 1993; 3 (F-Ha) *in Vorber. für 1994.*

Zeitschrifteninhaltsauswertung → E 90.

Sekundärliteratur:

Grotegut, E.K.; Leneaux, G.F.: Das Zeitalter der Aufklärung → D 200.

Osborne, John: Romantik → D 200.

D 930 Internationale Bibliographie zur deutschen Klassik 1750-1850. Bearb. von Klaus Hammer, Hans Henning u.a. Folge 1-10. In: Weimarer Beiträge 6-10 (1960-1964). - Ab Folge 11/12 (1964/65): Bearb. von Hans Henning und Siegfried Seifert. Weimar 1968ff. (in selbständiger Form).

Erscheinungsweise: 1 Bd. pro Jahr. Zwei- bis dreijährige Verzugszeit. Periodische Bibliographie der Primär- und Sekundärliteratur aller literarischen Strömungen in der Zeit zwischen 1750 und 1850 (wesentlich umfassender als der Titel vermuten läßt). Systematisch-alphabetische Verzeichnung von Primär- und Sekundärliteratur einschl. der Rezensionen. Namen- und Sachregister.

D 940 The Eighteenth Century. A current bibliography. In: Philological Quarterly 50 (1971)ff.

Internationale Bibliographie zum 18. Jh. mit kurzen Annotationen.

D 950 The Romantic Movement. A selective and critical bibliography. In: Philological Quarterly 29 (1949)- 43 (1964). - Weiterführung in: English Language Notes, Suppl. 3,1 (1965)ff.

D 960 Marx, Reiner: Bibliographische Berichte. Germanistische Arbeiten zum 18. Jh. Bücher und Aufsätze. In: Das 18. Jahrhundert. Mitteilungen der Deutschen Gesellschaft für die Erforschung des 18. Jh's.

Berichtszeit 1976/77 (Jg. 2, H. 2, S. 20-66); 1978/80 (Jg. 5, H. 2, S. 144-162 und Jg. 6, H. 1, S. 34-90); Nachtrag 1976/80 (Jg. 6, H. 2, S. 146-158 und Jg. 7, H. 1, S. 66-97); 1981 (Jg. 8, H. 1, S. 73-110).

1 9. J a h r h u n d e r t

D 1010 Epochenbibliographien für das 19. Jh. im Anschluß an den von D 930 abgedeckten Zeitraum sind dringende Desiderate. Da die Neue Folge des *Goedeke* (1830 bis 1880, → D 220) noch nicht über den Buchstaben A hinausreicht, fehlt es auch an zuverlässigen Quellenbibliographien. Für selbständig erschienenes Schrifttum liegt das *Gesamtverzeichnis 1700-1910* (→ D 4630) vor. Die Zeitschriftenerfassung und -analyse ist in die Wege geleitet (→ E 120ff).

Quellenverzeichnisse:

Goedeke, Karl: Grundriß (Bd. 8-17 und NF Bd. 1) → D 210, D 220.

D 1015 Bibliographie der deutschsprachigen Lyrikanthologien 1840 bis 1914. Hrsg. von Günter Häntzschel unter Mitarb. von Sylvia Kucher u.a. 2 Bde. München: Saur, 1991.

D 1017 Eke, Norbert Otto; Olasz-Eke, Dagmar: Bibliographie: Der deutsche Roman 1815-1830. Standortnachweise, Rezensionen, Forschungsüberblick. München: Fink, 1994.
Verzeichnet 1582 Romane, alphabetisch nach Autorennamen bzw. bei Anonyma nach Titeln geordnet. Autorenregister, Kurztitelverzeichnis, Verlagsregister, Verzeichnis der Bibliotheken.

Kosch, Günter; Nagl, Manfred: Der Kolportageroman → D 1505.

D 1020 Realismus und Gründerzeit. Manifeste und Dokumente zur deutschen Literatur 1848-1880. 2 Bde. Hrsg. von Max Bucher u.a. Stuttgart: Metzler, 1975-1976.
Bd. 1, S. 337-483: Quellenbibliographie mit knappen Annotationen (1486 Nrr.).

D 1025 Hänsel, Markus: Die anonym erschienenen autobiographischen Schriften des 19. Jahrhunderts. Bibliographie. Mit einem Nachweis für die Bibliotheken Deutschlands. München: Saur, 1986.

D 1030 Schlawe, Fritz: Die Briefsammlungen des 19. Jahrhunderts. Bibliographie der Briefausgaben und Gesamtregister der Briefschreiber und Briefempfänger 1815-1915. 2 Bde. Stuttgart: Metzler, 1969 (Repertorien zur deutschen Literaturgeschichte, 4).
Teil A: Bibliographie der Briefsammlungen (alphabetisch nach Briefschreibern) mit knappen Annotationen. Teil B: Gesamtregister der Briefempfänger. Teil C: Gesamtregister der Briefschreiber. Teil D: Berufsregister.

Sekundärliteratur:

Cowen, Roy C.: Neunzehntes Jahrhundert → D 200 (Bd. 9).

Goff, Penrith: Wilhelminisches Zeitalter → D 200 (Bd. 10).

D 1060 German Literature of the nineteenth century (1830-1880). A current bibliography. In: Modern Language Forum 32 (1947) bis 36 (1951). Fortgeführt für die Berichtsjahre 1950-1958 in: Germanic Review 28 (1953) - 35 (1960).

Ein umfassender Forschungsbericht zum 19. Jahrhundert mit reichhaltiger Bibliographie liegt vor in:

D 1070 Wunberg, Gotthart: Deutsche Literatur des 19. Jahrhunderts. Bern, Frankfurt/M., Las Vegas: Lang, 1980 (Jahrbuch für Internationale Germanistik, Reihe C, Bd. 1).
Erfaßt die internationale Forschungsliteratur von 1960-1975.

20. Jahrhundert

D 1110 Wie für das 19. sind Epochenbibliographien auch für das 20. Jahrhundert dringende Desiderate. Zur Erfassung der selbständig erschienenen Quellen zieht man das *Gesamtverzeichnis 1911-1965* (→ D 4640) bzw. die Nationalbibliographien (→ D 4680ff.) heran. Für die Sekundärliteratur ist man auch hier - mit wenigen Ausnahmen - auf die Fachbibliographien zum Gesamtbereich der Literaturwissenschaft angewiesen (→ D 170, D 180, D 200).

Quellenbibliographien:

D 1115 Raabe, Paul: Die Autoren und Bücher des literarischen Expressionismus. Ein bibliographisches Handbuch, in Zusammenarbeit mit Ingrid Hannich-Bode. 2., verb. und um Ergänzungen und Nachträge 1985 bis 1990 vermehrte Aufl. Stuttgart: Metzler, 1992.
Verzeichnet Einzel-, Sammel- und Gesamtausgaben, Nachlässe. Literaturhinweise, Bibliographie.

D 1120 Melzwig, Brigitte: Deutsche sozialistische Literatur 1918-1945. Bibliographie der Buchveröffentlichungen. Berlin, Weimar: Aufbau, 1975 (Veröffentlichung der Akademien der Künste der Deutschen Demokratischen Republik).
Alphabetisch nach Autoren gegliedert. Verzeichnet auch Anthologien. Chronologischer Index. Titel-, Personenregister.

D 1125 Born, Jürgen: Deutschsprachige Literatur aus Prag und den böhmischen Ländern 1900-1925. Chronologische Übersicht und Bibliographie. 2., überarb. und erw. Aufl. München u.a.: Saur, 1993.
Aufgenommen wurden Autoren, die in den böhmischen Ländern (Böhmen, Mähren, Mährisch-Schlesien) geboren wurden oder dort eine Zeitlang gelebt haben. 1. Teil: synoptische Übersicht (zeitgeschichtliche Ereignisse, kulturelle Veranstaltungen, Neuerscheinungen); 2. Teil: Verzeichnis der einschlägigen Buchbestände der Forschungsstelle für Prager deutsche Literatur und der UB Wuppertal; 3. Teil: thematisch geordnete Bibliographie.

D 1127 Hopster, Norbert; Josting, Petra: Literaturlenkung im "Dritten Reich". Eine Bibliographie. Bd. 1ff. Hildesheim: Olms, 1993ff.
Bd. 1 (1993): Texte und Quellen zur totalitären Ausrichtung des literarischen Lebens auf die faschistische Weltsicht (über 7300 Eintragungen in systematischer Ordnung; Verfasser-, Körperschafts-, Sachregister); Bd. 2 (in Vorber.): Forschungsliteratur.

D 1130 Sternfeld, Wilhelm; Tiedemann, Eva: Deutsche Exil-Literatur 1933-1945. Eine Bio-Bibliographie. Mit einem Vorwort von Hanns Wilhelm Eppelsheimer. 2., erw. Aufl. Heidelberg: Schneider, 1970 (Veröffentlichungen der Dt. Akademie für Sprache und Dichtung, 29).
Alphabetisch nach Exilanten geordnet. Kurzer biographischer Abriß, knappe bibliographische Angaben. Verzeichnis der Schriftenreihen der Emigration, anonymen Schriften, Sammelwerke, Verlage, speziellen Nachschlagewerke.

D 1135 Deutsches Exilarchiv 1933-1945. Katalog der Bücher und Broschüren. Deutsche Bibliothek Frankfurt a.M. Stuttgart: Metzler, 1989.
Alphabetisch nach Autoren. Über 6900 Einträge.

D 1140 Deutsche Exilliteratur seit 1933. Hrsg. von John M. Spalek u.a. 4 Bde. Bern, München: Francke (jetzt: Saur), 1976ff.
Regionale Gliederung, dann alphabetisch nach Exilanten geordnet. - *Bis Frühjahr 1994*: Bd. 1, 1-2 (1976): Kalifornien; Bd. 2, 1-2 (1989): New York; Bd. 3: USA (für 1994 geplant); Bd. 4, 1-2 (in Vorber. für 1994/95): Bibliographien.

D 1145 Wassermann, Henry: Bibliographie des Jüdischen Schrifttums in Deutschland 1933-1945. Bearb. für das Leo Baeck Institut, Jerusalem, unter Mitw. von Joel Golb u.a. München: Saur, 1989.

D 1150 Guide to the Archival Materials of Germanspeaking Emigration to the United States after 1933. Verzeichnis der Quellen und Materialien der deutschsprachigen Emigration in den USA seit 1933. Bd. 1ff. Charlottesville: UP of Virginia *und* München: Saur, 1978ff.
Umfangreiche, nach Personen alphabetisch geordnete Zusammenstellung von Dokumenten (Manuskripte, Briefe, Zeitungsausschnitte usw.) deutschsprachiger Emigranten in amerikanischen Bibliotheken und Archiven. - *Bis Frühjahr 1994:* Bd. 1 (1978), hrsg. von John M. Spalek; Bd. 2 (1992), hrsg. v. John M. Spalek u. Sandra H. Hawrylchak.

Nachlaßverzeichnisse deutschsprachiger Emigranten → D 3695f.

D 1153 Leimbach, Berthold: Tondokumente der Kleinkunst und ihre Interpreten. 1898-1945. Göttingen 1991.
Umfassende Quellenbibliographie zum Kabarett und ähnlicher Kleinkunst in alphabetischer Ordnung mit Dokumentation der Schallplattenaufnahmen.

D 1155 Jacob, Herbert: Literatur in der DDR. Bibliographische Annalen. 3 Bde. Berlin: Akademie-Verlag, 1986.
Bd. 1: 1945-1954; Bd. 2: 1955-1962; Bd. 3: Register.

D 1160 Lyrik - 25 Jahre. Bibliographie der deutschsprachigen Lyrikpublikationen 1945-1970. Hrsg. von Hans-Jürgen Schlütter. Bd. 1. Hildesheim, New York: Olms, 1974 (Bibliographien zur deutschen Literatur, 1).
Erfaßt rd. 9700 Lyrik-Publikationen, alphabetisch nach Autoren gegliedert.

D 1170 Paulus, Rolf; Steuler, Ursula: Bibliographie zur deutschen Lyrik nach 1945. 2. Aufl. Wiesbaden: Athenaion, 1977.
Systematisch gegliedertes Verzeichnis von Primärtexten und Sekundärliteratur. Namenregister.

Auslandsdeutsche Literatur:

D 1175 Americana Germanica. Bibliographie zur deutschen Sprache und deutschsprachigen Literatur in Nord- und Lateinamerika. Hrsg. von Hartmut Froeschle. Hildesheim: Olms, 1991 (Auslandsdeutsche Literatur der Gegenwart, 15).

D 1176 Bach, Bernard: Bibliographie der deutschsprachigen Gegenwartsliteratur im Elsaß. Bern: Lang, 1992 (Collection Contacts, III, 18).

Die deutschsprachige Literatur Luxemburgs wird ab 1988 erfaßt in:

D 1178 Meintz, Claude: Bibliographie courante de la littérature luxembourgeoise. 1988ff. Luxembourg: Archives nationales, 1989ff.

Zeitschrifteninhaltsbibliographien:

D 1180 Raabe, Paul: Index Expressionismus. Bibliographie der Beiträge in den Zeitschriften und Jahrbüchern des literarischen Expressionismus. 1910-1925. 18 Bde. Nendeln: Kraus, 1972.
Analytische Zeitschriftenbibliographie. Serie A: 4 Bde. Alphabetischer Index (Autoren). Serie B: 5 Bde. Systematischer Index (Anordnung der Beiträge nach Sachgruppen). Serie C: 5 Bde. Index nach Zeitschriften (Verzeichnis der Beiträge alphabetisch nach dem Zeitschriftentitel. Achtung: Artikel zählt als Ordnungswort!). Serie D: 2 Bde. Titelregister (alphabetisch nach Werktiteln). Serie E: 2 Bde. Gattungsregister (alphabetisch nach Beitragstyp).

D 1182 Bergmann, Joachim: Die Schaubühne - Die Weltbühne 1905 bis 1933. Bibliographie und Register mit Annotationen. 3 Bde. München: Saur, 1991-1994.

D 1183 Streller, Christa; Riedel, Volker: Internationale Literatur. Moskau 1931-1945. Bibliographie einer Zeitschrift. 2 Bde. Berlin: Aufbau (jetzt: München: Saur), 1985 (Analytische Bibliographien deutschsprachiger literarischer Zeitschriften, 8).

D 1184 Armer, Jörg: Die Wiener Weltbühne. Wien 1932-1933. Die neue Weltbühne. Prag/Paris 1933-1939. Bibliographie einer Zeitschrift. 2 Bde. München: Saur, 1992 (Analytische Bibliographien deutschsprachiger literarischer Zeitschriften, 12).

D 1185 Scheibe, Siegfried: Neue Deutsche Literatur. Berlin 1953-1962. Bibliographie einer Zeitschrift. Berlin: Aufbau (jetzt: München: Saur), 1989 (Analytische Bibliographien deutschsprachiger literarischer Zeitschriften, 13).

D 1186 Birr, Ewald: Ost und West. Berlin 1947-1949. Bibliographie einer Zeitschrift. München: Saur, 1993 (Analytische Bibliographien deutschsprachiger literarischer Zeitschriften, 14).

Sekundärliteratur:

Goff, Penrith: Wilhelminisches Zeitalter → D 200 (Bd. 10).

D 1200 Pownall, David E.: Articles on Twentieth Century Literature. An Annotated Bibliography. 1954 to 1970. New York: KTO, 1973ff.
Verzeichnet in Auswahl Sekundärliteratur zu einzelnen Autoren (ohne nationale Einschränkung) mit kurzem Kommentar.

D 1210 Hill, Claude; Ley, Ralph: The Drama of German Expressionism. A German-English Bibliography. Chapel Hill: Univ. of North Carolina Press, 1960.
Verzeichnet rd. 4000 Titel zum Drama des Expressionismus und zu 16 Dramatikern. Register der Dramen und der Verfasser.

Pickar, Gertrud B.: Deutsches Schrifttum zwischen den beiden Weltkriegen → D 200 (Bd. 11).

Glenn, Jerry: Deutsches Schrifttum der Gegenwart → D 200 (Bd. 12).

Für die Gegenwartsliteratur → die reichhaltigen bibliographischen Angaben im KLG (C 330).

1.4 SACHTHEMENBIBLIOGRAPHIEN

Die Anordnung erfolgt alphabetisch nach Schlagwörtern.

Arbeiterliteratur

D 1310 Eberlein, Alfred: Die Presse der Arbeiterklasse und der sozialen Bewegungen. Von den dreißiger Jahren des 19. Jahrhunderts bis zum Jahre 1967. Bibliographie und Standortverzeichnis der Presse der deutschen, der österreichischen und der schweizerischen Arbeiter-, Gewerkschafts- und Berufsorganisationen (einschl. der Protokolle und Tätigkeitsberichte). Mit einem Anhang: Die deutschsprachige Presse der Arbeiter-, Gewerkschafts- und Berufsorganisationen anderer Länder. 5 Bde. Frankfurt/M.; Saur & Auvermann, 1968-1970 (Archivalische Forschungen zur Geschichte der deutschen Arbeiterbewegung, 6, 1-5).
Umfassendes, alphabetisch angelegtes Verzeichnis von rd. 22800 Zeitschriften und Zeitungen mit Standortnachweis. Bd. 5: Personen-, Schlag- und Stichwortregister, Geographisches Register, Verzeichnis der Betriebe und Institutionen (Betriebszeitungen).

D 1320 Handbuch zur deutschen Arbeiterliteratur. Hrsg. von Heinz Ludwig Arnold. 2 Bde. München: edition text + kritik, 1977.
Bd. 2: Bibliographie. Bearb. von Manfred Bosch. Systematisch-alphabetisch angelegtes Verzeichnis (4429 Nrr.). Verfasser-, Themen-, (Autoren-, Stichwort-) Index. → B 3000.

Autobiographien

D 1325 Jessen, Jens: Bibliographie der Autobiographien. Bd. 1ff. München: Saur, 1987ff.
Bd. 1 (1987): Selbstzeugnisse, Erinnerungen, Tagebücher und Briefe deutscher Schriftsteller und Künstler; Bd. 2 (1987): ... deutscher Geisteswissenschaftler; Bd. 3 (1989) ... deutscher Mathematiker, Naturwissenschaftler und Techniker. Geplant sind 6 Bde.

D 1330 Bode, Ingrid: Die Autobiographien zur deutschen Literatur, Kunst und Musik 1900-1965. Bibliographie und Nachweise der persönlichen Begegnungen und Charakteristiken. Stuttgart: Metzler, 1966 (Repertorien zur dt. Literaturgeschichte, 2).
Alphabetisches und systematisches Verzeichnis von über 500 Autobiographien (mit Inhaltsangaben). Alphabetisches Repertorium der in den Autobiographien vorkommenden Namen.

D 1340 Westphal, M.: Die besten deutschen Memoiren. Lebenserinnerungen und Selbstbiographien aus sieben Jahrhunderten. Leipzig: Koehler & Volckmar, 1923 [*Neudruck*: München, Berlin: Verlag Dokumentation, 1971].

Systematisch gegliederte, annotierte Verzeichnung von deutschen Memoiren (auch von ausländischen in deutscher Übersetzung erschienenen). Namenregister, Sammlungen, Berufsregister.

D 1350 Sagarra, Eda: Quellenbibliographie autobiographischer Schriften von Frauen im deutschen Kulturraum 1730-1918. In: Internationales Archiv für Sozialgeschichte der deutschen Literatur 11, 1986, S. 175-231.
Verzeichnet 591 Titel. Verfasser-, Berufs-/Tätigkeits-, Epochenregister.

Begriffsgeschichte

D 1360 Flasche, Hans; Wawrzinek, Utta: Materialien zur Begriffsgeschichte. Eine Bibliographie deutscher Hochschulschriften von 1900 bis 1955. Bonn: Bouvier, 1960 (Archiv für Begriffsgeschichte, V).

Comic strips

D 1370 Skodzik, Peter: Deutsche Comic-Bibliographie. 1946-1970. Berlin: Comicaze, 1978. - 1971-1985. Frankfurt/M.: Ullstein, 1985.
Umfassende Dokumentation. Register der Zeichner, Texter, Serien.

D 1375 Kempkes, Wolfgang: Bibliographie der internationalen Literatur über Comics. 2., verb. Aufl. Pullach: Verlag Dokumentation, 1974.
Systematisch-alphabetisch (zunächst nach Ländern, dann nach Autoren) geordnetes Verzeichnis von 4697 Titeln. Autorenregister.

D 1376 Neumann, Renate: Bibliographie zur Comic-Sekundärliteratur. Frankfurt/Main: Lang, 1987.
Ca. 2000 annotierte Nachweise in systematisch-alphabetischer Folge, im Anschluß an Kempkes (→ D 1375); kein Register.

Erotische Literatur

D 1390 Hayn, Hugo; Gotendorf, Alfred N.: Bibliotheca Germanorum erotica et curiosa. Verzeichnis der gesamten deutschen erotischen Literatur mit Einschluß der Übersetzungen nebst Beifügung der Originale. 3. Aufl. 8 Bde. und Ergänzungsbd. von Paul Englisch. München: Georg Müller, 1912-1929 [*Nachdruck*: Hanau: Müller & Kiepenheuer, 1968].
Rd. 60000 Titel deutscher erotischer und kurioser Literatur, nach Verfassern, Anonyma, z.T. auch Schlagwörtern alphabetisch geordnet. Erfaßt auch unterdrückte, verbotene Literatur und Privatdrucke. Deshalb wichtige Ergänzung zu den Allgemeinbibliographien und Bücherverzeichnissen.

D 1392 Bayer, Franz; Leonhardt, Karl Ludwig: Selten und gesucht. Bibliographien und ausgesuchte Nachschlagewerke zur erotischen Literatur. Stuttgart: Hiersemann, 1993.

Bibliographisches Handbuch der Informationsquellen zur erotischen Literatur (mit Annotierungen und Abbildungen). Verzeichnet Bibliographien der Bibliographien, Bibliographien, Kataloge (mit Besitznachweisen) sowie Verlags- und Buchhandelsverzeichnisse. Verfasser-, Titel-, Verlagsregister; Register zu den Annotationen.

Faust

D 1400 Henning, Hans: Faust-Bibliographie. 3 Tle. in 5 Bden. Berlin, Weimar: Aufbau, 1966-1976 (Bibliographien, Kataloge und Bestandsverzeichnisse).
Teil I (1966): Allgemeines. Grundlagen. Gesamtdarstellungen. Das Faust-Thema vom 16. Jahrhundert bis 1790. Insgesamt 3338 Titel Primär- und Sekundärliteratur in systematisch-chronologischer Folge. Register der Faust-Splitter, der anonym oder pseudonym erschienenen Titel, der Namen. - Teil II, 1 (1968): Goethes Faust. Ausgaben und Übersetzungen. Register. - Teil II, 2-3 (1970): Sekundärliteratur zu Goethes Faust, in systematisch-chronologischer Gliederung. Register der Begriffe, Themen, Personen, anonymen bzw. pseudonymen Titel, Namen. Insgesamt 7759 Titel. - Teil III (1976): Das Faust-Thema neben und nach Goethe, einschl. der Adaptionen in den neuen Medien. 4741 Titel. Anonymen-, Pseudonymen-, Namenregister.

Fotografie und Literatur

D 1405 Lambrechts, Eric; Salu, Luc: Photography and literature. An international bibliography of monographs. London: Mansell, 1992.
Dokumentiert die vielfältigen Beziehungen zwischen Literatur und Fotografie. Verzeichnet für den Zeitraum von 1839 bis 1991 rd. 3900 Titel.

Frauenliteratur

D 1410 Die Frauenfrage in Deutschland. Strömungen und Gegenströmungen 1790-1930. Hrsg., zusammengestellt und mit Anmerkungen versehen von Hans Sveistrup und Agnes von Zahn-Harnack. 3., unv. Aufl. München: Saur, 1984.
1. Aufl.: Burg 1934. Verzeichnet in Kap. 18 *Die Frauenfrage in der Dichtung* Sekundärliteratur zum Bild der Frau in der Literatur und Dichtungen mit einem neuen Frauenbild. - *Fortführung:*

D 1411 Die Frauenfrage in Deutschland, hrsg. vom Deutschen Akademikerinnen-Bund. Bd. 10 (1931-1980 [= Kumulation und Ergänzung von Bd. 2-9]), München 1981.
Enthält dieses Kapitel nicht mehr. - Fortführung:

D 1412 Die Frauenfrage in Deutschland. Neue Folge. Bibliographie. Hrsg. vom Deutschen Akademikerinnen-Bund (Bd. 1-3) und vom Institut 'Frau und Gesellschaft' (Bd. 4ff.). München: Saur, 1983ff.

Bd. 1 (Berichtsjahr: 1981) 1983; Bd. 2 (1982-1983) 1985; Bd. 3 (1984) 1987; Bd. 4 (1985) 1990; Bd. 5 (1986) 1991.

D 1415 Bock, Ulla; Witych, Barbara: Thema Frau. Bibliographie der deutschsprachigen Literatur zur Frauenfrage 1949-1979. Bielefeld: AJZ-Druck und Verlag, 1980.
Verzeichnet über 4000 Titel. Kap. 32: Die Darstellung der Frau in der Literatur und die Frau als Literatin (Nr. 3152-3627, 4040-4065).

D 1420 Spazierer, Monika; Dombrowski, Kristine: Bibliographie von unveröffentlichten Arbeiten zu frauenspezifischen Themen: Diplom-, Magister-, Seminar- und Zulassungsarbeiten, Dissertationen und Referate. Bd. 1 (1976). München: Frauenoffensive, 1976.
Referierende Bibliographie, alphabetisch nach Schlagwörtern geordnet.

D 1422 Drechsel, Wiltrud: Titelverzeichnis unveröffentlicher Prüfungsschriften mit frauenspezifischen Fragestellungen. Diplom- und Staatsexamensarbeiten an der Universität Bremen 1976-1986. Bremen: Univ., 1987.
→ H 155.

Frauenmystik

D 1425 Lewis, Gertrud Jaron: Bibliographie zur deutschen Frauenmystik des Mittelalters. Mit einem Anhang zu Beatrijs von Nazareth und Handewijch von Frank Willaert und Marie-José Govers. Berlin: E. Schmidt, 1989 (Bibliographien zur deutschen Literatur des Mittelalters, 10).
Verzeichnet 3320 Titel in systematisch-chronologischer Folge. Register der Mystikerinnen, Klöster und Orte, Verfasser und Rezensenten.

Freimaurer

D 1430 Wolfstieg, August: Bibliographie der freimaurerischen Literatur. 4 Bde. Burg 1911-1926 [*Nachdruck*: Hildesheim: Olms, 1964].
Bd. 1-2: systematisches Verzeichnis von über 43300 Titeln. Bd. 3: Register. Bd. 4: Erg.-Bd. 1 (mehr nicht erschienen) mit rd. 11000 Titeln. Register.

Gattungspoetik

D 1440 Ruttkowski, Wolfgang: Bibliographie der Gattungspoetik. München: Hueber, 1973.
Verzeichnet über 3000 Bücher, Dissertationen und Zeitschriftenartikel über allgemeine Gattungspoetik u. zu Geschichte und Theorie einzelner Gattungen. Gattungs-, Autorenindex.

Karl der Große

D 1470 Farrier, Susan E.: The medieval Charlemagne legend. An annotated bibliography. New York: Garland, 1993 (Garland medieval bibliographies, 15).

Kinder- und Jugendliteratur

D 1480 Wegehaupt, Heinz; Fichtner, Edith (Mitarb.): Alte deutsche Kinderbücher. Bibliographie 1507-1900. Zugleich Bestandsverzeichnis der Kinder- und Jugendbuchabteilung der Deutschen Staatsbibliothek zu Berlin. 2 Bde. Hamburg: Hauswedell, 1979-1985.
Verzeichnet alphabetisch nach Autoren 2360 Titel mit knappen Annotationen. Mehrere Register.

D 1483 Klotz, Aiga: Kinder- und Jugendliteratur in Deutschland 1840 bis 1950. Gesamtverzeichnis der Veröffentlichungen in deutscher Sprache. Bd. 1ff. Stuttgart: Metzler, 1990ff. (Repertorien zur deutschen Literaturgeschichte, 11ff.).
Bd. 1 (A-F) 1990; 2 (G-K) 1991; 3 (L-Q) 1994. Geplant sind 5 Bde. und Reg.bd.

D 1486 Wegehaupt, Heinz: Deutschsprachige Kinder- und Jugendliteratur der Arbeiterklasse von den Anfängen bis 1945. Bibliographie. Berlin: Kinderbuchverlag, o.J. (Resultate).
Chronologisch-alphabetisches Verzeichnis von rd. 1100 Periodika und Einzelschriften von 1870 bis 1941. Register der Verfasser, Bearbeiter, Herausgeber, Titel.

D 1490 Weilenmann, Claudia: Annotierte Bibliographie der Schweizer Kinder- und Jugendliteratur. Von 1750 bis 1900. In Zusammenarbeit mit Josiane Cetlin. Stuttgart: Metzler, 1993.
Quellenbibliographie der viersprachigen Schweizer Kinder- und Jugendliteratur mit rd. 4000 Titeln von über 1000 Autorinnen und Autoren. Illustrationen.

D 1492 Weismann, Willi: Deutschsprachige Bilderbücher. Ein Verzeichnis 1945-1975 erschienener Titel. München: Verl. Dokumentation,1980.

D 1493 Kinder- und Jugendliteratur 1498-1950. Kommentierter Katalog der Sammlung Brüggemann. Osnabrück: Wenner, 1984.

D 1495 Die Sammlung Hobrecker der Universitätsbibliothek Braunschweig. Katalog der Kinder- und Jugendliteratur 1565-1945. Bearb. von Peter Düsterdieck unter Mitarb. von Ingrid Bernin-Israel u.a. 2 Bde. München: Saur, 1985.

D 1496 Die Frankfurter Hobrecker-Sammlung. Kommentierte Bibliographie einer Sammlung alter Kinder- und Jugendbücher. Hrsg. von der StUB Frankfurt/Main und dem Institut für Jugendbuchforschung. Pinneberg 1983.

Kolportage-Literatur

D 1505 Kosch, Günter; Nagl, Manfred: Der Kolportage-Roman. Bibliographie 1850 bis 1960. Stuttgart: Metzler, *in Vorber.* *für* 1994 (Repertorien zur deutschen Literaturgeschichte, 17).
Mit einer Beilage: Der Kolportage-Roman. Praktische Winke. Von Friedrich Streissler (1887).

Kriminalliteratur

D 1510 Walkhoff-Jordan, Klaus-Dieter: Bibliographie der Kriminalliteratur 1945-1984 im deutschen Sprachraum. Frankfurt/M.: Ullstein, 1985 (Ullstein-Buch, 10325). - 1985-1990. Ebd. 1991 (Ullstein-Buch, 34813).
Verzeichnis von Kriminalromanen, -erzählungen, -kurzgeschichten, Spionageromanen, Action-Thrillern und Jugendkrimis, einschl. Parodien und Gaunerkomödien (mit verkürzten bibliographischen Angaben).

D 1512 Hillich, Reinhard; Mittmann, Wolfgang: Die Kriminalliteratur der DDR 1949-1990. Bibliografie. Berlin: Akademie-Verl., 1991.

Leseforschung, Lesergeschichte

D 1520 Fertig, Eymar; Steinberg, Heinz: Bibliographie Buch und Lesen. Gütersloh: Verlag für Buchmarktforschung, 1979.
Verzeichnet rd. 1000 Titel zu Medienforschung und Kommunikationstheorie, zu Soziologie, Psychologie und Pädagogik des Lesens, zu Buchmarkt und Bibliothekswesen. Sach-, Namenregister.

Literarische Wertung

D 1530 Schüling, H.: Zur Geschichte der ästhetischen Wertung. Bibliographie der Abhandlungen über den Kitsch. Gießen 1971 (Schriften zur Ästhetik und Kunstwissenschaft, 1).
Chronologisches Verzeichnis. Verfasser- und Herausgeber-, Schlagwort-, Ortsregister.

Literarisches Leben

D 1540 Becker, Eva D.; Dehn, Manfred: Literarisches Leben. Eine Bibliographie. Hamburg: Verlag für Buchmarkt-Forschung, 1968 (Schriften zur Buchmarkt-Forschung, 13).
Systematisch-alphabetisches Verzeichnis von rd. 2500 selbständig und unselbständig

erschienenen Titeln zum literarischen Leben im deutschsprachigen Raum von der Mitte des 18. Jh's bis zur Mitte der 1960er Jahre.

Literaturpsychologie

D 1545 Pfeiffer, Joachim: Literaturpsychologie 1945 bis 1987. Eine systematische und annotierte Bibliographie. Würzburg: Könighausen & Neumann, 1989.
Verzeichnet über 2400 Titel. Liste der Zeitschriften und Sammelbände. Verfasser-, Schlagwortregister.

Maschinenmenschen

D 1548 Dotzler, Bernhard J.; Gendolla, Peter; Schäfer, Jörg: Maschinen-Menschen. Eine Bibliographie. Bern: Lang, 1992 (Bibliographien zur Literatur- und Mediengeschichte, 1).

Niederdeutsche Literatur

D 1550 Borchling, Conrad; Claussen, Bruno: Niederdeutsche Bibliographie. Gesamtverzeichnis der niederdeutschen Drucke bis zum Jahre 1800. 2 Bde. u. 3. Bd., Teil 1. Neumünster: Wachholtz, 1931-1936 und 1957 [*Nachdruck* von Bd. 1-2: Utrecht: HES, 1976].
Bd. 1: 1479-1600; Bd. 2: 1601-1800. Nachträge. Register. Bd. 3,1: Nachträge, Ergänzungen, Verbesserungen zu Bd. 1-2.

Phantastische Literatur

D 1590 Bibliographisches Lexikon der utopisch-phantastischen Literatur. Hrsg. v. Joachim Körber. Loseblattausgabe. Meitingen: Corian, 1984ff.
Bd. 1ff.: Verzeichnis der Autoren und Pseudonyme. Autoren A-Z (Biographie/Bibliographie).

D 1591 Fantasy literature. A reader's guide. Ed. by Neil Barron. New York: Garland, 1991 (Garland reference library of the humanities, 874).
Enthält in Kap. 9 Bibliographie der Forschungsliteratur. Autoren-, Titel-, Themenregister.

Revolutionsliteratur

D 1610 Haasis, Helmut G.: Bibliographie zur linksrheinischen Revolutionsbewegung in den Jahren 1792-1793. Die Schriften der demokratischen Revolutionsbewegung im Gebiet zwischen Mainz, Worms, Speyer, Landau, Sarre-Union, Saarbrücken und Bad Kreuznach. Kronberg: Scriptor, 1976 (Literaturwissenschaft).

D 1620 Dippel, Horst: Americana-Germanica 1770-1800. Bibliographie der Rezeption der amerikanischen Revolution in Deutschland. Stuttgart: Metzler, 1976 (Amerikastudien, 42).

Rhetorik

D 1625 Jamison, Robert; Dyck, Joachim: Rhetorik - Topik - Argumentation. Bibliographie zur Redelehre und Topikforschung im deutschsprachigen Raum 1945-1979/80. Stuttgart-Bad Cannstadt: Frommann-Holzboog, 1983.

Robinsonaden

D 1627 Stach, Reinhard (in Zusammenarb. mit Jutta Schmidt): Robinson und Robinsonaden in der deutschsprachigen Literatur. Eine Bibliographie. Würzburg: Königshausen & Neumann, 1991 (Schriftenreihe der Deutschen Akademie für Kinder- und Jugendliteratur Volkach, 12).
Verzeichnet Primär- und Sekundärliteratur. Autoren- und Illustratorenregister.

Shakespeare in Deutschland

D 1640 Blinn, Hansjürgen: Der deutsche Shakespeare. Eine annotierte Bibliographie zur Shakespeare-Rezeption des deutschsprachigen Kulturraums. Berlin: E. Schmidt, 1993.
Verzeichnet 1) Äußerungen von Dichtern, Schriftstellern, Literaturtheoretikern u.a. zu Shakespeare vom 17. Jh. bis zur Gegenwart; 2) Sekundärliteratur zum Einfluß Shakespeares auf die deutsche Literatur, zu Übersetzungsgeschichte und -problemen sowie zur Rezeption auf dem Theater, in den Neuen Medien, in der Musik und Bildenden Kunst. Systematisch-chronologisch-alphabetische Anordnung. Register der Werke, Namen und Sachen. Insgesamt rd. 3800 Titel.

Sozialgeschichte

D 1650 Wehler, Hans-Ulrich: Bibliographie zur neueren deutschen Sozialgeschichte (18.-20. Jahrhundert). München: Beck, 1993.
Nach 73 Themenfeldern systematisch geordnete, sehr viele Gesichtspunkte berücksichtigende Verzeichnung. Nahezu 10000 Titel. Kein Register.

Stoff- und Motivgeschichte

D 1660 Schmitt, Franz Anselm: Stoff- und Motivgeschichte der deutschen Literatur. Eine Bibliographie. 3. Aufl. Berlin: de Gruyter, 1976.
Nach einzelnen Schlagwörtern geordnetes Verzeichnis von Sekundärliteratur zu einzelnen Stoffen und Motiven. Gruppenschlagwort-, Verfasserregister.

D 1670 Schmitt, Franz Anselm: Beruf und Arbeit in deutscher Erzählung. Ein literarisches Lexikon. Stuttgart: Hiersemann, 1952.
Verzeichnet rd. 12400 "Berufserzählungen" unter ca. 400 Berufssparten. - *Fortführung:*

D 1671 Pleßke, Hans-Martin: Beruf und Arbeit in deutscher Erzählung seit 1945. Stuttgart: Hiersemann, *in Vorber.*

D 1680 Luther, Arthur; Friesenhahn, Heinz: Land und Leute in deutscher Erzählung. Ein bibliographisches Literaturlexikon. Stuttgart: Hiersemann, 1954.
Teil 1 verzeichnet für 430 Orte rd. 8000 Romane und Erzählungen, in denen diese eine herausragende Rolle spielen; Teil 2 führt etwa 2200 literarische Werke über rd. 700 historische Persönlichkeiten auf.

D 1690 Thompson, Stith: Motif Index of Folk Literature. 2. ed. 6 vol. Kopenhagen 1955-1958.

Symbolforschung

D 1700 Lurker, Manfred: Bibliographie zur Symbolkunde. 3 Bde. Baden-Baden: Heitz, 1964-1968 (Bibliotheca Bibliographica Aureliana, 12, 18, 24).
Auswahlverzeichnis mit rd. 11400 Titeln. Autoren-, Sachregister. Fortsetzung (periodisch):

D 1710 Bibliographie zur Symbolik, Ikonographie und Mythologie. Internationales Referateorgan. Hrsg. von Manfred Lurker. Jg. 1 (1968)ff. Baden-Baden: Heitz (ab 1970: Koerner), 1968 ff.
Generalregister zu Bd. 1-10 u. Erg.-Bd. hrsg. von Werner Bies u.a.

Trivialliteratur

D 1720 Plaul, Hainer: Bibliographie deutschsprachiger Veröffentlichungen über Unterhaltungs- und Trivialliteratur. Vom letzten Drittel des 18. Jahrhunderts bis zur Gegenwart. München: Saur, 1980.
Verzeichnet 3300 Titel Forschungsliteratur in systematisch-alphabetischer Ordnung. Kein Register.

Utopische Literatur

D 1730 Winter, Michael: Compendium Utopiarum. Typologie und Bibliographie literarischer Utopien. 1. Teilbd.: Von der Antike bis zur deutschen Frühaufklärung. Stuttgart: Metzler, 1978 (Repertorien zur deutschen Literaturgeschichte, 8.1).
Chronologisch angelegtes Verzeichnis literarischer Utopien von Lykurgos (7./8. Jh. v. Chr.) bis Abbé de Terrasson (1731), insgesamt 153 Nrr., die meisten mit Inhaltsreferat, Zitaten aus der Forschungsliteratur und Bemerkungen zur Wirkungsgeschichte. Typologische Tabellen. Bibliographie der Sekundärliteratur (573 Nrr., systematisch-alphabetisch gegliedert). Autoren-, Titel-, Namen-, Sachregister.

Volkslied

D 1750 Wolff, Jürgen B.; Kross, Erik: Bibliographie der Literatur zum deutschen Volkslied. Mit Standortangaben an den wichtigsten Archiven und Bibliotheken der DDR. Leipzig 1987 (Kleine Reihe. Deutsche Volkslieder, 7/8).

Verzeichnet rd. 1200 Publikationen zum Volkslied, alphabetisch nach Autoren bzw. Herausgebern geordnet.

1.5 PERSONALBIBLIOGRAPHIEN

D 2010 Umfassende Informationen über das Schrifttum von und über einen Autor erhält man durch die Personalbibliographie. Sie sollte zunächst ausgeschöpft werden, ehe man selbst mit Hilfe abgeschlossener und periodischer oder gar der Allgemeinbibliographien (→ D 4600ff.) das Material zusammenträgt. Der bequemere Weg führt immer über die (vorausgesetzt: zuverlässige) Personalbibliographie, um erst dann von deren Redaktionsschluß ausgehend auf dem in der Einleitung geschilderten Weg weiter zu recherchieren. Gerade auf dem Sektor der Personalbibliographie ist in den letzten Jahren eine begrüßenswerte Entwicklung eingetreten. Vermehrt werden annotierte Bibliographien erstellt, die es dem Literatursuchenden erlauben, bereits anhand des Verzeichnisses für seinen Bedarf zu selektieren. Die annotierte Form der Personalbibliographie ist - trotz der Subjektivität, die sich einschleichen kann, sobald die Annotationen über ein reines Inhaltsreferat hinausgehen - die benutzerfreundlichste, vor allem dann, wenn sie durch ein Schlagwort-, Namen- und Werkregister erschlossen wird.

D 2011 Informationen über Personalbibliographien werden im Abschnitt 1.5.2 gegeben, der überwiegend selbständige Bibliographien verzeichnet. - Der Zugang zu weiteren, vor allem auch zu den unselbständig oder versteckt erschienenen Personalbibliographien erfolgt über die anschließend genannten Bibliographien der Personalbibliographien, die unsere Auswahl weder ersetzen kann noch will.

1.5.1 BIBLIOGRAPHIEN DER PERSONALBIBLIOGRAPHIEN

D 2020 Arnim, Max; Hodes, Franz: Internationale Personalbibliographie. 2. Aufl. 5 Bde. Leipzig (später: Stuttgart): Hiersemann, 1952 bis 1987.

Bd. 1 (A-K, 1952) und 2 (L-Z, 1952) erfassen selbständig und unselbständig erschienene Werkverzeichnisse von rd. 62000 Schriftstellern, Künstlern, Gelehrten aller Wissensgebiete für den Zeitraum 1800 bis 1943. Bd. 3 (A-H, 1981), 4 (I-R, 1984) und 5 (S-Z, 1987) enthalten mit gleitendem Redaktionsschluß Nachweise zu rd. 80000 Autoren des Zeitraums 1944 bis 1986.

D 2030 Hansel, Johannes: Personalbibliographie zur deutschen Literaturgeschichte. Studienausgabe. 2. Aufl. (neubearb. und erg. von Carl Paschek). Berlin: E. Schmidt, 1974.

Verzeichnet Personalbibliographien, Forschungsberichte, Nachlaßverzeichnisse, Dichtergesellschaften von rd. 350 Schriftstellern vom Mittelalter bis zur Gegenwart.

D 2040 Wiesner, Herbert; Zivsa, Irene; Stoll, Christoph: Bibliographie der Personalbibliographien zur deutschen Gegenwartsliteratur. 2. Aufl. München: Nymphenburger, 1970.
Erfaßt Personalbibliographien von über 500 Autoren des 20. Jh's.

D 2050 Stock, Karl F.; Heilinger, Rudolf; Stock, Marylene: Personalbibliographien österreichischer Dichter und Schriftsteller. Von den Anfängen bis zur Gegenwart. Mit Auswahl einschlägiger Bibliographien, Nachschlagewerke, Sammelbiographien, Literaturgeschichten und Anthologien. Pullach: Verlag Dokumentation, 1972.
Verzeichnet allgemeine Bibliographien, Lexika, Literaturgeschichten zur deutschen und österreichischen Literatur sowie rd. 4500 selbständig, unselbständig und versteckt erschienene Personalbibliographien. Nachträge. Register.

1.5.2 PERSONALBIBLIOGRAPHIEN

D 2060 Die Kurzbeschreibungen enthalten Hinweise auf den Umfang, die Anordnung und Erschließung des Titelmaterials. Besonders hervorgehoben wurde, wenn es sich um eine in irgendeiner Form annotierte Bibliographie handelt. Auf Begriffe wie "subjektive" und "objektive" bzw. "subjektiv-objektive Bibliographie" wurde verzichtet, weil sie für Nicht-Bibliographen oft mißverständlich sind.

D 2061 Weitere bibliographische Hilfsmittel, auf die hier nur summarisch verwiesen werden kann, stellen die Bände der *Sammlung Metzler*, die *Winkler Kommentare* (→ A 200), die Hefte der Zeitschrift *Text und Kritik* (→ E 1050), die Jahrbücher der Dichtergesellschaften (→ E 1210ff.), die Bestandsverzeichnisse der Literaturarchive (→ D 3620ff. und Teil F und G) sowie auch die Kataloge bedeutender Ausstellungen dar.

Abraham a Sancta Clara (1644-1709)

D 2080 Bertsche, Karl: Die Werke Abraham a Sancta Claras in ihren Frühdrucken. 2. verb. Aufl. (von Michael O. Krieg). Wien: Krieg, 1961.
Exakt beschreibendes Verzeichnis von 65 Drucken. Titelregister.

Achim von Arnim (1781-1831)

D 2090 Mallon, Otto: Arnim-Bibliographie. Berlin: Fraenckel, 1925 [*Neudruck*: Hildesheim: Olms, 1965].
Verzeichnet im Hauptteil alle Arnim-Drucke von 1799 bis 1857 (255 Nrr.) und alle Erstdrucke von 1855-1925 (Nr. 256-323). Der Anhang verzeichnet u.a. Auswahl-Sammelausgaben, Briefe, Briefempfänger und Sekundärliteratur. Namenregister.

Ingeborg Bachmann (1926-1973)

D 2100 Bareiss, Otto; Ohloff, Frauke: Ingeborg Bachmann: Eine Bibliographie. Mit einem Geleitwort von Heinrich Böll. München, Zürich: Piper, 1978.

Erfaßt die gesamte Primärliteratur (von der Dissertation über selbständige/unselbständige Veröffentlichungen, Libretti, Gespräche, Interviews, Sprechplatten zu den Übersetzungen) und die Sekundärliteratur einschließlich der Rezensionen in der Tagespresse (über 2000 bibliographische Angaben). Verfasser- und Personenregister, Werkregister, Sach- und Stichwortregister.

Hugo Ball (1886-1927)

D 2105 Teubner, Ernst: Hugo Ball. Eine Bibliographie. Mainz 1992 (Bibliographische Hefte, 1).

Verzeichnet Primär- und Sekundärliteratur (1570 Titel) von und über H. Ball, Emmy Ball-Hennings und den Zürcher Dadaismus. Zugleich Bestandskatalog der H.-Ball-Sammlung Pirmasens (→ F 170).

Ernst Barlach (1870-1938)

D 2110 Kröplin, Karl-Heinz: Ernst-Barlach-Bibliographie. Berlin 1972 (Deutsche Staatsbibliothek, Bibliographische Mitteilungen, 25).

Verzeichnet Primärliteratur (einschl. Bildbände, Ausstellungskataloge [100 Nrr.]) und Sekundärliteratur (Nr. 101-404). Autorenregister.

Johann Beer (1655-1700)

D 2115 Hardin, James: Johann Beer. Eine beschreibende Bibliographie. Bern: Francke, 1983 (Bibliographien zur deutschen Barockliteratur, 2).

Exakt beschreibendes Verzeichnis der Primärliteratur. Liste der Neudrucke (Nr. 1-44) und der Sekundärliteratur (Nr. 45-415).

Walter Benjamin (1892-1940)

D 2118 Literatur über Walter Benjamin. Kommentierte Bibliographie 1983-1992. Hrsg. v. Reinhard Markner und Thomas Weber. Hamburg: Argument, 1993 (Argument-Sonderband NF 210).

Nennt über 2100 Titel in systematisch-alphabetischer Ordnung. Register der Autoren, Werktitel, Namen und Begriffe.

D 2119 Brodersen, Momme: Walter-Benjamin-Bibliographie. Primärliteratur. Die Originalausgaben, unselbständige Veröffentlichungen und die Übersetzungen. Morsum: Cicero-Presse, *in Vorber. für 1994.*

Gottfried Benn (1886-1956)

D 2120 Lohner, Edgar: Gottfried Benn. Bibliographie 1910-1956. Neu bearb. und ergänzt von Timm Zenner. Morsum: Cicero Presse, 1985.
Chronologisch angelegtes Verzeichnis der Primär- (einschl. der Übersetzungen) und Sekundärliteratur. Verfasser- und Übersetzerverzeichnis. Sach- und Namenregister.

Johannes Bobrowski (1917-1965)

D 2130 Grützmacher, Curt: Das Werk von Johannes Bobrowski. Eine Bibliographie. München: Fink, 1974.
Verzeichnet Primärliteratur in systematisch-chronologischer und Sekundärliteratur in systematisch-alphabetischer Folge. Erfaßt auch Bibliographien und Lexikonartikel.

Jakob Böhme (1575-1624)

D 2140 Buddecke, Werner: Verzeichnis von Jakob Böhme-Handschriften. Göttingen: Häntzschel, 1934 (Hainbergschriften, 1).
Erfaßt 219 Böhme-Handschriften sowie handschriftliche und gedruckte Verzeichnisse. Mehrere Register.

D 2150 Buddecke, Werner: Die Jakob Böhme-Ausgaben. Ein beschreibendes Verzeichnis. 2 Tle. Göttingen: Häntzschel, 1937-1957 (Bd. 1 = Hainbergschriften, 5; Bd. 2 = Arbeiten aus der Staats- und Universitätsbibliothek Göttingen, 2).
Bd. 1: Exakte Beschreibung von 240 Ausgaben in deutscher Sprache. Mehrere Register. Bd. 2: 229 Übersetzungen. Nachträge und Berichtigungen zum Verzeichnis der Böhme-Handschriften und zu Bd. 1; mehrere Register.

Heinrich Böll (1917-1985)

D 2160 Martin, Werner: Heinrich Böll. Eine Bibliographie seiner Werke. Hildesheim, New York: Olms, 1975 (Bibliographien zur deutschen Literatur, 2).
Erfaßt die Primärliteratur einschl. der Übersetzungen und Bölls Übersetzertätigkeit. Chronologische Titel-Übersicht. Alphabetisches Titel-Verzeichnis.

D 2162 Lengning, Werner: Der Schriftsteller Heinrich Böll. Ein biographisch-bibliographischer Abriß. 5., überarb. Aufl. München: dtv, 1977.

D 2163 Heinrich Böll. Auswahlbibliographie zur Primär- und Sekundärliteratur. Mit einleitenden Textbeiträgen von und über Heinrich Böll. Hrsg. von Gerhard Rademacher. Bonn: Bouvier, 1989 (Abhandlungen zur Kunst-, Musik- und Literaturwissenschaft, 384).
Verzeichnet Primärliteratur (Nr. 1-142), Titel aus dem literarischen Umfeld (Nr. 143 bis 221) und Sekundärliteratur (rd. 170 Titel).

Sebastian Brant (1457-1521)

D 2165 Knape, Joachim; Wuttke, Dieter: Sebastian-Brant-Bibliographie. Forschungsliteratur von 1800 bis 1985. Tübingen: Niemeyer, 1990.

Bertolt Brecht (1899-1956)

D 2170 Seidel, Gerhard: Bibliographie Bertolt Brecht. Titelverzeichnis. Bd. 1: Deutschsprachige Veröffentlichungen aus den Jahren 1913-1972. Werke von Brecht, Sammlungen, Dramatik. Berlin, Weimar: Aufbau, 1975 (Veröffentlichung der Akademie der Künste der DDR).
Exakt beschreibendes Verzeichnis der Sammel- und Einzelausgaben. Material zu den *Versuchen*. Vorläufiges Register.

D 2175 Petersen, Klaus-Dietrich: Bertolt-Brecht-Bibliographie. Bad Homburg: Gehlen, 1968 (Bibliographien zum Studium der deutschen Sprache und Literatur, 2).
Kurzgefaßtes Verzeichnis der Primärliteratur (61 Nrr.) unter besonderer Berücksichtigung leicht zugänglicher Ausgaben. Sekundärliteratur (Nr. 62-762) systematisch-chronologisch gegliedert. Verfasserregister.

D 2178 Bock, Stephan: Bertolt-Brecht-Auswahl- und Ergänzungsbibliographie. Bochum: Brockmeyer, 1980.
Primär- und Sekundärliteratur.

D 2180 Knopf, Jan: Brecht-Handbuch. Sonderausgabe. 2 Bde. Stuttgart: Metzler, 1986.

Bernard von Brentano (1901-1964)

D 2195 Bernard v. Brentano. Texte und Bibliographie. Hrsg. von Bernd Goldmann. Mainz: Hase & Koehler, 1992 (Die Mainzer Reihe, 67).
Verzeichnet Primärliteratur für den Zeitraum von 1919-1973 und Sekundärliteratur für 1925-1984.

Clemens Brentano (1778-1842)

D 2200 Mallon, Otto: Brentano-Bibliographie. Berlin: Fraenkel, 1926 [*Neudruck*: Hildesheim: Olms, 1965].
Verzeichnet im Hauptteil alle Brentano-Drucke von 1795 bis 1862 (248 Nrr.) und alle Erstdrucke von 1863-1926 (Nr. 249-353). Im Anhang: Verzeichnis der Sammelausgaben, Briefe, Briefempfänger und der Sekundärliteratur. Namenregister.

Rolf Dieter Brinkmann (1940-1975)

D 2205 Seinsoth, Udo: R.D. Brinkmann 16. April 1940 - 23. April 1975 zum 50. Geburtstag. Bremen 1990.

Bibliographie der Primärliteratur. Verzeichnet sämtliche Buchveröffentlichungen 1962 bis 1988, sämtliche Veröffentlichungen als Herausgeber und Übersetzer und die unselbständigen Publikationen in Auswahl.

Max Brod (1884-1968)

D 2210 Kayser, Werner; Gronemeyer, Horst: Max Brod [Eine Bibliographie]. Eingeleitet von Willy Haas und Jörg Mayer. Hamburg: Christians, 1972 (Hamburger Bibliographien, 12).
Verzeichnet die Primärliteratur nach Gattungen geordnet (Lyrik Nr. 1-140; Dramen Nr. 141-175; Opernlibretti Nr. 176-196; Romane und Erzählungen Nr. 197-360; Skizzen, Essays, Abhandlungen Nr. 361-647; über Franz Kafka Nr. 648-772; Rezensionen Nr. 773-827; Autobiographie Nr. 828-844; Briefwechsel Nr. 845-852. Sekundärliteratur Nr. 853-968. Personenregister, Titelregister. Beigefügt sind die Briefe Brods an Hugo und Olga Salus und an Richard Dehmel.

Arnolt Bronnen (1895-1959)

D 2220 Klinger, Edwin: Arnolt Bronnen. Werk und Wirkung. Eine Personalbibliographie. Hildesheim: Gerstenberg, 1974.
Verzeichnet die Primärliteratur (Nr. 1-185) in systematisch-chronologischer Ordnung und die Sekundärliteratur (Nr. 186-647) in systematisch-alphabetischer Ordnung. Werk-, Rezensionen-, Personenregister.

D 2225 Aspetsberger, Friedbert: Ergänzungen zur Bronnen-Bibliographie von E. Klinger. In: Vasilo 35, 1985, S. 241-250 [212 Titel].

Georg Büchner (1813-1837)

D 2230 Schlick, Werner: Das Georg Büchner-Schrifttum bis 1965. Hildesheim: Olms, 1968.
Verzeichnis der Primärliteratur in chronologischer Folge, der Sekundärliteratur in alphabetischer Anordnung (Nr. 1-556), der Büchner-Preisträger (Nr. 557-563), der Büchner-Gedenktage (Tagespresse, Nr. 564-597), der Theater-Rezensionen (Tagespresse, Nr. 598-784) und der Dichtungen über Büchner. Mehrere Register.

Wilhelm Busch (1832-1908)

D 2240 Vanselow, Albert: Die Erstdrucke und Erstausgaben der Werke von Wilhelm Busch. Ein bibliographisches Verzeichnis. Leipzig: Weigel, 1913.

Paul Celan (1920-1970)

D 2245 Bohrer, Christiane: Paul-Celan-Bibliographie. Bern u.a.: Lang, 1989 (Literarhistorische Untersuchungen, 14).

Verzeichnet Werke (Nr. 1-165) und Sekundärliteratur (Nr. 166-1236). Anhang 1: Tagungen, Kolloquien; 2: Dissertationen; 3: Register der besprochenen Gedichte.

D 2246 Glenn, Jerry: Paul Celan. Eine Bibliographie. Wiesbaden: Harrassowitz, 1989 (Studien der Forschungsstelle Ostmitteleuropa an der Universität Dortmund, 5).
Annotierte Bibliographie der Primärliteratur, einschl. der Briefe und Übersetzungen (S. 13-34) und der Sekundärliteratur (S. 35-285). Mehrere Register (einschl. Sachregister und Register der Interpretationen).

Max Dauthendey (1867-1918)

D 2248 Osthoff, Daniel: Max Dauthendey. Eine Bibliographie. Würzburg: Osthoff, 1991.
Bibliographie der Primärliteratur.

Alfred Döblin (1887-1957)

D 2250 Huguet, Louis: Alfred Döblin Bibliographie. Berlin: Aufbau, 1972.
Verzeichnet die Primärliteratur (1180 Nrr.) einschl. der Übersetzungen und die Sekundärliteratur (Nr. 1181-2976) nach systematisch-chronologischer Folge (einschl. der Rundfunksendungen und Fernsehbeiträge). Titel-, Namenregister.

Annette von Droste-Hülshoff (1797-1848)

D 2260 Haverbusch, Aloys: Droste-Bibliographie. 2 Bde. Tübingen: Niemeyer, 1984-1985 (= Annette von Droste-Hülshoff: Historisch-kritische Ausgabe. Werke, Briefwechsel. Bd. XIV, 1-2).
Umfassende, teilweise annotierte Bibliographie der Primär- und Sekundärliteratur mit Vollständigkeitscharakter (unter weitgehender Berücksichtigung der Zeitungsbeiträge). Bd. 1: Verzeichnis sämtlicher gedruckter Werke und Briefe, einschl. der Briefe an die Droste (Nr. 1-1093), Werk-, Namenregister. Bd. 2: Sekundärliteratur, Institutionen, Preise (Nr. 1094-4102).

Friedrich Dürrenmatt (1921-1990)

D 2270 Hansel, Johannes: Friedrich-Dürrenmatt-Bibliographie. Bad Homburg: Gehlen, 1968 (Bibliographien zum Studium der deutschen Sprache und Literatur, 3).
Verzeichnet Primärliteratur (207 Nrr.) und Sekundärliteratur (Nr. 208-677) in systematisch-chronologischer Folge. Register der Übersetzungen, Zeitschriften, Verfasser.
Vgl. auch: Jonas, Klaus W.: Die Dürrenmatt-Literatur. In: Börsenblatt für den Deutschen Buchhandel. Frankfurter Ausgabe, 24. Jg., Nr. 59 v. 23.7.68 (Aus dem Antiquariat VII), S. 1725-1738 [rd. 500 Titel Sekundärliteratur. Werkregister. Zeitschriftenregister].

Kasimir Edschmid (1890-1966)

D 2280 Brammer, Ursula G.: Kasimir Edschmid Bibliographie. Mit einer Einführung von Fritz Usinger. Heidelberg: Schneider, 1970 (Veröffentlichungen der Dt. Akademie für Sprache und Dichtung, 43).
Verzeichnis der Primär- (Nr. 1-677) und Sekundärliteratur (Nr. 679-786). Personen-, Periodikaregister.

Joseph von Eichendorff (1788-1857)

D 2290 Eichendorff, Karl von: Ein Jahrhundert Eichendorff-Literatur. Regensburg: Habbel, 1924 (E., Sämtliche Werke, Bd. 22).
Zeugnisse und Darstellungen zur Lebens- und Wirkungsgeschichte (S. 1-72), Primärliteratur (S. 73-131); Sekundärliteratur (1835-1926) in systematisch-chronologischer Folge (S. 132-160). - Fortführung bis 1958:

D 2300 Kron, Wolfgang: Eichendorff-Bibliographie. In: Eichendorff heute. Hrsg. von Paul Stöcklein. München 1960, S. 280-329.

D 2310 Krabiel, Klaus-Dieter: Joseph von Eichendorff. Kommentierte Studienbibliographie. Frankfurt/M.: Athenäum, 1971.
Auswahlbibliographie der Primär- (Nr. 1-93) und Sekundärliteratur (Nr. 94-494) in systematischer Folge. Verfasserregister.

Theodor Fontane (1819-1898)

D 2320 Schobess, Joachim: Literatur von und über Theodor Fontane. 2., verm. Aufl. Potsdam 1965 (Brandenburgische LHB Potsdam. Fontane-Archiv, Bestandsverzeichnis, 2).
Rd. 2300 Titel Primär- und Sekundärliteratur. Register.

Georg Forster (1754-1794)

D 2330 Fiedler, Horst: Georg-Forster-Bibliographie. 1767-1970. Berlin: Akademie-Verlag, 1971.
Rd. 1200 Titel Primär- (Nr. 1-468a) und Sekundärliteratur (Nr. 469-1213) Nachträge. Register.

Ferdinand Freiligrath (1810-1876)

D 2335 Fleischhack, Ernst: Bibliographie Ferdinand Freiligrath. Bielefeld: Aisthesis, 1992 (Bibliographien zur deutschen Literatur, 2).
Verzeichnet Primär- und Sekundärliteratur für den Zeitraum 1829 bis 1990.

Stefan George (1868-1933)

D 2340 Landmann, Georg Peter: Stefan George und sein Kreis. Eine Bibliographie. 2. Aufl. Hamburg: Hauswedell, 1976.

Chronologisch-alphabetisches Verzeichnis der Primär- und Sekundärliteratur (insgesamt rd. 2800 Titel) Gesondertes Verzeichnis der Bücher Georges, der Mitarbeiter der *Blätter für die Kunst*, der Publikationen von Freunden Georges (außerhalb des Georgekreises). Verzeichnis der Anfangszeilen von Georges Gedichten und der Vertonungen. Namenregister.

Johann Wolfgang Goethe (1749-1832)

D 2350 Hagen, Waltraud: Die Drucke von Goethes Werken. Berlin: Akademie-Verlag, 1971 (Werke Goethes, Erg.-Bd. 1).
Verzeichnet 780 selbständige und unselbständige Drucke der Jahre 1765-1837 mit detaillierter Beschreibung.

D 2360 Pyritz, Hans: Goethe-Bibliographie. Unter red. Mitarb. von Paul Raabe. Fortgef. von Heinz Nicolai und Gerhard Burkhardt. 2 Bde. Heidelberg: Winter, 1965-1968.
Souverän auswählende in vierzehn Hauptgruppen gegliederte Bibliographie, die das Material systematisch-chronologisch bzw. systematisch-alphabetisch ordnet. Bd. 1: 10701 Titel; Bd. 2: 2489 Titel, Nachträge zu Bd. 1, Gesamtregister. Berichtszeit: bis 1964. Fortsetzung durch Heinz Nicolai und Hans Henning in *Goethe* und im *Goethe-Jahrbuch* (→ E 1260).

Vgl. auch Goedeke [→ D 210] Bd. IV, Abt. 2-5 (Berichtszeit: bis 1950, mit Vollständigkeitscharakter!) sowie D 1400.

D 2365 Hermann, Helmut G.: Goethe-Bibliographie. Literatur zum dichterischen Werk. Stuttgart: Reclam, 1991 (RUB 8692).
Verzeichnet in Auswahl Sekundärliteratur zu Goethes Werken (rd. 3000 Titel) für den Zeitraum 1793 bis 1990.

Gottfried von Straßburg

D 2370 Steinhoff, Hans-Hugo: Bibliographie zu Gottfried von Straßburg. 2 Bde. Berlin: E. Schmidt, 1971-1986 (Bibliographien zur deutschen Literatur des Mittelalters, 5 und 9).
Bd. 1: Verzeichnis der Handschriften und der Sekundärliteratur (769 Nrr.) in systematisch-chronologischer Folge. Verfasser- und Rezensentenregister. - Bd. 2: Fortführung für die Jahre 1971-1983.

Johann Christoph Gottsched (1700-1763)

D 2375 Mitchel, P.M.: Gottsched-Bibliographie. Berlin, New York: de Gruyter, 1987 (J.C. Gottsched: Ausgewählte Werke, Bd. 12).
Primärliteratur (S. 9-262), Werkregister (S. 263-298), Sekundärliteratur (S. 299-429).

Christian Dietrich Grabbe (1801-1836)

D 2380 Bergman[n], Alfred: Grabbe-Bibliographie. Amsterdam: Rodopi, 1973 (Amsterdamer Publikationen zur Sprache und Literatur, 3).
Verzeichnet allgemeine Hilfsmittel der Grabbe-Forschung (Nr. 1-96), Primärliteratur (Nr. 97-371, einschl. der zeitgenöss. Lebenszeugnisse), Sekundärliteratur (Nr. 372 bis 1318) und Zeugnisse zur Wirkungsgeschichte (Nr. 1319-2158) mit Kommentar. Nachtrag. Werk-, Personenregister.

D 2390 Rudin, Neil Herbert: Grabbe Scholarship 1918-1970. An annotated bibliography. Diss. Buffalo: State Univ. of New York, 1974.

Oskar Maria Graf (1894-1967)

D 2400 Pfanner, Helmut F.: Oskar Maria Graf. Eine kritische Bibliographie. Bern, München: Francke, 1976.
Detaillierte und exakte Beschreibung der Primärliteratur (einschl. der Manuskripte 2228 Nrr.) und der Sekundärliteratur (Nr. 2229-6324) mit kritischem Referat. Verzeichnis der im Entstehen begriffenen Sekundärliteratur (Nr. 6325-6330), der von O.M. Graf inspirierten Dichtungen (Nr. 6331-6346), Miszellen (Nr. 6347-6366). Im Anhang: Schallplatten, Tonbänder; Filme (Nr. 6367-6385). Nachträge (Nr. 6386-7018). Titel-, Namenregister.

Günter Grass (1927-)

D 2510 O'Neill, Patrick: Günter Grass. A Bibliography. 1955-1975. Toronto, Buffalo: Univ. of Toronto Press, 1976.
Systematisch-chronologisches Verzeichnis der Primär- (416 Nrr. einschl. Interviews) und Sekundärliteratur (Nr. 500-1682; Nr. 417-499 nicht besetzt). Index.

D 2520 Everett, George A.: A select Bibliography of Günter Grass (from 1956 to 1973). New York: Franklin, 1974.
Rd. 1000 Titel Primär- und Sekundärliteratur.

Hans Jakob Christoph von Grimmelshausen (1620-1676)

D 2530 Battafarano, Italo Michele: Grimmelshausen-Bibliographie 1666 bis 1972. Werk - Forschung - Wirkungsgeschichte. Unter Mitarb. von Hildegard Eilert. Napoli: Istituto universitario orientale, 1975 (Aion. Quaderni degli Annali, 9).
Verzeichnet Primärliteratur, einschl. der Bearbeitungen und Übersetzungen (385 Nrr.), Sekundärliteratur (Nr. 386-1212) und Zeugnisse zur Wirkungsgeschichte (Nr. 1213 bis 1378). Register.

D 2531 Heßelmann, Peter: Simplicissimus redivivus. Eine kommentierte Rezeptionsgeschichte Grimmelshausens im 17. und 18. Jh. (1667 bis 1800). Frankfurt/M.: Klostermann, 1992 (Das Abendland, NF 20).

Bibliographie der Primärliteratur (mit Besitznachweisen) und der Forschungsliteratur.

Johann Christian Günther (1695-1723)

D 2540 Bölhoff, Reiner: Johann Christian Günther. 1695-1975. Kommentierte Bibliographie, Schriftenverzeichnis, Rezeptions- und Forschungsgeschichte. 3 Bde. Köln, Wien: Böhlau, 1980-1983.

Bd. 1: Kommentierte Bibliographie. Umfassendes Verzeichnis der Primärliteratur (einschl. Vertonungen, Schallplatten und Rundfunksendungen [433 Nrr.]) und der Sekundärliteratur (Quellen und Zeugnisse, Gesamtdarstellungen, Einzeldarstellungen, Belletristische Darstellungen [Nr. 434-954]. Verzeichnis der Porträts und Faksimiles. Reicher Abbildungsteil. Namenregister. - Bd. 2: Schriftenverzeichnis. Abbildungen. Register. - Bd. 3: Rezeptions- und Forschungsgeschichte (Darstellung).

Hartmann von Aue

D 2550 Neubuhr, Elfriede: Bibliographie zu Hartmann von Aue. Berlin: E. Schmidt, 1977 (Bibliographien zur dt. Literatur des Mittelalters, 6).

Verzeichnis der Handschriften und der Sekundärliteratur (1299 Nrr.) in systematisch-chronologischer Folge. Autoren- und Rezensentenregister.

Gerhart Hauptmann (1862-1946)

D 2560 Hoefert, Sigfrid: Internationale Bibliographie zum Werk Gerhart Hauptmanns. 2 Bde. Berlin: E. Schmidt, 1986-1988 (Veröffentlichungen der G.-Hauptmann-Gesellschaft, 3-4).

Bd. 1 verzeichnet Ausgaben, Übersetzungen, Fragmente, Verstreute Gedichte, Reden, Aufsätze und Gelegenheitsäußerungen, Interviews und Gespräche, Briefe, Telegramme, Tagebuchaufzeichnungen (insgesamt 4170 Nrr.). Namen-, Werkregister. - Bd. 2 erfaßt selbständige Veröffentlichungen in deutscher Sprache (Nr. 4171-4609f), unselbständige Veröffentlichungen in deutscher Sprache (Nr. 4610-9979z), fremdsprachiges Schrifttum (Nr. 9980-11584); Nachtrag zu Bd. 1 (Nr. 11597-11625) in chronologisch-alphabetischer Folge. Namen-, Werk-, Sachregister.

D 2570 Ziesche, Rudolf: Der Manuskriptnachlaß Gerhart Hauptmanns. Teil I: Handschriften 1-230. Katalog. Wiesbaden: Harrassowitz, 1977 (SBPK, Kataloge der Handschriften-Abteilung, 2, 2/1).

Friedrich Hebbel (1813-1863)

D 2590 Gerlach, Ulrich Henry: Hebbel-Bibliographie 1910-1970. Heidelberg: Winter, 1973.

Verzeichnet Primär- (451 Nrr. einschl. der Briefe) und Sekundärliteratur (Nr. 452 bis 2627) in systematisch-alphabetischer Anordnung. Verfasser-, Briefempfänger-, Sachregister. - Fortführung im *Hebbel-Jahrbuch* 1983 (für 1970-1980), 1992 (für 1980 bis 1990).

Heinrich Heine (1797-1856)

D 2600 Wilhelm, Gottfried: Heine-Bibliographie. Unter Mitarb. von Eberhard Galley. 2 Tle. nebst Erg.-Bd. von Siegfried Seifert. Weimar: Arion (bzw. Berlin: Aufbau), 1960-1968 (Bibliographien, Kataloge und Bestandsverzeichnisse).

Teil I: Primärliteratur (1817-1953) einschl. der Übersetzungen (2011 Nrr.) Namen-, Titelregister. Verzeichnis der ausgewerteten Periodika und Aufsatzsammlungen. - Teil II: Sekundärliteratur (1822-1953: 4032 Nrr.) in systematisch-chronologischer Folge. Verfasser-, Sachregister. - Erg.-Bd. 1954-1964: Primärliteratur (635 Nrr.), Sekundärliteratur (Nr. 636-2647). Berichtigungen zu Teil I-II. Verzeichnis der ausgewerteten Periodika, Sach-, Namenregister. - Fortführung:

D 2601 Seifert, Siegfried; Volgina, Albina A.: Heine-Bibliographie 1965-1982. Berlin, Weimar: Aufbau, 1986.

Primär- und Sekundärliteratur (3117 Nrr.).

D 2605 Höhn, Gerhard: Heine-Handbuch. Stuttgart: Metzler, 1987.

Eckhard Henscheid (1941-)

D 2605 Ringel, Michael: Bibliographie Eckhard Henscheid 1968-1990. Paderborn: Igel, 1992 (Literatur- und Medienwissenschaft, 8).

Johann Gottfried Herder (1744-1803)

D 2610 Günther, Gottfried; Volgina, Albina A.; Seifert, Siegfried: Herder-Bibliographie. Berlin, Weimar: Aufbau, 1978.

Verzeichnet Primärliteratur einschl. der Übersetzungen (1517 Nrr.) und Sekundärliteratur (Nr. 1518-4382) in systematisch-chronologischer Folge. Namen- und Sachregister.

Stephan Hermlin (1915-)

D 2615 Rost, Maritta; Geist, Rosemarie: Hermlin-Bibliographie. Morsum: Cicero-Presse, 1985.

Hermann Hesse (1877-1962)

D 2620 Mileck, Joseph: Hermann Hesse. Biography and Bibliography. 2 vol. Berkeley: Univ. of California Pr., 1977.

Biographischer Abriß (S. 1-108), Beschreibung der Hesse-Sammlungen und Bibliographien (S. 109-142); Primärliteratur (S. 143-1137) einschl. der Manuskripte; Verzeichnis der Hesse gewidmeten Literatur und der Dissertationen über Hesse (S. 1139 bis 1161). Mehrere Register. Keine Verzeichnung der Sekundärliteratur im üblichen Sinn, kann die Bibliographie von Bareiss nicht ersetzen.

D 2630 Bareiss, Otto: Hermann Hesse. Eine Bibliographie der Werke über Hermann Hesse. 2 Tle. Basel: Maier-Bader, 1962-1964.
Systematisch-alphabetisch gegliedertes Verzeichnis (2827 Nrr., einschl. der Beiträge zu den Gedenktagen, Literaturpreisen, Dichterlesungen u.ä.). Verfasser- und Personenregister, Sach- und Stichwortregister, Werkregister.

Paul Heyse (1830-1914)

D 2640 Martin, Werner: Paul Heyse. Eine Bibliographie seiner Werke. Mit einer Einf. von Norbert Miller. Hildesheim: Olms, 1978 (Bibliographien zur dt. Literatur, 3).
Verzeichnis der Primär- (415 Nrr.) und Sekundärliteratur (1044 Nrr.). Mehrere Register.

Wolfgang Hildesheimer (1916-1991)

D 2645 Jehle, Volker: Wolfgang Hildesheimer. Eine Bibliographie. Bern: Lang, 1984 (Helicon, 3).
Verzeichnet Primär- (S. 4-168) und Sekundärliteratur (S. 169-318) in systematischer Anordnung sowie Literaturpreise und Ausstellungen. Personenregister.

Friedrich Hölderlin (1770-1843)

D 2650 Kohler, Maria: Internationale Hölderlin-Bibliographie (IHB). 1804-1983. Hrsg. vom Hölderlin-Archiv der Württembergischen Landesbibliothek Stuttgart. Erste Ausgabe 1804-1983. Stuttgart: Frommann-Holzboog, 1985.
Verzeichnet nach Schlagwörtern (Sachbegriffe, Namen; Übersicht: S. 3-45) alphabetisch geordnet 8928 Titel. Verzeichnisse der Verfasser, Zeitschriften, Sammelbände und Hölderlin-Ausgaben. - *Periodische Fortführung:*

D 2651 Internationale Hölderlin-Bibliographie (IHB) auf der Grundlage der Neuerwerbungen des Hölderlin-Archivs der Württembergischen Landesbibliothek. Quellen und Sekundärliteratur, Rezeption und Rezension. 1984-1988ff. Stuttgart: Frommann-Holzboog, 1991ff.
Erscheint jetzt im Zweijahresrhythmus in jeweils zwei Bänden (1: Erschließungsbd., 2: Materialbd.). Es liegen vor: Berichtsjahre 1984-1988 (1991), 1989-1990 (1992), 1991-1992 (1994).

E.T.A. Hoffmann (1776-1822)

D 2670 Voerster, Jürgen: 160 Jahre E.T.A. Hoffmann-Forschung 1805 bis 1965. Eine Bibliographie mit Inhaltserfassung und Erläuterungen. Stuttgart: Eggert, 1967 (Bibliographien des Antiquariats F. Eggert, 3).
Verzeichnis der Primärliteratur (einschl. der Kompositionen, Zeichnungen, Bilder, Tagebücher, Briefe) und der Sekundärliteratur in systematisch-chronologischer Folge.

Der alphabetische Teil erfaßt 22 Werkausgaben und 1264 Titel aus der Sekundärliteratur.

Hugo von Hofmannsthal (1874-1929)

D 2680 Weber, Horst: Hugo von Hofmannsthal-Bibliographie. Werke, Briefe, Gespräche, Übersetzungen, Vertonungen. Berlin: de Gruyter, 1972.
Berichtszeit: 1892-1970. Nach Gattungen gegliedertes, chronologisch geordnetes Verzeichnis der Primärliteratur. Register der Titel, Periodika, Personen.

D 2681 Weber, Horst: Hugo von Hofmannsthal. Bibliographie des Schrifttums 1892-1963. Berlin: de Gruyter, 1966.
Chronologisch-alphabetisch angelegtes Verzeichnis. Verfasser-, Sach-, Periodikaregister. Fortgeführt durch:

2682 Koch, Hans Albrecht; Koch, Uta: Hugo von Hofmannsthal. Bibliographie 1964-1976. Freiburg i.Br.: Dt. Seminar, 1976 (Hofmannsthal-Forschungen, 4).

Ricarda Huch (1864-1947)

D 2690 Balzer, Bernd: Ricarda-Huch-Bibliographie. In: R. H.: Gesammelte Werke. Bd. 11. Köln: Kiepenheuer & Witsch, 1974, S. 585-699.
Periodische Fortführung in: *Ricarda Huch. Studien zu ihrem Leben und Werk.* H. 4ff. Braunschweig 1993ff.

Friedrich Heinrich Jacobi (1743-1819)

D 2705 Rose, Ulrich: Friedrich Heinrich Jacobi. Eine Bibliographie. Stuttgart: Metzler, 1993 (Heinrich-Heine-Institut. Archiv-Bibliothek-Museum, 2).

Hans Henny Jahnn (1894-1959)

D 2710 Meyer, Jochen: Verzeichnis der Schriften von und über Hans Henny Jahnn. Neuwied: Luchterhand, 1967 (die mainzer reihe, 21).
Primärliteratur (Nr. 1-268), Sekundärliteratur (269-1159), im Entstehen begriffene Dissertationen (1160-1185); systematisch-chronologische Gliederung. Verfasserregister.

Jean Paul (1763-1825)

D 2720 Berend, Eduard: Jean-Paul-Bibliographie. Neu bearb. von Johannes Krogoll. Stuttgart: Klett, 1963 (Veröffentlichungen der Deutschen Schillergesellschaft, 26).
Exakt beschreibendes Verzeichnis der Werkausgaben (746 Nrr.), Briefausgaben (Nr. 747-949) und der Sekundärliteratur (Nr. 950-2604) in systematisch-chronologischer Folge. Werk-, Personenregister. Nachträge, Ergänzungen, Berichtigungen.

Uwe Johnson (1934-1984)

D 2730 Riedel, Nicolai: Uwe Johnson Bibliographie 1959-1980. Bd. 1: Das schriftstellerische Werk und seine Rezeption in literaturwissenschaftlicher und feuilletonistischer Kritik in der Bundesrepublik Deutschland. Mit Annotationen und Exkursen zur multimedialen Wirkungsgeschichte. 2. Aufl. Bonn: Bouvier, 1981 (Abhandlungen zur Kunst-, Musik- und Literaturwissenschaft, 200).
Verzeichnet Bibliographien (Nr. 1-14), Primär- (Nr. 15-385) und Sekundärliteratur (Nr. 386-1722) in systematisch-alphabetischer Folge. Titelverzeichnis, Werkindex, Chronologie, Rezensionentabelle, Stichwort-, Periodika-, Personenregister. Verzeichnis der Lesungsorte.

D 2740 Riedel, Nicolai: Uwe Johnson-Bibliographie 1959-1977. Bd. 2: Das schriftstellerische Werk in fremdsprachigen Textausgaben und seine internationale Rezeption in literaturwissenschaftlicher Forschung und Zeitungskritik. Bonn: Bouvier, 1978 (Abhandlungen zur Kunst-, Musik- und Literaturwissenschaft, 272).
Verzeichnet 66 fremdsprachige Textausgaben und ausländische Forschungsliteratur (Nr. 67-747). Register der Werke, Personen, Periodika.

Ernst Jünger (1895-)

D 2750 Paetel, Karl O.: Ernst Jünger. Eine Bibliographie. Stuttgart: Lutz & Meyer, 1953.
Systematisch-chronologisches bzw. systematisch-alphabetisches Verzeichnis der Primär- und Sekundärliteratur. Kein Register.

D 2760 Des Coudres, Hans Peter; Mühleisen, Horst: Bibliographie der Werke Ernst Jüngers. Neubearb. und erw. Ausg. Stuttgart: Klett, 1985.
Systematisch-chronologisches Verzeichnis der Primärliteratur (bis 1984). Register. Zeittafel.

Franz Kafka (1883-1924)

D 2770 Dietz, Ludwig: Franz Kafka. Die Veröffentlichungen zu seinen Lebzeiten (1908-1924). Eine textkritische und kommentierte Bibliographie. Heidelberg: Stiehm, 1982.
Sehr exakte und detailreiche Kommentierung von 66 Kafka-Titeln mit Hinweisen zur Entstehungs- und Druckgeschichte (unter Einschluß der versicherungstechnischen Publikationen Kafkas). Verzeichnis der Übersetzungen. Register der Werke, Periodika, Namen.

D 2775 Caputo-Mayr, Maria Luise; Herz, Julius M.: Franz Kafkas Werke. Eine Bibliographie der Primärliteratur (1908-1980). Bern, München: Francke, 1982.

D 2776 Caputo-Mayr, Maria Luise; Herz, Julius M.: Franz Kafka. Eine kommentierte Bibliographie der Sekundärliteratur (1955-1980, mit Nachtrag 1985). Bern, Stuttgart: Francke (jetzt: München: Saur), 1987.
Erfaßt in großer Vollständigkeit die internationale Sekundärliteratur. - Gliederung: 1. Bibliographien; 2. Sammelbände; 3. Dissertationen; 4. Artikel u. kleinere Beiträge; 5. Bücher (alphabetisch nach Autoren). Addenda (bis 1985). Werk-, knappes Sach- und Namenregister. - *2., erw. und ergänzte Aufl. für 1994 vorgesehen.*

D 2780 Binder, Hartmut: Kafka-Handbuch. 2 Bde. Stuttgart: Kröner, 1979.

Marie Luise Kaschnitz (1901-1974)

D 2810 Linpinsel, Elsbet: Kaschnitz-Bibliographie. Hamburg, Düsseldorf: Claassen, 1971.
Primär- (243 Nrr.) und Sekundärliteratur (Nr. 244-480) mit Kurzkommentaren. Namenregister.

Gottfried Keller (1819-1890)

D 2820 Zippermann, Charles G.: Gottfried Keller. Bibliographie 1844 bis 1934. Zürich: Rascher, 1935.
Verzeichnis der Primär- und Sekundärliteratur (1887 Nrr.). Werk-, Namenregister.

Heinrich von Kleist (1777-1811)

D 2830 Sembdner, Helmut: Kleist-Bibliographie 1803-1862. Heinrich von Kleists Schriften in frühen Drucken und Erstveröffentlichungen. Stuttgart: Eggert, 1966.
Exakt beschreibendes Verzeichnis von 59 Drucken bis 1863 [!]. Namen-, Werkregister.

D 2840 Rothe, Eva: Kleist-Bibliographie 1945 bis 1960. In: Jahrbuch der Deutschen Schillergesellschaft 5, 1961, S. 414-547.
Systematisch-chronologisches Verzeichnis der Primär- (209 Nrr.) und Sekundärliteratur (Nr. 210-671) mit Kurzkommentaren.

Friedrich Gottlieb Klopstock (1724-1803)

D 2850 Burkhardt, Gerhard; Nicolai, Heinz: Klopstock-Bibliographie. Berlin, New York: de Gruyter, 1975 (F.G. Klopstock: Werke und Briefe, Hist.-krit. Ausg., Abt. Add., I).
Verzeichnet Bibliographien und Forschungsberichte (Nr. 1-46), Editionen (Nr. 47-113) und übrige Sekundärliteratur (Nr. 114-2000) in systematisch-chronologischer Folge. Namenregister.

D 2855 Boghardt, Christiane; Martin Boghardt; Rainer Schmidt: Die zeitgenössischen Drucke von Klopstocks Werken. Eine deskriptive

Bibliographie. 2 Bde. Berlin, New York: de Gruyter, 1981 (F.G. Klopstock: Werke und Briefe. Hist.-krit. Ausg., Abt. Add., III, 1-2).
Bd. 1: Nr. 1-2004: Bd. 2: Nr. 2005-3343. Schließt mit dem Berichtsjahr 1803.

Siegfried Kracauer (1889-1966)

D 2865 Levin, Thomas Y.: Siegfried Kracauer. Eine Bibliographie seiner Schriften. Marbach: Deutsches Literaturarchiv, 1989.

Karl Kraus (1874-1936)

D 2870 Kerry, Otto: Karl-Kraus-Bibliographie. Mit einem Register der Aphorismen, Gedichte, Glossen und Satiren. München: Kösel, 1970.
Verzeichnet die Primärliteratur und 2316 Titel Sekundärliteratur. Namen und Titel-, Zeitschriftenregister.

Karl Krolow (1915-)

D 2880 Paulus, Rolf: Karl-Krolow-Bibliographie. Frankfurt/M.: Athenäum, 1972.
Primär- (1133 Nrr.) und Sekundärliteratur (Nr. 1134-1385). Gedichttitel-, Zeitschriften-, Namenregister.

D 2881 Paulus, Rolf: Lyrik und Poetik Karl Krolows 1940-1970. Bonn: Bouvier, 1980 (Abhandlungen zur Kunst-, Musik- und Literaturwissenschaft, 301).
Mit Spezialbibliographie (S. 295-491): Primärliteratur (2428 Nrr.) und Sekundärliteratur (Nr. 2429-2502).

Günter Kunert (1929-)

D 2885 Riedel, Nicolai: Internationale Günter-Kunert-Bibliographie. Bd. 1ff. Hildesheim: Olms, 1987ff. (Bibliographien zur deutschen Literatur, 5).
Bd. 1: Das poetische und essayistische Werk in Editionen, Einzeldrucken und Übersetzungen. Systematisch-chronologische Anordnung (2486 Nrr.). Erschließung durch mehrere Register.

Gotthold Ephraim Lessing (1729-1781)

D 2890 Seifert, Siegfried: Lessing-Bibliographie. Berlin: Aufbau, 1973.
Verzeichnet Primär- (2629 Nrr.) und Sekundärliteratur (Nr. 2630-6313) in systematisch-chronologischer Ordnung (bis August 1971). Namen- und Sachregister.

D 2891 Kuhles, Doris: Lessing-Bibliographie. 1971-1985. Unter Mitarbeit von Erdmann von Wilamowitz-Moellendorf. Berlin, Weimar: Aufbau, 1988 (Bibliographien, Kataloge und Bestandsverzeichnisse).
Fortführung von D 2890 mit 2841 Nrr.

D 2895 Milde, Wolfgang: Gesamtverzeichnis der Lessing-Handschriften. Bd. 1: Lessing-Handschriften Herzog August Bibliothek Wolfenbüttel, Deutsche Staatsbibliothek Berlin DDR, Bibliotheka Uniwersytecka Wroclav. Bearb. von Wolfgang Milde unter Mitarbeit von Christian Hardenberg. Heidelberg: Schneider, 1982 (Bibliothek d. Aufklärung, 2).
Verzeichnet 1) alles von Lessings Hand Geschriebene, 2) alle Briefe an ihn, 3) alle handschriftlichen Dokumente über sein Leben und Wirken, die nicht von seiner Hand geschrieben sind (sofern sie zum festen Bestand einer Sammlung gehören, die handschriftliches Material wie unter 1) und 2) genannt enthält), mit größter Genauigkeit.

D 2897 Schulz, Ursula: Lessing auf der Bühne. Chronik der Theateraufführungen 1748-1789. Wiesbaden: Harrassowitz, 1977.

Georg Christoph Lichtenberg (1742-1799)

D 2900 Jung, Rudolf: Lichtenberg-Bibliographie. Heidelberg: Stiehm, 1972 (Repertoria Heidelbergensia, 2).
Primär- (2263 Nrr.) und Sekundärliteratur (Nr. 3001-3507; 2264-3000 unbesetzt) in systematisch-chronologischer Folge. Werk-, Briefempfänger-, Verfasserregister.

Daniel Casper von Lohenstein (1635-1683)

D 3000 Müller, Hans von: Bibliographie der Schriften D. Caspers von Lohenstein. In: Werden und Wirken. Ein Festgruß Karl W. Hiersemann zugesandt. Leipzig 1924, S. 182-261.

Martin Luther (1483-1546)

D 3010 Wolf, Herbert: Germanistische Luther-Bibliographie. Martin Luthers deutsches Sprachschaffen im Spiegel des internationalen Schrifttums der Jahre 1880-1980. Heidelberg: Winter, 1985 (Germanistische Bibliothek, NF 6).
Erfaßt 4003 Titel.

Heinrich Mann (1871-1950)

D 3020 Zenker, Edith: Heinrich-Mann-Bibliographie. Werke. Berlin: Aufbau, 1967.
Erfaßt nur Primärliteratur (rd. 1090 Titel) bis 1964 in systematisch-chronologischer Folge. Werk-, Personenregister.

Klaus Mann (1906-1949)

D 3030 Klaus-Mann-Schriftenreihe. Hrsg. Fredric Kroll. Bd. 1: Bibliographie. Mit Vorworten von Klaus Blahak u. Fredric Kroll. Wiesbaden: Blahak, 1976.

Primärliteratur (einschl. ungedruckter Manuskripte 1104 Nrr.) und Sekundärliteratur (einschl. Rundfunk- und Fernsehbeiträge; Nr. 1105-3097). Inhalt der Sammelwerke Manns. Register der Periodika und der Rundfunk- und Fernsehanstalten.

D 3030 Grunewald, Michel: Klaus Mann 1906-1949. Eine Bibliographie. Verzeichnis des Werks und des Nachlasses von Klaus Mann mit Inhaltsbeschreibung der unveröffentlichten Schriften, Namenregister und Titelverzeichnis. München: Edition Spangenberg, 1984.
Chronologisch geordnete Bibliographie des veröffentlichten und unveröffentlichten Werkes (968 Eintragungen).

Thomas Mann (1875-1955)

D 3040 Bürgin, Hans: Das Werk Thomas Manns. Eine Bibliographie unter Mitarbeit von Walter A. Reichart und Erich Neumann. Frankfurt/M.: S. Fischer, 1959 [*Neudruck:* Morsum: Cicero-Presse, 1984].
Verzeichnis der selbständigen und unselbständigen Publikationen Th. Manns in systematisch-chronologischer Ordnung (einschl. der Sprechplatten). Titel-, Sach-, Namenregister.

D 3041 Potemka, Georg: Thomas Mann-Bibliographie. Das Werk. Mitarb.: Gert Heine. Morsum: Cicero Presse, 1992.
Exakte Beschreibung der Editionen der Gesammelten Werke, Teil- und Briefsammlungen, Einzelwerke, unselbständiger Publikationen, Aufzeichnungen und herausgegebene Schriften (insgesamt über 6700 annotierte Nachweise unter 1850 Nummern in systematisch-chronologischer Anordnung). Erschließung über vier Register (Titel; Personen und Sachen; Zeitungen und Zeitschriften; Empfehlungen, Rezensionen, Vorworte). - *Dazu:* Potemka, Georg: Thomas Mann. Konkordanzen der Bibliographien zur Primärliteratur. Ebd. 1993. - Ein zweiter Band, der die Übersetzungen nachweisen wird, ist in Vorber.

D 3043 Potemka, Georg: Thomas Mann. Beteiligung an politischen Aufrufen und anderen kollektiven Publikationen. Eine Bibliographie. Morsum: Cicero Presse, 1988.
Exakt beschreibendes Verzeichnis der Aufrufe in chronologischer Folge mit Erläuterungen, auch Auszügen aus Briefen und Tagebucheintragungen Th. Manns, und Namensliste der Mitunterzeichner.

D 3045 Wenzel, Georg: Thomas Manns Briefwechsel. Bibliographie gedruckter Briefe aus den Jahren 1889-1955. Berlin: Akademie, 1969 (Veröffentlichungen des Instituts für deutsche Sprache u. Literatur, 41).
Erfaßt 2970 Briefe (S. 1-159). Inhaltliche Erschließung in den Anmerkungen (S. 161 bis 209). Briefempfänger-, Werk-, Namenregister.

D 3046 Bürgin, Hans; Mayer, Hans-Otto: Die Briefe Thomas Manns. Regesten und Register. 5 Bde. Frankfurt/M.: Fischer, 1977-1987.
Verzeichnet rd. 14000 Briefe. Empfängerverzeichnis und Gesamtregister in Bd. 5.

D 3048 Loewy, Ernst: Thomas Mann. Ton- und Filmaufnahmen. Ein Verzeichnis. Hrsg. vom Deutschen Rundfunkarchiv. Frankfurt/M. 1974.
Verzeichnet chronologisch Tonaufnahmen von 1926-1955 und Film- und Fernsehaufnahmen von 1920-1955. 160 kommentierte Nachweise, mit Standortnachweis.

D 3050 Matter, Harry: Die Literatur über Thomas Mann: Eine Bibliographie 1898-1969. 2 Bde. Berlin: Aufbau, 1972.
Umfassende Dokumentation der Forschungsliteratur in systematisch-chronologischer Folge. Insgesamt 14426 Nrr. Zeitschriften-, Sach-, Werk-, Verfasserregister.

D 3051 Jonas, Klaus Werner: Die Thomas-Mann-Literatur. Bibliographie der Kritik. 2 Bde. Berlin: E. Schmidt, 1972-1979.
Bd. 1: Handschriftenverzeichnis. Bibliographie der Sekundärliteratur (1896-1955) in chronologisch-alphabetischer Folge. Verfasser-, Werk-, Sach-, Zeitschriftenregister. - Bd. 2: Bibliographie der Sekundärliteratur (1956-1975) in chronologisch-alphabetischer Folge. Nachträge und Ergänzungen zu Bd. 1. Gesamtregister zu Bd. 1 und 2.

D 3055 Thomas-Mann-Handbuch. Hrsg. von Helmut Koopmann. Stuttgart: Kröner, 1990.
Umfassende Einführung in das Werk mit zahlreichen Literaturhinweisen und Forschungsbericht.

Karl May (1842-1912)

D 3070 Plaul, Hainer: Illustrierte Karl-May-Bibliographie. Unter Mitw. von Gerhard Klussmeier. München: Saur, 1989.

D 3072 Karl-May-Handbuch. Hrsg. von Gert Ueding. Stuttgart: Kröner, 1987.
Mit ausführlicher Bibliographie, Werkregister und Konkordanz.

Friedrike Mayröcker (1924-)

D 3072 Beyer, Marcel: Friederike Mayröcker. Eine Bibliographie 1946 bis 1990. Frankfurt/M.: Lang, 1992 (Bibliographien zur Literatur- und Mediengeschichte, 2).
Rd. 2800 Titel Primär- und Sekundärliteratur.

Moses Mendelssohn (1729-1786)

D 3080 Meyer, Herrmann M. Z.: Moses Mendelssohn Bibliographie. Berlin: de Gruyter, 1965 [vielm. 1967] (Veröffentlichungen der Historischen Kommission zu Berlin, 26. Bibliographien, 2).

Mit einigen Ergänzungen zur Geistesgeschichte des 18. Jh's. Nachschlagewerke (32), Werke (Nr. 33-684), Sekundärliteratur (Nr. 685-1398), Bildnisse (118). Titelregister, Hebraica, Rezensionen, Brief-, Namenregister. Ergänzungen und Berichtigungen.

Conrad Ferdinand Meyer (1825-1898)
D 3081 Gerlach, U. Henry: Conrad-Ferdinand-Meyer-Bibliographie. Tübingen: Niemeyer, *in Vorber.* für 1994.
Erfaßt die Primär- wie die Sekundärliteratur. Rd. 2400 Titel. Verfasser-, Sachregister.

Erich Mühsam (1878-1934)
D 3083 Hug, Heinz; Jungblut, Gerd: Erich Mühsam (1878-1934). Bibliographie. Vaduz: Topos Verlag, 1991.
Bibliographie der veröffentlichten Primärtexte. Sekundärliteratur in Auswahl.

Heiner Müller (1929-)
D 3085 Schmidt, Ingo; Vaßen, Florian: Bibliographie Heiner Müller. 1948-1992. Unter Mitarb. von Uwe Sänger u.a. Bielefeld: Aisthesis, 1993 (Bibliographien zur deutschen Literaturgeschichte, 3).
Verzeichnet Primärliteratur, einschl. der Übersetzungen, Rezensionen, journalistischen Arbeiten, Reden, Aufsätze, Interviews u. ä. (S. 11-105) und Sekundärliteratur (S. 106 bis 310) in systematisch-alphabetischer Ordnung. Es folgt eine kommentierte Bibliographie der Buchpublikationen zu H. Müller (S. 311-409). *Kein* Register.

Hieronymus Carl Friedrich Frhr. von Münchhausen (1720-1797)
D 3087 Wackermann, Erwin: Münchhausiana. Bibliographie der Münchhausen-Ausgaben und Münchhausiaden. Stuttgart: Eggert, 1969. - Suppl. 1969-1978. Ebd. 1978.
Systematisch-chronologisch angelegte Beschreibung der Drucke. Mehrere Register.

Robert Musil (1880-1942)
D 3090 Thöming, Jürgen C.: Robert-Musil-Bibliographie. Bad Homburg v.d.H.: Gehlen, 1968 (Bibliographien zum Studium der deutschen Sprache und Literatur, 4).
Primär- (139 Nrr. einschl. der Übersetzungen) und Sekundärliteratur (Nr. 140-533) in systematisch-chronologischer Ordnung. Verfasser- und Übersetzerregister.

D 3091 Mae, Michiko: Robert Musil-Bibliographie. In: L'Herne. Robert Musil. Paris 1981, S. 295-341.
Verzeichnet auch alle bisherigen Musil-Bibliographien.

D 3092 Fiala-Fürst, Ingeborg: Robert Musil. Internationale Bibliographie der Sekundärliteratur 1984-1991. Saarbrücken 1991 (Musil-Forum, Wiss. Beiheft, 5).

Fortführung der Bibliographie 1980-1983 (Musil-Forum, 9).

Johann Nepomuk Nestroy (1801-1862)

D 3100 Conrad, Günter: Johann Nepomuk Nestroy. 1801-1862. Bibliographie zur Nestroyforschung und -rezeption. Berlin: E. Schmidt, 1980.
Systematisch gegliedertes Verzeichnis von Primär- und Sekundärliteratur (rd. 540 Nrr.). Verfasser-, Rezensentenregister.

Nibelungenlied

D 3110 Krogmann, Willy; Pretzel, Ulrich: Bibliographie zum Nibelungenlied und zur Klage. 4. Aufl. Berlin: E. Schmidt, 1966 (Bibliographien zur deutschen Literatur des Mittelalters, 1).
Rd. 550 Titel in systematisch-chronologischer Folge. Verfasser- und Rezensentenverzeichnis.

Otfrid von Weißenburg

D 3140 Belkin, Johanna; Meier, Jürgen: Bibliographie zu Otfrid von Weißenburg und zur altsächsischen Bibeldichtung (Heliand und Genesis). Berlin: E. Schmidt, 1975 (Bibliographien zur deutschen Literatur des Mittelalters, 7).
430 Titel zu Otfrid und 659 Titel zur altsächsischen Bibeldichtung in systematisch-chronologischer Folge. Verfasser- und Rezensentenverzeichnis (S. 55-59; 132-137).

Oskar Panizza (1853-1921)

D 3145 Bauer, Michael; Düsterberg, Rolf: Oskar Panizza. Eine Bibliographie. Frankfurt/Main: Lang, 1988 (Europäische Hochschulschriften I, 1086).
Verzeichnet Primärliteratur.

Wilhelm Raabe (1831-1910)

D 3150 Meyen, Fritz: Wilhelm-Raabe-Bibliographie. 2. Aufl. Göttingen: Vandenhoeck, 1973 (Wilhelm Raabe: Sämtliche Werke. Hrsg. von Karl Hoppe, Erg.-Bd. 1).
Verzeichnis der Primär- (822 Nrr.) und Sekundärliteratur (Nr. 823-3258) in systematisch-chronologischer Folge. Auflistung des handschriftl. Nachlasses. Namen-, Sachregister.

Gottlieb Wilhelm Rabener (1714-1771)

D 3160 Blinn, Hansjürgen: Gottlieb Wilhelm Rabener. Eine Bio-Bibliographie. In: Antiquariat 21, 1971, S. 5-10; 17-21.
Verzeichnet Primär- (117 Nrr.) und Sekundärliteratur (Nr. 118-263) bis 1968.

Reineke Fuchs

D 3165 Menke, Hubertus: Bibliotheca Reinardiana. Teil 1ff. Stuttgart: Hauswedell, 1992ff.
T. 1 (1992): Die europäischen Reineke-Fuchs-Drucke bis zum Jahre 1800. Der 2. Teil wird die Drucke des 19. und 20. Jh's in über vierzig Sprachen der Welt dokumentieren.

Fritz Reuter (1810-1874)

D 3170 Günther, Georg: Fritz-Reuter-Bibliographie. Überarb. von Walter Lehmbecker. Lübeck: Fritz Reuter-Ges., 1971.

Rainer Maria Rilke (1875-1926)

D 3180 Ritzer, Walter: Rainer Maria Rilke Bibliographie. Wien: Kerry, 1951.
Verzeichnis der Primär- (S. 6-206) und der Sekundärliteratur in systematisch-alpha-betisch-chronologischer Folge. Einzeldarstellungen nach Schlagwörtern geordnet. Personenregister.

D 3185 Katalog der Rilke-Sammlung Richard von Mises. Bearb. und hrsg. von Paul Obermüller und Herbert Steiner unter Mitarb. von Ernst Zinn. Frankfurt/M.: Insel-Verlag, 1966.
Verzeichnis der Primär- (943 Nrr. einschl. der Übersetzungen) und Sekundärliteratur (Nr. 944-1757, einschl. der Vertonungen und der Quellen zu Leben und Werk). Nach-wort. Titel-, Namenregister.

D 3190 Simon, Walter: Verzeichnis der Hochschulschriften über Rainer Maria Rilke. 2., erw. Aufl. Hildesheim: Olms, 1987.
Verzeichnet 400 Hochschulschriften alphabetisch nach Autoren (mit Inhaltsreferat) bis 1986. Chronologisches Verzeichnis. Dissertationsvorhaben. Register der Eigennamen, der Titel, Überschriften und Anfänge, der Begriffe und Sachen.

Joseph Roth (1894-1939)

D 3200 Siegel, Rainer-Joachim: Joseph-Roth-Bibliographie. Primärlite-ratur, das Briefwerk, die Übersetzungen und die Sekundärliteratur. Morsum: Cicero-Presse, *in Vorber. für 1994.*

Friedrich Rückert (1788-1866)

D 3210 Uhrig, Rainer: Rückert-Bibliographie. Ein Verzeichnis des Rückert-Schrifttums von 1813-1977. Schweinfurt: Rückert-Ges., 1979 (Veröffentlichungen der Rückert-Ges., Sonderbd.).
Systematisch-alphabetisch gegliederte Verzeichnung der Sekundärliteratur mit dem Ziel der Vollständigkeit. Namenregister.

Hans Sachs (1494-1576)

D 3220 Holzberg, Niklas: Hans-Sachs-Bibliographie. Schriften-Verzeichnis zum 400jährigen Todestag. Zusammengest. unter Mitarb. von Hermann Hilsenbeck. Nürnberg: Selbstverl. d. Stadtbibl., 1976 [Beilage: Nachtr. 1977] (Beiträge zur Geschichte und Kultur der Stadt Nürnberg, 20).

Verzeichnis der Handschriften und Ausgaben (Nr. 27-268; einschl. der Sekundärliteratur zu den Drucken); Diskographie (Nr. 269-274); Sekundärliteratur (Nr. 1-26; 275 bis 886) in systematisch-chronologischer Folge; Wirkungsgeschichte (Nr. 887-1068). Werkindex, Namenregister.

Friedrich Schiller (1759-1805)

D 3230 Vulpius, Wolfgang: Schiller Bibliographie 1893-1958 nebst Erg.-Bd. 1959-1963. Weimar: Arion *und* Berlin: Aufbau, 1959-1967.
Fortführung:

D 3231 Wersig, Peter: Schiller-Bibliographie 1964-1974. Berlin: Aufbau, 1977.

Alle drei Bde. verzeichnen in gleicher Anordnung Primär- und Sekundärliteratur der angegebenen Zeiträume in systematisch-chronologischer Folge. Namenregister. Bd. 1: 7202 Nrr.; Bd. 2: 1907 Nrr.; Bd. 3: 2001 Nrr. - *Fortführung:*

D 3232 Bärwinkel, Roland; Lopatina, Natalija; Mühlpfordt, Günther: Schiller-Bibliographie 1975-1985. Berlin: Aufbau, 1989.

Gliederung wie zuvor. - *Fortführung:*

Periodische Schiller-Bibliographie von Ingrid Hannich-Bode im *Jahrbuch der Deutschen Schillergesellschaft (zuletzt:* 1987-1990 in Bd. 35, 1991).

D 3240 Koopmann, Helmut: Schiller-Forschung 1970-1980. Ein Bericht. Marbach 1982 (Deutsches Literaturarchiv. Verzeichnisse, Berichte, Informationen, 12).

Arno Schmidt (1914-1979)

D 3250 Müther, Karl-Heinz: Bibliographie Arno Schmidt. Bielefeld: Aisthesis, 1992 (Bibliographien zur deutschen Literatur, 1).

Verzeichnet Primär- und Sekundärliteratur für den Zeitraum 1949 bis 1991. Durch mangelhafte Strukturierung und unübersichtliche Typographie schwer zu benutzen.

D 3252 Gätjens, Dieter: Die Bibliothek Arno Schmidts. Bargfeld 1991.

Systematisch gegliedertes, kommentiertes Verzeichnis der Bücher Schmidts (rd. 7000 Bde. unter 1087 Nummern).

Arthur Schnitzler (1862-1931)

D 3260 Allen, Richard H.: An annotated Arthur Schnitzler Bibliography. Editions and Criticism in German, French, and English 1879-1965. Chapel Hill: Univ. of North Carolina Press, 1966.
Verzeichnis der Primär- (S. 14-100) in systematisch-chronologischer und der Sekundärliteratur (S. 101-130) in systematisch-chronologisch-alphabetischer Folge. Werk-, Namen-, Zeitschriftenregister. - Fortführung:

D 3261 Berlin, Jeffrey B.: An Annotated Arthur Schnitzler Bibliography 1965-1977. München: Fink, 1978.
Primär-, Sekundärliteratur. Werk-, Sach-, Namenregister.

Friedrich Spee von Langenfeld (1591-1635)

D 3270 Dimler, G. Richard: Friedrich Spee von Langenfeld, eine beschreibende Bibliographie. In: Daphnis 15, 1986, S. 649-703.

Carl Sternheim (1878-1942)

D 3280 Billetta, Rudolf: Sternheim-Kompendium. Carl Sternheim. Werk, Weg, Wirkung (Bibliographie und Bericht). Wiesbaden: Steiner, 1975 (Akademie der wiss. und der Literatur, Mainz. Dokumentar-Veröffentlichung).
Exakt beschreibendes Verzeichnis der Primärliteratur (S. 3-81) und der Sekundärliteratur (S. 85-483) in systematisch-chronologischer Folge (Sekundärliteratur mit Inhaltsreferat). Sternheims Dramen auf der Bühne, in Hörfunk und Fernsehen. Bericht und Kritik (S. 487-632). Bildnisse, Stammtafel, Biographisches. Verzeichnisse der Werke, Übersetzungen, Periodika, Theaterhefte, Aufführungsorte, Verfasser und Herausgeber, erwähnter Personen.

Adalbert Stifter (1805-1868)

D 3290 Eisenmeier, Eduard: Adalbert Stifter-Bibliographie. Linz: Oberösterreichischer Landesverlag, 1964. - 1. Forts. 1964 bis 1970. Ebda. 1971. - 2. Forts. 1971-1977. Ebda. 1978 (Schriftenreihe des Adalbert-Stifter-Instituts des Landes Oberösterreich, 21, 26, 31).
Bd. 1: Verzeichnis der Primär- (1340 Nrr.) und der Sekundärliteratur (Nr. 1341-4936) in systematisch-alphabetischer Folge. Personen, Sachregister. - Bd. 2: Primär- (Nr. 4937-5052) und Sekundärliteratur (Nr. 5053-6232). Personen-, Sachregister. Berichtigungen und Ergänzungen zu Bd. 1 mit eigenem Register. - Bd. 3: Primär- (Nr. 6233 bis 6347) und Sekundärliteratur (Nr. 6348-7232). Personen-, Sachregister. Berichtigungen und Ergänzungen zu Bd. 1-2.

Theodor Storm (1817-1888)

D 3300 Teitge, Hans-Erich: Theodor Storm-Bibliographie. Berlin: Deutsche Staatsbibliothek, 1967.
Primär- (1563 Nrr.) und Sekundärliteratur (Nr. 1565-2858). Personenregister.

Ernst Toller (1893-1939)

D 3310 Spalek, John M.: Ernst Toller and his critics. A bibliography. Publ. by the Bibliographical Society of the Univ. of Virginia. Charlottesville: Univ. Pr., 1968.
Exakt beschreibende und kommentierende Verzeichnung der Primär- (1064 Nrr. einschl. der Briefe) und Sekundärliteratur (Nr. 1065-3764). Bildnisse. Verzeichnis der Aufführungen. Verfasser-, Sachregister.

Georg Trakl (1887-1914)

D 3320 Ritzer, Walter: Trakl-Bibliographie. Salzburg: Otto Müller, 1956 (Trakl-Studien, 3).
Verzeichnis der Primär- (S. 1-40) und Sekundärliteratur (737 Nrr.) in systematisch-chronologischer Folge. Bildnisse. Werkregister. Nachtrag. Periodika-, Personenverzeichnis. - Fortführung:

D 3325 Brown, Russel E.: Trakl-Bibliographie 1956-1969. In: Librarium 13, 1970, S. 120-126, 195-199.

Kurt Tucholsky (1890-1935)

D 3330 Bonitz, Antje; Wirtz, Thomas: Kurt Tucholsky. Ein Verzeichnis seiner Schriften. 3 Bde. Marbach: Deutsches Literaturarchiv, 1991.
Bd 1: Werkausgaben, postume Sammlungen, Einzelausgaben und Notendrucke; Bd. 2: Beiträge in Periodica, Anthologien und Sammelwerken; Bd. 3: Briefe und Tagebücher, Übersetzungen. Register.

Martin Walser (1927-)

D 3340 Saueressig, Heinz; Beckermann, Thomas: Martin Walser-Bibliographie 1952-1970. Biberach: Wege und Gestalten, 1970.
Primärliteratur, einschl. Interviews, Übersetzungen, Rundfunk- und Fernsehbeiträgen, Inszenierungen. Verzeichnis der Aufführungen.

Walther von der Vogelweide

D 3345 Scholz, Manfred Günter: Bibliographie zu Walther von der Vogelweide. Berlin: E. Schmidt, 1969 (Bibliographien zur deutschen Literatur des Mittelalters, 4).
Primär- und Sekundärliteratur (rd. 890 Titel) in systematisch-chronologischer Folge. Nachträge. Verfasser- und Rezensentenverzeichnis.

Peter Weiss (1916-1982)

D 3348 Litschke, Peer-Ingo: Peter Weiss Bibliographie. Opladen: Westdt. Verl., *in Vorber. für 1994/95* (P. Weiss Jahrbuch. Sonderbd.).

Wernher der Gartenaere

D 3350 Seelbach, Ulrich: Bibliographie zu Wernher der Gartenaere. Berlin: E. Schmidt, 1981 (Bibliographien zur deutschen Literatur des Mittelalters, 8).

Christoph Martin Wieland (1733-1813)

D 3355 Günther, Gottfried; Zeilinger, Heidi: Wieland-Bibliographie. Berlin, Weimar: Aufbau, 1983 (Bibliographien, Kataloge und Bestands-verzeichnisse).
Verzeichnet Primär- (Nr. 1-1912) und Sekundärliteratur (Nr. 1913-4208) in systema-tisch-chronologischer Folge. Personen-, Titel-, Sachregister. - *Fortführungen:* Wieland-Bibliographie 1983-1988. In: Wieland-Studien 1 (1991). 1988-1992. In: Ebd. 2 (1993).

Wolfram von Eschenbach

D 3360 Pretzel, Ulrich; Bachofer, Wolfgang: Bibliographie zu Wolfram von Eschenbach. 2., stark erw. Aufl. Berlin: E. Schmidt, 1968 (Biblio-graphien zur deutschen Literatur des Mittelalters, 2).
Primär- und Sekundärliteratur (rd. 1060 Titel) in systematisch-chronologischer Folge. Verfasser- und Rezensentenverzeichnis.

Karl Wolfskehl (1869-1948)

D 3370 Schlösser, Manfred: Karl Wolfskehl. Eine Bibliographie. Darm-stadt: Erato, 1971.
Primär- (462 Nrr.) und Sekundärliteratur (Nr. 463-968). Nachdrucke (Nr. 969-988). Gedichtkonkordanz. Sach-, Personenregister.

Philipp von Zesen (1619-1689)

D 3380 Otto, Karl Frederick: Philipp von Zesen. A bibliographical cata-logue. Bern, München: Francke, 1972 (Bibliographien zur dt. Barocklite-ratur, 1).
Verzeichnet Ausgaben (280 Nrr.) von 1638-1929, unveröffentlichte Werke (56 Nrr.) und Sekundärliteratur (rd. 160 Titel) in chronologischer Folge. Index.

Carl Zuckmayer (1896-1977)

D 3390 Jacobius, Arnold John: Carl Zuckmayer. Eine Bibliographie 1917-1971. Ab 1955 fortgeführt und auf den jüngsten Stand gebracht von Harro Kieser. Frankfurt/M.: Fischer, 1971.

Verzeichnis der Primärliteratur (S. 21-77) einschl. der Übersetzungen, Schallplatten, Verfilmungen und der Sekundärliteratur (S.81-330) in systematisch-chronologischer Folge. Übersicht über Filme, an denen Zuckmayer mitgearbeitet hat. Verfasserregister.

Arnold Zweig (1887-1968)

D 3400 Rost, Maritta: Bibliographie Arnold Zweig. 2 Bde. Berlin, Weimar: Aufbau, 1987.

Bd. 1 (Primärliteratur): Nr. 1-3592; Bd. 2 (Sekundärliteratur): Nr. 3593-7665. Titelregister der Primärlit., Personen-, Zeitschriften- und Zeitungsregister.

D 3405 Lange, Ilse: Findbuch des literarischen Nachlasses von Arnold Zweig. 2 Teile. Berlin: Akademie der Künste der DDR, 1983.

Stefan Zweig (1881-1942)

D 3410 Klawiter, Randolph J.: Stefan Zweig. An International Bibliography. Riverside 1991.

Verzeichnet Primärliteratur, einschl. der Übersetzungen, und Sekundärliteratur (über 6000 annotierte Nachweise).

1.6 QUELLENREPERTORIEN

D 3510 Epochen- bzw. themenbezogene Quellenverzeichnisse sind in den Abschnitten 1.3 Epochenbibliographien bzw. 1.4 Sachthemenbibliographien verzeichnet.

D 3520 Raabe, Paul: Einführung in die Quellenkunde zur neueren deutschen Literaturgeschichte. 3. Aufl. Stuttgart: Metzler, 1974 (Sammlung Metzler, 73).

Zur Überlieferung, Bewahrung und Typologie literarischer Quellen (Handschriften, Drucke, Werkzeugnisse, Lebenszeugnisse).

D 3530 Raabe, Paul; Ruppelt, Georg: Quellenrepertorium zur neueren deutschen Literaturgeschichte. 3., vollst. neubearb. Aufl. Stuttgart: Metzler, 1981 (Sammlung Metzler, 74).

Dokumentationsband zur *Quellenkunde*.

D 3540 Wilpert, Gero von; Gühring, Adolf: Erstausgaben deutscher Dichtung. Eine Bibliographie zur deutschen Literatur 1600-1990. 2., vollst. überarb. Aufl. Stuttgart: Kröner, 1992.

Verzeichnet rd. 50000 Erstausgaben von ca. 1200 deutschsprachigen Schriftstellern. Die Angaben beruhen weitgehend auf Autopsie.

D 3550 Handbuch der Editionen. Deutschsprachige Schriftsteller. Ausgang des 15. Jahrhunderts bis zur Gegenwart. Bearb. von Waltraud Hagen u.a. 2. Aufl. München: Beck, 1981.
Verzeichnet die für die wissenschaftliche Arbeit wichtigen Gesamt- und Sammelausgaben von rd. 240 deutschsprachigen Schriftstellern der Neuzeit.

D 3560 Internationale Bibliographie der Reprints. International Bibliography of Reprints. Bearb. von Christa Gnieß. 2 Bde. in 4 Tlen. München: Saur, 1976-1980.
Bd. 1, 1-2: Bücher und Reihen (alphabetisch nach Autoren); Bd. 1, 3: Register; Bd. 2: Zeitschriften, Zeitungen, Jahrbücher, Konferenzberichte usw.

D 3570 Bulletin of Reprints. Vol. 11-17 (1974-1980) München: Saur, 1976-1981.
Erscheinungsweise: vier Hefte im Jahr; alphabetisch nach Autoren gegliedert. General Index in Heft 4.

1.7 NACHLASSVERZEICHNISSE

D 3610 Über den Standort der Nachlässe der wichtigsten Autoren informieren auch Teil F dieses Informationshandbuches, die Personalbibliographien [D 2060ff.] sowie das *Deutsche Literaturlexikon* (→ C 50). Für vollständige Erfassung und detaillierte Beschreibung wird auf folgende spezielle Nachlaßverzeichnisse hingewiesen, die durch Bestandsverzeichnisse der wichtigsten Literaturarchive ergänzt werden.
Weitere Bestandsverzeichnisse werden in den Teilen F und G erfaßt. Auskünfte über die Standorte von Nachlässen und einzelnen Autographen erteilt auch die *Zentralkartei der Autographen* bei der Staatsbibliothek Preußischer Kulturbesitz (→ H 50), die über mehr als 1 Mio. Eintragungen verfügt.

D 3620 Frels, Wilhelm: Deutsche Dichterhandschriften von 1400 bis 1900. Gesamtkatalog der eigenhändigen Handschriften deutscher Dichter in den Bibliotheken und Archiven Deutschlands, Österreichs, der Schweiz und der CSR. Leipzig: Hiersemann, 1934 (Bibliographical Publications. Germ. Sect. Mod. Lang. Association of America, 2) [*Neudruck*: Stuttgart: Hiersemann, 1970].
Alphabetisch nach Personennamen geordnet. Im Standort-Nachweis teilweise überholt, brauchbar wegen der genauen Inhaltsbeschreibungen.

D 3630 Denecke, Ludwig: Die Nachlässe in den Bibliotheken der Bundesrepublik Deutschland. 2. Aufl., völlig neu bearbeitet von Tilo Brandis. Boppard: Boldt, 1981 (Verzeichnis der schriftlichen Nachlässe in deutschen Archiven und Bibliotheken, 2).

Alphabetisch nach Personennamen geordnet. Verzeichnet rd. 7640 Fundstellen zu 6343 Namen. Kurzbeschreibung des Nachlasses (Umfang und Inhalt) mit Verweis auf weiterführende detaillierte Verzeichnisse und Kataloge. Erfaßt auch die wichtigsten Literaturarchive, deshalb teilweise Überschneidung mit:

D 3640 Mommsen, Wolfgang A.: Die Nachlässe in den deutschen Archiven. Mit Ergänzungen aus anderen Beständen. 2 Bde. Boppard: Boldt, 1971-1983 (Verzeichnis der schriftlichen Nachlässe in deutschen Archiven und Bibliotheken, 1).
Teil I: Einleitung und Verzeichnis; Teil II: Nachträge und Register. Verzeichnet insgesamt nahezu 8000 Nachlässe. Erschließung über mehrere Register.

D 3645 Brandis, Tilo; Nöther, Ingo: Handbuch der Handschriftenbestände in der Bundesrepublik Deutschland. Hrsg. vom Deutschen Bibliotheksinstitut. 2 Bde. Berlin: Deutsches Bibliotheksinstitut (in Kommission bei Harrassowitz, Wiesbaden), 1992ff.
Bd. 1: Baden-Württemberg, Bayern, Berlin (West), Bremen, Hamburg, Hessen, Niedersachsen, Nordrhein-Westfalen, Rheinland-Pfalz, Saarland, Schleswig-Holstein.
Bd. 2: Neue Bundesländer (*in Vorber.*).

D 3650 Rogalla von Bieberstein, Johannes: Literarische Nachlässe in Nordrhein-Westfalen. Erhebungen und Gutachten durchgeführt im Jahre 1978 im Auftrag des Kultusministers des Landes Nordrhein-Westfalen. Köln: Greven, 1979 (Kulturförderung in NRW, 1).
Nach Bibliothekstypen, dann alphabetisch nach Orten angelegtes Verzeichnis. Kein Register.

D 3660 Dachs, Karl: Die schriftlichen Nachlässe in der Bayerischen Staatsbibliothek. Wiesbaden: Harrassowitz, 1970 (Catalogus codicum manuscriptorum Bibliothecae Monacensis, IX, 1).
Alphabetisch nach Namen geordnetes Verzeichnis von 630 Nachlässen, darunter von zahlreichen Dichtern, Schriftstellern, Germanisten. Knappe Kennzeichnung. Berufsregister. Zeitregister.

D 3670 Kußmaul, Ingrid: Die Nachlässe und Sammlungen des Deutschen Literaturarchivs Marbach am Neckar. Ein Verzeichnis. 2. Aufl. Marbach: Deutsche Schillergesellschaft, 1986 (Verzeichnisse, Berichte, Informationen, 10).
Alphabetisch nach Nachlassern geordnet. Personenregister, Register der Geburtsjahre.

D 3680 Lohrer, Liselotte: Bestandsverzeichnis des Cotta-Archivs. Bd. 1: Dichter und Schriftsteller. Stuttgart: Klett, 1963 (Veröffentlichungen der Deutschen Schillergesellschaft, 25).
Exakte, alphabetisch nach Autoren geordnete Beschreibung. Register.

D 3690 Behrens, Jürgen; Habermann, Beatrix; Philippsborn, Leo: Katalog der Handschriften des Freien Deutschen Hochstifts - Frankfurter Goethe-Museum. Tübingen: Niemeyer, 1982 (FDH. Reihe der Schriften, 25).
Detailliertere Beschreibung der Handschriften der bedeutenderen Autoren; Pauschalverzeichnung bei weniger wichtigen Beständen.

D 3695 Schulze-Bidlingmaier, Ingrid (Bearb.): Quellen zur deutschen politischen Emigration 1933-1945. Inventar von Nachlässen, nichtstaatlichen Akten und Sammlungen in Archiven und Bibliotheken der Bundesrepublik Deutschland. Hrsg. im Auftrag der Herbert und Elsbeth Weichmann Stiftung von Heinz Boberach u.a. München: Saur, 1994.

D 3696 Inventar zu den Nachlässen emigrierter deutschsprachiger Wissenschaftler in Archiven und Bibliotheken der Bundesrepublik Deutschland. Bearb. im Deutschen Exilarchiv 1933-1945 Der Deutschen Bibliothek Frankfurt/Main. 2 Bde. München: Saur, 1993.

D 3700 Gelehrten- und Schriftstellernachlässe in den Bibliotheken der DDR. T. 1-3. Berlin: Dt. Staatsbibliothek, 1959-1971.
Teil 1: Wissenschaftliche Allgemeinbibliotheken; Teil 2: Wissenschaftliche Institute, Museen und allgemeinbildende Bibliotheken; Teil 3: Nachträge, Ergänzungen; Standort-, Sach-, Namenregister. - Jeder Bd. alphabetisch nach Namen geordnet mit Kurzbeschreibung des Nachlaßmaterials.

D 3710 Kirsten, Christa: Übersicht über die Bestände des Archivs der Deutschen Akademie der Wissenschaften zu Berlin. Berlin: Akademie-Verlag, 1960.

D 3720 Übersicht über die von der Deutschen Akademie der Künste betreuten Schriftstellernachlässe. Berlin: Literatur-Archiv der Deutschen Akademie der Künste zu Berlin, 1962 (Dt. Akademie der Künste zu Berlin. Schriftenreihe der Literatur-Archive, 8).
Exakt beschreibendes, nur maschinenschriftlich vervielfältigtes Verzeichnis der Nachlässe, Teilnachlässe und Einzelhandschriften.

D 3725 Döring, Detlef: Karl-Marx-Universität. Universitätsbibliothek. Inventar der wissenschaftlichen Nachlässe. Leipzig 1985 (Kleine Schriften der UB Leipzig, 9).
Verzeichnet alphabetisch rd. 200 Nachlässe. Berufsgruppenregister.

D 3730 Hahn, Karl-Heinz: Goethe- und Schiller-Archiv. Bestandsverzeichnis. Weimar: Arion, 1961 (Bibliographien, Kataloge und Bestandsverzeichnisse).

Verzeichnet in zwei Alphabeten Nachlässe, Teilnachlässe und Einzelhandschriften mit genauerer Beschreibung. Register.

D 3735 Hall, Murray G.; Renner, Gerhard: Handbuch der Nachlässe und Sammlungen österreichischer Autoren. Wien: Böhlau, 1992.

D 3740 Schmutz-Pfister, Anne-Marie: Repertorium der handschriftlichen Nachlässe in den Bibliotheken und Archiven der Schweiz. 2., stark erw. Aufl., bearb. von Gaby Knoch-Mund. Basel: Krebs, 1992 (Quellen zur Schweizer Geschichte, NF IV, 8a).
Alphabetisch nach Namen geordnetes Verzeichnis mit Beschreibung der Nachlaßmaterialien.

D 3745 Nachlässe und Archive des Schweizerischen Literaturarchivs (SLA). 3. Aufl. Bern: SLA, 1992.

D 3750 Folter, Roland: Deutsche Dichter- und Germanistenbibliotheken. Eine kritische Bibliographie ihrer Kataloge. Stuttgart: Eggert, 1975.

2 BIBLIOGRAPHIEN ZUR FACHDIDAKTIK

Fachdidaktische Publikationen werden zum großen Teil auch in den literaturwissenschaftlichen Bibliographien (→ D 170ff.) verzeichnet.

D 3810 Schmidt, Heiner: Bibliographie zur literarischen Erziehung. Gesamtverzeichnis von 1900 bis 1965. Zürich/Einsiedeln, Köln: Benziger, 1967.
Erfaßt selbständig und unselbständig erschienenes Schrifttum zur Sprach- und Literaturdidaktik, zur Jugendkunde und -pflege. Berücksichtigt auch Kinder- und Jugendliteratur. Zeitschriften-, Autoren- und Titel-, Sachregister.

D 3820 Boueke, Dietrich u.a.: Bibliographie Deutschunterricht. Ein Auswahlverzeichnis. 3. Aufl. Paderborn: Schöningh, 1978 (UTB 230). - Erg.-Bd. 1977-1984. Ebd. 1984 (UTB 1333).
Systematisch gegliederte Auswahlbibliographie zu allgemeinen Fragen des Deutschunterrichts, zum Sprach-, Schreib-, Rechtschreib-, Aufsatz-, Lese- und Literaturunterricht.

D 3830 Schmidt, Heiner: Quellenlexikon der Interpretationen und Textanalysen. Personal- und Einzelwerkbibliographie zur deutschen Literatur von den Anfängen bis zur Gegenwart. Ein Handbuch für Schule und Hochschule. 12 Bde. Duisburg: Verlag für Pädagogische Dokumentation, 1984-1987 (Beihefte zum BIB-Report, 28-39).

Bd. 1-7: Quellenlexikon; Bd. 8: Register; Bd. 9-12: Nachträge A-Z. - *Wesentlich über-arb. und erw. Ausg. in 21 Bden. und 3 Reg.-Bden. für Herbst 1994 angekündigt.*

D 3840 Schlepper, Reinhard: Was ist wo interpretiert? Eine bibliogra-phische Handreichung für den Deutschunterricht. 8. Aufl. Paderborn: Schöningh, 1991.
Verzeichnet Interpretationen zu Romanen, Novellen, Kurzgeschichten, Bühnenstücken, Hörspielen und Gedichten.

D 3850 Grund, Uwe: Indices zur sprachlichen und literarischen Bildung in Deutschland. Bd. 1ff. München: Saur, 1991ff.
Bd. 1(1991): Zeitschrift für Deutschkunde 1920-1943. Beiträger, Themen, Textprofile.

3 BIBLIOGRAPHIEN ZUR VERGLEICHENDEN LITERATURWISSENSCHAFT UND ZUR ÜBERSETZUNGSWISSENSCHAFT

D 3910 Hier wird nur eine kleine Auswahl komparatistischer Bibliographien angeführt. Weitere Angaben in den Literaturverzeichnissen von Remak (D 3920) und den Ein-führungen in das Studium der Vergleichenden Literaturwissenschaft (→ B 750-B 770). Die Bibliographien zur deutschen Literaturwissenschaft (→ D 170ff.) verzeichnen auch komparatistische Arbeiten, wenn diese die deutsche Literatur berühren.

D 3915 Internationale Bibliographie zu Geschichte und Theorie der Komparatistik. Hrsg. von Hugo Dyserinck und Manfred S. Fischer. Stuttgart: Hiersemann, 1985.
Erfaßt systematisch-theoretische und programmatische Beiträge zur Komparatistik; Beiträge zu Geschichte und aktuellem Stand des Faches; Beiträge, die für Entwicklung und Ausbau der Komparatistik als akademischer Disziplin Bedeutung aufweisen. Ins-gesamt rd. 4000 Titel.

D 3920 Remak, Henry H. H.: Definition und Funktion der Vergleichen-den Literaturwissenschaft. In: Komparatistik. Aufgaben und Methoden. Hrsg. von Horst Rüdiger. Stuttgart: Kohlhammer, 1973, S. 11-54.
Enthält auf den S. 32-54 eine kritisch kommentierte Auswahlbibliographie mit den Abschnitten: Übersichten über die Vergl. Literaturwiss. als Disziplin; Untersuchungen über grundlegende Aspekte der Definition und Funktion der Vergl. Literaturwiss.; Umfassende internationale Darstellungen der Literaturgeschichte und der Literatur-kritik; Zeittafeln; Bibliographien zur Vergl. Literaturwiss.; Zeitschriften; Nachschlage-werke.

D 3930 Baldensperger, Fernand; Friedrich, Werner P.: Bibliography of comparative literature. 2. Aufl. New York 1966 (University of North Carolina Studies in comparative literature, 1).
Umfassende Bibliographie zur Vergleichenden Literaturwissenschaft. Standardwerk.
Fortführung:

D 3940 Yearbook of comparative and general literature. Ed. by W.P. Friedrich, Vol. 1ff. Chapel Hill 1952ff.

D 3950 Index translationum. Repertoire international des traductions. International bibliography of translations. Paris 1932ff. - Neue Folge (für 1948ff.) Paris: Unesco, 1950ff.
Umfassende Bibliographie der Übersetzungsliteratur.

D 3955 Gesamtverzeichnis der Übersetzungen deutschsprachiger Werke (GVÜ). Berichtszeitraum: 1954-1990. Bearb. von Willi Gorzny. 12 Bde. München: Saur, *in Vorber.*

D 3960 Fromm, Hans: Bibliographie deutscher Übersetzungen aus dem Französischen. 1700-1948. 6 Bde. Baden-Baden: Verlag für Kunst und Wissenschaft, 1950-1953.

D 3965 Zehn Jahre deutsche Übersetzungen aus dem Französischen (1945-1955). Bearb.: I. Wenger. Hamburg: Blüchen, 1956.

D 3970 Bihl, Liselotte; Epting, Karl: Bibliographie französischer Übersetzungen aus dem Deutschen 1487-1944. In Verbindung mit Kurt Wais hrsg. von der UB Tübingen. 2 Bde. Tübingen: Niemeyer, 1987.

D 3973 Bibliographie der deutschen Übersetzungen aus dem Italienischen. Hrsg. von Frank-Rutger Hausmann und Volker Kapp. Bd. 1ff. Tübingen: Niemeyer, 1993ff.
Bd. 1: Von den Anfängen bis 1730 (1993); Bd. 2: Vom 18. Jh. bis zur Gegenwart (*in Vorber.*).

D 3975 Siebenmann, Gustav; Casetti, Donatella: Bibliographie der aus dem Spanischen, Portugiesischen und Katalanischen ins Deutsche übersetzten Literatur 1945-1983. Tübingen: Niemeyer, 1985.

D 3980 Price, Lawrence Marsden: Die Aufnahme englischer Literatur in Deutschland 1500-1960. Bern: Francke, 1961, S. 379-464.
Auswahlbibliographie (1685 Nrr.) der Sekundärliteratur zur Rezeption der englischen Literatur in Deutschland.

D 3985 Schloesser, Anselm: Die englische Literatur in Deutschland von 1895-1934. Mit einer vollständigen Bibliographie der deutschen Übersetzungen und der im deutschen Sprachgebiet erschienenen englischen Ausgaben. Jena: Frommann, 1937.
→ D 1640.

D 3990 Graeber, Wilhelm; Roche, Geneviève: Englische Literatur des 17. und 18. Jahrhunderts in französischer Übersetzung und deutscher Weiterübersetzung. Eine kommentierte Bibliographie. Hrsg. und eingeleitet von Jürgen von Stackelberg. Tübingen: Niemeyer, 1988.
Mit Autoren- und Übersetzerindex.

D 3995 Morgan, Bayard Q.: A critical bibliography of German literature in English translation. 1481-1927. Suppl. 1927-1935. 2nd ed. Stanford, London 1938.

D 4000 Mönnig, Richard: Deutschland und die Deutschen im englischsprachigen Schrifttum 1948-1955. Eine Bibliographie. Göttingen: Vandenhoeck & Ruprecht, 1957.

D 4005 O'Neill, Patrick: German literature in English translation. A select bibliography. Toronto, London: Univ. Press, 1981.

D 4010 Gentikow, Barbara: Skandinavische und deutsche Literatur. Bibliographie der Schriften zu den literarischen, historischen und kulturgeschichtlichen Wechselbeziehungen. Neumünster: Wachholtz, 1975 (Skandinavistische Studien, 3).
Verzeichnet in systematischer Ordnung rd. 2300 Titel (darunter zahlreiche weiterführende Bibliographien). Verfasser-, Sachregister.

D 4020 Fallenstein, Robert; Hennig, Christian: Rezeption skandinavischer Literatur in Deutschland 1870-1914. Quellenbibliographie. Neumünster: Wachholtz, 1977 (Skandinavistische Studien, 7).
Alphabetisch nach Autoren geordnet (rd. 8500 Titel). Werk-, Verfasser-, Zeitschriftenregister.

D 4025 Quandt, Regina: Schwedische Literatur in deutscher Übersetzung. 1830-1980. Eine Bibliographie. Hrsg. von Fritz Paul und Heinz-Georg Halbe. 7 Bde. Göttingen: Vandenhoeck & Ruprecht, 1987-1988 (Abhandlungen der Akademie der Wissenschaften zu Göttingen, phil.-hist. Kl. 3, 161-167).
Bd. 1: Anthologien A-Z; Bd. 2: Autoren A-G; Bd. 3: H-Linderholm; Bd. 4: Lindgren bis R; Bd. 5: S; Bd. 6: T-Z; Bd. 7: Register.

D 4030 A syllabus of comparative literature, compiled by the Faculty of Comparative Literature, Livingston College, Rutgers University. Ed.: John O. Mc Cormick. 2. Aufl. Metuchen, N.J.: Scarecrow, 1972.

D 4040 Müller-Reinecke, Ruth: Probleme der Dramenübersetzung 1960 bis 1988. Eine Bibliographie. Tübingen: Narr, 1991 (Forum modernes Theater, 7).

4 BIBLIOGRAPHIEN ZUR THEATERWISSENSCHAFT

D 4110 Im Hinblick auf das entstehende *Informationshandbuch Theater, Film, Funk und Fernsehen* werden hier nur einige wenige Spezialbibliographien zur Theaterwissenschaft genannt. Eine umfangreiche Verzeichnung findet sich bei O.G. Schindler (→ D 4130). Grundsätzlich referieren auch die abgeschlossenen und periodischen Bibliographien zur Literaturwissenschaft (→ D 170ff.) über theaterwissenschaftliche Arbeiten.

D 4120 Heidtmann, Frank; Ulrich, Paul S.: Wie finde ich film- und theaterwissenschaftliche Literatur? Berlin: Berlin-Verlag, 1978 (Veröffentlichungen des Instituts für Bibliothekarausbildung der Freien Universität Berlin, 17; Orientierungshilfen, 11).
Einführung in die Bibliotheksarbeit und die Auskunftsmittel zu den Bereichen Film und Theater, hauptsächlich für die Bibliothekarausbildung.

D 4130 Schindler, Otto G.: Theaterliteratur. Ein bibliographischer Behelf für das Studium der Theaterwissenschaft. Mit einem Anhang: Bibliographie zur österreichischen Theatergeschichte, zusammengestellt von Fritz Fuhrich. 6. Ausg. Wien: Wiener Gesellschaft für Theaterforschung, 1978.
Als Manuskript vervielfältigt. Verzeichnet Nachschlagewerke und Schriften zur Theorie, Methodik und Geschichte der Theaterwissenschaft sowie Arbeiten zum Drama, zur Schauspielkunst, zu Inszenierung und Regie, Theaterbau und Bühnentechnik, zu Bühnenbild und Kostüm und zu den einzelnen Gattungen des Theaters (Musiktheater, Ballett, Tanz, Pantomime, Kabarett, Variété, Zirkus). Ebenso aufgenommen ist eine reiche Auswahl von wissenschaftlicher Literatur zu soziologischen, psychologischen, pädagogischen, ökonomischen und verwandten Aspekten des Theaters. Schließt die Medien Film, Fernsehen und Hörfunk mit ein. Umfaßt insgesamt fast 2300 Titel.

D 4140 Hadamowsky, Franz: Bücherkunde deutschsprachiger Theaterliteratur. 3 Teile. Wien, Köln, Graz: Böhlau, 1982-1988 (Maske und Kothurn, Beiheft 5-6).
Teil 1,1 (1988) 1750-1899; Teil 1,2 (1986) 1900-1944; Teil 2 (1982) 1945-1979. Erfaßt rd. 22700 Titel zum Gesamtbereich des Theaters (einschl. Musik- u. Tanztheater).

D 4150 Wolf, Margarethe: Bibliographie Darstellende Kunst u. Musik. Deutschsprachige Hochschulschriften und Veröffentlichungen außerhalb des Buchhandels 1966-1980. 3 Bde. München: Saur, 1992.

5 BIBLIOGRAPHIEN ZUR MEDIENKUNDE

D 4250 Hagelweide, Gert: Literatur zur deutschsprachigen Presse. Eine Bibliographie. Bd. 1ff. München: Saur, 1985ff. (Dortmunder Beiträge zur Zeitungsforschung, 35).

Bd. 1 (1985): Handbücher, Lexika, Bibliographien, Pressesammlung und -dokumentation, Organisation der Presse (Verbände), Zeitungs-, Publizistik- und Kommunikationswissenschaft, Presse im Wechselspiel der Medien und der Öffentlichkeit. - Bd. 2 (1989): Presseverlag, Träger der Aussage, Presseinhalt: Formgebung und Gestaltung, Inhaltsbeschaffung und -vermittlung, Nachrichtenwesen. - Bd. 3 (1989): Technische Herstellung und Vertrieb, Der Rezipient. - Bd. 4 (1993): Wesen und Funktion periodischer Druckpublizistik. Tageszeitung (Presse), Die Zeitschrift, Almanache und Kalender, Die Presse (Tageszeitung) in Geschichte und Gegenwart. - Bd. 5: (*in Vorber.* für 1994): Ortsgeschichte der deutschsprachigen Presse: Deutsches Reich, Bundesrepublik Deutschland. - Bde. 6-9 *in Vorber.*

D 4260 Schanze, Helmut: Medienkunde für Literaturwissenschaftler. Einführung und Bibliographie. Mitarbeit: Manfred Kammer. München: Fink, 1974 (UTB 302).

Systematisch-alphabetisch geordnete Auswahlbibliographie (S. 82-114). Nicht in das Register einbezogen.

D 4270 Keckeis, Hermann: Das deutsche Hörspiel (1923-1973). Ein systematischer Überblick mit kommentierter Bibliographie. Frankfurt/M.: Athenäum, 1973.

Enthält auf den Seiten 148-183 eine kommentierte Bibliographie in systematisch-chronologischer Anordnung.

D 4280 Rosenbaum, Uwe: Das Hörspiel. Eine Bibliographie. Texte - Tondokumente - Literatur. Hamburg: Hans-Bredow-Institut, 1974 (Studien zur Massenkommunikation, 6).

Verzeichnet Hörspieltexte (Buchausgaben) und Tondokumente sowie Sekundärliteratur (u.a. zur Geschichte, zur Dramaturgie und Form, zur Produktion und Rezeption). Verzeichnis preisgekrönter Hörspiele. Zeitschriften- und Zeitungs-, Titel-, Autorenregister.

D 4290 Emmler, Klaus-Dieter; Niggemeyer, Hanneliese: Das Hörspiel. Ein Literaturverzeichnis. 3 Teile. 2., erw. Aufl. Köln: Westdt. Rundfunk, Bibliothek, 1976 (Kleine Rundfunkbibliothek, 1).

Teil 1: Texte; Teil 2: Sekundärliteratur; Teil 3: Manuskripte.

D 4295 Würffel, Stefan Bodo: Das deutsche Hörspiel. Stuttgart: Metzler, 1978 (Sammlung Metzler, 172).

D 4297 Hörspiele in der ARD. Hrsg. vom Deutschen Rundfunkarchiv. Bd. 1 (1981) - Bd. 12 (1992)ff.: Tübingen: Niemeyer, 1993ff.
Verzeichnis der Hörspielsendungen des abgelaufenen Jahres mit Kurzinhaltsreferaten, Produktions- und Sendeangaben, technischen Angaben. Personen-, Sach- und Genreregister. Chronik. Bibliographie von Neuerscheinungen.

D 4300 Ubbens, Wilbert: Presse, Rundfunk, Fernsehen, Film. Ein Verzeichnis deutschsprachiger Literatur zur Massenkommunikation (1968 bis 1971). Berlin: Spiess, 1971.
Fortführung:

D 4301 Ubbens, Wilbert: Literaturverzeichnis Massenkommunikation (1971-1973). Berlin: Spieß, 1975.
Fortführung:

D 4302 Ubbens, Wilbert: Jahresbibliographie Massenkommunikation. 1974/75ff. Bremen: Univ., 1976ff. - Ab 1979: Berlin: Spiess, 1981ff.

D 4330 Bibliographie der österreichischen Literatur zur Massenkommunikation 1945-1975. Projektleitung: Benno Signitzer. Mitarbeit: Hedwig Cech u.a. Hrsg. vom Institut für Publizistik und Kommunikationstheorie der Universität Salzburg. Salzburg 1978.
Ca. 4600 Titel österreichischer Veröffentlichungen zur Massenkommunikation.

D 4340 Schriftsteller und Film. Dokumentation und Bibliographie. Hrsg. von E. Pick. Berlin (Ost): Henschel, 1979.

D 4350 Paech, Joachim: Literatur und Film. Stuttgart: Metzler, 1988 (Sammlung Metzler, 235).

D 4360 Tadikk, Hans; Ellner, Silvia (Red.): Katalog der Literaturvorlagen in Film und Fernsehen. O.O.: Deutsche Gesellschaft für Filmdokumentation, 1973 (Texte, 1).
Alphabetisch nach Literaturvorlagen (Autorenname als Ordnungswort) gegliedert. Nachträge. Kein Register.

6 HOCHSCHULSCHRIFTENVERZEICHNISSE

D 4410 Hochschulschriften (Dissertationen, Habilitationsschriften u.ä.) sind in der Regel in den abgeschlossenen und periodischen Fachbibliographien (→ D 160ff., D 310ff.) verzeichnet. Systematisch werden sie für den Zeitraum bis 1965 in den beiden

Gesamtverzeichnissen des deutschsprachigen Schrifttums (→ D 4630, D 4640) erfaßt.
Für den Zeitraum 1965-1980 ist heranzuziehen:

D 4415 Gesamtverzeichnis deutschsprachiger Hochschulschriften 1966
bis 1980. Hrsg. von Willi Gornzy. 40 Bde. München: Saur, 1984-1990.
Verzeichnet rd. 300000 Titel aus der Bundesrepublik Deutschland, der ehemaligen
DDR, Österreich und der Schweiz. Alphabetische Anordnung nach Autoren, Hochschulen und Sachtiteln. 24 Bde. Hauptteil und 16 Bde. Register.

Für die Zeit nach 1980 sind heranzuziehen:

D 4420 Jahresverzeichnis der deutschen Hochschulschriften (JdH).
Bearb. und hrsg. von der Preußischen Staatsbibliothek Berlin und [ab Jg.
52 (1937)] von der Deutschen Bücherei. Jg. 1 (1885/86) - 103 (1987).
Berlin (ab 1937: Leipzig) 1887-1990. - *Fortführung für 1991ff.:* D 4440.
Von 1970 bis Berichtsjahr 1987 u.d.T.: *Jahresverzeichnis der Hochschulschriften der
DDR, BRD und Westberlins.* Gliederung innerhalb der Teile Deutschlands alphabetisch
nach Hochschulorten, innerhalb der Hochschulen nach den Gruppen: allgemeine
Schriften, Habilitationsschriften, Dissertationen (alphabetisch nach Verfassern). Sach-
und Verfasserregister mit Register der Verweisungen (andere Anlage in den älteren
Jahrgängen). - *Hinweis*: Bei Fernleihebestellungen maschinenschriftlicher Disser-
tationen empfiehlt sich die Angabe der U-Nummer des JdH.

D 4430 Deutsche Nationalbibliographie und Bibliographie des im Ausland erschienen Schrifttums. Reihe C: Dissertationen und Habilitationsschriften. Bearb. und hrsg. von der Deutschen Bücherei. Leipzig 1968
bis 1990. - *Fortführung für 1991ff.:* D 4440.
Erschien *monatlich*. Erfaßte alle deutschen Hochschulen der Bundesrepublik Deutschland und der ehemaligen DDR. Gliederung nach 26 Sachgruppen (wie Reihe A [→ D
4700]). Verfasser-, Titel- und Stichwortregister. - Jährliche Kumulierung bis 1990 in
D 4420.

D 4440 Deutsche Bibliographie. Reihe H: Hochschulschriften-Verzeich-
nis. Unter Mitwirkung dt. Hochschulbibliotheken bearb. u. hrsg. von
der Deutschen Bibliothek Frankfurt am Main. Frankfurt 1972ff. - *Nach
der Vereinigung beider deutschen Staaten Fortführung u.d.T.*: Deutsche
Nationalbibliographie und Bibliographie der im Ausland erschienenen
deutschsprachigen Veröffentlichungen. Reihe H: Hochschulschriften.
Erscheint *monatlich*. Verzeichnet Dissertationen und Habilitationsschriften der
Hochschulen Deutschlands und deutschsprachige Hochschulschriften ausländischer
Hochschulorte mit Erscheinungsjahr 1971ff. Die Titel sind nach den 65 Sachgruppen
der Reihen A und B (→ D 4770) gegliedert. Verfasser-, Titel-, Schlagwort- und Stich-
wortregister. Jahresregister. - Kumulation für den Zeitraum 1945-1992:

D 4442 CD-ROM der Hochschulschriften Der Deutschen Bibliothek. Frankfurt/M. 1993.

Enthält die in der Deutschen Bibliothek Frankfurt/M. und der Deutschen Bücherei Leipzig vorhandenen Hochschulschriften des Zeitraums.

D 4450 Jahresverzeichnis der schweizerischen Hochschulschriften. Catalogue des écrits académiques suisses. Jg. 1 (1897/98ff) Basel: Univ. Bibl., 1898 ff.

Verzeichnet Reden, Habilitationsschriften und Dissertationen (alphabetisch nach Verfassern), gegliedert nach Hochschulorten und Hochschulen. Titel- und Sach-, Verfasserregister.

D 4460 Gesamtverzeichnis österreichischer Dissertationen. Bd. 1 (1966)ff. Wien: Verlag der wiss. Verbände Österreichs, 1967ff.

Erscheint *jährlich*. Verzeichnet Dissertationen österreichischer Hochschulen, alphabetisch gegliedert nach Hochschulorten. Verfasser-, Stichwort-, Personenregister.

D 4470 Verzeichnis der literaturwissenschaftlichen Dissertationen an österreichischen Hochschulen. Studienjahr 1969/70ff. In: Sprachkunst 1, 1970ff. (→ E 1030).

Über Dissertationsvorhaben informieren:

D e u t s c h l a n d

D 4500 Verzeichnis germanistischer Dissertationsvorhaben. Zusammengestellt von Georg Bangen. In: *Jahrbuch für Internationale Germanistik*, Reihe B (→ E 810). - Zuletzt: Liste 15 (Meldungen vom 1.4.1981 bis 31.7.1986) in Bd. 10. - Liste 16 erscheint Ende 1994/Anfang 1995.

Ältere Verzeichnisse: *Verzeichnis der im Entstehen begriffenen Dissertationen aus dem Gebiete der deutschen Sprache und Literatur* (Red.: Georg Bangen). Liste 1-10. Berlin-Dahlem: Germanisches Seminar der Freien Univ., 1958-1969. - *Fortgeführt als: Verzeichnis der germanistischen Dissertationsvorhaben*, Liste 11: In: *Jahrbuch für Internationale Germanistik* (→ E 810) 2, 1970, Heft 2, S. 5-257; Liste 12: 6, 1974, Heft 2, S. 167-199; Liste 13: 10, 1979, Heft 2, S. 144-190. - Ab Liste 14 erscheint das *Verzeichnis germanistischer Dissertationsvorhaben* in der Reihe B des Bd. 7: Liste 14 (Meldungen vom 1.4.1978 bis 31.3.1981). - **Aktuelle Informationen** erhält man von:

D 4502 Zentrale Kartei germanistischer Dissertationen. Germanisches Seminar, Freie Universität Berlin, Habelschwerdter Allee 45, D-14195 Berlin.

An diese Adresse werden auch *Meldungen neuer Dissertationsvorhaben erbeten* (unter Angabe von Thema, Name und Adresse der Doktorandin bzw. des Doktoranden, Name des/der Betreuenden, Universität, voraussichtlichem Abschlußtermin).

D 4510 Jahrbuch für Internationale Germanistik. Reihe B: Germanistische Dissertationen in Kurzfassung. Bd. 1ff. Bern: Lang, 1975ff.

S c h w e i z

D 4520 Schweizerische Dissertationszentrale. Mitteilungen der Schweizerischen Dissertationszentrale. Informations de la Centrale Suisse des thèses. Jg. 1ff. Bern 1969ff.

Ö s t e r r e i c h

D 4530 Dissertationen / Diplomarbeiten in Arbeit. In: Zirkular 1 (1978) ff. (→ H 120).

Hochschulschriftenverzeichnisse des außerdeutschen Sprachraums → Hansel, Bücherkunde (D 70, S. 155-161) und H 140.

7 ALLGEMEINBIBLIOGRAPHIEN UND BÜCHERVERZEICHNISSE

D 4560 Zur bibliographischen Erfassung der Primärliteratur und der neuesten Sekundärliteratur (einschl. der in nächster Zukunft erscheinenden) muß man auf die Allgemeinbibliographien zurückgreifen.

D 4570 Im Falle der Primärliteratur wird man zunächst prüfen, ob nicht bereits ein Quellenverzeichnis (→ Epochenbibliographien D 460ff. bzw. D 3610ff.) oder eine Personalbibliographie (→ D 2010ff.) vorliegt (für Schriftsteller bis zum Beginn des 19. Jahrhunderts siehe auch Goedekes *Grundriß* [→ D 210, D 220]). Dann wird man die beiden *Gesamtverzeichnisse des deutschsprachigen Schrifttums* (→ D 4630, D 4640) und die Verzeichnisse der *Deutschen Nationalbibliographie* (→ D 4680ff.) bzw. der *Deutschen Bibliographie* (→ D 4740ff.) heranziehen. Beide reichen bis 1990. Mit Hilfe der seit 1991 erscheinenden *Deutschen Nationalbibliographie* Der Deutschen Bibliothek (→ D 4770) kann bis in die unmittelbare Gegenwart hinein selbständig erschienenes Schrifttum erfaßt werden. Mit Hilfe der *Deutschen Nationalbibliographie*, Reihe N: *Vorankündigungen Monographien und Periodika* (→ D 4770) und des *Verzeichnisses lieferbarer Bücher* (→ D 4830) wird sogar eine Vorausschau auf die Publikationen der nächsten Wochen möglich. Neuerdings verzeichnet auch die *Bibliographie der deutschen Sprach- und Literaturwissenschaft* (→ D 360) Textausgaben bereits bekannter Autoren (in Auswahl). - Zur Erfassung unselbständig erschienener literarischer Texte vgl. die Ausführungen in der Einleitung (→ A 340ff.).

D 4580 Die Allgemeinbibliographien müssen aber auch herangezogen werden, wenn man die Sekundärliteratur der jüngsten Zeit erfassen will. Die Verzugszeit der einzelnen Fachbibliographien beträgt je nach Erscheinungsweise und Art der Verzeichnung mehrere Monate bis zu vier Jahren. Diese Lücke kann für die selbständige Literatur mit den Halbjahres- und wöchentlichen Verzeichnissen der *Deutschen Nationalbiblio-*

graphie (→ D 4769, D 4770) geschlossen werden. Auch hier ist eine Vorausschau mit Hilfe des *CIP Vorankündigungsdienstes* der *Deutsche Nationalbibliographie* (→ D 4770, Reihe N) möglich. Unter Umständen kann sich die - kostenpflichtige - Benutzung der nationalbibliographischen Datenbank Der Deutschen Bibliothek BIBLIODATA (→ H 130) lohnen, weil sich dadurch die zeitraubende und mühselige Suche in den wöchentlichen Verzeichnissen erübrigt.

D 4590 Die unselbständig erschienene Sekundärliteratur (Zeitungs- und Zeitschriftenbeiträge, Aufsätze in Jahrbüchern und sonstigen Periodika) ist über die *Internationale Bibliographie der Zeitschriftenliteratur* (→ D 4910ff. bzw. H 135, 5), den *Zeitungsindex* (→ D 4980), den *Citation Index* (→ D 4990), die Datenbank MLA (→ H 140) bzw. durch die eigene Auswertung der wichtigsten einschlägigen Zeitschriften (→ E 610ff.) zu eruieren.

D 4600 Gesamtkatalog der Wiegendrucke. Begr. von der Kommission für den Gesamtkatalog der Wiegendrucke. Hrsg. von Bd. 10 an von der Staatsbibliothek zu Berlin - Preußischer Kulturbesitz. Bd. 1-8, Lfg. 1. Leipzig 1925-1940. - 2. Aufl. (= Nachdruck von Bd. 1-7) Stuttgart: Hiersemann, 1968. - *Fortführung:* Bd. 8ff Stuttgart: Hiersemann, 1972ff.
Umfassendes internationales Verzeichnis, das sich seit 1904 in Vorbereitung befindet. *Bis Frühjahr 1994:* Bd. 1-9: Abano-Grassus; Bd. 10, Lfg. 1 (Gratia Dei - Gresemundus).

D 4610 Verzeichnis der im deutschen Sprachbereich erschienenen Drucke des 16. Jahrhunderts (VD 16). Hrsg. von der Bayerischen Staatsbibliothek München in Verb. mit der Herzog August Bibliothek in Wolfenbüttel. Redaktion: Irmgard Bezzel. Bd. 1ff. Stuttgart: Hiersemann, 1983ff.
Vorgesehen sind 3 Abteilungen mit insgesamt 40 Bden. *Bis Frühjahr 1994:* Abt. I (Verfasser, Körperschaften, Anonyma), Bd. 1-20 (A-Uz). - Ein *Verzeichnis der im deutschen Sprachbereich erschienenen Drucke des 17. Jh's (VD 17)* ist geplant.

Weitere Verzeichnisse der Drucke des 16. und 17. Jahrhunderts → D 570ff., D 650ff.

D 4630 Gesamtverzeichnis des deutschsprachigen Schrifttums (GV) 1700 bis 1910. Bearb. unter der Leitung von Peter Geils und Willi Gorzny. Bibliogr. u. redaktionelle Beratung: Hans Popst und Rainer Schöller. 160 Bde. und Nachtrag. München: Saur, 1979-1987.
Umfassende Bibliographie des selbständig erschienenen deutschen Schrifttums für 1700-1910. Ausgewertet wurden 178 nationalbibliographische und sonstige Bücher- und Schriftenverzeichnisse. Ersetzt ältere Bücher- und Hochschulschriftenverzeichnisse für den Zeitraum bis 1910. Aus literaturwissenschaftlicher Sicht vor allem wichtig für die Zeiträume, für die es keine Quellenverzeichnisse gibt. Fortführung:

D 4640 Gesamtverzeichnis des deutschsprachigen Schrifttums (GV) 1911 bis 1965. Hrsg. von Reinhard Oberschelp. 150 Bde. München: Saur, 1976-1981.

Umfassende Bibliographie des selbständig erschienenen deutschen Schrifttums und des deutschsprachigen Schrifttums im außerdeutschen Raum für den oben angesprochenen Zeitabschnitt. Ausgewertet wurden 15 Nationalbibliographien und sonstige Bücher- und Schriftenverzeichnisse. Verzeichnet im Buchhandel erschienene Bücher und Landkarten, Zeitschriften (1951-1965 in Auswahl), Veröffentlichungen außerhalb des Buchhandels, deutsche und österreichische Hochschulschriften, schweizerische Hochschulschriften der Hochschulen in Basel, Bern, Freiburg, St. Gallen und Zürich, deutsche Schulprogramme. Ersetzt folgende Allgemeinbibliographien und Hochschulschriften-Verzeichnisse: D 4680, D 4740, D 4780, D 4790, D 4420, D 4450 für den Zeitraum 1911-1965. - Beide GV auch auf Mikrofiches.

D 4650 Gesamtverzeichnis des deutschsprachigen Schrifttums außerhalb des Buchhandels 1966-1980. 45 Bde. München: Saur, 1988-1990.

Bd. 1-28: A-Z; Bd. 29-42: Sachregister; Bd. 43-45: Autorenregister A-Z.

D 4680 Deutsches Bücherverzeichnis (DBV); nebst Stich- und Schlagwortregister. Von Bd. 1 (1911/14) bis Bd. 90 (1981/85) bearb. und hrsg. von der Deutschen Bücherei. Leipzig 1916-1990. - *Fortführung:* → D 4768.

Mehrjahresbände (wechselnder Berichtsumfang). Erfaßt Bücher, Karten, Periodika, die vollständig aus der Reihe A und in Auswahl aus der Reihe B der *Deutschen Nationalbibliographie* (→ D 4700) übernommen wurden. Entstand durch Kumulierung von:

D 4690 Jahresverzeichnis des deutschen Schrifttums (ab 1968 u.d.T.: Jahresverzeichnis der Verlagsschriften und einer Auswahl der außerhalb des Buchhandels erschienenen Veröffentlichungen der DDR, der BRD und Westberlins sowie der deutschsprachigen Werke anderer Länder). Bearb. und hrsg. von der Deutschen Bücherei und dem Börsenverein der deutschen Buchhändler. Leipzig: Börsenverein, 1948-1979.

Fortführung des vor 1945 erschienenen Halbjahresverzeichnisses der Neuerscheinungen des deutschen Buchhandels. Erfaßt bis zum Berichtsjahr 1970, für 1971ff. im DBV (→ D 4680) aufgegangen.

D 4700 Deutsche Nationalbibliographie und Bibliographie des im Ausland erschienenen deutschsprachigen Schrifttums. Bearb. und hrsg. von der Deutschen Bücherei. Leipzig 1931-1990. - *Fortführung:* → D 4770.

Reihe A: Erschien *wöchentlich*. Verzeichnet Neuerscheinungen des Buchhandels in (zuletzt) 28 Sachgruppen. Gruppe 22: Kultur, Wissenschaft, Bildung. 23: Philologische Wissenschaften. Belletristik. 27: Allgemeines Schrifttum. Kalender. Jahrbücher. Verfasser-, Titel-, Stichwortregister und Verlagsregister; vierteljährliche Kumulierung und Jahresregister). Zusammenfassung zu Jahres- (→ D 4690) und Mehrjahresverzeichnissen (→ D 4680).

Reihe B: Erschien *halbmonatlich.* Verzeichnet Neuerscheinungen außerhalb des Buchhandels. Sachgruppen wie Reihe A.
Reihe C: → D 4430.

D 4710 Deutsche Nationalbibliographie. Ergänzung 1: Verzeichnis der Schriften, die 1933-1945 nicht angezeigt werden durften. Leipzig 1949.
Verzeichnet rd. 5500 Titel alphabetisch nach Autoren bzw. nach dem Sachtitel (bei Anonyma). Stichwortregister.

D 4720 Deutsche Nationalbibliographie. Ergänzung 2: Verzeichnis der Schriften, die infolge von Kriegseinwirkungen vor dem 8. Mai 1945 nicht angezeigt werden konnten. Leipzig 1949.
Verzeichnet rd. 7200 Titel alphabetisch nach Autoren bzw. nach dem Sachtitel (bei Anonyma). Stichwortregister. Nicht aufgenommen wurden alle nationalsozialistischen und militaristischen Titel, die aber über eine "Liste der auszusondernden Literatur" (1946 und "Nachträge", 1947ff) erfaßt werden.

D 4725 Gittig, H.: Illegale antifaschistische Tarnschriften 1933-1945. Leipzig 1972.

D 4730 Bedingt durch die Teilung Deutschlands wurde in Frankfurt/M. 1946/47 die Deutsche Bibliothek (→ H 10) als Archivbibliothek und nationalbibliographisches Informationszentrum gegründet. Sie publizierte (parallel zur *Deutschen Nationalbibliographie*):

D 4740 Deutsche Bibliographie. Bearb. von der Deutschen Bibliothek. 1945-1985. Frankfurt/M.: Verlag der Buchhändlervereinigung, 1953 bis 1989.
Fünfjahresbände. Teil I: Alphabetisches Titelverzeichnis; Teil II: Schlagwort- und Stichwortregister. Verzeichnet alles selbständige deutsch- oder fremdsprachige Schrifttum, das in der Bundesrepublik Deutschland, der DDR, Österreich und der deutschsprachigen Schweiz erscheint, sowie in deutscher Sprache publizierte Bücher anderer Länder. Publikationen außerhalb des Verlagsbuchhandels sind für beide deutsche Staaten von 1945-1965 vollständig, für 1966-1975 in Auswahl und für 1976-1980 nicht enthalten. Von 1945-1955 und ab 1966 werden auch zeitschriftenartige Reihen (Jahrbücher, Jahresberichte) und ab 1971 auch Zeitschriften und Tonträger aufgenommen. Karten sind nur bis 1965 verzeichnet. - Entstand durch Kumulierung von:

D 4750 Deutsche Bibliographie. Halbjahresverzeichnis. 1951-1990. Frankfurt/M.: Verlag der Buchhändlervereinigung, 1951-1991.
Erscheinungsweise: *halbjährlich.* - Teil I: Alphabetisches Titelverzeichnis; Teil II: Schlagwort- und Stichwortregister. Ab 1981 Zusammenfassung der Reihen A, B und C von:

D 4760 Deutsche Bibliographie. Wöchentliches Verzeichnis. 1947-1990. Frankfurt/M.: Verlag der Buchhändlervereinigung, 1947-1990.
Reihe A: Erscheinungsweise: *wöchentlich*. Verzeichnet Erscheinungen des Verlags-buchhandels in 65 (bis 1981: 26) Sachgruppen (→ D 4770, Reihen A und B). ISSN/ISBN-Register, Verfasser-, Titel- und Stichwortregister (mit monatlicher Kumu-lierung), Verlagsregister. Zusätzlich enthält das Vierteljahresregister alle im gleichen Zeitraum in der *Österreichischen Bibliographie* und in *Das Schweizer Buch - Serie A* verzeichneten Verlagsveröffentlichungen. Kumulierung im *Halbjahresverzeichnis* (→ D 4750).
Reihe B: Erscheinungsweise: *14täglich*. Verzeichnet Publikationen außerhalb des Verlagsbuchhandels (ohne Einzelkarten und Hochschulschriften) und deutschsprachige Publikationen des Auslands; schweizerische Veröffentlichungen werden ab 1972 und österreichische ab 1977 aufgenommen. ISSN/ISBN-Register, Verfasser-, Titel-, Stich-wortregister (jährliche Kumulierung bis einschl. 1980). Bis 1975 ist Reihe B nur in Auswahl, ab 1981 vollständig im *Halbjahresverzeichnis* und in den Fünfjahresbänden enthalten.
Reihe C: Erscheinungsweise: *vierteljährlich*. Verzeichnet Einzelkarten (Kartenwerke in Sachgruppe 62 in A und B). ISSN/ISBN-Register, Verfasser-, Titel-, Stichwortregister. Verlagsregister. Ab 1981 ist Reihe C vollständig im *Halbjahresverzeichnis* und in den Fünfjahresbänden enthalten.
Reihe H: → D 4440.
Reihe N: Erscheinungsweise: *wöchentlich*. Neuerscheinungen-Sofortdienst (CIP). Verzeichnet Neuerscheinungen mehrere Wochen vor Auslieferung durch den Verlag. Anlage vergleichbar Reihe A. Mehrere Kumulationen.
Reihe T: Erscheinungsweise: *monatlich*. Musiktonträger-Verzeichnis (Literarische Schallplatten und Cassetten in A und B). Verfasser-, Titel-, Stichwortregister. Jährliche Kumulierungen.

D 4765 Mit dem Einigungsvertrag vom 3. Oktober 1990 wurden die Deutsche Bücherei Leipzig und die Deutsche Bibliothek Frankfurt/M. zu einer rechtsfähigen bundesunmittelbaren Anstalt des öffentlichen Rechts mit dem Namen "Die Deutsche Bibliothek" vereinigt. Seit 1991 er-scheint eine gemeinsame Nationalbibliographie, die in mehreren Reihen von Der Deutschen Bibliothek (→ H 10, H 20) herausgegeben wird:

D 4768 Deutsche Nationalbibliographie und Bibliographie der im Aus-land erschienenen deutschsprachigen Veröffentlichungen. **Reihe E:** Monographien und Periodika. Fünfjahresverzeichnis. Frankfurt/M.: Buchhändler-Vereinigung, 1992ff.
Gemeinsame Fortsetzung des *Deutschen Bücherverzeichnisses* der Deutschen Bücherei Leipzig und des *Fünfjahres-Verzeichnisses* der Deutschen Bibliothek Frankfurt/M. In der Ausgabe 1986-1990 werden alle Titel verzeichnet, die im Berichtszeitraum an die Deutsche Bibliothek in Frankfurt/M. abgeliefert und in den Reihen A, B, C und H der *Deutschen Bibliographie* angezeigt worden sind. Das *Deutsche Bücherverzeichnis* der

Deutschen Bücherei Leipzig wird für diesen Zeitraum nicht erscheinen, da es im wesentlichen dieselben Bücher nachweisen würde. Angezeigt werden Bücher, Zeitschriften und Karten, und zwar unabhängig von ihrer Erscheinungsform (Papierausgaben, Mikroformen, Dia- und Arbeitstransparentsammlungen und Tonträger) sowie Dissertationen und Habilitationsschriften. Zeitschriften sind nur verzeichnet bei Neuerscheinungen und wesentlichen Änderungen (z.B. Titeländerung, Erscheinen eingestellt u.ä.). Erschließung des alphabetischen Titelverzeichnisses durch ein Stich- und Schlagwortregister mit systematischer Übersicht der Schlagwörter. Entsteht durch Kumulierung von:

D 4769 Deutsche Nationalbibliographie und Bibliographie der im Ausland erschienenen deutschsprachigen Veröffentlichungen. **Reihe D:** Monographien und Periodika. Halbjahresverzeichnis. Frankfurt/M.: Buchhändler-Vereinigung, 1991ff.
Die Reihe D enthält in alphabetischer Ordnung alle in den Reihen A, B und C angezeigten Titel. Das alphabetische Titelverzeichnis wird durch ein Stich- und Schlagwortregister mit alphabetischer und systematischer Übersicht der Schlagwörter erschlossen. Entsteht durch Zusammenfassung der Reihen A, B und C von:

D 4770 Deutsche Nationalbibliographie und Bibliographie der im Ausland erschienenen deutschsprachigen Veröffentlichungen. Wöchentliches Verzeichnis. Frankfurt/M.: Buchhändler-Vereinigung, *(verschiedene Erscheinungsdaten)*.
Reihe A: Monographien und Periodika des Verlagsbuchhandels. 1991ff.
Reihe B: Monographien und Periodika außerhalb des Verlagsbuchhandels. 1991ff.
Die Reihen A und B erscheinen *wöchentlich* und enthalten die Titelaufnahmen für die Pflichtexemplare der in Deutschland verlegten Druckwerke und AV-Medien sowie für die deutschsprachigen Belegexemplare aus anderen Ländern. Die Titel sind nach 65 Sachgruppen gegliedert: Sachgruppen 51-58: Sprach- und Literaturwissenschaften (53: Deutsche Sprach- und Literaturwissenschaft); 59: Belletristik; 2: Buch- und Bibliothek; 3: Nachschlagewerke, Bibliographien; 6: Publizistik; 7: Kinder- und Jugendliteratur; 8: Comics, Cartoons, Karikaturen; 22: Erziehung, Bildung, Unterricht; 23: Schulbücher; 24: Berufsschulbücher; 25: Volkskunde, Völkerkunde; 48: Musik; 49: Theater, Tanz Film.
Gemeinsames Register (Verfasser-, Titel-, Schlagwort- und Stichwortregister, ISSN-/ISBN-Register, Verlagsregister für Reihe A); Monatsregister.
Reihe C: Karten. 1991ff.
Erscheint *vierteljährlich*. Verzeichnet in alphabetischer Ordnung Karten (innerhalb und außerhalb des Verlagsbuchhandels erschienen), die als Pflichtexemplare aus Deutschland und als deutschsprachige Belegexemplare aus anderen Ländern eingesandt wurden. Verfasser-, Titel-, Schlagwort- und Stichwortregister, ISSN-/ISBN-Register, Verlagsregister.
Reihe H: → D 4440.

Reihe N: Vorankündigungen Monographien und Periodika (CIP). 1991ff.
Erscheint *wöchentlich*. Der CIP-Dienst informiert mehrere Wochen vor Erscheinen eines neuen Titels Buchhandel und Bibliotheken. Gliederung in den 65 Sachgruppen der Reihen A und B. Verfasser-, Titel- und Stichwortregister, Verlagsregister.
Reihe M: Musikalien und Musikschriften. 1976ff.
Erscheint *monatlich*. Verzeichnet die beim Deutschen Musikarchiv Berlin und der Deutschen Bücherei Leipzig eingegangenen Musikalien aus Deutschland und anderen deutschsprachigen Ländern. Ab 1991 werden außerdem die schon in den Reihen A und B angezeigten Musikschriften nachgewiesen. Gliederung in elf Sachgruppen. Mehrere Register. Jahresregister.
Reihe T: Musiktonträger. 1974ff.
Erscheint *monatlich*. Verzeichnet die beim Deutschen Musikarchiv Berlin und der Deutschen Bücherei Leipzig eingegangenen Musiktonträger aus Deutschland und anderen deutschsprachigen Ländern. Gliederung in elf Sachgruppen. Mehrere Register. Jahresregister.
Reihe G: Fremdsprachige Germanica und Übersetzungen deutschsprachiger Werke. 1992ff.
Erscheint *vierteljährlich*. Fortsetzung der beiden früher von der Deutschen Bücherei Leipzig veröffentlichten Verzeichnisse *Bibliographie der Übersetzungen deutschsprachiger Werke* und *Bibliographie fremdsprachiger Germanica*. In den beiden nach Sachgruppen gegliederten Hauptteilen werden nur Monographien verzeichnet; einschlägige Zeitschriften werden einmalig in einem Fünfjahresverzeichnis aufgeführt. Verfasser-, Titel-, Schlagwort- und Stichwortregister sowie Sprachen- und Verlagsregister. Jahresregister.

D 4775 Die Titelaufnahmen der Reihen A, B, C, H und N sind ab Berichtsjahr 1966 bzw. 1972 auch in der Datenbank Der Deutschen Bibliothek (BIBLIODATA → H 130) gespeichert und dort abrufbar. Ab Berichtsjahr 1986 ist eine CD-ROM-Version der Daten verfügbar.

D 4780 Österreichische Bibliographie. Verzeichnis der österreichischen Neuerscheinungen. Bearb. von der Österreichischen Nationalbibliothek. Wien 1946ff.
Erscheint *halbmonatlich*. Verzeichnet Erscheinungen innerhalb und außerhalb des Buchhandels, gegliedert in Sachgruppen. Verfasser-, Stichwortregister (vierteljährliche und jährliche Kumulierung). Zusammenfassung der im Buchhandel erscheinenden Titel in den Mehrjahresverzeichnissen der *Deutschen Bibliographie* und der *Deutschen Nationalbibliographie*.

D 4790 Das Schweizer Buch. Le Livre suisse. Il Libro svizzero. Schweizerische Nationalbibliographie. Jg. 1 (1901)ff. Bern 1901ff.
Erscheint *halbmonatlich*. Verzeichnet Veröffentlichungen des Buchhandels und außerhalb des Buchhandels. Autoren- und Titelregister. Halbjahres- und Jahresregister.

D 4800 Bibliographie der deutschsprachigen Schweizerliteratur (BSL). Hrsg. von der Schweizerischen Landesbibliothek. Jg. 1ff. Bern 1976ff.

D 4810 Bibliographie luxembourgeoise. Jg. 1 (1945)ff. Luxembourg: Bibliothèque nationale, 1945ff.
Erscheint *jährlich*. Mit Nachträgen.

Zu den Nationalbibliographien anderer Länder → Allischewski (D 5170), Koppitz (D 5190) und Domay (D 5215).

Als wichtiges Nachschlagewerk bei der Titelermittlung dient auch:

D 4820 Verzeichnis lieferbarer Bücher (VLB). German Books in Print. Bücherverzeichnis im Autorenalphabet kumuliert mit Titel und Stichwortregister mit Verweisung auf den Autor. 7 Bde. Frankfurt/M.: Verlag der Buchhändler-Vereinigung (jährlich neu).
Erscheint jeweils im Herbst (mit Ergänzungsband im Frühjahr). Alphabetisch nach Autoren bzw. Sachtiteln geordnet. Verlagsanschriften. Verzeichnis der ISBN-Nummern. Durch frühzeitige Meldungen der Verlage wird bereits ein Teil der Neuerscheinungen der kommenden Monate angezeigt. Auch als CD-ROM-Edition. Erschließung durch:

D 4830 Verzeichnis lieferbarer Bücher (VLB). Subject guide to German books in print. Schlagwort-Verzeichnis. 6 Bde. Frankfurt/M.: Verlag der Buchhändler-Vereinigung (jährlich neu).

Auswählend bzw. ergänzend:

D 4850 Verzeichnis lieferbarer alternativer (anderer) Bücher (VLaB). Hrsg. von Rainer Breuer. Katalog zur Gegenbuchmesse. Konz: Edition Trèves (erscheint jährlich oder im Zweijahresrhythmus).

D 4860 Käsmayr, Benno (Hrsg.): Bücher, die man sonst nicht findet. Katalog der Minipressen. Gersthofen: Maro (erscheint im Zwei- oder Mehrjahresrhythmus).

D 4870 Guide to Microforms in print. Autor, Title. Edited by Barbara Hopkinson. München: Saur (jährlich neu).
Verzeichnet Bücher, die als Mikrofilm oder auf Mikrofiches lieferbar sind.

Zeitschriftenauswertung:

D 4910 Internationale Bibliographie der Zeitschriftenliteratur. Begr. von Felix Dietrich. Abt. A-C. Leipzig (seit 1946: Osnabrück): Dietrich, 1897-1964.

Umfangreiche Dokumentation der Zeitschriftenliteratur aus allen Gebieten des Wissens. Die rd. 335 Bde. erfassen einen Berichtszeitraum von über 100 Jahren. Erscheinungsverlauf und Anlage lassen es bei systematischer Suche ratsam erscheinen, sich näher mit dem Gesamtaufbau zu beschäftigen (vgl. Helmut Allischewski [→ D 5170] S. 341-354). *Durch die hohe Zahl der Nachträge muß in oft sechs bis acht Registern nachgeschlagen werden, um ein Jahr zuverlässig zu erfassen. Gliederung:*
D 4920 Abt. A: Bibliographie der deutschen Zeitschriftenliteratur mit Einschluß von Sammelwerken. 128 Bde., 20 Erg.-Bde., 6 ungez. Sonderbde. Leipzig 1897-1964 [*Nachdruck*: New York 1961-1962].
Erschien anfangs jährlich, dann *halbjährlich*. Berichtszeitraum: 1896-1944, 1947 bis 1964, mit Erg.-Bden. für die Zeit von 1895-1861. Verzeichnet Aufsätze und Beiträge von wissenschaftlichen oder fachlichem Charakter aus allen Wissensgebieten, die in deutschsprachigen Zeitschriften, Sammelwerken (Festschriften, Tagungsberichten, Aufsatzsammlungen [auch eines Verfassers]) und Zeitungsbeilagen erschienen sind. Ausgeschlossen blieben alle rein literarischen, unterhaltenden oder sonst nichtfachlichen Beiträge.
Ausgewertet wurden bis zu 5000 Periodika; Zahl der jährlich nachgewiesenen Aufsätze: bis zu 140000. *Aufbau*: Verzeichnis der ausgewerteten Zeitschriften, der Aufsätze (nach Schlagwörtern), der Verfasser (jeweils in alphabetischer Folge). Nachträge. Kumulierung der Register in Ansätzen (Sonderbde.); keine Kumulierung des Titelmaterials.
D 4930 Abt. A-Beilage: Verzeichnis von Aufsätzen aus deutschen Zeitungen. 31 Bde. 1908-1922;1928-1944 (die Lücke von 1923-1927 wird durch A geschlossen).
Erscheinungsweise wechselnd. Verzeichnet Aufsätze aller Wissensgebiete *von literarischen oder wissenschaftlichem Anspruch* aus den wichtigsten deutschsprachigen Zeitungen. Ausgewertet wurden zwischen 50 und 100 Zeitungen; Zahl der jährlich nachgewiesenen Aufsätze: bis zu 15000. Nur Jahressach- und Jahresverfasserregister (keine Kumulierungen).
D 4940 Abt. B: Bibliographie der fremdsprachigen Zeitschriftenliteratur. 22 Bde. 1911-1921/25. NF. 51 Bde. 1925-1964.
Erscheinungsweise wechselnd. Berichtszeitraum: 1911-1943, 1949-1964. Auswahl nach den gleichen Kriterien wie in Abt. A, nur daß hier die fremdsprachigen Periodika zugrunde gelegt werden. Ausgewertet wurden bis zu 3800 Zeitschriften, Sammelwerke und Zeitungen mit jährlich bis zu 125000 Verzeichnungen. Aufbau wie Abt. A.
D 4950 Abt. C: Bibliographie der Rezensionen und Referate. 77 Bde. 1900-1943.
Erscheinungsweise wechselnd. Berichtszeitraum: 1900-1943. Verzeichnet deutschsprachige, für die Berichtsjahre 1911-1919 und 1925-1943 auch fremdsprachige Rezensionen. Ausgewertet wurden bis zu 9000 Periodika mit bis zu 60000 jährlich nachgewiesenen Buchbesprechungen.

D 4960 Internationale Bibliographie der Zeitschriftenliteratur aus allen Gebieten des Wissens (IBZ). Hrsg. von Otto Zeller. Jg. 1ff. Osnabrück 1965ff.
Fortführung des "Dietrich" Abt. A und B. - Erscheinungsweise: *halbjährlich* (jeweils mehrere Bände). Berichtszeit: 1965ff. Auswahlkriterien wie bei "Dietrich" Abt. A (→

D 4920). Ausgewertet werden rd. 8000 Zeitschriften, Tagungsberichte und Sammelwerke der westlichen (z.T. auch des slawischen) Sprachkreise mit jährlich rd. 100000
Verzeichnungen. *Aufbau:* wie "Dietrich" Abt. A, jedoch enthält hier ab Jg.
5 auch das Verfasserverzeichnis die vollständige Titelaufnahme.

D 4965 Internationale Bibliographie der Zeitschriftenliteratur aus allen
Gebieten des Wissens (IBZ). Register der Schlagwörter 1975-1990.
Hrsg. von Otto und Wolfram Zeller. 3 Bde. Osnabrück 1991.

D 4970 Internationale Bibliographie der Rezensionen wissenschaftlicher
Literatur (IBR). Hrsg. von Otto Zeller. Jg. 1ff. Osnabrück 1971 ff.
Wiederaufnahme des "Dietrich" Abt. C. Erscheinungsweise wie IBZ, ebenso die Aus-
wahlkriterien. Rd. 2500 ausgewertete Periodika mit ca. 20000 jährlich nachgewiesenen
Rezensionen.

D 4980 Zeitungsindex. Verzeichnis wichtiger Aufsätze aus deutschsprachigen Zeitungen. Hrsg. von Willi Gorzny. Jg. 1ff. München: Saur,
1974ff. - Dazu Beihefte: Buchrezensionen H. 1ff. ebda. 1974ff.
Erscheinungsweise: *vierteljährlich.* Verzeichnet Artikel und Rezensionen, die nament-
lich gekennzeichnet sind. Ausgewertet werden rd. 20 deutschsprachige Tages- und
Wochenzeitungen von überregionaler Verbreitung. Jährlich ca. 20000 Verzeichnungen.
Jgg. 1982-1989 auch als CD-ROM-Edition.

D 4990 Arts & Humanities Citation Index (A&HCI). Jg. 1976ff. Phila-
delphia: Institute for Scientific Information, 1977ff.
Der A&HCI wertet laufend auf internationaler Ebene eine große Zahl von Zeitschriften
und sonstigen Periodika im Hinblick auf die in den Anmerkungen zitierten Publikationen aus. Der Gedanke, der hinter dieser Art von Literaturverzeichnung steht, ist der,
daß jede wissenschaftliche Veröffentlichung nicht ohne Zitate aus der zeitgenössischen
oder früheren Literatur auskommt und daß der Zitierzusammenhang in wissenschaftlichen Publikationen auch immer ein Sachzusammenhang ist. Durch diese Art der
Verzeichnung ergibt sich ein feinmaschiges Netz der Sacherschließung, wie es mit
konventionellen Formen nicht erreicht werden kann.
Bd. 1-2: Citation Index. Alphabetisches Verzeichnis der zitierten Literatur (Autor, Titel
[originalspr. oder engl.], zitierende Literatur [in kürzester Form]). Bd. 3: Source
Index. Corporate Index. Alphabetisches Verzeichnis der zitierenden Literatur (Autor,
Titel, Publikationsorgan, Liste der zitierten Literatur [mit Verweis auf Bd. 1-2]).
Corporate Index. Alphabetisches Verzeichnis der Institutionen, denen die Autoren der
zitierenden Literatur angehören. Bd. 4: Permuterm Subject Index. Alphabetisches
Verzeichnis kombinierter Sachbegriffe (auch Autorennamen) mit Verweis auf Bd. 3.
Ausführliche Benutzungsanleitung. - Als Datenbank → H 145.

8 BIBLIOTHEKSKATALOGE
SONSTIGE BESTANDSVERZEICHNISSE

D 5005 Bei älteren oder besonders seltenen Publikationen, die in den vorgenannten Bücherverzeichnissen nicht zu finden sind, erweisen sich oft die großen Bibliothekskataloge als unentbehrliche Helfer. Für Deutschland und Österreich ist ein Handbuch der historischen Buchbestände im Erscheinen bzw. in Vorbereitung. Bis zu dessen Fertigstellung können die großen Bibliothekskataloge der British Library, London, und der Bibliothèque National, Paris, insbesondere aber der National Union Catalogue, der u.v.a. auch die rd. 35 Mio. Bde. der Library of Congress verzeichnet, herangezogen werden.

D 5010 Handbuch der historischen Buchbestände in Deutschland. Hrsg. von Bernhard Fabian. Hildesheim: Olms-Weidmann, 1992ff.
Bis Frühjahr 1994: Bd. 3 (1992): NRW, A-I; Bd. 4 (1993): NRW, K-Z; Bd. 5 (1992): Hessen, A-L; Bd. 6 (1993): Hessen, M-Z; Rheinland-Pfalz, A-Z.- *In Vorber. für 1994ff.:* Bd. 1-2: Schleswig-Holstein, Bremen, Hamburg und Niedersachsen; Bd. 7-8: Baden-Württemberg und Saarland; Bd. 9-10: Bayern; Bd. 11: Berlin; Bd. 12: Mecklenburg-Vorpommern, Brandenburg, Sachsen-Anhalt; Bd. 13-14: Sachsen und Thüringen; Bd. 15-16: Gesamtregister.

D 5013 Handbuch der historischen Buchbestände in Österreich. Hrsg. von der ÖNB unter Leitung von Helmut W. Lang. Hildesheim: Olms-Weidmann, *in Vorber.*

D 5015 Handbuch deutscher historischer Buchbestände in europäischen Bibliotheken des nicht-deutschsprachigen Bereichs. Hrsg. von Bernhard Fabian. Hildesheim: Olms-Weidmann, *in Vorber.*

D 5020 The British Library Général Catalogue of Printed Books to 1975 (BLC). 360 vols. London 1980-1985.
Dazu Erg.-Bde. und Supplemente für 1976-1982, 50 vols. (1983); für 1982-1985, 26 vols. (1986); für 1986 bis 1987, 22 vols. (1988); für 1988-1989, 28 vols. (1990f.); für 1990 bis 1992, 27 vols. (in Vorber. für 1994). - Ersetzt den älteren *General Catalogue of printed books* des *British Museum.*

D 5030 Bibliothèque nationale (BN). Départements des imprimés. Catalogue général. Auteurs. 231 vols. Paris 1897-1981.
Enthält mit gleitender Berichtszeit die Erwerbungen bis 1959. - Fortführungen:

D 5040 Catalogue général des livres imprimés. 1960-1969. Paris 1973 bis 1978. - 1970-1979. Paris 1983-1985.
Weitere Aktualisierung als Mikrofiche-Katalog.

D 5060 The National Union Catalog. Pre-1956 imprints. 685 vols. London, Chicago 1968-1981.
Enthält rd. 13 Mio. Titel, die bis 1955 erschienen sind. Für 1956ff.:

D 5070 The National Union Catalog. A cumulativ author list representing Library of Congress printed cards and titles reported by other American Libraries. Vol. 1ff. Washington 1956ff.
Mehrere Kumulationen (auch auf Mikrofiches). Jährliche Aktualisierung auf Mikrofiches.

Auswertung der Bibliotheksbestände:

D 5100 Gebhardt, Walther: Spezialbestände in deutschen Bibliotheken. Bundesrepublik Deutschland einschl. Berlin (West). Im Auftrag der Deutschen Forschungsgemeinschaft bearb. Berlin, New York: de Gruyter, 1977.
Verzeichnet alphabetisch nach Orten rd. 870 Bibliotheken der Bundesrepublik und gibt Auskunft über Pflichtexemplare, Sondersammel- und Besondere Sammelgebiete sowie die Standorte von Depot- und Gelehrtenbibliotheken mit jeweiligen Spezialbeständen. Erschließung durch Begriffs-Konkordanz und Hauptregister.

D 5110 Fischer, Ludwig; Pforte, Dietger; Zerges, Kristina; Dunger, Hella (Hrsg.): Zur Archäologie der Popularkultur. Eine Dokumentation der Sammlungen von Produkten der Massenkunst, Massenliteratur und Werbung. Berlin: Univ.-Bibliothek der TU, 1979.
Verzeichnis der Archive, Museen, Bibliotheken und Privatsammler in der Bundesrepublik Deutschland (einschl. West-Berlins), die populäre Massenliteratur (Heftromane, Comics u. ä.), Massenkunst (Gebrauchsgraphik, Buch- und Schallplattencover, Ansichtskarten, Kalender, Nippes usw.), Firmenwerbung (Plakate, Firmenfestschriften, Hörfunk-Werbespots usw.) und Werbung außerhalb der Warenwirtschaft (Flugblätter, Theaterzettel, Parteienwerbung usw.) sammeln. Erläuternde Studien zur Dokumentation sind beigefügt. Erschließung durch mehrere Register.

D 5120 Roob, Helmut: Sondersammlungen in Bibliotheken der DDR. Ein Verzeichnis. Berlin: Methodisches Zentrum für wissenschaftliche Bibliotheken beim Minister für Hoch- und Fachschulwesen, 1975.

→ C 2370.

9 BIBLIOGRAPHIEN DER BIBLIOGRAPHIEN
(Metabibliographien)

D 5160 Umfassende Informationen über bibliographische Hilfsmittel bieten die *Bibliographien der Bibliographien*. Aus der Vielzahl dieser Meta-Bibliographien wurde eine kleine Auswahl getroffen, um Nachschlagemöglichkeiten für Problemfelder, die in diesem Handbuch nicht erfaßt sind, aufzuzeigen. Spezielle Bibliographie germanistischer Bibliographien: → D 5280.

9.1 EINFÜHRENDE UND ABGESCHLOSSENE VERZEICHNISSE

D 5170 Allischewski, Helmut: Bibliographienkunde. Ein Lehrbuch mit Beschreibungen von mehr als 200 Druckschriftenverzeichnissen und allgemeinen Nachschlagewerken. 2. Aufl. Wiesbaden: Reichert, 1986.
Verzeichnet rd. 200 Bibliographien und verwandte Nachschlagewerke mit sehr genauer Beschreibung und Benutzungsanleitung. Als Wegweiser bei der systematischen Ausschöpfung großer und kompliziert aufgebauter Bibliographien unentbehrlich.

D 5180 Allischewski, Helmut: Abbildungen zur Bibliographienkunde. Abbildungen aus Katalogen und Bibliographien, zur Einführung in die Probleme der Erschließung und Ordnung in Druckschriftenverzeichnissen ausgewählt und erläutert. 2., neubearb. und erw. Aufl. Wiesbaden: Reichert, 1986.

D 5190 Koppitz, Hans-Joachim: Grundzüge der Bibliographie. München: Saur, 1977.
Verzeichnis der wichtigsten Allgemein- und Spezialbibliographien aus allen Wissensbereichen mit kurzen Annotationen. Register.

D 5200 Totok, Wilhelm; Weitzel, Rolf: Handbuch der bibliographischen Nachschlagewerke. 6., neubearb. Aufl. Hrsg. von Hans-Jürgen und Dagmar Kernchen. 2 Bde. Frankfurt/M.: Klostermann, 1984-1985.
Bewährtes, auswählendes Verzeichnis der Allgemein- (Bd. 1) und Fachbibliographien (Bd. 2).

D 5210 Besterman, Theodore: A World bibliography of bibliographies and of bibliographical catalogues, calendars, abstracts, digests, indexes, and the like. 4. ed. 5 vols. Genf 1965-1966. [Nachdruck: Totowa, New Jersey 1971].
Verzeichnet selbständig erschienene Bibliographien ohne nationale Eingrenzung unter fast 16000 alphabetisch geordneten Schlagwörtern (auch Personennamen). Bd. 1-4: mit rd. 117000 Titel; Bd. 5: Index. - Fortgeführt u.d. gleichen Titel von:

D 5211 Toomey, Alice F.: A World bibliography of bibliographies [...].
1964-1974. 2 vols. Totowa, New Jersey: Rowman and Littlefield, 1977.
Bd. 1: A-J; Bd. 2: K-Z.

D 5212 Internationale Bibliographie der Bibliographien 1959-1988.
Hrsg. von Hartmut Walravens. Bearb. von Michael Peschke. Bd. 1ff.
München: Saur, 1994ff.
Monumentales, auf 16 Bde. angelegtes Werk, das rd. 110000 Bibliographien verzeichnen und ab 1994 erscheinen soll. Vorgesehen sind Verfasser-, Titel- und Sachregister.

D 5215 Domay, Friedrich: Bibliographie der nationalen Bibliographien.
Stuttgart: Hiersemann, 1987.
Umfangreiche Beschreibung nationaler Bibliographien und ihrer Vorläufer in 130
Ländern. Rd. 3000 Titel- und Literaturnachweise.

D 5220 Guide to Reference Books. 10th Edition. Edited by Eugene P.
Sheely. Chicago, London: American Library Ass., 1986.
Verweist auf Bibliographien, Lexika und Handbücher aus allen Gebieten des Wissens
(mit kurzen Annotationen). Index.

D 5230 Bibliographie der versteckten Bibliographien aus deutschsprachigen Büchern und Zeitschriften 1930-1953. Bearb. von der Deutschen
Bücherei. Leipzig 1956 (Sonderbibliographien der Dt. Bücherei, 3)
[*Nachdruck*: Ebd. 1983].
Enthält nur bibliographisch unselbständig erschienene Literaturverzeichnisse. Fortführung (unter Einbezug auch der selbständig erschienenen Bibliographien):

D 5240 Bibliographie der deutschen Bibliographien. Jahresverzeichnis
der selbständig erschienenen und der in deutschsprachigen Büchern und
Zeitschriften enthaltenen versteckten Bibliographien. Bearb. von der
Deutschen Bücherei. Jg. 1-12 (1954-1965). Leipzig 1957-1969.
Fortführung: D 5250.

9.2 LAUFENDE VERZEICHNISSE

D 5250 Bibliographie der Bibliographien. Monatliches Verzeichnis.
Bearb. und hrsg. von der Deutschen Bücherei. Leipzig 1966-1990.
Jg. 1-6 u.d.T.: Bibliographie der deutschen Bibliographien. Nach Sachgruppen und
jeweils vier Formalgruppen geordnet. Sachregister mit jährlicher Kumulation. - *Fortführung:*

D 5251 Bibliographie der Bibliographien. Jahresverzeichnis selbständig und unselbständig erschienener Bibliographien. Bearb. und hrsg. von Der Deutschen Bibliothek. Jg. 1 (1990/91)ff. Frankfurt/M. 1992ff.
Nach Sachgruppen geordnet. Schlagwortregister.

D 5260 The bibliographic Index. A cumulation bibliography of bibliographies. Vol. 1 (1937)ff. New York 1938ff.
Verzeichnet nach Schlagworten alphabetisch angeordnet selbständig und unselbständig erschienene Bibliographien.

D 5270 Bibliographische Berichte. Bibliographical Bulletin. Für das Deutsche Bibliographische Kuratorium hrsg. von Erich Zimmermann. - Ab 12 (1970) von der Staatsbibliothek Preußischer Kulturbesitz hrsg. Jg. 1-29. Frankfurt 1959-1987. - *Eingestellt*.
Systematisch geordnetes Verzeichnis selbständiger und unselbständiger Bibliographien. *Gesamtregister:* Jg. 1-5 (1959-1963) 1966; 6-10 (1964-1968) 1970; 11-29 (1969-1987) 1989.

D 5280 Paschek, Carl: Bibliographie germanistischer Bibliographien. Beschreibendes Auswahlverzeichnis germanistischer Sach- und Personalbibliographien. Folge 1 (1976)ff. In: Jahrbuch für Internationale Germanistik 9, 1977, H. 1ff. [→ E 810].
Erscheint *ein- bis zweimal jährlich*. Verzeichnet selbständig und unselbständig sowie versteckt erschienene Bibliographien zum Gesamtgebiet der Germanistik unter Auswertung von Monographien, Sammelbänden, Festschriften, Forschungsberichten und Zeitschriften.

Bibliographien der Personalbibliographien → D 2020ff.

TEIL E: ZEITSCHRIFTEN UND ZEITUNGEN

E 10 Um unselbständig erscheinendes Schrifttum bis in die unmittelbare Gegenwart hinein erfassen zu können, zieht man die Zeitschriften heran (→ Teil A). Sie sind ein wesentliches Instrument wissenschaftlicher Kommunikation. Durch regelmäßige Durchsicht der wichtigsten Periodika verschafft man sich einen Überblick über den neuesten Forschungsstand (zur Zeitschriftenauswertung → auch D 360-390, D 420, D 4960). - Mit ihrem Rezensionenteil und ihren Verzeichnissen eingetroffener Bücher erfüllen sie wichtige bibliographische Aufgaben und sind auch von daher wesentliche Informationsträger. - Die literarischen Zeitschriften vermitteln einen Überblick über Tendenzen und Strömungen der Gegenwartsliteratur.

E 20 Im folgenden werden literarische (→ E 400ff.), literaturwissenschaftliche (→ E 610ff.), literaturdidaktische (→ E 1710ff.), theaterwissenschaftliche (→ E 1800ff.), medienkundliche (→ E 1860ff.), allgemeine Kultur-Zeitschriften (→ E 1900ff.) sowie Tages- und Wochenzeitungen mit relevantem Literaturteil (E 2110ff.) in Auswahl vorgestellt. Der Zugang zu weiteren Titeln wird über die Zeitschriftenverzeichnisse (→ E 30ff.) ermöglicht.

1 ZEITSCHRIFTENVERZEICHNISSE

1.1 VERZEICHNISSE FACHSPEZIFISCHER ZEITSCHRIFTEN

E 30 Diesch, Carl: Bibliographie der germanistischen Zeitschriften. Leipzig: Hiersemann, 1927 (Bibliographical Publications, 1 [*Nachdruck*: Stuttgart: Hiersemann, 1970]).
Verzeichnet über 4600 Zeitschriften, wobei der Begriff *germanistisch* sehr weit gefaßt ist. Es wurden nicht nur wissenschaftliche, sondern auch unterhaltende und satirische Blätter aufgenommen, ebenso die Theaterzeitschriften und fremdsprachige Zeitschriften. Unverzichtbares Nachschlagewerk für den Zeitraum vom ausgehenden 17. Jahrhundert bis 1926.

E 40 Zeitschriftenverzeichnis Germanistik/Linguistik. Bestände der Sondersammelgebietsbibliothek. Frankfurt/M.: Stadt- und Universitätsbibliothek, (in unregelmäßigen Abständen neu).
Verzeichnet Zeitschriften aus den Fachgebieten: Allgemeine und Vergleichende Sprachwissenschaft, Allgemeine und Vergleichende Literaturwissenschaft, Germanistik allgemein, Indogermanistik, Niederlandistik, Skandinavistik, Literarische Zeitschriften, allgemeine und internationale Kulturzeitschriften. Ergänzend einbezogen wurden: allgemeine wissenschaftliche Zeitschriften, Zeitschriften von Universitäten und anderen wissenschaftlichen Institutionen, Zeitschriften aus den Bereichen Buchhandel, Buch- und Bibliothekswesen, Regionalzeitschriften. Alle aufgenommenen Zeitschriften sind in

der Stadt- und Universitätsbibliothek Frankfurt/M. (Sondersammelgebiet: Germanistik) vorhanden und ggf. über den Leihverkehr der Bibliotheken zu erhalten.

E 60 Kuhles, Doris: Deutsche literarische Zeitschriften von der Aufklärung bis zur Romantik. Bibliographie der kritischen Literatur von den Anfängen bis 1990. Hrsg. von der Stiftung Weimarer Klassik. 2 Bde. München: Saur, 1993.

E 70 Wilke, Jürgen: Literarische Zeitschriften des 18. Jahrhunderts. 1688 bis 1789. 2 Bde. Stuttgart: Metzler, 1978 (Sammlung Metzler, 174-175).
Bd. 1: Grundlegung: Zur Geschichte der Zeitschrift im 17. und 18. Jh. und zu ihrer Rolle im literarischen Leben. Erscheinungsmerkmale. Namen-, Titelregister. Bd. 2: Repertorium: Systematisch gegliedertes Verzeichnis mit Kurzcharakteristiken und Standortnachweisen. Namen-, Titelregister.

E 80 Köhring, Hans: Bibliographie der Almanache, Kalender und Taschenbücher für die Zeit von ca. 1750-1860. (Privatdruck) Hamburg 1929 [nicht vollständig]. - *Nachdruck:* Bad Karlshafen 1987.

E 85 Mix, York-Gothart: Die deutschen Mulsenalmanache des 18. Jahrhunderts. München: Beck, 1987.

E 90 Hocks, Paul; Schmidt, Peter: Index zu deutschen Zeitschriften der Jahre 1773-1830. Abt. I. 3 Bde.: Zeitschriften der Berliner Spätaufklärung. Nendeln: KTO, 1979.
Inhaltlich erschlossene Zeitschriftenbibliographie; wertet 14 Zeitschriften aus und verzeichnet alle Beiträge mit Verfasser und Titel. Erschließung durch Namen- und Gattungsregister (Bd. 2) sowie Stichwortregister (Bd. 3). Die nächsten Abteilungen erfassen die Zeitschriften der deutschen Klassik und Romantik, die politischen Zeitschriften der Jahre 1788-1799 und Wielands *Teutschen Merkur*.

E 100 Hocks, Paul; Schmidt, Peter: Literarische und politische Zeitschriften 1789-1805. Stuttgart: Metzler, 1975 (Sammlung Metzler, 121).
Verzeichnet mit Kurzcharakteristiken eine überschaubare Anzahl von Zeitschriften aus dem Umkreis der Weimarer Klassik, der revolutionären Demokraten, der politischen Liberalen, der Berliner Spätaufklärung, der Klassik und Frühromantik. Register der Zeitschriften, Herausgeber und Redakteure.

E 110 Pissin, Raimund: Almanache der Romantik. Berlin: Behr, 1910 (Bibliographisches Repertorium, 5 [*Nachdruck:* Hildesheim, New York: Olms, 1970]).
Beschreibendes Verzeichnis mit Inhaltsangaben von 19 Almanachen. Nachträge, Berichtigungen. Autoren-, Sachregister.

E 120 Estermann, Alfred: Die deutschen Literatur-Zeitschriften 1815 bis 1850. Bibliographien, Programme, Autoren. 2., überarb. und verb. Aufl. 11 Bde. München: Saur, 1991.
Verzeichnet rd. 2200 Zeitschriften des Zeitraums mit Programm-Dokumentation, Autoren-Repertorium und Standorthinweisen. Anordnung der Zeitschriften nach Erscheinungsbeginn (ab 1645ff), innerhalb der kleineren Zeiträume alphabetisch. Erfaßt wurden rd. 60000 Autoren, deren Texte im obigen Zeitraum in den Literaturzeitschriften erschienen sind. Noch keine Feinerschließung des Inhalts. Bd. 9-10: Register. Bd. 11: Bibliographische Beiträge zur deutschen Literaturkritik in der ersten Hälfte des 19. Jh's (Katalog von rd. 4260 Rezensionen zu 110 Autoren des Grundwerks; Register der Rezensenten und der Zeitschriften).

E 121 Estermann, Alfred: Die deutschen Literatur-Zeitschriften 1850 bis 1880. Bibliographien - Programme. 5 Bde. München u.a.: Saur, 1988 bis 1989.
Erfaßt 2953 Zeitschriften, alphabetisch nach Titeln geordnet. Register in Bd. 5.

E 125 Obenaus, Sybille: Literarische und politische Zeitschriften 1830 bis 1848. Stuttgart: Metzler, 1986 (Sammlung Metzler, 225).

E 126 Obenaus, Sybille: Literarische und politische Zeitschriften 1848 bis 1880. Stuttgart: Metzler, 1987 (Sammlung Metzler, 229).
Kurzcharakteristiken mit Informationen über publizistische Ziele, ökonomische Faktoren, Mitarbeiter, Publikum und Rezeption.

E 130 Laakmann, Dagmar; Tgahrt, Reinhard: Literarische Zeitschriften und Jahrbücher 1880-1970. Verzeichnis der im Deutschen Literaturarchiv erschlossenen Periodika. Marbach: Dt. Literaturarchiv, 1972 (Dt. Literaturarchiv. Verzeichnisse, Berichte, Informationen, 2).
Alphabetisches Titelverzeichnis der in Marbach *inhaltlich erschlossenen* Zeitschriften und Jahrbücher. Chronologische Übersicht, Personenregister. Angaben zu Fundorten teilerfaßter, in Marbach nicht vorhandener Zeitschriften.

E 135 Dietzel, Thomas; Hügel, Hans-Otto: Deutsche literarische Zeitschriften. 1880-1945. Ein Repertorium. Hrsg. vom Deutschen Literaturarchiv Marbach am Neckar. 5 Bde. München u.a.: Saur, 1988.
Erfaßt 3341 Titel, die alle kommentiert werden. Standortangaben. Erschließung über mehrere Register: Herausgeber und Redakteure, Beiträger, Verlage, Orte, Systematische Einordnung.

E 140 Schlawe, Fritz: Literarische Zeitschriften (Teil I) 1885-1910. 2. Aufl. Stuttgart: Metzler, 1965 (Sammlung Metzler, 6).
Verzeichnet mit Kurzcharakteristiken eine Auswahl der literarischen, literarisch-künstlerischen, politisch-literarischen und literarisch-weltanschaulichen Zeitschriften und

Theaterblätter. Standortangaben. Zeitschriften-, Herausgeber-, Autorenregister. - *Fortführung:*

E 150 Schlawe, Fritz: Literarische Zeitschriften (Teil II) 1910-1933. 2. Aufl. Stuttgart: Metzler, 1973 (Sammlung Metzler, 24).

E 160 Raabe, Paul: Die Zeitschriften und Sammlungen des literarischen Expressionismus. Repertorium der Zeitschriften, Jahrbücher, Anthologien, Sammelwerke, Schriftenreihen und Almanache 1910-1921. Stuttgart: Metzler, 1964 (Repertorien zur deutschen Literaturgeschichte, 1).
Kurzcharakteristiken von rd. 180 Publikationsorganen (mit Standortnachweisen) unter Angabe der Beiträger. Register der Titel, Herausgeber und Schriftleiter, Mitarbeiter, bildenden Künstler und Musiker, erwähnten Personen, Verlage. - *Inhaltserschließung:* → D 1180.

E 170 Maas, Liselotte: Handbuch der deutschen Exilpresse 1933 bis 1945. 4 Bde. München: Hanser, 1979-1990 (Sonderveröffentlichungen der Deutschen Bibliothek, 2, 3, 9).
Bd. 1-2 (1979): Alphabetisches Verzeichnis von über 400 Zeitschriften mit Angabe von Untertitel, Herausgeber, Redaktion, Erschließungsort, -zeit und -weise sowie der Autoren. Bd. 3 (1979): Nachträge, Korrekturen, Register der Namen und Pseudonyme, Korporationen, Länder und Orte. Bd. 4 (1990): Die Zeitungen des deutschen Exils in Europa von 1933 bis 1939 in Einzeldarstellungen (Beschreibung von rd. 100 Periodika, von aperiodischen Mitteilungen, Informationsdiensten politischer Parteien u.ä.).

→ B 2100, Bd. 4.

E 180 Halfmann, Horst: Zeitschriften und Zeitungen des Exils 1933 bis 1945. Bestandsverzeichnis der Deutschen Bücherei. 2., ergänzte und erweiterte Aufl. Leipzig: Dt. Bücherei, 1975 (Bibliographischer Informationsdienst der Dt. Bücherei, 19).
Alphabetisches Verzeichnis der Periodika; Länder-, Namenregister.

E 185 Huß-Michel, Angela: Literarische und politische Zeitschriften des Exils. 1933-1945. Stuttgart: Metzler, 1987 (Sammlung Metzler, 238).
Kurzcharakteristiken von 60 Zeitschriften.

E 190 Fischer, Bernhard; Dietzel, Thomas: Deutsche Literarische Zeitschriften 1945-1970. Ein Repertorium. Hrsg. vom Deutschen Literaturarchiv Marbach am Neckar. 4 Bde. München u.a.: Saur, 1992.
Erfaßt 1331 Titel (Bd. 1-3), in alphabetischer Ordnung. Register in Bd. 4 (Herausgeber und Redakteure, Beiträger, Verlage, Orte, Einordnung).

E 195 King, Janet K.: Literarische Zeitschriften 1945-1970. Stuttgart: Metzler, 1974 (Sammlung Metzler, 129).

Beschreibendes Verzeichnis ausgewählter Zeitschriften der vier Besatzungszonen bzw. der Bundesrepublik, der DDR und weiterer deutschsprachiger Länder. Register der Zeitschriften, Herausgeber und Redakteure.

E 200 Prokop, Hans T.: Österreichs literarische Zeitschriften 1945 bis 1970. In: Literatur und Kritik 5, 1970, S. 621-631.

E 210 Verzeichnis deutschsprachiger Literaturzeitschriften 1989/90. Begr. von G. Emig. Hrsg. vom Literarischen Informationszentrum Josef Wintjes. Bottrop 1989.

Aktuelle Auskünfte erteilt:

E 220 Literarisches Informationszentrum Josef Wintjes, Böckenhoffstr. 7, D-46236 Bottrop. - Tel.: 02041-20568.

1.2 VERZEICHNISSE ALLGEMEINER ZEITSCHRIFTEN UND ZEITUNGEN

E 230 Bibliographie der Zeitschriften des deutschen Sprachgebietes bis 1900. Hrsg. von Joachim Kirchner. 4 Bde. Stuttgart: Hiersemann, 1969ff.
Nach Sachgebieten und innerhalb der Sachgebiete chronologisch geordnete Bibliographie von großer Vollständigkeit (rd. 21000 Titel). - Mit Standortnachweisen. - Gliederung: Bd. 1 (1969): Von den Anfängen bis 1830; Bd. 2 (1977): Von 1831 bis 1870; Bd. 3 (1977; bearb. von Hans Jessen): Von 1871-1900; Bd. 4, 1 (1989; bearb. von Edith Chorherr): Alphabetisches Titelregister; Bd. 4, 2 (in Vorber. für 1995): Namenregister, Sachregister, Verzeichnis der Druck- und Verlagsorte; Index der Körperschaften.

E 235 Zeitschriftenindex. Autoren-, Schlagwort- und Rezensionenregister zu deutschsprachigen Zeitschriften 1750-1815. Im Auftrag der Akademie der Wissenschaften zu Göttingen erstellt von einer Arbeitsgruppe unter Leitung von Klaus Schmidt. Rd. 100 Microfiches. Hildesheim: Olms, 1989ff. Buchausgabe: 10 Bde. Ebd. (in Vorber.)
Erschließung von rd. 200 Zeitschriften des angesprochenen Zeitraums. Auswertung von rd. 100000 Artikeln und Schlagwortvergabe nach Lektüre (nicht nur nach Überschriften).

E 240 Bogel, Else; Blühm, Elger: Die deutschen Zeitungen des 17. Jahrhunderts. Ein Bestandsverzeichnis mit historischen und bibliographischen Angaben. 3 Bde. Bremen: Schünemann, 1971-1985 (Studien zur Publizistik, Bremer Reihe, 17).

Bd. 1: Bestandsverzeichnis mit Titel-, Namen-, Druckort-, Fundortregister; Bd. 2: Abbildungen; Bd. 3: Nachtrag.

E 245 Henkel, Martin; Taubert, Rolf: Die deutsche Presse 1848-1850. Eine Bibliographie. München u.a.: Saur, 1986 (Deutsche Presseforschung, 25).
Nach Ländern geordnet. Mehrere Register.

E 250 Deutsche Bibliographie. Zeitschriften-Verzeichnis 1945-1985. Bearb. und hrsg. von der Deutschen Bibliothek. Frankfurt/M.: Buchhändlervereinigung, 1958-1989.
Wechselnde Titel. - Systematisch geordnetes Verzeichnis aller im Wöchentlichen Verzeichnis (→ D 4760) angezeigten deutschen und im Ausland erschienenen deutschsprachigen Zeitschriften und zeitschriftenartigen Reihen. Erschließung durch mehrere Register. Gliederung: 1945-1952 (1958); 1953-1957 (1967); 1958-1970 (1980); 1971 bis 1976 (3 Bde. 1977); 1977-1980 (2 Bde. 1982); 1981-1985 (2 Bde. 1989). - *Fortführung* als Fünfjahresverzeichnis geplant.

Zeitschriften-Datenbank → H 133 (mit Standortnachweisen).

E 270 Stamm. Leitfaden durch Presse und Werbung. Presse- und Medienhandbuch. Nachweis und Beschreibung periodischer Druckschriften sowie aller Werbemöglichkeiten in Deutschland und der wichtigsten im Ausland. Essen: Stamm (jährlich neu).
Umfassendes, für die Werbung gedachtes Verzeichnis von Zeitungen und Zeitschriften. Jährliche Aktualisierung. Angabe der Preise und der Auflagenhöhe.

E 275 Deutschsprachige Zeitschriften. Deutschland, Österreich, Schweiz und internationale Zeitschriften mit deutschen Beiträgen. Marbach: Verlag der Schillerbuchhandlung (jährlich neu).
Enthält in Teil I ein alphabetisches Titelverzeichnis mit Angaben des jeweiligen Verlages, der Erscheinungsweise und des Preises. Teil II: Register der Fachzeitschriften nach Sachgebieten.

E 280 Verzeichnis der Alternativmedien. Zeitschriften/Zeitungen, Radioinitiativen, Videogruppen, Mailboxen. Hrsg. von ID-Archiv. Amsterdam: Edition ID-Archiv (jährlich neu).

Verzeichnis internationaler Zeitschriften und Zeitungen:

E 290 Ulrich's International Periodicals Directory. 32nd ed. 1993/94. 5 vols. and suppl. New Providence (N.J.): Bowker, 1993.

Standortnachweise für Zeitungen:

E 300 Hagelweide, Gert: Deutsche Zeitungsbestände in Bibliotheken und Archiven. Hrsg. von der Kommission für Geschichte des Parlamentarismus und der politischen Parteien und dem Verein Deutscher Bibliothekare e.V. Düsseldorf: Droste, 1974 (Bibliographien zur Geschichte des Parlamentarismus und der politischen Parteien, 6).
Erfaßt über 2000 deutsche Zeitungen für die Zeit von 1700-1969, geordnet nach Erscheinungsorten innerhalb der Grenzen von 1939 unter Angabe der jeweiligen Standorte. Titelregister, Besitznachweis nach Standorten.

E 310 Internationale Zeitungsbestände in Deutschen Bibliotheken. Ein Verzeichnis von 18000 Zeitungen, Amtsblättern und zeitungsähnlichen Periodika mit Besitznachweisen und geographischem Register. Hrsg. von der Staatsbibliothek zu Berlin - Preußischer Kulturbesitz. 2. Aufl. München: Saur, 1993.

Hilfsmittel zur Auflösung von Abkürzungen:

E 320 Leistner, Otto: Internationale Titelabkürzungen von Zeitschriften, Zeitungen, wichtigen Handbüchern, Wörterbüchern, Gesetzen usw. 2. Aufl. Osnabrück: Biblio-Verlag, 1977.

2 LITERARISCHE ZEITSCHRIFTEN

E 400 Da der Markt literarischer Zeitschriften sehr stark fluktuiert, werden hier nur wenige überregional bekannte Titel angegeben. Zur weiteren Information → E 210, C 370, C 639.

E 410 Akzente. Zeitschrift für Literatur. Jg. 1ff. München: Hanser, 1954ff.
EW: 6 Hefte *pro Jahrgang.* - I: Literarische Texte (ohne nationale Eingrenzung), Essays. - **Hrsg.**: Michael Krüger.

E 420 Alternative. Zeitschrift für Literatur und Diskussion (ab Jg. 7ff.). Jg. 1ff. Berlin: Alternative-Verlag, 1958ff.
EW: 6 Hefte *pro Jahrgang.* - I: Literarische Texte, Aufsätze zu Literatur, Literaturtheorie, Bildung, Dokumentationen. Hefte meist mit Themenbindung. - **Hrsg.**: Hildegard Brenner.

E 430 Forum der Schriftsteller/des écrivains. Jg. 1 (1987)ff. Aarau: Sauerländer, 1988ff.
EW: 1 Bd. *pro Jahr.* - I: Aufsätze und Berichte zur Schweizer Literatur und zum schweizerischen literarischen Leben. Jahreschronik (*Cronica*). Neuerscheinungen/Vient de paraître. - **Hrsg.**: Schweizerischer Schriftstellerinnen- und Schriftsteller-Verband.

E 440 Die Horen. Zeitschrift für Literatur, Grafik und Kritik. Bremer-
haven: Die Horen im Wirtschaftsverlag, 1955ff.
EW: 4 Hefte *pro Jahr*. - **I:** Lyrik, Kurzprosa, Essays, Berichte, *Rezensionen*. - **Hrsg.:**
Kurt Morawietz.

E 450 Insel-Almanach. Jg. 1ff. Frankfurt: Insel, 1906ff.
EW: 1 Bd. *pro Jahr*. - **I:** Themengebundene Bände, meist einem Autor gewidmet.

E 480 Konzepte. Zeitschrift für eine junge Literatur. H. 1 (1985)ff.
EW: *halbjährlich*. - **I:** Literarische Texte junger deutschsprachiger Autorinnen und
Autoren. Interviews, Berichte, *Rezensionen*. - **Hrsg.:** Bundesverband junger Autoren
und Autorinnen e.V. (BVJA).

E 490 Literatur und Kritik. Österreichische Monatsschrift. Jg. 1ff. Salzburg: Müller, 1966 ff.
EW: 10 Hefte *pro Jahrgang*. - **I:** Literarische Texte, Essays, Aufsätze zur deutschsprachigen Gegenwartsliteratur, Interviews, *Rezensionen*. - **Hrsg.:** Karl Markus Gauß,
Arno Kleibel.

E 510 Luchterhand Jahrbuch der Lyrik. 1984ff. Darmstadt: Luchterhand, 1984ff. (Sammlung Luchterhand).
EW: 1 Bd. *im Jahr*. - **I:** Bislang ungedruckte Gedichte. - **Hrsg.:** Christoph Buchwald
u.a.

E 520 Manuskripte. Zeitschrift für Literatur. Jg. 1ff. Graz: Forum
Stadtpark, 1961ff.
EW: 4 Hefte *im Jahr*. - **I:** Literarische Texte, Bildbeiträge. - **Hrsg.:** Alfred Kolleritsch,
Günter Waldorf.

E 530 Neue deutsche Literatur. Monatsschrift für deutschsprachige Lite-
ratur und Kritik. Bd. 1ff. Berlin, Weimar: Aufbau, 1953 ff.
EW: Monatlich. - **I:** Literarische Texte, Essays, Gespräche mit Schriftstellern,
Dokumentationen. - **Hrsg.:** Redaktion beim Verlag.

E 540 [Die] Neue Rundschau. Bd. 1ff. Berlin: S. Fischer, 1890ff.
EW: 4 Hefte *pro Jahrgang*. - **I:** Literarische Texte, Essays, Aufsätze, *Rezensionen*.

E 545 Orte. Eine Schweizer Literaturzeitschrift. Jg. 1ff. Zürich: Bucher,
1974ff.
EW: 5 Hefte *im Jahr*. - **I:** Literarische Texte junger Autoren und Autorinnen, *Besprechungen*, Mitteilungen aus dem literarischen Leben. - **Hrsg.:** Werner Bucher.

E 550 Passauer Pegasus. Zeitschrift für Literatur. Jg. 1ff. Passau
1983ff.

EW: 2 Hefte *pro Jahrgang*. - **I:** Literarische Texte, Essays, Rezensionen. Gelegentlich Themenhefte. - **Hrsg.:** Karl Krieg, Nicolai Riedel u.a.

E 555 Protokolle. Zeitschrift für Literatur und Kunst. Jg. 1ff. Wien: Jugend und Volk, 1966ff.
EW: 2 Hefte *pro Jahrgang*. - **I:** Literarische Texte, Essays, Berichte, Reproduktionen. - Gesamtverzeichnis 1966-1992 in Heft 2/1993. - **Hrsg.:** Otto Breicha.

E 560 Sinn und Form. Beiträge zur Literatur. Jg. 1ff. Berlin: Rütten u. Loening, 1949ff.
EW: 6 Hefte *pro Jahrgang*. - **I:** Literarische Texte, Essays, Diskussionsbeiträge, Interviews, *Rezensionen*. - **Hrsg.:** Akademie der Künste Berlin.

3 LITERATURWISSENSCHAFTLICHE ZEITSCHRIFTEN (EINSCHL. KOMPARATISTIK)

E 610 Amsterdamer Beiträge zur älteren Germanistik. Jg. 1ff. Amsterdam: Rodopi, 1972ff.
EW: 1-2 Bde. *pro Jahr.* - **I:** Aufsätze zum Bereich der älteren Germanistik, auch der übrigen germanischen Sprachen und Literaturen. *Rezensionen.* - **Hrsg.:** Arend Quak, Paula Vermeyden.

E 620 Amsterdamer Beiträge zur neueren Germanistik. Jg. 1ff. Amsterdam: Rodopi, 1972ff.
EW: Zunächst in zwangloser Folge, ab 1979 1-2 (gelegentlich auch mehr) Hefte im Jahr mit jeweils fest umrissenen Themen. - **I:** Aufsätze und kleine Beiträge zur neueren deutschsprachigen Literatur und Literaturwissenschaft. - **Hrsg.:** Gerd Labroisse.

E 625 Arbitrium. Zeitschrift für Rezensionen zur germanistischen Literaturwissenschaft. Jg. 1ff. München: Beck (Jg. 7ff.: Tübingen: Niemeyer), 1983ff.
EW: 3 Hefte *pro Jahr.* - **I:** Ausführliche *Rezensionen* und Kurzbesprechungen zum Gesamtbereich der deutschen Literaturwissenschaft und angrenzender Gebiete, auch von Gegenwartsliteratur. Verzeichnis eingesandter Bücher. Mitteilungen und Informationen aus der internationalen Germanistik. - **Hrsg.:** Wolfgang Frühwald, Wolfgang Harms.

E 630 Arcadia. Zeitschrift für Vergleichende Literaturwissenschaft. Jg. 1ff. Berlin, New York: de Gruyter, 1966ff.
EW: 4 Hefte *pro Jahrgang*. - **I:** Aufsätze, Miszellen, Literatur- und Tagungsberichte. *Rezensionen.* - **Hrsg.:** Maria Moog-Grünewald, Jürgen Wertheimer.

E 640 Archiv für das Studium der neueren Sprachen und Literaturen. Bd. 1-215. Braunschweig: Westermann, 1846-1978. Bd. 216ff. Berlin: E. Schmidt, 1979ff. (Zitiertitel: Archiv).

EW: 2 Hefte *pro Jahrgang*. - **I:** Aufsätze und kleine Beiträge zum Gesamtbereich der neueren Sprachen und Literaturen (germanisch/deutscher, englisch/amerikanischer, romanischer und slawischer Sprachraum). *Umfangreicher Rezensionenteil*. Beihefte. - Generalregister: Bd. 1-50 (1874), 51-100 (1900). - **Hrsg.:** Horst Brunner, Klaus Heitmann, Dieter Mehl.

E 650 Aufklärung. Interdisziplinäre Halbjahreszeitschrift zur Erforschung des 18. Jahrhunderts und seiner Wirkungsgeschichte. Jg. 1ff. Hamburg: Meiner, 1986ff.
EW: 2 Hefte *pro Jahrgang*. - **I:** Abhandlungen, *Rezensionen*, Mitteilungen, Diskussionen und Berichte; in jedem Heft eine Kurzbiographie. - **Hrsg.:** Günter Birtsch, Karl Eibl u.a.

E 660 Basis. Jahrbuch für deutsche Gegenwartsliteratur. Jg. 1ff. Frankfurt/M.: Athenäum [ab 1975: Suhrkamp], 1970ff.
EW: 1 Bd. *pro Jahr*. - **I:** Aufsätze, Berichte und *Rezensionen* zum Bereich der deutschsprachigen Literatur der Gegenwart. - **Hrsg.:** Reinhold Grimm, Jost Hermand.

E 670 Beiträge zur Geschichte der deutschen Sprache und Literatur. Bd. 1ff. Halle (später Tübingen): Niemeyer, 1874ff. (Zitiertitel: PBB).
EW: 3 Hefte *pro Jahrgang*. - **I:** Aufsätze zur deutschen Sprachgeschichte und zur älteren deutschen Literatur. *Umfangreicher Rezensionenteil*. - Reg. zu Bd. 1 bis 100 (1979). - Während der Jahre 1955-1979 erschien eine Parallelausgabe in Halle (Bd. 76 bis 100, mit eigenem Reg.-Bd.). - **Hrsg.:** Klaus Grubmüller, Marga Reis, Burghart Wachinger.

E 680 Colloquia Germanica. Internationale Zeitschrift für germanische Sprach- und Literaturwissenschaft. Jg. 1ff. Bern (jetzt: Tübingen): Francke, 1967ff.
EW: 4 Hefte *pro Jahrgang*. - **I:** Aufsätze und *Rezensionen* hauptsächlich zur deutschen Sprache und Literatur. - **Hrsg.:** Theodore Fiedler, Michael T. Jones.

E 690 Comparative Literature. Jg. 1ff. Eugene: University of Oregon, 1949ff.
EW: 4 Hefte *pro Jahrgang*. - **I:** Aufsätze zur Vergleichenden Literaturwissenschaft, *Rezensionen*. - **Hrsg.:** Thomas R. Hart.

E 700 Daphnis. Zeitschrift für mittlere deutsche Literatur. Jg. 1ff. Amsterdam: Rodopi, 1972 ff.
EW: 4 Hefte *pro Jahrgang*, ab 1984 Beihefte u.d.T. "Chloe". - **I:** Aufsätze und Miszellen zur deutschen Literatur des 15. und 17. Jahrhunderts. *Umfangreicher Rezensionenteil*. - **Hrsg.:** Barbara Becker-Cantarino, Martin Bircher, Leonard Forster u.a.

E 705 Deutsche Bücher. Referatenorgan deutschsprachiger Neuerscheinungen. H. 1ff. Amsterdam. Rodopi, 1971ff.

EW: 4 Hefte *pro Jahrgang.* - **I:** *Rezensionen.* Autoreninterviews. - **Hrsg.**: Ferdinand van Ingen, Gerd Labroisse, Anthony van der Lee.

E 710 Deutsche Vierteljahrsschrift für Literaturwissenschaft und Geistesgeschichte. Jg. 1-22. Halle: Niemeyer, 1923-1944. Jg. 23ff. Stuttgart: Metzler, 1949ff. (Zitiertitel: DVjS oder DVLG).
EW: 4 Hefte *pro Jahrgang.* - **I:** Aufsätze zum Gesamtbereich der deutschen Literatur und Literaturwissenschaft. Verzeichnis eingesandter Bücher. Sonderbände mit eigener Themenstellung. Referatenhefte (Forschungsberichte). Buchreihe. Reg.: Bd. 1-40 (1968). - **Hrsg.**: Richard Brinkmann, Gerhart von Graevenitz, Walter Haug.

E 720 Deutsches Archiv für Erforschung des Mittelalters. Jg. 1ff. Köln: Böhlau, 1937ff. (Zitiertitel: DAEM).
EW: 2 Hefte *pro Jahrgang.* - **I:** Aufsätze und Miszellen zum Gesamtbereich des Mittelalters (Quellenkunde, Politische Geschichte, Kirchengeschichte, Rechts- und Verfassungsgeschichte, Sozial- und Wirtschaftsgeschichte, Kultur- und Geistesgeschichte). *Rezensionen.* Berichte über die Tätigkeit der Arbeitsstelle "Monumenta Germaniae Historica". - **Hrsg.**: Horst Fuhrmann, Hans Martin Schaller.

E 730 Etudes Germaniques. Jg. 1ff. Paris: Didier, 1946ff. (Zitiertitel: Et. Germ.).
EW: 4 Hefte *pro Jahrgang.* - **I:** Aufsätze und Diskussionsbeiträge zum Gesamtgebiet der Germanistik. *Umfangreicher Rezensionenteil.* Bibliographische Hinweise, Kongreßberichte, Zeitschriftenschau, Verzeichnis eingesandter Bücher; Ehrungen, Nekrolog. - **Hrsg.**: Claude David, Jean Fourquet, Pierre Grappin u.a.

E 740 Euphorion. Zeitschrift für Literaturgeschichte. Bd. 1ff. Bamberg: Buchner [ab 1952: Heidelberg: Winter], 1894ff.
EW: 4 Hefte *pro Jahrgang*; im III. Reich unter dem Titel *Dichtung und Volkstum*; 1945-1949 nicht erschienen. - **I:** Abhandlungen, Beiträge zu Forschungsproblemen, kleinere Beiträge zum Gesamtgebiet der Literaturwissenschaft. Verzeichnis eingegangener Bücher. Mitteilungen. Ehrungen. Bis 1973: Rezensionenteil. Ergänzungshefte, Beihefte, Sonderhefte. - **Hrsg.**: Wolfgang Adam.

E 745 Exil. Forschung, Erkenntnisse, Ergebnisse. Gegr. von Joachim H. Koch. Jg. 1ff. Maintal: Koch, 1982ff.
EW: 2 Hefte *im Jahr.* - **I:** Aufsätze zum deutschsprachigen Exil 1933-1945. Chronik. Hinweise. - **Hrsg.**: Edita Koch.

E 750 Fabula. Zeitschrift für Erzählforschung. Jg. 1ff. Berlin: de Gruyter, 1958ff.
EW: 1 Bd. *pro Jahrgang.* - **I:** Aufsätze, Kleine Beiträge, Forschungs- und Tagungsberichte, Nachrichten, Arbeitsvorhaben und Anfragen, *umfangreicher Rezensionenteil.* Bibliographische Notizen [= Kurzreferate über Neuerscheinungen von Primär- und

Sekundärliteratur] von Rudolf Schenda. Verzeichnis eingesandter Bücher. Jeder Band wird beschlossen durch ein Typen-, Motiv- und Sachregister. - **Hrsg.:** Rolf Wilhelm Brednich, Hans-Jörg Uther.

E 755 Fachdienst Germanistik. Jg. 1ff. München: Iudicium, 1983ff.
EW: *monatlich.* - **I:** Nachrichten, Berichte, Kommentare zum Gesamtbereich der Germanistik. Informationen über Tagungen, Ausstellungen, Gedenktage, Personalia, Termine, Neuerscheinungen u.a. *Auswahlbibliographien.* - **Hrsg.:** Peter Kapitza.

E 760 German Life and Letters. A quarterly Review. Vol. 1-3: 1936/37 bis 1938/39. New series: Vol. 1ff. Oxford: Blackwell, 1947/48ff. (Zitiertitel: GLL).
EW: 4 Hefte *pro Jahrgang.* - **I:** Aufsätze zum Gesamtbereich der Germanistik mit Schwerpunkt Literaturwissenschaft, Berücksichtigung der neuen Medien. *Ausführlicher Rezensionenteil.* Gelegentlich Sonderhefte. General Index 1936-1958 (1962). - **Hrsg.:** G.P.G. Butler, Leonhard W. Forster, G. Gillespie u.a.

E 770 The German Quarterly. Jg. 1ff. Appleton, Wisc.: American Association of Teachers of German, 1928ff. (Zitiertitel: GQuart.).
EW: 4 Hefte *pro Jahrgang.* - **I:** Aufsätze zur deutschen Literatur. *Umfangreicher Rezensionenteil.* - **Hrsg.:** Paul Michael Lützeler, Stephen L. Wailes.

E 780 The Germanic Review. Devoted to studies dealing with the Germanic languages and literatures. Vol. 1ff. New York: Columbia University Press, 1926 ff. (Zitiertitel: GR).
EW: 4 Hefte *pro Jahrgang.* - **I:** Aufsätze zum Gesamtbereich der Germanistik. *Umfangreicher Rezensionenteil.* Bis 1960: Bibliographischer Teil unter dem Titel *German literature of the nineteenth century (1830-1880).* - **Hrsg.:** Inge D. Halpert, Shelley Frisch.

E 790 Germanisch-Romanische Monatsschrift. Jg. 1ff. Heidelberg: Winter, 1909ff. (Zitiertitel: GRM).
EW: 4 Hefte *pro Jahrgang.* Ab 1950/51: Neue Folge (seither doppelte Zählung). - **I:** Aufsätze und Kleine Beiträge zur germanischen und romanischen Literatur und Literaturwissenschaft. *Umfangreicher Rezensionenteil.* Verzeichnis eingesandter Literatur. - **Hrsg.:** Conrad Wiedemann.

E 800 Internationales Archiv für Sozialgeschichte der deutschen Literatur. Jg. 1ff. Tübingen: Niemeyer, 1976ff. (Zitiertitel: IASL).
EW: 2 Hefte pro Jahr; gelegentlich Sonderhefte. - **I:** Aufsätze, Fortschrittsberichte und Diskussionsbeiträge zur Sozialgeschichte der Literatur und des Theaters und zur Rezeptionsforschung. *Rezensionen. Auswahlbibliographie.* - **Hrsg.:** Wolfgang Frühwald, Georg Jäger, Dieter Langewiesche u.a.

E 810 Jahrbuch für Internationale Germanistik. Bd. 1-4: Frankfurt/ M.: Athenäum, 1969-1972. Bd. 5ff.: Bern: Lang, 1973 ff. (Zitiertitel: JIG).
EW: 2 Hefte *pro Jahr*. - **I:** Aufsätze und kleine Beiträge zum Gesamtbereich der Germanistik; Einzelhefte meist mit Rahmenthemen. Berichte über Forschungs- und Publikationsvorhaben. *Bibliographie germanistischer Bibliographien* von Carl Paschek [→ D 5280]. Zusätzlich Sonderreihen: Reihe A: Kongreßberichte; Reihe B: Germanistische Dissertationen in Kurzfassungen, Liste entstehender Disertationen (→ D 4510); Reihe C: Forschungsberichte; Reihe D: Dokumentationen. - **Hrsg.:** Hans-Gert Roloff u.a.

E 820 The Journal of English and Germanic Philology. Bd. 1ff. Urbana (Ill.): Univ. of Illinois Press, 1897ff. (Zitiertitel: JEGP).
EW: 4 Hefte *pro Jahrgang*. - **I:** Aufsätze zur deutschen, englischen und skandinavischen Sprache und Literatur. *Rezensionen*. - **Hrsg.:** Achsah Guibbory, Marianne E. Kalinke, Dale V. Kramer u.a.

E 840 LiLi. Zeitschrift für Literaturwissenschaft und Linguistik. Bd. 1ff. Göttingen: Vandenhoeck & Ruprecht, 1971ff.
EW: 4 Hefte *pro Jahrgang*. - **I:** Thematisch gebundene Einzelhefte mit Aufsätzen zum Gesamtbereich der deutschen Literatur. Verzeichnis eingesandter Bücher. - **Hrsg.:** Helmut Kreuzer, Wolfgang Haubrichs u.a.

E 850 Literatur für Leser. Zeitschrift für Interpretationspraxis und geschichtliche Texterkenntnis. Jg. 1ff. München: Oldenbourg, 1978ff.
EW: 3 Hefte *pro Jahrgang*. - **I:** Aufsätze aus dem Gesamtbereich der Literaturwissenschaft und der Literaturdidaktik. - **Hrsg.:** Keith Bullivant, Herbert Kaiser u.a.

Literatur und Kritik (→ E 490).

E 870 Literaturmagazin. Heft 1ff. Hamburg: Rowohlt, 1973 ff.
EW: unregelmäßig (meist 2 Bde. im Jahr). - **I:** Aufsätze (meist von Schriftstellern) zu Problemen der Literaturwissenschaft und Literaturkritik (meist thematisch gebunden). Literarische Prosa. Bio-bibliographische Angaben. - **Hrsg.:** wechselnd.

E 880 Mitteilungen des Deutschen Germanistenverbandes. Jg. 1ff. Frankfurt/M.: Diesterweg, 1954ff.
EW: 4 Hefte *pro Jahrgang*. - **I:** Aufsätze zur Sprach- und Literaturwissenschaft und -didaktik. Tagungsprotokolle. Hinweise und Berichte. *Zeitschriftenschau* (= Auswahlbibliographie wichtiger Zeitschriften-Aufsätze). - **Hrsg.:** Deutscher Germanistenverband.

E 900 The Modern Language Review. A quarterly journal. Vol. 1ff. Cambridge: Univ. Press, 1905ff. (Zitiertitel: MLR).
EW: 4 Hefte *pro Jahrgang*. - **I:** Aufsätze zur Sprach- und Literaturwissenschaft. *Umfangreicher Rezensionenteil. Bibliographische Übersicht. Zehnjahresregister*. - **Hrsg.:** M.C. Cook, A.F. Bance u.a.

E 910 Monatshefte für deutschen Unterricht, deutsche Sprache und Literatur. Bd. 1ff. Madison (Wisconsin) 1899 ff. (Zitiertitel: MDU).
EW: 4 Hefte *pro Jahrgang*. - **I:** Aufsätze zum Gesamtbereich der Germanistik. Hinweise, Ehrungen, Notizen, Nekrolog. *Umfangreicher Rezensionenteil.* Enthält einmal im Jahr ein Verzeichnis der Hochschulgermanisten in den USA und in Kanada sowie eine Liste germanistischer Dissertationen. - Index zu 20-40 in Bd. 50 (1958). - **Hrsg.:** Max L. Baeumer u.v.a.

E 920 Neophilologus. An international journal of modern and mediaeval language and literature. Vol. 1ff. Groningen: Noordhoff, 1915ff.
EW: 4 Hefte *pro Jahrgang*. - **I:** Aufsätze zum Gesamtgebiet der Sprach- und Literaturwissenschaft ohne nationalsprachliche Eingrenzung. - **Hrsg.:** A.L. Vos, W.J.M. Bronzwaer, Q.I.M. Mok u.a.

E 930 Neuphilologische Mitteilungen. Bd. 1ff. Helsinki (jetzt: Clevedon, Avon [England]) 1899ff.
EW: 4 Hefte *pro Jahrgang*. - **I:** Aufsätze zum Gesamtbereich der Sprach- und Literaturwissenschaft (ohne nationale Eingrenzung).

E 960 Poetica. Zeitschrift für Sprache u. Literaturwissenschaft. Jg. 1ff. Amsterdam: Grüner, 1967ff.
EW: 4 Hefte *pro Jahrgang*. - **I:** Aufsätze und Diskussionsbeiträge zur alten und neuen Literatur vorwiegend des europäischen Kulturkreises. *Umfangreicher Rezensionenteil.* - **Hrsg.:** Karlheinz Stierle u.a.

E 970 Poetics. International Review for the Theory of Literature. Jg. 1ff. Amsterdam: North-Holland, 1972ff.
EW: 6 Hefte *pro Jahrgang*. - **I:** Aufsätze zum Gesamtgebiet der Literaturwissenschaft (ohne nationale Begrenzung). - **Hrsg.:** Siegfried J. Schmidt u.a.

E 980 Publications of the Modern Language Association of America. Bd. 1ff. Menasha (Wisconsin) 1884ff. (Zitiertitel: PMLA).
EW: 6 Hefte *pro Jahrgang*. - **I:** Aufsätze zum Gesamtgebiet der Literaturwissenschaft. Hinweise, Berichte, Kommentare, Leserbriefe. Rechenschaftsberichte der Modern Language Association. - **Hrsg.:** Modern Language Association.

E 985 Recherches Germaniques. Vol. 1ff. Strasbourg: Université, 1971ff.
EW: 1 Bd. *pro Jahr*. - **I:** Aufsätze zum Gesamtbereich der Germanistik. Edition bislang unpublizierter literarischer Texte. - **Hrsg.:** Gonthier-Louis Fink.

E 990 Revue de Littérature comparée. Jg. 1ff. Paris: Didier, 1957ff. (Zitiertitel: RLC)
EW: 4 Hefte *im Jahr*. - **I:** Aufsätze zur Vergleichenden Literaturwissenschaft. *Rezensionen.* - **Hrsg.:** J. Voisine u.a.

E 1000 Rivista di Letterature moderne e comparate. Vol. 1ff. Firence 1948ff.
EW: 4 Hefte *im Jahr*. - **I:** Aufsätze zum Gesamtgebiet der Literaturwissenschaft (ohne nationale Eingrenzung), *Rezensionen*, Liste der eingesandten Bücher. - **Hrsg.:** Giuliano Pellegrini, Arnaldo Pizzorusso.

E 1005 Science-fiction-studies. Bd. 1ff. Montréal: SFS, 1973ff.
EW: 3 Hefte im Jahr. - **I:** Aufsätze, Forschungsberichte, *Rezensionen*, Briefe; gelegentlich *Bibliographien*. Cumulative Index 11-17 in Bd. 17 (1990). - **Hrsg.:** Charles Elkins.

E 1010 Seminar. A journal of Germanic Studies. Jg. 1ff. Toronto, Can.: Univ. of Toronto Press, 1965 ff.
EW: 4 Hefte *im Jahr*. - **I:** Aufsätze zum Gesamtbereich der deutschen Sprach- und Literaturwissenschaft. *Rezensionen*. - **Hrsg.:** R.H. Farquharson.

E 1020 Sprache im technischen Zeitalter. Nr. 1-56. Stuttgart: Kohlhammer, 1961-1975. Nr. 57ff. Berlin: Literarisches Colloquium, 1976ff.
EW: 4 Nrr. *pro Jahrgang*. - **I:** Beiträge zum Bereich der neueren deutschen Literatur und Sprache. - **Hrsg.:** Walter Höllerer, Norbert Miller u.a.

E 1030 Sprachkunst. Beiträge zur Literaturwissenschaft. Bd. 1ff. Wien: Verlag der Österr. Akademie der Wissenschaften, 1970ff.
EW: 2 Hefte *pro Jahrgang*. - **I:** Aufsätze zum Gesamtgebiet der Literaturwissenschaft (ohne nationale Begrenzung, aber mit deutlichem Akzent auf deutschsprachiger Literatur), Verzeichnis der literaturwissenschaftlichen *Dissertationen* an österreichischen Universitäten (1 x jährlich), Berichte, *Rezensionen*. - **Hrsg.:** Herbert Foltinek.

E 1050 Text und Kritik. Zeitschrift für Literatur. Heft 1ff. München: edition text + kritik, 1964ff.
EW: 4 Hefte *im Jahr*. - **I:** Thematisch gebundene Einzelhefte jeweils zu einem Autor (teilweise in Neuauflagen!). Aufsätze. *Auswahlbibliographie*. - Sonderbände. - **Hrsg.:** Heinz Ludwig Arnold.

E 1060 Weimarer Beiträge. Zeitschrift für deutsche Literaturgeschichte. Bd. 1ff. Weimar: Arion (seit 1964: Berlin: Aufbau), 1955ff. - *Neue Folge*: Weimarer Beiträge. Zeitschrift für Literaturwissenschaft, Ästhetik und Kulturwissenschaften. Bd. 1ff. Wien: Passagen-Verlag, 1992ff.
EW: 4 Hefte *im Jahr*. - **I:** Aufsätze zum Gesamtbereich der Literaturwissenschaft, *Rezensionen*. - **Hrsg.:** Peter Engelmann.

E 1070 Zeitschrift für deutsche Philologie. Bd. 1ff. Halle: Waisenhaus (später Stuttgart: Kohlhammer; seit 1954 Berlin: E. Schmidt), 1868ff. (Zitiertitel: ZfdPh *oder* ZDP).

EW: 4 Hefte *pro Jahrgang*. - **I:** Aufsätze und Forschungsberichte zum Gesamtgebiet der deutschen Sprache und Literatur. Notizen. *Umfangreicher Rezensionenteil.* Sonderhefte (thematisch gebunden). Register zu Bd. 1-100 (1989) und 101-110 (1992). - **Hrsg.:** Werner Besch, Hartmut Steinecke u.a.

E 1080 Zeitschrift für deutsches Altertum (ab Bd. 19: Zeitschrift für deutsches Altertum und deutsche Literatur). Bd. 1ff. Leipzig (später Berlin): Weidmann (ab Bd. 82 [1948/50] Wiesbaden: Steiner), 1841ff. (Zitiertitel: ZfdA oder ZDA).
EW: 4 Hefte *pro Jahrgang*. - **I:** Aufsätze zur älteren deutschen Sprache und Literatur. Ab Bd. 18 (1876) mit *Anzeiger für deutsches Altertum und deutsche Literatur*, einem *sehr umfangreichen Rezensionenteil.* Verzeichnis eingegangener Bücher. Register. - **Hrsg.:** Franz Josef Worstbrock.

E 1090 Zeitschrift für Germanistik. Bd. 1-10. Leipzig: VEB Verlag Enzyklopädie, 1980-1989. - *Neue Folge:* Bd. 1 (1991) ff. Berlin u.a.: Lang, 1991ff.
EW: 4 Hefte *pro Jahrgang*. - **I:** Aufsätze und Berichte zur deutschen Sprach- und Literaturwissenschaft. *Rezensionen.* Informationen. - **Hrsg.:** Fachbereich Germanistik der Humboldt-Univ.

E 1100 Zeitschrift für Volkskunde. Bd. 1ff. Stuttgart: Kohlhammer, (jetzt: Göttingen: Schwartz), 1891ff.
EW: 2 Hefte *pro Jahrgang*. - **I:** Aufsätze, Diskussionsbeiträge, Berichte hauptsächlich zum Gebiet der deutschen Volkskunde (unter Einschluß massenhaft verbreiteter Kunst, Literatur, Musik). *Sehr umfangreicher Rezensionenteil.* - **Hrsg.:** Gottfried Korff u.a.

4 JAHRBÜCHER

E 1210 Jahrbücher sind wie die Zeitschriften ein Instrument der wissenschaftlichen Kommunikation. Von diesen unterscheiden sie sich durch die Erscheinungsweise (meist ein Band im Jahr [wenn nicht anders angegeben]) und die eingeschränkte Thematik, denn ihr Gegenstand ist häufig lediglich ein Autor, sein Werk, seine Zeit und seine Rezeption. Vorangestellt sind die Jahrbücher mit allgemeiner Thematik, dann folgen die einem Autor gewidmeten Titel. Weitere Jahrbücher der Dichtergesellschaften sind in *Teil L: Literarische Gesellschaften und Stiftungen* verzeichnet.

E 1220 Jahrbuch der Deutschen Akademie für Sprache und Dichtung. Jg. 1 (1953/54)ff. Heidelberg: Schneider, 1954ff.
EW: 2 Lieferungen *pro Jahrgang*. - **I:** Reden und Aufsätze zur deutschen Sprache und Literatur. Ehrungen. Gedenkworte. Auszeichnungen. Mitteilungen. Mitgliederverzeichnis. *Bibliographie* der Publikationen der Mitglieder. - **Red.:** Marieluise Hübscher-Bitter.

E 1230 Jahrbuch des Freien Deutschen Hochstifts. Jg. 1-23. NF 1ff. Tübingen: Niemeyer, 1902-1936/40, 1962ff.

I: Aufsätze zur Literatur, Kunst und Kultur hauptsächlich der Goethezeit. Ein Jahresbericht gibt jeweils Aufschluß über die Aktivitäten und Neuerwerbungen des FDH (→ G 30, L 40). - Löste die *Berichte des FDH* (1861-1901) ab. - **Hrsg.**: Christoph Perels.

E 1240 Heidelberger Jahrbücher. Jg. 1ff. Berlin u.a.: Springer, 1957ff.

I: Aufsätze zum Gesamtbereich der Wissenschaften. Schriftenverzeichnis der Heidelberger Dozenten. - **Hrsg.**: Universitäts-Gesellschaft Heidelberg.

E 1250 Jahrbuch Deutsch als Fremdsprache. Bd. 14ff. München: Iudicium, 1988ff.

Die Bände 1-13 erschienen in den Verlagen J. Groos bzw. Max Hueber.

I: Aufsätze und Abhandlungen zum (General-)Thema. Diskussionsforen. Berichte. *Rezensionen.* Jahresbibliographie *Deutsch als Fremdsprache.* - **Hrsg.**: Alois Wierlacher mit Dietrich Eggers u.a.

E 1260 Goethe-Jahrbuch. Bd. 1-34. Frankfurt: Sauerländer, 1880-1913. Jahrbuch der Goethe-Gesellschaft. Bd. 1-21 (nebst) Registerband. Weimar: Verlag der Goethe-Gesellschaft, 1914-1935. - *Fortführung*: Goethe. Vierteljahresschrift der Goethe-Gesellschaft. N.F. des Jahrbuchs (Bd. 10ff. Goethe. N.F. des Jahrbuchs). Bd. 1-33. - *Seit 1972 wieder u.d.T.* Goethe Jahrbuch. Bd. 89ff. der Gesamtfolge. Weimar: Verlag der Goethe-Gesellschaft (später: Böhlau), 1936ff.

I: Aufsätze und Beiträge zu Goethe, zur Goethezeit und zur Goethe-Rezeption. Berichte über die Goethe-Gesellschaft. *Goethe-Bibliographie* (von H. Henning). - **Hrsg.**: Werner Keller.

E 1270 Jahrbuch des Wiener Goethe-Vereins. Bd. 1ff. Wien: Überreuter, 1887ff. (jetzt: Selbstverlag des WGV).

I: Aufsätze zum Gesamtgebiet der Literaturwissenschaft. *Rezensionen.* - **Hrsg.**: Herbert Zeman.

E 1280 Jahrbuch der Deutschen Schillergesellschaft. Bd. 1ff. Stuttgart: Kröner, 1957ff.

I: Aufsätze zu Schiller und zur deutschen Literatur allgemein. Jahresbericht der DSG (u.a. über die Tätigkeit des Schiller-Nationalmuseums und des Deutschen Literaturarchivs [→ G 20, L 450]). Gesamtregister zu den Bden. 1-25 (1957-1981). - **Hrsg.**: Wilfried Barner, Walter Müller-Seidel, Ulrich Ott.

E 1283 Argonautenschiff. Jahrbuch der Anna - Seghers - Gesellschaft. Jg. 1ff. Berlin, Weimar: Aufbau, 1992ff.

I: Texte von und über Anna Seghers; literarische Texte; Berichte und Informationen. - **Hrsg.**: Anna-Seghers-Gesellschaft (→ L 465).

E 1285 Athenäum. Jahrbuch für Romantik. Jg. 1ff. Paderborn: Schöningh, 1991ff.
I: Abhandlungen, Diskussionen und Berichte zur Romantik. *Rezensionen.* - **Hrsg.:**
Ernst Behler, Alexander von Bormann, Jochen Hörisch u.a.

E 1290 Bloch-Almanach. Bd. 1ff. Ludwigshafen: Bloch-Archiv, 1981ff.
I: Texte von Ernst Bloch und Aufsätze über ihn. Periodische Bibliographie. - **Hrsg.:**
Karlheinz Weigand.

E 1295 Brecht-Journal. Frankfurt/M.: Suhrkamp, 1983ff.
EW: unregelmäßig. - **I:** Dokumentationen, Aufsätze, Forschungsberichte. - **Hrsg.:** Jan
Knopf.

E 1300 Georg Büchner Jahrbuch. Bd. 1ff. Frankfurt/M.: Athenäum (ab
Jb. 8 [1990/91]: Tübingen: Niemeyer), 1981ff.
EW: unregelmäßig. - **I:** Aufsätze zu Büchner und seiner Zeit, Quellendokumentationen,
periodische Bibliographie. - **Hrsg.:** Thomas Michael Mayer.

E 1305 Celan-Jahrbuch. Jg. 1ff. Heidelberg: Winter, 1987ff.
EW: unregelmäßig.

E 1310 Editio. Internationales Jahrbuch für Editionswissenschaft.
Jg. 1ff. Tübingen: Niemeyer, 1987ff.
I: Aufsätze zum Gesamtbereich der Textkritik und Edition. - **Hrsg.:** Winfried Woesler.

E 1320 Aurora. Jahrbuch der Eichendorff-Gesellschaft. Würzburg:
Eichendorff-Ges., 1929ff.
I: Aufsätze zu Eichendorff und zur Romantik. *Rezensionen.* Mitteilungen, Hinweise.
Register zu Bd. 1-30/31 in Bd. 30/31 (1970/71). - **Hrsg.:** Helmut Koopmann, Peter
Horst Neumann, Lothar Pikulik u.a.

E 1330 Exilforschung. Ein internationales Jahrbuch. Bd. 1ff. München:
edition text + kritik, 1983ff.
I: Interdisziplinär angelegte, meist themengebundene Hefte. Abhandlungen, Studien,
Dokumentationen, *Rezensionen.* - **Hrsg.:** Thomas Koebner, Wulf Köpke, Claus-Dieter
Krohn u.a.

E 1340 Fontane-Blätter. Bd. 1ff. Potsdam: Fontane-Archiv, 1965ff.
EW: *2 x jährlich.* - **I:** Aufsätze, Berichte aus dem Archiv. - **Hrsg.:** Theodor-Fontane-
Archiv (→ G 290).

E 1350 Grabbe-Jahrbuch. Jg. 1ff. Emsdetten: Lechte, 1982ff.
I: Aufsätze, vornehmlich zu Grabbe, seiner Zeit und seinen Zeitgenossen. Berichte,
Mitteilungen, Bibliographischer Anhang (*periodische Bibliographien* zu Grabbe, F.
Freiligrath, G. Weerth). - **Hrsg.:** Werner Broer, Detlev Kopp, Michael Vogt.

E 1360 Hebbel-Jahrbuch. Heide, Holst.: Boyens, 1939-1943, 1951ff.
I: Aufsätze (vorwiegend zu Hebbel), *Literaturbericht*. Berichte über die Jahresversammlung der Hebbel-Gesellschaft. - **Hrsg.:** Günter Häntzschel, Volker Schulz.

E 1370 Heine-Jahrbuch. Jg. 1 (1962)ff. Hamburg: Hoffmann und Campe, 1961ff.
I: Aufsätze (vorwiegend zu Heine und seiner Rezeption), Kleinere Beiträge, Berichte, *Rezensionen*. Verzeichnis der *Heine-Literatur*, Mitteilungen der Heine-Gesellschaft, Heine-Chronik. - **Hrsg.:** Joseph A. Kruse.

E 1380 Hölderlin-Jahrbuch [Iduna. Jahrbuch der Hölderlin-Gesellschaft.] Jg. 1ff. Tübingen: Mohr (ab 1990: Stuttgart: Metzler), 1944ff.
EW: 1 Bd. alle ein bis zwei Jahre. - **I:** Vorträge und Abhandlungen (vorwiegend zu Hölderlin), Dokumentarisches (zur Hölderlin-Rezeption), gelegentlich Forschungsberichte, *Rezensionen*. Berichte, Ehrungen. - **Hrsg.:** Bernhard Böschenstein, Ulrich Gaier.

E 1385 E.T.A. Hoffmann Jahrbuch. Jg. 1 (1992/93) ff. Berlin: Schmidt, 1993 ff.
Fortführung der *Mitteilungen der E.T.A. Hoffmann-Gesellschaft* (38/39ff.). - **I:** Aufsätze und Beiträge zu E.T.A. Hoffmann, seiner Wirkungsgeschichte und zur Romantik. - **Hrsg.:** Hartmut Steinecke, Franz Loquai, Steven P. Scher.

E 1390 Hofmannsthal-Jahrbuch. Forum der Moderne. Jg. 1ff. Freiburg/Br.: Rombach, 1993ff.
Fortführung der *Hofmannsthal-Blätter*. - **I:** Aufsätze, Texte und Dokumente, hauptsächlich zur Hofmannsthal-Forschung; Miszellen, periodische *Bibliographie*. - **Hrsg.:** Gerhard Neumann, Ursula Renner, Günter Schnitzler u.a.

E 1400 Jahrbuch der Jean-Paul-Gesellschaft. Jg. 1ff. München: Beck, 1966ff.
I: Aufsätze zu Jean Paul und seiner Rezeption sowie zur Literatur des 18. und 19. Jh's. Gelegentlich *Buchbesprechungen*. - **Hrsg.:** Kurt Wölfel.

E 1403 Uwe-Johnson-Jahrbuch. Bd. 1ff. Göttingen: Vandenhoeck & Ruprecht, 1994ff.
I: Aufsätze und Beiträge zu Johnson. - **Hrsg.:** Ulrich Fries, Holger Helbig.

E 1405 Kleist-Jahrbuch. Jg. 1990ff. Stuttgart: Metzler, 1991ff.
I: Aufsätze zu Kleist und seinem historischen und literaturgeschichtlichen Kontext. *Rezensionen*. - **Hrsg.:** Hans Joachim Kreutzer.

E 1410 Lenz-Jahrbuch. Sturm-und-Drang-Studien. Jg. 1ff. St. Ingbert: Röhrig, 1991ff.

I: Aufsätze und Berichte zur Literatur der 2. Hälfte des 18. Jahrhunderts, mit Schwerpunkt auf Lenz und dem Sturm und Drang. Rezensionen. - **Hrsg.:** Christoph Weiß, Matthias Luserke, Gerhard Sauder u.a.

E 1420 Lessing-Yearbook. Jg. 1ff. München: Hueber (ab 1981ff.: text + kritik), 1969ff. - *Ab Jg. 12 (1990):* Detroit, Univ. Press.
I: Aufsätze zu Lessing und zur Literatur des 18. Jh's., *Rezensionen*, Notizen. - **Hrsg.:** Richard E. Schade.

E 1425 Lichtenberg-Jahrbuch 1988ff. Saarbrücken: SDV, 1988ff.
I: Beiträge zu Leben und Werk und zur Kultur- und Wissenschaftsgeschichte der zweiten Hälfte des 18. Jh's. - **Hrsg.:** Wolfgang Promies, Ulrich Joost.

E 1430 Literaturwissenschaftliches Jahrbuch. Neue Folge. Jg. 1ff. Berlin: Duncker & Humblot, 1960ff.
I: Aufsätze zum Bereich der neueren Literaturen (dt., franz., engl., anglo-amerik.). Kleine Beiträge. Berichte, *Rezensionen*. Namen- und Werkregister (bis 1977: Sachregister). - **Hrsg.:** Theodor Berchem, Eckhard Heftrich, Volker Kapp u.a.

E 1440 Heinrich-Mann-Jahrbuch. Bd. 1ff. Lübeck 1983ff.
I: Beiträge, vornehmlich zu H. Mann. *Buchbesprechungen*. - **Hrsg.:** Helmut Koopmann, Peter Paul Schneider.

E 1450 Thomas-Mann-Jahrbuch. Bd. 1ff. Frankfurt/M.: Klostermann, 1988ff.
I: Aufsätze, vornehmlich zu Th. Mann und seiner Rezeption. Quellen und Dokumente. - **Hrsg.:** Eckhard Heftrich, Hans Wysling.

E 1460 Jahrbuch der Karl-May-Gesellschaft. Jg. 1ff. Hamburg: Hansa, 1970ff.
I: Aufsätze zu Karl May und seiner Rezeption. Berichte über die Arbeit der Karl-May-Gesellschaft. - **Hrsg.:** Claus Roxin, Helmut Schmiedt, Hans Wollschläger.

E 1470 Maler Müller Almanach. Bd. 1ff. Bad Kreuznach: Fiedler, 1980ff.
EW: unregelmäßig. - **I:** Beiträge zu Maler Müller und seiner Zeit. Texte Maler Müllers, Dokumente. Reproduktionen aus dem bildkünstlerischen Werk. *Bibliographien*. - **Hrsg.:** Rolf Paulus.

E 1480 Jahrbuch der Raabe-Gesellschaft. Bd. 1ff. Braunschweig: Waisenhaus (ab Bd. 30 [1989] Tübingen: Niemeyer), 1960ff.
I: Aufsätze, Miszellen, Forschungsberichte und Rezensionen der internationalen Wilhelm-Raabe- und Realismus-Foschung. - **Hrsg.:** Heinrich Detering, Ulf-Michael Schneider.

E 1490 Jahrbuch der Oswald von Wolkenstein-Gesellschaft. Bd. 1ff. Stuttgart 1980/81ff.
EW: *Zweijahresrhythmus*. - **I:** Aufsätze und Beiträge zu Oswald von Wolkenstein und der Literatur des Spätmittelalters, Forschungs- und Kongreßberichte. Mitteilungen. - **Hrsg.:** Hans-Dieter Mück, Ulrich Müller.

E 1500 Rhetorik. Ein internationales Jahrbuch. Bd. 1ff. Stuttgart: Frommann-Holzboog (ab Bd. 5: Tübingen: Niemeyer), 1980ff.
I: Interdisziplinäre Beiträge. Diskussionen. *Periodische Bibliographie*. Rezensionen. - **Hrsg.:** Joachim Dyck, Walter Jens, Gert Ueding.

E 1505 Peter Weiss Jahrbuch. Bd. 1ff. Opladen: Westdt. Verlag, 1992ff.
I: Unveröffentlichte Texte aus dem Nachlaß, Aufsätze zu Peter Weiss, *Rezensionen*, Hinweise. - **Hrsg.:** Rainer Koch, Martin Rector u.a.

E 1510 Women in German Yearbook 1ff. London: University Press of America, 1985ff.
I: Aufsätze zum Gesamtbereich feministischer Forschung, darunter auch literaturwissenschaftliche. - **Hrsg.:** Marianne Burkhard, Edith Waldstein.

5 LITERATURDIDAKTISCHE ZEITSCHRIFTEN

E 1710 Der Deutschunterricht. Jg. 1ff. Stuttgart: Klett, 1947ff.
EW: 6 Hefte *pro Jahrgang*. - **I:** Aufsätze zur Praxis und wissenschaftlichen Grundlegung des Deutschunterrichts. Unterrichtsmodelle. Register für Bd. 1-25 (1974); 26-30 (1979). - **Hrsg.:** Gerhard Augst u.a.

E 1730 Diskussion Deutsch. Zeitschrift für Deutschlehrer aller Schulformen in Ausbildung und Praxis. Bd. 1ff. Frankfurt/M.: Diesterweg, 1970ff.
EW: 4 Hefte *pro Jahrgang*. - **I:** Aufsätze und Diskussionsbeiträge zu Theorie und Praxis des Deutschunterrichts. Unterrichtsmodelle. - **Hrsg.:** Albert Bremerich-Vos, Karlheinz Fingerhut, Hubert Ivo u.a.

E 1740 Jahrbuch der Deutschdidaktik 1993ff. Tübingen: Narr, 1994ff.
EW: 1 Bd./Jahr. - **I:** Beiträge zum jeweiligen Rahmenthema. - **Hrsg.:** Gerhard Rupp.

Mitteilungen des Deutschen Germanistenverbandes → E 880.

E 1750 Praxis Deutsch. Zeitschrift für den Deutschunterricht. H. 1ff. Velber [später: Seelze]: Friedrich, 1973ff.

EW: 6 Hefte *pro Jahrgang*. - **I:** Aufsätze und Diskussionsbeiträge zu Theorie und Praxis des Deutschunterrichts. Unterrichtsmodelle. *Rezensionen* (in Karteikartenform). **Hrsg.:** Jürgen Baurmann, Klaus Gerth, Gerhard Haas u.a.

E 1760 Sprache und Literatur in Wissenschaft und Unterricht (vormals *Linguistik und Didaktik*), Jg. 1ff. Paderborn: Schöningh *und* München: Fink, 1970ff.
EW: 2 Hefte *im Jahr*. - **I:** Aufsätze zum Gesamtbereich der Sprach- und Literaturwissenschaft und -didaktik, Diskussionen, *Rezensionen*, Mitteilungen. - **Hrsg.:** Hans Jürgen Heringer u.a.

E 1770 Wirkendes Wort. Deutsche Sprache und Literatur in Forschung und Lehre. Jg. 1ff. Düsseldorf: Schwann (*jetzt:* Bonn: Bouvier), 1950/51ff.
EW: 6 Hefte *pro Jahrgang*. - **I:** Aufsätze zum Gesamtbereich der deutschen Sprache und Literatur und ihrer Didaktik. - Forschungsberichte. *Buchbesprechungen*. - **Hrsg.:** Heinz Rölleke.

6 THEATER- UND THEATERWISSENSCHAFTLICHE ZEITSCHRIFTEN

E 1800 Maske und Kothurn. Internationale Beiträge zur Theaterwissenschaft. Jg. 1 ff. Graz, Köln: Böhlau, 1955 ff.
EW: 4 Hefte *pro Jahrgang*. - **I:** Aufsätze zum Theater, Film und Fernsehen, zur Theaterwissenschaft und Bildmedienforschung. *Rezensionen*. Mitteilungen. *Bibliographie* des deutschen theaterwissenschaftlichen Schrifttums. Register zu Bd. 1-25 in Bd. 25 (1979). - **Hrsg.:** Institut für Theaterwissenschaft an der Universität Wien (Redaktion: R.M. Köppl).

E 1810 Theater heute. Jg. 1ff. Velber: Friedrich (*jetzt:* Zürich: Erhard Friedrich Verlag), 1960ff.
EW: *monatlich*. - **I:** Aufsätze, Dramentexte, Theaterberichte, Kritiken, Szenenfotos. - Sonderheft: Jahrbuch (früher: Chronik und Bilanz eines Bühnenjahres). - **Hrsg.:** Erhard Friedrich Verlag. *Redaktion:* Peter von Becker.

E 1820 Theater der Zeit. Zeitschrift für Politik und Theater. Jg. 1ff. Essen: Felidae, 1993ff.
Nachfolgepublikation von: Theater der Zeit. Organ des Verbandes der Theaterschaffenden der DDR. Berlin 1946-1993,1.
EW: *zweimonatlich*. - **I:** Aufsätze, Beiträge und andere Genres zum Theater. - **Hrsg.:** Martin Linzer, Friedrich Dieckmann, Frank Raddatz.

7 MEDIENWISSENSCHAFTLICHE ZEITSCHRIFTEN

E 1850 Medien + Erziehung. Zweimonatsschrift für Audiovisuelle Kommunikation. Jg. 1ff. Opladen, Leverkusen: Leske, 1957ff.
EW: 6 Hefte *im Jahr*. - **I:** Aufsätze, Berichte zur Medienpädagogik und zur Theorie der Massenmedien. Hefte meist themenbezogen. - **Hrsg.:** Martin Keilhacker, Edmund Budrich u.a.

E 1860 Medienwissenschaft. Zeitschrift für Rezensionen über Veröffentlichungen zu sämtlichen Medien. Jg. 1ff. Tübingen: Niemeyer, 1984ff.
EW: *vierteljährlich*. - **I:** Rezensionen zu allen Bereichen der Medien, der Medienwissenschaft und -pädagogik. - **Hrsg.:** Heinz-B. Heller, Karl Riha.

E 1870 Publizistik. Vierteljahreshefte für Kommunikationsforschung. Zeitschrift für die Wissenschaft von Presse, Rundfunk, Film, Rhetorik, Öffentlichkeitsarbeit, Werbung, Meinungsbildung. Jg. 1ff. Konstanz: Univ.-Verlag, 1956ff.
EW: 4 Hefte *im Jahr*. - **I:** Aufsätze und Berichte. *Rezensionen*. Bibliographien. - **Hrsg.:** Wilmont Haacke u.a.

Zeitschriften für Kinder- und Jugendmedien:

E 1890 Eselsohr. Fachzeitschrift für Kinder- und Jugendmedien. Jg. 1ff. Mainz: Verlag Eselsohr, 1981ff.
EW: monatlich. - **I:** Berichte und Aufsätze über Neuerscheinungen auf dem Gebiet der Kinder- und Jugendliteratur. Informationen zu Tagungen, Preisen u.ä. - **Hrsg.:** Gabriele Wenke.

E 1891 Fundevogel. Kritisches Kinder-Medien-Magazin. Nr. 1ff. Frankfurt/M.: dipa, 1974ff.
EW: 4 Hefte *im Jahr*. - **I:** Berichte über Neuerscheinungen auf dem Gebiet der Kinder- und Jugendliteratur. - **Hrsg.:** Petra Diebold u.a.

E 1892 Beiträge Jugendliteratur und Medien. Neue Folge. Jg. 1ff. Weinheim: Juventa, 1993ff.
Vorheriger Titel: *Informationen Jugendliteratur und Medien (Jugendschriften-Warte)*, seit 1993 zusammengelegt mit den *Beiträgen zur Kinder- und Jugendliteratur* (Berlin [Ost]). - **EW:** 4 Hefte *pro Jahrgang*. - **I:** Aufsätze und Beiträge zu Kinder- und Jugendmedien (auch zu historischen). *Rezensionen*. - **Hrsg.:** Arbeitsgemeinschaft Jugendliteratur und Medien in der GEW (Redaktion: Malte Dahrendorf u.a.).

8 ALLGEMEINE KULTURZEITSCHRIFTEN

E 1900 Ästhetik und Kommunikation. Beiträge zur politischen Erziehung. Jg. 1ff. Kronberg: Scriptor (*jetzt:* Berlin: Verlag Ästhetik und Kommunikation), 1970ff.

EW: 4 Hefte *pro Jahrgang*. - **I:** Aufsätze zu Kommunikation, Ästhetik und den neuen Medien. Hefte meist themengebunden. - **Hrsg.:** Institut für Kultur und Ästhetik.

E 1910 Freibeuter. Vierteljahreszeitschrift für Kultur und Politik. Heft 1ff. Berlin: Wagenbach, 1979ff.

EW: 4 Hefte *pro Jahr*. - **I:** Beiträge zum gesellschaftlichen, politischen und literarischen Leben. Interviews. Hefte teils themengebunden. Indices in jedem zehnten Heft. **Hrsg.:** Klaus Wagenbach u.a.

E 1920 Kursbuch. Heft 1ff. Berlin: Kursbuch-Verlag, 1965 ff.

EW: unregelmäßig, mindestens 4 Hefte im Jahr. - **I:** Aufsätze zur geistigen und sozialen Situation, oft politischen Inhalts. Hefte meist themengebunden. - **Hrsg.:** Karl Markus Michel, Tilman Spengler.

E 1940 Merkur. Deutsche Zeitschrift für europäisches Denken. Jg. 1ff. Stuttgart: Klett-Cotta, 1947ff.

EW: *monatlich*. - **I:** Zeitgeschichtliche Beiträge. - **Hrsg.:** Karl Heinz Bohrer.

E 1950 Neue deutsche Hefte (NDH). Beiträge zur europäischen Gegenwart. Bd. 1ff. Berlin: N.D.H., 1954ff.

EW: 4 Hefte *pro Jahrgang*. - **I:** Literarische Texte, Essays, Aufsätze zum Kulturellen Leben. *Rezensionen*. - **Hrsg.:** Joachim Günther.

E 1960 Universitas. Zeitschrift für Wissenschaft, Kunst und Literatur. Bd. 1ff. Stuttgart: Wiss. Verlagsges., 1946ff.

EW: monatlich. - **I:** Aufsätze aus dem gesamten Kulturbereich. Rezensionen. - **Hrsg.:** Christian Rotta, Ingrid Jung.

9 ÜBERREGIONALE TAGES- UND WOCHENZEITUNGEN MIT RELEVANTEM LITERATURTEIL

E 2110 Deutsches Allgemeines Sonntagsblatt. Redaktion und Geschäftsführung, Pf 130868, D-20108 Hamburg. - Mittelweg 111, D-20149 Hamburg. - Tel.: 040-414190. - Fax: 040-41419111 (Redaktion) und 41419113 (Geschäftsführung).

Kultur, Literatur und Reise: Henning Klüver (Leitung), Angelika Ohland, Frauke Döhring, Dorothea Heintze, Christiane Schott, Johannes Wendland.

E 2120 Frankfurter Allgemeine Zeitung, D-60267 Frankfurt/M. - Hellerhofstr. 2-4, D-60327 Frankfurt/M. - Tel.: 069-7591.0. - Fax: 069-7591.1743 (Redaktion). - Fernschreiber: 41223.
Feuilleton: Dr. Wilfried Wiegand. - *Literatur u. literarisches Leben:* Dr. Gustav Seibt.

E 2130 Frankfurter Rundschau, Große Eschenheimer Str. 16-18, D-60266 Frankfurt/M. - Tel.: 069-21991. - Fax: 069-2199.421
Feuilleton: Wolfram Schütte.

E 2135 Freitag. Die Ost-West-Wochenzeitung, Am Treptower Park 28 bis 30, D-12435 Berlin. - Tel.: 030-68834.400. - Fax: 030-68834.420.
Kultur: Detlef Lücke, Jörg Magenau, Stefan Reinecke.

E 2140 Neue Zürcher Zeitung, Falkenstr. 11, Pf, CH-8021 Zürich. - Tel.: [0041] 01-2581111. - Fax: 01-2521329. - Telex: 817099NZZ.
Feuilleton: Martin Meyer, Richard Häsli, Marianne Zelger-Vogt, Beatrice von Matt-Albrecht.

E 2150 Rheinischer Merkur. Christ und Welt, Pf 201164, D-53141 Bonn. - Godesberger Allee 91, D-53175 Bonn. - Tel.: 0228-884.0. - Fax: 0228-884199. - Telex: 885618.
Kultur: Wolf Schön, Ulrich Baron (Literatur). - *Schauspiel und Musiktheater, Kulturreportage:* Günter Engelhard. - *Hochschule und Bildung:* Birgitta Mogge-Stubbe.

E 2160 Süddeutsche Zeitung, Sendlinger Str. 80, D-80331 München. - Tel.: 089-2183.0. - Fax: 089-2183787.
Kultur: Dr. J. Willms, K. von Harbou.

E 2170 Die Welt, Kochstr. 50, D-10969 Berlin. - Tel.: 030-2591.0. - Axel-Springer-Platz 1, D-20355 Hamburg. - Tel.: 040-34700.
Kultur, Bildungspolitik: Dr. Peter Dittmar, Thomas Eyerich, Michael Fuchs, Elmar Krekeler, Dr. Berthold Seewald.

E 2175 Die Woche, Van-der-Smissen-Str. 3, D-22767 Hamburg. - Tel.: 040-38035.03. - Fax: 040-38035.009 (Redaktion), .369 (Kultur), .379 (Wissenschaft).
Kultur: Dr. Rolf Hosfeld, Michael Berger, Gabriele Riedle. - *Wissenschaft und Gesellschaft:* Dr. Petra Thorbrietz, Dr. Marion Rollin, Volker Stollorz, Hanne Tügel.

E 2180 Die Zeit, Pressehaus, Speersort 1, D-20079 Hamburg. - Tel.: 040-32800. - Fax: 040-327111. - Telex: 2162417.
Feuilleton: Ulrich Greiner (verantwortlich), Benedikt Erenz, Benjamin Henrichs, Dr. Heinz Josef Herbort, Andreas Kilb, Dr. Petra Kipphoff, Dr. Rolf Michaelis, Iris Radisch.

TEIL F: SAMMELGEBIETE
UND SPEZIALBESTÄNDE DER BIBLIOTHEKEN
UND ARCHIVE IM DEUTSCHSPRACHIGEN RAUM

F 10 Mit dem folgenden Verzeichnis möchte das *Informationshandbuch Deutsche Literaturwissenschaft (IDL)* der wissenschaftlichen Forschung ein Instrumentarium an die Hand geben, das es ihr ermöglicht, rasch und zuverlässig die Bibliotheken und Archive zu erfassen, die gedrucktes und ungedrucktes Material zu bestimmten Forschungsgegenständen, seien es nun Autoren, Epochen oder sonstige Spezialgebiete, schwerpunktmäßig und im Hinblick auf Vollständigkeit sammeln. Zwar ist die bibliothekarische Lage im Bereich der deutschen Literatur und Literaturwissenschaft relativ gut; jede Landes-, Universitäts- und Stadtbibliothek sammelt diese Gebiete je nach Etat mit kleinerer oder größerer Intensität. Doch zeigt in einer Zeit der Etatkürzungen und einer restriktiven Mittelbewirtschaftung die Praxis, daß durch die von den Finanzverwaltungen oktroyierte Zurückhaltung beim Kauf neuer Bücher bereits vermehrt Lücken entstanden sind. Zusätzlich ist zu beachten, daß es als Folge der besonderen historischen Situation eines fehlenden Einheitsstaates in Deutschland bis 1912 keine Bibliothek gab, die im Sinne einer Nationalbibliothek das nationale Schrifttum vollständig sowie ausländisches Schriftgut in repräsentativer Auswahl gesammelt, archiviert und bibliographisch erschlossen hätte. Erst mit der Gründung der Deutschen Bücherei in Leipzig (1913) und der Deutschen Bibliothek in Frankfurt am Main (1946) wurde das neuerschienene deutschsprachige Schrifttum und die im Ausland über Deutschland publizierte Literatur systematisch und kontinuierlich gesammelt. Für den Zeitraum bis 1912 soll die *Sammlung deutscher Drucke 1450-1912*, die von der Volkswagen-Stiftung finanziert wird, sowohl im Bestand wie in der bibliographischen Erfassung Lücken schließen. Dieser Arbeitsgemeinschaft gehören fünf große Bibliotheken an, die zusammen eine "retrospektive deutsche Nationalbibliothek" bilden wollen: die Bayerische Staatsbibliothek für den Zeitraum 1450 bis 1600, die Herzog August Bibliothek für den Zeitraum 1601 bis 1700, die Niedersächsische Staats- und Universitätsbibliothek für den Zeitraum 1701 bis 1800, die Stadt- und Universitätsbibliothek Frankfurt am Main für den Zeitraum 1801 bis 1870 und die Staatsbibliothek zu Berlin für den Zeitraum 1871 bis 1912. Für die Zeit ab 1913 ist das Schrifttum vollständig bei Der Deutschen Bibliothek, dem Zusammenschluß der Deutschen Bücherei Leipzig und der Deutschen Bibliothek Frankfurt/Main, vorhanden. Auf die genannten Bibliotheken sowie die Österreichische Nationalbibliothek Wien und die Schweizerische Landesbibliothek Bern sei besonders verwiesen. Sie werden in Teil H ausführlicher vorgestellt. Unter ihnen nimmt die Stadt- und Universitätsbibliothek Frankfurt am Main mit ihren Sondersammelgebieten *Germanistik, Allgemeine und Vergleichende Literaturwissenschaften, Deutsche Sprache und Literatur* einen besonderen Stellenwert ein: Sie zählt zu den wichtigsten unseres Faches.

F 20 Bei der Erstellung des vorliegenden Verzeichnisses ging es nicht darum, Selbstverständliches zu reproduzieren, sondern die Bibliotheken und Archive im deutschsprachigen Raum aufzulisten, die über das Normalmaß hinausgehende Bestände in ihren

Magazinen speichern bzw. über die allgemeine Anschaffungspraxis hinaus bestimmte Gebiete gezielt sammeln, um das Material vollständig zur Verfügung zu stellen. Die Informationen wurden durch Fragebogenaktionen gewonnen. Angeschrieben wurden alle Landes-, Universitäts- und Institutsbibliotheken, ein Großteil der Stadtbibliotheken und Archive Deutschlands, Österreichs und der Schweiz. Die Angaben wurden durch eine neuerliche Umfrage im Frühjahr 1994 überprüft, ergänzt und - falls notwendig - korrigiert. Eine Reihe neuer Spezialbestände konnte durch diese dritte Aktion erfaßt werden. Die nun mögliche Zusammenarbeit mit den Bibliotheken der neuen Bundesländer brachte eine nochmalige Erweiterung dieses Kapitels mit sich. Dennoch wird es auch diesmal noch Lücken geben. Alle Bibliotheken und Archive, deren wesentliche Spezialbestände nicht verzeichnet sind, werden daher um eine kurze Mitteilung an den Verfasser (*Anschrift*: Fachrichtung 8.1 Germanistik, Universität des Saarlandes, Postfach 151150, D-66041 Saarbrücken) gebeten. - Soweit die Bibliotheken und Archive entsprechende Angaben machten, erfolgen differenzierende Bemerkungen zu den jeweiligen Beständen. Einschränkend muß jedoch darauf hingewiesen werden, daß ein solches Verzeichnis eine gewisse Problematik in sich birgt: Was für kleinere Bibliotheken ein erwähnenswerter Spezialbestand ist, findet sich oft - ohne besondere Hervorhebung zu finden - an größeren Institutionen in der gleichen oder einer größeren Anzahl.

F 30 Die Anordnung der Sammelgebiete und Spezialbestände erfolgt nicht nach Bibliotheken, sondern alphabetisch nach Schlagwörtern (Autorennamen, Sachbegriffe). Abweichend davon werden Epochenbezeichnungen nicht an ihrem alphabetischen Ort, sondern systematisch gegliedert ihrem chronologischen Ablauf entsprechend unter dem Schlagwort *Literarische Epochen* verzeichnet. Innerhalb der Schlagwörter sind die Institutionen mit den umfassendsten Beständen vorangestellt, die übrigen folgen in alphabetischer Anordnung nach ihrem Ort. Es gilt zu beachten, daß Spezialbestände zu Autoren, deren Namen man hier vermißt, beispielsweise unter den Epochenbeständen oder regional begrenzten Beständen einer Bibliothek vorhanden sein können. Es empfiehlt sich daher, bei der Suche nach dem Standort etwas weiträumiger zu verfahren. In vielen Fällen wurden Hinweise auf den Verbleib des Nachlasses gegeben. Für vollständige und detailliertere Angaben wird aber auf die speziellen Nachlaßverzeichnisse (→ D 3620ff.) verwiesen. Zu den bedeutenderen Institutionen, die hier erfaßt sind, finden sich in den Teilen G, H, I Kurzbeschreibungen ihrer Funktion und ihrer Bestände.

Abkürzungen:

AdK Berlin = Akademie der Künste Berlin; **DLA** = Deutsches Literaturarchiv, Marbach; **FDH** = Freies Deutsches Hochstift; **GSH-B** = Gesamthochschulbibliothek; **HAAB** = Herzogin Anna Amalia Bibliothek, Weimar; **HAB** = Herzog August Bibliothek, Wolfenbüttel; **LB** = Landesbibliothek; **LHB** = Landes- und Hochschulbibliothek; **Pf** = Postfach; **SB** = Staatsbibliothek; **SStB** = Staats- und Stadtbibliothek; **StA** = Stadtarchiv; **StB** = Stadtbibliothek; **StUB** = Stadt- und Universitätsbibliothek; **SUB** = Staats- und Universitätsbibliothek; **SWK** = Stiftung Weimarer Klassik, Weimar; **UB** = Universitätsbibliothek; **ULB** = Universitäts- und Landesbibliothek.

F 40 Abenteuerromane
Walter Henle, Kaiser-Augustus-
Str. 23, D-54296 Trier. - Tel.:
0651-39568. - Privatsammlung.
Reiche Bestände, darunter Gerstäcker,
Karl May, Robert Kraft (Spezialarchiv),
B. Traven u.v.a. Sekundärliteratur.

**F 50 Abraham a Sancta Clara
(1644-1709)**
Badische Landesbibliothek, Erb-
prinzenstr. 15, D-76133 Karls-
ruhe. - Tel.: 0721-175.0. -
Ausleihbibliothek.
ÖNB Wien (→ H 30).
Nachlaß.

F 60 Alemannische Literatur
UB, Werthmannplatz 2, D-79098
Freiburg. - Tel.: 0761-203.3900.-
Ausleihbibliothek.

**F 70 Willibald Alexis
(1799-1871)**
Amerika-Gedenkbibliothek / Ber-
liner Zentralbibliothek, Pf 610179,
D-10922 Berlin. - Blücherplatz 1,
D-10961 Berlin. - Tel.: 030-
6905.169. - Fax: 030-6905.152. -
Telex 184693.
Willibald-Alexis-Archiv (Nachlaß Max
Ewert).

F 80 Almanache
Landesbibliothek, Schloß Ehren-
burg, D-96450 Coburg. - Tel.:
09561-76757. - Fax: 09561-
99622. - Ausleihbibliothek.
Rd. 2600 Almanache der Klassik, der
Romantik und des 19 Jh's. (bis ca. 1850).
▪ FDH (→ G 30).
Rd. 2000 Almanache der Klassik und
Romantik.

▪ UB, Geschwister-Scholl-Platz 1,
D-80539 München. - Tel.: 089-
2180.2429. Fax: 089-2180.3836. -
Ausleihbibliothek.
Almanache der Klassik und Romantik.
▪ **Germanisches Nationalmuseum,**
Pf 119580, D-90105 Nürnberg. -
Kornmarkt 1, D-90402 Nürnberg.
- Tel.: 0911-13310. Fax: 0911-
1331.200. - Präsenzbibliothek.
Almanache der Klassik und Romantik.

Anakreontik → F 1820.

F 95 Stefan Andres (1906-1970)
Stefan-Andres-Archiv (→ G 95).

F 98 Anthologien
Literarisches Colloquium (→ L
380).
Bibliothek deutschsprachiger Anthologien
des 19. und 20. Jh's (ca. 1800 Bde.).

F 100 Arbeiterliteratur
Fritz-Hüser-Institut (→ G 90).

**F 110 Ernst Moritz Arndt
(1769-1860)**
Berlin-Brandenburgische Akade-
mie der Wissenschaften (→ I 55).
Nachlaß.
▪ SB-PK (→ H 50).
Teilnachlaß.
▪ Universitäts- und Landesbiblio-
thek, Pf 2640, D-53014 Bonn. -
Adenauerallee 39-41, D-53113
Bonn. - Tel.: 0228-737350. - Fax:
0228-73.7546.- Ausleihbibliothek.
Teilnachlaß.
▪ Stadtarchiv und Stadthistorische
Bibliothek, Berliner Platz 2, Pas-
sage, D-53113 Bonn. - Tel.: 0228-
773683, 772413, 772412. - Fax:
0228-772400.- Ausleihbibliothek.

230   *Teil F: Sammelgebiete und Spezialbestände*

Manuskripte, Gedichte, Briefe. Zeitungsausschnittsammlung.
■ → G 100.

F 120 Achim von Arnim (1781-1831)
FDH (→ G 30).
Primär-, Sekundärliteratur. Teilnachlaß.
■ UB, Pf 105749, D-69047 Hei-
delberg. - Plöck 107-109,
D-69117 Heidelberg. - Tel.:
06221-542380. - Fax: 06221-
542623. - Ausleihbibliothek.
Teilnachlaß (Sammlung zu *Des Knaben
Wunderhorn*).
■ → G 105.

Aufklärung → F 1820.

F 150 Ingeborg Bachmann (1926-1973)
ÖNB Wien (→ H 30).
U.a. Nachlaß.

F 160 Jens Immanuel Baggesen (1764-1826)
UB, Westring 400, D-24118 Kiel.-
Tel.: 0431-880.2700. - Fax: 0431-
880.1596. - Ausleihbibliothek.
Primär-, Sekundärliteratur. Nachlaß.

F 170 Hugo Ball (1886-1927)
Stadtbücherei, Dankelsbachstr. 19,
D-66953 Pirmasens. - Tel.:
06331-842359. - Ausleihbiblio-
thek.
Sammlung, einschl. Emmy Ball-Hennings
(1885-1948). - Weitere Sammlungen zu
Autoren und Autorinnen der Region.

F 180 Ernst Barlach (1870-1938)
Ernst-Barlach-Haus (→ G 110).
Archiv des E.-Barlach-Hauses mit Presse-
ausschnitten (ca. 80 Ordner), Dokumen-

tationen von Ausstellungen, Prospekte,
Kataloge, Korrespondenzen (ca. 80 Ord-
ner), Fotosammlung, Postkarten, Plakate,
Filme, Videoaufzeichnungen (ca. 2000
Bilddokumente). Theatermaterialien
(Dokumentation von Aufführungen,
Rezensionen, Programmhefte).
■ Barlach Museum (→ G 115).
Erstausgaben von Dramen und früher
Prosa; Fotokopien von Manuskripten
dazu.

Barockliteratur → F 1810.

Kurt Bartel (1914-1967) → F 1670.

F 210 Basler Autoren
Öffentliche Bibliothek der Univ.,
Schönbeinstr. 18-20, CH-4056
Basel. - Tel.: [0041] 061-
267.3111. - Fax: 061-267.3103. -
Telex: 964853 ubib ch. - Ausleih-
bibliothek.
Basler Literaturarchiv mit Primär- und
Sekundärliteratur zu Autoren, die aus
Basel stammen oder in Basel leb(t)en.

F 220 Johannes R. Becher (1891-1958)
AdK Berlin (→ I 70).

F 221 August Becker (1828-1891)
Pfälzische Landesbibliothek, Pf
1709, D-67343 Speyer. - Otto-
Mayer-Str. 67, D-67346 Speyer. -
Tel.: 06232-91920. - Fax: 06232-
9192.200.
Nachlaß. Primär- und Sekundärliteratur.

F 225 Walter Benjamin (1892-1940)
Benjamin-Archiv, Friedberger An-
lage 24, D-60316 Frankfurt/M.
Nachlaß.

**F 230 Gottfried Benn
(1886-1956)**
AdK Berlin (→ I 70).
Primär-, Sekundärliteratur. Manuskripte,
Briefe.
▪ DLA (→ G 20).
Manuskripte, Briefe (Sammlung Friedrich
Wilhelm Oelze).

**F 240 Götz von Berlichingen
(1480-1562)**
Archiv der Freiherren von Berlichingen, Rotes Schloß, D-74249
Jagsthausen. - Tel.: 07943-2335. -
Fax: 07943-8157. - Privatarchiv
(nur mit besonderer Erlaubnis).

F 245 Berliner Autoren
Institut für deutsche Literatur,
Humboldt-Univ. Berlin (→ I 360).
Archiv für Regionalliteratur Berlin (im
Aufbau).
▪ → G 125.

**F 250 Werner Bergengruen
(1892-1964).**
DLA (→ G 20).
Nachlaß.

**F 253 Alexander von Bernus
(1880-1965)**
Badische LB (→ F 50).
Nachlaß.

F 255 Ernst Bertram (1884-1957)
Stadtbibliothek, Kolpingstr. 8,
D-42103 Wuppertal. - Tel.: 0202-
563.6001. - Fax: 0202-306594. -
Ausleihbibliothek.
Primär- und Sekundärliteratur, Zeitungs-
ausschnittsammlung, Teilnachlaß
(Präsenzbestand).

F 260 Peter Bichsel (1935-)
Zentralbibliothek Solothurn,
Bielstr. 39, CH-4502 Solothurn. -
Tel.: [0041] 065-221811. - Aus-
leihbibliothek.

Bildergeschichten → F 480

**F 270 Sigmund von Birken
(1626-1681)**
Seminar für Deutsche Philologie,
Univ. Mannheim (→ I 990). -
Präsenzbibliothek.
▪ Germanisches Nationalmuseum
(→ F 80).
Nachlaß.

F 280 Ernst Bloch (1885-1977)
Bloch-Archiv, c/o Kulturbüro, Pf
211225, D-67012 Ludwigshafen. -
Bismarckstr. 44-48, D-67059 Lud-
wigshafen. - Tel.: 0621-504.2592.
Fax: 0621-504.3784.
Manuskripte, Briefe, Fotos, Primär- und
Sekundärliteratur, Hörfunk- und Fernseh-
dokumente [Präsenzbestand; Nachlaß
Blochs in UB Tübingen].

**F 290 Hans Friedrich Blunck
(1888-1961)**
UB Kiel (→ F 160).
Primär-, Sekundärliteratur. Teilnachlaß.

**F 295 Johannes Bobrowski
(1917-1965)**
DLA (→ G 20).
Nachlaß mit zahlreichen Dokumenten zu
Leben und Werk und umfangreichen
Korrespondenzen (u.a. mit Peter Huchel,
Ina Seidel, Carl Zuckmayer, Nelly Sachs,
Paul Celan und Uwe Johnson).

**F 297 Johann Jakob Bodmer
(1698-1783)**
Zentralbibliothek Zürich, Zähringerplatz 6, CH-8025 Zürich.-Tel.:
[0041] 01-261.7272. - Fax: [0041]
01-262.0373. - Ausleihbibliothek.
Nachlaß mit Unterlagen zur Person,
Briefen, Materialien zum Werk, Akten,
Lebenserinnerungen, Werkausgaben. Mitenthalten ist der Nachlaß von *Johann
Jakob Breitinger* (1701-1776).

F 300 Heinrich Böll (1917-1985)
Historisches Archiv der Stadt
Köln, Severinstr. 222-228,
D-50676 Köln. - Tel.: 0221-
221.4450. - Fax: 0221-221.2480.
Manuskripte u. Korrespondenz, Unikate.
■ LiK-Archiv Köln (→ G 60).
Heinrich-Böll-Archiv.
■ H.-Heine-Institut (→ G 40).
■ StB Wuppertal (→ F 255).
Sammlung.

F 310 Ludwig Börne (1786-1837)
Heinrich-Heine-Institut (→ G 40).
StUB Frankfurt/M. (→ H 80).
Nachlaß.

**F 315 Carl August Boettiger
(1760-1835)**
Sächsische Landesbibliothek, Pf
100487, D-01074 Dresden. -
Marienallee 12, D-01099 Dresden.
Tel.: 0351-52677. - Fax: 0351-
53221.
Rd. 30000 Briefe an C. A. Boettiger.

**F 320 Wolfgang Borchert
(1921-1947)**
SUB Hamburg Carl von Ossietzky, Von-Melle-Park 3, D-20146
Hamburg. Tel.: 040-4123.2233.-
Fax: 040-4123.3352. - Ausleihbibliothek.

Borchert-Archiv. Primär-, Sekundärliteratur. Nachlaß (Präsenzbestand).

**F 330 Hermann Bräuning-
Oktavio (1889-1977)**
Hessische Landes- und Hochschulbibliothek, Schloß, D-64283
Darmstadt. - Tel.: 06151-16.5800,
16.5801, 16.5850. - Fax: 06151-
16.5897.
Nachlaß.

F 340 Bertolt Brecht (1898-1956)
AdK Berlin (→ I 70).
Bertolt-Brecht-Archiv (→ G 140).
■ Staats- und Stadtbibliothek, Pf
111909, D-86044 Augsburg. -
Schaezlerstr. 25, D-86152 Augsburg. - Tel.: 0821-324.2739. -
Fax: 0821-324.2127. - Ausleihbibliothek.
■ Arbeitsstelle Bertolt Brecht (→ I
1785).
Spezialbibliothek (Primär-, Sekundärliteratur; Erstausgaben); Dokumente von
Brecht, Hanns Eisler, Elisabeth Hauptmann, Margarete Steffin, Ruth Berlau
u.a. (zum internen Gebrauch). Datenbanken zur Lyrik und Prosa Brechts
sowie zum Register der *Großen Berliner
und Frankfurter Ausgabe.*

F 350 Willi Bredel (1901-1964)
AdK Berlin (→ I 70).
Primär-, Sekundärliteratur. Nachlaßmaterialien.

**F 360 Clemens Brentano
(1778-1842)**
FDH (→ G 30).
Primär-, Sekundärliteratur. Teilnachlaß.
→ auch F 120.
■ SWK (→ G 10). HAAB Weimar.
■ Stadt- und Landesbibliothek
Dortmund, Handschriftenabtei-

lung, Wißstr. 4, D-44122 Dortmund. - Tel.: 0231-50.23206. - Fax: 0231-50.23199.

F 365 John Brinckman (1814-1870)
UB Rostock, D-18051 Rostock. - Tel.: 0381-498.2309. - Fax: 0381-498.2270.
Nachlaß (Manuskripte, Notizbücher, Briefe).

F 370 Rolf Dieter Brinkmann (1940-1975)
UB Vechta, Pf 1553, D-49364 Vechta. - Driverstr. 24, D-49377 Vechta. - Tel.: 04441-15360. - Fax: 04441-15447. - Ausleihbibliothek.
Primär- und Sekundärliteratur. Zeitungsausschnittsammlung.

F 380 Georg Britting (1891-1964)
Bayerische SB (→ H 70).
Primär-, Sekundärliteratur. Nachlaß.

F 390 Arnolt Bronnen (1895-1959)
AdK Berlin (→ I 70).
Sammlung.

F 400 Buchwesen
→ G 160 - G 200.
Börsenverein des Deutschen Buchhandels, Bibliothek und Historisches Archiv, Pf 100442, Großer Hirschgraben 17-21, D-60327 Frankfurt/M. - Tel.: 069-1306.212 (Bibl.) und .213 (Archiv). - Fax: 069-1306.201. - Präsenzbibliothek.
Bibliothek: Literatur zum Buchwesen, insbesondere Buchhandel und Verlagswesen im deutschen Sprachgebiet in Geschichte und Gegenwart (ca. 32000 Bde.). -

Historisches Archiv: Sammelbestand zu Personen, Unternehmen, Verbänden und Gegenständen des Buchhandels, Teilnachlässe von Buchhändlern und Verlegern. Sondersammlungen: Autographen, Bildnisse (insbesondere Porträts von Buchhändlern und Verlegern), Verlagssignets, buchhändlerische Werbemittel.
▪ Deutsches Bucharchiv München - Institut für Buchwissenschaften, Frans-Hals-Str. 4/II, D-81479 München. - Tel.: 089-790.1220. - Fax: 089-790.1419.- Präsenzbibliothek (z.Z. nur eingeschränkt benutzbar).
Rd. 25500 Monographien zur Buchwissenschaft einschl. Autoren- und Verlagswesen, Papier- und Druckindustrie, AV-Medien, IuD-Wesen; 300000 Literaturnachweise; 183 lfd. Zeitschriften; Zeitungsausschnitte; Graue Literatur.
▪ Niedersächsische SUB (→ H 75).
Sondersammelgebiet der Deutschen Forschungsgemeinschaft.
▪ StUB Frankfurt/M. (→ H 80).
Rd. 12000 Bde. zu Buch- und Bibliothekswesen.
▪ Mainzer Minipressen-Archiv, Fischtorplatz 23, D-55116 Mainz. - Tel.: 06131-12.2676.

F 410 Georg Büchner (1813-1837)
Hessische LHB Darmstadt (→ F 330).
Georg-Büchner-Archiv (→ G 210).
▪ SWK (→ G 10). Goethe- und Schillerarchiv.
Nachlaß.
▪ Institut für Neuere deutsche Literatur und Medien, Univ. Marburg (→ I 1010). - Präsenzbibliothek.
Forschungsstelle Georg Büchner. Primär- und Sekundärliteratur, Quellen- und Bildmaterial.

234   Teil F: Sammelgebiete und Spezialbestände

F 430 Gottfried August Bürger (1747-1794)

Niedersächsische SUB (→ H 75).
Nachlaß.

F 440 Wilhelm Busch (1832-1908)

Wilhelm-Busch-Museum (→ G 220, G 221).

F 445 Paul Celan (1920-1970)

DLA (→ G 20).
Nachlaß.

F 450 Adelbert von Chamisso (1781-1838)

DLA (→ G 20).
Sammlung.
SB-PK (→ H 50).
Sammlung Kossmann (Werkausgaben, Schlemihliana).

F 460 Helmina von Chézy (1783-1856)

Fürstlich Leiningensche Bibliothek, Pf 1180, D-63912 Amorbach. - Schloßplatz 1, D-63916 Amorbach. - Tel.: 09373-3061 und 3062. - Fax: 9373-4228. - Präsenzbibliothek.
Sammlung.
▪ Berlin-Brandenburgische Akademie der Wissenschaften (→ I 55).
Manuskripte, Briefe.

F 470 Matthias Claudius (1740-1815)

SUB Hamburg (→ F 320).
▪ Schleswig-Holsteinische Landesbibliothek, Schloß, D-24103 Kiel. - Tel.: 0431-9067.172. - Ausleihbibliothek.

F 480 Comic Strips / Bildergeschichten

(Vgl. hierzu auch: Zur Archäologie der Popularkultur [→ D 5110].)
Die Deutsche Bibliothek (→ H 10).
Pflicht- und Belegexemplare ab 1945.
▪ Institut für Jugendbuchforschung, Univ. Frankfurt/M. (→ I 630). - Präsenzbibliothek.
Rd. 30000 Medieneinheiten.
▪ Dr. Othmar Hermann, Im Sachsenlager 1, D-60322 Frankfurt/M. - Tel.: 069-551781 und 782705. - Fax: 069-782705. - Privatsammlung.
Rd. 4300 Exx. (Micky Maus u.a.).
▪ StUB, Frankfurt/M. (→ H 80).
▪ Seminar für Volkskunde, Univ. Göttingen (→ I 710).
Rd. 500 Exx. (1950-1965).
▪ Badische LB (→ F 50).
Vollständigkeit für den Bereich Baden.
▪ LB Kiel (→ F 470)
Pflicht- und Belegexemplar aus Schleswig-Holstein.
▪ Robert Sachse, Wilhelmstr. 25, D-76456 Kuppenheim. - Tel.: 07222-42001. - Privatsammlung.
Mehrere Tausend Comics und humorvolle Bildergeschichten ab 1740; 60 verschiedene deutschsprachige humoristische Zeitschriften (komplette Jgg. ab 1877).
▪ Bayerische SB (→ H 70).
Pflicht- und Belegexemplare aus Bayern.
▪ Internationale Jugendbibliothek (→ F 1570).
Systematische Sammlung.
▪ Ingo Dieter, Hermann-Strebel-Str. 34, D-90411 Nürnberg. - Tel.: 0911-513090. - Privatsammlung.
Rd. 5000 Exx. (vor allem Fix und Foxi, Micky Maus).

▪ Norbert Hethke, Pf 1170,
D-69246 Schönau. - Tel.: 06228-
1422.- Privatsammlung.
Rd. 55000 Exx. systematische Sammlung
(und ca. 200000 Dubletten). Sammlerauf-
lagen alter Comics.
▪ Pfälzische LB Speyer (→ F 221).
Beleg- und Pflichtexemplare.

F 490 Michael Georg Conrad (1846-1927)
Handschriften-Abteilung der
Münchner Stadtbibliothek (Münch-
ner Literaturarchiv), Maria-There-
sia-Str. 23, D-81675 München.-
Tel.: 089-4702024.
Nachlaß.
▪ Münchner Stadtbibliothek im
Haus Am Gasteig, Rosenheimer
Str. 5, D-81667 München.
Bibliothek Conrads.

Dadaismus → F 1840.

F 510 Theodor Däubler (1876-1934)
Sächsische LB Dresden (→ F 315).
Teilnachlaß.

F 515 Max Dauthendey (1867-1918)
Stadtarchiv Würzburg, Rathaus,
Rückermainstr. 2, D-97070 Würz-
burg. - Tel.: 0931-37.308.
Dauthendey-Archiv. - Vgl.: Gabriele
Geibig: *Der Würzburger Dichter Max
Dauthendey. Sein Nachlaß als Spiegel
von Leben und Werk.* Würzburg 1992
(Schriften des Stadtarchivs Würzburg, 9).

F 520 Richard Dehmel (1863-1920)
SUB Hamburg (→ F 320).
Primär-, Sekundärliteratur. Nachlaß
(einschl. Nachlaß Ida Dehmel).

F 525 Deutschsprachige Literatur nichtdeutschsprachiger Länder
Bibliothèque nationale et univer-
sitaire, Section des alsatiques, 34,
rue du Mal. Joffre, B.P. 1029/F,
F-67070 Strasbourg Cedex. - Tel.:
[0033] 88.360068.
Deutschsprachige Literatur Elsaß-
Lothringens.
▪ Bibliothèque nationale de
Luxembourg, Boulevard Roosevelt
37, L-2450 Luxembourg. - Tel.:
[00352] 226255.
Deutschsprachige Literatur Luxemburgs.
Ebenso im:
▪ Luxemburger Literaturarchiv,
c/o Archives Nationales, Plateau
du Saint-Esprit, Boîte postale 6,
L-2010 Luxembourg. - Tel.:
[00352] 4786660.
▪ Archiv für die Literaturen der
Grenzregionen Saar-Lor-Lux-Elsaß
(im Aufbau), c/o Fachrichtung
Germanistik, Univ. Saarbrücken
(→ I 1140).- Tel.: 0681-302.3327.
Primär- und Sekundärliteratur von und zu
Autorinnen und Autoren aus Luxemburg,
Lothringen und dem Elsaß.
▪ Fachgebiet Germanistik, Univ.
Wuppertal (→ I 1240). - Ausleih-
und Präsenzbibliothek.
Deutschsprachige Literatur Prags und
Böhmens [reichhaltige Bestände deutsch-
sprachiger Literatur Osteuropas in der UB
Prag].
▪ Arbeitsstelle Steinburger Studien
(→ I 2140).
Minderheitenliteratur des Auslands.
Sowjetdeutsche Literatur.

F 527 Dialektliteratur
Internationales Mundartarchiv
"Ludwig Soumage", Schloßstr. 1,

D-41541 Dormagen.- Tel.: 02133-
46061. - Fax: 02133-10564.
Redaktion Mundartliteratur des Lexikons
Die deutsche Literatur (C 70). Sammlung
und Dokumentation von Dialektliteratur
und bio-bibliographischer Daten ihrer
Autor/inn/en.

F 530 Alfred Döblin (1887-1957)
DLA (→ G 20).
Sammlung mit Nachlaß.

F 540 Dramatik
UB München (→ F 80).
Rd. 3000 Dramen aus der 2. Hälfte des
18. Jh's (Sammlung v. Pfletten); rd. 1500
Schuldramen.
▪ SStB Augsburg (→ F 340).
Reichhaltige Sammlung populärer und
trivialer Dramen aus dem letzten Drittel
des 18. und der 1. Hälfte des 19. Jh's
(Drucke und Handschriften, z.T. unveröf-
fentlicht).
▪ LB Coburg (→ F 80).
Reiche Bestände, zurückreichend bis ins
18 Jh.
▪ StUB Frankfurt/M. (→ H 80).
Rd. 6000 Bühnenmanuskripte nach 1945.
▪ Ruhrfestspiel-Archiv, c/o StA,
Hohenzollernstr. 12, D-45659
Recklinghausen. - Tel.: 02361-
501901 und 501902.
Programme, Kataloge; Zeitungs-
ausschnittsammlung; Plakate, Fotos;
Schriftwechsel; Eröffnungsansprachen.
▪ Fürst Thurn und Taxis Hof-
bibliothek und Zentralarchiv, Pf
110246, D-93015 Regensburg. -
Emmeramsplatz, D-93047 Regens-
burg. - Tel.: 0941-50480 und
5048.132. - Fax: 0941-5048.555.
Textbücher und Theaterschriften (vor
allem vor 1800).

▪ Stadtbibliothek, Luisenstr. 5/1,
D-69469 Weinheim. - Tel.:
06201-64011. - Fax: 06201-
185822. - Ausleihbibliothek.
Dramen (Theatertexte) ab 1960.
→ F 2830.

F 550 Annette von Droste-Hülshoff (1797-1848)
Droste-Museum (→ G 240 f.).
▪ Universitäts- und Landesbiblio-
thek, Pf 8029, D-48043 Münster.
- Krummer Timpen 3-5, D-48143
Münster. - Tel.: 0251-83.4021. -
Fax: 0251- 83.8398. - Ausleih-
bibliothek.
Besonderes Sammelgebiet.
▪ SB-PK (→ H 50).
Teilnachlaß.
▪ ULB Bonn (→ F 110).
Teilnachlaß.
▪ StLB Dortmund (→ F 360).

F 555 Friedrich Dürrenmatt (1921-1990)
SLA (→ G 75).

F 558 Axel Eggebrecht (1899-1991)
SUB Hamburg (→ F 320).
Primärliteratur. Nachlaß.

F 560 Günter Eich (1907-1972)
DLA (→ G 20).
Primär-, Sekundärliteratur. Nachlaß.

F 570 Joseph von Eichendorff (1788-1857)
Bundesarchiv Koblenz, Potsdamer
Str. 1, D-56075 Koblenz. - Tel.:
0261-5050.
Nachlaß.
▪ Eichendorff-Gesellschaft
(→ L 200).

Eichendorff-Archiv (Werkausgaben, Forschungsliteratur, Manuskripte, Lebenszeugnisse u.ä.).
▪ Deutsches Eichendorff-Museum (→ G 260).

F 580 Einblattdrucke
SStB Augsburg (→ F 340).
▪ Staatsbibliothek Bamberg, Neue Residenz, Domplatz 8, D-96049 Bamberg. - Tel.: 0951-54014. - Fax: 0951-54615.
▪ SB-PK (→ H 50).
▪ HAB Wolfenbüttel (→ H 90).

F 590 Carl Einstein (1885-1940)
AdK Berlin (→ I 70).
Carl-Einstein-Archiv.

F 592 Gerrit Engelke (1890-1918)
Stadtbibliothek, Hildesheimer Str. 12, D-30169 Hannover. - Tel.: 0511-168.2169. - Fax: 0511-168.6410. - Ausleihbibliothek.
Gerrit-Engelke-Archiv.
▪ G 90.

F 593 Emil Ermatinger (1873-1953)
Zentralbibliothek Zürich (→ F 297).
Nachlaß.

F 595 Paul Ernst (1866-1933)
DLA (→ G 20).
Handschriftlicher Nachlaß, Briefe u.ä.
▪ UB, Universitätsstr. 150, D-44780 Bochum. - Tel.: 0234-700.2350 u. 700.2351. - Fax: 0234-7094.213.
Ernsts Bibliothek (rd. 12000 Bde.) in geschlossener Aufstellung als Präsenzbestand.

▪ Paul-Ernst-Archiv, Memmingerstr. 72/207, D-89231 Neu-Ulm (nur nach Voranmeldung: 0731-77208 [Dr. med. H. Blanke]).
Erstausgaben, Sammelausgaben, Bildarchiv, Sekundärliteratur.

F 600 Erzählforschung
Forschungsstelle für Volkskunde in Bremen und Niedersachsen (→ G 870). - Präsenzbibliothek.
▪ Seminar für Volkskunde, Univ. Göttingen (→ I 710). - Präsenzbibliothek.

F 610 Exilliteratur
Die Deutsche Bibliothek (→ H 10), Deutsches Exilarchiv 1933-1945.
Umfangreichste Sammlung mit über 113000 Einheiten. Sonderkatalog (→ D 1135).
▪ Deutsche Bücherei (→ H 20).
▪ Hamburger Arbeitsstelle für deutsche Exilliteratur, von-Melle-Park 3, D-21465 Hamburg.
Bibliothek (rd. 15000 Bde.), Archiv mit mehreren Nachlässen (darunter P. Walter Jacob, mit Materialien zur *Freien deutschen Bühne* in Buenos Aires), Zeitungsausschnittsammlung. Projekt KZ-Literatur.
▪ Bayerische SB (→ H 70).
▪ AdK Berlin (→ I 70).
▪ ULB Bonn (→ F 110).
Rd. 1200 Bde. (Sonderkatalog).
▪ Stadtbibliothek, Marktplatz 10, D-67547 Worms. - Tel.: 06241-853.504. - Fax: 06241-853.684. - Ausleihbibliothek.
▪ Österreichische Exilbibliothek (→ H 120).
Sammlung österreichischer Exilliteratur (Bücher, Handschriften, Nachlässe, Zeitungsausschnitte, Bildarchiv, Ton-

band- und Video-Sammlung); Datenbank
zur österreichischen Kultur im Exil (im
Aufbau).
▪ [Reichhaltige Bestände in der
Wiener Library, London.]

F 620 Exotische Literatur
Günter Schmitt, Am Richtsberg 1,
D-35039 Marburg. - Tel.: 06421-
41445. - Privatsammlung.
Rd. 4500 Bde. (Gerstäcker, Cooper
u.v.a.).
▪ Walter Henle (→ F 40).

Expressionismus → F 1840.

F 640 Fabeln
Stadtbibliothek, Langemarkstr. 19
bis 21, D-46045 Oberhausen. -
Tel.: 0208-825.2480. - Fax: 0208-
25961. - Ausleihbibliothek.

F 650 Fachdidaktische Literatur
Bibliothek des Pädagogischen Zentrums Berlin, Hauptbibliothek Wil-
mersdorf, Uhlandstr. 97, D-10715
Berlin. - Tel.: 030-8687203. -
Fax: 030-8687340. - Zweigstelle
Hohenschönhausen, Wustrower
Str. 14, D-13051 Berlin. - Tel.:
030-92400.334. - Fax: 030-
92400.322. - Ausleihbibliothek
mit großen Präsenzbeständen.
Überwiegend schulpraxis-orientierte,
unterrichtsrelevante Literatur: Schulpäd-
agogik, Fachdidaktik aller Schulstufen
und -formen, Didaktik aller Unterrichts-
fächer und Lernbereiche, Erziehungswissenschaften, Pädagogische Psychologie
und Soziologie u.a. - Gesamtbestand: ca.
297000 Bde., ca. 1000 laufend gehaltene
Periodika. - Sondersammlungen: Schulbücher Berlin, Lehrpläne aller Bundesländer, Veröffentlichungen aller pädagogischen Landesinstitute Deutschlands.

▪ Deutsches Institut für Internationale Pädagogische Forschung, Pf
900280, D-60442 Frankfurt/M. -
Schloßstr. 29-31, D-60486 Frank-
furt/M. - Tel.: 069-247080. - Fax:
069-24708.444. - Präsenzbibliothek.
Forschungsbibliothek (rd. 191000 Bde.
aus dem Gesamtbereich des Bildungswesens).
▪ Institut für Germanistik, Univ.
Salzburg (→ I 1420). - Präsenzbibliothek.
Fachdidaktik des Deutschunterrichts
(einschl. Schulbücher und Lehrpläne).

F 655 Robert Faesi (1883-1972)
Zentralbibliothek Zürich (→ F
297).
Nachlaß.

F 660 Hans Fallada (1893-1947)
Hans-Fallada-Archiv, Eichholz 3,
D-17258 Feldberg.- Tel.: 039831-
20560.
Nachlaß (Briefe, Manuskripte usw.),
Fotos, Filme, Tonbänder, Sammlung von
Erstausgaben und Übersetzungen.

F 670 Faust-Stoff
Faust-Museum Knittlingen
(→ G 280).
▪ FDH (→ G 30).
▪ Goethe-Museum Düsseldorf
(→ G 350).

**F 690 Lion Feuchtwanger
(1884-1958)**
AdK Berlin (→ I 70).
Primär-, Sekundärliteratur. Sammlung.

F 700 Hubert Fichte (1935-1986)
SUB Hamburg (→ F 320).
Primär-, Sekundärliteratur. Nachlaß (noch
nicht erschlossen).

▪ Arbeitsstelle Hubert Fichte, c/o
Georg Heusch, Jakordenstr. 8,
D-50668 Köln. - Tel.: 0221-
131610. - Fax: 0221-133510. -
Präsenzbibliothek. Begrenzter
Benutzerkreis.
Erstausgaben; Manuskripte, Typoskripte,
Briefe, Dokumente, Fotosammlung; son-
stige Materialien.

F 705 Ludwig Finckh
(1876-1964)
Stadtarchiv Reutlingen, Marktplatz
22, D-72764 Reutlingen. - Tel.:
07121-303.2386. - Fax: 07121-
303.2821.
Ludwig-Finckh-Archiv.

F 710 Marieluise Fleisser
(1901-1974)
Stadtarchiv und Wissenschaftliche
Stadtbibliothek, Pf 210964,
D-85024 Ingolstadt. - Auf der
Schanz 45, D-85049 Ingolstadt. -
Tel.: 0841-305.117. - Fax: 0841-
305.115.- Ausleihbibliothek.
Primär-, Sekundärliteratur (Ausleihe
möglich), Nachlaß, Zeitungsausschnittsammlung, Programmhefte. Kopiermöglichkeit. - Vgl.: Pfister, Eva: *Der Nachlaß von Marieluise Fleisser*. In: Maske
und Kothurn 26 (1980), S. 294-303.

F 720 Flugschriften
StUB Frankfurt/M. (→ H 80).
Flugschriftensammlung Gustav Freytags.
Mikrofiche-Ausg.: München: Saur, 1980
bis 1981 (6265 Schriften auf 746 Fiches).
▪ SStB Augsburg (→ F 340).
Rd. 3500 Flugschriften aus der Zeit von
1501-1850.

F 730 Flugschriften der
Reformationszeit
Hofbibliothek, Schloß Johannis-
burg, Schloßplatz 4, D-63739
Aschaffenburg. - Tel.: 06021-
24429. - Ausleihbibliothek.
▪ LB Coburg (→ F 80).
▪ Marktkirchenbibliothek, Gemein-
dehof 8, D-38640 Goslar. - Tel.:
05321-23150. - Präsenzbibliothek.
▪ StA und StB, Altes Rathaus,
Reichsplatz, D-88131 Lindau. -
Tel.: 08382-275404.- Telex 54318
STALI. - Präsenzbibliothek.
▪ Bayerische SB (→ H 70).

F 740 Theodor Fontane
(1819-1898)
Theodor Fontane-Archiv
(→ G 290).
▪ Märkisches Museum (→ G 125).
Teilnachlaß.
▪ DLA (→ G 20).
Sammlung. Teilnachlaß (Cotta-Archiv).
Zu weiteren Nachlaßteilen vgl. Denecke-
Brandis [→ D 3630] S. 93f.
→ G 292.

F 750 Leonhard Frank
(1882-1961)
AdK Berlin (→ I 70).
Leonhard-Frank-Archiv mit Nachlaß.
▪ DLA (→ G 20).

F 760 Frauenliteratur
Deutsches Zentralinstitut für sozia-
le Fragen, Bernadottestr. 94,
D-14195 Berlin. - Tel.: 030-
8390010. - Fax: 030-8314750.
Präsenzbibliothek.
▪ Deutscher Staatsbürgerinnen-
Verband e.V., Tempelhofer
Damm 2, D-12101 Berlin. -
Tel./Fax: 030-785.8927. - Prä-
senzbibliothek.

▪ Frauenbibliothek, c/o Stefanie Hogreve, SUB, Pf 330160, D-28331 Bremen. - Tel.: 0421-218.3619. - Fax: 0421-218.2614.
▪ FrauenMediaTurm. Das Feministische Archiv und Dokumentationszentrum, Bayenturm, D-50678 Köln. - Tel.: 0221-9318810. - Fax: 0221-931881.18.
▪ Archiv der deutschen Frauenbewegung, Sommerweg 1 b, D-34125 Kassel. - Tel.: 0561-55600.
Sammlung von Schriften über Frauen aus dem Zeitraum 1800-1950; Schwerpunkt: Erste deutsche Frauenbewegung.
▪ UB München (→ F 80).
▪ Frauenbibliothek und Dokumentationsstelle Wyborada, Harfenbergstr. 17, Pf 202, CH-9003 St. Gallen. - Tel.: [0041] 071-300294. - Fax: -300199.
▪ Archiv zur Geschichte der schweizerischen Frauenbewegung, Gostelli-Stiftung, Altikofenstr. 186, CH-3048 Worblaufen. - Tel.: [0041] 031-921.7941 u. 921.0202.
▪ Internationaal Informatiecentrum en Vrouwen Archief (IIVA), Obiplein 4, NL-1094 RB Amsterdam. - *Verwaltung:* Tel.: [0031] 020-6651318. - Fax: [0031] 020-6655812. - *Informationsabt.:* Tel.: -6650820. - Fax: -6654267.
▪ Institut für Germanistik, Univ. Salzburg (→ I 1420). - Präsenzbibliothek.
Primärliteratur österreichischer Schriftstellerinnen 1880-1938.
▪ → H 155.

F 770 Ferdinand Freiligrath (1810-1876)
Lippische Landesbibliothek, Hornsche Str. 41, D-32756 Detmold. -

Tel.: 05231-21012 u. 21013.- Fax: 05231-31368. - Ausleihbibliothek.
Sammlung (auch Autographen).
▪ Heinrich-Heine-Institut (→ G 40).
▪ ULB Münster (→ F 550).
Sammlung.

F 773 Freimaurer-Literatur
Deutsches Freimaurer-Museum (→ G 310).
Freimaurer-Bibliothek. - Katalog: *Deutsche Freimaurer Bibliothek.* 2 Bde. Hrsg. von Herbert Schneider. Frankfurt/M. 1993 (Demokratische Bewegungen in Mitteleuropa, 12).

F 775 Gustav Frenssen (1863-1945)
LB Kiel (→ F 470).
Nachlaß.

F 780 Gustav Freytag (1816-1895)
Gustav-Freytag-Archiv und -Museum (→ G 320).
Primär-, Sekundärliteratur. Teilnachlaß (zum weiteren Nachlaß s. Denecke-Brandis [→ D 3630] S. 98).
▪ StUB Frankfurt/M. (→ H 80).
Gustav Freytags Bibliothek und Flugschriftensammlung (→ F 720).

F 785 Erich Fried (1921-1988)
Österreichisches Literaturarchiv, ÖNB Wien (→ H 30).
Nachlaß (Bibliothek, Manuskripte, Korrespondenz).

F 790 Salomo Friedländer (Pseud.: Mynona; 1871-1946)
DLA (→ G 20).

F 800 Max Frisch (1911-1991)
Max-Frisch-Archiv, ETH Zürich,
Hauptgebäude E 68, Rämistr. 101,
CH-8092 Zürich. - Tel.: [0041]
01-632.4035. - Fax: [0041] 01-
632.1041. - Präsenzbibliothek.
Primär-, Sekundärliteratur, Bild-, Ton-
dokumente, Manuskripte, Korrespondenz,
Zeitungsausschnitte u.a.

F 810 Ludwig Fulda (1862-1939)
FDH (→ G 30).
Primär-, Sekundärliteratur. Nachlaß.

**Gallitzin, Adelheid Amalie Für-
stin von (1745-1806)** → F 1660.

F 815 Gefangenenliteratur
Fachbereich 21, Univ. Münster
(→ I 1080).
Archiv sämtlicher Gefangenenzeitungen
der Bundesrepublik, großer Bestand an
historischer und neuerer Gefangenenliteratur. Ferner Sammlung von authen-
tischen Texten zu Verfolgung und Inhaf-
tierung in der DDR.

**F 820 Emanuel Geibel
(1815-1884)**
Bibliothek der Hansestadt, Hunde-
str. 5-17, D-2400 Lübeck 1. -
Tel.: 041-12.24110.
Primär-, Sekundärliteratur (Teilnachlaß
im StA [Tel.: 12.24150]).

**F 830 Johann Geiler von
Kaisersberg (1445-1510)**
Badische LB (→ F 50).

F 840 Gelegenheitsgedichte
Stadtarchiv, Hallgebäude, Wein-
markt 1, D-86720 Nördlingen. -
Tel.: 09081-84118.- Fax: 09081-
84102.

▪ Württembergische Landesbibliothek, Pf 105441, D-70047 Stuttgart. - Konrad-Adenauer-Str. 8,
D-70173 Stuttgart. - Tel.: 0711-
212.4424. - Fax: 0711-212.4422.
- Ausleihbibliothek.

**F 850 Christian Fürchtegott
Gellert (1715-1769)**
Gellert-Museum (→ G 330).
FDH (→ G 30).

F 860 Stefan George (1868-1933)
Württembergische LB (→ F 840).
Stefan George-Archiv. Handschriften,
Nachlässe, Briefe, Fotosammlung,
Primär- und Sekundärliteratur (Präsenz-
bestand).

F 870 George-Kreis
Württembergische LB (→ F 840).
Stefan George-Archiv. Diverse Nachlässe
und Teilnachlässe von Kreismitgliedern.
▪ Hessische LHB Darmstadt (→ F
330).

F 880 Germanistik
StUB Frankfurt/M. (→ H 80).
Sondersammelgebiet Germanistik
(Sprach- und Literaturwissenschaft,
Theaterwissenschaft [Theater, Rundfunk,
Film, Fernsehen], Volkskunde), Allge-
meine und Vergleichende Literaturwissen-
schaft, Deutsche Sprache und Literatur.
▪ SB-PK (→ H 50).
▪ Stadtbücherei Bochum, Willy-
Brandt-Platz 2-6, D-44777
Bochum. - Tel.: 0234-910.2496. -
Fax: 0234-910.2437. - Ausleih-
bibliothek.
Sprach- und Literaturwissenschaft als
Sondersammelgebiet (NRW).
▪ Niedersächsische SUB (→ H 75).
▪ DLA (→ G 20).

▪ Fachrichtung Germanistik, Univ. Saarbrücken (→ I 1140). - Präsenzbibliothek.
Reichhaltige Bestände an französischsprachiger Germanistik.

▪ SUB Hamburg (→ F 320).
Bibliothek Heinrich Meyer-Benfey (ca. 25000 Bde.).

▪ UB, Universitätsstr. 25, D-33615 Bielefeld. - Tel.: 0521-106.4114. - Telex 932362 unibi. - Fax: 0521-106.5844. - Ausleihbibliothek.
Bibliothek Rudolf Unger (rd. 6300 Bde.).

F 890 Geschichte der Germanistik
DLA (→ G 20).
▪ UB, Pf 2620, D-72016 Tübingen.- Wilhelmstr. 32, D-72074 Tübingen. - Tel.: 07071-29.2577 und 29.2846 (Auskunft). - Fax: 07071-293123. - Ausleihbibliothek.

F 900 Friedrich Gerstäcker (1816-1872)
Stadtarchiv, Löwenwall 18 b, D-38100 Braunschweig. - Tel.: 0531-470.4702.
Primärliteratur. Nachlaß.
▪ Stadtbibliothek, Pf 3309, D-38023 Braunschweig. - Steintorwall 15, D-38100 Braunschweig. - Tel.: 0531-470.2448. - Fax: 0531-470.6899. - Ausleihbibliothek.
Primär- und Sekundärliteratur.

F 905 Gesangbücher
Niedersächsische SUB (→ H 75).
Rd. 1000 Bde.

F 910 Johann Wilhelm Ludwig Gleim (1719-1803)
Das Gleim-Haus (→ G 340).
FDH (→ G 30).

F 920 Josef Görres (1776-1848)
Stadtbibliothek, Kornpfortstr. 15, D-56068 Koblenz. - Tel.: 0261-129.2602. - Fax: 0261-129.2600. - Ausleihbibliothek.
Görres-Archiv.

F 930 Johann Wolfgang Goethe (1749-1832)
SWK (→ G 10). Goethe- und Schillerarchiv. HAAB Weimar.
Goethes Nachlaß. Umfangreichste Materialsammlung.
▪ FDH (→ G 30).
▪ UB, Beethovenstr. 6, D-04107 Leipzig. - Tel.: 0341-2130081. - Fax.: 0341-2132168. - Ausleihbibliothek.
Goethe-Sammlung des Verlegers Salomon Hirzel (1804-1877): Handschriften, Goethes Schriften, Bilder (Katalog von R. Fink, Leipzig 1932). - Sammlung Kestner (→ F 1564).
▪ Goethe-Museum Düsseldorf (→ G 350).
▪ DLA (→ G 20).
▪ Deutsches Seminar, Univ. Basel (→ I 1470). - Präsenzbibliothek.
▪ Archiv der Freiherren von Berlichingen (→ F 240).
Sämtliche Ausgaben von Goethes *Götz von Berlichingen*; zeitgenössische Literatur über Goethe und Götz.
▪ Institut für Literaturwissenschaft, Univ. Kiel (→ I 860). - Präsenzbibliothek, begrenzter Benutzerkreis.

F 940 Göttinger Hain
Niedersächsische SUB (→ H 75).
Bundesbücher des *Göttinger Hain*
(4 Bde.), Journal und Stammbuch von
J.H. Voß.

**F 950 Johann Nikolaus Götz
(1721-1781)**
StB Worms (→ F 610).

**F 960 Melchior Goldast
(1578-1635)**
Staats- und Universitätsbibliothek,
Pf 330160, D-28331 Bremen. -
Bibliotheksstr., D-28359 Bremen.
- Tel.: 0421-218.2615. - Fax:
0421-218.2614. - Ausleihbiblio-
thek.
Sammlung und Nachlaß.

**F 970 Jeremias Gotthelf
(1797-1854)**
Burgerbibliothek Bern, Münster-
gasse 63, CH-3000 Bern 7. - Tel.:
[0041] 031-311.1803. - Fax:
[0041] 031-320.3370. - Präsenzbibliothek.
Kernfachgebiet.

**F 975 Johann Christoph Gott-
sched (1700-1766)**
UB Leipzig (→ F 930).
Briefe an Gottsched aus den Jahren 1722
bis 1756 (rd. 4700 Briefe). - Vgl. das
Verzeichnis der Korrespondenten von W.
Suchier (Neudr. Leipzig 1971).
Bibliothek der Deutschen Gesellschaft
Leipzig (→ F 1810).
▪ Sächsische LB Dresden
(→ F 315).
Meisterliedersammlung Gottscheds.

**F 980 Christian Dietrich Grabbe
(1801-1836)**
Lippische LB (→ F 770).
Grabbe-Archiv Alfred Bergmann.
Primär-, Sekundärliteratur; Bühnen-
bearbeitungen, Theaterzettel, Szenen-
fotos, Werkmanuskripte, Autographen.
▪ Heinrich-Heine-Institut (→ G
40).
Sammlung.
▪ StLB Dortmund (→ F 360).

**F 990 Oskar Maria Graf
(1894-1967)**
Bayerische SB (→ H 70).
Sammlung [Nachlaß: Univ. of New
Hampshire].

**F 1000 Jacob Grimm (1785 bis
1863) und Wilhelm Grimm (1786
bis 1859)**
Brüder Grimm-Museum
(→ G 370).
▪ SB-PK (→ H 50).
Nachlaß.
▪ GHS-B Kassel, LB und Mur-
hardsche Bibliothek, D-34111
Kassel. - Diagonale 10, D-34127
Kassel. - Tel.: 0561-804.2117 u.
804.2118. - Fax: 0561-804.2125.
▪ Kreismuseum Haldensleben
(→ G 371).

**F 1010 Hans Jacob Christoph
von Grimmelshausen
(1621-1676)**
Badische LB (→ F 50).
Hausväterliteratur (besonders im Zusammenhang mit Grimmelshausen).

**F 1015 Gustav Friedrich Wil-
helm Großmann (1746-1796)**
UB Leipzig (→ F 930).
Nachlaß (ca. 2500 Briefe).

F 1020 Klaus Groth (1819-1899)
Germanistisches Seminar, Nieder-
deutsche Abteilung, Univ. Kiel
(→ I 850). - Präsenzbibliothek.
Klaus-Groth-Archiv (Primär-, Sekundär-
literatur, Nachlaß; mit Nachlaß, Primär-
und Sekundärliteratur von Joachim
Mähl).
▪ LB Kiel (→ F 470).
▪ Groth-Museum (→ G 390).

F 1030 Anastasius Grün
(1808-1876)
Institut für Germanistik, Univ.
Graz (→ I 1380). - Präsenzbiblio-
thek.
Nachlaß.

F 1040 Karoline von Günderode
(1780-1806)
FDH (→ G 30).
Primär-, Sekundärliteratur. Teilnachlaß.

F 1045 Kurt Guggenheim
(1896-1983)
Zentralbibliothek Zürich
(→ F 297).
Nachlaß.

F 1050 Karl Gutzkow
(1811-1878)
Heinrich-Heine-Institut (→ G 40).
StUB Frankfurt/M. (→ H 80).
Teilnachlaß.
▪ DLA (→ G 20).
Teilnachlaß.

F 1055 Friedrich von Hagedorn
(1708-1754)
SUB Hamburg (→ F 320).
Nachlaß. Primär-, Sekundärliteratur.

F 1060 Max Halbe (1865-1944)
Handschriften-Abteilung der
Münchner StB (→ F 490).

Nachlaß und Teile der Bibliothek Halbes
(rd. 1000 Bde.).

F 1070 Albrecht von Haller
(1708-1777)
Burgerbibliothek Bern (→ F 970).
Kernfachgebiet.

F 1080 Johann Georg Hamann
(1730-1788)
ULB Münster (→ F 550).
Besonderes Sammelgebiet; Teilnachlaß
(Originalnachlaß verloren).

F 1090 Handschriftenkunde
Badische LB (→ F 50).
HAB Wolfenbüttel (→ H 90).

Friedrich Frhr. von Hardenberg
(1772-1801) → F 2230.

F 1110 Walter Hasenclever
(1890-1940)
DLA (→ G 20).

F 1120 Carl Hauptmann
(1859-1921)
AdK Berlin (→ I 70).
Carl-Hauptmann-Archiv mit Teilnachlaß.
Primär-, Sekundärliteratur.
▪ DLA (→ G 20).
Primär-, Sekundärliteratur. Teilnachlaß.
[Handschriften-Sammlungen in Kattowitz
und Breslau.]

F 1130 Gerhart Hauptmann
(1862-1946)
Fachbereich Germanistik der
Freien Univ. (→ I 350). - Präsenz-
bibliothek.
Hauptmann-Sammlung (darunter rd.
30000 Fotokopien von Manuskripten und
Typoskripten Hauptmanns).

- SB-PK (→ H 50).
Hauptmann-Sammlung Fred Burkhart
Wahr (rd. 1000 Bde. Primär- und Sekun-
därliteratur). Nachlaß (Werkmanuskripte,
Tagebücher, umfangreiche Briefsamm-
lung.- Vgl.: R. Ziesche: *Der Manuskript-
nachlaß G. Hauptmanns* [→ D 2570]).
Teil der Bibliothek Hauptmanns (rd. 4000
Bde.; davon 1000 mit handschriftlichen
Anmerkungen).
- AdK Berlin (→ I 70).
Teilnachlaß.
- DLA (→ G 20).
Hauptmann-Sammlungen C. F. W. Behl
und W. Studt (zusammen rd. 1650 Bde.).
Teilnachlaß.
- → G 410, G 412.

F 1140 Kaspar Hauser
Badische LB (→ F 50)

F 1145 August von Haxthausen (1792-1866)
ULB Münster. (→ F 770).
Besonderes Sammelgebiet: Haxthausen-
Kreis (Onkel von A.v. Droste-Hülshoff).
Nachlaß (mit Materialien von und zu den
Brüdern Grimm).

F 1150 Friedrich Hebbel (1813-1863)
Institut für Literaturwissenschaft,
Univ. Kiel (→ I 860). - Präsenz-
bibliothek.
Hebbel-Sammlung mit Teilnachlaß.
- Hebbel-Museum (→ G 430).
- SWK (→ G 10). Goethe- und
Schiller-Archiv.
Nachlaß.
- LB Kiel (→ F 470).

F 1160 Johann Peter Hebel (1760-1826)
Badische LB (→ F 50).

Besonderes Sammelgebiet (Primär- und
Sekundärliteratur). Nachlaß.

F 1170 Heftliteratur
(vgl. hierzu auch: *Zur Archäologie der
Popularkultur* [→ D 5110].)
Die Deutsche Bibliothek (→ H 10,
H 20).
Pflicht- und Belegexemplare ab 1913.
- Amerika-Gedenkbibliothek /
Berliner Zentralbibliothek (→ F
70).
- ULB Bonn (→ F 110).
Pflicht- und Belegexemplare des Bastei-
Verlages.
- StUB Frankfurt/M. (→ H 80).
Repräsentative Auswahl.
- Seminar für Volkskunde, Univ.
Göttingen (→ I 710). - Präsenz-
bibliothek.
Rd. 6000 Titel.
- SUB Hamburg (→ F 320).
- Badische LB (→ F 50).
Pflicht- und Belegexemplare.
- Robert Sachse (→ F 480).
- Günter Schmitt (→ F 620).
Rd. 2000 Hefte (zwischen 1950 und
1962), darunter "Schwarzer Pirat",
"Roter Kosar" u.a.
- Bayerische SB (→ H 70).
Pflicht- und Belegexemplare.
- Internationale Jugendbibliothek
(→ F 1570).
Systematische Sammlung.
- Pfälzische LB (→ F 221).
Pflicht- und Belegexemplare.
- Bibliothek für Zeitgeschichte,
Urbanstr. 19, D-70182 Stuttgart. -
Tel.: 0711-244117. - Ausleih-
bibliothek.
Kriegsliteratur (rd. 2000 Exx.).
- Walter Henle (→ F 40).
Rd. 6000 Titel Science-fiction (1952 bis
1982).

■ Phantastische Bibliothek Wetzlar
(→ F 2285).

F 1180 Heinrich Heine
(1797-1856)
Heinrich-Heine-Institut (→ G 40).
Primär-, Sekundärliteratur. Nachlaß
[Nachlaßteile in der Bibliothèque
Nationale, Paris; Harvard College
Library, Cambridge].
■ SWK (→ G 10). Goethe- und
Schillerarchiv.

F 1190 Wilhelm Heinse
(1746-1803)
StUB Frankfurt/M. (→ H 80).
Primär-, Sekundärliteratur. Nachlaß.
■ Hofbibliothek Aschaffenburg
(→ F 730).

F 1210 M. Herbert (= Therese Keiter, geb. Kellner; 1859-1925)
Stadtarchiv, Pf 110643, D-93019
Regensburg. - Tel.: 0941-
507.1452. - Präsenzbestand.

F 1220 Johann Gottfried Herder
(1744-1803)
Herder-Institut e.V., Gisonenweg
5-7, D-35037 Marburg. - Tel.:
06421-1840. - Fax: 06421-
184139.- Ausleihbibliothek.
Besonderes Sammelgebiet.
■ FDH (→ G 30).
Primär-, Sekundärliteratur. Teilnachlaß.
■ SB-PK (→ H 50).
Nachlaß (vgl. Irmscher, Hans Dietrich;
Adler, Emil: *Der handschriftliche Nach-
laß J.G. Herders*. Wiesbaden 1979
[SB-PK, Kataloge der Handschriften-
abteilung, Reihe 2, Bd. 1]).
■ SWK (→ G 10). Goethe- und
Schillerarchiv.
Teilnachlaß.
■ Herder-Museum (→ G 440).

F 1225 Max Herrmann-Neiße
(1886-1941)
ULB Münster (→ F 550).
Besonderes Sammelgebiet.

F 1230 Georg Herwegh
(1817-1875)
Dichtermuseum Liestal (→ G 80).

F 1240 Hermann Hesse
(1877-1962)
DLA (→ G 20).
Hesse-Archiv mit großen Teilen seines
Nachlasses. Depositum der Hessestiftung.
Gesamtausgaben, Einzelausgaben, Über-
setzungen, Beiträge zu Sammelbänden
und Zeitschriften. Dokumente, Briefe.
Sekundärliteratur, Zeitungsausschnitt-
Sammlung. Illustrationen, Schallplatten,
Tonaufnahmen. Fotosammlung. Teile der
Bibliothek Hesses.
■ Hesse-Museum (→ G 450).
■ Schweizerische LB (→ H 40).
Teilnachlaß Hesses (rd. 10000 Bde. seiner
Handbibliothek; Briefe an Hesse [rd.
6000 Korrespondenten]).
[Weitere Nachlaßteile in der Bibliothek
der ETH Zürich, in der Wayne State Uni-
versity Library Detroit, in der University
of California Library Berkeley u.a.]

F 1250 Hessische Dichter
GHS-B Kassel (→ F 1000).
■ Hessische Landesbibliothek
Wiesbaden, Rheinstr. 55/57,
D-65185 Wiesbaden. - Tel.: 0611-
3682670. - Fax: 0611-3682694. -
Ausleihbibliothek.
■ Hessische LB Darmstadt
(→ F 330).
Archiv "Die Dachstube" (Kreis von Lite-
raten und Künstlern der expressionisti-
schen Stilrichtung aus Darmstadt und
Südhessen). *Ergänzung:* Archiv Darm-

städter Künstler (ADK), Adelungstr. 16,
D-64283 Darmstadt.

F 1253 Georg Heym (1887-1912)
SUB Hamburg (→ F 320).
Nachlaß. Primär-, Sekundärliteratur.

F 1258 Paul Heyse (1830-1914)
Bayerische SB (→ H 70).
Primär-, Sekundärliteratur. Nachlaß
(weitere Nachlaßteile s. Denecke-Brandis
[→ D 3630] S. 152).

F 1260 Hildebrandslied
GHS-B Kassel (→ F 1000).

F 1265 Hildesheimer, Wolfgang (1916-1991)
Hildesheimer-Archiv, AdK Berlin
(→ I 70).
Erst- und spätere Ausgaben, Übersetzun-
gen, Manuskripte, Briefe, Fotos, Tonkas-
setten, Zeitschriften-, Zeitungs- und
Rundfunkbeiträge, Sonderdrucke,
Theaterprogramme, Aufführungsfotos
und Beispiele aus dem bildkünstlerischen
Werk. Sekundärliteratur, einschl. der
Zeitschriften-, Zeitungs- und Rundfunk-
rezensionen.

F 1267 Peter Hille (1854-1904)
Peter-Hille-Haus, Am Enskeberg
13, D-33039 Nieheim. - Tel.:
05274-404. - Präsenzbibliothek
(nur nach Voranmeldung).
▪ Hille-Archiv (Primär-, Sekundärliteratur; Manuskripte [in Foto-
kopie]).
▪ StLB Dortmund (→ F 360).

F 1268 Karl Jakob Hirsch (1892-1952)
UB München (→ F 80).
Nachlaß und Bibliothek. Primär- und
Sekundärliteratur.

F 1270 Hochschuldidaktische Literatur
Westdeutsche Rektorenkonferenz,
Spezialbibliothek für Hochschul-
wesen, Hochschulrecht und Wis-
senschaftspolitik, Ahrstr. 39,
D-53175 Bonn. - Tel.: 0228-
376911. - Fax: 0228-376220. -
Präsenz- und (in beschränktem
Umfang) Ausleihbibliothek.
▪ Institut für Erziehungswissen-
schaften der Univ., Arbeitsbereich
Erwachsenenbildung/Weiterbil-
dung, Holzmarkt 7, D-72070
Tübingen. - Tel.: 07071-294951. -
Präsenz- und Ausleihbibliothek.

F 1290 Friedrich Hölderlin (1770-1843)
Württembergische LB (→ F 840).
Hölderlin-Archiv mit Nachlaß, Hand-
schriften, Erst- und späteren Ausgaben,
Sekundärliteratur, Übersetzungen, Rezen-
sionen, Vertonungen, Zeitungsdokumen-
tation (ca. 200 Leitz-Ordner). Präsenz-
bestand.
▪ DLA (→ G 20).
Primär-, Sekundärliteratur. Nachlaßteile.
Ständige Ausstellung (Marbacher Kata-
loge, 33 [1980]).
▪ SUB Bremen (→ F 960).
▪ FDH (→ G 30).
▪ Hölderlin-Haus (→ G 470).
▪ Stadtbibliothek, Dorotheenstr.
20-22, D-61343 Bad Homburg
v.d. Höhe. -Tel.: 06172-100478,
100479, 100480. - Ausleihbibliothek.

F 1295 Hörspiele
Deutsches Rundfunkarchiv, Pf
100644, D-60006 Frankfurt/M. -
Bertramstr. 8, D-66320 Frank-
furt/M. - Tel.: 069-15687.0. -
Fax: 069-15687.100.

**F 1300 E.T.A. Hoffmann
(1776-1822)**
SB Bamberg (→ F 580).
Besonderes Sammelgebiet.
▪ UB München (→ F 80).
Bibliothek Carl Georg von Maassen.
▪ Hoffmann-Haus (→ G 480).
▪ SB-PK (→ H 50).
Nachlaß.
▪ Märkisches Museum (→ G 125).
Nachlaß.

**F 1310 August Heinrich Hoff-
mann von Fallersleben
(1798-1874)**
Hoffmann von Fallersleben-
Museum (→ G 490).
▪ SB-PK (→ H 50).
Nachlaß.
▪ Niedersächsische SUB (→ H 75).
Teilnachlaß.
▪ Bundesarchiv, Abteilung Pots-
dam, Berliner Str. 98-101,
D-14467 Potsdam. - Tel: 0331-
3140.
Teilnachlaß.
▪ ULB Münster (→ F 550).
Sammlung.
▪ StLB Dortmund (→ F 360).
▪ → G 492.

**F 1320 Hugo von Hofmannsthal
(1874-1929)**
FDH (→ G 30).
Primär-, Sekundärliteratur; Teilnachlaß.
▪ ÖNB Wien (→ H 30).
Primär-, Sekundärliteratur; Teilnachlaß
[vgl. Ritzer, Walter: *H.v. Hofmannsthal.
Verzeichnis des gedruckten Oeuvre und
seines literarischen Echos in den Bestän-
den der Österreichischen Nationalbiblio-
thek.* Wien: ÖNB, 1972 (Biblos, 66)].
▪ DLA (→ G 20).
Sammlung.

▪ Deutsches Seminar, Univ. Basel
(→ I 1470). - Präsenzbibliothek.
[Nachlaß in der Harvard Univ.
Library Cambridge.]

F 1330 Arno Holz (1863-1929)
Amerika-Gedenkbibliothek / Berli-
ner Zentralbibliothek (→ F 70).
Arno-Holz-Archiv. Nachlaß und A.-Holz-
Bibliothek Max Wagners (zu weiteren
Nachlaßteilen s. Denecke-Brandis [→ D
3630] S. 162 f.). Literatur zum Natura-
lismus.
▪ AdK Berlin (→ I 70).
Sammlung.

**F 1335 Homosexualität und Lite-
ratur**
UB Siegen, Pf 101240, D-57012
Siegen. - Adolf-Reichwein-Str.,
D-57076 Siegen. - Tel.: 0271-
740.2159, 740.4203. - Fax: 0271-
2330.
Sammlung wissenschaftlicher Arbeiten
zum Thema. Rosa Flieder Archiv: Homo-
sexuelle Zeitschriften.
▪ A.v. Platen-Stiftung (→ L 550).
August von Platen Bibliothek (Primär-
und Sekundärliteratur zum Thema Homo-
sexualität).
▪ Schwubliothek, Bibliothek der
homosexuellen Arbeitsgruppen
Zürich (HAZ), Sihlquai 67,
CH-8005 Zürich. - Tel.: [0041]
01-271.2250.
Belletristik und Sachliteratur zur männ-
lichen Homosexualität.
▪ Schwulenarchiv Schweiz, c/o
Schweizerisches Sozialarchiv
(SSA), Stadelhoferstr. 12,
CH-8001 Zürich. - Tel.: [0041]
01-251.7644.

**F 1340 Ödön von Horváth
(1901-1938)**
ÖNB Wien (→ H 30).
Teilnachlaß (Hauptnachlaß in Privat-
besitz).

**F 1350 Friedrich Huch
(1873-1913)**
StA Braunschweig (→ F 900).
Primärliteratur. Manuskripte, Tagebücher, Briefe.

**F 1360 Ricarda Huch
(1864-1947)**
StB Braunschweig (→ F 900).
Primär- und Sekundärliteratur.
▪ DLA (→ G 20).
Nachlaß (Sammlung M. Braun). - Vgl.
auch: Bendt, Jutta; Schmidgall, Karin:
Ricarda Huch. Marbach 1994 (Marbacher
Kataloge, 47).

F 1370 Rudolf Huch (1862-1943)
StA Braunschweig (→ F 900).
Primärtexte. Manuskripte, Briefe,
Zeitungsausschnitte.

Humanismus → F 1800.

**F 1390 Wilhelm von Humboldt
(1767-1835)**
UB Heidelberg (→ F 120).
▪ SB-PK (→ H 50).
Teilnachlaß.
▪ DLA (→ G 20).
Sammlung.

**F 1392 Rudolf Jakob Humm
(1895-1977)**
Zentralbibliothek Zürich (→ F
297).
Nachlaß.

**F 1400 Ulrich von Hutten
(1488-1523)**
Hessische Landesbibliothek, Heinrich-von-Bibra-Platz 12, D-36037
Fulda. - Tel.: 0661-72020. - Ausleihbibliothek.
Die Hutten-Sammlung gilt als die
umfangreichste in Deutschland.
Nachlaß.

F 1410 Illustrierte Bücher
Klingspor-Museum Offenbach
(→ G 200).
▪ Herzog Anton Ulrich-Museum
(→ G 180).
▪ HAB Wolfenbüttel (→ H 90).
▪ Bibliothek Otto Schäfer, Judith-
str. 16, D-97422 Schweinfurt. -
Tel.: 09721-3985. - Fax: 09721-
3984.-Voranmeldung erforderlich.
Illustrierte Drucke vom 15.-20. Jh.
gesamteuropäischer Provenienz, *Schwer-
punkt:* 15./16. Jh. - Sammlung Fürsten-
berg. - Deutsche Literatur in Erstaus-
gaben vom Barock bis zum Realismus,
Schwerpunkt: Goethezeit. - Sekundär-
bibliothek Buchwesen, Bibliographien.

**F 1420 Karl Leberecht Immer-
mann (1796-1840)**
Heinrich-Heine-Institut (→ G 40).
Primär-, Sekundärliteratur. Manuskripte,
Briefe.
▪ SWK (→ G 10). Goethe- und
Schiller-Archiv. HAAB Weimar.
Nachlaß. Sammlung.
▪ StLB Dortmund (→ F 360).
Manuskripte, Entwürfe, Briefe, Doku-
mente.

F 1430 Inkunabeln
Bayerische StB (→ H 70).
Über 16000 Exemplare.
▪ ÖNB Wien (→ H 30).
Rd. 7900 Bde.

- Württembergische LB (→ F 840).
Rd. 6900 Bde.
- HAB (→ H 90).
Rd. 5000 Inkunabeln.
- Niedersächsische SUB (→ H 75).
Rd. 4500 Bde.
- UB München (→ F 80).
Rd. 3550 Bde.
- ULB Münster (→ F 550).
Rd. 800 Titel.
- Staatliche Bibliothek, Pf 1769, D-86622 Neuburg. - Karlsplatz A 17, D-86633 Neuburg. - Tel.: 08431-7488. - Ausleihbibliothek.
Rd. 440 Bde.
- Hessische LB Fulda (→ F 1400).
Rd. 430 Bde.
- Hofbibliothek Aschaffenburg (→ F 730).
Rd. 160 Inkunabeln, zahlreiche Frühdrucke.
- StA und StB Lindau (→ F 730).
Rd. 160 Bde.
- Marktkirchenbibliothek Goslar (→ F 730).
- Graf von Schönborn, Schloßbibliothek, D-96178 Pommersfelden. - Tel.: 09548-1868. - Privatbibliothek (Ausleihe in die SB Bamberg möglich).

F 1440 Friedrich Heinrich Jacobi (1743-1819)
Fachgebiet Germanistik, Univ. Bamberg (→ I 330). - Präsenzbibliothek.
Jacobi-Forschungsstelle.
- SWK (→ G 10). Goethe- und Schillerarchiv.
Nachlaß.
- ULB Münster (→ F 550).
Briefe, Handexemplare.
- H.-Heine-Institut (→ G 40).

F 1450 Johann Georg Jacobi (1740-1814)
UB Freiburg (→ F 60).
Nachlaß.

F 1455 Norbert Jacques (1880-1954)
Archiv für Literaturen der Grenzregionen Saar-Lor-Lux-Elsaß (im Aufbau), c/o Fachrichtung Germanistik, Saarbrücken (→ I 1140).
Nachlaß.
- Luxemburger Literaturarchiv, c/o Archives Nationales (→ F 525).
Primär- und Sekundärliteratur.

F 1460 Hans Henny Jahnn (1894-1959)
SUB Hamburg (→ F 320).
Primär-, Sekundärliteratur. Nachlaß.

F 1470 Jean Paul (eig. Jean Paul Friedrich Richter; 1763-1825)
DLA (→ G 20).
Jean Paul-Archiv (Ausgaben der Primärtexte nahezu vollständig; Sekundärliteratur; Zeitungsausschnittsammlung).
Bibliothek Eduard Berend.
- Deutsche StB (→ H 60).
Nachlaß.
- Münchner StB, Am Gasteig (→ F 490).
Sammlung (rd. 1200 Bde.).
- Fichtelgebirgs-Museum, Spitalhof, D-95624 Wunsiedel. - Tel.: 09232-2032. - Fax: 09232-80.555. Ausleihbibliothek.

F 1475 Uwe Johnson (1934-1984)
Fachbereich Neuere Philologien, Univ. Frankfurt/M., Große Seestr. 32-34, D-60486 Frankfurt/M. - Tel.: 069-798.2970 u. 798.2071.

Johnson-Archiv (Georg-Voigt-Str. 10. -
Tel.: 798.3439): Arbeits- und Privatbibliothek Johnsons (ca. 9000 Bde.);
Sekundärliteratur, Zeitungsausschnitte aus
der *New York Times*; Manuskripte. - Präsenzbestand. Begrenzter Benutzerkreis.

F 1480 Judaica
Bibliothek der Jüdischen Gemeinde
zu Berlin, Fasanenstr. 79/80,
D-10623 Berlin. - Tel.: 030-
884203.35. - Fax: 030-881.7268.-
Zweigstelle: Oranienburger Str.
28, D-10117 Berlin. - Tel.: 030-
22801.229. - Ausleih- und Prä-
senzbibliothek.
Geschichte des deutschen und euro-
päischen Judentums, Staat Israel, Judaica,
Hebraica, jiddische Literatur (rd. 60000
Bde.).
▪ Germania Judaica, Kölner
Bibliothek zur Geschichte des
deutschen Judentums e. V., Josef-
Haubrich-Hof 1, D-50676 Köln.
Tel.: 0221-232349. - Fax: 0221-
221.3933. - Ausleihbibliothek.
Primär- und Sekundärliteratur zum Bild
des Juden in der deutschen Literatur.
▪ Bayerische SB (→ H 70).
Judaistik; Jiddische Literatur.
▪ StUB Frankfurt/M. (→ H 80).
▪ Bibliothèque juive de Genève,
rue St-Léger 10, CH-1205
Genève. - Tel.: [0041] 022-
310.5131.
Rd. 30000 Bde. Judaica.
▪ Germanistisches Institut, Lehr-
stuhl Deutsch-jüdische Literatur-
geschichte, TH Aachen, Templer-
graben 55, D-52056 Aachen. -
Fax: 0241-806079.
Jüdische bzw. deutsch-jüdische Literatur,
Judaistik, Speziallexika u.ä.

▪ Fach Germanistik, Univ. Trier
(→ I 1190). - Ausleih-/Präsenz-
bibliothek.
Jiddische Literatur.

F 1490 Ernst Jünger (1895-)
DLA (→ G 20).
Primär-, Sekundärliteratur; Dokumente.

**F 1500 Friedrich Georg Jünger
(1898-1977)**
DLA (→ G 20).
Primärtexte, Sekundärliteratur, Dokumente; Schallplatten und Tonbandaufnahmen.

Jugendliteratur → F 1570.

F 1510 Kabarett
Stiftung Deutsches Kabarett
Archiv, Rheinstr. 48, D-55116
Mainz. - Tel.: 06131-231695. -
Präsenzbibliothek.
Archiv zu rd. 60000 Namen des deutsch-
sprachigen Kabaretts seit 1901 (ca. 7500
Ordner) in den Sparten Kabarett, Klein-
kunst, Varieté, Revue, Chanson und
Liedermacher. Bibliothek (rd. 15000
Bde.), Discothek (rd. 4000 Schallplatten),
Schallarchiv (900 Tonbänder, 2000 Ton-
kassetten), Videothek, Plakatarchiv,
Noten- und Zeitschriftensammlungen.
Zu den Archivalien zählen außerdem:
Handschriften, Urkunden, Text- und
Regiebücher, Pressestimmen, Kritiken,
Monographien und Dissertationen,
Szenenbilder, Fotos, Programmhefte und
dokumentarische Nachlässe. *Historische
Sammlungen* zum politischen Lied, zum
Bänkelsang sowie zu den Bereichen Dada-
ismus und Aktionismus. *Spezialsammlun-
gen* zu den Formen Satire, Witz, Agit-
prop, Straßentheater u.a.

F 1520 Franz Kafka (1883-1924)
Franz-Kafka-Sterbehaus (→ G 500)
Bibliothek der Primär- und Sekundärlite-
ratur (im Aufbau).
▪ Fach Germanistik im FB 4,
Univ.-GHS Wuppertal (→ I 1240).
- Ausleih- und Präsenzbibliothek.
Arbeitsstelle für die Kafka-Edition.
▪ DLA (→ G 20).
[Nachlaß: Bodleiana Oxford.]

F 1530 Georg Kaiser (1878-1945)
AdK Berlin (→ I 70).
Georg-Kaiser-Archiv (über 2000 Manu-
skripte, rd. 2000 Briefe von und an
Kaiser, Biographisches; Primär- u.
Sekundärliteratur).

**F 1535 Alfred Kantorowicz
(1899-1979)**
SUB Hamburg (→ F 320).
Primärliteratur. Nachlaß.

**F 1540 Gottfried Keller
(1819-1890)**
Zentralbibliothek Zürich
(→ F 297).
Primär-, Sekundärliteratur; Nachlaß.

**F 1550 Justinus Kerner
(1786-1862)**
DLA (→ G 20).
Primär-, Sekundärliteratur; Nachlaß.
Ständige Ausstellung (Marbacher Kata-
loge, 34 [1980]).
▪ Justinus-Kerner-Haus (→ G 510).

F 1560 Alfred Kerr (1867-1948)
AdK Berlin (→ I 70).
Alfred Kerr-Archiv (Primär-, Sekundärliteratur, Manuskripte, rd. 2500 Briefe
von und an Kerr, Biographisches u.a.).

F 1562 Hermann Kesten (1900-)
Handschriften-Abteilung der
Münchner StB (→ F 490).

**F 1564 Charlotte Kestner (geb.
Buff, 1753-1828)**
UB Leipzig (→ F 930).
Sammlung Kestner (ca. 20000 Briefe aus
dem Besitz der Familie Kestner aus den
Jahren 1770-1892).

**F 1565 Hermann Graf Keyser-
ling (1880-1946)**
Hessische LB Darmstadt
(→ F 330).
Keyserling-Archiv (Bücher, Werkmanu-
skripte, Dokumente über die baltische
Familie der Grafen Keyserling (darunter
auch Eduard von Keyserling und Otto
Taube).

**F 1570 Kinder- und Jugend-
literatur**
Internationale Jugendbibliothek,
Schloß Blutenburg, D-81247 Mün-
chen. - Tel.: 089-8112028. - Fax:
089-811.7553. - Präsenz- und
Ausleihbestände.
Rd. 500000 Bde. Primär- und Sekundär-
literatur (davon 60000 Bde. 16. Jh. bis
1950); ca. 300 lfd. internationale Zeit-
schriften. *Spezialsammlungen:* internatio-
nale Abenteuerliteratur; Märchen.
▪ SB-PK (→ H 50).
Rd. 125000 Kinder- und Jugendbücher
sowie theoretische Werke zur Kinder- und
Jugendliteratur.
▪ Institut für Jugendbuchforschung
Univ. Frankfurt/M. (→ I 630). -
Präsenzbibliothek.
Rd. 110000 Bde. Primärliteratur (davon
ca. 15000 Bde. Spezialsammlung alter
Kinder- und Jugendbücher ab 1590); rd.
10000 Bde. Sekundärliteratur; Sprech-
plattensammlung.

▪ Amerika-Gedenkbibliothek/Berliner Zentralbibliothek (➙ F 70).
Rd. 30000 Bde. Kinderbücherei; 665 alte Kinderbücher.

▪ StUB Frankfurt/M. (➙ H 80).
Kinderbücher vom 17.-20. Jh., Schwerpunkt 19. Jh.

▪ Württembergische LB (➙ F 840).
Rd. 15000 Bde. (19. und 20. Jh.).

▪ Arbeitsstelle für Kinder- und Jugendliteraturforschung Köln (➙ I 1940).
Rd. 14500 Bde. und Mikrofilme.
Sammelschwerpunkte: Primärliteratur vom Beginn des Buchdrucks bis 1900 und ab 1989. Videofilme. Sekundärliteratur zur Kinder- und Jugendliteratur bis 1900.
Datenbank: Kinder- und Jugendliteratur von 1800 bis 1850 (rd. 10000 Titel).

▪ Seminar für Deutsche Sprache und Literatur und ihre Didaktik, Univ. Braunschweig (➙ I 470). - Präsenzbibliothek.

▪ LB Coburg (➙ F 80).
Umfangreiches historisches Material.

▪ Institut für deutsche Sprache und Literatur, Univ. Dortmund (➙ I 500). - Präsenzbibliothek.

▪ Fachbereich 09 Germanistik, Univ. Gießen (➙ I 680). - Präsenzbibliothek.

▪ Günter Schmitt (➙ F 620). - Privatsammlung.
Rd. 1000 Mädchenbücher aus der Zeit vor 1915.

▪ Fachbereich 21: Institut für Deutsche Sprache und Literatur und ihre Didaktik, Univ. Münster (➙ I 1080). - Präsenzbibliothek.

▪ Klingspor-Museum Offenbach (➙ G 200).
Kinderbilderbücher (Schwerpunkt: 20. Jh., hauptsächlich ab 1945).

▪ StB Worms (➙ F 610).
Historische Kinderbilderbücher.

F 1575 Gottfried Kinkel (1815-1882)
ULB Bonn (➙ F 110).

▪ StA und Stadthistorische Bibliothek Bonn (➙ F 110).

F 1580 Ludwig Klages (1872-1956)
DLA (➙ G 20).
Primär-, Sekundärliteratur; Nachlaß.
Privatbibliothek Ludwig Klages'.

Klassik ➙ F 1820.

F 1590 Heinrich von Kleist (1777-1811)
Amerika-Gedenkbibliothek / Berliner Zentralbibliothek (➙ F 70).
U. a. Nachlaß des Kleist-Forschers Georg Minde-Pouet (Primär- und Sekundärliteratur, Zeitungsausschnitte, Schallplatten, Mikrofilme, Ton- und Videokassetten, Szenenfotos, Programmhefte, Theaterplakate u. ä.).

▪ Kleist-Arbeitsstelle, c/o Institut für Germanistik, Univ. Regensburg (➙ I 1120).

▪ Kleist-Gedenk- und Forschungsstätte (➙ G 520).

F 1600 Friedrich Gottlieb Klopstock (1724-1803)
SUB Hamburg (➙ F 320).
Arbeitsstelle der Hamburger Klopstock-Ausgabe. Teilnachlaß.

▪ Klopstock-Museum (➙ G 530).

▪ FDH (➙ G 30).

F 1610 Kölner Autoren
LiK-Archiv Köln (➙ G 60).

▪ Historisches Archiv Köln (➙ F 300).

Manuskripte und Korrespondenzen u.a.
von Joseph von Lauff (1855-1933),
Johannes Fastenrath (1839-1908), Paul
Schallück (1922-1976).

F 1615 Oskar Kokoschka (1886-1980)
Zentralbibliothek Zürich
(→ F 297).
Teilnachlaß (Briefe, Materialien zum
Werk, schriftstellerische Arbeiten, Filme,
Zeitungsausschnitte).

F 1620 Kommunikationswissenschaft
Institut für Kommunikationswissenschaft (→ I 1050).
Mit Zeitungsarchiv.
▪ Institut für Theaterwissenschaft,
Univ. München (→ I 1030). -
Präsenzbibliothek.

F 1630 Konkrete Poesie
Staatsgalerie Stuttgart, Konrad-Adenauer-Str. 30-32 (Postadresse:
Urbanstr. 35, D-70182 Stuttgart. -
Tel.: 0711-212.4050. Fax: 0711-212.4068.
Sammlung Sohm mit über 1000 Kompendien zur Dokumentation der internationalen konkreten Poesie (West- und Osteuropa, Nord- und Südamerika). Umfänglichere Sammlungen zu Max Bense, Reinhard Döhl, Heinz Gappmayr, Eugen Gomringer, Helmut Heißenbüttel, Bernard Heidsieck, Franz Mon, Gerhard Rühm. Archiv relevanter Zeitschriften.

F 1640 August von Kotzebue (1761-1819)
UB der Freien Univ., Garystr. 39,
D-14195 Berlin. - Tel.: 030-838.4273. - Fax: 030-838.3738. -
Ausleihbibliothek.

▪ FDH (→ G 30).
Nachlaß.
▪ UB, D-68131 Mannheim. - Tel.:
0621-292.5101. - Fax: 0621-292.5751. - Ausleihbibliothek.
▪ Fichtelgebirgs-Museum
(→ F 1470).

F 1645 Werner Kraft (1896-1991)
Werner Kraft-Archiv e.V., c/o Dr.
Volker Kahmen, Todenfelder Str.
2, D-53359 Rheinbach. - Tel.:
02226-6065. - Präsenzbibliothek.
Begrenzter Benutzerkreis.
Bibliothek Krafts. Nachlaß. Manuskripte,
Tagebücher, Briefe von und an Kraft (von
Th. W. Adorno, W. Benjamin, H. Broch,
M. Buber, C.J. Burckhardt, E. Canetti,
Th. Lessing, Gershom Scholem u.v.a.),
Publikationen, Fotos.

F 1650 Karl Kraus (1874-1936)
ÖNB Wien (→ H 30).
Primär-, Sekundärliteratur; Teilnachlaß.

F 1660 Kreis von Münster
ULB Münster (→ F 550).
Sammlung mit dem umfangreichen Nachlaß der Fürstin Adelheid Amalie von
Gallitzin.

F 1665 Kriminalliteratur
Bochumer Krimi-Archiv ("BKA"),
Dorneburger Str. 38, D-44652
Herne. - Tel.: 02325-42668 und
02327-78372.- Fax: 02325-49917.
Primär- und Sekundärliteratur. Erstellung
einer Gesamtbibliographie (Datenbank).

F 1670 KuBa (eig. Kurt Bartel, 1914-1967)
AdK Berlin (→ I 70).
Primär-, Sekundärliteratur. Nachlaßmaterialien.

**F 1675 Arnold Kübler
(1890-1983)**
Zentralbibliothek Zürich
(→ F 297).
Nachlaß.

F 1677 Isolde Kurz (1853-1944)
StA Reutlingen (→ F 705).
Isolde-Kurz-Archiv (Teilnachlaß). Auch
Sammlung zu Hermann Kurz.

**F 1680 Sophie von La Roche
(1731-1807)**
FDH (→ G 30).
▪ Pfälzische LB Speyer (→ F 221).
Briefe, Werkausgaben.

**F 1690 Else Lasker-Schüler
(1869-1945)**
StB Wuppertal (→ F 255).
Autographen, Primär- und Sekundärlite-
ratur, Fotos, Zeitungsausschnittsamm-
lung, Ton- und Videokassetten,
Forschungsmaterialien (Vollständigkeit
angestrebt). - Präsenzbestand.
▪ StLB Dortmund (→ F 360).
▪ DLA (→ G 20).
[Nachlaß im Else-Lasker-Schüler-
Archiv Jerusalem.]

**F 1700 Heinrich Laube
(1806-1884)**
Heinrich-Heine-Institut (→ G 40).
Sammlung.
▪ ÖNB Wien (→ H 30).
Primär-, Sekundärliteratur; Teilnachlaß.

**F 1705 Laurentius von Schnüffis
(eig. Johann Martin; 1633-1702)**
Badische LB (→ F 50).

**F 1710 Johann Kaspar Lavater
(1741-1801)**
FDH (→ G 30).

▪ Goethe-Museum Düsseldorf
(→ G 350).

F 1715 Leichenpredigten
Niedersächsische SUB (→ H 75).
Rd. 11400 Leichenpredigten. Vgl.:
Tiedemann, Manfred von: *Katalog der
Leichenpredigtensammlung der Nieder-
sächsischen SUB in Göttingen.* 3 Bde.
Göttingen 1954-1955.

F 1718 Hans Leip (1893-1983)
Museum für Hamburgische
Geschichte, Holstenwall 24,
D-20355 Hamburg.
Nachlaß.
▪ SUB Hamburg (→ F 320).
Primärliteratur. Teilnachlaß.

F 1719 Leipziger Autoren
Leipziger Städtische Bibliothek,
Wilhelm-Leuschner-Platz 10/11,
D-04107 Leipzig. - Tel.: 0341-
39540.
Sammlung literarischer Nachlässe Leip-
ziger Schriftsteller/inn/en. Dokumente
zur Leipziger Verlagsgeschichte.

**F 1720 Nikolaus Lenau
(1802-1850)**
Internationales Lenau-Archiv,
Niembschhof, Eduard-Rösch-Str.
1, A-2000 Stockerau.

**F 1730 Jakob Michael Reinhold
Lenz (1751-1792)**
SB-PK (→ H 50).
Nachlaß. Primär-, Sekundärliteratur.
▪ SWK. HAAB Weimar (→ G 10).
▪ FDH (→ G 30).

F 1740 Lesebücher
Institut für Deutsche Sprache und
Literatur I, Univ. Frankfurt/M.
(→ I 610). - Präsenzbibliothek.

▪ UB, D-35386 Gießen. - Otto-Behagel-Str. 8, D-35394 Gießen. - Tel.: 0641-702.2330 u. 702.2331. Fax: 0641-46406. - Ausleihbibliothek.

▪ Erziehungswissenschaftliche Zweigbibliothek der UB Erlangen-Nürnberg, Regensburger Str. 160, D-90478 Nürnberg. - Tel.: 0911-5302.518. - Ausleihbibliothek.

▪ Fachgebiet Deutsch, Univ. Osnabrück, Standort Vechta (→ I 1210).

Lehrbücher Deutsch für allgemeinbildende Schulen; systematisch katalogisiert, mit Verzeichnis der Schulbuchverlage.

F 1750 Leseforschung

Seminar für Volkskunde der Univ. Göttingen (→ I 710). - Präsenzbibliothek.

F 1760 Gotthold Ephraim Lessing (1729-1781)

HAB (→ H 90).

Besonderes Sammelgebiet. Teilnachlaß.

▪ UB Kiel (→ F 160).

Ältere Spezialbestände.

▪ FDH (→ G 30).

Primär- und Sekundärliteratur.

▪ → G 540.

F 1763 Heinrich Leuthold (1827-1879)

Zentralbibliothek Zürich (→ F 297).

Nachlaß (Briefe, Materialien und Vorarbeiten zum Werk, Bildmaterial, Werke, Zeitungsausschnitte).

F 1765 Richard Lewinsohn (Pseud.: Morus; 1827-1879)

Zentralbibliothek Zürich (→ F 297).

Nachlaß (Briefe, Materialien und Vorarbeiten zum Werk, Reden, Vorträge, Reisebeschreibungen, Bildmaterial, Werke, Zeitungsausschnitte).

F 1770 Georg Christoph Lichtenberg (1742-1799)

Niedersächsische SUB (→ H 75).

Nachlaß.

▪ Lichtenberg-Archiv, c/o Heimatmuseum, D-64372 Ober-Ramstadt.

F 1780 Detlev von Liliencron (1844-1909)

SUB Hamburg (→ F 320).

Primär-, Sekundärliteratur. Nachlaß (weitere Nachlaßteile s. Denecke-Brandis [→ D 3630] S. 222).

Literarische Epochen:

F 1790 Literatur des Mittelalters

Monumenta Germaniae Historica, Pf 340223, D-80099 München. - Ludwigstr. 16, D-80539 München. - Tel.: 089-2198384. - Fax: 089-281419. - Präsenzbibliothek.

▪ Institut für Deutsche Sprache und Literatur, Univ. Köln (→ I 890). - Präsenzbibliothek.

Primär- und Sekundärliteratur zum weltlichen und geistlichen Drama des Mittelalters und der frühen Neuzeit.

▪ Institut für Deutsche Philologie des Mittelalters, Univ. Marburg (→ I 1000). - Präsenzbibliothek.

Mikrofilm-Archiv zum mittelalterlichen deutschen Schrifttum.

F 1800 Mittlere deutsche Literatur (1400-1700)

Bayerische SB (→ H 70).

Große Bestände an Handschriften, Inkunabeln (über 16000) und Drucken des 16. Jh's (rd. 100000). - *Sammlung deutscher Drucke 1450-1600.*

- HAB Wolfenbüttel (→ H 90).
Rd. 5000 Inkunabeln und 75000 Drucke des 16. Jh's. - *Sammlung deutscher Drucke 1601-1700.*
- Niedersächsische SUB (→ H 75).
Rd. 4500 Inkunablen und umfangreicher Bestand an Drucken des 16. Jh's.
- Seminar für deutsche Philologie, Univ. Göttingen (→ I 690). - Präsenzbibliothek.
Rd. 2000 Bde. Renaissance und Humanismus.
- Germanistisches Seminar, Niederdeutsche Abteilung, Univ. Kiel (→ I 850).
Druckliteratur Lübecks des 15./16. Jh's. Archivbibliothek, Faksimile-Sammlung, Piktothek mittelniederdeutscher Literatur.
- → Inkunabeln (F 1430).

F 1810 Literatur des 17. Jahrhunderts

HAB Wolfenbüttel (→ H 90)).
Über 150000 Schriften aus dem 17. Jh. - *Sammlung deutscher Drucke 1601-1700.*
- Bayerische SB (→ H 70).
Sehr reichhaltige Bestände.
- Niedersächsische SUB (→ H 75).
Herausragende Bestände an Barockliteratur. Sammlungen Faber du Faur und Jantz auf Mikrofilmen.
- SB-PK (→ H 50).
Sammlung Faber du Faur (auf Mikrofilmen).
- Germanistisches Seminar, Univ. Bonn (→ I 440). - Präsenzbibliothek.
Sammlung Faber du Faur (auf Mikrofilmen).
- StUB Frankfurt/M. (→ H 80).
Sammlung Faber du Faur (auf Mikrofilmen), einschl. der Ergänzung von Jantz.
- Seminar für deutsche Philologie, Univ. Göttingen (→ I 690). - Präsenzbibliothek.

Rd. 1000 Bde. Barockforschung.
- UB Heidelberg (→ F 120).
Romane des Barock (Sammlung Max Frhr. von Waldberg).
- UB Leipzig (→ F 930).
Bibliothek der Deutschen Gesellschaft in Leipzig (rd. 2200 Nachweise). - Vgl.: *Katalog der Büchersammlung der Deutschen Gesellschaft in Leipzig.* 2 Bde. Leipzig 1971.)
- Germanisches Nationalmuseum (→ F 80).
- Bibliothek des Pegnesischen Blumenordens (mit Archiv).
- Staatliche Bibliothek, Gesandtenstr. 13, D-93047 Regensburg. - Tel./Fax: 0941-54501. - Ausleihbibliothek.
Forschungsliteratur zum Barock.
- Institut für Germanistik, Univ. Wien (→ I 1440). - Präsenzbibliothek.
Besonders Predigtliteratur.
[Reiche Bestände auch in den Universitätsbibliotheken Strasbourg und Wroclaw (vgl.: Szyrocki, Marian: *Deutsche Barockliteratur in der UB Wroclaw. Die Sammlungen der Altdrucke und Handschriften.* In: Daphnis 7, 1978, 1/2, S.361-367).]

F 1820 Literatur des 18. Jahrhunderts

Niedersächsische SUB (→ H 75, b. Altbau).
Sammlung deutscher Drucke 1701-1800.
- HAB (→ H 90).
Über 150000 Drucke des 18. Jh's.
- Bayerische SB (→ H 70).
- DLA (→ G 20).
- SWK (→ G 10). HAAB Weimar.
- FDH (→ G 30).
- SUB Hamburg (→ F 320).
U.a. Spezialsammlung deutscher Literatur der Jahre 1750-1850 (rd. 20000 Bde;

Katalog: *Hamburger literarisches Leben im 18. Jh.* Herzberg: Bautz, in Vorber. für 1994).

▪ Goethe-Museum Düsseldorf (→ G 350).

▪ LB Coburg (→ F 80).
Literatur der Aufklärung.

▪ SUB Bremen (→ F 960).
Literatur der Spätaufklärung.

▪ Bibliothek des Herzogs von Ratibor und Fürsten von Corvey, Schloß Corvey, D-37671 Höxter. - Tel.: 05271-6810. - Privat-bibliothek (nur mit besonderer Erlaubnis).
Große Bestände an Büchern des 18. und 19. Jh's., darunter auch Rarissima. Microfiche-Edition über Belser-Verlag, Stuttgart, und Verlag Olms, Hildesheim.

▪ Eutiner Landesbibliothek, Schloßplatz 4, D-23701 Eutin. - Tel.: 04521-83521. - Fax: 04521-2337. -Präsenzbibliothek.
Rd. 45000 Bde. Altbestand (16. - 19. Jh.) mit Schwerpunkt: Literatur des 18. Jh's, besonders Reiseliteratur. Rd. 1500 Bde. Forschungsliteratur.

▪ Universitäts- und Landesbiblio-thek Sachsen-Anhalt, August-Bebel-Str. 13, D-06108 Halle. - Tel.: 0345-8950. - Fax: 0345-895257. - Ausleihbibliothek.
Rd. 10000 Titel Primärliteratur der Goethezeit, darunter (neben den Werken von Goethe, Schiller, Herder, Wieland u.a.) in großer Zahl vor allem Werke von weniger bekannten Schriftstellern.

▪ UB Leipzig (→ F 930).
Bibliothek der Deutschen Gesellschaft in Leipzig (→ F 1810).

▪ StB Worms (→ F 610).
Anakreontik.

▪ SB Bamberg (→ F 580).
Bibliothek des Herzogs Karl II. August von Pfalz-Zweibrücken.

▪ Staatliche Bibliothek Regensburg (→ F 1810).
Theaterstücke.

▪ Fachrichtung Germanistik, Univ. Saarbrücken (→ I 1140). - Präsenzbibliothek.
Vor allem Literatur der zweiten Jahr-hunderthälfte.

▪ Fachgebiet Germanistik, Univ. Wuppertal (→ I 1240). - Ausleih-und Präsenzbibliothek.
Kulturgeschichte des 18. Jh's.

▪ Literaturarchiv "Sammlung Os-car Fambach", c/o Germanisti-sches Seminar, Univ. Bonn (→ I 440).
Materialien zur Literatur der Goethezeit.

▪ UB, Alte Münze 16, Pf 4469, D-49034 Osnabrück. - Tel.: 0541-969.4320.
Bibliothek Richard Alewyn.

▪ Bibliothek Graf von Schönborn (→ F 1430).
Rd. 800 Bde. Literatur der Vorklassik.

▪ Bibliothek Otto Schäfer (→ F 1410).

F 1830 Literatur des 19. Jahr-hunderts

StUB Frankfurt/Main (→ H 80).
Sammlung deutscher Drucke 1800 bis 1870.

▪ SB-PK (→ H 50).
Sammlung deutscher Drucke 1870 bis 1912.

▪ DLA (→ G 20).
Jean-Paul-Archiv, Mörike-Archiv u.a.

▪ FDH (→ G 30).
Literatur der Romantik.

▪ Niedersächsische SUB (→ H 75).

▪ UB München (→ F 80).
Schwerpunkt: Romantik (Bibliothek Carl Georg von Maassen).

▪ SWK (→ G 10). HAAB Weimar.
Literatur des Vormärz.

• Bibliothek des Herzogs von Ratibor und Fürsten von Corvey (→ F 1820).

▪ StB Weinheim (→ F 540).

Literatur des späten 19. Jh's.

▪ StLB Dortmund (→ F 360).

Nachlässe und Sammlungen zu: A.v. Droste-Hülshoff, F. Freiligrath, C.D. Grabbe, Heinrich Hart, Julius Hart, Karl Henckell, Peter Hille, Hoffmann von Fallersleben, Immermann, Hermann Löns, Johannes Schlaf u.a.

F 1840 Literatur des 20. Jahrhunderts
Die Deutsche Bibliothek (→ H 10, H 20).

▪ DLA (→ G 20).

Reichhaltige Bestände. Rilke-Archiv, Hesse-Archiv, Klages-Archiv, Hauptmann-Sammlung, Expressionismus-Sammlung (u.a. Bibliothek Kurt Pinthus, Sammlung Wilh. Badenhop), Tucholsky-Archiv u.v.a. - Ständige Ausstellung "Das 20. Jahrhundert. Von Nietzsche bis zur Gruppe 47" (Marbacher Kataloge, 36 [1980]).

▪ StLB Dortmund (→ F 360).

Nachlässe und Sammlungen zu: Else Lasker-Schüler, Agnes Miegel, Nelly Sachs, Lulu von Strauß und Torney, Paul Zech u.a.

▪ Stadtbibliothek Oberhausen (→ F 640).

Autorennamen G-R (Sondersammelgebiet NRW).

▪ Stadtbücherei, Hochstr. 35/I, D-46236 Bottrop. - Tel.: 02041-2474721. - Ausleihbibliothek.

Autorennamen S-Z (Sondersammelgebiet NRW 1979-1993).

• Fachbereich 09 Germanistik, Univ. Gießen (→ I 680).

Spezialbibliothek für DDR-Literatur.

▪ StB Weinheim (→ F 540).

Literatur des frühen 20. Jh's.

▪ Stadtbücherei Pirmasens (→ F 170).

Dadaismus.

F 1850 Literarische Plakate
DLA (→ G 20).

F 1860 Literarische Schallplatten
DLA (→ G 20).

• Institut für deutsche Sprache und Literatur, Abteilung Deutsche Sprechkunde, Univ. Köln (→ I 890). - Präsenzbestand.

F 1870 Literarische Zeitschriften
DLA (→ G 20).

▪ FDH (→ G 30).

F 1875 Literatur im Rundfunk
Deutsches Rundfunkarchiv (→ F 1295).

Ca. 7500 Tonträger-Einheiten mit politischen und kulturellen Wortaufnahmen, darunter auch literarisch relevanten. *Schwerpunkt:* 1900-1955. Ausleihe für wissenschaftliche und schulische Zwecke gegen Gebühr möglich.

F 1880 Literaturästhetik
StUB Frankfurt/M. (→ H 80).

• Fachrichtung Allgemeine und Vergleichende Literaturwissenschaft, Univ. Saarbrücken (→ I 1150). - Präsenzbibliothek.

Primär- und Sekundärliteratur zur Literaturästhetik des 18. Jh's. (deutsch, französisch, englisch).

F 1900 Literaturkritik
Institut für Deutsche Philologie, Univ. Würzburg (→ I 1230). - Präsenzbibliothek.

Archiv zur Literaturkritik der Zeitungen.

F 1910 Literaturtheorie/Poetik
StUB, Frankfurt/M. (→ H 80).
▪ Germanistisches Seminar, Univ.
Bonn (→ I 440). - Präsenzbibliothek.
Archivmaterial für ein Wörterbuch zur
Begriffsgeschichte der deutschen Literaturtheorie und -kritik des 17. und 18.
Jh's. (ca. 50000 bis 70000 Nachweise).
▪ Archiv der Stiftungsgastdozentur
Poetik, Sprechwissenschaftlicher
Arbeitsbereich, Frankfurt/M.
(→ I 600).
Texte, Ton- und Videoaufzeichnungen
sowie Untersuchungen zur Gastdozentur
(einschl. Presseberichterstattung) ab
1959.

F 1920 Literaturverfilmungen
Stiftung Deutsche Kinemathek,
Pommernallee 1, D-14052 Berlin.
- Tel.: 030-30307.234 bis .238. -
Fax: 030-302.9294.
Filmarchiv, darunter auch (ausleihbare)
Literaturverfilmungen. Nachlässe von
Filmschaffenden (darin auch literarische
Texte [Prosa, Lyrik]).
▪ Deutsches Institut für Filmkunde
(DIF), Schaumainkai 41, D-60596
Frankfurt/M. - Tel.: 069-9612200.
- Fax: 069-620060.
Sammlung internationaler Filme, darunter
auch verfilmte Literatur; Drehbuchsammlung, Dialoglisten u.v.a.

Folgende Landesfilmdienste leihen
kostenlos Filme auf Video-Kassette oder in Super 8- und 16-mm-Fassungen aus (hier werden nur
die Hauptgeschäftsstellen aufgeführt; sie können in jedem Fall
Bezirksgeschäftsstellen und -filmotheken nennen):

Landesfilmdienst **Baden-Württemberg**,
Wolframstr. 20, D-70191 *Stuttgart*. -
Tel.: 0711-251012. - Fax: 0711-
2569400.
Landesfilmdienst **Bayern**, Dietlindenstr.
18, D-80802 *München*. - Tel.: 089-
347065. - Fax: 089-347067. - ▪ Prinzregentenplatz 4, D-86150 *Augsburg*. -
Tel.: 0821-510715. - Fax: 0821-36394. -
▪ Kardinal-Döpfner-Platz 5, D-97070
Würzburg. - Tel.: 0931-54141. - Fax:
0931-572084.
Landesfilmdienst **Berlin-Brandenburg**,
Bismarckstr. 80, D-10627 *Berlin*. - Tel.:
030-313.8055. - Fax: 030-316660. - ▪
Willibald-Alexis-Str. 12, D-14772 *Brandenburg*. - Tel.: 03381-531274.
Landesfilmdienst **Hessen**, Kennedyallee
105a, D-60596 *Frankfurt/M*. - Tel.: 069-
6300940. - Fax: 069-630094.30. - ▪ Wilhelmshöher Allee 19, D-34117 *Kassel*. -
Tel: 0561-13710. - ▪ Sturmiusstr. 8,
D-36037 Fulda. - Tel.: 0661-73138. - ▪
Leopold-Lucas-Str. 8, D-35037 Marburg.
Tel.: 06421-27577.
Landesfilmdienst **Mecklenburg-Vorpommern**, Bleicherstr. 3, D-19053 Schwerin.
Tel.: 0385-58133.59. - Fax: 0385-
58133.60.
Landesfilmdienst **Niedersachsen**,
Podbielskistr. 30, D-30163 *Hannover*. -
Tel.: 0511-661393. - Fax: 0511-667792.
Landesfilmdienst **Nordrhein-Westfalen**,
Schirmerstr. 80, D-40211 *Düsseldorf*. -
Tel.: 0211-360556. - Fax: 0211-358279.
Landesfilmdienst **Rheinland-Pfalz**,
Deutschhausplatz, LFD-Haus, D-55116
Mainz. - Tel.: 06131-287880. - Fax:
06131-28788.25. - ▪ Markenbildchenweg
38, D-56068 *Koblenz*. - Tel.: 0261-
36243. - Fax: 0261-84672. - ▪ Talgrafenstr. 2/Schöntal, D-67433 *Neustadt*. -
Tel.: 06321-84672. - Fax: 06321-81272.
▪ Zurmaienstr. 114, D-54292 *Trier*. -
Tel.: 0651-23055. - Fax: 0651-23057.

Landesfilmdienst **Saarland**, Mainzer Str. 30, D-66111 *Saarbrücken*. - Tel.: 0681-67174. - Fax: 0681-68065.

Landesfilmdienst **Sachsen**, Endersstr. 10, D-04177 *Leipzig*. - Tel.: 0341-4795188. - Fax: 0341-4795198. - ▪ Filmothek Chemnitz, Zwickauer Str. 152, D-09166 *Chemnitz*. - Tel.: 0371-903651. - Fax: 0371-34562. - ▪ Mediathek Dresden, c/o Bistum Dresden-Meißen, D-01309 *Dresden*. - Theaterplatz (Kathedrale, Eingang D), D-01067 *Dresden*. - Tel.: 0351-4953135.

Landesfilmdienst **Sachsen-Anhalt**, Bahnhofstr. 14, D-06406 *Bernburg*. - Tel./Fax: 03471.23748.

Landesfilmdienst **Schleswig-Holstein**, Thormannplatz 20-22, D-24768 *Rendsburg*. - Tel.: 04331-76388. - Fax: 04331-77941.

Landesfilmdienst **Thüringen**, Brühler Str. 52, D-99084 *Erfurt*. - Tel.: 0361-6438868. - Fax: 0361-6438869.

Weitere Auskünfte:
Konferenz der Landesfilmdienste e.V., Rheinallee 59, D-53173 Bonn. - Tel.: 0228-355002. - Fax: 0228-358269.

Zu Medienzentren der *Schweiz* → Information Schweiz (C 2375).

F 1930 Literaturwissenschaft
StUB Frankfurt/M. (→ H 80).
Sondersammelgebiet.
▪ SB-PK (→ H 50).
▪ Stadtbücherei Bochum (→ F 880).
▪ Fakultätsbibliothek Neuphilologie der Univ., Wilhelmstr. 50, D-72074 Tübingen. - Tel.: 07071-29.4325 u. .4326. - Fax: 07071-29.4282. - Präsenzbibliothek.

F 1940 Hermann Löns (1866-1914)
StB Hannover (→ F 592).
Hermann-Löns-Archiv. Vgl.: Walter, Barbara: *Autographenverzeichnis Hermann-Löns-Archiv*. Hannover 1993.
▪ ULB Münster (→ F 550).
Sammlung.

F 1950 Otto Ludwig (1813-1865)
Museum "Otto Ludwig" (→ G 550).
▪ SWK (→ G 10). Goethe- und Schiller-Archiv.
Nachlaß.

F 1955 Luther, Martin (1483-1546)
Niedersächsische SUB (→ H 75).
Mit über 1200 Erst- u. Frühdrucken eine der bedeutendsten Luthersammlungen. - Vgl.: Kind, Helmut: *Die Lutherdrucke des 16. Jh's. und die Lutherhandschriften der Niedersächsischen SUB Göttingen*. Göttingen 1967 (Arbeiten aus der Niedersächsischen SUB Göttingen, 6).

F 1960 Lyrik
Bibliotheken der Stadt Dortmund, Markt 12, D-44122 Dortmund. - Tel.: 0231-50.23236. - Fax: 0231-50.23199. - Ausleihbibliothek.
Sondersammelgebiet (NRW).

F 1965 Joachim Mähl (1827-1909)
LB Kiel (→ F 470).
Nachlaßteile, Verlegerbriefe, Primär- und Sekundärliteratur.

F 1970 Märchen/Märchenliteratur
Stadtbibliothek Oberhausen (→ F 640).
Sondersammelgebiet (NRW).

▪ Phantastische Bibliothek Wetzlar
(→ F 2285).
▪ GHS-B Kassel (→ F 1000).

F 1980 Maler Müller (1749-1825)
FDH (→ G 30).
Primär-, Sekundärliteratur. Teilnachlaß.

F 1990 Heinrich Mann (1871-1950)
AdK Berlin (→ I 70).
Primär-, Sekundärliteratur. Nachlaß.
▪ DLA (→ G 20).
Sammlung.
▪ Bibliothek der Hansestadt
Lübeck (→ F 820).

F 2000 Klaus Mann (1906-1949)
Handschriften-Abteilung der
Münchner StB (→ F 490).
Teile seiner Bibliothek (rd. 600 Bde.).
Nachlaß (Manuskripte, Aufsätze, Ansprachen, Briefe, Dokumente, Fotos u.ä.).

F 2010 Thomas Mann (1875-1955)
Thomas-Mann-Archiv (→ G 570).
▪ Thomas-Mann-Sammlung Dr.
Hans-Otto Mayer (Schenkung
Rudolf Groth) der ULB, Universitätsstr. 1, D-40225 Düsseldorf. -
Tel.: 0211-311.3202. - Fax: 0211-311.3054. - Präsenzbibliothek.
Gesamtausgaben, Einzelausgaben, Buch- und Zeitschriftenbeiträge, Übersetzungen in über 30 Sprachen, Sekundärliteratur, Zeitungsausschnittsammlung (über 20000 Einheiten). - Vgl.: *Katalog der Thomas-Mann-Sammlung der UB Düsseldorf.* Hrsg. von Günter Gattermann und Elisabeth Niggemann. 9 Bde. München: Saur, 1991 [1-6: Alphabet. Kat.; 7-8: Sachkat. nach Themen; 9: Sachkat. nach Werken].

▪ Bibliothek der Hansestadt
Lübeck (→ F 820).
▪ DLA Marbach (→ G 20).

F 2020 Massenkommunikation (Printmedien)
SUB Bremen (→ F 960).
▪ Institut für Kommunikationswissenschaft (→ I 1050).

F 2030 Karl May (1842-1912)
Archiv der Karl-May-Gesellschaft,
Postfach 1122, D-23781 Bad Segeberg. - Tel.: 04551-1422.
Primär- und Sekundärliteratur.
▪ May-Archiv im K.-May-Verlag.
Privat-Sammlung (z.Z. nicht zugänglich).
▪ Karl May-Museum (→ G 580).

F 2070 Philipp Melanchthon (1497-1560)
Melanchthon-Museum Bretten
(→ G 620).
▪ Badische LB (→ F 50).
Drucke und Autographen.
▪ SUB Hamburg (→ F 320).
▪ Bayerische SB (→ H 70).
▪ → G 622.

F 2080 Memoiren des 17./18. Jahrhunderts
Bibliothek Graf von Schönborn (→
F 1430).

F 2090 Moses Mendelssohn (1729-1786)
SB-PK (→ H 50).
Primär-, Sekundärliteratur. Teilnachlaß.

F 2100 Sophie Mereau (1770-1806)
FDH (→ G 30).

F 2110 Conrad Ferdinand Meyer (1815-1898)
Zentralbibliothek Zürich
(→ F 297).
Primär-, Sekundärliteratur. Nachlaß
(Briefe, Materialien und Vorarbeiten zum
Werk, Lebenserinnerungen, Bildmaterial,
Werke, Zeitungsausschnitte).

F 2120 Agnes Miegel (1879-1964)
DLA (→ G 20).

F 2130 Eduard Mörike (1804-1875)
DLA (→ G 20).
Mörike-Archiv (Primär-, Sekundärliteratur, Übersetzungen; insgesamt über 6000 Bde.) mit Teilnachlaß. Ständige Ausstellung (Marbacher Kataloge, 34 [1980]).
▪ SWK (→ G 10). Goethe- und Schiller-Archiv.
Nachlaß.

F 2140 Alfred Mombert (1872-1942)
Badische LB (→ F 50).
Besonderes Sammelgebiet. Nachlaß.

F 2145 Johann Michael Moscherosch (1601-1669)
Badische LB (→ F 50).

Friedrich Müller (1749-1825)
→ F 1980.

F 2150 Johann Gottwerth Müller (1743-1828)
Arbeitsstelle Steinburger Studien
(→ I 2140).

F 2160 Thomas Murner (um 1475-1537)
Badische LB (→ F 50).
Besonderes Sammelgebiet.

F 2170 Robert Musil (1880-1942)
Arbeitsstelle für österreichische Literatur und Kultur, Robert-Musil-Forschung, c/o Fachrichtung Germanistik, Univ. Saarbrücken (→ I 1140). - Tel.: 0681-302.3334. - Präsenzbibliothek.
Robert-Musil-Archiv. Nachlaß Musils in Mikrofilmen und Kopien (rd. 11000 Seiten) und auf CD-Rom. Werke in Einzel- und Gesamtausgaben, Briefe, Übersetzungen; Sekundärliteratur (Monographien, Beiträge in Sammelwerken und Zeitschriften, Zeitungsausschnitte), Dokumente, Fotosammlung, Tonbandaufzeichnungen, Filme, insgesamt rd. 5500 Einheiten. - Weitere Sammlungen neuerer österreichischer Literatur.
▪ Robert-Musil-Archiv Klagenfurt
(→ G 650).
Primär-, Sekundärliteratur. Nachlaß
(Kopien).
▪ ÖNB Wien (→ H 30).
Originalnachlaß.

Naturalismus → F 1830.

F 2180 Friederike Caroline Neuber (1697-1760)
Neuberin-Museum (→ G 660).

F 2190 Neulateinische Literatur
UB München (→ F 80).
▪ Staatliche Bibliothek Regensburg
(→ F 1810).

F 2200 Nibelungenlied
StB Worms (→ F 610).

F 2210 Niederdeutsche Literatur
Seminar für deutsche Philologie, Univ. Göttingen (→ I 690). -
Präsenzbibliothek.
▪ SUB Hamburg (→ F 320).

▪ Germanisches Seminar der Univ. Hamburg (→ I 740). - Präsenz-bibliothek.
▪ StB Hannover (→ F 1940).
▪ Germanistisches Seminar, Niederdeutsche Abteilung, Univ. Kiel (→ I 850). - Präsenzbibliothek.
▪ Arbeitsstelle Steinburger Studien (→ I 2140).
Hoch- und niederdeutsche Literatur des südlichen Schleswig-Holstein.

F 2220 Friedrich Nietzsche (1844-1900)
SWK (→ G 10). Goethe- und Schiller-Archiv. HAAB Weimar.
Nachlaß und Sammlung.
▪ Öffentliche Bibliothek der Univ. Basel (→ F 210).
Nietzsche-Sammlung.

F 2230 Novalis (1772-1801)
FDH (→ G 30).
Sammlung. Teilnachlaß.
▪ Museum Weißenfels (→ G 670).
▪ Forschungsstätte für Frühromantik u. Novalis-Museum (→ G 671).

F 2240 NS-Literatur
Württembergische LB (→ F 840).
Über 5000 Bde. und Broschüren.
▪ StB Worms (→ F 610).
[Reichhaltige Bestände in der Wiener Library, London.]

F 2250 Oberösterreichische Literatur
Bundesstaatliche Studienbibliothek, Schillerplatz 2, A-4020 Linz. - Tel.: [0043] 0732-664071.0. - Fax: 0732-664071.55. - Ausleihbibliothek.

F 2260 Oberrheinische Dichter
Badische LB (→ F 50).
▪ Oberrheinisches Dichtermuseum (→ G 50).

F 2265 Oberschlesische Literatur
Oberschlesisches Literaturarchiv (→ L 200).
Sammlung von Nachlässen oberschlesischer Dichter.

F 2270 Carl von Ossietzky (1889-1938)
SUB Hamburg (→ F 320).

F 2280 Oswald von Wolkenstein (um 1377-1445)
UB, Innrain 50, Pf, A-6010 Innsbruck. - Tel.: [0043] 0512-507.2400. - Ausleihbibliothek.
Primär- und Sekundärliteratur.

F 2283 Pfälzische Autoren
Pfälzische LB Speyer (→ F 221).

F 2285 Phantastische Literatur
Phantastische Bibliothek Wetzlar, Domplatz 7, D-35573 Wetzlar. - Tel.: 06441-99490. - Fax: 06441-99395.
Rd. 85000 Titel deutschsprachiger phantastischer Literatur (Science Fiction, Fantasy, klassische Phantastik, Staatsroman / utopischer Roman, phantastische Reise- und Abenteuerliteratur, Märchen, Sagen, Mythen, Horror). Bücher, Anthologien, Reihen, Heftserien, Zeitschriften, Magazine, Zeitungsausschnitte.
▪ Staatliche Bibliothek, Michaeligasse 11, D-94032 Passau. - Tel.: 0851-2712.
Archiv des Ersten Deutschen Fantasy Clubs (→ L 215).

■ Walter Henle (→ F 40).
Rd. 6000 Hefte und Bücher, Science
Fiction 1952-1982. Sekundärliteratur.
■ Günter Schmitt (→ F 620).
Rd. 2500 Bde. Phantastik und Science
Fiction.

F 2290 Pietismus-Literatur
Interdisziplinäres Wissenschaftliches Zentrum für die Pietismusforschung (→ I 120).
■ Württembergische LB (→ F
840).

F 2300 Willibald Pirckheimer (1470-1530)
Fachgebiet Germanistik, Univ.
Bamberg (→ I 330). - Präsenz-
bibliothek.
Arbeitsstelle für Renaissance-Forschung
(Nachlaß Dr. Emil Reicke zum Pirck-
heimer-Briefwechsel).

F 2310 August von Platen-Hal-lermünde (1796-1835)
Stadtarchiv, Cedernstr. 1,
D-91054 Erlangen. - Tel.: 09131-
862219. - Fax: 09131-862876. -
Präsenzbestand.
Platen-Archiv (Autographen; Literatur
von und über Platen; Archiv der ehe-
maligen Platengesellschaft Erlangen).
■ Bayerische SB (→ H 70).
Nachlaß.
■ SB-PK (→ H 50).
Manuskripte, Notizen, Briefe u.ä.

F 2315 Paul Pörtner (1925-1984)
StB Wuppertal (→ F 255).
Autographen, Manuskripte, Primär- und
Sekundärliteratur, Fotos, Zeitungsaus-
schnittsammlung, Tonkassetten, Hörfunk-
Sendebänder (Präsenzbestand).

F 2320 Politische Literatur
Heinrich-Heine-Institut (→ G 40).
Vormärz.
■ Bayerische SB (→ H 70).
Vor allem 1920-1940.
■ Berliner Stadtbibliothek, Breite
Str. 32-34, D-10178 Berlin. -
Tel.: 030-2442445. - Fax: 030-
2425773 (nur nach Voranmeldung
zu benutzen). - Ausleihbibliothek.
Franz-Mehring-Bibliothek (rd. 16000
Bde.) zur Geschichte der deutschen und
internationalen Arbeiterbewegung.

Prager deutsche Literatur → F 525.

F 2340 Wilhelm Raabe (1831-1910)
StB Braunschweig (→ F 900).
Primär- und Sekundärliteratur, Bibliothek
Raabes.
■ StA Braunschweig (→ F 900).
Nachlaß. Manuskripte, Notizbücher,
Briefe, Tagebücher, Dokumente u.ä.
Zeitungsausschnittsammlung.
■ → G 680, G 681.

F 2350 Reformationsschriften
Niedersächsische SUB (→ H 75).
Reiche Bestände u.a. aus der "Bibliotheca
Germanica" des Göttinger Juristen Georg
Christian Gebauer sowie rd. 1000 Drucke
aus der "Oskar- und Ilse-Mulert-Stiftung"
von 1953.
■ ULB Münster (→ F 550).
Geschlossene Sammlung von rd. 700
Bden. "Collectio Erhard".
■ LB Coburg (→ F 80).
Rd. 700 zeitgenössische Lutherdrucke;
Flugschriften.
■ StB Worms (→ F 610).
→ F 730.

F 2360 Gustav Regler
(1898-1963)
Arbeitsstelle für Gustav-Regler-Forschung, c/o Fachrichtung Germanistik, Univ. Saarbrücken (→ I 1140). - Tel.: 0681-302.3327 und 302.2394. - Präsenzbibliothek.
Primärliteratur (einschl. publizistischer Beiträge und Funkarbeiten); Sekundärliteratur; Nachlaßteile (Manuskripte veröffentlichter und unveröffentlichter Werke, Notizhefte, Tagebücher, Briefe [insgesamt rd. 10000 Blatt in Kopie]).
Angeschlossen: Archiv für die Literaturen der Grenzregionen Saar-Lor-Lux-Elsaß (im Aufbau).

F 2365 Brigitte Reimann
(1933-1973)
Hans-Fallada-Archiv (→ F 660).
Nachlaß.

F 2370 Reisebeschreibungen
SUB Bremen (→ F 960).
▪ LB Coburg (→ F 80).
Vor allem 18. u. 19. Jh.
▪ Niedersächsische SUB (→ H 75).
▪ Bibliothek Graf von Schönborn (→ F 1430).
▪ Eutiner LB (→ F 1820).
▪ Staatliche Bibliothek Regensburg (→ F 1810).

F 2380 Erich Maria Remarque
(1898-1970)
Erich-Maria-Remarque-Archiv, c/o Fachgebiet Deutsch, Univ. Osnabrück (→ I 1100) und UB Osnabrück (→ F 1820). - Tel.: 0541-696.4511, .4512, .4513, .4674.
Erstausgaben, Übersetzungen, Handzeichnungen, Sekundärliteratur, Zeitungs-, Bild- und Fotopublikationen. - Vgl.: *Das E.M. Remarque-Archiv Osnabrück.* Red.: Th. Schneider. 2. Aufl. Osnabrück 1991.

Renaissance → F 1800.

F 2390 Fritz Reuter (1810-1874)
SWK (→ G 10). Goethe- und Schiller-Archiv.
Nachlaß.
▪ FDH (→ G 30).
Teile aus Reuters Bibliothek.
▪ Reuter-Literaturmuseum (→ G 700).
▪ Privates Fritz Reuter Literaturarchiv, c/o Hans-Joachim Griephan, Wartlaustr. 12, D-17033 Neubrandenburg. - Tel./Fax: 0395-41078. - Privatarchiv, nur mit besonderer Erlaubnis.
Bestände zu Reuter, seiner Zeit und seinen Zeitgenossen: Autographen, Gesamtausgaben, Teilsammlungen, Einzelausgaben, Übersetzungen, Beiträge zu Werken anderer; Sekundärliteratur zu Leben, Werk und Wirkung; Bilder, Ansichten, Medaillen; Filme, Schallplatten, Tonbänder; Umfeldliteratur, Zeitungs- und Zeitschriftenartikel.
▪ → G 702.

F 2400 Rhetorik
Fakultätsbibliothek Neuphilologie Tübingen (→ F 1930).

Jean Paul Friedrich Richter
(1763-1825) → F 1470.

F 2420 Rainer Maria Rilke
(1875-1926)
DLA (→ G 20).
Rilke-Archiv (Gesamtausgaben, Einzelausgaben, Übersetzungen, Beiträge zu Sammelbänden und Zeitschriften; Dokumente; Sekundärliteratur).
▪ Schweizerische LB Bern (→ H 40).
Rilke-Sammlung; Teil-Nachlaß (→ G 720).

- ÖNB Wien (→ H 30).
Teil-Nachlaß.
- Rainer-Maria-Rilke-Literatur-
sammlung Dr. Karl Klutz, Goethestr. 5, D-56130 Bad Ems. - Tel.:
02603-4118. - Privatbibliothek
(mit besonderer Erlaubnis).
Erst- und Gesamtausgaben, sonstige und
Briefausgaben, illustrierte Ausgaben,
Pressendrucke, Bibliographien; Sekundärliteratur (unselbständige in Kopien), Sonderdrucke, Zeitungsausschnitte; Vertonungen, Schallplatten; Bildnisse; Medaillen u.ä.; Erschließung durch Karteien.
- [Als umfangreichste gilt die Rilke-Sammlung Richard von Mises'
in der Harvard University Library,
Cambridge → D 3190.]

**F 2430 Joachim Ringelnatz
(1883-1934)**
DLA (→ G 20).
Primär-, Sekundärliteratur. Briefwechsel,
Dokumente. Vertonungen.

**F 2440 Romanliteratur des 19.
und 20. Jahrhunderts**
StB Hannover (→ F 1940).

**F 2450 Peter Rosegger
(1843-1918)**
Steiermärkische Landesbibliothek,
Kalchberggasse 2, A-8011 Graz. -
Tel.: [0043] 0316-8016.4600. -
Fax: [0043] 0316-8016.4633. -
Ausleihbibliothek.
Primär-, Sekundärliteratur. Nachlaß.

**F 2460 Friedrich Rückert
(1788-1866)**
ULB Münster (→ F 550).
Orientalistischer Nachlaß.
- Stadtarchiv und Stadtbibliothek,
Friedrich-Rückert-Bau, Martin-

Luther-Platz, D-97421 Schwein-
furt. - Tel.: 09721-51383. - Fax:
09721-51265. - Ausleihbibliothek.
Teilnachlaß Rückerts (Manuskripte,
Bilder, Teile der Bibliothek Rückerts),
Primär- und Sekundärliteratur, Bildmate-
rial, auch zum Rückert-Kreis (insgesamt
ca. 14300 Einheiten).
- LB Coburg (→ F 80).
- SB-PK (→ H 50).
Wissenschaftlicher Nachlaß (vgl. auch
Denecke-Brandis [→ D 3630], S.310f).
- SWK (→ G 10). Goethe- und
Schiller-Archiv.
Literarischer Teilnachlaß.
- Friedrich Rückert-Gedächtnis-
stätte (→ G 730).

F 2470 Saarländische Autoren
Archiv für die Literaturen der
Grenzregionen Saar-Lor-Lux-Elsaß
→ F 525.
Primär- und Sekundärliteratur (rd. 1100
Bde.) sowie Nachlässe bzw. Nachlaßteile
von und zu Autor/inn/en der Region
(z.B.: Maria Croon, Liesbet Dill, Anton
Betzner, Hans Bernhard Schiff).

F 2490 Nelly Sachs (1891-1970)
StLB Dortmund (→ F 360).
Sammlung; wenige Manuskripte und
Briefe (Nachlaß in Stockholm); Presse-
dokumentation. Angeschlossen ist das
Literaturarchiv "Nelly-Sachs-Preis"
(Sammlung zu den jeweiligen Preis-
trägern).

F 2500 Sagen
StB Oberhausen (→ F 640).
Sondersammelgebiet (NRW).
- Phantastische Bibliothek Wetzlar
(→ F 2285).

F 2510 Wilhelm Schäfer (1868-1952)
Heinrich-Heine-Institut (→ G 40).
Nachlaß (über 400 Manuskripte, über 6000 Briefe von und rd. 9000 Briefe an Schäfer u.ä.).

F 2520 Albrecht Schaeffer (1885-1950)
DLA (→ G 20).
A.-Schaeffer-Archiv.

F 2530 Hartmann Schedel (1440-1515)
Bayerische SB (→ H 70).
Umfangreiche Sammlung mit Nachlaß-materialien.

F 2535 Joseph Victor von Scheffel (1826-1886)
Oberrheinisches Dichtermuseum (→ G 50).
Scheffel-Archiv (Nachlaß; Primär- und Sekundärliteratur).
▪ Badische LB (→ F 50).
Teilnachlaß.

F 2540 Hans Schiebelhuth (1895-1944)
Hessische LHB Darmstadt (→ F 330).
Nachlaß.

F 2550 Friedrich Schiller (1759-1805)
SWK (→ G 10). Goethe- und Schillerarchiv. HAAB Weimar.
Schillers Nachlaß. Umfangreiche Dokumentation der Primär-und Sekundärlite-ratur.
▪ DLA (→ G 20).
Teilnachlaß im Cotta-Archiv. Schiller-Bibliothek mit Primär- (rd. 3000 Bde.) und Sekundärliteratur (rd. 4000 Bde.),

Dokumentation der Wirkungsgeschichte. Ständige Ausstellung (Marbacher Kata-loge, 32 [1980]).
▪ FDH (→ G 30).
Primär-, Sekundärliteratur. Manuskripte, Briefe, Dokumente.
▪ StB Ludwigshafen (→ F 280).
Schiller-Ausgaben.
▪ → G 740, G 742, G 744.

F 2560 Johannes Schlaf (1862-1941)
Stadt- und LB Dortmund (→ F 1420).
Sammlung.

F 2570 August Wilhelm Schlegel (1767-1845)
Sächsische LB Dresden (→ F 315).
Nachlaß.
▪ FDH (→ G 30).
▪ → G 725, G 726.

F 2580 Friedrich Schlegel (1772-1829)
FDH (→ G 30).
[Nachlaß im Besitz der Görres-Gesell-schaft; vgl. Ernst Behler: *Der literarische Nachlaß Friedrich Schlegels*. In: Kriti-sche Friedrich-Schlegel-Ausgabe XI, Pa-derborn 1958, S. XIIIff.]
▪ → G 725, G 726.

F 2585 Schleswig-Holsteinische Literatur
LB Kiel (→ F 470).
Originalausgaben und Sekundärliteratur, Nachlässe bzw. Teilnachlässe z.B. von Hans Friedrich Blunck, Heinrich Chri-stian Boie, Gustav Frenssen, Klaus Groth, Friedrich Hebbel, Wilhelm Jen-sen, Timm Kröger, Wilhelm Lehmann, Detlev von Liliencron, Joachim Mähl, Helene Voigt-Diederichs.

- UB Kiel (→ F 160)

Nachlässe und Teilnachlässe von Autoren der Region.
- Arbeitsstelle Steinburger Studien (→ I 2140).

Lesegesellschaften in Schleswig-Holstein.

F 2590 Wilhelm Schmidtbonn (1876-1952)

StA und Stadthistorische Bibliothek Bonn (→ F 110).

Nachlaß.

F 2600 Reinhold Schneider (1903-1958)

Badische LB (→ F 50).

Besonderes Sammelgebiet. Reinhold-Schneider-Archiv. Nachlaß (rd. 2600 Manuskripte, Dokumente, rd. 3700 Briefe; Handbibliothek).

F 2620 Arthur Schnitzler (1862-1931)

Arthur-Schnitzler-Archiv, c/o Deutsches Seminar II, Univ. Freiburg (→ I 650). - Tel.: 0761-203.3288.

Schnitzler-Archiv mit Nachlaß [in Fotokopien. Originalnachlaß in Univ. Library, Cambridge].
- ÖNB Wien (→ H 30).
- DLA (→ G 20).

F 2630 Christian Friedrich Daniel Schubart (1739-1791)

DLA (→ G 20).

Sammlung. Ständige Ausstellung (Marbacher Kataloge, 31 [1980]).
- Heimat- und Schubartmuseum (→ G 760).
- Stadtarchiv, Marktplatz 30, D-73430 Aalen. - Tel.: 07361-521021. - Fax: 07361-521902.

Sammlung zu Leben und Werk.

F 2640 Schulbücher

Bibliothek des Pädagogischen Zentrums Berlin (→ F 650).
- Erziehungswissenschaftliche Zweigbibliothek der UB Erlangen/Nürnberg (→ F 1740).

Rd. 12000 Schulbücher aller Epochen und Fächer (Schwerpunkt: deutschsprachige Schulbücher für den Deutschunterricht).

F 2650 Schulprogramme

Niedersächsische SUB (→ H 75).

Umfassende Sammlung.
- UB Gießen (→ F 1740).

Vgl.: Kössler, Franz: *Verzeichnis von Programm-Abhandlungen deutscher, österreichischer und schweizerischer Schulen der Jahre 1825-1918.* 5 Bde. München: Saur, 1987-1991.

F 2660 Schwäbische Dichter

DLA (→ G 20).

F 2670 Kurt Schwitters (1887-1948)

StB Hannover (→ F 1940).

Kurt-Schwitters-Archiv. Vgl.: Haldenwanger, Maria u.a.: *Schwitters-Archiv. Bestandsverzeichnis 1986.* Hannover 1986. - Nachtragsbd. Ebd. 1987.

Science Fiction → Phantastische Literatur.

F 2673 Charles Sealsfield (eig.: Karl Postl; 1793-1864)

Arbeitsstelle Steinburger Studien (→ I 2140).

F 2675 Anna Seghers (1900-1983)

Anna-Seghers-Archiv, c/o AdK Berlin (→ I 70).

Nachlaß (ca. 50000 Blatt; Findbuch): Werkmanuskripte (soweit erhalten);

Manuskripte zu Aufsätzen, Reportagen, Reden und Vorträgen; Notizbücher; Korrespondenz. Vgl.: *Argonautenschiff* (→ E 1283) 1, 1992, S. 209-212.

F 2680 Selbstmordliteratur
SStB Augsburg (→ F 340).
Besonderes Sammelgebiet.

F 2690 Shakespeare in Deutschland
Shakespeare-Bibliothek, Institut für Englische Philologie, Univ., Schellingstr. 3, D-80799 München. - Tel.: 089-21803358. - Präsenzbibliothek.
Rd. 15100 Bde. (Übersetzungen, Sekundärliteratur, auch Dissertationen), rd. 8500 Zeitschriftenartikel, ca. 3500 Rezensionen zu Shakespeare-Inszenierungen.
▪ SWK. HAAB (→ G 10).
Shakespeare-Bibliothek der Deutschen Shakespeare-Gesellschaft (rd. 10000 Bde. Ausgaben, Übersetzungen und Sekundärliteratur).
▪ Bibliothek der aufgelösten Dt. Shakespeare-Gesellschaft West.
Wird in Kürze an die UB bzw. das Anglistische Institut Bochum abgegeben.
▪ Shakespeare-Mediothek, c/o Medienabteilung der Neuphilologischen Fakultät, Wilhelmstr. 50, D-72074 Tübingen.
Bestandsnachweise im *Shakespeare-Jahrbuch* (regelmäßige Aktualisierung).
▪ Hessische LHB Darmstadt (→ F 330).
Darmstädter Totenmaske, die W. Shakespeare zugeschrieben wird.

F 2700 Solothurner Autoren
Zentralbibliothek Solothurn (→ F 260).

Solothurner Literaturarchiv mit Primär- und Sekundärliteratur von und zu Autoren, die aus Solothurn stammen bzw. in Solothurn leb(t)en (z.B. Peter Bichsel, Otto F. Walter, Urs Jäggi, Walter Schenker, Franz Hohler).

F 2705 Jura Soyfer (1912-1939)
Dokumentationsarchiv des österreichischen Widerstandes, Altes Rathaus, Wipplingerstr. 8, A-1010 Wien.
Soyfer-Archiv: Originalmanuskripte, Dokumente zum Leben, zum historischen Umfeld, zur Rezeption (Katalog für 1996 geplant).

F 2710 Sozialistische Literatur
StUB Frankfurt/M. (→ H 80).

F 2720 Carl Spitteler (1845-1924)
Schweizerische LB (→ H 40).
Nachlaß Spittelers.

F 2730 Sprichwörter
StUB Bern (→ F 970).
Sprichwörter des romanisch-germanischen Mittelalters.

F 2735 Emil Staiger (1908-1987)
Zentralbibliothek Zürich (→ F 297).
Nachlaß.

F 2740 Hermann Stehr (1864-1940)
Haus Schlesien, Heisterbacherrott, Dollendorfer Str. 412, D-53639 Königswinter. - Tel.: 02244-80440. - Fax: 02244-1025.
Erstausgaben und sonstige Ausgaben, Übersetzungen, Vertonungen, Sekundärliteratur. Splitter des handschriftlichen

Nachlasses (Lyrik, Prosa, Fragmente, Tagebücher). Briefwechsel (u.a. Martin Buber, Walther Rathenau, Oskar Loerke). Gemälde, Büsten, Fotos, Urkunden.

F 2750 Steirische Literatur
Steiermärkische LB (→ F 2450).
Primär- und Sekundärliteratur, Nachlässe bzw. Teilnachlässe von und zu Autoren, die mit der Region verbunden sind, z.B. Bruno Ertler, Paula Grogger, Robert Hamerling, Karl von Holtei, Paul Anton Keller, Karl Gottfried von Leitner, Max Mell, Peter Rosegger.

F 2760 Carl Sternheim (1878-1942)
DLA (→ G 20).
Primär-, Sekundärliteratur. Nachlaß.

F 2770 Adalbert Stifter (1805-1868)
Adalbert-Stifter-Institut des Landes Oberösterreich (→ G 770).
▪ Bayerische SB (→ H 70).
Teilnachlaß.
▪ Adalbert-Stifter-Bibliothek, Altenburger Str. 124, D-51381 Leverkusen. - Tel.: 02171-53189. - Präsenz- und Ausleihbestände.
Bibliothek der Rheinischen A.-Stifter-Gemeinschaft. Literatur von und über Stifter (rd. 2700 Bde.); Autographen; Ton- und Bildarchiv.
▪ [Nachlaß im Adalbert-Stifter-Archiv der UB Prag.]

F 2780 Julius Stinde (1841-1905)
UB Berlin der Freien Univ. (→ F 1640).
Teile der Bibliothek Stindes.
▪ SB-PK (→ H 50).
Nachlaß.

F 2790 Theodor Storm (1817-1888)
Theodor-Storm-Haus (→ G 790).
LB Kiel (→ F 470).
Sammlung und Hauptnachlaß (Werkmanuskripte, Briefe).

F 2800 August Stramm (1874-1915)
ULB Münster (→ F 550).
Nachlaß (Dramen-Manuskripte, Gedichte, Briefe, Porträts).

F 2810 Lulu von Strauß und Torney (1873-1956)
Stadt- und LB Dortmund (→ F 1420).
Sammlung und Teilnachlaß (Manuskripte, Briefe, Tagebücher).

F 2820 Hermann Sudermann (1857-1928)
DLA (→ G 20).
Primär-, Sekundärliteratur. Nachlaß (rd. 100 Gedicht-, 44 Prosa- und 35 Dramenmanuskripte; Notizen, Entwürfe, Drucksachen; rd. 2500 Briefe von und rd. 12000 Briefe an Sudermann).

F 2830 Theater/Theaterwissenschaft
Theaterwissenschaftliche Sammlung Köln (→ G 800).
▪ Deutsches Theatermuseum (→ G 803).
▪ Theatermuseum Düsseldorf (→ G 805).
▪ Zentrum für Theaterforschung (→ I 730). - Ausleihbibliothek.
Rd. 50000 Bücher und Zeitschriften, 120000 Theaterzettel, 300000 Zeitungskritiken, 400000 Bilder, 1000 Plakate, 15000 Dias, 1200 Tonträger, 7800 Autographen, Programmhefte.

- Österreichisches Theatermuseum
(→ G 815).
- Schweizerische Theatersammlung (→ G 820).
Eine weitergehende Zusammenstellung der Spezialbestände aus dem Bereich Theater / Theaterwissenschaft erfolgt im *Informationshandbuch Theater, Film, Funk und Fernsehen* (in Vorber.).

F 2840 Frank Thiess (1890-1977)
Hessische LHB Darmstadt
(→ F 330).
Frank-Thiess-Archiv. Bücher, Werkmanuskripte, Tagebücher, Briefe.

F 2850 Moritz August von Thümmel (1738-1817)
LB Coburg (→ F 80).
Tagebücher.

F 2860 Ludwig Tieck (1773-1853)
FDH (→ G 30).
Primär-, Sekundärliteratur. Teilnachlaß.
- SB-PK (→ H 50).
Primär-, Sekundärliteratur. Nachlaß (Manuskripte, Abschriften, Entwürfe, Tagebücher, Briefe).

F 2870 Ernst Toller (1893-1939)
AdK Berlin (→ I 70).
Sammlung [Nachlaß in der Yale-University Library, New Haven].

F 2880 Georg Trakl (1887-1914)
Trakl-Gedenkstätte (→ G 830).

F 2890 Trivialliteratur
Amerika-Gedenkbibliothek / Berliner Zentralbibliothek (→ F 70).
Primär- und Sekundärliteratur von und zu Hedwig Courths-Mahler und rd. 200 weiteren deutschsprachigen Autorinnen populärer Unterhaltungsliteratur (ca. 1700 Bücher und Heftchen).
- ULB Bonn (→ F 110).
U.a. Pflichtexemplare des Bastei-Verlages.
- LB Coburg (→ F 80).
Trivialliteratur des 19. Jh's.
- UB Gießen (→ F 1740).
Trivialromane des 19. Jh's. - Vgl.: Hain, Ulrich; Schilling, Jörg: *Katalog der Sammlung "Trivialliteratur des 19. Jahrhunderts" in der Univ. Bibl. Gießen.* Hrsg. v. Hermann Schüling. Gießen: Univ. Bibl., 1970.
- Niedersächsische SUB (→ H 75).
Bestände vom Ende des 18. bis Anfang des 19. Jh's. aus der ehem. Goldeschen Leihbibliothek in Braunschweig.
- Seminar für Volkskunde, Univ. Göttingen (→ I 710). - Präsenzbibliothek.
- UB Heidelberg (→ F 120).
Trivialliteratur des 18. und 19. Jh's.
(Bibliothek Max von Waldberg).
- Universitäts- und Stadtbibliothek, Universitätsstr. 33, D-50931 Köln. Tel.: 0221-470.2214 u. 470.2374. - Fax: 0221-470.5166. - Ausleihbibliothek.
Trivialliteratur der Zeit um 1800.
- Bibliothek Graf von Schönborn (→ F 1430).
Literatur der 2. Hälfte des 18. Jh's.
- Fachrichtung Germanistik, Univ. Saarbrücken (→ I 1140).
- Pfälzische LB Speyer (→ F 221).
Trivialliteratur des 19. Jh's, Lesebibliothek Dürkheim (ca. 3000 Bde.).
- Walter Henle (→ F 40).
Reiche Bestände an Primär- und Sekundärliteratur (rd. 2000 Romane).
- StB Worms (→ F 610).
- → Comic Strips (F 480), Heftliteratur (F 1170), Phantastische Literatur (F 2285).

**F 2900 Kurt Tucholsky
(1890-1935)**
DLA (→ G 20).
Kurt Tucholsky-Archiv. - Vgl.: Goder-
Stark, Petra: *Das Kurt Tucholsky Archiv.*
Ein Bericht. Marbach: Dt. Schillergesell-
schaft, 1978 (Dt. Literaturarchiv. Ver-
zeichnisse, Berichte, Informationen, 5).
▪ AdK Berlin (→ I 70).
Sammlung.
▪ → G 840.

F 2905 Tübinger Dichter
Stadtmuseum, Neckarhalde 31,
D-72070 Tübingen.
Archiv (Schriften, Bücher, Bilder).

**F 2910 Ludwig Uhland
(1787-1862)**
DLA (→ G 20).
Primär-, Sekundärliteratur. Nachlaß.
Ständige Ausstellung (Marbacher Kata-
loge, 34 [1980]).
▪ UB Tübingen (→ F 890).
Bibliothek Uhlands. Teilnachlaß.

F 2920 Utopische Literatur
Phantastische Bibliothek Wetzlar
(→ F 2285).

**F 2930 Karl August Varnhagen
von Ense (1785-1858)**
Heinrich-Heine-Institut (→ G 40).
DLA (→ G 20).

**F 2950 Berthold Viertel
(1885-1953)**
DLA (→ G 20).
Primär-, Sekundärliteratur. Nachlaß.

**F 2960 Friedrich Theodor
Vischer (1807-1887)**
UB Tübingen (→ F 890).
Primär-, Sekundärliteratur. Nachlaß.

▪ DLA (→ G 20).
Teilnachlaß.

F 2970 Volkserzählungen
Seminar für Volkskunde, Univ.
Göttingen (→ I 710).
▪ Volkskundliche Kommission für
Westfalen, Landschaftsverband
Westfalen-Lippe, Domplatz 23,
D-48143 Münster. - Tel.: 0251-
834404. - Präsenzbibliothek (für
handschriftliche Sammlungen).
▪ Institut für Volkskunde, Univ.
Freiburg (→ I 660). - Präsenz-
bibliothek.
▪ Volkskundliches Seminar, Univ.
Zürich, Zeltweg 67, CH-8032 Zü-
rich. - Tel.: [0041] 01-257.2882.
Vgl.: *Katalog zur Volkserzählung. Spezi-
albestände des Seminars für Volkskunde
und der Enzyklopädie des Märchens, Göt-
tingen, des Instituts für europäische Eth-
nologie, Marburg, und des Instituts für
Volkskunde, Freiburg i.Br.* 2 Bde. Bearb.
von Hans J. Uther u.a. München: Saur,
1987.
▪ → G 870.

F 2980 Volkskunde
Staatliche Museen zu Berlin -
Preußischer Kulturbesitz (→ G
860).
▪ Forschungsstelle für Volkskunde
in Bremen und Niedersachsen
("Cammann-Archiv" [→ G 870]).
▪ Institut für Volkskunde, Univ.
Freiburg (→ I 660). - Präsenz-
bibliothek.
U.a. Bibliotheken Otto Basler und Will-
Erich Peuckert.
▪ Institut für religiöse Volkskunde,
Univ., Werthmannplatz, D-79098
Freiburg. - Tel.: 0761-203.2299.
Religiöse Gebrauchsliteratur, Gebet-
bücher, -zettel, Andachtsliteratur.

■ Seminar für Volkskunde, Univ. Göttingen (→ I 710). - Präsenzbibliothek.

Bibliothek Kurt Wagner.

■ Institut für deutsche und vergleichende Volkskunde, Univ. München (→ I 1040). - Präsenzbibliothek.

■ Volkskundliche Kommission für Westfalen (→ F 2970).

■ Johannes-Künzig-Institut für ostdeutsche Volkskunde, Silberbachstr. 19, D-79100 Freiburg. - Tel.: 0761-704430.

Tonarchiv, Bilderarchiv, Präsenzbibliothek. Enthält die Materialien der ehemaligen "Forschungsstelle Karasek".

■ Ludwig-Uhland-Institut für Empirische Kulturwissenschaft, Univ., Schloß, D-72070 Tübingen. - Tel.: 07071-292374. - Fax: 07071-295330.- Präsenzbibliothek.

Rd. 40 000 Bde. allgemeine Volkskunde, Trivialliteratur, Kommunikationstheorie.

F 2990 Volkslied

Deutsches Volksliedarchiv, Arbeitsstelle für Internationale Volksliedforschung (→ G 880).

■ Volkskundliche Kommission für Westfalen (→ F 2970).

Westfälisches Volksliedarchiv (handschriftliches Material, Tonbandaufzeichnungen, Präsenzbibliothek).

■ Universitäts- und StB Köln (→ F 2890).

Karnevalslieder, -literatur.

■ Schweizerisches Institut für Volkskunde, Augustinergasse 19, CH-5051 Basel. - Tel.: [0041] 061-261.9900.

Schweizerisches Volksliederarchiv.

Volksschauspiel → F 540.

F 3000 Johann Heinrich Voß (1751-1826)

Städtisches Görres-Gymnasium, Königsallee 57, D-40212 Düsseldorf. - Tel.: 0211-133969.

Bibliothek und Nachlaß von J. H. Voß.

■ Bayerische SB (→ H 70).

Teilnachlaß.

■ LB Kiel (→ F 470).

Teilnachlaß.

F 3005 Christian Wagner (1835-1918)

Chr.-Wagner-Archiv, Christian-Wagner-Str. 3, D-71229 Leonberg. - Tel.: 07152-43401.

F 3010 Richard Wagner (1813-1883)

Richard-Wagner-Gedenkstätte (→ G 890).

F 3015 Martin Walser (1927-)

Stadtbücherei, Untere Schranne, Marktplatz 17, D-88396 Biberach. - Tel.: 07351-51307. - Fax: 07351-51526.

Martin-Walser-Archiv. Primär- (Typoskripte, Publikationen, Tonbandmitschnitte) und Sekundärliteratur (Bücher, Aufsätze, Zeitungsartikel, Rezensionen). - Angeschlossen ist das Literaturarchiv Oberschwaben, das Literatur von Autoren der Region und Material über sie sammelt. Benutzung nach vorheriger Vereinbarung.

F 3016 Robert Walser (1878-1956)

Robert Walser-Archiv der Carl Seelig-Stiftung, Beethovenstr. 7, CH-8002 Zürich. - Tel.: [0041] 01-202.5903.

Bibliothek (rd. 1200 Bde.), Archivalien: rd. 1500 Autographen Walsers, 5000

Autographen Carl Seeligs, 400 Fotos, 40 graphische Blätter, 60 Tonträger. - Präsenzbestand.

F 3020 Frank Wedekind (1864-1918)

Handschriften-Abteilung der Münchner StB (→ F 490).
Nachlaß (z.T. auch von Tilly Wedekind).

▪ Monacensia-Bibliothek, Maria-Theresia-Str. 23, D-81675 München.
Primär-, Sekundärliteratur.

▪ Aargauische Kantonsbibliothek, Aargauerplatz, CH-5001 Aarau. - Tel.: [0041] 064-212160. - Fax: [0041] 064-211411.
Wedekind-Archiv. Teilnachlaß.

F 3030 Georg Weerth (1822-1856)

Lippische LB (→ F 770).
Georg-Weerth-Archiv (Sammlung). Besonderes Sammelgebiet.

F 3035 Armin T. Wegner (1886-1978)

StB Wuppertal (→ F 255).
Autographen, Manuskripte, Typoskripte, Primär- und Sekundärliteratur, Zeitungsausschnittsammlung. Ton- und Videokassetten. Präsenzbestand.

F 3037 Helene Weigel (1900-1971)

Bertolt-Brecht-Archiv der Stiftung der AdK Berlin (→ G 140).
Helene-Weigel-Archiv.

F 3038 Christian Weise (1642-1708)

Christian-Weise-Bibliothek, Bahnhofstr. 10-12, D-02763 Zittau. - Tel.: 03583-3556.

F 3040 Günther Weisenborn (1902-1969)

AdK Berlin (→ I 70).
Günther-Weisenborn-Archiv mit Teilnachlaß.

F 3050 Leo Weismantel (1888-1964)

AdK Berlin (→ I 190).
Weismantel-Archiv mit Nachlaß.

F 3052 Peter Weiss (1916-1982)

AdK Berlin (→ I 70).
Peter-Weiss-Archiv. Nachlaß (Korrespondenzen, Manuskripte und Typoskripte, Notizbücher, Ausgaben, Materialien [Rezensionen der Werke, Theaterprogramme, -plakate, Aufführungskritiken, Szenenfotos u.ä.], Manuskripte anderer Autoren. - Vgl.: *Peter Weiss Jahrbuch* 1, 1992, S. 171f.

▪ IPWG-Archiv, c/o Kreisarchiv Bodenseekreis, Pestalozzistr. 25, D-88677 Markdorf.
Archiv der Internationalen Peter-Weiss-Gesellschaft (im Aufbau). *Sammelgebiete:* Publikationen von und über P. Weiss, 'graue Literatur' (Examens- und Magisterarbeiten); audiovisuelle Dokumentationen von Werkaufführungen und Sendungen über ihn; Schriftgut der IPWG; Zeitungsartikel.

F 3055 Westfälische Literatur

ULB Münster (→ F 550).
Nachlässe, Einzelautographen, Drucke westfälischer Autoren (darunter Karl Wagenfeld [1869-1939] u. Willy Kramp [1909-1986]).

▪ Landschaftsverband Westfalen-Lippe, Referat Literatur (→ I 2188).
Spezialbibliothek mit westfälischer Literatur (im Aufbau).

F 3060 Christoph Martin Wieland (1733-1813)
Wieland-Archiv (→ G 900).
▪ DLA (→ G 20).
Sammlung. Ständige Ausstellung (Marbacher Kataloge, 31 [1980]).
▪ SWK (→ G 10). Wieland-Museum. Goethe- und Schiller-Archiv. HAAB Weimar.
Sammlung. Teilnachlaß.
▪ Sächsische LB Dresden (→ F 315).
Teilnachlaß.
▪ FDH (→ G 30).
Sammlung. Teilnachlaß.
▪ Zentralbibliothek Zürich (→ F 1540).
Sammlung. Teilnachlaß.
▪ StUB Frankfurt/M. (→ H 80).
Primär- und Sekundärliteratur (Sammlung Gerhard Stumme; rd. 800 Bde.).
▪ Institut für Germanistik, Univ. Graz (→ I 1380). - Präsenzbibliothek.
Wieland und seine Zeit (Bibliothek B. Seuffert).
▪ Heinrich-Heine-Institut (→ G 40).

F 3070 Ernst von Wildenbruch (1845-1909)
Berliner StB (→ F 2320).
Wildenbruch-Sammlung (5000 Bde.).

F 3080 Johann Joachim Winckelmann (1717-1768)
Winckelmann-Museum (→ G 930).
▪ SB-PK (→ H 50).
Sammlung.
▪ Goethe-Museum Düsseldorf (→ G 350).
Sammlung.
▪ FDH (→ G 30).

F 3090 Friedrich Wolf (1888-1953)
AdK Berlin (→ I 70).
Friedrich-Wolf-Archiv mit Nachlaß.

F 3100 Alfred Wolfenstein (1888-1945)
AdK Berlin (→ I 70).
Alfred-Wolfenstein-Archiv.

F 3110 Wolfram von Eschenbach
Fürstlich Leiningensche Bibliothek (→ F 460).

F 3120 Paul Zech (1881-1946)
DLA (→ G 20).
Sammlung und Teilnachlaß (zu weiteren Nachlaßteilen s. Denecke-Brandis [→ D 3630] S. 419 f).
▪ StB Wuppertal (→ F 255).
Autographen, Manuskripte, Typoskripte, Primär- und Sekundärliteratur, Zeitungsausschnittsammlung (Präsenzbestand).
▪ Fritz-Hüser-Institut (→ G 90).
▪ AdK Berlin (→ I 70).
Sammlung.

F 3130 Zeitschriften
Niedersächsische SUB (→ H 75).
Universale wissenschaftliche Zeitschriften als Sondersammelgebiet der Deutschen Forschungsgemeinschaft. Akademieschriften.
▪ StUB Frankfurt/M. (→ H 80).
▪ DLA (→ G 20).
▪ Fachgebiet Germanistik, Univ. Wuppertal (→ I 1240). - Präsenzbibliothek.
Exilzeitschriften 1933-1945.

F 3140 Zeitungen und Zeitungswissenschaften
Institut für Zeitungsforschung (→ G 940).

- Bibliotheken der Stadt Dortmund
(→ H 110).
Zeitungsausschnitt-Sammlung. Sammlung
alternativer Zeitschriften.
- Deutsche Presseforschung, Univ.
Bremen → I 150.
Bedeutende Sammlung.
- Hans-Bredow-Institut für Rund-
funk und Fernsehen. Institut für
Medienforschung an der Univ.,
Heimhuderstr. 21, D-20148 Ham-
burg. - Tel.: 040-447035. - Fax:
040-417870. - Ausleihbibliothek.
Rd. 18000 Bde. zu medien- und kommu-
nikationswissenschaftlichen Themen; 145
lfd. Fachzeitschriften.
- Institut für Kommunikations-
wissenschaft (→ I 1050).
Mit Zeitungsarchiv.
- Institut für Auslandsbeziehun-
gen. Bibliothek, Pf 102463,
D-70020 Stuttgart. - Charlotten-
platz 17, D-70173 Stuttgart. -
Tel.: 0711-2225.147. - Telex
723772. - Fax: 0711-2264346. -
Ausleihbibliothek.
Deutschsprachige Presse des Auslands
(über 3600 lfd. Zeitungen und Zeitschriften). Auskunftstätigkeit.

- SUB Bremen (→ F 960).
Zeitungen des 17. Jh's; Mikrofilmsamm-
lung von deutschsprachigen Zeitungen
(18.-20. Jh., rd. 800 Titel).
- → G 942, G 944, H 110, H 115.

F 3145 Albin Zollinger (1895-1941)
Zentralbibliothek Zürich
(→ F 297).
Nachlaß.

F 3150 Arnold Zweig (1887-1968)
AdK Berlin (→ I 70).
Arnold-Zweig-Archiv mit Nachlaß
(Bestandsverzeichnis: → D 3400).

F 3160 Stefan Zweig (1881-1942)
Dokumentationsstelle für neuere
österreichische Literatur
(→ H 120).
Nachlaß.
- DLA (→ G 20).
Sammlung.

TEIL G: LITERATURARCHIVE
UND DICHTERMUSEEN

Dieses Kapitel erfaßt Dichtermuseen und Literaturarchive, die auch musealen Charakter haben. Archive mit rein archivalischer Funktion sind über den Teil F zu erfragen. Die Kommentierung wurde von den betreffenden Institutionen überprüft und in den Datenangaben aktualisiert. Vorangestellt sind die Archive und Museen mit den umfangreichsten Beständen; dann folgen die übrigen alphabetisch nach dem Autorennamen bzw. Sachbegriff. - In der Regel ist die Hausanschrift angegeben. Verfügt eine Institution über ein Postfach, wird auch die Postfach-Adresse mit entsprechender Postleitzahl genannt.

Abkürzungen: **BA** = Bestand, Archivmaterial, Ausstellungsstücke; **BE** = Bestandseinheiten; **E** = Ergänzende Einrichtungen; **L** = Literatur; **P** = Publikationen; **Pf** = Postfach.

G 10 Stiftung Weimarer Klassik, Pf 12, D-99401 Weimar.- Burgplatz 4, D-99423 Weimar. - Tel.: 03643-5450. - Fax: 03643-545101.

Die Stiftung Weimarer Klassik besteht aus mehreren Direktionen und Bereichen, zu denen u.a. die Direktion Museen, das Goethe- und Schiller-Archiv, die Herzogin Anna Amalia Bibliothek und die Dezernate Baudenkmalpflege und Gartendenkmalpflege gehören.

P: *Historisch-kritische Ausgaben; Konferenzbände; Kataloge.*

M u s e e n :

Goethe-Nationalmuseum

a) Goethes Wohnhaus am Frauenplan, Frauenplan 1, D-99423 Weimar (Pf-Adresse wie oben). - Tel.: 03621-545300. - Fax: 03643-545303.

BA: Erinnerungsstätte in Goethes letztem Wohnhaus, das er mit kurzer Unterbrechung von 1782-1832 bewohnte. Die Wohnräume Goethes und die seiner Frau Christiane, Arbeitszimmer und Bibliothek (rd. 6500 Bde.), die Empfangsräume und die Räume mit Goethes umfangreichen Sammlungen präsentieren sich in weitgehend originalem Zustand. Die 18000 Stücke umfassende Sammlung Goethes zur Geologie und Mineralogie ist im südlichen Gartenpavillon untergebracht.

b) Goethe-Museum (Anschrift wie a):

BA: Literarhistorisch-biographisches Museum, das Leben, Werk und Wirkung Goethes im gesamtgesellschaftlichen Zusammenhang mit reichhaltigen Exponaten vorstellt.

c) Schillerhaus, Schillerstr. 12, D-99423 Weimar (Pf-Adresse wie oben). Tel.: 03643-545301.

BA: Gedenkstätte in Schillers Wohnhaus, in dem er in den Jahren 1802-1805 lebte. Das Haus repräsentiert nach Umbau den Zustand, in dem es Schiller mit seiner Familie bewohnt hat.

d) Schillermuseum (Anschrift wie c):

BA: Literarhistorisch-biographisches Museum, das Leben, Werk und Wirkung Schillers im gesamtgesellschaftlichen Zusammenhang mit reichhaltigen Exponaten vorstellt. - Angeschlossen ist das Nachbargebäude, die ehemalige Münze. Hier befindet sich eine Münzen- und Medaillensammlung, die speziell Schiller gewidmet ist.

e) Wittumspalais mit Wieland-Museum, Am Palais, D-99423 Weimar.

BA: Exponate zum Leben und Werk Wielands, der von 1772 bis 1813 in Weimar und in der Umgebung wohnte. Rekonstruktion des Arbeitszimmers.

f) Goethes Gartenhaus, das Römische Haus, die Fürstengruft, Schloß Tiefurt, das Kirms-Krackow-Haus, das Liszthaus, das Nietzsche-Archiv, das Wielandgut Oßmannstedt, die Dornburger Schlösser, Schloß Kochberg, das Jagdhaus Gabelbach, das Goethe-Museum Stützerbach und das Schiller-Museum Bauerbach werden ebenfalls vom Goethe-Nationalmuseum verwaltet.

L: *Museen in Thüringen. Ein Handbuch der öffentlich zugänglichen Museen und Sammlungen im Land Thüringen.* Hrsg. v. Museumsverband Thüringen. Gera o.J.

A r c h i v :

Goethe- und Schiller-Archiv, Hans-Wahl-Str. 4, D-99425 Weimar (Pf-Adresse wie oben). - Tel.: 03643-545240. - Fax: 03643-545241.

BA: Literaturarchiv mit rd. 110 Nachlässen deutscher Schriftsteller und acht Beständen institutioneller Herkunft (darunter der Bestand des Nietzsche-Archivs) vom frühen 18. bis 20. Jh. und über 1 Mio. archivalischer Einheiten. U.a. Nachlässe Goethes, Schillers, Wielands, Büchners, Nietzsches. Einzeln überlieferte Handschriften von mehr als 3000 Persönlichkeiten vom 18. bis 20. Jh. - Vgl.: Stiftung Weimarer Klassik, Gerhard Schmid: Goethe- und Schiller-Archiv.

P: *Inventare des Goethe- und Schiller-Archivs, Bd. 1: Schillerbestand.* Weimar 1989; *Heine-Säkularausgabe; Briefe an Goethe in Regestform*; Gesamtausgabe der Briefe Herders; historisch-kritische Ausgabe von Goethes Tagebüchern; historisch-kritische Ausgabe der Werke; Schriften und Briefe Ludwig Achim von Arnims.

B i b l i o t h e k :

Herzogin Anna Amalia Bibliothek, Platz der Demokratie 1, D-99423 Weimar (Pf-Adresse wie oben). - Tel.: 03643-545200. - Fax: 03643-545220.

BA: Ehemalige Fürstliche und spätere Landesbibliothek. Spezialbibliothek zur deutschen Literatur von 1750-1850 (Aufklärung, Sturm und Drang, Klassik, Romantik, Vormärz). Zahlreiche Spezialsammlungen vor allem zu Lessing, Goethe, Schiller, Herder, Wieland, Nietzsche und zum Faust-Stoff. Almanache, Stammbücher, bildende Kunst. Ausleihbibliothek mit über 800000 Bden., ca. 3000 Handschriften, ca. 3200 Karten und 1670 laufend gehaltenen Zeitschriften.

P: *Internationale Bibliographie zur deutschen Klassik* (→ D 930); *Faust-Bibliographie* (→ D 1400); mehrere Personalbibliographien.

L: Kratzsch, Konrad; Seifert, Siegfried: *Historische Bestände der Herzogin Anna Amalia Bibliothek zu Weimar.* München: Saur, 1992 (Literatur und Archiv, 6).

G 20 Deutsches Literaturarchiv (DLA). Schiller-Nationalmuseum, Pf
1162, D-71666 Marbach. - Schillerhöhe 8-10, D-71672 Marbach. - Tel.:
07144-8480. - Fax: 07144-848.390 (Direktion und Bibliothek).
Fax-Nrr. der Abteilungen: 848.690 (Museumsabteilung), -490 (Handschriften-
Abteilung), -590 (Bildabteilung), -299 (Verwaltung), -899 (Collegienhaus-Büro).

M u s e u m :
BA: Das Museum zeigt in ausgewählten Beispielen die deutsche Literatur von der Mitte
des 18. Jh's bis zur Mitte des 20. Jh's (Handschriften, Erstausgaben, Illustrationen,
Porträts, Werbemittel, Wirkungsgeschichte u.ä.). Ständige Ausstellungen gelten
Schiller; Wieland und Schubart; Hölderlin; Kerner, Uhland und Mörike; dem Verlag
Cotta im 19. Jh.; dem 20. Jh. (von Nietzsche bis zur Gruppe 47). Jahresausstellungen,
Kabinett-Ausstellungen. Hesse-Gedenkraum; Dia-Tonraum.

A r c h i v :
BA: Deutsches Literaturarchiv mit a) Bibliothek (ca. 400000 Bde., über 920 Zeitschriften in Fortsetzung [die Bibliothekskataloge weisen auch Beiträge in Zeitschriften
und Sammelwerken nach]) und Dokumentationsstelle (Zeitungsausschnitte, Rundfunk-
und Fernsehdokumentation, Theaterprogramme u.a.); b) Handschriftenabteilung (rd.
1000 Einzelbestände: Autorennachlässe, Verlags- und Redaktionsarchive sowie
Einzelsammlungen); c) Cotta-Archiv (verlagsgeschichtliche Sammlung, Registratur
und Belegbibliothek der J.G. Cottaschen Verlagsbuchhandlung, 1650 bis etwa 1940);
d) Bildabteilung (Porträtsammlung, Fotoarchiv, Buchumschlagsammlung, literarische
Plakate u.a.). - Zum DLA gehört ein Collegienhaus zur Unterbringung der wissen-
schaftlichen Gäste.
Die wichtigsten Nachlässe und Einzelsammlungen:
Schiller-Bibliothek und -Sammlung, Jean-Paul-Archiv, Mörike-Archiv, Rilke-Archiv,
Klages-Archiv, Hesse-Archiv, Tucholsky-Archiv.
Die wichtigsten Gesamtnachlässe bzw. Sammlungen in der Handschriftenabteilung:
Jean Améry, Alfred Andersch, Stefan Andres, Hannah Arendt, Berthold Auerbach,
Gottfried Benn, Werner Bergengruen, Johannes Bobrowski, Rudolf Borchardt, Joseph
Breitbach, Bernard von Brentano, Hermann Broch, Hans Carossa, Paul Celan, Alfred
Döblin, Kasimir Edschmid, Günter Eich, Paul Ernst, Lion Feuchtwanger, Leopold
Fr.G.v. Goeckingk, Yvan und Claire Goll, Hans Grimm, Rudolf Hagelstange, Walter
Hasenclever, Wilhelm Hauff, Gerhart Hauptmann, Wilhelm Hausenstein, Martin
Heidegger, Hermann Hesse, Theodor Heuss, Friedrich Hölderlin, Hugo von Hof-
mannsthal, Ricarda Huch, Peter Huchel, Karl Jaspers, Ernst und Friedrich Georg
Jünger, Franz Kafka, Hermann Kasack, Marie Luise Kaschnitz, Justinus Kerner,
Hermann Kesser, Harry Graf Kessler, Heinar Kipphardt, Klabund, Jochen Klepper,
Annette Kolb, Gertrud Kolmar, Siegfried Kracauer, Ernst Kreuder, Karl Krolow, Elisa-
beth Langgässer, Ilse Langner, Else Lasker-Schüler, Gertrud von LeFort, Wilhelm
Lehmann, Mechtilde Lichnowsky, Oskar Loerke, Heinrich und Thomas Mann, Agnes
Miegel, Hans Erich Nossack, Rudolf Pannwitz, Ernst Penzoldt, Kurt Pinthus, Fritz J.
Raddatz, Benno Reifenberg, Joachim Ringelnatz, Peter Rühmkorf, René Schickele,
Ernst Schnabel, Arthur Schnitzler, Wolfdietrich Schnurre, Rudolf A. Schröder, Gustav
Schwab, Ina Seidel, Friedrich Sieburg, Dolf Sternberger, Carl Sternheim, David F.

Strauß, Hermann Sudermann, Ernst Toller, Franz Tumler, Ludwig Uhland, Fritz von Unruh, Will Vesper, Berthold Viertel, F.Th. Vischer, Wilhelm Waiblinger, Jakob Wassermann, Armin Th. Wegner, Konrad Weiß, Karl Wolfskehl, Paul Zech, Carl Zuckmayer, Stefan Zweig u.a.

Verlags- und Redaktionsarchive:
Cotta-Archiv; Redaktionsarchiv *Aufbau*, New York; Classen; S. Fischer; Insel; *Kürbiskern*; Langen-Müller; März-Verlag; *Neue deutsche Hefte*; *Merkur*; *Pan*; Stahlberg; Weismann; Produktionsbibliotheken Kurt Wolff, Lambert Schneider, Deutscher Taschenbuchverlag.

Spezialsammlungen:
Spezialsammlung zur Geschichte der Germanistik: Germanisten-Nachlässe (Richard Alewyn, Friedrich Beißner, Käte Hamburger, Wolfgang Kayser, Max Kommerell, Peter Szondi u.v.a.).

E: Präsenzbibliothek, Kopiermöglichkeit, Auskunftstätigkeit. Erschließung durch differenzierte Kataloge; über wesentliche Neuerwerbungen informiert das *Jahrbuch der Deutschen Schillergesellschaft*. - Ingrid Kußmaul: *Die Nachlässe und Sammlungen des Deutschen Literaturarchivs Marbach am Neckar* (→ D 3670). - Liselotte Lohrer: *Bestandsverzeichnis des Cotta-Archivs* (→ D 3680).

P: *Jahrbuch der Deutschen Schillergesellschaft* 1 (1957) ff. (→ E 1280); *Veröffentlichungen der Deutschen Schillergesellschaft* 17 (1948)ff.; *Marbacher Schriften* 1 (1969) ff.; *Marbacher Kataloge* 1 (1956) ff.; *DLA - Verzeichnisse, Berichte, Informationen* 1 (1972) ff.; *Marbacher Magazin* 1 (1976) ff.; Einzelveröffentlichungen. - Vgl. Margot Pehle: *Die Veröffentlichungen des Schwäbischen Schillervereins und der Deutschen Schillergesellschaft 1895-1980*. Marbach 1980.

L: *Deutsches Literaturarchiv. Schiller-Nationalmuseum. Die Institute der Deutschen Schillergesellschaft in Marbach am Neckar.* Vorgestellt von den Mitarbeitern. Marbach 1982 (Marbacher Schriften, 17).

▸ Arbeitsstelle für die Erforschung der Geschichte der Germanistik
P: *Mitteilungen des Marbacher Arbeitskreises für Geschichte der Germanistik* 1 (1991)ff. (2 Hefte pro Jahr).

▸ Arbeitsstelle für literarische Museen, Archive und Gedenkstätten in Baden-Württemberg.
P: *Literarische Museen und Gedenkstätten in Baden-Württemberg* (→ C 2455). *Spuren* (bisher 20 Hefte).

G 30 Freies Deutsches Hochstift. Frankfurter Goethe-Museum, Großer Hirschgraben 23-25, D-60311 Frankfurt/Main. - Tel.: 069-282824 und 291884. - Fax: 069-293822.
Erinnerungs- und Forschungsstätte in Goethes Elternhaus mit bedeutenden Sammlungen zur deutschen Literatur des 18. und frühen 19. Jh's sowie zur klassischen Moderne. Das Goethe-Haus soll ein lebendiges Bild von Goethes Jugend vermitteln; das benachbarte Goethe-Museum ist als Biographie in Bildern konzipiert.

Handschriftenarchiv:

BA: Ca. 30000 Manuskripte der deutschen Literatur (*Schwerpunkte:* Vorklassik, Goethe und sein Kreis, Romantik). Teilnachlaß Hugo von Hofmannsthals (z.T. Leihgaben). Über Neuerwerbungen informiert jährlich das *Jahrbuch des Freien Deutschen Hochstifts* (→ E 1230). - Behrens, Jürgen; Beatrix Habermann; Leo Philippsborn: *Katalog der Handschriften des Freien Deutschen Hochstifts - Frankfurter Goethe-Museum* (→ D 3690).

Bibliothek:

BA: Ca. 130000 Bde. zur deutschen Literatur von 1750-1850 sowie zur klassischen Moderne (*Schwerpunkte:* Lessing, Wieland, Herder, Goethe und sein Kreis, Schiller, Kleist, Jean Paul, Novalis, Wackenroder, Tieck, August Wilhelm und Friedrich Schlegel, Schelling, Jacob und Wilhelm Grimm, Achim und Bettina von Arnim, Brentano, Eichendorff, E.T.A. Hoffmann, Heine, Büchner, Hofmannsthal und sein Kreis; Literarische Zeitschriften, Almanache, Taschenbücher). *Faust*-Bibliothek (ca. 3500 Titel). Rekonstruktion der Bibliothek Johann Caspar Goethes (im Aufbau).

Museum und grafische Sammlung:

BA: Ca. 400 Gemälde und 16000 grafische Blätter (Porträts, Gemälde, Illustrationen zu Goethes Werken u.a.). Vgl.: Michaelis, Sabine: *Katalog der Gemälde*. Frankfurt 1982. - Vorträge, Veranstaltungen, Sonderausstellungen.

P: *Jahrbuch des Freien Deutschen Hochstifts*, Neue Folge (1962ff.); *Freies Deutsches Hochstift. Reihe der Schriften* (1966ff.); Historisch-kritische Ausgaben von Clemens Brentano und Hugo von Hofmannsthal; Kataloge; Museumsführer.

L: Jürgen Behrens u.a.: *FDH. Frankfurter Goethe-Museum*. 5. Aufl. Braunschweig 1992 (Museum). - Ernst Dietrich Eckhardt: *FDH - Frankfurter Goethe-Museum*. In: Literarische Gesellschaften in Deutschland (→ C 2420), S. 81-83. - Ders.: *FDH - Frankfurter Goethe-Museum*. In: Mitteilungen des Deutschen Germanisten-Verbandes 39, 1992, H. 1, S. 36-41.

G 40 Heinrich-Heine-Institut, Bilker Str. 12-14, D-40213 Düsseldorf. - Tel.: 0211-899.2901.- Fax: 0211-892.9044.

BA: Das Heinrich-Heine-Institut verfügt über ca. 130 literarische Nachlässe und Sammlungen mit ca. 10000 Autographen. Es existiert eine umfangreiche Sammlung mit Bildern, Stichen und Drucken zu Heine und seiner Zeit. Die Bibliothek umfaßt ca. 30000 Bde. - *Schwerpunkte*:

1. Heine und seine Zeit: Heine-Sammlung (10000 Bde. Primär- und Sekundärliteratur; Werkmanuskripte, Notizzettel, Briefe, Albumblätter; Bildmaterial). Sammlungen zu Ludwig Börne, Ferdinand Freiligrath, Christian Dietrich Grabbe, Karl Gutzkow, Karl Immermann, Heinrich Laube, Wolfgang Müller von Königswinter, Robert Reinick, Leopold Schefer, Karl August Varnhagen von Ense (Autographen, Primär- und Sekundärliteratur, Bildmaterial).

2. Friedrich Heinrich Jacobi (Autographen, Bücher).

3. Christoph Martin Wieland (Autographen, Familienbriefe).

4. Rheinische Autoren des 19. und 20. Jh's.: Emil Barth, Heinrich Böll, Rolf Bongs, Herbert Eulenberg, Hans Müller-Schlösser, Josef Ponten, Wilhelm Stehling, Clara Viebig (Autographen, Bücher).

5. Charon-Kreis: Erich Bockemühl, Hanns Meinke, Rudolf Paulsen (Autographen, Bücher).
Bestandsverzeichnis: Heine-Jahrbuch [→ E 1330] 7 (1968)ff.
E: Präsenzbibliothek mit Kopiermöglichkeit.
P: *Veröffentlichungen des Heinrich-Heine-Instituts, Heine-Jahrbuch, Heine-Studien*, Veröffentlichungen in Zusammenarbeit mit der Heine-Gesellschaft (→ L 290).

G 45 Literaturarchiv Sulzbach-Rosenberg, Rosenbergstr. 9, D-92237 Sulzbach-Rosenberg. - Tel.: 09661-2659. - Fax: 09661-3626.
BA: Hauptbestand ist die *Akzente*-Korrespondenz (1. Schenkung Walter Höllerer), d.h. der Briefwechsel der beiden Herausgeber Hans Bender und Walter Höllerer. Die rd. 35000 Briefe sind computerkatalogisiert und mit Schlagwortverzeichnis versehen. Typoskripte und Druckfahnen der ersten *Akzente*-Jahrgänge (1954-1958). Sammlung Walter Höllerer (2. Schenkung) mit umfangreichem Material aus seiner Tätigkeit als Literaturwissenschaftler, Autor, Kritiker, Herausgeber sowie Entdecker und Förderer junger Talente.
Vertreten sind weiterhin Nachkriegs- und Gegenwartsautoren (I. Bachmann, H. Böll, P. Celan, G. Eich, E. Fried, G. Grass [u.a. das Originaltyposkript der ersten Fassung der *Blechtrommel*], G. Kunert, P. Rühmkorf u.v.a.) sowie regionale Autoren.
Tonaufnahmen, Fotos, Plakate. - Ausleih- und Kopiermöglichkeit. - Dauerausstellung.
P: Ausstellungskatalog (*in Planung*).

G 50 Oberrheinisches Dichtermuseum, Röntgenstr. 6, D-76133 Karlsruhe. - Tel.: 0721-843818. - Fax: 0721-853544.
Museum:
BA: Das Museum gibt einen Überblick über die deutschsprachige Literatur mit Schwerpunkten Oberrhein (Baden-Württemberg, Elsaß, Vorderösterreich, Schweiz) mit Erstausgaben, Handschriften und zahlreichen weiteren Zeugnissen über Leben und Werk oberrheinischer Schriftsteller. Ständige Ausstellung zur oberrheinischen Dichtung vom Mittelalter bis zur Gegenwart (u.a. Hans Jacob Christoph von Grimmelshausen, Johann Peter Hebel, Joseph Victor von Scheffel [Scheffelzimmer], Elisabeth Langgässer, Alfred Mombert, René Schickele). - Wechselausstellungen, Vorträge, Veranstaltungen.
Scheffel-Archiv:
BA: Das Scheffel-Archiv sammelt die Nachlässe und Manuskripte oberrheinsicher Schriftsteller des 19. und 20. Jh's (u.a. J. V. v. Scheffel, Max Barth, Ernst Feuerstein, Julius Overhoff, Friedrich Roth, Fritz Römhilt ("Romeo"), Toni Rothmund, Luise Breslau-Hoff) sowie zahlreiche Handschriften, Fotos, Zeichnungen und Gemälde oberrheinischer Dichter des 18. und 19. Jh's. Daneben auch kleinere Sammlungen: Tonaufnahmen von Dichterlesungen (u.a. Hilde Domin, Günter Eich), literarische Schallplatten, Gemälde.
E: Präsenzbibliothek mit ca. 8000 Bden. zur deutschsprachigen Literatur mit Schwerpunkt Oberrhein. Zahlreiche Erstausgaben.
P: Jahresgaben, *rheinschrift* (eigene Reihe), Ausstellungskataloge.

G 60 LiK-Archiv der Stadt Köln, Josef-Haubrich-Hof 1, D-50676 Köln. - Tel.: 0221-221.3903. - Fax: 0221-221.3933.

BA: Sammlung von Dokumenten und Informationen, insbesondere von Primär- und Sekundärliteratur von und zu Kölner Autoren und zum gesamten literarischen Leben der Stadt Köln in enger Zusammenarbeit mit dem Historischen Archiv der Stadt Köln (→ F 300). Sicherung von Nachlässen und Teilnachlässen (z.B. Hans Bender, Heinrich Böll, Joseph von Lauff, Hans Mayer, Wolfgang Müller von Königswinter, Paul Schallück, Marierose Steinbüchel-Fuchs, Dieter Wellershoff).

E: Ausschnittsammlung (Auswertung von Tages- und Wochenzeitungen, Zeitschriften, von Radio- und Fernsehprogrammen, Verlagsprospekten u. ä.).

P: *LiK* (bisher 19 Hefte).

G 70 Lippisches Literaturarchiv, c/o Lippische LB, Hornsche Str. 41, D-32756 Detmold. - Tel.: 05231-21012 und 21013. - Fax: 05231-31368. - Ausleihbibliothek.

BA: Grabbe-Archiv Alfred Bergmann, Freiligrath-Sammlung, Georg-Weerth-Archiv.

G 75 Schweizerisches Literaturarchiv (SLA), c/o Schweizerische LB, Hallwylstr. 15, CH-3003 Bern.- Tel.: [0041] 031-3229258.- Fax: [0041] 031-3228463.

BA: Rd. 70 handschriftliche Nachlässe und Archive in den vier Landessprachen der Schweiz, u.a. von Hermann Burger, Friedrich Dürrenmatt, Blaise Cendrars, Friedrich Glauser, Hermann Hesse, Ludwig Hohl, Golo Mann, Rainer Maria Rilke, Carl Spitteler, Otto F. Walter. Dokumentation zur Schweizer Literatur.

E: Präsenzbibliothek, Kopiermöglichkeit, Auskunftstätigkeit. Erschließung durch mehrere Kataloge. Weiterführung des *Repertoriums der handschriftlichen Nachlässe* (→ D 3740) als aktuelle Datenbank. - *Nachlässe und Archive des SLA* → D 3745.

P: *Quarto*, Zeitschrift des Schweizerischen Literaturarchivs 1 (1993)ff.; Einzelveröffentlichungen.

L: Feitknecht, Thomas: *Dank Friedrich Dürrenmatt ein Literaturarchiv.* In: 77. Jahresbericht der Schweizerischen Landesbibliothek, 1990, S. 17-24. - Jäger-Trees, Corinna: *Das Schweizerische Literaturarchiv.* In: Jahrbuch der deutschen Schillergesellschaft 35, 1991, S. 382-386.

G 80 Dichtermuseum/Stadtmuseum Liestal, Rathausstr. 36, CH-4410 Liestal. - Tel.: [0041] 061-9220895.

BA: Herwegh-Archiv mit etwa 4000 Einheiten (Manuskripte, Briefe, Erstausgaben, Dokumente). Josef Viktor Widmann (Werke, Manuskripte, Briefe, Mobilar, Bilder). Carl Spitteler (Werke, Briefe, Fotos, Dokumente, Mobiliar, Bilder). Hugo Marti (Werke, Manuskripte, Fotos). Theodor Opitz (Autographen). Wilhelm Rüstow (Werke, Briefe, Manuskripte, Dokumente). Jonas Breitenstein (Werke, Briefe, Manuskripte, Dokumente). Keine Ausleihe, begrenzte Kopiermöglichkeit.

Arbeiterliteratur (Literatur der industriellen Arbeitswelt)

G 90 Fritz-Hüser-Institut für deutsche und ausländische Arbeiterliteratur, Ostenhellweg 56-58, D-44122 Dortmund.- Tel.: 0231-50.23227. - Fax: 0231-50.23199.

BA: Das Fritz-Hüser-Institut sammelt den gesamten Bereich der Arbeiterkultur, nicht aber den im engeren Sinne politischen und gewerkschaftlichen Bereich der Arbeiterbewegung. Die wichtigsten Abteilungen: Arbeiter-Autobiographien und -biographien, Dichtung der Arbeiterbewegung mit Spezialsammlungen zum Arbeiterlied und zur Arbeiter-Dramatik (besonders Sprechchorbewegung, Agit-Prop-Theater usw.), Arbeiterbildung, Arbeiterkunst, Arbeiterphotographie, -funk, -film, -presse, Freidenkerbewegung, Arbeitersportbewegung. Der Schwerpunkt (ca. 50% der Bestände) liegt im Bereich der Arbeiterliteratur von 1848 über frühe sozialdemokratische Schriftsteller, BPRS, Arbeiterkorrespondenten, "Arbeiterdichtung", "Dortmunder Gruppe 61", "Werkkreis Literatur der Arbeitswelt"; wichtige Beiträge zur Literatur der Arbeiterbewegung finden sich auch in den Abteilungen Arbeitertheater, Kinder- und Jugendtheater, Arbeiterfest, Arbeiterjugend, Kriegs- und Antikriegsdichtung und Arbeiterpresse. Vorhanden sind jeweils Bücher und Broschüren in Erstausgaben und späteren Auflagen, Zeitschriften, Rezensionen, Bilder der Autoren, weitere Dokumente. Nachlässe und Teilnachlässe von "Arbeiterdichtern", z.B. von Max Barthel, Gerrit Engelke, Heinrich Lersch, Ernst Preczang, Bruno Schönlank, Paul Zech (Original-Handschriften und Manuskripte von Werken, Briefen, Dokumenten; Fotos und anderes Bildmaterial; Rezensionen u.a.); Teilnachlaß von Hans Bönnighausen, Gregor Gog, Hans Tombrock; Gesamtarchiv des "Werkkreises Literatur der Arbeitswelt" 1970 bis 1994ff. (Manuskripte, Lektoratsgutachten, Briefwechsel, Organisationsdokumente usw.).

E: Präsenzbibliothek (ca. 32000 Bde.), Bildarchiv, Tonarchiv, Videofilme.

P: *Informationen. Schriften des Fritz-Hüser-Instituts für deutsche und ausländische Arbeiterliteratur. Reihe 1: Ausstellungskataloge zur Arbeiterkultur* (bis 1994: 8 Bde.); *Reihe 2: Forschungen zur Arbeiterliteratur* (bis 1994: 10 Bde.). *Findbuch. Archiv des Werkkreises der Literatur der Arbeitswelt im Fritz-Hüser-Institut.* Hrsg. von U. Lessig und H. Böseke. Dortmund 1989 (Informationen des F.-Hüser-Inst., 32).

Stefan Andres (1906-1970)

G 95 Stefan-Andres-Archiv, Kulturzentrum Niederprümer Hof, Hofgartenstr. 26, D-54338 Schweich/Mosel. - Tel.: 06502-6524.

BA: Nachlaß (in Kopien, Original im DLA); Primär- und Sekundärliteratur; Bild- und Tonmaterial, Verfilmungen. Ausleihmöglichkeit.

E: Ausstellungsräume, Seminarraum.

Ernst Moritz Arndt (1769-1860)

G 100 Ernst-Moritz-Arndt-Haus, Adenauerallee 79, D-53113 Bonn.

Schriftliche und telefonische Anfragen an: Büro Stadtmuseum, Altes Rathaus, D-53103 Bonn. - Tel.: 0228-772094. - Fax: 0228-774298.

BA: Gedenkraum im Wohn- und Sterbehaus E.M. Arndts.

G 101 Ernst-Moritz-Arndt-Museum, An den Anlagen 1, D-18574 Garz.
BA: Ausstellung zu Leben und Werk.

Achim von Arnim (1781-1831), Bettina von Arnim (1785-1859)

G 105 Künstlerhaus Schloß Wiepersdorf, Bettina-von-Arnim-Str. 13, D-14913 Wiepersdorf. - Tel.: 033746.272. - Fax: 033746.248.
BA: Erinnerungsstätte an Bettina und Ludwig Achim von Arnim in deren Wohnhaus (das seit 1992 Kunststipendiaten aus aller Welt als Begegnungs- und Arbeitsstätte dient). Ausstellung zu Leben und Werk und zum Freundeskreis (Friedrich Carl von Savigny, Clemens Brentano, Brüder Grimm). Besichtigung nur am Wochenende und nach telefonischer Rücksprache.
E: Bibliothek.
L: Barber, Jürgen: *Bettina von Arnim zu Wiepersdorf. Aus Briefen.* 1992 (Frankfurter Buntbücher, 7).

Ernst Barlach (1870-1938)

G 110 Ernst-Barlach-Haus, Baron-Voght-Str. 50a, Jenischpark, D-22609 Hamburg. - Tel.: 040-826085. - Fax: 040-826415.
BA: Autographen, Briefe, Erstausgaben, Spezialliteratur von und zu Ernst Barlach. Keine Ausleihe, Kopiermöglichkeit, eingeschränkter Benutzerkreis.
E: Archiv (→ F 180).

G 111 Ernst Barlach Museum "Altes Vaterhaus", Barlachplatz 3, D-23909 Ratzeburg. - Tel.: 04541-3789. - Fax: 04541-84722.
E: Bibliothek mit Primär- und Sekundärliteratur zum plastischen, zeichnerischen und literarischen Schaffen Barlachs. Mehr als 15000 Zeitungsartikel zu seinem Werk. - Archiv (→ F 180).
Weitere Barlach-Museen in Güstrow (Barlach-Museum Güstrow Atelierhaus, Heidberg 15, D-18273 Güstrow. - Tel.: 03843-62206) und Wedel (Ernst Barlach Museum Wedel - Geburtshaus, Mühlenstr. 1, D-22880 Wedel. - Tel.: 04103-15150).

Berliner Autoren

G 125 Märkisches Museum am Köllnischen Park 5, D-10179 Berlin. - Tel.: 030-2700514.
BA: Abteilung Berliner Theater-, Literatur- und Musikgeschichte.
Theodor Fontane (Manuskripte der zu Lebzeiten erschienenen Romane). Teilnachlaß Julius Eduard Hitzig (Manuskripte, Briefe, Autographen u.a. von E.T.A. Hoffmann, Zacharias Werner, Adelbert von Chamisso, Baron de la Motte Fouqué). Sammlung Bennewitz (Materialien zu Leben und Werk Gerhart Hauptmanns). Materialien von und zu Julius Stinde und Dorothee Goebler. Einzelstücke zum Friedrichshagener Dichterkreis und anderen Schriftstellern und Künstlern.

Bibel

G 130 Deutsches Bibel-Archiv, Germanisches Seminar, Universität, Von-Melle-Park 6, D-20146 Hamburg. - Tel.: 040-4123.2564. - Fax: 040-4605807. - Präsenzbibliothek.

BA: Spezialbibliothek mit rd. 10000 Bden. zur Wirkungsgeschichte der Bibel in Deutschland (insbesondere deutsche Bibelübersetzungen vor Luther und Druckgeschichte der Bibel in Deutschland). Sondersammlung: Illustrierte Bibeln des 20. Jh's. Mikrofilme, Mikrofiches.

P: *Vestigia Bibliae. Jahrbuch des Deutschen Bibel-Archivs Hamburg* 1 (1979)ff. *Naturalis historia bibliae. Schriften zur biblischen Naturkunde des 16. bis 18. Jahrhunderts* 1 (1978)ff.

Bertolt Brecht (1898-1956)

G 140 Bertolt-Brecht-Archiv der Stiftung der Akademie der Künste, Chausseestr. 125, D-10115 Berlin. - Tel.: 030-2823103.

BA: Insgesamt ca. 356000 Dokumente (ca. 200000 Bl. Werkhandschriften, Briefe, Urkunden u.a.; ca. 20000 Bücher u. a. Druckschriften; ca. 110000 Presseveröffentlichungen; ca. 13000 Programmhefte, Theaterplakate und Inszenierungsfotos; ca. 10000 Schallplatten, Tonbänder und Tonkassetten; Filme, Fotos, Grafik u.a.) zu Leben, Werk, Weltbild und Kunstauffassung Brechts sowie zur internationalen Rezeptionsgeschichte. Kern der Bestände ist der Nachlaß Brechts, der von laufend fortgeführten archivischen Sammlungen ergänzt wird. Vorhanden sind auch der auf Brecht bezogene Teil der Nachlaßbibliothek Elisabeth Hauptmanns, nachgelassene Dokumente (meist in Form von Kopien) von Mitarbeitern und Kontaktpersonen Brechts (Elisabeth Hauptmann, Margarete Steffin, Ruth Berlau, Walter Benjamin u.a.). - Herta Ramthun: *Bertolt-Brecht-Archiv. Bestandsverzeichnis des literarischen Nachlasses.* 4 Bde. Berlin, Weimar: Aufbau, 1968-1973.

Keine Ausleihmöglichkeit, begrenzte Kopiermöglichkeit, eingeschränkter Benutzerkreis.

E: Helene-Weigel-Archiv (Nachlaß Helene Weigels einschließlich ihrer Nachlaß-Bibliothek sowie auf sie bezogene archivische Sammlungen). - Isot-Kilian-Archiv (Nachlaß der Brecht-Mitarbeiterin Isot Kilian sowie auf sie bezogene archivische Sammlung). - Brecht-Weigel-Gedenkstätte in Brechts und Weigels letzter Wohnung.

P: *Bibliographie Bertolt Brecht*, Titelverzeichnis (Bd. 1). Zahlreiche Veröffentlichungen in Sammelbänden, Zeitschriften und Zeitungen (Editionen, Bibliographien, Aufsätze, Rezensionen, Miszellen u.a).

Der Brenner

G 150 Brenner-Archiv, Forschungsinstitut, Innrain 52, A-6020 Innsbruck. - Tel.: [0043] 05222-507.3470.

BA: Bibliothek (rd. 5000 Bde., 100000 Autographen). *Der Brenner* (hrsg. v. Ludwig von Ficker). Umfangreiche Bestände zu Georg Trakl, Karl Kraus, Fritz von Herzmanovsky-Orlando; Tiroler Literatur des 19. und 20. Jh's.; über 50 Nachlässe bzw.

Nachlaßteile von Schriftstellern und Philosophen (u.a. Theodor Däubler, Karl Schönherr, Ferdinand Ebner, Ludwig Wittgenstein).
E: Arbeitsstelle "Fritz von Herzmanovsky-Orlando-Edition"; Arbeitsstelle "Georg-Trakl-Ausgabe"; Arbeitsstelle "Ludwig-Wittgenstein-Briefwechsel".

Hermann Broch (1886-1951)

G 155 Hermann-Broch-Museum, Schulstr. 1, Gemeindeamt, A-2524 Teesdorf. - Voranmeldung: Anna Seitz, Tel.: [0043] 02253-81444.
BA: Manuskripte, Bilder, persönliche Gegenstände u.a.

Buchwesen

G 160 Gutenberg-Museum - Weltmuseum der Druckkunst, Liebfrauenplatz 5, D-55116 Mainz. - Tel.: 06131-122640. - Fax: 06131-123488.
BA: Exponate zur Schrift- und Druckgeschichte (Frühdrucke, Wiegendrucke, Pressendrucke) in ausgewählten Beispielen des 15.-19. Jh's. Exponate zur Papiergeschichte und zur Geschichte des Bucheinbands. Gutenberg-Werkstatt. Druckwerkstatt. Gutenberg-Bibeln.
E: Buchbindermuseum. Präsenzbibliothek mit Kopiermöglichkeit.
P: Ausstellungskataloge.

G 170 Deutsches Buch- und Schriftmuseum, c/o Die Deutsche Bibliothek, Deutsche Bücherei Leipzig, Deutscher Platz 1, D-04103 Leipzig. - Tel.: 0341-22710. - Fax: 0341-2271.444
BA: Klemm-Sammlung mit musealen Drucken bis 1900; Sammlung Künstlerische Drucke (20. Jh.); papierhistorische Sammlungen sowie Einbände, grafische Blätter und gegenständliche Exponate.
E: Fachbibliothek zum gesamten Buchwesen (Präsenzbibliothek); Bibliothek des Börsenvereins der Deutschen Buchhändler zu Leipzig einschließlich buchhändlerischer Archivalien und Geschäftsrundschreiben; Deutsche Buchkunststiftung.
P: Ausstellungskataloge.

G 180 Herzog Anton Ulrich-Museum, Museumstr. 1, D-38100 Braunschweig. - Tel.: 0531-484.2400. - Fax: 0531-484.2408.
BA: 750 illustrierte Flugblätter (16.-18. Jh.), ca. 1000 illustrierte Prachtwerke (15. bis 19. Jh.), ca. 100000 Bll. europäische Druckgrafik (15.-20. Jh.).
E: Fotoarchiv (über 10000 Aufnahmen). Kopiermöglichkeit. Präsenzbibliothek mit rd. 57000 Bden. und 120 lfdn. Zeitschriften.

G 190 Schausammlung der Hessischen LB Fulda, Heinrich-von-Bibra-Platz 12, D-36037 Fulda.- Tel.: 0661-97490. - Fax: 0661-974925.
BA: Ca. 60 Exponate zur Entwicklung der abendländischen Schrift und Buchmalerei bis zum Ende des Mittelalters, zum Anfang des Buchdrucks (Inkunabeln), Beispiele der Einbandkunst.
E: Bibliothek mit Ausleih- und Kopiermöglichkeit.

G 200 Klingspor-Museum, Herrnstr. 80, D-63012 Offenbach. - Tel.: 069-8065.2954 und 8065.2164; Bibliothek: -.2066.

BA: Illustrierte und typografisch besonders gestaltete Buchausgaben, Mappenwerke und Pressendrucke des 20. Jh's.; Bilder- und Jugendbücher (überwiegend aus dem 20. Jh.). Präsenzbibliothek.

P: Ausstellungskataloge, -plakate.

Georg Büchner (1813-1837)

G 210 Georg-Büchner-Archiv, c/o Hessische Landes- und Hochschulbibliothek, Schloß, D-64283 Darmstadt. - Tel.: 06151-165814 und 165813.

BA: Einzelne Autographen und sonstige Dokumente zu Büchner und seiner Umgebung. Werkausgaben (Erstausgaben, seltene und bemerkenswerte Teilausgaben, illustrierte Ausgaben). Bibliographien und Dokumente zu Büchner, seiner Rezeptions- und Wirkungsgeschichte (Zeitungsaufsätze und -notizen, Berichte und Programme von Theateraufführungen, Bildmaterial, Schallplatten, Tonbänder, Filmaufzeichnungen). Sekundärliteratur (ca. 400 Bände selbständig erschienene Spezialliteratur), Literatur zu Büchners Umwelt. Büchner-Bibliographie in Karteiform. - Ausleih- und Kopiermöglichkeit.

Wilhelm Busch (1832-1908)

G 220 Wilhelm-Busch-Museum. Deutsches Museum für Karikatur und Kritische Grafik, Georgengarten, D-30167 Hannover. - Tel.: 0511-714076. - Fax: 0511-7011222.

BA: Proben aus den Sammlungen der Handschriften, Autographen, Dokumente, Bücher, Erinnerungsstücke Wilhelm Buschs. Sammlung kritischer Grafik.

E: Archiv mit rd. 900 Original-Briefen, Originalen zu 193 Gedicht- und Prosahandschriften (mit 758 Blättern), Originalen zu 49 Bildergeschichten, Bilderfolgen und Bildbeiträgen (insgesamt über 1500 Blätter mit mehr als 2000 Zeichnungen), darunter acht vollständige Bildergeschichten-Handschriften, 1169 Handzeichnungen nach der Natur, 330 Ölgemälde und Skizzen, ca. 4000 Fotos, 807 Original-Holzstöcke, jeweils rund 2000 Klischees und Diapositive, ca. 135 Leitz-Ordner mit Zeitungsausschnitten, rund 70 Vertonungen.

Bibliothek mit 5700 Bänden (rd. 2500 Bde. zum Thema Busch [Erstausgaben, spätere und Sammelausgaben, Gesamtausgaben, Faksimile-Ausgaben, Bücher aus Buschs Nachlaß, Bücher mit Aufsätzen und Erwähnungen, Einzelabdrucken, Werke über Busch, fremdsprachige Ausgaben]; ferner ca. 3200 Bde. zu den Themen Karikatur, Kritische Grafik und Kunstgeschichte). - Präsenzbibliothek, Kopiermöglichkeit, eingeschränkter Benutzerkreis.

Arbeitsstellen: Wilhelm-Busch-Geburtshaus, Wiedensahl; Wilhelm-Busch-Gedenkstätte, Mechtshausen.

P: Ausstellungskataloge. Faksimile-Ausgaben von Bildergeschichten-Handschriften. Wissenschaftliche Publikationen. In Zusammenarbeit mit der Wilhelm-Busch-Gesellschaft (→ L 170): *Wilhelm-Busch-Jahrbuch* (in zwangloser Folge).

L: Herwig Guratzsch u.a.: *Wilhelm-Busch-Museum, Hannover.* Braunschweig 1990; Wilhelm Busch: *Lebenszeugnisse. Aus der Sammlung des Wilhelm-Busch-Museums.* Hrsg. von Herwig Guratzsch. Stuttgart 1987.

G 221 Wilhelm-Busch-Geburtshaus, D-31719 Wiedensahl. - Tel.: 05726-388.
BA: Erinnerungsstücke an Wilhelm Busch. Teile des Nachlasses.

Annette von Droste-Hülshoff (1797-1848)

G 240 Droste-Museum Haus Rüschhaus, Am Rüschhaus 81, D-48161 Münster. - Tel.: 02533-1317.
BA: Mobiliar und Erinnerungsstücke an A.v. Droste-Hülshoff.
E: Bibliothek der Droste-Gesellschaft (Primär- und Sekundärliteratur), Manuskripte und Briefe (Einsicht nach vorheriger Vereinbarung). Präsenzbibliothek, Kopiermöglichkeit.

G 241 Annette von Droste-Hülshoff-Museum, Fürstenhäuschen, Stettenerstr. 13, D-88709 Meersburg. - Tel.: 07532-6088.
BA: Handschriften und Erstausgaben der Werke der Droste. Scherenschnitte, Gemälde, Mobiliar, persönliche Erinnerungsstücke. Erstausgaben von Goethes Werken.
L: Marbacher Magazin, 66.

Joseph von Eichendorff (1788-1857)

G 260 Deutsches Eichendorff-Museum, Lange Gasse 1, D-88239 Wangen im Allgäu. - Tel.: 07522-3840.
BA: Erstausgaben und Werkausgaben, Handschriften, Briefe, persönliche Gegenstände Eichendorffs. Vertonungen, Übersetzungen, Bildnisse. Landkarten Schlesiens, Landschaftsdarstellungen.
E: Präsenzbibliothek mit Werken zeitgenössischer Dichter Schlesiens. Eingeschränkter Benutzerkreis.

Hans Fallada (1893-1947)

G 270 Hans-Fallada-Haus, D-17258 Carwitz. - Tel.: 039831-20359.
BA: Ausstellung zu Leben und Werk mit originalen Einrichtungsgegenständen im ehemaligen Wohnhaus Falladas.

Faust

G 280 Faust-Museum und Faust-Archiv, Kirchplatz 2, D-75438 Knittlingen. - Tel.: 07043-37370. - Fax: 07043-37371.
BA: Dokumente zur Faust-Tradition und zur Stoffgeschichte in Literatur, bildender Kunst und Musik. 2000 Exponate (Bücher, Bilder, Karten, Wandtafeln, Puppen).
E: Archiv: Bibliothek (über 20000 Titel literarischer und wissenschaftlicher Arbeiten),

Diathek, Phonothek. Präsenzbibliothek, Kopiermöglichkeit, eingeschränkter Benutzerkreis (Voranmeldung erforderlich).
P: Museumskatalog. Sonderausstellungskataloge.

Theodor Fontane (1819-1898)

G 290 Theodor-Fontane-Archiv, Pf 601545, D-14415 Potsdam. - Dortustr. 30-34, D-14467 Potsdam. - Tel.: 0331-22983.
Wissenschaftliche Einrichtung des Landes Brandenburg.
BA: Bibliothek mit rd. 4500 Bden., rd. 10000 Zeitungsartikeln und Zeitungsaufsätzen; 148 Bde. aus der Bibliothek Th. Fontanes. Rd. 3100 Autographen, 5100 Abschriften/Kopien z.T. verschollener Handschriften aus dem Nachlaß. Bildnisse, Film- und Tondokumente. - Vgl.: Joachim Schobess: *Theodor Fontane. Handschriften, Briefe, Gedichte,* ... Potsdam: Fontane-Archiv, 1962 (Brandenburgische Landes- und Hochschulbibliothek Potsdam. Theodor-Fontane-Archiv, Bestandsverzeichnis, 1,1). - Ders.: *Literatur von und über Theodor Fontane* (→ D 2320).
P: *Fontane-Blätter* (→ E 1310).

G 292 Heimatmuseum Neuruppin, August-Bebel-Str. 14/15, D-16816 Neuruppin. - Tel.: 03391-3308. - Fax: 03391-2345.
BA: Exponate zu Leben und Werk Theodor Fontanes.
E: Bibliothek mit ca. 250 Bänden Fontane-Ausgaben und Fontane-Literatur.

Freimaurer

G 310 Deutsches Freimaurer-Museum, Im Hofgarten 1, D-95444 Bayreuth.- Tel.: 0921-69824. - Fax: 0921-512850.
BA: Ca. 15000 Bücher zur Freimaurerei, 20000 Mitgliederverzeichnisse, Briefe und Fotos.
E: Bibliothek mit Ausleih- und Kopiermöglichkeit.

Gustav Freytag (1816-1895)

G 320 Gustav-Freytag-Archiv und -Museum, Lange Gasse 1, D-88239 Wangen. - Tel.: 07522-4369. - Fax: 07522-74111.
BA: Handschriften, Erstausgaben, Dokumente.
E: Bibliothek, eingeschränkter Benutzerkreis.

Christian Fürchtegott Gellert (1715-1769)

G 330 Gellert-Museum Hainichen, Oederaner Str. 10, D-09661 Hainichen. - Tel.: 037207-2498.
BA: Literaturmuseum zum Leben und Werk Gellerts: zeitgenössische Buchausgaben, Neuauflagen, Porträts; Sekundärliteratur. - Kunstausstellung: Bildende Kunst und Literatur zur Fabel aller Zeiten und Völker.
E: Gellert-Bibliothek (ca. 600 Bde.). Präsenzbibliothek. - Kunstsammlung zur Fabel (ca. 400 Arbeiten).

Johann Wilhelm Ludwig Gleim (1719-1803)

G 340 Das Gleimhaus, Domplatz 31, D-38820 Halberstadt. - Tel.: 03941-24304. - Fax: 03941-24008.

BA: Porträt-Sammlung (126), Grafik-Sammlung (ca. 12000 Blatt, davon 10000 Bildnisse), 10000 Originalbriefe von 400 zeitgenössischen Persönlichkeiten.
E: Gleims Bibliothek (ca. 10500 Bde.), Handbibliothek mit 10850 Bden. zur politischen, Kultur-, Kunst- und Literaturgeschichte des 18. Jh's. Umfangreiche wissenschaftliche Auskunftstätigkeit.
P: Scholke, Horst; Wappler, Gerlinde: *Die Sammlungen des Gleim-Hauses. Teil 1: Briefe u. Porträts.* 2. Aufl. Halberstadt 1986. - Scholke, Horst; Schulz, Karl-Otto: *Die Sammlungen des Gleimhauses. Teil 2: Bücher u. Grafiken.* Halberstadt 1980. - Schulz, Karl-Otto: *Bestandsverzeichnis der Gleimbibliothek (Verfasser-Katalog).* 7 Lfgn. Halberstadt 1985-1993 (im Anhang: Gleims Werke).

Johann Wolfgang Goethe (1749-1832)

G 350 Goethe-Museum Düsseldorf. Anton-und-Katharina-Kippenberg-Stiftung, Schloß Jägerhof, Jacobistr. 2, D-40211 Düsseldorf. - Tel.: 0211-899.6262. - Fax: 0211-8929144.

BA: Autographen Goethes und seines Kreises (über 50000 Seiten). Erst- und Frühdrucke der Werke Goethes und seines Kreises (ca. 15000 Bde.). Porträts Goethes und seiner Zeitgenossen, Originalarbeiten von Künstlern der Goethe-Zeit, Veduten- und Landschaftsbilder, über 2000 graphische Blätter. Goethes *Werther* und *Faust* in Ausgaben und Illustrationen (unter Berücksichtigung der europäischen Rezeptionsgeschichte). Goethe und der Weimarer Kreis in zeitgenössischen Gemälden und Büsten. Weimariana (Stadtansichten, Münzen und Medaillen, sachsen-weimarische Mandate und Patente, Weimarer Theaterzettel und Akten des Hoftheaters. Familiennachlaß des Komponisten und Hofkapellmeisters Joh. Nepomuk Hummel. Teilnachlässe von Goethes Sekretären J. P. Eckermann, F. W. Riemer, von C. F Zelter, J. D. Falk, Stephan Schütze, Friedrich Hildebrand von Einsiedel (insgesamt 21 Kästen). Düsseldorf-Pempelfort und der Kreis um Friedrich Heinrich Jacobi (Familiennachlaß).
E: Präsenzbibliothek, Kopiermöglichkeit.
P: *Jahrbuch der Sammlung Kippenberg, Neue Folge* (unregelmäßig). Faltblattreihe *Anmerkungen* 1 ff. Düsseldorf 1977 ff. Ausstellungskataloge.

G 351 Das Lotte-Haus, Lotte-Str. 8-10, D-35578 Wetzlar. - Tel.: 06441-405269. - Fax: 06441-405395.
BA: Zeugnisse zur Begegnung Goethes mit Charlotte Buff im Sommer 1772. Möbel, Hausgeräte, Bildnisse, Handschriften. Frühe *Werther*-Ausgaben und *Werther*-Literatur.

G 353 Goethe-Gedenkstätte im Inspektorturm des Botanischen Gartens, Fürstengraben 23, D-07743 Jena. - Tel.: 03641-22353.
BA: Exponate zum naturwissenschaftlichen Wirken Goethes.

→ G 10, G 20, G 30.

Jacob Grimm (1785-1863) und Wilhelm Grimm (1786-1859)

G 370 Brüder Grimm-Museum Kassel, Ausstellung: Schöne Aussicht 2 (Palais Bellevue), Verwaltung und Archiv: Brüder Grimm-Platz 4 A, D-34117 Kassel. - Tel.: 0561-7872033 u. 7872032 (Ausst.) und 103235 u. 7874064 (Verwaltung und Archiv). - Fax: 0561-713299.

BA: Handschriftliche, gedruckte und sonstige Originalzeugnisse zu Leben und Werk der Brüder Jacob, Wilhelm und Ludwig Emil Grimm. Handexemplare, Erstausgaben u. Neudrucke ihrer Werke. Übersetzungen der Kinder- und Hausmärchen. Künstlerisches Werk des Malers Ludwig Emil Grimm. Dokumentation von Wirkung und Wertung.

E: Archiv mit dem Ziel, das wissenschaftliche und literarische Gesamtwerk der Brüder Jacob und Wilhelm Grimm zu erfassen, auszuwerten und darzustellen. Bestand: ca. 900 Autographen, 11000 Bücher und Sonderdrucke, 4000 Ölgemälde, Handzeichnungen und Druckgraphiken. Skulpturen, Schallplatten und Kassetten, Dias, Typoskripte, Trivialzeugnisse usw. Hausrat, Schmuck, persönliche Gebrauchsgegenstände. - Teilnachlässe von Jacob, Wilhelm, Ludwig Emil und Charlotte Amalie Grimm. Bibliothek mit Ausleih- und Kopiermöglichkeit.

P: *Ausstellungen im Brüder Grimm-Museum, Große Reihe* (bisher 3 Bde.); *Kleine Reihe* (bisher 4 Hefte).

G 371 Kreismuseum Haldensleben, Breiter Gang, D-39340 Haldensleben. - Tel.: 03904-2710.

BA: Ständige Ausstellung von Büchern, Fotos, Reproduktionen, handschriftlichen Notizen, von Kleinmöbeln und Gebrauchsgegenständen aus dem Besitz der Brüder Grimm. Teilnachlaß.

E: Teil der Bibliothek aus dem Nachlaß von Jacob, Wilhelm und Herman Grimm (rd. 1880 Bde.).

Hans Jacob Christoph von Grimmelshausen (1621-1676)

G 380 Grimmelshausen Gedenkstätte, Heimatmuseum, Altes Rathaus, Hauptstr. 32, D-77704 Oberkirch.

BA: Exponate zu Leben und Werk Grimmelshausens. Illustrationen zu seinen Werken. Literatur aus dem 17. Jh. Dokumente zur Geschichte des Dreißigjährigen Krieges.

Klaus Groth (1819-1899)

G 390 Klaus-Groth-Museum, Lüttenheid 48, D-25746 Heide.- Tel.: 0481-63742.

BA: Veröffentlichungen von und über Klaus Groth, Handbücherei Groths, niederdeutsche Literatur (insgesamt ca. 5000 Bände). Handschriften, Erinnerungsstücke.

E: Präsenzbibliothek, keine Kopiermöglichkeit, eingeschränkter Benutzerkreis.

Gerhart Hauptmann (1862-1946)

G 410 Gerhart-Hauptmann-Museum Erkner, Pf 3, D-15531 Erkner. - Gerhart-Hauptmann-Str. 1-2, D-15537 Erkner. - Tel.: 03362-3663.

BA: Literaturmuseum im Haus, das Hauptmann mit seiner Familie von September 1885 bis September 1889 bewohnte. Die Wohnräume sind originalem Mobiliar und Einrichtungsgegenständen aus Hauptmanns Erkneraner und Agnetendorfer Zeit ausgestattet. Die ständige Ausstellung dokumentiert umfassend Leben, Werk und Wirkung des Dichters. Zur Forschungssammlung gehören u.a. 7000 Bände der Bibliothek Hauptmanns mit zahlreichen eigenhändigen Marginalien.

G 412 Haus Seedorn. Gerhart-Hauptmann-Gedenkstätte, D-18565 Kloster auf Hiddensee. - Tel.: 038300-397.
BA: Gedenkstätte im Sommerhaus Hauptmanns auf der Insel Hiddensee. Ausstattung mit den ursprünglichen Einrichtungsgegenständen. Im Arbeitszimmer Teile der Bibliothek des Dichters und die Museumsbibliothek. Dokumente aus dem Leben Hauptmanns und zur Bedeutung Hiddensees für Hauptmanns Leben und Schaffen. Hauptmann-Porträts, Grafik zu Hauptmanns Werken, Theaterprogramme und -plakate, Fotothek.

Friedrich Hebbel (1813-1863)

G 430 Hebbel-Museum, Österstr. 6, D-25764 Wesselburen. - Tel.: 04833-49029. - Fax: 048331-8126.
BA: Museum mit fünf historischen und fünf Dokumentenräumen.
E: Hebbel-Fachbibliothek (ca. 5000 Bde.), Ausleih- und Kopiermöglichkeit. Arbeitsraum für Hebbel-Forscher.
L: Langer, Martin-M.: *Archivbestände des Hebbel-Museums*. In: Hebbel-Jahrbuch 1986, S. 117-128.

Hermann Hesse (1877-1962)

G 450 Hermann-Hesse-Museum, Marktplatz 30, D-75365 Calw. - Tel.: 07051-167.260. - Fax: 07951-167.109.
BA: Thematische Zusammenstellung von Büchern, Manuskripten, Zeichnungen und Aquarellen Hesses. Briefe (Originale und Fotokopien), Fotografien, Zeitungsausschnitte; Originalzeichnungen Gunter Böhmers zu Hesses Werk.

G 452 Höri-Museum, D-78343 Gaienhofen.- Tel.: 07735-81823 u. 81837. - Fax: 07735-3004.
BA: Hesse-Raum mit Originalen und Dokumenten. Ludwig-Finckh-Raum. Das neu eröffnete Hermann-Hesse-Haus (ehem. Wohnhaus Hesses) wurde dem Museum angegliedert.
L: Scheuffelen, Thomas: *H. Hesses Haus in Gaienhofen am Bodensee*. 2. Aufl. Marbach 1990 (Spuren, 3).

Friedrich Hölderlin (1770-1843)

G 470 Hölderlinturm, Bursagasse 6, D-72070 Tübingen. - Tel.: 07071-22040.
BA: Dokumente zu Leben und Werk. Handschriften, Erstausgaben, Porträts.

E.T.A. Hoffmann (1776-1822)

G 480 E.T.A. Hoffmann-Haus mit Sammlung, Schillerplatz 26, D-96047 Bamberg.- Tel.: 0951-871161 (Verkehrsamt).
BA: Dokumente zu Leben und Werk des Dichters, Malers und Komponisten.

Heinrich Hoffmann (1809-1894)

G 485 Struwwelpeter-Museum, Schirn, Römerberg, Bendergasse 1, D-60311 Frankfurt/M. - Tel.: 069-281333.
BA: Sammlung der Originale H. Hoffmanns; Struwwelpeter-Ausgaben und -Parodien aus dem 19. und 20. Jh.; Briefe, Zeichnungen, Skizzenbücher und Manuskripte. Weitere Exponate zu Hoffmanns Wirken als Arzt, Reformer der Psychiatrie und Demokrat von 1848. Nachlaß als Leihgabe der Urenkel H. Hoffmanns.
P: Katalog.

August Heinrich Hoffmann von Fallersleben (1798-1874)

G 490 Hoffmann-von-Fallersleben-Museum zur Geschichte deutscher Dichtung und Demokratie im 19. Jahrhundert, Schloß Fallersleben, D-38442 Wolfsburg.- Tel.: 05362-52623.
BA: Dokumente zu Leben, Werk und Wirken des Sprach- und Literaturforschers, Kinder- und Volkslieddichters und Schöpfers der deutschen Nationalhymne Hoffmann von Fallersleben. Persönliche Erinnerungsstücke, Bilder, Urkunden, Diplome, Originalhandschriften, Gedichte, Briefe und Drucke.
E: Archiv mit dem gesamten Nachlaß des Hoffmann-Biographen Prof. Gerstenberg. Präsenzbibliothek mit Primär- und Sekundärliteratur. Kopiermöglichkeit.
P: Mehrere Publikationen in unregelmäßiger Folge.

G 492 Museum Höxter-Corvey, Schloß Corvey, D-37671 Höxter.- Tel.: 05271-681.39. - Fax: 055271-681.40.
BA: Autographen, Briefe, Erstausgaben, Stiche und Fotografien Hoffmanns von Fallersleben (Bibliothekar in Corvey von 1860-1874).
E: Bibliothek Corvey (→ F 1820, F 1830).

Franz Kafka (1883-1924)

G 500 Franz-Kafka-Sterbehaus, Hauptstr. 187, A-3400 Kierling.
Fotodokumentation im Sterbehaus F. Kafkas; Dokumentation der Krankengeschichte; Sterbebuch Kierling mit Eintragung des Todes F. Kafkas.
E: Bibliothek (im Aufbau).

Justinus Kerner (1786-1862)

G 510 Justinus-Kerner-Haus, Öhringer Str. 3, D-74189 Weinsberg. - Tel.: 07134-2553.
BA: Erinnerungsstätte im Wohnhaus Justinus Kerners mit eigenen Einrichtungsgegenständen, Erinnerungsstücken, Erstausgaben.

E: Kleine Bibliothek mit Schriften von und über Justinus und Theobald Kerner. Medizinische Schriften des 18. und 19. Jh's. aus dem Besitz der Familie. Schriften zur Parapsychologie.
P: Mitteilungen des Justinus-Kerner-Vereins. *Beiträge zur Schwäbischen Literatur- und Geistesgeschichte.*

Heinrich von Kleist (1777-1811)

G 520 Kleist-Gedenk- und Forschungsstätte, Faberstr. 7, D-15230 Frankfurt/Oder. - Tel.: 0335-23185.
BA: Rd. 400 Dokumente und Objekte zu Leben und Werk Kleists. Exponate zur Wirkungsgeschichte. Neben der Ständigen auch Sonderausstellungen.
E: Präsenzbibliothek mit ca. 7000 Bden. (Kleist-Ausgaben und Sekundärliteratur), Illustrationen zu Kleists Werken, Archiv mit Handschriften, Zeitungs- und Zeitschriftenartikeln (mit Beiträgen seit 1830), Fotothek, Theatralia.
P: *Beiträge zur Kleist-Forschung. Frankfurter Buntbücher, Literarische Miniaturen.*

Friedrich Gottlieb Klopstock (1724-1803)

G 530 Klopstock-Museum, Schloßberg 12, D-06484 Quedlinburg. - Tel.: 03946-53163.
BA: Literarhistorisches Museum im Geburtshaus Klopstocks (Fachwerkgebäude aus der 2. Hälfte des 16. Jh's). Exponate zu Werk und Wirkung des Dichters, Darstellung seines Lebensweges (Elternhaus, Kindheit und Familie, Schüler- und Studentenjahre in Schulpforta und Leipzig, im Kreis der Bremer Beiträger, zu seinen *Oden*, seinem Aufenthalt in Dänemark, *Messias*-Ausgaben und -Übersetzungen, Stellung zur Musik, Verhältnis zur Französischen Revolution, und vor allem zur Wirkungsgeschichte).
E: Handschriftenarchiv (Klopstock-Briefe, Odem, Sprachtheorie; Briefe von Freunden und Zeitgenossen, Teilnachlaß Carl Ritters mit Reisetagebüchern, GutsMuths-Briefsammlung), Gemälde und Grafiken Klopstock und sein Umfeld betreffend.
Präsenzbibliothek mit Gesamt- und Einzelausgaben (z.T. Erstausgaben) der Werke Klopstocks, mit Werken von J. Chr. F. GutsMuths, Carl Ritter und D. Chr. Erxleben sowie Sekundärliteratur.
Weitere ständige Ausstellungen zu Johann Christoph Friedrich GutsMuths (Leben und Werk) und Dorothea Christiane Erxleben, geb. Leporin (Leben und Werk).

Gotthold Ephraim Lessing (1729-1781)

G 540 Lessing-Haus, Pf 1364, D-38299 Wolfenbüttel. - Lessing-Platz 1, D-38304 Wolfenbüttel.- Tel.: 05331-808.214. - Fax: 05331-808.248.
BA: Über 400 Ausstellungsstücke zu Lessings Wirken in Wolfenbüttel (1770-1781).
E: Herzog August Bibliothek, Wolfenbüttel (→ H 90).
P: Ausstellungskatalog.

G 541 Lessing-Museum Kamenz, Lessingplatz 3, D-01917 Kamenz. - Tel./Fax: 03525-5551.

BA: Dokumente zum Leben und Schaffen Lessings sowie seiner Wirkung. Theatralia-sammlung. Handschriften zur Familiengeschichte.
E: Präsenzbibliothek (ca. 3300 Bände). Erstausgaben und frühe Editionen Lessingscher Werke, Sekundärliteratur. Theaterliteratur.
P: Schriftenreihe *Erbpflege in Kamenz*.

Otto Ludwig (1813-1865)

G 550 Museum "Otto Ludwig", Schloß Eisfeld, D-98673 Eisfeld.- Tel.: 03686-300308.
BA: Ca. 700 Dokumente und Objekte (Ludwig-Handschriften, persönliche Erinne-rungsstücke, Mobiliar aus dem Besitz der Familie). Werkausgaben, Sekundärliteratur.
E: Otto-Ludwig-Gedenkstätte im Gartenhaus, Am Heinig.

Martin Luther (1471-1545)

G 560 Lutherhalle Wittenberg, Reformationsgeschichtliches Museum. Collegienstr. 54, D-06886 Lutherstadt Wittenberg. - Tel.: 03491-2671 und 2672. - Fax: 03491-2934.
BA: Exponate zu Luther, zur Bibel und zur Geschichte der Reformation.
E: Wissenschaftliche Bibliothek zur Geschichte der Reformation und der Frühen Neuzeit (begrenzter Benutzerkreis).
P: Publikationen zur Geschichte der Reformation.
L: Treu, Martin: *Die Lutherhalle Wittenberg*. Leipzig 1991.
Weitere Lutherstätten in Eisenach (Lutherhaus, Lutherplatz, D-99817 Eisenach. - Tel.: 03691-4983), Eisleben (Martin Luther Sterbehaus, Andreaskirchplatz 7, D-06295 Lutherstadt Eisleben. - Tel.: 03475-2285) und Mansfeld (Luthermuseum, Lutherstr. 26, D-06343 Mansfeld. - Tel.: 034782-210).

Heinrich Mann (1871-1950) → G 565.

Thomas Mann (1875-1955)

G 565 Buddenbrookhaus. Heinrich und Thomas Mann-Zentrum, Meng-str. 4, D-23539 Lübeck. - Tel.: 0451-1224192 u. 77788. - Fax: 0451-1224106.
BA: Literarhistorisch-biografische Dauerausstellung zu Leben und Werk von Heinrich und Thomas Mann. Schwerpunkt ist der Bezug zu Lübeck und das Verhältnis der Brüder zueinander.
E: Spezialbibliothek zur Familie Mann. Sammlung zur Jugendzeit Thomas Manns in Lübeck. Bildarchiv Familie Mann in Lübeck.

G 570 Thomas-Mann-Archiv, c/o Eidg. Technische Hochschule, Schön-berggasse 15, CH-8001 Zürich. - Tel.: [0041] 01-6324045.

BA: Nachlaß Thomas Manns mit seiner Bibliothek. Bücher von und über Mann (21200 Bde.). Handschriften (ca. 1100), Briefe (ca. 19750), Fotos (ca. 3500), Tonträger (240), Zeitungsausschnitte (rd. 41000), Urkunden. Keine Ausleihe, keine Kopiermöglichkeit.
P: *Thomas-Mann-Studien; Thomas Mann Jahrbuch.*
L: Wysling, Hans: *25 Jahre am Thomas-Mann-Archiv.* In: Internationales Thomas-Mann-Kolloquium 1986 in Lübeck. Bern, München 1987 (Thomas-Mann-Studien, 7), S. 370-380. - Sprecher, Thomas: Thomas Mann in Zürich. Zürich 1992.

Karl May (1842-1912)

G 580 Karl-May-Museum, Pf 010267, D-01436 Radebeul. - Karl-May-Str. 5, D-01445 Radebeul. - Tel.: 0351-762.723. - Fax: 0351-762.644.
BA: Kulturgegenstände, hauptsächlich aus dem Lebensbereich der Indianer Nordamerikas, aber auch aus dem Orient und Asien. Bibliophile Ausgaben der Werke Karl Mays sowie von Werken über ihn. - Ausstellungsgegenstände und die Arbeitsbibliothek Mays, die bisher im Karl-May-Museum Bamberg gezeigt wurden, werden im Laufe des Jahres 1994 nach Radebeul verbracht und dort integriert.
E: Bibliothek (begrenzter Benutzerkreis). Archivalien zum Karl-May-Museum und zum Ausstellungsumfeld.
P: Schriftenreihe. Ausstellungskatalog.

Meiningen

G 610 Staatliche Museen Meiningen, Literaturmuseum/Baumbachhaus, Schloß Elisabethenburg, Pf 221, D-98605 Meiningen. - Schloßplatz 1, D-98617 Meiningen. - Tel.: 03693-2848. - Fax: 06393-3644.
Handschriften und Druckschriften von Autorinnen und Autoren der Region (Baumbach-Bibliothek, Bechstein-Bibliothek, Bibliothek Baumbach/Schwestern).

Philipp Melanchthon (1497-1560)

G 620 Melanchthon-Museum, Pf 1560, D-75005 Bretten. - Melanchthon-Str. 1, D-75015 Bretten. - Tel.: 07252-52407. - Fax: 07252-2628.
BA: Handschriften, Urkunden, Gemälde, Zeichnungen, Stiche und Medaillen zur Geschichte der Reformation.
E: Bibliothek mit ca. 9000 Bden. zur Geschichte der Reformation und des Humanismus, darunter 800 Schriften des in Bretten geborenen Philipp Melanchthon.

G 622 Melanchthon-Haus, Lutherhalle Wittenberg, Collegienstr. 60, D-06874 Lutherstadt Wittenberg. - Tel.: 03491-3279.
BA: Gedenkstätte im 1536 errichteten Wohn- und Sterbehaus Melanchthons. Sein Studier- und Sterbezimmer sowie das Scholarenzimmer sind in ihrem ursprünglichen Charakter wiederhergestellt worden. Exponate zum Leben und Wirken Melanchthons als Gelehrter und zur Universitätsgeschichte Wittenbergs.

Hieronymus Carl Friedrich Frhr. von Münchhausen (1720-1797)

G 640 Münchhausen-Museum, Pf 1249, D-37616 Bodenwerder. - Münchhausenplatz 1, D-37619 Bodenwerder. - Tel.: 05533-4050. - Fax: 05533-40540.

BA: Dokumente zum Leben Hieronymus von Münchhausens, der als das Urbild des "Lügenbarons" gilt. Die ihm zugeschriebenen Lügengeschichten wurden in der freien Bearbeitung Gottfried August Bürgers (*Wunderbare Reisen zu Wasser und Lande ...*, 1786) zum Volksbuch. Ausstellung internationaler Ausgaben sowie älterer Illustrationen zum Buch (vgl.: Gehrmann, Thekla: *Bilder und Bücher. Münchhausen-Illustrationen aus zwei Jahrhunderten. Sammlung Bodenwerder.* Stadtoldendorf 1992).

Robert Musil (1880-1942)

G 650 Robert-Musil-Museum, Bahnhofstr. 50, A-9020 Klagenfurt. - Tel.: [0043] 0463-54664.

BA: Robert-Musil-Museum (im Geburtshaus) mit Gegenständen aus dem persönlichen Nachlaß Musils und seiner Frau Martha.

E: Robert-Musil-Archiv: Sämtliche Primär- und Sekundärliteratur von und zu Robert Musil; Artikel und Publikationen in Zeitungen und Zeitschriften. Dokumente (Plakate, Programme usw.). Kopien des in der ÖNB Wien aufbewahrten Nachlasses. - Ausleih- und Kopiermöglichkeit.

Robert-Musil-Institut für Literaturforschung (Dokumentation der österreichischen Literatur seit der Jahrhundertwende). - Kärntner Literaturarchiv.

Vorträge, Dichterlesungen, Ausstellungen; Internationales Musil-Sommerseminar (seit 1982 jährlich im August).

P: *Musil-Studien*, Ausstellungskatalog (Neuausg. 1989), Sammelbände.

Friederike Caroline Neuber (1697-1760)

G 660 Neuberin-Museum, Johannisplatz 3, D-08468 Reichenbach/Vogtland. - Tel.: 03765-524375. - Fax: 03765-63831.

BA: Ausstellung zu Leben und Werk der Theaterreformatorin mit Bild- und Schriftdokumenten sowie mehreren Theatermodellen.

E: Theatergeschichtliche Fachbibliothek (rd. 3200 Bücher; Broschüren, Zeitschriften). Angeschlossen ist das Sächsische Theaterarchiv mit rd. 4000 Programmheften und -zetteln; mit Plakaten und Szenenfotos. - Sammlung von Regionalliteratur. - Begrenzter Benutzerkreis.

Neuberin-Geburtshaus, Johannisplatz 4 (geöffnet ab Herbst 1994).

Novalis (Friedrich Freiherr von Hardenberg; 1772-1801)

G 670 Museum Weißenfels, Schloß Neu-Augustusburg, Zeitzer Str. 4, D-06667 Weißenfels. - Tel.: 03443-302552. - Fax: 03443-370212.

BA: Exponate zu Leben und Werk Friedrich von Hardenbergs (Handschriften, Erstausgaben, Bilder und Möbel). Dem Museum angeschlossen ist die Gedenkstätte für

Novalis im Gartenpavillon des Wohn- und Sterbehauses des Dichters (Dokumente zur Biographie Hardenbergs, zu seinem Werk und zu seiner Bedeutung für die deutsche Romantik). *Das Museum ist z.Z. wegen Renovierung geschlossen (Wiedereröffnung voraussichtlich 1996/97).*

E: Sammlung von Dokumenten zu weiteren Weißenfelser Dichtern und Schriftstellern (Johann Beer, Erdmann Neumeister, Johann Christian Edelmann, Johann Gottfried Seume, Adolf Müllner, Luise Brachmann, Louise von François, Hedwig Courths-Mahler, Martin Gregor-Dellin).

G 671 Forschungsstätte für Frühromantik und Novalis-Museum, Schloß Oberwiederstedt, Schäfergasse 6, D-06333 Wiederstedt. - Tel.: 03476-812359.

BA: Ständige Ausstellung zu Novalis (Leben und Werk). Wechselnde Ausstellungen zu kulturgeschichtlichen Aspekten der Romantik, von künstlerischen Arbeiten zu Themen und Motiven der Romantik und modernen Rezeptionsvarianten.

E: Präsenzbibliothek zur Romantik mit Novalis-Forschungsbibliothek. Archiv (im Aufbau).

Wilhelm Raabe (1831-1910)

G 680 Wilhelm-Raabe-Gedächtnisstätte, Leonhardstr. 29a, D-38102 Braunschweig. - Tel.: 0531-75225.

BA: Erinnerungsstätte mit einem Teil des Mobiliars und der Bibliothek Raabes in seiner letzten Wohnung.

G 681 Raabe-Gedenkstätte, Raabe-Str. 5, D-37632 Eschershausen. - Tel.: 05534-531.

BA: Erstausgaben und Gesamtausgaben von Raabes Werken. Erstdrucke in Zeitschriften. Literatur über Raabe und seine Werke.

E: Präsenzbibliothek, keine Kopiermöglichkeit, eingeschränkter Benutzerkreis.

Fritz Reuter (1810-1874)

G 700 Fritz-Reuter-Literaturmuseum Stavenhagen. Gedenk- und Forschungsstätte, Markt 1, D-17153 Reuterstadt Stavenhagen. - Tel.: 039954-21072.

BA: Gedenkstätte im Geburtshaus Fritz Reuters mit dem Ziel, Leben und Werk des Dichters darzustellen. Exponate: Autographen und Erstausgaben seiner Werke, Bilder von seiner Hand, Werkillustrationen, Möbel und persönliche Erinnerungsstücke aus seinem Besitz.

Das Handschriftenarchiv verwaltet Autographen von Fritz Reuter, Klaus Groth und anderen niederdeutschen Dichtern. Fotothek (ca. 3500 Stück), Archiv von Zeitungsartikeln (ca. 13200) über Fritz Reuter und niederdeutsche Literatur.

E: Präsenzbibliothek mit Reuter-Ausgaben, niederdeutscher Literatur, wissenschaftlichen Werken zur niederdeutschen Sprache und Literatur (ca. 13000 Bde.).

G 702 Fritz-Reuter- und Richard-Wagner-Museum, Reuterweg 2, D-99817 Eisenach. - Tel.: 03691-3971.
BA: Gedenkstätte in der ehemaligen Villa Reuters. Ausstattung mit zeitgenössischem Mobiliar. Arbeitszimmer des Dichters in originalem Zustand. Bilder und Dokumente zu Reuters Leben und Werk. Skizzen, Zeichnungen und Bilder von seiner Hand. Sammlung zu Richard Wagner.
E: Reuter-Bibliothek (ca. 1000 Bde.).

Rainer Maria Rilke (1875-1926)

G 720 Rilke-Archiv, c/o Schweizerisches Literaturarchiv, Hallwylstr. 15, CH-3003 Bern. - Tel.: [0041] 031-322.9258.
BA: Werkausgaben, Bildmaterial, Korrespondenzen mit Schweizer Freunden, Briefe an Rilke (etwa 400 Korrespondenten), Sekundärliteratur. Keine Ausleihe, Kopiermöglichkeit.
P: Unregelmäßige Publikationen (Texte und Sekundärliteratur).
→ G 20.

Romantik

G 725 Museum zur Dresdner Frühromantik im Kügelgen-Haus, Hauptstr. 13, D-01097 Dresden. - Tel.: 0351-54760.
BA: Exponate (Gemälde, Möbel, Kleinexponate) und die historische Raumgebung vermitteln Einblicke in die Dresdner Frühromantik (Dichtung, Malerei, Musik). Ausstellungen zu Christian Gottfried Körner, zu Gerhard von Kügelgen und ihren Familien, zur Theoriebildung der Romantik, zu Heinrich von Kleist, Caspar David Friedrich u.a.
E: Stadtmuseum Dresden mit Bibliotheksraum.

G 726 Städtische Museen / Romantikerhaus. Kunstsammlung u. Romantikergedenkstätte, Unterm Markt 12 a, D-07743 Jena. - Tel.: 03641-23521. - Fax: 03641-23147.
BA: Gedenkstätte zur deutschen Frühromantik in dem Haus, das Johann Gottlieb Fichte gehörte und in dem er von 1794 bis 1799 seine Vorlesungen hielt. Die Ausstellung ist Fichte, August Wilhelm und Friedrich Schlegel, Ludwig Tieck und Novalis sowie ihren Freund/inn/en gewidmet. Exponate zu: Die Romantiker als Kritiker ihrer Zeit (*Athenäum*); Romantische Geselligkeit als Lebensalternative; Das Goldene Zeitalter als Utopie der frühromantischen Dichtung und Philosophie. In den oberen Etagen befindet sich die Jenaer Kunstsammlung.
E: Bibliothek und Archiv zur Frühromantik (im Aufbau).
L: Schwarz, Klaus: *Der romantische Aufbruch. Die Frühromantiker in Jena*. Jena 1991.

Friedrich Rückert (1788-1866)

G 730 Friedrich-Rückert-Gedächtnisstätte, D-96450 Coburg-Neuses. - Tel.: 09651-66308.

BA: Erinnerungsstätte im letzten Wohnsitz Rückerts mit dem seit seinem Tod (1866) unveränderten Arbeitszimmer.

Friedrich Schiller (1759-1805)

G 740 Schillers Geburtshaus, Niklastorstr. 31, D-71672 Marbach. - Tel.: 07144-19204.

BA: Erinnerungsstätte im Geburtshaus Schillers mit Gegenständen aus dem Besitz von Friedrich Schiller und seiner Familie. Dokumente, Briefe und Gebrauchsgegenstände seiner Eltern. Dokumente zur Geschichte der Marbacher Schiller-Verehrung. Zusammenstellung der Lebensstationen nach alten Vorlagen.

L: Bergold, Albrecht; Pfäfflin, Friedrich: *Schillers-Geburtshaus*. Marbach 1988 (Marbacher Magazin, 46).

G 742 Schiller-Haus, Oggersheim, Schillerstr. 6, D-67071 Ludwigshafen. - Tel.: 0621-5042572.

BA: Sämtliche Erstausgaben Schillers, 6 Briefe, Stiche und Bilder aus dem Umkreis Schillers bei dessen Aufenthalten in Oggersheim und Mannheim.

G 744 Schiller-Gedenkstätte der Friedrich-Schiller-Universität, Schillergäßchen 2, D-07745 Jena. - Tel.: 03641-30304. - Fax: 03641-630396.

BA: Exponate zu Schillers Aufenthalt und Wirken in Jena, seiner Lebenssphäre, seinem Alltag und seiner Familie (1797-1802).

→ G 10, G 20, G 30.

Christian Friedrich Daniel Schubart (1739-1791)

G 760 Heimat- und Schubartmuseum, Marktplatz 4, D-73430 Aalen.

Z.Z. geschlossen. Nach Renovierung voraussichtlich wieder ab Ende 1995 geöffnet.

BA: Dokumente zu Leben und Werk (Familienbriefe, Briefwechsel mit Zeitgenossen, Mitteilungen, Familiennachrichten, Drucke).

Anna Seghers (1900-1983)

G 765 Anna-Seghers-Gedenkstätte, Anna-Seghers-Str. 81, D-12489 Berlin-Adlershof. - Tel.: 030-6774725.

BA: Ausstellung von Dokumenten zu Leben und Werk, Erstausgaben, Briefen und Manuskripten in der Wohnung, in der Anna Seghers von 1955 bis zu ihrem Tod lebte (Originalmöblierung). Bibliothek Seghers' (fast 10000 Bde.).

Adalbert Stifter (1805-1868)

G 770 Adalbert-Stifter-Institut des Landes Oberösterreich, A.-Stifter-Platz 1, A-4020 Linz. - Tel.: [0043] 0732-7720.1295 bis 7720.1298. - Fax: [0043] 0732-7720.1780. - Präsenzbibliothek.

BA: A.-Stifter-Gedenkraum (historisch eingerichtet mit authentischem Mobiliar). Bibliothek mit rd. 12000 Bden. von und über Adalbert Stifter und andere Autoren Österreichs. - Das angeschlossene *Oberösterreichische Literatur-Museum* zeigt Handschriften, Bücher, Fotografien, div. Schaustücke, Gemälde, Reproduktionen zur oberösterreichischen Literatur von Dietmar von Aist bis Thomas Bernhard. Audio- und Videothek.

E: Oberösterreichisches Literatur-Archiv (zahlreiche Autographen. Nachlässe und Teilnachlässe von oberösterreichischen Autoren); Oberösterreichisches Biographisches Archiv; Oberösterreichisches Dialekt-Archiv; Galerie im Stifter-Haus.

G 772 Adalbert-Stifter-Museum, Mölkerbastei 8, A-1010 Wien.

BA: Manuskripte, Erinnerungsgegenstände, größte Sammlung an Ölgemälden und Graphiken des Maler-Schriftstellers.

E: Bibliothek (nur nach Voranmeldung benützbar).

Theodor Storm (1817-1888)

G 790 Storm-Archiv im Theodor-Storm-Haus, Wasserreihe 31, D-25813 Husum. - Tel.: 04841-666270.

BA: Storm-Handschriften (ca. 4000 Seiten). Storms Werk in Erstausgaben, späteren Ausgaben und Gesamtausgaben, Werke seiner Dichterfreunde, wissenschaftliche Literatur zu Storm (insgesamt ca. 6000 Bde.). Teile von Storms persönlicher Bibliothek (ca. 500 Bde.). Teilnachlaß. Bildarchiv. Dokumentensammlung.

E: Präsenzbibliothek mit Kopiermöglichkeit.

P: In Zusammenarbeit mit der Theodor-Storm-Gesellschaft (→ L 490).

Theater

G 800 Theaterwissenschaftliche Sammlung, Universität zu Köln, Schloß Wahn, Burgallee 2, D-51127 Köln.- Tel.: 02203-64185. - Fax: 02203-61038.

BA: Bildsammlungen: Originalentwürfe (Szenenbilder, Figurinen, technische Zeichnungen) berühmter Bühnenbildner vom 16. Jh. bis zur Gegenwart; Druckgraphik, Gemälde mit Theatermotiven und Porträts, Fotos, Bühnenmodelle. Kritiken-Sammlung, Autographen, Programmheftarchiv (von frühen Theaterzetteln bis zu den Heften der laufenden Spielzeit) von deutschsprachigen Theatern. Figurentheater-Sammlungen, Masken, Porzellane, Medaillen.

E: Bibliothek (bedeutendste Fachbibliothek Deutschlands; Theatertexte, Libretti, Literatur über Theater und Drama).

P: Flatz, Roswitha: *Schauspieltexte im Theatermuseum der Universität zu Köln. Ein Bestandskatalog mit theaterhistorischen Anmerkungen und Registern.* 8 Bde. u. 1 Reg.-Bd. München: Saur, 1990. - Vogelsang, Bernd; Strauch, Rudi: *Universität zu Köln. Theaterwissenschaftliche Sammlung. Findbuch der Szenischen Graphik.* 4 Bde. München: Saur, 1993. - Kataloge (unregelmäßig).

G 803 Deutsches Theatermuseum, Pf 221255, D-80502 München. - Galeriestr. 4 a und 6, D-80539 München. - Tel.: 089-222449. - Fax: 089-29160789.

BA: Dokumente aller Art zur Weltgeschichte des Theaters (Schwerpunkt: deutschsprachiges Theater). Ca. 50000 Rollen- und Porträtbilder (Grafik), ca. 30000 Bühnenbildentwürfe, ca. 20000 Kostümentwürfe, ca. 3 Mio. Aufführungsfotos, ca. 1,3 Mio. Kritiken, ca. 300000 Programmhefte, ca. 10000 Theaterbaupläne und -fotos, ca. 70000 Autographen, ca. 10000 Tonträger, ca. 1000 Videoaufzeichnungen. Wechselausstellungen.

E: Bibliothek mit 60000 Bden. zum Theater. Kopiermöglichkeit. - EDV-Datenbank (→ H 160).

P: Kataloge zu den Wechselausstellungen, Bestandskataloge, *Dramenlexikon* (→ C 915).

G 805 Theatermuseum der Landeshauptstadt Düsseldorf, Dumont-Lindemann-Archiv, Jägerhofstr. 1, D-40479 Düsseldorf. - Tel.: 0211-89.94660. - Fax: 0211-89.29045.

BA: Museum: Dokumente zur 400jährigen Theatergeschichte der Stadt Düsseldorf von den Anfängen bis zur Gegenwart. Dokumente zur Geschichte des Schauspielhauses Düsseldorf (1904-1933) unter Louise Dumont und Gustav Lindemann, des Stadttheaters Düsseldorf, des Düsseldorfer Schauspielhauses unter Gustaf Gründgens, Karl Heinz Stroux und ihrer Nachfolger, der Deutschen Oper am Rhein, des Kom(m)ödchens usw. Dokumente zur Gründgens-Forschung.

E: Archiv: Handschriftensammlung: Nachlässe und Sammlungen (Düsseldorfer Schauspielhaus, G. Gründgens, Theodor Haerten, Paul Henckels, Hans Müller-Schlösser, Karl Heinz Stroux, Schauspielhaus Düsseldorf, Gerd Vielhaber); rd. 350000 Presseausschnitte (seit 1895); Fotoarchiv (300000 Aufnahmen); Grafische Sammlung (2300 Bühnenbild- und Kostümentwürfe, 120 Bühnenmodelle); AV-Archiv (500 Bild- und Tonträger).

Bibliothek: 25000 Medieneinheiten aus den Bereichen Theater- und Literaturwissenschaft, Kunst-, Kultur- und Musikgeschichte; Belletristik; Textbuchsammlung ab 1890. Literatur zu Theorie und Geschichte aller Bereiche des Theaters, einschl. seiner Sonderformen.

Präsenzbibliothek, Kopiermöglichkeit, AV-Anlage.

P: *Gustav Gründgens* (1980). - *Karl Heinz Stroux* (1988). - *Wege durch Düsseldorfer Literaturmuseen* (Bd. 4-8). - *Dokumente zur Theatergeschichte* (bisher 8 Bde.).

G 810 Niederrheinisches Museum für Volkskunde und Kulturgeschichte, Hauptstr. 18, D-47623 Kevelaer. - Tel.: 02832-6066.- Fax: 02832-6067.

BA: Bilderbogen des 19. Jh's. (ca. 500 Objekte).

E: Präsenzbibliothek (ca. 10000 Bde.) mit Kopiermöglichkeit, eingeschränkter Benutzerkreis.

P: Museumsführer, Bestands- und Ausstellungskataloge, *Kleine Schriften*.

G 815 Österreichisches Theatermuseum, Lobkowitzplatz 2, A-1010 Wien. - Tel.: [0043] 1-512.8800. - Fax: [0043] 1-512.8800.45.
BA: Theatersammlung: rd. 450000 Bilder (Theaterfotos, -zeichnungen, Druckgrafiken), rd. 423000 Zeitungsausschnitte, rd. 275000 Theaterzettel und -plakate, rd. 103000 Werk- und Standfotos Film, rd. 66000 Autographen, 7200 AV-Medien (Filme, Videokassetten, Schallplatten, Tonbänder, Audiokassetten, Dias, Mikrofilme, Mikrofiches), 3600 museale Objekte (einschl. Theatermodelle und -kostüme).
E: Theaterbibliothek mit rd. 70000 Bden.

G 820 Schweizerische Theatersammlung (STS), Pf, CH-3008 Bern. - Schanzenstr. 15, CH-3001 Bern. - Tel.: [0041] 031-301.5252. - Fax: [0041] 031-302.8525.
BA: Dauerausstellung Theater in Gegenwart und Geschichte. - Bibliothek und Sammlung: 34000 Bde., 100 lfd. Zeitschriften, 30 Nachlässe, 300 Autographen, 420000 Zeitungsausschnitte, 2600 grafische Blätter, 9000 Fotos, 3000 Dias, 3000 Videos, 2000 Plakate, 210 Theaterbau- und Bühnenbildmodelle, 5000 Bühnenbildentwürfe, 180 Marionetten und Handpuppen, 200 Deckmasken, 60 Papiertheater u.a.

Georg Trakl (1887-1914)

G 830 Georg Trakl-Forschungs- und Gedenkstätte der Salzburger Kulturvereinigung, Trakl-Haus, Waagplatz 1a, A-5020 Salzburg. - Tel.: [0043] 06222-845289. - Fax: [0043] 06222-891110.
BA: Handschriften, Werkausgaben, Übersetzungen, Illustrationen, Filme, Vertonungen; Literatur über Trakl (ca. 800 Titel). Ausleihmöglichkeit.

Kurt Tucholsky (1890-1935)

G 840 Kurt Tucholsky Gedenkstätte, Schloß Rheinsberg, D-16831 Rheinsberg. - Tel./Fax: 033931-39007.
BA: Dauerausstellung zu Leben und Werk Tucholskys. - Literarische Veranstaltungen. Herausgabe der Hauszeitung *Pseudonym* (1993ff.; unregelmäßig) mit Texten Tucholskys, Nachrichten der Tucholsky-Gesellschaft u.ä.).
E: Archivbestände (Sammlung von Soldenhoff), Benutzung nur nach Voranmeldung. - Galerie für Bildende Kunst.

Tübinger Dichter

G 850 Stadtmuseum (Ausstellung), Kornhausstr. 10, D-72070 Tübingen. - Tel.: 07071-204.382.
BA: Bildnisse, Autographen und Erstausgaben von Hauff, Hegel, Hesse, Hölderlin, E. Kauffmann, Kerner, Hermann und Isolde Kurz, Schelling, Silcher, Schwab, Uhland, Waiblinger, Ottilie Wildermuth.
E: Archiv (→ F 2905).
P: Ausstellungskataloge. *Kleine Tübinger Schriften.*

Volkskunde

G 860 Staatliche Museen zu Berlin - Preußischer Kulturbesitz: Museum für Volkskunde, Im Winkel 6-8, D-14195 Berlin. - Tel.: 030-8390101. - Fax: 030-83901283.
BA: Religiöse Schriften (ca. 300 Gesang- und Gebetbücher), Groschendrucke (ca. 200), Kinder- und Jugendbücher (bis 1914: ca. 1500 Bde.), Profanbücher und Zeitschriften als kulturgeschichtliche Dokumente (bis 1914: ca. 500 Titel), Flugblätter, Kochbücher (bis 1940: ca. 400 Titel), Volks- und Heimatkalender (ca. 300 Titel), grafische Einzelblätter (ca. 8000 Bilderbogen, ca. 6000 Wandbilddrucke, Patenbriefe, Andachtsbildchen usw.).
E: Präsenzbibliothek mit Kopiermöglichkeit.
P: *Schriften des Museums für Volkskunde* (bisher 19 Bde.), *Kleine Schriften der Freunde des Museums für Volkskunde* (13 Hefte).

G 865 Forschungsstelle für Volkskunde in Bremen und Niedersachsen, Heinrich-Heine-Str. 20, D-28211 Bremen. - Tel.: 0421-235720.
BA: Dokumente zur Volkskunde, Erzählforschung, zu Volkslied und Volksmusik, Mundarten, Kinderspiel und zu den ostdeutschen und auslandsdeutschen Siedlungsgebieten. Rd. 350 Tonbänder und Kassetten.
E: Fotosammlung (ca. 8000); Aktenarchiv, Handschriften mit Volkserzählungen und Volksliedern, Autobiographien.
Fachbücherei: Bücher, Zeitschriften, Volkskalender u.a. [ca. 2000 Bde.]. Präsenzbibliothek, eingeschränkter Benutzerkreis.
P: 19 Bücher und Bibliographien.
Das Material der Forschungsstelle wird derzeit als "Cammann-Archiv" im Institut für Heimatforschung (Gerberstr. 12, D-27356 Rotenburg. - Tel.: 04261-83767) elektronisch erfaßt.

Volkslied

G 880 Deutsches Volksliedarchiv, Silberbachstr. 13, D-79100 Freiburg. - Tel.: 0761-74465. - Fax: 0761-72076.
BA: Umfangreiche Sammlungen zum deutschsprachigen Volkslied, Liedflugschriften, zum populären Lied im weiten Sinne; Einzellied-Dokumentationen.
E: Fachbibliothek (ca. 50000 Bde.), Tonträger, Grafiken, Handschriften.

Richard Wagner (1813-1883)

G 890 Richard-Wagner-Museum mit Nationalarchiv der Richard-Wagner-Stiftung Bayreuth. Verwaltung: Richard-Wagner-Str. 48, D-95444 Bayreuth. - Tel.: 0921-25351 und 757280. - Fax: 0921-75728.22.
BA: Dokumente zu Richard Wagner, Siegfried Wagner, Houston Stewart Chamberlain und zu den Bayreuther Festspielen (ca. 20 lfd. m Noten und Textdokumente, ca. 60 Bühnenbildmodelle, ca. 1200 Schallplatten und Tonbänder mit Wagner-Aufnahmen).

E: Richard-Wagner-Spezial-Bibliothek der Gedenkstätte. Richard Wagner-Bücherei im Haus Wahnfried. Dresdner Bibliothek Richard Wagners. Chamberlain-Bücherei (zusammen ca. 28000 Bde.). Präsenzbibliothek, Kopiermöglichkeit, eingeschränkter Benutzerkreis.
Studierzimmer (Beratung und Betreuung von Studierenden und Wissenschaftlern).

Christoph Martin Wieland (1733-1813)

G 900 Wieland-Archiv, Marktplatz 17, D-88400 Biberach. - Tel.: 07351-51.458 und 51.277. - Fax: 07351-51.526.

BA: Wielands Werke in Gesamt- und Einzelausgaben (ca. 2730 Bde.). Sekundärliteratur zu Wieland und zum 18. Jahrhundert (ca. 4000 Bde.). Zeitgenössische Literatur (5025 Bde., davon über 1600 Bde. rekonstruierte Bibliothek Wielands). Sophie LaRoche-Sammlung (104 Bde.). Über 400 eigenhändige Briefe und Handschriften Wielands, über 500 Briefe von Zeitgenossen, Vorfahren und Nachkommen. Bilder und Büsten von Wieland, seinen Zeitgenossen, Vorfahren und Nachkommen. - J.H. Knecht-Sammlung (Biberacher Tonkünstler, 1752-1817, 159 Bde.). Biberacher Stadtgeschichte und Theatergeschichte (ca. 130 Bde.). Dokumente zur Wieland-Forschung (Nachlaß von Bernhard Seuffert, Bibliothek von Julius Steinberger, Nachlaß von Carl Peucer).
E: Ausleihbibliothek, Kopiermöglichkeit, eingeschränkter Benutzerkreis. - Schauraum (Dauerausstellung). - Wieland-Gartenhaus (Saudengasse 10/1) mit Dauerausstellung ("Gärten in Wielands Welt").
P: *Wieland-Studien* (Aufsätze, Texte u. Dokumente, Berichte, Bibliographie) 1 ff. (1991 ff.).
L: Hans Radspieler: *Das Wieland-Museum Biberach an der Riß.* 1905-1985. Biberach 1985. - *Gärten in Wielands Welt.* Marbacher Magazin, 40 (1987).

→ G 10, G 20, G 30, G 40.

Johann Joachim Winckelmann (1717-1768)

G 930 Winckelmann-Museum, Winckelmannstr. 36-37, D-39576 Stendal. - Tel.: 03921-212026. - Fax: 03931-214959.

BA: Dokumente zu Leben und Werk Winckelmanns und zu seiner Wirkung auf Archäologie, Literatur, Kunst und Ästhetik der deutschen Klassik und des europäischen Klassizismus. Originalausgaben und frühe Drucke seiner Werke. Handschriftlicher Nachlaß Winckelmanns in Fotokopien (ca. 10000 Blatt, Bildnisse Winckelmanns und seiner Zeitgenossen, Schrifttum und Sachzeugnisse zur Geschichte der Archäologie und Kunstgeschichte sowie der Antike-Rezeption des 18. Jh's.). Grafiksammlung zur Rezeption der Antike in der Gegenwartskunst. - Sitz der Winckelmann-Gesellschaft.
E: Bibliothek (ca. 10000 Bde.). Winckelmann-Forschungsbibliothek.

Zeitungen

G 940 Institut für Zeitungsforschung, Haus der Bibliotheken, Hansa-Platz, D-44122 Dortmund. - Tel.: 0231-5023221. - Fax: 0231-5026018.

BA: Zeitungen (26000 Bde.), Zeitschriften (30200 Bde.), Pressefrühdrucke (1100 Bde.), über 66800 Rollen Mikrofilme von Zeitungen, Plakate (6000), Karikaturen, Flugblätter, Originalzeichnungen von Pressezeichnern.

Sondersammelgebiete: Pressefrühdrucke des 16. und 17. Jh's., der Revolution 1848/49, Presse der Arbeiterbewegung ab 1842, politische Plakate, politische Flugblätter, Exilpresse 1933-1945.

E: Fachbibliothek (über 50100 Bde.). Präsenzbibliothek mit Kopiermöglichkeit.

P: *Dortmunder Beiträge zur Zeitungsforschung* (bisher 51 Bde.). - Posthoff, Barbara: *Plakatsammlung des Instituts für Zeitungsforschung der Stadt Dortmund. Kommentar- und Registerband zur Mikrofiche-Ausg.* München: Saur, 1992.

G 942 Internationales Zeitungsmuseum der Stadt Aachen, Pf 1210, D-52058 Aachen. - Pontstr. 13, D-52062 Aachen. - Tel.: 0241-432.4508.

BA: Ca. 150000 Einzelausgaben von Zeitungen aus der ganzen Welt als Übersicht über die Pressegeschichte. Besondere Sammelgebiete: Erst- und Letztausgaben, Jubiläums- und Sondernummern.

E: Präsenzbibliothek, keine Kopiermöglichkeit.

P: Ausstellungskataloge.

G 944 Deutsches Zeitungsmuseum, Museum für die Frühgeschichte der deutschsprachigen Presse, Dr. Martin Welke, Schloßplatz 13, D-88709 Meersburg. - Tel.: 07532-7158.

BA: Exponate zur Geschichte der deutschsprachigen Zeitungen (mit Einschluß Österreichs und der Schweiz) von den Anfängen bis zur Gegenwart. *Schwerpunkt:* 1590 bis 1848. Dokumentation aller Aspekte des Zeitungswesens (Papierproduktion, Drucktechnik, Nachrichtenbeschaffung, redaktioneller Alltag, Vertrieb, Wirkung).

E: Bibliothek und Archiv (nicht für die Öffentlichkeit zugänglich).

TEIL H: BIBLIOTHEKEN, INFORMATIONSVERMITTLUNGSSTELLEN, DATENBANKEN

H 5 Erfaßt sind die Nationalbibliotheken, die als nationalbibliographische Zentren alle Neuerscheinungen sammeln und in ihren Bibliographien verzeichnen. Zusätzlich wurden die Bibliotheken mit herausragenden Beständen deutschsprachiger Literatur aufgenommen, so etwa die Stadt- und Universitätsbibliothek Frankfurt/M. (→ H 80) mit ihren Sondersammelgebieten *Allgemeine Germanistik, Theaterwissenschaft* und *Medienkunde* und die Herzog August Bibliothek Wolfenbüttel (→ H 90), die über annähernd 400000 Drucke des 15. bis 18. Jahrhunderts verfügt. - Vorgestellt werden auch neuere Versuche, bibliographische und sonstige Daten schneller verfügbar zu machen. In den letzten Jahren wurden auch auf geisteswissenschaftlichem Sektor mit Hilfe der elektronischen Datenverarbeitung Datenbanken aufgebaut, die es erlauben, in Minuten das bibliographische Material zu bestimmten Themenbereichen über Bildschirm-Terminal mit anschließendem Ausdruck zu erfassen. Zu den für den Bereich Literatur und deutschsprachiges Theater wichtigsten Datenbanken finden sich Angaben über Datenbestand und Zugriffsmöglichkeiten (→ H 130ff.). Weitere Datenbanken sind an sachbezogener Stelle in den Teilen F und I genannt.

Abkürzungen: **BA** = Bestand, Archivmaterial usw.; **E** = Ergänzende Einrichtungen; **P** = Publikationen; **L** = Literatur; **Pf** = Postfach.

H 10 Die Deutsche Bibliothek, Deutsche Bibliothek Frankfurt/M., Zeppelinallee 4-8, D-60325 Frankfurt/M. - Tel.: 069-75661. - Fax: 069-7566.476.

Gesamtarchiv (seit 1913 des deutschen und im Ausland erschienenen deutschsprachigen Schrifttums) und nationalbibliographisches Informationszentrum der Bundesrepublik Deutschland. Durch den Einigungsvertrag vom 3. Oktober 1990 wurden die Deutsche Bücherei Leipzig und die Deutsche Bibliothek Frankfurt/Main zu einer rechtsfähigen bundesunmittelbaren Anstalt des öffentlichen Rechts unter dem Namen "Die Deutsche Bibliothek" vereinigt. Sitz des Generaldirektors ist Frankfurt/M. - Präsenzbibliothek. - Ausstellungstätigkeit.

BA: Rd. 5,6 Mio. Bde.; davon rd. 100000 Karten, rd. 87000 Autographen (Deutsches Exilarchiv 1933-1945); rd. 430000 Mikroformen; rd. 66700 laufend gehaltene Zeitschriften; rd. 600000 Dissertationen; rd. 490000 Tonträger (überwiegend Deutsches Musikarchiv Berlin).

Gesammelt werden am Standort Frankfurt das ab 1945 in Deutschland veröffentlichte Schrifttum und die im Ausland erscheinenden deutschsprachigen Veröffentlichungen.

E: Deutsches Exilarchiv 1933-1945 (rd. 113000 bibliographische Einheiten).

Deutsches Musikarchiv (seit 1970 zur Deutschen Bibliothek gehörend; Bestand: rd. 470000 Tonträger und 180000 Musikalien).
Datenbank BIBLIODATA (→ H 130).
P: *Deutsche Bibliographie* (→ D 4740 ff.); *Deutsche Nationalbibliographie* (→ D 4770); *Die Deutsche Bibliothek: Sonderveröffentlichungen.*

H 20 Die Deutsche Bibliothek, Deutsche Bücherei Leipzig, Deutscher Platz 1, D-04103 Leipzig. - Tel.: 0341-22710. - Fax: 0341-2271.444.
Gesamtarchiv (seit 1913 des deutschen und im Ausland erschienenen deutschsprachigen Schrifttums) und nationalbibliographisches Informationszentrum der Bundesrepublik Deutschland. Durch den Einigungsvertrag vom 3. Oktober 1990 wurden die Deutsche Bücherei Leipzig und die Deutsche Bibliothek Frankfurt/Main zu einer rechtsfähigen bundesunmittelbaren Anstalt des öffentlichen Rechts unter dem Namen "Die Deutsche Bibliothek" vereinigt. Sitz des Generaldirektors ist Frankfurt/M. - Präsenzbibliothek.
BA: Rd. 7,5 Mio. Bde., davon ca. 150000 Karten und Kartenwerke, ca. 60000 Tonträger, ca. 250000 Mikroformen, ca. 60000 Zeitschriften, ca. 850000 Dissertationen, rd. 100 Handschriften und 758 Inkunabeln. Rd. 2,2 Mio. Sondermaterialien (Wasserzeichen, Papierproben, Patentschriften).
Gesammelt werden das ab 1913 in Deutschland veröffentlichte Schrifttum und die im Ausland erscheinenden deutschsprachigen Veröffentlichungen einschließlich der zwischen 1933 und 1945 erschienenen Publikationen deutschsprachiger Emigranten. Ab 1941 die im Ausland erscheinenden Übersetzungen deutschsprachiger Werke in andere Sprachen sowie die im Ausland erscheinenden fremdsprachigen Druckwerke über Deutschland (Germanica).
E: Deutsches Buch- und Schriftmuseum (→ G 170). Sammlung Exil-Literatur. Sammlung Sozialistica. Anne-Frank-Shoah-Bibliothek. Kartensammlung. Sammlung Dokumente internationaler Organisationen. Patentschriften. Plakatsammlung. Reichsbibliothek von 1848.
P: *Deutsche Nationalbibliographie* (→ D 4700; D 4770).

H 30 Österreichische Nationalbibliothek, Josefsplatz 1, A-1015 Wien. - Tel.: [0043] 1-53410.
Nationalbibliothek Österreichs mit Pflichtablieferung. Nationalbibliographisches Zentrum. - Präsenzbibliothek.
BA: Druckschriftensammlung (rd. 2,7 Mio. Bde., rd. 209000 Flugblätter und Plakate, rd. 42000 Exlibris, rd. 18000 laufende Zeitschriften und Zeitungen, Handbibliothek mit rd. 65900 Bden.; Handschriften- und Inkunabelsammlung (rd. 51000 Handschriften, rd. 275000 Autographen, rd. 7950 Inkunabeln, Handbibliothek mit rd. 34300 Bden.). Musikaliensammlung; Kartensammlung und Globenmuseum; Papyrussammlung; Bildarchiv-Porträtsammlung (rd. 918400 fotografische Negative, rd. 854000 Grafiken und Fotos; Handbibliothek mit rd. 120000 Bden.). Die Theatersammlung ist seit 1991 selbständig (→ G 835).
Sammelschwerpunkt sind Austriaca, Schriften aus Österreich, über Österreich und von Österreichern. Wichtige Bestände an deutschsprachiger Literatur.

E: *Österreichisches Literaturarchiv*, mit zahlreichen Schriftstellernachlässen bzw. -teilnachlässen (u.a. Ingeborg Bachmann, Thomas Bernhard, Heimito von Doderer, Erich Fried, Hugo von Hofmannsthal, Ödön von Horváth, Karl Kraus, Heinrich Laube, Robert Musil, Rainer Maria Rilke, Arthur Schnitzler, Manès Sperber, Frank Thiess, Friedrich Torberg, Ludwig Wittgenstein).
Internationales Esperanto-Museum - Sammlung für Plansprachen mit rd. 40200 Flugschriften, 12140 Fotos, 10000 Zeitungsausschnitten und einer Handbibliothek mit rd. 18300 Bden.
P: *Österreichische Bibliographie* [→ D 4780].

H 40 Schweizerische Landesbibliothek, Hallwylstr. 15, CH-3003 Bern. - Tel.: [0041] 031-322.8911. - Fax: [0041] 031-322.8463.
Nationalbibliothek und bibliographisches Zentrum der Schweiz. - Ausleihbibliothek.
BA: Rd. 2,3 Mio. Monographien, rd. 37000 Karten, rd. 325000 Bilddokumente, rd. 10000 laufende Zeitschriften (davon 380 Schweizer Zeitungen), 8200 Tonträger.
Neben dem Bestand an Schriften von Schweizern, über Schweizer und die Schweiz reicher Bestand an deutscher Literatur.
E: Schweizerisches Literaturarchiv (→ G 75). - Schweizerischer Gesamtkatalog: Der von der Schweizerischen Landesbibliothek verwaltete Gesamtkatalog weist ausländische und vor 1900 erschienene schweizerische Publikationen nach, die ihm von den angeschlossenen Bibliotheken gemeldet werden. Die nach 1900 erschienenen Publikationen, die von der Landesbibliothek systematisch erfaßt werden, sind im Gesamtkatalog nicht verzeichnet, können jedoch direkt oder mittels interbibliothekarischen Leihverkehrs entliehen werden.
P: *Schweizerische Nationalbibliographie* (→ D 4790). - *Bibliographie der deutschsprachigen Schweizerliteratur* → D 4800.

H 45 Bibliothèque nationale de Luxembourg, Boulevard Roosevelt 37, L-2450 Luxembourg. - Tel.: [00352] 226255.
Nationalbibliothek und bibliographisches Zentrum des Großherzogtums Luxemburg.
Ausleih- und Präsenzbibliothek, Kopiermöglichkeit; Konsultation über CD-ROM (British Library, Bibliothèque nationale de Paris), Anschluß an REBUS-Netz.
BA: Rd. 750000 Bücher, rd. 3800 laufende Zeitungen und Zeitschriften (darunter rd. 1000 luxemburgische Zeitschriften sowie Zeitungen).
Neben den Beständen an Schriften von Luxemburgern, über Luxemburger und Luxemburg, reicher Bestand an deutscher Literatur. Zahlreiche Nachlässe sowie Teilnachlässe.
P: *Bibliographie luxembourgeoise* (→ D 4810); *Bibliographie d'histoire luxembourgeoise*.
L: *La Bibliothèque nationale de Luxembourg: son histoire, ses collections, ses services*. Luxembourg 1986.

H 50 Staatsbibliothek zu Berlin - Preußischer Kulturbesitz. - *Haus 1:* Unter den Linden 8, D-10117 Berlin. - Tel.: 030-203780. - Fax: 030-20378.721. - *Haus 2:* Potsdamer Str. 33, D-10785 Berlin. - Tel.: 030-266.1. - Fax: 030-266.2814. - Telex: 183160 staab d.

Seit 1.1.1992 sind die Preußische Staatsbibliothek und die Staatsbibliothek Preußischer Kulturbesitz unter obiger Bezeichnung zusammengeführt. Wissenschaftliche Universalbibliothek (gegr. 1661) von überregionaler Bedeutung für Forschung, Aus- und Weiterbildung, Information und Allgemeinbildung. Trägerinstitution für wichtige bibliothekarische Gemeinschaftsunternehmen, z.B. für die Zeitschriften-Datenbank (→ H 133). Sammlung deutscher Drucke 1871-1912. - Ausleihbibliothek, Kopiermöglichkeit. Bibliographische Auskünfte.

BA: Rd. 8,4 Mio. Bde., über 36700 laufende Zeitschriften und Zeitungen; rd. 4300 Wiegendrucke, 17000 abendländische Handschriften (außer Musikhandschriften), 35000 Bde. orientalische und ostasiatische Originalhandschriften; 840 Nachlässe, 19000 Autographen, 31000 Rara, 221000 Einblattmaterialien, einschl. Porträts; 66000 Musikhandschriften und -autographen, 60000 Musikerbriefe, 180 Musikernachlässe, 430000 Musikdrucke (Noten), 15000 Textbücher (Libretti), 35000 Tonträger, 8000 Bildnisse; ca. 840000 Kartenblätter, 26000 Atlanten, 31000 kartographische Schriften, länderkundliche Werke, Ortslexika, Reiseführer, 150000 Ansichten (Stiche, Lithographien, Fotografien); 125000 Kinder- und Jugendbücher sowie theoretische Werke zur Kinder- und Jugendliteratur; amtliches Schrifttum des In- und Auslandes (Parlamentaria) sowie Veröffentlichungen internationaler Organisationen.

E: Handschriftenabteilung: Zahlreiche Nachlässe bzw. Teilnachlässe von Dichtern, Schriftstellern und Germanisten (u.a. Joh. Christoph Adelung, Ernst Moritz Arndt, Otto Julius Bierbaum, Carl Bleibtreu, Annette von Droste-Hülshoff, Theodor Fontane, Günter Bruno Fuchs, Emanuel Geibel, Jacob und Wilhelm Grimm, Gerhart Hauptmann, Johann Gottfried Herder, August Heinrich Hoffmann von Fallersleben, Arno Holz, Wilhelm von Humboldt, Heinrich von Kleist, Jakob Michael Reinhold Lenz, Moses Mendelssohn, Friedrich Nicolai, Friedrich Rückert, Wilhelm Scherer, Julius Stinde, Ludwig Tieck, Clara Viebig, Herwarth Walden, Johann Joachim Winckelmann).

Besondere Bestände zu den Sprach- und Literaturwissenschaften (vor allem zu den Autoren, deren Nachlässe hier liegen).

Theaterzettel (im wesentlichen aus den Jahren 1899-1922, aber auch ältere Bestände).

Zentralkartei der Autographen (alte Bundesländer); Verzeichnis der Nachlässe in Bibliotheken und Archiven der fünf neuen Bundesländer. Auskunftstätigkeit.

Mendelssohn-Archiv (mit Dokumenten zur Geschichte der Berliner Familie). Ausstellungsraum.

Gerhart-Hauptmann-Raum (Arbeitsraum mit Besichtigungsstücken und Teilen der Bibliothek).

Bildarchiv: ca. 9 Mio. Bilder (Fotos, Grafiken usw.) aus allen Epochen der Geschichte.

P: *Staatsbibliothek zu Berlin - Preußischer Kulturbesitz. Mitteilungen. - Jahresbericht. - Staatsbibliothek Preußischer Kulturbesitz. Kataloge der Handschriftenabteilung, Reihe 1: Handschriften; Reihe 2: Nachlässe; Reihe 3: Illuminierte Handschriften.*

H 70 Bayerische Staatsbibliothek, D-80328 München. - Ludwigstr. 16, D-80539 München. - Tel.: 089-286380. - Fax: 089-2809284 und 28638293.

Wissenschaftliche Universalbibliothek mit großem Altbestand, umfassender Sammlung von deutschen literarischen Texten und wissenschaftlicher Literatur. Gegründet 1558. - Ausleihbibliothek.

BA: Rd. 6,45 Mio. Bücher, rd. 880 Nachlässe mit 35100 Autographen, ca. 309000 Karten und Kartenwerke, ca. 83000 Bild- und Tonträger, ca. 38000 laufende Zeitschriften, Zeitungssammlung. Herausragende Bestände an Inkunabeln und Drucken des 16. bis 18. Jh's. Zahlreiche Nachlässe bzw. Teilnachlässe von Dichtern, Schriftstellern und Germanisten (u.a. Willibald Alexis, Joseph Bernhart, Georg Britting, Oskar Maria Graf, Otto Erich Hartleben, Paul Heyse, L.H.C. Hölty, Heinz Piontek, August von Platen, Adalbert Stifter, Siegfried von Vegesack, Joh. Heinrich Voß, Georg von der Vring). - Vgl.: Karl Dachs: *Die schriftlichen Nachlässe in der Bayerischen Staatsbibliothek*. Wiesbaden 1970.

Besondere Sammelschwerpunkte: Sammlung deutscher Drucke von 1450-1600. Werke aus und über Bayern. Geschichte, Altertumswissenschaft, Byzantinistik, Slawistik und Musikwissenschaft.

E: Arbeitsstelle *Verzeichnis der im Deutschen Sprachbereich erschienenen Drucke des 16. Jh's*. Vorauss. ab Mitte 1994: Arbeitsstelle *Verzeichnis der im Deutschen Sprachbereich erschienenen Drucke des 17. Jh's*.

P: *Catalogus codicum manuscriptorum Bibliothecae Regiae Monacensis*. - *Bayerische Staatsbibliothek. Alphabetischer Katalog 1501-1840. Voraus-Ausg*. 60 Bde. München: Saur, 1987-1990 (endgültige Ausg. in Vorber.).

H 75 Niedersächsische Staats- und Universitätsbibliothek, **a)** Zentralbibliothek Neubau, Platz der Göttinger Sieben 1, D-37073 Göttingen. - Tel.: 0551-39.5231 und .5287 (Auskunft und Vermittlung), 39.5212 (Sekretariat). - Fax: 0551-39.5222. **b)** Zentralbibliothek Altbau, Papendieck 14, D-37073 Göttingen. - Fax: 0551-39.5384.

Tel. der Abteilungen: 0551-39.5236 und .5235 (Abt. für Handschriften und seltene Drucke), -39.5397 (Abt. 'Sammlung deutscher Drucke 1701-1800'), -39.5282 (Kartenabt.).

Wissenschaftliche Bibliothek mit Forschungsliteratur zu allen Fachgebieten. Zentralbibliothek der Georg-August-Universität. Bibliothek der Akademie der Wissenschaften zu Göttingen (→ I 10). Gegründet 1734. - Ausleihbibliothek.

BA: Rd. 3,9 Mio. bibliogr. Einheiten einschl. 800000 Dissertationen, außerdem 12017 Handschriften, 302 Nachlässe, rd. 4500 Inkunabeln, Porträtsammlung (Voit'sche Sammlung) der Universität, rd. 15000 laufende in- und ausländische Zeitschriften, rd. 175000 Karten, Kartenwerke und Erläuterungen. - Bedeutende Bestände an Inkunabeln und Drucken des 16. bis 19. Jahrhunderts.

Umfassende germanistische Forschungsliteratur. Schriftsteller- und Germanisten-Nachlässe und Teilnachlässe u.a. von Georg Baesecke, Georg Friedr. Benecke, Heinr. Chr. Boie, Gottfr. August Bürger, Wilhelm Dilthey, Georg Forster, Karl Goedeke,

Göttinger Hain, Moritz Heyne, A.H. Hoffmann von Fallersleben, Therese Huber, Moritz Jahn, Georg Christoph Lichtenberg, Börries von Münchhausen, Ulrich Pretzel, Gustav Roethe, Edward Schröder, Rudolf Unger.

E: Niedersächsischer Zentralkatalog (NZK). Gegr. 1956. Er weist mit rd. 13 Mio. Bänden die Bestände von ca. 100 niedersächsischen Bibliotheken nach und wird ab Erscheinungsjahr 1977 als Datenbank fortgeführt. → Bibliotheksrechenzentrum für Niedersachsen (BRZN, → H 135).

P: Arbeiten aus der Niedersächsischen Staats- und Universitätsbibliothek; Bestandskataloge; Ausstellungskataloge.

L: Kind-Doerne, Christiane: *Die Niedersächsische Staats- und Universitätsbibliothek Göttingen. Ihre Bestände und Einrichtungen in Geschichte und Gegenwart.* Wiesbaden 1986 (Beiträge zum Buch- und Bibliothekswesen, 22).

H 80 Stadt- und Universitätsbibliothek Frankfurt am Main, Bockenheimer Landstr. 134-138, D-60325 Frankfurt/M. - Tel.: 069-21239230. - Fax: 069-21239404.

Schwerpunktbibliothek deutsche Literatur und Literaturwissenschaft. Sammlung deutscher Drucke 1801-1870. - Ausleihbibliothek.

BA: Rd. 3,2 Mio. Bde., rd. 35500 Autographen, rd. 5600 Karten und Kartenwerke, rd. 33700 Porträt- und Grafikblätter, rd. 10000 Bühnenmanuskripte, rd. 2700 Tonträger, ca. 12000 laufend gehaltene Zeitschriften.

Die Stadt- und Universitätsbibliothek pflegt u.a. die Sondersammelgebiete Allgemeine Germanistik, Allgemeine und Vergleichende Literaturwissenschaft, Deutsche Literatur und Literaturwissenschaft, Theaterwissenschaft, Film, Hörfunk und Fernsehen mit allen Sparten und Erscheinungsformen. Die deutschsprachige Literatur vom Mittelalter bis zur Gegenwart ist in kritischen Editionen, in Erst- oder Leseausgaben vorhanden, dazu deutsche und ausländische Sekundärliteratur. Theaterwissenschaft und Medienkunde werden ebenfalls vollständig gesammelt. Die Literaturdidaktik wird in breiter Auswahl der deutschen und ausländischen Publikationen berücksichtigt.

Sondersammlungen auf dem Gebiet der Barockliteratur (Sammlung Hirzel, Mikroformen-Sammlung Faber du Faur, Jantz und Yale University Library-Collection). Flugschriftensammlung Gustav Freytag. Sammlung Wieland (mit mehr als 1000 Erstdrucken und späteren Ausgaben der Werke Christoph Martin Wielands), reiche Bestände zur Literatur des 19. Jh's. (Primär- und Sekundärliteratur, Zeitschriften; Rothschild'sche Bibliothek mit ca. 130000 Bden); rd. 20000 Primärtexte des Vormärz und der politischsozialen Bewegung vor 1848. Literaturzeitschriften des 19. Jh's.; Veröffentlichungen zu den sozialgeschichtlichen und republikanischen Bewegungen im 19. und frühen 20. Jh.; Expressionismus-Sammlung; umfangreiche Bestände an Literatur der Weimarer Zeit (1919-1933) sowie an Exil-Literatur; Erstausgaben der deutschsprachigen Literatur der Gegenwart. Kinderbuch-, Lesebuch-, Kochbuchsammlung.

Rd. 210 Nachlässe, darunter zahlreiche Schriftstellernachlässe (u.a. Wilhelm Heinse, Karoline von Günderrode, Friedrich Creuzer, Ludwig Börne, Karl Gutzkow, Wilhelm Jordan, Georg Friedrich Daumer, Friedrich Stoltze, Alfons Paquet, Rudolf Presber) und Autographen (z.B. Goethe, Schiller, Tieck, Jean Paul, Clemens Brentano, Friedrich und August Wilhelm Schlegel, Wilhelm von Humboldt).

E: Schopenhauer-Archiv; Horkheimer-Archiv; Adorno-Archiv; Herbert-Marcuse-Archiv; Alexander-Mitscherlich-Archiv; Liebrucks-Archiv.
P: *Bibliographie der deutschen Sprach- und Literaturwissenschaft* (→ D 360).

H 90 Herzog August Bibliothek, Pf 1364, D-38299 Wolfenbüttel. - Lessingplatz 1, D-38304 Wolfenbüttel. - Tel.: 05331-8080. - Fax: 05331-808.134 (Direktion), -173 (bibliothekarische Auskunft).
1572 gegründete Bibliothek mit herausragenden Beständen. Internationale Forschungs- und Studienstätte für die Geschichte der frühen Neuzeit. Sammlung deutscher Drucke 1601-1700.
BA: Rd. 900000 Bde. (Schwerpunkt: Sammlung alter Drucke mit ca. 3500 Inkunabeln, ca. 75000 Drucken des 16. Jh's., rd. 150000 Schriften aus dem 17. Jh., über 120000 Drucken des 18. Jh's.). Forschungsliteratur zur europäischen Kulturgeschichte. Handschriftensammlung mit rd. 12000 Handschriften (davon ca. 3000 aus dem Mittelalter). Musikaliensammlungen (Handschriften sowie Notendrucke und Libretti des 15. bis 18. Jh's.). Sondersammlungen (20000 Landkarten, 25000 Porträtstiche, 1000 illustrierte Flugblätter des 17. Jh's., Einblattdrucke, grafische Blätter, Theaterzettel usw.). Illustrierte Bücher (aus allen Jahrhunderten), Malerbuchsammlung des 20. Jh's (900 Bde.). Wahrnehmung von Forschungsaufgaben (Forschungen zum Mittelalter und zur frühen Neuzeit, zum 17. und 18. Jh., zur Geschichte des Buchwesens). Wissenschaftliche Veranstaltungen (Tagungen, Symposien, Arbeitsgespräche, Gastseminare, Fortbildungsseminare, Sommerkurse, Stipendiatenkolloquien).
P: Schriftenreihen (*Wolfenbütteler Beiträge*; *Wolfenbütteler Forschungen; Wolfenbütteler Abhandlungen zur Renaissance-Forschung; Wolfenbütteler Arbeiten zur Barockforschung; Wolfenbütteler Schriften zur Geschichte des Buchwesens*); Mitteilungsblätter (*Wolfenbütteler Bibliotheks-Informationen; Wolfenbütteler Renaissance-Mitteilungen; Wolfenbütteler Barock-Nachrichten; Wolfenbütteler Notizen zur Buchgeschichte*); Kataloge; Repertorien; Kleine Schriften; Einzelveröffentlichungen; *Jahresprogramm* (mit Informationen zum Bestand und seiner Erschließung sowie einer Liste der Veröffentlichungen).
L: *Lexikon zur Geschichte und Gegenwart der Herzog August Bibliothek Wolfenbüttel.* Hrsg. von Georg Ruppelt und Sabine Solf. Wiesbaden: Harrassowitz, 1992 (Lexika europäischer Bibliotheken, 1).

Herzogin Anna Amalia Bibliothek (→ G 10).

H 105 Bibliotheca Bodmeriana, 19-21, Route du Guignard, CH-1223 Cologny-Genève. - Tel.: [0041] 022-7362370. - Fax: [0041] 022-7001540.
Bedeutende Bibliothek der Weltliteratur.
BA: Rd. 160000 bibliographische Einheiten, darunter zahlreiche Erstausgaben deutscher Dichtung. Rd. 2000 Autographen (darunter von Goethe, Hölderlin, Stifter, C.F. Meyer, H. Mann, Hofmannsthal). Bedeutende Papyrussammlung, zahlreiche Inkunabeln.

E: Kunstsammlung.
P: Kataloge, Texte, Papyri.
L: Bodmer, Martin: *Eine Bibliothek der Weltliteratur.* Zürich 1947.

H 110 Bibliotheken der Stadt Dortmund, Zeitungsausschnitt-Sammlung, Markt 12, D-44122 Dortmund. - Tel.: 0231-50.23236. - Fax: 0231-50.23199.
Ausleihbibliothek. Zeitungsausschnitt-Sammlung.
BA: Aufsätze, Berichte, Kommentare, Rezensionen und Kritiken zu den Gebieten: Deutsche und ausländische Literatur aus verschiedenen Epochen (Schwerpunkt: 20. Jh.) u.a. Ausgewertet werden über 20 (Kultur-)Zeitschriften und über 30 Tages- und Wochenzeitungen. Alle Ausschnittmappen können über Bibliotheken oder im Direktversand entliehen werden.

H 115 Innsbrucker Zeitungsarchiv zur deutsch- und fremdsprachigen Literatur (IZA), Abteilung für Literaturkritik und Rezeptionsforschung, c/o Institut für Germanistik (→ I 1390).
Zeitungsausschnittsammlung und Forschungsstelle.
BA: Über 500000 Zeitungsausschnitte mit Aufsätzen, Berichten, Meldungen, Rezensionen, Interviews, Porträts, Aufführungsbesprechungen (Theater, Hörspiel, literarische Verfilmungen, Kabarett) u.ä. zu mehr als 16000 deutsch- und fremdsprachigen Autoren und Autorinnen und etwa 450 Schlagwörtern zu den Literaturen aller Zeiten, Kulturen und Sprachen, zur Sprachwissenschaft und zum Theater (Schauspieler, Regisseure, Theaterhäuser, Bühnen usw.). Auf der Basis von 26 Tageszeitungen, 11 Wochenzeitungen, 4 Magazinen und 39 Kulturzeitschriften aus Österreich, Deutschland, der Schweiz und Südtirol beträgt der durchschnittliche wöchentliche Zuwachs etwa 800 Ausschnitte. Informationsbroschüre auf Anfrage.

H 120 Dokumentationsstelle für neuere österreichische Literatur im Literaturhaus, Seidengasse 13, A-1070 Wien. - Tel.: [0043] 1-526.20440. - Fax: [0043] 1-526.2044.30.
Die Dokumentationsstelle sammelt Material zur österreichischen Literatur des 20. Jh's. (besonderer Schwerpunkt: die Zeit nach 1945) und versteht sich als Forschungseinrichtung und öffentliche Servicestelle, die allen Interessierten, insbesondere Studenten und Wissenschaftlern, zur Verfügung steht.
BA: Rd. 30000 Bde. Primär- und Sekundärliteratur, einschl. Nachschlagewerke. Sammlung österreichischer Literatur-, Theater- und Kulturzeitschriften. Auswahl wichtiger ausländischer Zeitschriften (insgesamt rd. 200 laufende Titel).
E: Zeitungsausschnittsammlung (rd. 550000 Ausschnitte aus Tageszeitungen, Wochen- und Monatsschriften des deutschen Sprachraums); Autographensammlung, Nachlässe und Teilnachlässe (u.a. Hermann Broch, Rudolf Brunngraber, Rudolf Henz, Rudolf Kalmar jun., Theodor Kramer, Robert Neumann, Joseph Roth, Otto Stoessl, Ernst Waldinger, Martina Wied, Stefan Zweig; Akten des Stiasny-Verlages und der Grazer Autorenversammlung); Tonband- und Schallplattensammlung; Bildarchiv (rd. 3000 Fotos). Sammlung von Theaterprogrammen, Plakaten u.ä. Ausstellungen.

Österreichische Exilbibliothek (seit 1993):

Forschungs- und Dokumentationsstelle zum österreichischen Exil (1933/38-1945). Sammlung österreichischer Exilliteratur (Bücher, Zeitschriften; Handschriften, Sammlungen, Nachlässe (zu z.Z. rd. 100 Exilautoren), Zeitungsausschnittsammlung, Bildarchiv, Tonband- und Video-Sammlung). Datenbank zur österreichischen Kultur im Exil (im Aufbau). - Ausstellungen und Veranstaltungen.
P: *Zirkular* (halbjährlich erscheinende Zeitschrift). *Pressespiegel* (seit 1984; jährlich erscheinende Zusammenstellung der wichtigsten Rezensionen zu Neuerscheinungen österreichischer Literatur). *Zirkular*-Sondernummern mit Themenschwerpunkten.

D a t e n b a n k e n:

Kleinere Datenbanken werden an sachbezogener Stelle in den Teilen F und I genannt.

H 130 BIBLIODATA. Nationalbibliographische Datenbank Der Deutschen Bibliothek (→ H 10)

Neben den konventionellen Zettelkatalogen und gedruckten Bibliographien stellt die Deutsche Bibliothek seit 1976 für bibliographische Recherchen auch die computergestützte Datenbank BIBLIODATA im Direktzugriff (online) zur Verfügung.
BIBLIODATA erfaßt alle deutschsprachigen Neuerscheinungen aus allen Wissensgebieten. Die Grobeinteilung der Literatur erfolgt nach Sachgruppen, wobei von 1972 bis 1981 ein Gliederungsschema mit 26, ab 1982 eines mit 65 Sachgruppen verwendet wird. Für Literaturwissenschaftler besonders interessant sind folgende Sachgruppen: 5: Kalender; 7: Kinder- und Jugendliteratur; 8: Comics, Cartoons, Karikaturen; 22: Erziehung, Bildung, Unterricht; 23: Schulbücher; 24: Berufsschulbücher; 25: Volkskunde; 48: Musik; 49: Theater, Tanz, Film; 51-58: Sprach- und Literaturwissenschaft verschiedener Sprachen (53: Deutsche Sprach- und Literaturwissenschaft); 59: Belletristik; 63: Geschichte und Historische Hilfswissenschaften; 64: Sozialgeschichte, 65: Wirtschaftsgeschichte. Eingearbeitet wurden die Reihen A, B, C, H (ab 1972 ff.) und N (ab 1975 ff.).
Datenbestand: ca. 2,2 Mio. Dokumente (März 1994); jährlicher Zuwachs: ca. 200000 Dokumente.
Verfügbarkeit: Die Informationsdatenbank ist mit dem Retrievalsystem MESSENGER online recherchierbar. Informationsanbieter ist das STN International Fachinformationszentrum Karlsruhe, D-76344 Eggenstein-Leopoldshafen. - Tel.: 07247-808.555. - Zugriff über eine Institution mit BIBLIODATA-Anschluß.

H 133 Zeitschriften-Datenbank (ZDB).

Bibliothekarisch-redaktionell bearb. von der Staatsbibliothek zu Berlin - Preußischer Kulturbesitz.
Nachweis der Zeitschriften und zeitschriftenartigen Reihen, die in den Bibliotheken der Bundesrepublik Deutschland vorhanden sind (mit Bestands- und Standortangaben).
Microfiche-Ausgabe: Wiesbaden: Harrassowitz (regelmäßige Aktualisierung).

H 135 Bibliotheksrechenzentrum für Niedersachsen (BRZN)

Das BRZN ist die Zentrale des Bibliotheksverbundes Niedersachsen, Sachsen-Anhalt, Thüringen. Die Verbundsoftware wurde von der Niederländischen PICA-Stiftung übernommen. Zugriff haben auch die Einrichtungen außerhalb des Verbundbereichs. Die Vereinigung der jetzigen Datenbank mit der des Norddeutschen Bibliotheksverbundes wird 1995 erfolgen.

Datenbestand: 3,4 Mio. Titeldaten aus dem Verbundbereich mit 5,7 Mio. Besitznachweisen (Stand: 1994; Erfassungslücken für Titel vor Erscheinungsjahr 1977). Vollständiger Titelbestand der ZDB (→ H 133) mit allen Besitznachweisen aus dem Verbundbereich. Ein Nachweis für Aufsätze aus ausgewählten Zeitschriften befindet sich im Aufbau, ebenso die Vernetzung von lokalen Bibliotheks-DV-Systemen an allen Hochschulstandorten der Verbundregion hat begonnen. Fernleihbestellungen werden online im PICA-Fernleihsystem abgewickelt.

Verfügbarkeit: Die Datenbank ist über das Datex-P, das Wissenschafts- und das Datex-J-Netz erreichbar.

H 140 Dissertation Abstracts on-line (früher: Comprehensive Dissertation Index; COMP DISS ABS)

DISS ABS on-line bzw. COMP DISS ABS wird von der University Microfilm International (UMI) hergestellt und vertrieben. Sie ist die umfassendste Datenbank über US-amerikanische Dissertationen. Annähernd 99% aller in den Vereinigten Staaten von Amerika entstandenen bzw. entstehenden Dissertationen wurden bzw. werden für DISS ABS on-line ausgewertet. Sie deckt den Zeitraum von 1861 bis zur Gegenwart ab.

Datenbestand: Über 1 Mio. Literaturhinweise; jährlicher Zuwachs: ca. 40000 DE. Verfügbarkeit: sämtliche über DISS ABS on-line nachgewiesenen Dissertationen können über UMI als Mikrofilme oder als Xerographie bezogen werden. - Zugriff über eine Institution mit entsprechendem Anschluß.

H 145 Arts & Humanities Citation Index

Neben der gedruckten Version (→ D 4990) existiert seit 1982 eine Datenbank, die nach den gleichen Prinzipien wie die Printversion aufgebaut ist.

Datenbestand: Weit über 1 Mio. DE mit monatlicher Aktualisierung. - Zugriff über eine Institution mit entsprechendem Anschluß.

H 150 MLA Bibliography

Neben der gedruckten MLA Bibliography (→ D 390) wird von Modern Language Association of America auch eine Datenbank zur Verfügung gestellt. Sie ist die größte und umfassendste bibliographische Datenbank auf dem Gebiet der Sprach- und Literaturwissenschaften, verzeichnet einschlägige Zeitschriftenaufsätze, Beiträge, Neuerscheinungen sowie Dissertationen und deckt den Zeitraum von 1976 bis zur Gegenwart ab.

Datenbestand: Weit über 1 Mio. Literaturhinweise mit monatlicher Aktualisierung. - Zugriff über eine Institution mit MLA-Anschluß.

H 155 Datenbank Schriftstellerinnen in Deutschland 1945ff.

Die Datenbank *Schriftstellerinnen in Deutschland 1945ff.* befindet sich seit 1985 im Aufbau. Sie besteht aus einem biographischen Teil (Lebensdaten, Ausbildung, Beruf, Preise, Stipendien, Adresse) mit z.Z. 15000 Namen von Autorinnen und Übersetzerinnen sowie einem bibliographischen Teil (Monographien, Beiträge aus Anthologien, Zeitschriften, Zeitungen, Funk, Film, Fernsehen, Theater) mit z. Z. 60000 Titeln (Dezember 1993). - Anfragen direkt an die Stiftung Frauen-Literatur-Forschung e.V. (→ L 75). Für positive Recherchen werden Gebühren erhoben.

H 160 EDV-Datenbank beim Deutschen Theatermuseum (→ G 803)

Z.Z. werden folgende Datenbestände geführt, fortlaufend aktualisiert und/oder ergänzt: a) Objektdateien enthalten Angaben zur Foto-, Schallplatten- und Videosammlung. Die Dokumentation der seit 1980 erschienenen und im Hause vorhandenen Programmhefte ist im Gange; mit der Erfassung von Theaterkritiken sowie der Autographensammlung wurde begonnen. - b) Die seit 1985 geführte Werktiteldatei ist zugleich Bestandskatalog. Sie informiert aufgrund von Autopsie über (möglichst) alle aktuellen deutschsprachigen Bühnentexte. Der Großteil der erhobenen Daten wird im jährlich erscheinenden *Dramenlexikon* (→ C 915) publiziert. Begonnen wurde mit der retrospektiven Erfassung der von 1960 bis 1984 verlegten Stücke. - c) Die Suchtiteldatei ermöglicht mit über 10000 Datensätzen Einstiegsrecherchen zu Titeln und Autoren und regelt deren intern verbindliche Namensansetzung.

Ziel ist zum einen die Erschließung aller hauseigenen Objekte zur Geschichte des Theaters, zum anderen der Aufbau einer netzartig verknüpften Datenbank, die Informationen aus allen Datenbeständen ad hoc verfügbar macht.

H 170 MARBURGER INDEX

Bilddokumentation zur Kunst in Deutschland. Hrsg. vom Bildarchiv Foto Marburg im Forschungsinstitut für Kunstgeschichte der Philipps-Universität Marburg und dem Rheinischen Bildarchiv Köln. - Anschrift: Bildarchiv Foto Marburg, Ernst-von-Hülsen-Haus, Pf 1460, D-35004 Marburg. - Tel.: 06421-283600. - Fax: 06421-288931. - Telex 482372.

Das Bildarchiv Foto Marburg ist das größte Archiv zur europäischen Kunst in der Welt mit gegenwärtig über 1 Mio. Fotodokumenten und einem jährlichen Zuwachs von rd. 40000 Negativen. Seit 1977 publiziert es in Zusammenarbeit mit dem Rheinischen Bildarchiv Köln und der Deutschen Fotothek Dresden den MARBURGER INDEX, der gegenwärtig rd. 1 Mio. Aufnahmen zur bildenden Kunst in Deutschland einschl. der in Deutschland gesammelten Kunst ausländischer Provenienz enthält. Durch die Mikrofiche-Publikation (München: Saur, 1977ff.) ist es möglich, das Porträt einer Persönlichkeit, die Darstellung eines historischen Ereignisses oder alter handwerklicher Produktionsweisen, die Wiedergabe eines bestimmten Bildthemas - für den Literaturwissenschaftler besonders interessant - die Bildvorlagen von Gedichten und Gemäldebeschreibungen an jeder größeren Bibliothek zur Verfügung zu haben. - Die Anordnung der Objekte erfolgt alphabetisch nach Orten. Erschließung durch ikonographische, Sach-, Personen- und Bautypen-, Bauteil- und Baugattungsregister.

H 175 INFODATA

Die Datenbank *Informationswissenschaft und -praxis* der Gesellschaft Mathematik und Datenverarbeitung GMD (Herriotstr. 5, D-60528 Frankfurt/M.) informiert über IuD-Methodik, Informationssysteme, -netze, -vermittlung, Neue Medien, Benutzerforschung, Kommunikationsforschung, Bibliothekswesen, Ergonomie.
Datenbestand: rd. 47000 DE für 1977ff.

TEIL I: AKADEMIEN, WISSENSCHAFTLICHE GESELLSCHAFTEN, LEHR- UND FORSCHUNGSINSTITUTE, SONSTIGE FORSCHUNGS- UND ARBEITSSTELLEN

1 AKADEMIEN, WISSENSCHAFTLICHE GESELLSCHAFTEN, INSTITUTIONEN DES KULTURAUSTAUSCHS

I 5 Akademien und Wissenschaftliche Gesellschaften sind Vereinigungen von Gelehrten mit dem Ziel, die Wissenschaften und den internationalen Gedankenaustausch über ihre Forschungsergebnisse zu fördern. Die Akademien teilen sich in der Regel in eine mathematisch-naturwissenschaftliche und eine philosophisch-historische Klasse. Die Zahl der Mitglieder ist durch Satzung festgelegt. Man unterscheidet grundsätzlich ordentliche Mitglieder, die in der Regel am Ort wohnen müssen (Residenzpflicht), und korrespondierende Mitglieder, die schriftlich mitarbeiten. Die Berufung zum Mitglied erfolgt durch Zuwahl und gilt auf Lebenszeit. Zur Bewältigung größerer Aufgaben werden Kommissionen gebildet. Die Ergebnisse der Akademietätigkeit werden publiziert in Sitzungsberichten, Abhandlungen und Jahrbüchern.

Laut Einigungsvertrag vom 3. Oktober 1990 wurde die Akademie der Wissenschaften der DDR aufgelöst. Die Berlin-Brandenburgische Akademie der Wissenschaften wurde durch Staatsvertrag am 1. August 1992 errichtet. Materialien der Akademie der Wissenschaften der DDR (Ausgabe 1990: I 180) wurden von der Berlin-Brandenburgischen Akademie der Wissenschaften (→ I 55) übernommen, soweit eine Verbindung zu der Aufgabenstellung der Akademie bestand; ebenso das Akademie-Archiv und die Akademiebibliothek. Die Akademie der Künste der DDR (1990: I 190) ist seit dem 1. Oktober 1993 mit der Akademie der Künste vereinigt (→ I 70).

Verfügt eine Institution auch über eine Postfach-Adresse, sind in der Regel beide Anschriften mit den unterschiedlichen Postleitzahlen angegeben.

Abkürzungen: **BA** = Bestand/Archivmaterial; **E** = ergänzende Einrichtungen; **P** = Publikationen; **Pf** = Postfach.

Deutschland

I 10 Akademie der Wissenschaften in Göttingen, Theaterstr. 7, D-37073 Göttingen. - Tel.: 0551-39.5362. - Fax: 0551-39.5365.
Mitglieder-Akademie. Vereinigung von Gelehrten zur Förderung der Forschung und zur Pflege des internationalen wissenschaftlichen Austausches (119 ordentliche, 171 korrespondierende Mitglieder). Gründungsjahr: 1751.
Präsidium: Prof. Dr. Ulrich Mölk (Präs.), Prof. Dr. Hans Grauert (Vizepräs.), Prof. Dr. Heinz Georg Wagner (Sekretär).

324 Teil I: Akademien, Institute, Arbeitsstellen

Vergabe verschiedener Preise und Auszeichnungen (u.a. Dannie-Heinemann-Preis). - Förderung von Forschungsvorhaben.

P: *Jahrbuch der Akademie der Wissenschaften; Göttingische Gelehrte Anzeigen; Abhandlungen; Nachrichten; Studien zum Althochdeutschen,* u.a.

E: Archiv und Bibliothek (Depot bei der Niedersächsischen SUB Göttingen [→ H 75]).

BA: Zahlreiche Nachlässe und Teilnachlässe, Akademieschriften, Publikationen von und über Akademie-Mitglieder und zur Wissenschaftstheorie.

I 15 Sächsische Akademie der Wissenschaften zu Leipzig (SAW), Goethestr. 3-5, D-04109 Leipzig. - Tel./Fax: 0341-281081.
Mitglieder-Akademie mit dem Ziel der Planung, Durchführung und Leitung wissenschaftlicher Projekte. In der Philologisch-historischen Klasse 36 Ordentliche und 34 Korrespondierende Mitglieder. Gründungsjahr: 1846.
Präsidium: Prof. Dr. Günter Haase (Präs.), Prof. Dr. Rolf Lieberwirth (Vizepräs.), Dr. Gunter Bergmann (Generalsekretär).
P: *Sitzungsberichte* (1846ff.), *Abhandlungen* (1850ff.), *Jahrbuch* (1949ff.), Einzelpublikationen. *Althochdeutsches Wörterbuch* (1952ff.); *Brandenburg-Berlinisches Wörterbuch* (1968ff.); *Mecklenburgisches Wörterbuch* (1942-1992); *Thüringisches Wörterbuch* (1966ff.); *Wörterbuch der obersächsischen Mundarten* (in Vorber. für 1994ff.).
E: Bibliothek. - Archiv: Mitgliederakten seit 1948, Nachlässe, Protokollbücher (seit 1950).

I 20 Heidelberger Akademie der Wissenschaften, Pf 102769, D-69017 Heidelberg. - Karlstr. 4, D-69117 Heidelberg. - Tel.: 06221-54.3265 bis 54.3268. - Fax: 06221-54.3355.
Mitglieder-Akademie zur Förderung der Wissenschaft (80 ordentliche, 100 korrespondierende Mitglieder). Gründungsjahr: 1909.
Präsidium: Prof. Dr. Dr. Dr. h.c. Heinz A. Staab (Präs.), Prof. Dr. Dr. h.c. Géza Alfödy (Sekretar der Phil.-hist. Klasse), Dipl.-Verw. Gunther Jost M.A. (Geschäftsführer).
Förderung und Durchführung zahlreicher Forschungsvorhaben, darunter das *Goethe-Wörterbuch* (→ I 1890), das *Deutsche Rechtswörterbuch*, die Sammlung mittelalterlicher Inschriften, eine Melanchthon-Forschungsstelle und die Kommentierung des Hamann-Briefwechsels.
P: *Jahrbuch; Sitzungsberichte; Abhandlungen* und Supplementbände; *Goethe-Wörterbuch*; Veröffentlichungen der Forschungsstellen; u.a.

I 30 Bayerische Akademie der Wissenschaften, Marstallplatz 8, D-80539 München. - Tel.: 089-230310. - Fax: 089-23031.100.
Mitglieder-Akademie. Vereinigung von Gelehrten mit der Aufgabe, wissenschaftliche Tätigkeit und Forschung zu fördern (90 ordentliche, 160 korrespondierende Mitglieder). Gründungsjahr: 1759.

Präsidium: Prof. Dr. Dr. h.c. mult. Horst Fuhrmann (Präs.), Prof. Dr. Peter Landau, Prof. Dr. Klaus Strunk (Sekretäre der Phil.-hist. Klasse).
Eigene Forschungseinrichtungen. Zahlreiche Kommissionen (u.a.: *Neue deutsche Biographie* [→ C 2120]; Kommission für Deutsche Literatur des Mittelalters; Kommission für neuere deutsche Literatur).
P: *Sitzungsberichte; Abhandlungen; Jahrbücher;* Veröffentlichungen der Kommissionen.
E: Bibliothek; Archiv.

I 40 Nordrhein-Westfälische Akademie der Wissenschaften, Palmenstr. 16, D-40217 Düsseldorf. - Tel.: 0211-342051. - Fax: 0211-341475.
Gelehrten-Vereinigung mit dem Ziel des wissenschaftlichen Gedankenaustauschs unter ihren Mitgliedern und zwischen diesen und Vertretern des politischen und wirtschaftlichen Lebens in NRW und des In- und Auslands. Sie regt wissenschaftliche Forschung an und berät die Landesregierung in Fragen der Forschungsförderung (148 ordentliche, 49 korrespondierende Mitglieder). Gründungsjahr: 1970 (hervorgegangen aus der 1950 gegründeten "Arbeitsgemeinschaft für Forschung des Landes Nordrhein-Westfalen).
Präsidium: Prof. Dr. Günther Wilke (Präs.), Prof. Dr. Martin Honecker (Vizepräs. und Sekretär der Klasse für Geisteswissenschaften), Prof. Dr. Eckart Kneller (Geschäftsführendes Präsidialmitglied).

I 50 Akademie der Wissenschaften und der Literatur in Mainz, Geschwister-Scholl-Str. 2, D-55131 Mainz. - Tel.: 06131-577.0. - Fax: 06131-577.40.
Mitglieder-Akademie zur Pflege der Wissenschaften und der Literatur und zur Bewahrung und Förderung der Kultur. Neben der mathematisch-naturwissenschaftlichen und der geistes- und sozialwissenschaftlichen Klasse besteht eine Klasse der Literatur (je Klasse 25 ordentliche und 50 korrespondierende Mitglieder). Gründungsjahr: 1949.
Präsidium: Prof. Dr. Clemens Zintzen (Präs.), Prof. Dr. Wilhelm Lauer, Prof. Dr. Wolfgang P. Schmid, Walter Helmut Fritz (Vizepräs.), Dr. Wulf Thommel (Generalsekretär).
Durchführung geistes- und naturwissenschaftlicher Langfristprojekte. Edition von literarischen und literaturkritischen Arbeiten (z.B. in der *Mainzer Reihe*, Reihe *Verschollene und Vergessene*); Arbeitsstelle für Exilliteratur; Dokumentarveröffentlichungen. Veranstaltung interdisziplinärer und internationaler Symposien, von öffentlichen Lesungen und Ausstellungen.
Verleihung der Leibniz-Medaille, der Wilhelm-Heinse-Medaille für essayistische Literatur.
P: *Jahrbuch; Abhandlungen*; Reihen; Einzelveröffentlichungen (vgl.: Akademie der Wissenschaften und der Literatur: *Publikationsverzeichnis*. Stand: 30. September 1988. Mainz 1988).
E: Präsenz- und Ausleihbibliothek (Tauschbibliothek).

I 55 Berlin-Brandenburgische Akademie der Wissenschaften, Pf 238, D-10106 Berlin. - Jägerstr. 22-23, D-10117 Berlin. - Tel.: 030-203700. - Fax: 030-20370.500.

Mitglieder-Akademie, gegliedert in fünf Klassen. Vereinigung von Gelehrten zur Förderung der Wissenschaften. Betreuung wissenschaftlicher Vorhaben (z.B.: *Grundriß zur Geschichte der deutschen Dichtung aus den Quellen*, C.M. Wieland: *Gesammelte Werke*, Jean-Paul-Ausgabe, Georg Forster: *Werke*). 1992 neu konstituiert in Nachfolge der 1700 gegründeten Kurfürstlich-Brandenburgischen Sozietät der Wissenschaften. Zahl der Mitglieder: 72 ordentliche, 19 außerordentliche, 5 Ehrenmitglieder.

Präsidium: Prof. Dr. Hubert Markl (Präs.), Prof. Dr. Manfred Bierwisch (Vizepräs.), Diepold Salvini-Plawen (Generalsekretär); Sekretar der Geisteswissenschaftlichen Klasse: Prof. Dr. Manfred Bierwisch.

Der Vorstand setzt sich zusammen aus Präsident, Klassensekretaren und einem Vertreter des Konvents. Der Generalsekretär nimmt mit beratender Stimme teil.

E: Akademiebibliothek. Zentrale Bibliothek, Pf 355, D-10109 Berlin. - Unter den Linden 8, D-10117 Berlin. - Tel.: 030-20370.459 (Auskunft), -451 (Leihstelle). - Fax: 030-2082.367.

BA: 643000 Bde., rd. 1300 lfd. Zeitschriften.   Sammelgebiete der seit Beginn des 18. Jh's bestehenden Bibliothek: Akademieschriften; Veröffentlichungen von und über Akademiemitglieder; Wissenschaftstheorie und -geschichte. - Die relevanten Arbeitsstellen der Akademie (meist mit Handbibliothek) sind in Abschnitt 3 (I 1710ff.) verzeichnet.

Akademiearchiv (Hauptadresse), Tel.: 20370.221. - Fax: 030-20370.446.

Archiv der Preußischen Akademie der Wissenschaften und ihrer Nachfolgeinstitutionen bis 1992. Archiv der Berlin-Brandenburgischen Akademie der Wissenschaften.

BA: Schriftgut der Akademie und ihrer Vorgängerinnen; Materialien zur Geschichte der Akademie (Historische Abteilung, 1700-1945; Abteilung Akademiebestände nach 1945; Abteilung Sammlungen mit Kunstbesitz). Nachlaßabteilung: über 200 Nachlässe und vier Autographensammlungen, darunter von zahlreichen Schriftstellern und Germanisten. *Beispiele:* Willibald Alexis, Ernst Moritz Arndt, Konrad Burdach, Helmina von Chézy, Wilhelm Dilthey, Theodor Frings, Karl Goedeke, Heinrich Hart, Christian Gottlob Heyne, August Koberstein, Paul Lindau, Wolfgang Menzel, Ernst Raupach, Friedrich Wilhelm von Schelling, Wilhelm Scherer, Friedrich Schleiermacher, Ernst von Wildenbruch. - Vgl. Kirsten, Christa: *Übersicht über die Bestände des Akademie-Archivs*. Berlin 1960.

I 60 Deutsche Akademie für Sprache und Dichtung, Alexandraweg 23, D-64287 Darmstadt. - Tel.: 06151-40920. - Fax: 06151-4092 bis 4099.

Mitglieder-Akademie mit dem Ziel, das deutsche Schrifttum vor dem In- und Ausland zu vertreten und auf die pflegliche Behandlung der deutschen Sprache in Kunst und Wissenschaft, im öffentlichen und privaten Gebrauch hinzuwirken (90 ordentliche, 61 korrespondierende, 3 Ehren-Mitglieder). Gründungsjahr: 1949.

Präsidium: Dr. Herbert Heckmann (Präs.), Prof. Dr. Norbert Miller, Ivan Nagel, Elisabeth Borchers (Vizepräs.).

Ausrichtung von Tagungen (jährlich eine Frühjahrs- und Herbsttagung mit Schwerpunktthemen zu Sprache und Literatur). Vergabe von mehreren Preisen: *Georg-Büchner-Preis, Johann-Heinrich-Merck-Preis, Sigmund-Freud-Preis, Johann-Heinrich-Voß-Preis für Übersetzung, Friedrich-Gundolf-Preis für die Vermittlung deutscher Kultur im Ausland* (→ Teil M). Seit 1964 Preisfragen zu Sprache und Literatur, für die eine Prämie (z.Zt. DM 5000,-) ausgesetzt ist. Die preisgekrönten Einsendungen werden von der Akademie veröffentlicht.

P: *Jahrbuch der Deutschen Akademie für Sprache und Dichtung* (mit Mitgliederverzeichnis und Bibliographie); *Veröffentlichungen der Deutschen Akademie für Sprache und Dichtung;* Schriftenreihe *Dichtung und Sprache*; Preisschriften.

I 70 Akademie der Künste Berlin. Abteilung Literatur: Hanseatenweg 10, D-10557 Berlin. - Tel.: 030-390007.0. - Fax: 030-390007.71. - Abteilung Darstellende Kunst: Pariser Platz 4, D-10117 Berlin. - Tel.: 030-308923.25.

Mitglieder-Akademie (seit 1.10.1993 vereinigt mit der ehemaligen Akademie der Künste der DDR) mit der Aufgabe, die Kunst zu fördern, das kulturelle Erbe zu pflegen und öffentliche Wirksamkeit zu entfalten (248 Mitglieder). Fortsetzung der Tradition der 1696 gegründeten Preußischen Akademie der Künste. Abteilungen: Bildende Kunst, Baukunst, Musik, Literatur, Darstellende Kunst, Film- und Medienkunst. Gründungsjahr: 1954. - Vor Benutzung der Akademie-Einrichtungen empfiehlt sich eine telefonische oder schriftliche Anfrage.

Präsidium: Prof. Dr. Walter Jens (Präs.), Prof. Hardt-Waltherr Hämer (Vizepräs.), Peter Härtling (Direktor der Abteilung Literatur).

Vergabe des Arbeitsstipendiums "Villa Serpentara" und des "Kunstpreises Berlin" (ein Hauptpreis, sechs Förderungspreise). Rege Ausstellungstätigkeit.

Stiftung Archiv der AdK

Direktor: Dr. Wolfgang Trautwein; Stellvertr. Direktor: Archivrat Volker Kahl.

Bereiche Literatur und Darstellende Kunst in den Häusern Hanseatenweg 10 (Anschrift wie oben) *und* Robert-Koch-Platz 10, D-10115 Berlin. - Tel.: 030-30884.0. - Fax: 030-30884.102.

Archivbereich Literatur (Leiter: AR Volker Kahl):

BA: Rd. 160 Bestände (Archive und Sammlungen), darunter: Alexander Abusch, Erich Arendt, Johannes R. Becher, Willi Bredel, Ferdinand Bruckner, Theodor Däubler, Ingeborg Drewitz, Carl Einstein, Leonhard Frank, Franz Fühmann, Otto Gotsche, Günter Grass, Uwe Greßmann, Carl Hauptmann, Wieland Herzfelde, Wolfgang Hildesheimer, Arno Holz, Hugo Huppert, Georg Kaiser, Bernhard Kellermann, Paul Kornfeld, Alexander Koval, Alfred Kurella, Heinrich und Thomas Mann, Erich Mühsam, Erik Reger, Hans Werner Richter, Anna Seghers, Ernst Toller, Kurt Tucholsky, Erich Weinert, Günther Weisenborn, Leo Weismantel, Peter Weiss, Friedrich Wolf, Alfred Wolfenstein, Paul Zech, Arnold Zweig; Sammlung Bücherverbrennung - Deutschland 1933, Sammlung Einzelhandschriften und Teilnachlässe, Sammlung "Proletarisch-revolutionäre Literatur", Redaktion *Sinn und Form*, Redaktion *Standpunkt*, Archiv des Schriftstellerverbandes der DDR. - *Einzelarchiv:* Bertolt-Brecht-Archiv (→ G 140). - Gedenkstätten: Brecht-Weigel-Gedenkstätte, Anna-Seghers-Gedenkstätte (→ G 765).

Archivbereich Darstellende Kunst (Leiterin: OAR Aune Renk):
BA: Rd. 100 Bestände (Archive, Sammlungen und Dokumentationen), darunter: Julius Bab, Ludwig Berger, Ernst Busch, Erich Engel, Herbert Ihering, Helmut Käutner, Alfred Kerr, Fritz Kortner, Ernst Legal, Friedrich Luft, Erwin Piscator, Michael Tschesno-Hell, Maxim Vallentin, Gustav von Wangenheim, Carl Werckshagen, Fritz Wisten, Konrad Wolf; Autographensammlung zum Theater in Deutschland, Sammlung zum deutschen Theater im Exil, Dokumentation zum deutschsprachigen Theater 1900 bis 1945, Dokumentation zum DDR-Theater, Foto-, Grafik- und Bühnenbildsammlungen.

Bibliothek (Präsenz- und Ausleihbibliothek):
BA: Rd. 220000 Bde., darunter: Primär- und Sekundärliteratur zu verstorbenen und lebenden Akademiemitgliedern, Nachlaßbibliotheken, deutsche Kunst- und Literaturwissenschaft des 20. Jh's, Literatur zur Geschichte der AdK, Akademiepublikationen, nationale und internationale Ausstellungskataloge, ausgewählte Fachzeitschriften zur Kunst und Literatur, ausgewählte Tageszeitungen (Regionalpresse), umfangreiche Zeitungsauswertung im Bereich Dokumentation.

Akademie-Archive:
BA: Archiv der Preußischen Akademie der Künste (ca. 80 lfm., darin umfangreiche Korrespondenzen u.a. von Gerhart Hauptmann, Thomas und Heinrich Mann, Rilke, Schnitzler, Döblin, Ricarda Huch), Archiv der Akademie der Künste der DDR (ca. 200 lfm., darin Briefe u.a. von Pierre Bertaux, Bertolt Brecht, Alfred Döblin, Lion Feuchtwanger, Leonhard Frank, Oskar Maria Graf, Wieland Herzfelde, Hans Henny Jahnn, Pablo Neruda, Anna Seghers, Peter Weiss, Arnold Zweig), Archiv der Akademie der Künste, Berlin (ca. 120 lfm.).
P: Schriftenreihe der Literaturarchive (Findbücher); Werkausgaben; Briefausgaben; Personalbibliographien; Analytische Zeitschriften-Bibliographien; Ausstellungskataloge; Monographien.
L: *Die Akten der Preußischen Akademie der Künste. Kaiserreich, Weimarer Republik, Drittes Reich (1871-1945).* Mikrofiche-Edition und Findbuch. Teil I: Die Sektion für die bildenden Künste, für Musik und Dichtkunst. München: Saur, *in Vorber. für 1994ff.*

I 80 Freie Akademie der Künste in Hamburg, Klosterwall 23, D-20095 Hamburg. - Tel.: 040-324632. - Fax: 040-326929.
Mitglieder-Akademie mit dem Ziel, der interdisziplinären Kontakte zu fördern, ein Selbstbesinnungs- und Selbstbestimmungsorgan der Künstler zu werden, ein Gegengewicht gegen behördliche Übergriffe, parteiliche Einflußnahme und Interpretenwillkür zu sein. Sektionen: Baukunst, Bildende Kunst, Darstellende Kunst, Literatur, Musik. Gründungsjahr: 1948.
Präsidium: Armin Sandig (Präs.), Günter Jena (Vizepräs.), Gabriel Laub (Vors. der Sektion Literatur).
Veranstaltung von Konzerten, Lesungen, Werkstattgesprächen, Ausstellungen. Verleihung einer Plakette, um hervorragende Verdienste auf allen künstlerischen Gebieten zu ehren.

P: *Jahrbuch, Hamburger Bibliographien* (in Zusammenarbeit mit der SUB). Einzelveröffentlichungen.

I 90 Bayerische Akademie der Schönen Künste, Pf 100141, D-80075 München. - Max-Joseph-Platz 3, Residenz, D-80539 München. - Tel.: 089-2900770. - Fax: 089-290077.23.

Mitglieder-Akademie zur Pflege und Förderung der Künste in Bayern (97 ordentliche, 88 korrespondierende Mitglieder). Gründungsjahr: 1948.

Präsidium: Dr. h.c. Heinz Friedrich (Präs.), Prof. Dr. Wieland Schmied, Albert von Schirnding, Prof. Wilhelm Killmayer, Dieter Dorn (Direktorium), Dr. Oswald Georg Bauer (Generalsekretär).

Veranstaltung von Vortragsabenden, Vortragsreihen, Konzerten, Ausstellungen; Vergabe von Preisen und Ehrengaben.

P: *Jahrbuch.*

E: Präsenzbibliothek (eingeschränkter Benutzerkreis, Kopiermöglichkeit):

BA: Publikationen der Mitglieder.

Zeitungsarchiv:

BA: Besprechungen der Mitglieder bzw. ihrer Aktivitäten und Rezensionen der Veranstaltungen der Akademie.

I 95 Freie Akademie der Künste zu Leipzig e.V., Wilhelm-Seyfferth-Str. 6, D-04107 Leipzig. - Tel.: 0341-328034. - Fax: 0341-328056.

Zusammenschluß von Künstlern und Geisteswissenschaftlern. Gründungsjahr: 1992.

Präsidium: Prof. Dr. Udo Zimmermann (Präs.), Ingrid Czechowski (Sekr.).

I 100 Deutsches Literaturinstitut Leipzig (DLL), Pf 920, D-04009 Leipzig. - Wächterstr. 34, D-04107 Leipzig. - Tel.: 0341-310.119.

Das Institut, dessen Aufgabe und Ziel die wissenschaftlich begleitete literaturpraktische Aus- und Weiterbildung zum Schriftsteller ist, befindet sich in der Gründungsphase. Zum Gründungsdirektor wurde der Schriftsteller Prof. Bernd Jentzsch berufen.

E: Bibliothek (ältere und zeitgenössische Weltliteratur, DDR-Literatur, neueste deutschsprachige Literatur. Die Bereiche mittelosteuropäische Literatur, Philosophische Ästhetik, Poetik, Theorie und Praxis literarischer Übersetzung werden ausgebaut; z.Z. rd. 32000 Bde.). - Archiv (im Aufbau).

I 110 Arbeitsgemeinschaft Literatur (Sektion III) im Deutschen Kulturrat, c/o Stiftung Lesen, Fischtorplatz 23, D-55116 Mainz. - Tel.: 06131-230888. - Fax: 06131-230330.

Abteilung des Deutschen Kulturrats (Adenauerallee 7, D-53111 Bonn. - Tel.: 0228-224800. - Fax: 0228-223808).

Sprecher: Peter Gehrisch u.a.

P: *Das Literaturbuch 1993/94* (→ C 639).

I 115 Internationaler Arbeitskreis für *Barockliteratur*, c/o Herzog August Bibliothek (→ H 90).

I 120 Interdisziplinäres wissenschaftliches Zentrum (IWZ) für Pietismusforschung, Franckeplatz 1, Haus 27, D-06110 Halle. - Tel./Fax: 0345-28221.
1993 gegründetes Zentrum, das die theologischen, sozialen und wissenschaftlichen Reformideen des hallischen Pietismus, seine Strukturen und Organisationsformen sowie die Leistungen der den Pietismus tragenden Personen, insbesondere auf den Gebieten des kirchlichen Lebens, der Armenfürsorge, der Mission, der Bibelwissenschaft, der Medizin, der Pharmazie, des akademischen Unterrichts, des Schulwesens und des Buchhandels, erforschen soll. Weitere Aufgaben sind die Erarbeitung bibliographischer Grundlagen und die Sichtung und Edition der handschriftlichen und gedruckten Quellen zur Geschichte des hallischen Pietismus. Herausgabe von Schriftenreihen, Monographien, Quellen, Repertorien und Bibliographien. Durchführung wissenschaftlicher und kultureller Veranstaltungen (Symposien, Ausstellungen, Vorträge, Diskussionen).
Leitung: Prof. Dr. Udo Sträter.
E: Hauptbibliothek der Franckeschen Stiftungen (über 100000 Bde. alter Drucke vom 15. bis zum Beginn des 20. Jh's).

I 130 Interdisziplinäres Zentrum für die Erforschung der Europäischen Aufklärung, Franckeplatz 1, Haus 33, D-06110 Halle. - Tel./Fax: 0345-2029578.
1993 an der Martin-Luther-Universität Halle gegründetes Zentrum zur interdisziplinären Erforschung des 18. Jahrhunderts. Halle wurde deshalb als Sitz gewählt, weil hier große und berühmte Bibliotheken vorhanden sind: die Universitäts- und Landesbibliothek, die Hauptbibliothek der Franckeschen Stiftungen (→ I 120), die Marienbibliothek als älteste und größte Kirchenbibliothek Deutschlands (ca. 27000 Bde.) und die Bibliothek der Deutschen Akademie der Naturforscher *Leopoldina*.
Direktorium: Prof. Dr. Heinz Thoma (Geschäftsführung).
E: Freihandbibliothek zum 18. Jh. (Präsenzbibliothek, im Aufbau).
BA: Z.Z. rd. 10000 BE zu fast allen Wissensgebieten (unter dem Aspekt der Aufklärung). Hauptsächliche Sammelschwerpunkte: Philosophie, Sprach- und Literaturwissenschaften, Theologie, Geschichte, Anthropologie. - Der weitere Ausbau der Bibliothek wird Schwerpunkte in Frühaufklärung und Universitätsgeschichte setzen.

I 135 Lessing-Akademie e.V., Geschäftsstelle: Rosenwall 16, D-38300 Wolfenbüttel. - Tel.: 05331-2367.
Mitglieder-Akademie zur Förderung der wissenschaftlichen Erforschung des Werkes und der Zeit Lessings, der Aufklärung und ihrer Weiterwirkung bis zur Gegenwart. Gründungsjahr: 1971.
Präsidium: Prof. Dr. Rudolf Vierhaus (Präs.), Prof. Dr. Karlfried Gründer (Vizepräs.), Prof. Dr. Ernst Hinrichs (Generalsekretär), Konrad von Krosigk, Sighild Salzmann, Dr. Hans-Jürgen Seeberger, Prof. Dr. Richard Toellner.

Förderung und Durchführung von Forschungsprojekten; Veranstaltung von wissenschaftlichen Symposien, Arbeitsgesprächen und Vorträgen. Publikationen; Editionen.

I 140 Deutsche Gesellschaft für die Erforschung des 18. Jahrhunderts, Geschäftsstelle: c/o Prof. Dr. Gotthardt Frühsorge, Herzog August Bibliothek, Pf 1364, D-38299 Wolfenbüttel. - Lessingplatz 1, D-38304 Wolfenbüttel. - Tel.: 05331-808.202 u. 808.203. - Fax: 05331-808.266.
Vereinigung von Wissenschaftlern, die im Bereich des 18. Jh's arbeiten, zur Förderung der wissenschaftlichen Beschäftigung mit dieser Epoche auf allen Gebieten und mit dem Ziel interdisziplinärer Zusammenarbeit.
Vorstand: Prof. Dr. Wilhelm Voßkamp (Präs.), Prof. Dr. Martin Fontius (Stellvertr.), Prof. Dr. Gotthardt Frühsorge (Schatzmeister), Dr. Heinke Wunderlich (Schriftführerin).
P: *Rundbrief. Das achtzehnte Jahrhundert*; *Mitteilungen. Das achtzehnte Jahrhundert*; *Supplementa. Studien zum achtzehnten Jahrhundert.*

I 150 Stiftung für Romantikforschung (SfR), Nibelungenstr. 50, D-80639 München, - Tel.: 089-178.4549. - Fax: 089-178.2403.
Ab August 1997: Bismarckstr. 7 b, D-82319 Söcking. - Zusammenschluß von Wissenschaftlern mit dem Ziel, die Erforschung der Romantik, ihrer geisteswissenschaftlichen Bezüge zur Gegenwart und den internationalen Austausch zu fördern. Diese Ziele sollen erreicht werden durch die Unterstützung von Forschungsvorhaben, durch Gastprofessuren, Stipendienvergabe an Habilitanden und Promovenden, die Übernahme der Kosten für Übersetzungen (Druckkosten und Sachaufwendungen), durch wissenschaftliche Veröffentlichungen, durch die Erschließung relevanter Archivalien und durch die Veranstaltung von Kongressen, Vorlesungszyklen, Seminaren und Kolloquien. - Gründungsjahr: 1992.
Vorstand: Prof. Dr. Alexander von Bormann, Dr. Hans Paul Ottmann, Dr. Dagmar Ottmann.

I 200 Arbeitskreis Heinrich Mann, c/o Dr. Peter-Paul Schneider, Deutsches Literaturarchiv, Pf 1162, D-71666 Marbach. - Tel.: 07144-848.111. - Fax: 07144-848.191.
Zusammenschluß von Interessierten zur Förderung der wissenschaftlichen Erforschung des Werkes von Heinrich Mann und von dessen Rezeption (rd. 300 Mitglieder). Herausgabe des Heinrich-Mann-Jahrbuchs. Organisation von Symposien (im Zwei- bis Vier-Jahres-Rhythmus). Gründungsjahr: 1971.
Sprecher: Prof. Dr. Helmut Koopmann, Dr. Peter-Paul Schneider.

I 205 Internationaler Arbeitskreis Literatur und Politik in Deutschland, c/o Prof. Dr. Heinrich Mohr, Fachbereich Sprach- und Literaturwissenschaften, Univ. Osnabrück, Pf 4469, D-49069 Osnabrück. - Neuer Graben 40, D-49074 Osnabrück. - Tel.: 0541-969.4160. - Fax: 0541-969.4256.

Freier Zusammenschluß von Gelehrten zur Erforschung der deutschen Gegenwartsliteratur im Horizont der "Wende".

I 220 Arbeitsgemeinschaft für germanistische Edition. Geschäftsstelle:
Editionswissenschaftliche Forschungsstelle, Univ. Osnabrück, Pf 4469,
D-49069 Osnabrück. - Tel.: 0541-969.4366. - Fax: 0541-969.4256.
Zusammenschluß deutschsprachiger Editoren mit dem Ziel, Prinzipien der Textkritik
und Edition zu diskutieren, Kooperationsmöglichkeiten zu erkunden und Fachtagungen
durchzuführen.
P: *editio - Internationales Jahrbuch für Editionswissenschaft* (→ E 1310).

I 225 Stiftung Lesen, Fischtorplatz 23, D-55116 Mainz. - Tel.: 06131-
288900. - Fax: 06131-230333.
Ziel und Zweck der Stiftung sind die umfassende Förderung des Lesens in allen Bevöl-
kerungsschichten sowie die Pflege und Erhaltung einer zeitgemäßen Lese- und Sprach-
kultur. Um dieses Ziel zu erreichen, wurden in Zusammenarbeit mit Institutionen der
Aus- und Weiterbildung, der Wirtschaft und der Medien inzwischen rd. fünfzig
verschiedene Veranstaltungs- und Projektformen entwickelt. Der Schwerpunkt liegt in
der Leseförderung von Kindern und Jugendlichen (durch Projekte wie "Abenteuer
Lesen", "Lesen ist Familiensache", durch Leseempfehlungen, Zusammenarbeit mit
Schulen u.a.). - Gründungsjahr: 1977/1988 (Fortführung der Arbeit der Deutschen
Lesegesellschaft e.V.).
Geschäftsleitung: Prof. Dr. Hilmar Hoffmann, Rolf Zitzlsperger.

I 230 Gesellschaft zur Förderung Pädagogischer Forschung e.V., Pf
900280, D-60442 Frankfurt/M. - Schloßstr. 29, D-60486 Frankfurt/M. -
Tel.: 069-247080. - Fax: 069-24708.444.
Vereinigung mit dem Ziel, die pädagogische Forschung zu fördern und ihre Ergebnisse
auf allen Gebieten des Bildungs- und Erziehungswesens nutzbar zu machen (rd. 500
Mitglieder). Gründungsjahr: 1950.
Präsidium: Staatsminister a.D. Hans Krollmann (Präs.), Prof. Dr. Hermann Avenarius
(Vizepräs.), Dipl.-Päd. Peter Döbrich (Geschäftsführer).
Veranstaltung wissenschaftlicher Tagungen; Publikation von Forschungsergebnissen,
insbesondere des Deutschen Instituts für Internationale Pädagogische Forschung
(DIPF). Beratung von Institutionen und Personen des Bildungswesens. Vergabe des
"Erich-Hylla-Preises" (an Persönlichkeiten, "die sich um Bildung, Wissenschaft oder
Erziehung in Forschung und Praxis verdient gemacht haben"). - Enge Zusammenarbeit
mit dem Deutschen Institut für Internationale Pädagogische Forschung (gleiche
Anschrift).
P: *Zeitschrift für internationale erziehungs- und sozialwissenschaftliche Forschung*;
GFPF-Nachrichten; *GFPF-Materialien*.
E: Präsenzbibliothek [mit Kopiermöglichkeit] des Deutschen Instituts für Internationale
Pädagogische Forschung.
BA: rd. 120000 Bde. aus allen Bereichen des Bildungswesens.

I 235 Institut für Kommunikationsgeschichte und angewandte Kultur-wissenschaften der Freien Universität Berlin, Malteserstr. 74-100, D-12249 Berlin. - Tel.: 030-7792.381. - Fax: 030-7759026.
Interdisziplinäre Einrichtung im Umfeld der Geisteswissenschaften, die die traditionellen Disziplinen Literatur-, Theater- und Geschichtswissenschaften mit den Schwerpunkten 'Geschichte der öffentlichen Kommunikation', 'Kulturjournalismus', 'Literatur- und Medienvermittlung', 'Berliner Kultur- und Theatergeschichte' sowie 'Kultur- und Medienmanagement' verbindet. Organisation von Ausstellungen, Symposien, Kongressen und Vorlesungsreihen. Editionen: Julius-Bab-Edition; Carl Einstein, Berliner Ausgabe; Alfred Kerr, *Werke*; Erik Reger, *Werkausgabe*; Theodor-von-Schön-Edition; Alfred Wolfenstein, *Werke*; Theodor Wolff, *Gesammelte Schriften*.
Direktorium: Prof. Dr. Hermann Haarmann (Kommunikationsgeschichte/Schwerpunkt Exilpublizistik), Prof. Dr. Erhard Schütz (Neuere deutsche Literatur, Kulturjournalismus), Prof. Dr. Klaus Siebenhaar (Kultur- und Medienmanagement), Prof. Dr. Bernd Sösemann (Allgemeine Publizistik/Neuere Geschichte).

I 240 Deutsche Gesellschaft für Publizistik- und Kommunikationswissenschaft, c/o Diplomstudiengang Journalistik der Katholischen Universität Eichstätt, Ostenstr. 26-28, D-85072 Eichstätt. - Tel.: 08421-20652.
Vereinigung zur Wahrnehmung und Förderung gemeinsamer Interessen von Forschung und Lehre im Bereich der Publizistik- und Kommunikationswissenschaft (rd. 340 Mitglieder). Gründungsjahr: 1963.
Vorstand: Prof. Dr. Walter Hömberg (Vors.), Prof. Dr. Irene Neverla, Prof. Dr. Heinz Pürer (Stellvertr.).
Veranstaltung von Fachtagungen; Zusammenarbeit mit der Medienpraxis; Anstreben interdisziplinärer Kooperation.
P: *Schriftenreihe der Deutschen Gesellschaft für Publizistik- und Kommunikationswissenschaft; Publizistik - Vierteljahreshefte für Kommunikationsforschung.*

I 245 Gesellschaft für deutsche Presseforschung zu Bremen e.V., c/o Deutsche Presseforschung, Universität Bremen, Pf 330160, D-28359 Bremen. - Tel.: 0421-218.3396.
Vereinigung zur Förderung der wissenschaftlichen Bestrebungen und Arbeiten auf dem Gebiet der Presseforschung (30 ordentliche, 32 korrespondierende Mitglieder). Gründungsjahr: 1957.
Vorstand: Prof. Dr. Hans-Wolf Jäger, Wilhelm Branckmann, Dr. Johannes Weber.

I 250 Akademie für Publizistik in Hamburg e. V., Magdalenenstr. 64 a, D-20148 Hamburg. - Tel.: 040-447644. - Fax: 040-4105342.
Institution zur Aus- und Weiterbildung für Journalisten und Volontäre aus allen Medienbereichen. Gründungsjahr: 1970.
Präsidium: Paul Otto Vogel (Präs. des Kuratoriums), Eberhard Maseberg (1. Vors. des Vorstandes), Dr. Will Teichert (Direktor der Akademie).

I 255 Deutsche Forschungsgemeinschaft (DFG), D-53170 Bonn. - Kennedyallee 40, D-53175 Bonn. - Tel.: 0228-8851. - Fax: 0228-885.2180.
Selbstverwaltungskörperschaft, die der Wissenschaft in allen Disziplinen durch finanzielle Unterstützung der Forschungsvorhaben dient. In zahlreichen Wissensgebieten hat sie zunehmend die Aufgaben der Stärkung der Zusammenarbeit unter den Forschern, der Koordinierung der Grundlagenforschung und ihrer Abstimmung mit der staatlichen Forschungsförderung übernommen. Sie berät Parlamente und Regierungen in wissenschaftlichen Fragen, pflegt die Verbindung zwischen Wissenschaft und Wirtschaft und fördert die Beziehungen der deutschen Forscher zur ausländischen Wissenschaft. Ihre besondere Aufmerksamkeit gilt der Förderung des wissenschaftlichen Nachwuchses.
Präsidium: Prof. Dr. Wolfgang Frühwald (Präs.), Burkhardt Müller (Generalsekretär), Dedo Graf Schwerin von Krosigk (Zentralverwaltung), Dr. Peter H. Petersen (Allgemeine Förderungsverfahren), Dr. Christoph Schneider (Fachliche Angelegenheiten der Forschungsförderung), Dr. Axel Streiter (Sonderforschungsbereiche).
Aufgabenfelder: Vergabe von Ausbildungs-, Forschungs-, Habilitandenstipendien, von Sach-, Reise- und Druckbeihilfen. Finanzierung von zahlreichen Forschungsvorhaben; Schwerpunktprogramme, Forschergruppen, Graduiertenkollegs; Einrichtung von Sonderforschungsbereichen; zusätzliche Förderungsmöglichkeiten für den qualifizierten Nachwuchs (Modifiziertes Heisenbergprogramm, Postdoktorandenprogramm, Gerhard-Hess-Programm, Programm zur Förderung von Habilitationen, Gottfried-Wilhelm-Leibniz-Programm). - Broschüre mit Anleitung zur Antragstellung bei der Geschäftsstelle.
P: *Jahresberichte* (Bd. 1: *Aufgaben und Ergebnisse,* Bd. 2: *Programme und Projekte); DFG - Aufbau und Aufgaben, Perspektiven der Forschung und ihrer Förderung; forschung - Mitteilungen der DFG, German research.*

Institutionen und Gesellschaften des Kulturaustauschs und der Kulturvermittlung auf internationaler Ebene:

I 260 Deutscher Akademischer Austauschdienst (DAAD), Pf 200404, D-53134 Bonn. - Kennedyallee 50, D-53175 Bonn. - Tel.: 0228-8820. - Fax: 0228-882.444. - Telex: 885515 daad d.
Gemeinsame Einrichtung der deutschen Hochschulen mit der Aufgabe, die Hochschulbeziehungen mit dem Ausland vor allem durch den Austausch von Studierenden und Wissenschaftler/inn/en zu fördern. Die Programme sind offen für alle Länder und alle Fachrichtungen und kommen Ausländern wie Deutschen gleichermaßen zugute. Daneben unterstützt der DAAD durch eine Reihe von Dienstleistungen - wie Informations- und Publikationsprogramme, Beratungs- und Betreuungshilfen - die ausländer- und auslandsbezogenen Aktivitäten der Hochschulen. Er wirkt aufgrund seiner Kompetenz an der Gestaltung der auswärtigen Kulturpolitik beratend mit.
Aufgabenfelder: Vergabe von Stipendien an ausländische und deutsche Studierende, Praktikant/inn/en, Wissenschaftler/inn/en und Hochschullehrer/inn/en zur Förderung der Aus- und Fortbildung und von Forschungsarbeiten; Vermittlung und Förderung deutscher wissenschaftlicher Lehrkräfte an ausländische Hochschulen; Vergabe von

Informationen über Studien- und Prüfungsmöglichkeiten im In- und Ausland; Betreuung der ehemaligen Stipendiaten; Funktion als nationale Agentur bzw. Informations- und Beratungsstelle für die EU-Programme (ERASMUS, LINGUA, COMETT, TEMPUS).

DAAD-Standard-Programme: Jahres- und Semesterstipendien; Hochschulaustauschprogramme; Kurzstipendien; Sprachkurse; Fachkurse; Informationsaufenthalte von Gruppen; Hochschulpraktikantenaustausch, IAESTE; Lang- und Kurzzeitdozenturen; Lektorenauswahl (für Deutsch); individuelle Programme für jedes Land.

P: *Jahresberichte; DAAD - Ziele, Aufgaben, Programme; DAAD - Satzung, Struktur, Organisation* (1993); Publikationen zum Studium in Deutschland (*Studium in Deutschland; Aufbaustudiengänge an Hochschulen in der Bundesrepublik Deutschland; Fachstudienführer Deutschland; Verzeichnisse der Hochschullehrer*); Publikationen zum Studium im Ausland (*Studium, Forschung, Lehre. Förderungsmöglichkeiten im Ausland für Deutsche 1994/95; Studienland EG; Länderstudienführer* [für verschiedene europäische und außereuropäische Länder]; *Dokumentationen und Materialien*). → C 2400f.

I 265 Goethe-Institut (zur Pflege der deutschen Sprache im Ausland und zur Förderung der kulturellen Zusammenarbeit e. V.), Pf 190419, D-80604 München. - Helene-Weber-Allee 1, D-80637 München. - Tel.: 089-159210. - Fax: 089-15921.450. - Telex: 522940.

Das 1952 wieder gegründete Goethe-Institut ist die größte der sog. "Mittlerorganisationen" Deutschlands, die im Rahmen der Auswärtigen Kulturpolitik mit der selbständigen Wahrnehmung kulturpolitischer Aufgaben betraut sind und hierfür staatliche Zuschüsse erhalten. Die Wahrnehmung der Aufgaben der auswärtigen Kulturpolitik im Auftrag der Bundesrepublik Deutschland ist seit 1969 bzw. 1976 durch Rahmenvertrag zwischen dem Auswärtigen Amt und dem Goethe-Institut geregelt.

Präsidium: Prof. Dr. Hilmar Hoffmann (Präs.), Dr. Horst Harnischfeger (Generalsekretär).

Aufgabenfelder: Das Goethe-Institut hat die Aufgabe, die deutsche Sprache im Ausland zu fördern und zu pflegen sowie die internationale kulturelle Zusammenarbeit zu intensivieren. Weiterbildung von Deutschlehrern im Ausland. Zusammenarbeit mit Personen und Institutionen des Auslandes, die sich das Erlernen und das Lehren der deutschen Sprache zum Ziel gesetzt haben ("Pädagogische Verbindungsarbeit"). Durchführung von Sprachkursen in den 16 Inlandsinstituten und den 153 Auslandsinstituten in 76 Ländern (Stand: 1.4.1994). Vermittlung von Informationen über deutsche Kultur, wobei ein erweiterter Kulturbegriff zugrundegelegt wird, der die materiell-technologische, die gesellschaftlich-politische und die öffentlich-diskursive Kultur miteinschließt. Durchführung von Veranstaltungen, wobei das Spektrum von Informationsveranstaltungen über das föderalistische System der Bundesrepublik, über Fragen der Städteplanung oder der Abwasserbeseitigung bis hin zu den traditionell kulturellen Veranstaltungen wie Ausstellungen, Lesungen, Theaterproduktionen, Filmvorführungen oder Konzerten reicht.

I 266 Inter Nationes, Kennedyallee 91-103, D-53175 Bonn. - Tel.: 0228-880.200 und 880.210. - Fax: 0228-880.244. - Telex: 8869904. Medieninstitution für den kulturellen Dialog mit dem Ausland. Erstellung von landeskundlichen AV-Materialien und Sprachkursen. Beschaffung, Untertitelung und Verleih von Spiel- und Dokumentarfilmen für den nichtkommerziellen Auslandseinsatz. Buch- und Zeitschriftenversorgung für DAAD-Lektoren und andere Multiplikatoren im DaF-Bereich; Buch- und Zeitschriftenversorgung von Goethe-Instituten und deutschen Auslandsvertretungen. Förderung der Übersetzung deutscher Bücher in eine Fremdsprache (Belletristik und Sachbuch). Besucherprogramm für ausländische Multiplikatoren in Deutschland. Vergabe des INTER NATIONES-Kulturpreises.
Vorstand: Dr. Dieter W. Benecke (Vors.), Heino Froehling (Stellvertr.).
P: Kulturzeitschriften (*Kultur-Chronik; Humboldt; Fikrun wa Fann; in; Bildung und Wissenschaft*); Broschüren; Plakate; Faltblätter.

I 270 Gesellschaft für Interkulturelle Germanistik (GIG) e. V., Sekretariat: Institut für Internationale Kommunikation und Auswärtige Kulturarbeit (→ I 275).
Vereinigung von Wissenschaftlern aus aller Welt zur Förderung interkulturell orientierter Kulturwissenschaft deutschsprachiger Länder.
Vorstand: Prof. Dr. Alois Wierlacher (Vors.), Prof. Dr. Klaus Bohnen, Prof. Dr. Kenichi Mishima, Prof. Dr. Walter Hinderer, Prof. Dr. Bernd Thum. Dr. h.c. Kurt-Friedrich Bohrer (Schatzmeister).

I 275 Institut für Internationale Kommunikation und Auswärtige Kulturarbeit, Jahnstr. 8-10, D-95444 Bayreuth. Tel.: 0921-515365. - Fax: 0921-66054.
Interdisziplinäres Forschungs- und Weiterbildungszentrum zur Bewältigung der durch zunehmende Internationalisierung entstehenden Probleme. "Die grundsätzliche Forschungsaufgabe heißt, Erkenntnisse in den Problembereichen zu gewinnen, die für die Praxis internationaler Kommunikation und auswärtiger Kulturarbeit wichtig sind."
Schwerpunkte: Kulturthemenforschung; Arbeitsbereich wissenschaftliche Weiterbildung: Deutsch als Fremdsprache (Interkulturelle Germanistik), Interkulturelle Philosophie, Interkulturelles Management, Interkulturelle Didaktik; Arbeitsbereich Fremdheits- und Toleranzforschung; Arbeitsbereich Integrationsforschung; Arbeitsbereich Kulturforschung des Essens. - Veranstaltung von Themenseminaren, Kommunikationstraining, Lehrerfortbildung, Vermittlung von Fremdsprachenkenntnissen.
Vorsitz: Prof. Dr. Alois Wierlacher, Prof. Dr. Dr. h.c. Harro Otto.
P: *Kulturthema Fremdheit. Leitbegriffe und Problemfelder kulturwissenschaftlicher Fremdheitsforschung.* Mit einer Forschungsbibliographie von Corinna Albrecht u.a. Hrsg. von Alois Wierlacher. München 1993. - *Kulturthema Essen. Ansichten und Problemfelder.* Hrsg. von Alois Wierlacher u.a. Berlin 1993.

Ö s t e r r e i c h

I 290 Österreichische Akademie der Wissenschaften, Dr. Ignaz-Seipel-Platz 2, A-1010 Wien. - Tel.: [0043] 1-51581

Mitglieder-Akademie. Vereinigung von Gelehrten zur Förderung der Forschung und zur Pflege des internationalen wissenschaftlichen Austausches (131 wirkliche, 126 inländische korrespondierende, 265 ausländische korrespondierende Mitglieder, 21 Ehrenmitglieder). Gründungsjahr: 1847.

Präsidium: Prof. Dr. Werner Welzig (Präs.), Prof. Dr. Otto Hittmair (Vizepräs.), Prof. Dr. Karl Schlögl (Generalsekretär), Prof. Dr. Walter Selb (Sekretär).

Förderung und Durchführung zahlreicher Forschungsprojekte. Kommission für Literaturwissenschaft (Leitung: Prof. Dr. Walter Weiss) mit Forschungen zum literarischen Leben im Donauraum, zur Literaturtheorie und Poetik und mit Editionen österreichischer Schriftsteller; Kommission für literarische Gebrauchsformen (Leitung: Prof. Dr. Werner Welzig) und Forschungen zur Predigtliteratur und zu Schnitzlers Tagebüchern; Kommission für Theatergeschichte Österreichs (Leitung: Prof. Dr. Margret Dietrich) mit Zentralarchiv wichtiger Quellen und Dokumente in Form von Mikrofilmen, Xerokopien usw.; Phonogrammarchiv; Ethnologische Kommission; Kommission für Linguistik und Kommunikationsforschung u.v.a.

P: *Abhandlungen; Sitzungsberichte; Almanach; Österreichisches Biographisches Lexikon* (→ C 2180); mehrere Reihen, darunter *Theatergeschichte Österreichs; Sprachkunst - Beiträge zur Literaturwissenschaft* (→ E 1030); Veröffentlichungen der Kommissionen; zahlreiche Einzelpublikationen.

E: Präsenzbibliothek (mit Kopiermöglichkeit):

BA: Akademieschriften (Tauschbibliothek), auch ausländischer Akademien.

Archiv (eingeschränkter Benutzerkreis):

BA: Akten der Akademie und ihrer Einrichtungen; Nachlässe von Wissenschaftlern.

I 298 Schule für Dichtung in Wien, Mariahilfer Str. 88a/II/5d, A-1070 Wien. - Tel.: [0043] 01-522.3526. - Fax: [0043] 01-586.6475.

1991 gegründetes Lehr- und Lerninstitut für Literatur; Ort poetischer Kommunikation mit den Arbeitskategorien: Prosa mündlich, Prosa schriftlich, Poesie mündlich, Poesie schriftlich, Poesie audiovisuell, Poesie binär, Drama, Performance und Installation. Bis 1995 zweimal im Jahr jeweils 14-tägige Lehrveranstaltungen, ab 1996 ganzjähriger Unterrichtsbetrieb.

Vorstand: Christian Ide Hintze (Projektleitung), Nathalie Prasser (Organisation), Christine Huber (Bibliothek, Archiv), Mathilde Urban (Presse).

2 LEHR- UND FORSCHUNGSINSTITUTE

Die Anordnung der Institute erfolgt nach Ländern und innerhalb der Länder alphabetisch nach Orten. Die mit einem * versehenen Institute haben trotz mehrfachen Anschreibens nicht geantwortet. Ihre Anschrift kann nur unter Vorbehalt weitergegeben werden.

Deutschland

I 310 Germanistisches Institut, Rheinisch-Westfälische TH, Eilfschornsteinstr. 15, D-52056 Aachen. - Tel.: 0241-80.6079 (Inst.-Bibliothek: 80.6068). - Fax: 0241-80.6079.

I 320 Fachgebiet Germanistik, Philosophischer Fachbereich II, Univ. Augsburg, Universitätsstr. 10, D-86135 Augsburg. - Tel.: 0821-598.2746.

I 330 Fachgebiet Germanistik, Fakultät Sprach- und Literaturwissenschaft, Univ. Bamberg, An der Universität 5, D-96045 Bamberg. - Tel.: 0951-863.2101. - Fax: 0951-863.2138.

I 340 Fachgebiet Germanistik, Sprach- und Literaturwissenschaftliche Fakultät, Univ. Bayreuth, D-95440 Bayreuth. - Tel.: 0921-55.1.

I 341 Fachgebiet Deutsch als Fremdsprache (Interkulturelle Germanistik), Sprach- und Literaturwissenschaftliche Fakultät, Univ. Bayreuth, D-95440 Bayreuth. - Tel.: 0921-55.3617 und 55.3639. - Fax: 0921-55.3620.

I 350 Germanisches Seminar, Fachbereich Germanistik, Freie Univ., Habelschwerdter Allee 45, D-14195 Berlin. - Tel.: 030-838.2220. - Fax: 030-838.6749.

I 355 Institut für Allgemeine und Vergleichende Literaturwissenschaft, Fachbereich Germanistik, Freie Univ. Berlin, Hüttenweg 9, D-14195 Berlin. - Tel.: 030-838.5003. - Fax: 030-838.6419.

I 360 Institut für deutsche Literatur, Fachbereich Germanistik, Humboldt-Univ., Unter den Linden 6, D-10099 Berlin (*Sitz:* Glinkastr. 18-24). - Tel.: 030-20196. - Fax: 030-20196.601. - Telex: 305662.

I 365 Institut für Theaterwissenschaft/Kulturelle Kommunikation, Fachbereich Kultur- und Kunstwissenschaften, Humboldt-Univ., Universitätsstr. 3 b *und* Unter den Linden 6, D-10099 Berlin. - Tel.: 030-2031.5480. - Fax: 030-2093.2770 *oder* 2031.5440.

I 370 Institut für Deutsche Philologie, Allgemeine und Vergleichende Literaturwissenschaft, TU Berlin, Straße des 17. Juni 135, D-10623 Berlin.- Tel.: 030-314.22231. - Fax: 030-314.23107.

I 380 Institut für Fachdidaktik Deutsch und Fremdsprachen, TU Berlin, Franklinstr. 28/29, D-10587 Berlin. - Tel.: 030-314.73254. - Fax: 030-314.21117.

I 390 Institut für Theaterwissenschaft, Fachbereich Kommunikationswissenschaften, Freie Univ. Berlin, Mecklenburgische Str. 56, D-14197 Berlin.- Tel.: 030-824.00110. - Fax: 030-824.00111.

I 400 *Institut für Publizistik und Dokumentationswissenschaft, Freie Univ. Berlin, Hagenstr. 56, D-14193 Berlin. - Tel.: 030-826.3006.

I 410 Fachgebiet Germanistik, Fakultät für Linguistik und Literaturwissenschaft, Univ. Bielefeld, Pf 100131, D- 33501 Bielefeld. - Universitätsstraße 25, D-33615 Bielefeld. - Tel.: 0521-106.00. - Fax: 0521-106.2996. - Telex: 932 362 unibi.

I 411 Fachgebiet Allgemeine und Vergleichende Literaturwissenschaft, Fakultät für Linguistik und Literaturwissenschaft, Univ. Bielefeld (→ I 410).

I 420 Institut für Theater-, Film- und Fernsehwissenschaft, Ruhr-Univ. Bochum, Universitätsstr. 150, D-44801 Bochum. - Tel.: 0234-700.5057. - Fax: 0234-7094.268.

I 430 Germanistisches Institut, Ruhr-Univ. Bochum, D-44780 Bochum.- Universitätsstr. 150, D-44801 Bochum. - Tel.: 0234-700.2563. - Fax: 0234-7094.254.

I 440 Germanistisches Seminar, Univ. Bonn, Am Hof 1 d, D-53113 Bonn. - Tel.: 0228-737320 und 737477. - Fax: 0228-735579.

I 450 Germanistisches Seminar, Medien und Fachdidaktik, Univ. Bonn, Römerstr. 164, D-53117 Bonn. - Tel.: 0228-550225.

I 460 Seminar für deutsche Sprache und Literatur, TU Carolo-Wilhelmina, Pf 3329, D-38023 Braunschweig.- Mühlenpfordtstr. 22-23, D-38106 Braunschweig. - Tel.: 0531-391.3521. - Fax: 0531-391.8214.

I 470 *Seminar für Deutsche Sprache und Literatur und deren Didaktik, Fachbereich 9, TU Carolo-Wilhelmina, Konstantin-Uhde-Straße 16, D-38106 Braunschweig. - Tel.: 0531-391.3469.

I 480 Studiengänge Deutsch, Fachbereich 10, Univ. Bremen, Pf 330440, D-28334 Bremen. - Tel.: 0421-218.3022. - Fax: 0421-218.4283.

I 485 Fachgebiet Germanistik, TU Chemnitz - Zwickau, Pf 964, D-09009 Chemnitz. - Tel.: 0375-48290. - Fax: 0375-48267.

I 490 Fachgebiet Germanistik, Institut für Sprach- und Literaturwissenschaft, Fachbereich 2, TH Darmstadt, Hochschulstr. 1, D-64289 Darmstadt. - Tel.: 06151-163190. - Fax: 06151-163694.

I 500 Institut für Deutsche Sprache und Literatur, Univ. Dortmund, Emil-Figge-Str. 50, D-44221 Dortmund. - Tel.: 0231-755.2900. - Fax: 0231-755.4498.

I 505 Institut für Germanistik, Fakultät für Sprach- und Literaturwissenschaften, TU, D-01062 Dresden. - Zeunerstr. 1 b, D-01069 Dresden. - Tel.: 0351-463.6281. - Fax: 0351-463.7131.

I 510 Germanistisches Seminar, Heinrich-Heine-Univ. Düsseldorf, Universitätsstr. 1, D-40225 Düsseldorf. - Tel.: 0211-3111.

I 530 Fachgebiet Germanistik, Fachbereich Sprach- und Literaturwissenschaft, Univ.-GHS Duisburg, D-47048 Duisburg. - Lotharstr. 65, D-47057 Duisburg. - Tel.: 0203-379. - Fax: 0203-379.3333.

I 540 Fachgebiet Germanistik, Sprach- und Literaturwissenschaftliche Fakultät, Katholische Univ. Eichstätt, Universitätsallee 1, D-85072 Eichstätt. - Tel.: 08421-20.356.

I 550 Institut für Deutsche Sprach- und Literaturwissenschaft, Friedrich-Alexander-Univ., Bismarckstr. 1, D-91054 Erlangen. - Tel.: 09131-852422. - Fax: 09131-856997.

I 560 Lehrstuhl Didaktik der Deutschen Sprache und Literatur, Fachbereich Erziehungs- und Kulturwissenschaften, Univ. Erlangen-Nürnberg, Regensburger Str. 160, D-90478 Nürnberg.- Tel.: 0911-5302.583. - Fax: 0911-40.10483.

I 570 Fachgebiet Germanistik, Fachbereich Literatur- und Sprachwissenschaften, Univ. GHS Essen, D-45117 Essen. - Universitätsstr. 12, D-45141 Essen. - Tel.: 0201-1831. - Fax: 0201-1833.739.

I 580 Fachgebiet Allgemeine und Vergleichende Literaturwissenschaft (FB 3), Univ. GHS Essen, D-45117 Essen. - Universitätsstr. 12, D-45141 Essen. - Tel.: 0201-183.3322. - Fax: 0201-183.3320.

I 590 *Deutsches Seminar, PH Flensburg, Mürwiker Str. 77, D-24943 Flensburg. - Tel.: 0461-35053.

I 600 Sprechwissenschaftlicher Arbeitsbereich, Fachbereich Neuere Philologien, Senckenberganlage 27, D-60054 Frankfurt/M. - Tel.: 069-798.2275.

I 610 Institut für Deutsche Sprache und Literatur I, Johann Wolfgang Goethe-Univ., Georg-Voigt-Str. 12, D-60054 Frankfurt/M. - Tel.: 069-798.2598 und 798.2944. - Fax: 069-798.2597.

I 620 Institut für Deutsche Sprache und Literatur II, Johann Wolfgang Goethe-Univ., Gräfstr. 76, D-60054 Frankfurt/M. - Tel.: 069-798.2132. Fax: 069-798.8462.

I 630 Institut für Jugendbuchforschung, Johann Wolfgang Goethe-Univ., Myliusstr. 30, D-60323 Frankfurt/M. - Tel.: 069-798.3564. - Fax: 069-798.2398.

I 640 Deutsches Seminar I, Institut für Deutsche Sprache und Ältere Literatur, Albert-Ludwigs-Univ., Werthmannplatz, D-79085 Freiburg. - Tel.: 0761-203.3239.

I 650 Deutsches Seminar II, Institut für Neuere Deutsche Literatur, Albert-Ludwigs-Univ., Werthmannplatz, D-79085 Freiburg. - Tel.: 0761-203.3291.

I 660 Institut für Volkskunde, Albert-Ludwigs-Univ., Maximilianstr. 15, D-79100 Freiburg. - Tel.: 0761-203.3306.

I 670 *Fachgebiet Deutsch, PH Freiburg, Kunzenweg 21, D-79117 Freiburg.- Tel.: 0761-6821.

I 680 Fachbereich 09 Germanistik, Justus-Liebig-Univ. Gießen, Otto-Behaghel-Str. 10, D-35394 Gießen. - Tel.: 0641-702.5525.

I 690 Seminar für Deutsche Philologie, Georg-August-Univ., Humboldtallee 13, D-37073 Göttingen. - Tel.: 0551-397510. - Fax: 0551-397511.

I 700 Deutsche Sprache und Literatur und ihre Didaktik im Seminar für Didaktik der Sprache, Literatur und Landeskunde, Fachbereich Erziehungswissenschaften, Georg-August-Univ., Waldweg 26, D-37075 Göttingen. - Tel.: 0551-399321.

I 710 Seminar für Volkskunde, Georg-August-Univ., Friedländer Weg 2, D-37085 Göttingen. - Tel.: 0551-39.5352. - Fax: 0551-392526.

I 713 Institut für Deutsche Philologie, Ernst-Moritz-Arndt-Univ., Bahnhofstr. 46/47, D-17489 Greifswald. - Tel.: 03834-2546. - Fax: 03834-63238.

I 715 Institut für Neuere deutsche und europäische Literatur, Fachbereich Erziehungs-, Sozial- und Geisteswissenschaften, Fernuniversität Hagen, Pf 940, D-58084 Hagen. - Feithstr. 188, D-58097 Hagen. - Tel.: 02331-9872517. - Fax: 02331-882045.

I 717 Germanistisches Institut, Fachbereich Sprach- und Literaturwissenschaften, Martin-Luther-Univ., D-06099 Halle. - Universitätsring 4, D-06108 Halle. - Tel.: 0345-832348. - Fax: 0345-29515.

I 720 Literaturwissenschaftliches Seminar, Univ. Hamburg, Von-Melle-Park 6, D-20146 Hamburg. - Tel.: 040-4123.4824. - Fax: 040-4123.4785.

I 730 Zentrum für Theaterforschung, Hamburger Theatersammlung, Univ. Hamburg, Von-Melle-Park 3, D-20146 Hamburg. - Tel.: 040-4123.2830. - Fax: 040-4212.6285.

I 740 Germanisches Seminar, Univ. Hamburg, Von-Melle-Park 6, D-20146 Hamburg. - Tel.: 040-4123.4779. - Fax: 040-4123.4785.

I 750 Didaktik der deutschen Sprache und Literatur, Institut für Didaktik der Sprachen, Fachbereich Erziehungswissenschaft, Univ. Hamburg, Von-Melle-Park 8, D-20146 Hamburg. - Tel.: 040-4123.2115. - Fax: 040-4123.2112.

I 760 Seminar für Deutsche Literatur und Sprache, Univ. Hannover, Welfengarten 1, D-30167 Hannover. - Tel.: 0511-762.4509 und .4457.

I 770 Deutsche Sprache und Literatur und ihre Didaktik, Fachbereich Erziehungswissenschaften I, Univ. Hannover, Bismarckstr. 2, D-30173 Hannover. - Tel.: 0511-808061.

I 780 Germanistisches Seminar, Neuphilologische Fakultät, Univ. Heidelberg, Hauptstr. 207-209, D-69117 Heidelberg. - Tel.: 06221-54.3201 und 54.3212 (Bibliothek).

I 790 *Fachgebiet Deutsch, Fachbereich II, PH Heidelberg, Im Neuenheimer Feld 561, D-69120 Heidelberg. - Tel.: 06221-477310. - Fax: 06221-477433.

I 800 *Fächer Literaturwissenschaft, Theater, Medien; Deutsche Sprache und Literatur und ihre Didaktik, Fachbereich II, Univ. Hildesheim,

Marienburger Platz 22, D-31141 Hildesheim. - Tel.: 05121-86156. - Fax: 05121-867558.

I 804 Institut für Germanistische Literaturwissenschaft, Friedrich-Schiller-Univ., Universitätshochhaus, D-07740 Jena. - Tel.: 03641-630670. - Fax: 03641-53252.

I 806 Institut für Auslandsgermanistik / Deutsch als Fremdsprache, Friedrich-Schiller-Univ., Leutragraben 1, D-07743 Jena. - Tel.: 03641-630656. - Fax: 03641-630738.

I 810 Institut für Literaturwissenschaft (Mediävistik), Univ. Karlsruhe, Pf 6980, D-76128 Karlsruhe. - Tel.: 0721-608.2900.

I 820 Institut für Literaturwissenschaft, Univ. Karlsruhe, Pf 6980, D-76128 Karlsruhe. - Tel.: 0721-608.2150 und 608.2151.

I 825 Interfakultatives Institut für Angewandte Kulturwissenschaft, Univ. Karlsruhe, Pf 6980, D-76128 Karlsruhe. - Tel.:0721-608.4384 und .4810. - Fax: 0721-608.4811.

I 830 *Fachgebiet Deutsch, Fachbereich II, PH Karlsruhe, Bismarckstr. 10, D-76133 Karlsruhe. - Tel.: 0721-23991.

I 840 Fachbereich 9 Germanistik, GHS-Univ. Kassel, D-34109 Kassel. - Georg-Forster-Str. 3, D-34127 Kassel. - Tel.: 0561-804.3322. - Fax: 0561-8042812.

I 850 Germanistisches Seminar mit Niederdeutscher Abteilung, Univ. Kiel, Olshausenstr. 40, D-24098 Kiel. - Tel.: 0431-880.2318. - Fax: 0431-880.7302.

I 860 *Institut für Literaturwissenschaft, Univ. Kiel, Leibnizstr. 8, D-24118 Kiel. - Tel.: 0431-880.2328.

I 870 *Seminar für Deutsche Sprache und Literatur und ihre Didaktik, PH Kiel, Olshausenstr. 75, D-24098 Kiel. - Tel.: 0431-88001.

I 880 Institut für Germanistik, Fachbereich II der Abteilung Koblenz der Univ. Koblenz-Landau, Rheinau 3-4, D-56075 Koblenz. - Tel.: 0261-9119.205. - Fax: 0261-37524.

I 890 Institut für deutsche Sprache und Literatur, Univ. zu Köln, Albertus-Magnus-Platz, D-50923 Köln. - Tel.: 0221-470.2460. - Fax: 0221-470.5107.

I 900 Seminar für Deutsche und Englische Sprache und ihre Didaktik, Deutsche Abteilung, Univ. zu Köln, Gronewaldstr. 2, D-50931 Köln. - Tel.: 0221-470.4765. - Fax: 0221-470.5174.

I 910 Theaterwissenschaftliche Sammlung, Univ. zu Köln, Schloß Wahn (→ G 800).

I 920 Germanistik, Fachgruppe Literaturwissenschaft, Univ. Konstanz, Pf 5560, D-78434 Konstanz. - Universitätsstr. 10, D-78464 Konstanz. - Tel.: 07531-88.2421 und .2420. - Fax: 07531-88.3897.

I 930 Institut für Germanistik, Abteilung Landau der Univ. Koblenz-Landau, Im Fort 7, D-76829 Landau. - Tel.: 06341-280146. - Fax: 06341-280101.

I 940 Institut für Germanistik, Univ. Leipzig, Augustusplatz 9, D-04109 Leipzig. - Tel.: 0341-7193042. - Fax: 0341-209325.

I 945 Herder-Institut an der Philologischen Fakultät der Univ. Leipzig, Lumumbastr. 4, D-04105 Leipzig. - Tel.: 0341-56320. - Fax: 0341-592435.

I 950 *Fach Deutsch, Fachbereich II der PH Ludwigsburg, Reuteallee 46, D-71634 Ludwigsburg. - Tel.: 07141-140.1.

I 960 Fach Deutsche Sprache und Literatur und ihre Didaktik, Univ. Lüneburg, Rotenbleicher Weg 42, D-21332 Lüneburg. - Tel.: 04131-7140. - Fax: 04131-714428.

I 965 Institut für Germanistik, Otto-v.-Guericke-Univ., Virchowstr. 24, D-39104 Magdeburg. - Tel.: 0391-5590.347. - Fax: 0391-5509.401.

I 970 Deutsches Institut, Fachbereich Philologie I, Johannes-Gutenberg-Univ., Welderweg 18, D-55099 Mainz. - Tel.: 06131-392260. - Fax: 06131-393366.

I 980 Institut für Allgemeine und Vergleichende Literaturwissenschaft, Fachbereich Philologie I, Johannes-Gutenberg-Univ., Pf 3980, D-55099 Mainz. - Tel.: 06131-392543. - Fax: 06131-39.3064.

I 985 Germanistisches Institut, Fachbereich Angewandte Sprach- und Kulturwissenschaft, Johannes-Gutenberg-Univ., An der Hochschule 2, D-76711 Germersheim.

I 990 Seminar für Deutsche Philologie, Univ. Mannheim, D-68131 Mannheim. - Tel.: 0621-292.5364. - Fax: 0621-292.5655.

I 1000 Institut für Deutsche Philologie des Mittelalters, Fachbereich 8, Philipps-Univ., D-35032 Marburg. - Wilhelm-Röpke-Str. 6/A, D-35039 Marburg. - Tel.: 06421-28.4681 (Inst.) und 28.4661 (Bibliothek). - Fax: 06421-288913.

I 1010 Institut für Neuere deutsche Literatur und Medien, Fachbereich 9, Philipps-Univ., D-35032 Marburg. - Wilhelm-Röpke-Str. 6/A, D-35039 Marburg. - Tel.: 06421-28.4656 (Inst.) und 28.4661 (Bibliothek). - Fax: 06421-288913.

I 1020 Institut für Deutsche Philologie, Univ. München, Schellingstr. 3, D-80799 München. - Tel.: 089-2180.2370 und 2180.3412. - Fax: 089-2180.3871.

I 1025 *Institut für Allgemeine und Vergleichende Literaturwissenschaft, Univ. München, Schellingstr. 3, D-80799 München.

I 1030 *Institut für Theaterwissenschaft, Univ. München, Ludwigstr. 25, D-80539 München. - Tel.: 089-2180.2490 und 2180.3503 (Bibl.).

I 1035 Institut für Bayerische Literaturgeschichte, Univ. München, Karolinenplatz 3 (Amerika-Haus), D-80333 München. - Tel.: 089-2180.2402. - Fax: 089-5504298.

I 1040 Institut für deutsche und vergleichende Volkskunde, Univ. München, Ludwigstr. 25, D-80539 München. - Tel./Fax: 089-2180.2348.

I 1050 Institut für Kommunikationswissenschaft (Zeitungswissenschaft), Schellingstr. 33/Rgb., D-80799 München. - Tel.: 089-2180.2384. - Fax: 089-2800025.

I 1060 Germanistisches Institut, Westfälische Wilhelms-Univ., Abt. Deutsche Literatur des Mittelalters und Deutsche Sprache, Johannisstr. 1-4, D-48143 Münster. - Tel.: 0251-834410. - Fax: 0251-838347.

I 1070 Germanistisches Institut, Westfälische Wilhelms-Univ., Abt. Neuere deutsche Literatur und Vergleichende Literaturwissenschaft, Domplatz 20-22, D-48143 Münster. - Tel.: 0251-834448. - Fax: 0251-838344.

I 1080 Fachbereich 21: Institut für Deutsche Sprache und Literatur und ihre Didaktik, Westfälische Wilhelms-Univ., Fliednerstr. 21, D-48149 Münster. - Tel.: 0251-839313 und 839142. - Fax: 0251-838369.

I 1090 Fachbereich 11, Literatur- und Sprachwissenschaften, Univ. Oldenburg, Postfach 2503, D-26111 Oldenburg. - Ammerländer Heerstr. 67-99, D-26129 Oldenburg. - Tel.: 0441-798.2903. - Fax: 0441-798.2115.

I 1100 Fachgebiet Deutsch, Fachbereich 7, Univ. Osnabrück, D-49069 Osnabrück. - Neuer Graben 40, D-49074 Osnabrück. - Tel.: 0541-969.4197. - Fax: 0541-969.4256.

I 1110 *Fachgebiet Germanistik, Fachbereich 3: Sprach- und Literaturwissenschaften, Univ.-GHS Paderborn, Warburger Str. 100, D-33098 Paderborn. - Tel.: 05251-602877.

I 1115 Fachgebiet Germanistik, Univ. Passau, Innstr. 25, D-94030 Passau. - Tel.: 0851-509294. - Fax: 0851-509509.

I 1117 Institut für Germanistik, Univ. Potsdam, Pf 601553, D-14415 Potsdam. - Karl-Liebknecht-Str. 24-25, Haus 14, Golm, D-14482 Potsdam. - Tel.: 0331-977.2467. - Fax: 0331-977.2370.

I 1120 *Institut für Germanistik, Fachbereich Sprach- und Literaturwissenschaften, Univ. Regensburg, Universitätsstr. 31, D-93053 Regensburg. - Tel.: 0941-943.1.

I 1130 Institut für Germanistik, Fachbereich Sprach-, Literatur- und Musikwissenschaft, Univ. Rostock, August-Bebel-Str. 28, D-18051 Rostock. - Tel.: 0381-3792.424. - Fax: 0381-3792.496.

I 1140 Fachrichtung 8.1 Germanistik, Fachbereich 8, Univ. des Saarlandes, Pf 151150, D-66041 Saarbrücken. - Im Stadtwald, D-66123 Saarbrücken. - Tel.: 0681-302.2306. - Fax: 0681-302.4371.

I 1150 Fachrichtung 8.5 Allgemeine und Vergleichende Literaturwissenschaft, Fachbereich 8, Univ. des Saarlandes, Pf 151150, D-66041 Saarbrücken. - Im Stadtwald, D-66123 Saarbrücken. - Tel.: 0681-302.2310. - Fax: 0681-302.4234.

I 1160 Fachgebiet Deutsch, Fachbereich II, PH, Oberbettringer Str. 200, D-73525 Schwäbisch Gmünd. - Tel.: 07171-6061. - Fax: 07171-606212.

I 1170 Fach Germanistik, Fachbereich Sprach- und Literaturwissenschaften, Univ.-GHS Siegen, Pf 101240, D-57068 Siegen. - Adolf-Reichwein-Str. 2, D-57076 Siegen.- Tel.: 0271-7401.

I 1180 Institut für Literaturwissenschaft I und II, Univ. Stuttgart, Keplerstr. 17, D-70174 Stuttgart. - Tel.: 0711-121.3059 und 121.3070. Fax: 0711-121.3069.

I 1190 Fach Germanistik, Fachbereich II: Sprach- und Literaturwissenschaften, Univ. Trier, Pf 3825, D-54228 Trier. - Tel.: 0651-201.2324.

I 1200 Deutsches Seminar, Univ. Tübingen, Wilhelmstr. 50, D-72074 Tübingen. - Tel.: 07071-29.2372. - Fax: 07071-29.5321.

I 1201 Deutsches Seminar, Nordische Abteilung, Univ. Tübingen, Wilhelmstr. 50, D-72074 Tübingen. - Tel.: 07071-29.6069. - Fax: 07071-29.5321.

I 1210 Fachgebiet Deutsch, Fachbereich 12, Univ. Osnabrück, Standort Vechta, Pf 1553, D-49364 Vechta. - Driverstr. 22, D-49377 Vechta. - Tel.: 04441-15.385. - Fax: 04441-15.444.

I 1230 Institut für Deutsche Philologie, Univ. Würzburg, Am Hubland, D-97074 Würzburg. - Tel.: 0931-888.5639 und 888.5640. - Fax: 0931-888.4616.

I 1240 Fach Germanistik, Fachbereich Sprach- und Literaturwissenschaften, Bergische Univ.-GHS Wuppertal, Gaußstr. 20, D-42097 Wuppertal. - Tel.: 0202-439.2141 und 439.2142. - Fax: 0202-439.2901.

I 1250 Fach Deutsche Literatur der Neuzeit, TU Chemnitz-Zwickau, Scheffelstr. 39, D-08066 Zwickau. - Tel.: 0375-48290. - Fax: 0375-48267.

Ö s t e r r e i c h

I 1380 Institut für Germanistik, Karl-Franzens-Univ., Universitätsplatz 3, A-8010 Graz. - Tel.: [0043] 0316-380.2440. - Fax: [0043] 0316-382130.

I 1390 Institut für Germanistik, Leopold-Franzens-Univ., Innrain 52, A-6020 Innsbruck. - Tel.: [0043] 0512-507.3453.

I 1400 Institut für Vergleichende Literaturwissenschaft, Leopold-Franzens-Univ., Innrain 52, A-6020 Innsbruck. - Tel.: [0043] 0512-507.4110 bis 507.4114. - Fax: [0043] 0512-507.4111.

I 1410 Germanistisches Institut, Univ. Klagenfurt, Universitätsstr. 65 bis 67, A-9022 Klagenfurt. - Tel.: [0043] 0463-2700.449. - Fax: [0043] 0463-2700.6110.

I 1420 Institut für Germanistik, Univ. Salzburg, Akademiestr. 20, A-5020 Salzburg. - Tel.: [0043] 0662-8044.4350. - Fax: [0043] 0662-8044.612.

I 1440 Institut für Germanistik, Univ. Wien, Dr.-Karl-Lüger-Ring 1, A-1010 Wien. - Tel.: [0043] 1-40103.2538. - Fax: [0043] 1-424458.

I 1450 Institut für Theaterwissenschaft, Univ. Wien, Hofburg, Batthyanystiege, A-1010 Wien. - Tel.: [0043] 1-5335086.

I 1460 Internationales Institut für Jugendliteratur und Leseforschung, Mayerhofgasse 6, A-1040 Wien. - Tel.: [0043] 1-505.0359 u. .2831. - Fax: [0043] 1-505.035917 u. 505.283117.

Schweiz

I 1470 Deutsches Seminar, Univ. Basel, Engelhof, Nadelberg 4, CH-4051 Basel.- Tel.: [0041] 061-2673439. - Fax: [0041] 061-2673440.

I 1480 Institut für Germanistik, Univ. Bern, Unitobler, Längass-Str. 49, CH-3000 Bern 9.- Tel.: [0041] 031-6318311.-Fax: [0041] 031-6313788.

I 1490 Seminar für Deutsche Literatur, Univ. Freiburg, Cité Miséricorde, CH-1700 Freiburg. - Tel.: [0041] 037-219544 und 219533.

I 1500 Département de langue et de littérature allemandes, Université de Genève, 10-12, Boulevard des Philosophes, CH-1211 Genève 4. - Tel.: [0041] 022-7057309. - Fax: [0041] 022-3200497.

I 1510 Séminaire d'Allemand, Université de Lausanne, Bâtiment des Sciences Humaines II, CH-1015 Lausanne. - Tel.: [0041] 021-692.2912. Fax: [0041] 021-692.2905.

I 1520 Fachbereich für deutsche Sprache und Literatur, Hochschule für Wirtschafts-, Rechts- und Sozialwissenschaften, Gatterstr. 1, CH-9010 St. Gallen. - Tel.: [0041] 071-302552. - Fax: [0041] 071-302740.

I 1530 Deutsches Seminar, Univ. Zürich, Rämistr. 74-76, CH-8001 Zürich. - Tel.: [0041] 01-257.2571. - Fax: [0041] 01-2620250. - *Ab Frühjahr 1995:* Schönberggasse 9, CH-8001 Zürich.

I 1531 Deutsches Seminar, Abt. für nordische Philologie, Univ. Zürich, Rämistr. 74-76, CH-8001 Zürich. - Tel.: [0041] 01-257.2511. - *Ab Frühjahr 1995:* Schönberggasse 9, CH-8001 Zürich.

I 1540 Seminar für Vergleichende Literaturwissenschaft, Univ. Zürich, Plattenstr. 43, CH-8032 Zürich. - Tel.: [0041] 01-257.3531.

I 1550 Lehrstühle für deutsche Sprache und Literatur, Eidgenössische TH, E.T.H. Hauptgebäude E 68, Rämistr. 101, CH-8092 Zürich. - Tel.: [0041] 01-632.4035 und .5878. - Fax: [0041] 01-632.1041.

3 SONSTIGE FORSCHUNGS- UND ARBEITSSTELLEN

Die Anordnung der Forschungs- und Arbeitsstellen erfolgt alphabetisch nach Schlagwörtern (kursiv gedruckt).

I 1710 Arbeitsstelle "*Achtzehntes Jahrhundert*", c/o Fach Germanistik im FB 4, Univ.-GHS Wuppertal (→ I 1240).

I 1720 DFG-Projekt "*Altjiddische Texte*", c/o Fachbereich Germanistik, Univ. Trier (→ I 1190).

I 1740 *Bernoulli*-Edition, Forschungsstelle Basel, c/o Öffentliche Bibliothek der Univ., Schönbeinstr. 18-20, CH-4056 Basel. - Tel.: [0041] 061-267.3141. - Fax: [0041] 061-267.3103.

I 1750 Deutsches *Bibelarchiv*, c/o Germanisches Seminar, Univ. Hamburg (→ I 740, G 130).

I 1770 Wolfenbütteler Arbeitskreis für *Bibliotheksgeschichte*, c/o Herzog August Bibliothek (→ H 90).

I 1780 Ernst-*Bloch*-Archiv, c/o Kulturbüro, Ludwigshafen (→ F 280).

I 1783 Heinrich-*Böll*-Forschungsstelle, c/o Fach Germanistik im FB 4, Univ.-GHS Wuppertal (→ I 1240).

I 1785 Arbeitsstelle "Bertolt *Brecht*" am Institut für Literaturwissenschaft der Univ. Karlsruhe, Kronenstr. 30, D-76133 Karlsruhe. - Tel.: 0721-387449.

I 1790 Forschungsstelle "*Brenner*-Archiv" (→ G 150).

I 1793 Rolf-Dieter-*Brinkmann*-Arbeitsstelle, c/o Fachgebiet Deutsch, Fachbereich 12, Univ. Osnabrück, Standort Vechta (→ I 1210).

I 1795 Forschungsstelle "Martin *Bucers* Deutsche Schriften" der Heidelberger Akademie der Wissenschaften (→ I 20), Bergheimer Str. 20, D-69115 Heidelberg.

I 1800 Wolfenbütteler Arbeitskreis für Geschichte des *Buchwesens*, c/o Herzog August Bibliothek (→ H 90).

I 1810 Forschungsstelle "Georg *Büchner*/Literatur und Geschichte des Vormärz", c/o Institut für Neuere deutsche Literatur und Medien, Univ. Marburg (→ I 1010).

I 1820 Arbeitsstelle "Paul-*Celan*-Ausgabe", c/o Germanistisches Seminar, Univ. Bonn (→ I 440).

I 1825 Projekt Fürstliche Bibliothek *Corvey*, Univ.-GHS Paderborn, Warburger Str. 100, D-33098 Paderborn. -Tel: 05251-60.3093. - Fax: 05251-60.3234. - *Oder:* c/o Bibliothek des Herzogs von Ratibor und Fürsten von Corvey (→ F 1820). - Tel.: 05271-6810.

I 1828 Arbeitsvorhaben "Bibliographische Erfassung der *DDR-Literatur* 1963-1989/90" der Berlin-Brandenburgischen Akademie der Wissenschaften (→ I 55), Prenzlauer Promenade 149-152, D-13189 Berlin. - Tel.: 030-4797.352.

I 1830 Arbeitsvorhaben "*Deutsches Wörterbuch* von J. und W. Grimm" der Berlin-Brandenburgischen Akademie der Wissenschaften (→ I 55), Prenzlauer Promenade 149-152, D-13189 Berlin. - Tel.: 030-4797.233.

I 1835 Arbeitsstelle für Fortbildung von *Deutschlehrern* im Ausland, c/o Fachbereich 21, Univ. Münster (→ I 1080).

I 1840 *Droste*-Forschungsstelle, D-48133 Münster. - Salzstr. 22-23, D-48143 Münster. - Tel.: 0251-591.4681.

I 1842 Arbeitsstelle "Verzeichnis der [...] *Drucke des 16. Jahrhunderts*", c/o Bayerische Staatsbibliothek (→ H 70).

I 1845 *Editionswissenschaftliche* Forschungsstelle, Fachgebiet Deutsch, Univ. Osnabrück (→ I 1100). - Tel.: 0541-608.4366.

I 1848 *Eichendorff*-Institut an der Univ. Düsseldorf, Literaturwissenschaftliches Institut der Stiftung Haus Oberschlesien, Bahnhofstr. 71, D-40883 Ratingen. - Tel.: 02102-9650. - Fax: 02102-60178.

I 1850 Arbeitsstelle für *Exilliteratur*, c/o Literaturwissenschaftliches Seminar, Univ. Hamburg (→ I 720).

I 1860 Arbeitsstelle für *Exilliteratur*, c/o Akademie der Wissenschaften und der Literatur zu Mainz (→ I 50).

I 1863 Arbeitsstelle "Hubert *Fichte*", c/o Literaturwissenschaftliches Seminar, Univ. Hamburg (→ I 720).

I 1864 Arbeitsvorhaben "Georg *Forster*, Werke" der Berlin-Brandenburgischen Akademie der Wissenschaften (→ I 55), Prenzlauer Promenade
149-152, D-13189 Berlin. - Tel.: 030-4797.165.

I 1865 Stiftung *Frauen*-Literatur-Forschung (→ L 75, H 155).

I 1870 Dokumentationsstelle für *Gefangenenliteratur*, c/o Fachbereich
21, Univ. Münster (→ 1080).

I 1875 Arbeitsstelle "Das *geistliche* Spiel", c/o Germanistisches Seminar, Univ. Bonn (→ I 440).

I 1876 Forschungsstelle "Edition von *Gelegenheitsgedichten*", c/o Fachgebiet Germanistik, Univ. Bamberg (→ I 330).

I 1877 Arbeitsstelle für die Erforschung der Geschichte der *Germanistik*,
c/o DLA, Marbach (→ G 20).

I 1878 Arbeitsstelle "Wissenschaftsgeschichte der *Germanistik*", c/o
Institut für deutsche Literatur, Humboldt-Univ. Berlin (→ I 360).

I 1880 Arbeitsstelle "Münchner *Goethe*-Ausgabe u. Goethe-Datenbank",
c/o Fachrichtung Germanistik, Univ. Saarbrücken (→ I 1140). - Tel.:
0681-302.2394.

I 1890 Forschungsstelle "*Goethe*-Wörterbuch" der Heidelberger Akademie der Wissenschaften (→ I 20). Arbeitsstelle Tübingen, (Frischlinstr.
7, D-72074 Tübingen. - Tel.: 07071-292146). Weitere Arbeitsstellen in
Hamburg (Göttinger Akademie der Wissenschaften [→ I 10]) und Berlin:

I 1891 Arbeitsvorhaben "*Goethe*-Wörterbuch" der Berlin-Brandenburgischen Akademie der Wissenschaften (→ I 55), Prenzlauer Promenade
149-152, D-13189 Berlin. - Tel.: 030-4797.182.

I 1895 Brüder-*Grimm*-Arbeitsstelle, c/o Fach Germanistik im FB 4,
Univ.-GHS Wuppertal (→ I 1240).

I 1900 Klaus *Groth*-Archiv zur Erforschung der neu-niederdeutschen
Dialektliteratur, c/o Germanistisches Seminar, Univ. Kiel (→ I 850).

I 1901 Arbeitsvorhaben "*Grundriß* zur Geschichte der deutschen
Dichtung aus den Quellen" [Goedeke] der Berlin-Brandenburgischen
Akademie der Wissenschaften (→ I 55), Unter den Linden 8, D-10117
Berlin. - Tel.: 030-20370.480.

I 1903 Forschungsstelle "Kommentierung des *Hamann*-Briefwechsels" der Heidelberger Akademie der Wissenschaften (→ I 20), Hauptstr. 207 bis 209, D-69117 Heidelberg. - Tel.: 06221-54.3223.

I 1905 *Hamburgisches* Wörterbuch, c/o Germanisches Seminar, Univ. Hamburg (→ I 740).

I 1907 "Katalog der datierten *Handschriften* in der Schweiz (CMD-CH)", c/o Stiftsbibliothek, Klosterhof, CH-9000 St. Gallen.

I 1910 Arbeitsstelle "Fritz von *Herzmanovsky*-Orlando-Edition", c/o Brenner-Archiv (→ G 150).

I 1915 Forschungsstelle "Deutsche *Inschriften* des Mittelalters" der Heidelberger Akademie der Wissenschaften (→ I 20), Karlstr. 4, D-69117 Heidelberg. - Tel.: 06221-54.3269.

I 1916 Arbeitsvorhaben "Die deutschen *Inschriften* des Mittelalters" der Berlin-Brandenburgischen Akademie der Wissenschaften (→ I 55), Leipziger Str. 3-4, D-10117 Berlin. - Tel.: 030-2236.299.

I 1920 Friedrich-Heinrich-*Jacobi*-Forschungsstelle, c/o Fachgebiet Germanistik, Univ. Bamberg (→ I 330).

I 1925 Arbeitsstelle "Hans Henny *Jahnn*", c/o Literaturwissenschaftliches Seminar, Univ. Hamburg (→ I 720).

I 1927 Arbeitsvorhaben "*Jean-Paul*-Edition" der Berlin-Brandenburgischen Akademie der Wissenschaften (→ I 55), Prenzlauer Promenade 149-152, D-13189 Berlin. - Tel.: 030-4797.179.

I 1928 Arbeitsstelle "*Jean-Paul*-Edition", c/o Institut für Deutsche Philologie, Univ. Würzburg (→ I 1230).

I 1930 Arbeitsstelle für die *Kafka*-Edition, c/o Fach Germanistik im FB 4, Univ.-GHS Wuppertal (→ I 1240).

I 1940 Arbeitsstelle für *Kinder*- und Jugendliteraturforschung, Univ. zu Köln, Richard-Wagner-Str. 39, D-50674 Köln. - Tel.: 0221-470.4069. - Fax: 0221-470.5197.

I 1960 *Kleist*-Arbeitsstelle, c/o Institut für Germanistik, Univ. Regensburg (→ I 1120).

I 1970 Arbeitsstelle "Hamburger *Klopstock*-Ausgabe", c/o SUB Hamburg (→ F 320). - Tel.: 040-4123.2767.

I 1973 Arbeitsstelle "Karl *Kraus*", c/o Seminar für Deutsche Philologie, Univ. Göttingen (→ I 690).

I 1975 Forschungsstelle "*Krieg* und Literatur", c/o Fachgebiet Deutsch, Univ. Osnabrück (→ I 1100) und UB Osnabrück (→ F 1820).

I 1980 Else-*Lasker-Schüler*-Arbeitsstelle, c/o Fach Germanistik im FB 4, Univ.-GHS Wuppertal (→ I 1240).

I 1983 Arbeitsstelle "G.E. *Lessing*", c/o Seminar für Deutsche Philologie, Univ. Göttingen (→ I 690).

I 1985 Sonderforschungsbereich "Theorie des *Lexikons*", c/o Fach Germanistik im FB 4, Univ.-GHS Wuppertal (→ I 1240).

I 1986 Arbeitsstelle "*Lexikon* Die Deutsche Literatur" (Fabeckstr. 37), Habelschwerdter Allee 45, D-14195 Berlin. - Tel.: 030-838.5007. - Fax: 030-838.6749.

I 1990 Arbeitsstelle "Edition des Briefwechsels G.C. *Lichtenbergs*", c/o Akademie der Wissenschaften Göttingen (→ I 10). - Tel.: 0551-395393.

I 1993 Arbeitsstelle für *literarische* Museen, Archive und Gedenkstätten in Baden-Württemberg, c/o Deutsches Literaturarchiv (→ G 20).

I 1994 Dokumentationsstelle zur deutschsprachigen *Literatur* seit 1945 ("Literaturstreite"), c/o Seminar für Deutsche Philologie, Univ. Göttingen (→ I 690).

I 1995 Arbeitsstelle "*Literaturkritik*", c/o Seminar für Deutsche Philologie, Univ. Göttingen (→ I 690).

I 2010 Arbeitsstelle "*Lyrik* des Mittelalters und Heldenepik (Verfasserlexikon)", c/o Deutsches Seminar, Univ. Tübingen (→ I 1200).

I 2020 Arbeitsstelle "*Maler*-Müller-Ausgabe", c/o Fachrichtung Germanistik, Univ. Saarbrücken (→ I 1140). - Tel.: 0681-302.4511.

I 2050 *Melanchthon*-Forschungsstelle der Heidelberger Akademie der Wissenschaften (→ I 20), Heiliggeiststr. 15, D-69117 Heidelberg. - Tel.: 06221-26328.

I 2051 SFB 0231: Träger, Felder, Formen pragmatischer Schriftlichkeit im *Mittelalter*, Univ. Münster, Salzstr. 41, D-48143 Münster. - Tel.: 0251-83.2071. - Fax: 0251-83.8354.

I 2052 Arbeitsvorhaben "Deutsche Texte des *Mittelalters*" der Berlin-Brandenburgischen Akademie der Wissenschaften (→ I 55), Prenzlauer Promenade 149-152, D-13189 Berlin. - Tel.: 030-4797.145.

I 2053 Hamburger Arbeitsstelle des *Mittelhochdeutschen* Wörterbuchs, c/o Germanisches Seminar, Univ. Hamburg (→ I 740).

I 2054 Arbeitsstelle "*Mittelhochdeutsches* Wörterbuch", c/o Seminar für Deutsche Philologie, Univ. Göttingen (→ I 690).

I 2055 Arbeitsstelle "*Mittelniederdeutsches* Wörterbuch", c/o Germanisches Seminar, Univ. Hamburg (→ I 740).

I 2056 Forschungsstelle für *Mittlere* Deutsche Literatur (Fabeckstr. 37), Habelschwerdter Allee 45, D-14195 Berlin. - Tel.: 030-838.5007. - Fax: 030-838.6749.

I 2057 Justus-*Möser*-Dokumentationsstelle, c/o Fachgebiet Deutsch, Univ. Osnabrück (→ I 1100) *oder* UB Osnabrück, Pf 4469, D-49074 Osnabrück. - Tel.: 0541-969.4450. - Fax: 0541-969.4774.

I 2058 Arbeitsvorhaben "*Monumenta Germaniae Historica*" der Berlin-Brandenburgischen Akademie der Wissenschaften (→ I 55), Prenzlauer Promenade 149-152, D-13189 Berlin. - Tel.: 030-4797.343.

I 2059 Forschungsstelle "*Musiktheater* für Kinder und Jugendliche", c/o Fachbereich 21, Univ. Münster (→ I 1080).

I 2060 Robert-*Musil*-Institut für Literaturforschung / Kärntner Literaturarchiv (→ G 650). - Tel.: [0043] 0463-54664.

I 2061 Arbeitsstelle für *österreichische Literatur* und Kultur, c/o Fachrichtung Germanistik, Univ. Saarbrücken (→ I 1140). - Tel.: 0681-302.3334.

I 2063 Carl-von-*Ossietzky*-Forschungsstelle, Univ. Oldenburg (→ I 1090).

I 2068 Forschungsstelle für *Prager* deutsche Literatur, c/o Fach Germanistik im FB 4, Univ.-GHS Wuppertal (→ I 1240).

I 2072 Arbeitsstelle für *Randgruppenliteratur*/-kultur, c/o Fachbereich 21, Univ. Münster (→ I 1080).

I 2074 Redaktion "*Reallexikon* der deutschen Literaturwissenschaft", c/o Dr. Moritz Baßler, Kornhausstr. 22, D-72070 Tübingen.

I 2075 Forschungsstelle "Deutsches *Rechtswörterbuch*" der Heidelberger Akademie der Wissenschaften (→ I 20), Karlstr. 4, D-69117 Heidelberg. Tel.: 06221-54.3270, 54.3271 und 54.3263.

I 2080 Arbeitsstelle für Gustav-*Regler*-Forschung, c/o Fachrichtung Germanistik, Univ. Saarbrücken (→ I 1140). - Tel.: 0681-302.3327.

I 2083 Eutiner Forschungsstelle zur historischen *Reisekultur*, c/o Eutiner Landesbibliothek (→ F 1820).

I 2085 Dokumentationsstelle "Erich Maria *Remarque*", c/o Fachgebiet Deutsch, Univ. Osnabrück (→ I 1100).

I 2090 Arbeitsstelle für *Renaissance*-Forschung, c/o Fachgebiet Germanistik, Univ. Bamberg (→ I 330).

I 2110 Wolfenbütteler Arbeitskreis für *Renaissanceforschung*, c/o Herzog August Bibliothek (→ H 90).

I 2115 Forschungsstelle "*Rhetorik*", Fachbereich 11, Univ. Oldenburg (→ I 1090). - Tel.: 0441-798.3049.

I 2120 Forschungsstelle "*Sage*", c/o Institut für Volkskunde, Univ. Freiburg (→ I 660).

I 2125 Arbeitsstelle "Repertorium der *Sangsprüche* und Meisterlieder", c/o Deutsches Seminar, Univ. Tübingen (→ I 1200).

I 2130 Arbeitsstelle "*Sozialgeschichte* der deutschen Literatur", c/o Fachgebiet Allgemeine und Vergleichende Literaturwissenschaft (FB 3), Univ.-GHS Essen (→ I 580).

I 2140 Arbeitsstelle "*Steinburger Studien*", Priv.-Doz. Dr. Alexander Ritter, Sauerbruch-Str. 2, D-25524 Itzehoe. - Tel.: 04821-41644. - Fax: 04821-41620.

I 2145 Arbeitsstelle zur Redaktion der Kritischen Theodor-*Storm*-Brief-Ausgabe, c/o Theodor-Storm-Haus (→ G 790).

I 2148 Arbeitsstelle "*Theater* und Drama", c/o Seminar für Deutsche Philologie, Univ. Göttingen (→ I 690).

I 2150 Arbeitsstelle für *Theaterpädagogik*, c/o Fachbereich 21, Univ. Münster (→ I 1080).

I 2155 Arbeitsstelle für Ludwig-*Thoma*-Edition, c/o Institut für Germanistik, Univ. Regensburg (→ I 1120).

I 2160 Arbeitsstelle "Georg-_Trakl_-Ausgabe", c/o Brenner-Archiv (→ G 150).

I 2170 Kurt-_Tucholsky_-Forschungsstelle an der Carl von Ossietzky Univ., Pf 2541, D-26015 Oldenburg. - Tel./Fax: 0441-798.4013.

I 2175 SFB 309: Die literarische _Übersetzung_, Humboldtallee 17, D-37073 Göttingen. - Tel.: 0551-395495. - Fax: 0551-399645.

I 2176 Forschungsstelle "Theorie und Praxis der literarischen _Übersetzung_", Centre de Traduction littéraire de Lausanne, Bâtiment des Sciences Humaines 2, CH-1015 Lausanne. - Tel.: [0041] 021-692.2984.

I 2178 Arbeitsbereich "_Unternehmenskommunikation_", c/o Germanisches Seminar, Univ. Hamburg (→ I 740). - Zusätzl. Tel.: 040-4123.4788.

I 2179 Forschungsstelle "_Visuelle Poesie_", c/o Fach Germanistik im FB 4, Univ.-GHS Wuppertal (→ I 1240).

I 2180 Forschungsstelle für _Volkskunde_ in Bremen und Niedersachsen (→ G 870).

I 2185 Editions- und Forschungsstelle "Frank _Wedekind_", Haardtring 100 a.d. FDH, D-64295 Darmstadt. - Tel.: 06151-168745.- Fax: 06151-168945.

I 2188 Landschaftsverband _Westfalen-Lippe_, Referat Literatur, Warendorfer Str. 14, D-48145 Münster. - Tel.: 0251-591.5705. - Fax: 0251-591.3282.
Mit Arbeitsstelle "_Westfälisches Autorenlexikon_" (Bd. 1 [1993] ff.) und Geschäftsstelle der _Arbeitsgemeinschaft Literarischer Gesellschaften Westfalens_.

I 2189 Arbeitsvorhaben "C.M. _Wieland_: Gesammelte Werke" der Berlin-Brandenburgischen Akademie der Wissenschaften (→ I 55), Unter den Linden 8, D-10117 Berlin. - Tel.: 030-20370.469.

I 2190 Arbeitsstelle "Ludwig-_Wittgenstein_-Briefwechsel", c/o Brenner-Archiv (→ G 150).

I 2200 Arbeitsstelle "Alfred-_Wolfenstein_-Ausgabe", c/o Akademie der Wissenschaften und der Literatur zu Mainz (→ I 50).

I 2210 Arbeitsstelle "Index deutscher Rezensions-_Zeitschriften_ des 18. Jahrhunderts", c/o Akademie der Wissenschaften Göttingen (→ I 10). - Tel.: 0551-395393.

TEIL K: AUTORENVERBÄNDE, GEWERKSCHAFTLICHE UND SONSTIGE BERUFSORGANISATIONEN

Die Aufnahme der Verbände und Organisationen erfolgt nach überregionalen Gesichtspunkten. Vollständigkeit wird nicht angestrebt. Die Wiedergabe der Anschrift und die Kommentierung erfolgen auf Grund der Auskünfte der Betroffenen. Bei den mit einem * versehenen Verbänden ist mit einem Wechsel im Vorstand eine Änderung der Adresse verbunden. Verfügt ein Verband auch über eine Postfach-Adresse, sind in der Regel beide Anschriften mit den unterschiedlichen Postleitzahlen angegeben.

Abkürzungen: **A** = allgemeine Zielsetzungen; **B** = besondere Aktivitäten; **G** = Gründungsjahr; **MA** = Bedingungen der Mitgliederaufnahme; **MZ** = Zahl der Mitglieder; **O** = Organe, Organisationsstruktur; **Pf** = Postfach; **V** = Vorstand, Präsidium.

1 DEUTSCHLAND

K 10 Verband deutscher Schriftsteller (VS) in der Industriegewerkschaft Medien. Bundesgeschäftsstelle: Pf 102451, D-70020 Stuttgart. - Friedrichstr. 15, D-70174 Stuttgart. - Tel.: 0711-2018.236 und .237. - Fax: 0711-2018.300.

A: Berufsgruppe der deutschsprachigen Schriftsteller in der IG Medien mit dem Zweck, die kulturellen, beruflichen und sozialen Interessen ihrer Mitglieder zu fördern und zu vertreten sowie die internationalen Beziehungen der Schriftsteller zu pflegen.

B: Ausrichtung eines Schriftstellerkongresses (alle 3 Jahre). Mitgliederzeitschrift *Kunst & Kultur* (für alle Mitglieder) und *Der Übersetzer* (für die Bundessparte Übersetzer).

G: 1969.

MA: Nachweis einer Buchveröffentlichung, der Sendung eines Hör-/Fernsehspiels, literarischer Übersetzungen oder einer entsprechenden schriftstellerischen Tätigkeit als Sachbuch-, Wissenschafts-, Theater- oder Filmautor/in, Kritiker/in.

MZ: 3200.

O: Landesverbandsmitgliederversammlung, Landesverbandsvorstand, Schriftstellerkongreß, Bundesdelegiertenkonferenz, Bundesvorstand. - Landesverbände in Baden-Württemberg, Bayern, Berlin, Brandenburg, Hamburg, Hessen, Mecklenburg-Vorpommern, Niedersachsen-Bremen, Nordrhein-Westfalen, Rheinland-Pfalz, Saar, Sachsen, Sachsen-Anhalt, Schleswig-Holstein, Thüringen.

V: Erich Loest (Vors.), Klaus Dieter Sommer, Liz Wieskerstrauch, Angela di Ciriaco-Sussdorf (Stellv.), Sabine Herholz (Geschäftsführerin).

K 11 Bundessparte Übersetzer im Verband deutscher Schriftsteller in der IG Medien - Druck und Papier, Publizistik und Kunst (Adresse → K 10).

K 12 IG Medien - Druck und Papier, Publizistik und Kunst (Adresse →
K 10).

K 13 IG Medien - Druck und Papier, Publizistik und Kunst, Fachgruppe
Journalismus (→ K 170).

K 14 IG Medien - Druck und Papier, Publizistik und Kunst, Fachgruppe
Rundfunk, Film, Audiovisuelle Medien (Adresse → K 10).

K 20 Freier deutscher Autorenverband. Schutzverband deutscher Schrift-
steller e.V. (FDA), c/o Prof. Dr. W. Ross, Lindenstr. 31, D-81545
München. - Tel.: 089-645526. - *Oder:* c/o Hans Dietrich Lindstedt,
Klosterstr. 82, D-55124 Mainz. - Tel.: 06131-44461. - Fax: 06131-
466722. - *Geschäftsführung:* Dr. M. Keibach, Birkenhof, D-57587
Birken-Honigsessen. - Tel./Fax: 02741-6651.
A: Berufsorganisation für deutschsprachige Autoren (Schriftsteller, Texter, Kritiker,
Librettisten sowie sonstige publizierende Kunst- und Kulturschaffende) und Autoren-
erben gleich welcher Staatsangehörigkeit. Der FDA fördert und schützt das deutsche
Kunst- und Kulturschaffen, und zwar insbesondere die geistige Freiheit, soziale Gerech-
tigkeit und wirtschaftliche Unabhängigkeit. Der FDA sichert und erhält den autonomen
Freiheitsraum der Kulturschaffenden ohne Unterschied von Geschlecht, Rasse, Haut-
farbe, Sprache, Religion, Herkunft, Geburt, politischer oder sonstiger Anschauung.
B: Ausrichtung von Kongressen. Publikation der *FDA-Briefe.*
G: 1973.
MA: Antrag beim Vorstand und Nachweis einer Publikation.
MZ: Rd. 1200.
O: Bundestagung (Delegierte der Landesverbände), Präsidialrat, Präsidium, Deutscher
Autorenrat (DAR).- Landesverbände in Baden-Württemberg, Bayern, Berlin, Hamburg,
Hessen, Niedersachsen, Nordrhein-Westfalen, Rheinland-Pfalz, Saarland, Sachsen-
Anhalt, Thüringen.
V: Prof. Dr. W. Ross (Präs.), Hans Dietrich Lindstedt (Vizepräs.).

K 30 Deutscher Autorenverband e.V., Sophienstr. 2, D-30159 Hanno-
ver. - Tel.: 0511-322068.
A: Rechtsschutzberatung und berufliche Beratung der Mitglieder.
B: Ausrichtung öffentlicher Veranstaltungen, bei denen die Mitglieder die Möglichkeit
haben, mit ihren Werken hervorzutreten. Edition von Anthologien.
G: 1946.
MA: Bewerbung mit Arbeitsproben.
MZ: 110.
O: Vorstand, Mitgliederversammlung.
V: Hans-Ludwig Fischer (Vors.), Margarete Röder (Geschäftsführerin).

K 35 Bundesverband junger Autoren und Autorinnen e.V. (BVjA). Geschäftsführung: Pf 200303, D-53133 Bonn. - Luisenstr. 80, D-53129 Bonn. - Tel./Fax: 0228-214949.

A: Förderung junger Autorinnen und Autoren, der kulturellen Jugendbildung und der Kommunikation zwischen Literaturproduzenten und -rezipienten.

B: Organisation von Lesungen und Diskussionsveranstaltungen, Veranstaltung von Seminaren mit literarischem Inhalt, Edition der Literaturzeitschriften *Konzepte* und *Junge Literatur*. Literaturarchiv mit Texten junger Autoren, Informationsweitergabe an junge Autorinnen und Autoren; Kontakte zu jungen Literaten im europäischen Ausland. - Ortsverbände.

G: 1987.

MZ: Rd. 300.

V: Tatjana Flade (Sprecherin), Thomas Stichtenoth (Geschäftsführer).

K 38 Initiative Junger Autorinnen und Autoren e.V. (IJA), Pf 440136, D-80750 München. - Tel.: 09841-4819. - Fax: 09844-1323.

A: Förderung des Gedankenaustausches junger Literaten untereinander, Vertretung der Interessen der Mitglieder gegenüber öffentlichen und privaten Kulturträgern, Zusammenarbeit mit anderen Vereinigungen wie P.E.N.-Zentrum Deutschland, amnesty international u.a.

B: Organisation von Veranstaltungen (DIALOGE, Offene Literaturtreffs, Reihe Junge Literatur), Herausgabe des Flugblattes *Der Zettel* (bisher über 90 Ausgaben), des *Taschenkalenders für junge Literatur* (1987ff.), eines Postkartenlyrikkalenders (1992ff.) und von Anthologien. - Zentren in mehreren Bundesländern.

G: 1985 (seit 1987 e.V.).

MZ: Rd. 100.

V: Esther Hermann, Sabine Zaplin.

K 40 Die Künstlergilde e.V., Hafenmarkt 2, D-73728 Esslingen. - Tel.: 0711-3969010.

A: Künstlergemeinschaft mit der Aufgabe der Pflege und Weiterentwicklung ostdeutschen Kulturgutes. Ihr gehören Maler, Bildhauer, Schriftsteller, Komponisten, Musiker, Publizisten und darstellende Künstler an, die durch Leben und Werk den historischen deutschen Kulturlandschaften des Ostens und Südostens verbunden sind.

B: Ausrichtung von Tagungen der einzelnen Fachgruppen, der "Esslinger Begegnung" (jährlich im Mai), von Wochenendseminaren literarisch-künstlerischer Art. Edition der *Esslinger Reihe*, von Einzelveröffentlichungen, Almanachen, Anthologien u.ä. Vergabe mehrerer Preise (u.a. "Andreas-Gryphius-Preis" → M 350).

G: 1948.

MA: Bewerbung und Berufung auf Grund der Entscheidung durch die Aufnahmejury der einzelnen Fachgruppen.

MZ: 1100.

O: Bundesgeschäftsstelle, Landesgeschäftsstellen. Vorstand, Mitgliederversammlung.

V: Prof. Hasso Bruse (1. Vors.), Dr. Ernst Schremmer (Stellvertr.), Margarete Sorg (Fachgruppenleiterin Literatur).

K 50 *GEDOK. Verband der Gemeinschaften der Künstlerinnen und Kunstfreunde e.V., Einern 29, D-42279 Wuppertal.
A: Förderung der literarischen Leistungen von Frauen.
B: Ausrichtung einer jährlichen bundesweiten Tagung (alle Kunstsparten). Vergabe von Preisen (*Ida-Dehmel-Preis* [→ M 140], *Förderpreis für eine Junge Autorin*).
G: 1926.
MA: Bewerbung mit anschließender Jurierung.
MZ: Rd. 4500 (davon etwa 220 Schriftstellerinnen).
O: Vorstand, Mitgliederversammlung.
V: Dr. Renate Massmann (Präs.).

K 60 Dramatiker-Union e.V., Babelsberger Str. 43, D-10715 Berlin. - Tel.: 030-853.9001. - Fax: 030-853.9004.
A: Berufsverband zur Vertretung der ideellen und materiellen Interessen deutschsprachiger Schriftsteller und Komponisten gegenüber den Vertretern ihrer Werke im Bereich Bühne, Film, Funk und Fernsehen. Rechtsberatung und Vertragshilfe.
B: Vergabe von Anerkennungspreisen ("Silbernes Blatt" und "Goldene Nadel"), von Förderpreisen (Reisestipendien), von Förderpreisen für Nachwuchskomponisten. Ausrichtung von Kongressen (Internationale Dramatikertreffen). Publikation: *Der Autor*.
G: 1871.
MA: Bewerbung.
MZ: 400.
O: Präsidium, Vorstand, Beirat, Mitgliederversammlung.
V: Prof. Curth Flatow, Prof. Giselher Klebe; Eckhard Schulz (Geschäftsführer).

K 70 Neue Zentralstelle der Bühnenautoren und Bühnenverleger GmbH, Babelsberger Str. 43, D-10715 Berlin. - Tel.: 030-853.9001. - Fax: 030-853.9004.
A: Überprüfung der Abrechnung der Urheberanteile bei den Bühnen. Gerichtliche und außergerichtliche Vertretung von Autoren und Verlagen im Rahmen besonderer Aufträge.
B: Kooperation mit Organisationen des In- und Auslandes mit gleicher oder ähnlicher Zielsetzung. Auskünfte in allen Fachfragen auf Grund der vorliegenden Fachliteratur und einer Kartei, die vollständig alle seit 1945 in deutscher Sprache erschienenen Stücke (einschließlich der nur als Manuskript vervielfältigten) erfaßt, z.Z. rd. 85000 Titel.
G: 1926. Neugründung 1960.
O: Verwaltungsrat, Geschäftsführung, Gesellschafter (Dramatikerunion e.V., Verband deutscher Bühnenverleger e.V.).
V: Dr. Maria Müller-Sommer; Eckhard Schulz (Geschäftsführer)..

K 90 Verwertungsgesellschaft Wort, Goethestr. 49, D-80336 München. Tel.: 089-514120. - Fax: 089-5141258.

A: Wahrnehmung der urheberrechtlichen Befugnisse ihrer Mitglieder und Wahrnehmungsberechtigten (es bestehen 6 Berufsgruppen: 1. Autoren und Übersetzer schöngeistiger und dramatischer Literatur; 2. Journalisten, Autoren und Übersetzer von Sachliteratur; 3. Autoren u. Übersetzer von wissenschaftlicher u. Fachliteratur; 4. Verleger von schöngeistigen Werken und von Sachliteratur; 5. Bühnenverleger; 6. Verleger von wissenschaftlichen Werken und von Fachliteratur).
G: 1958. 1978 Zusammenschluß mit der Verwertungsgesellschaft Wissenschaft.
MA: Antrag beim Vorstand und Nachweis von Publikationen.
O: Mitgliederversammlung, Verwaltungsrat, Vorstand.

K 100 *Deutscher Germanistenverband. Vereinigung der Deutschen Hochschulgermanistinnen und Hochschulgermanisten, c/o Prof. Dr. Ludwig Jäger, Germanistisches Institut der RWTH Aachen, Eilfschornsteinstr. 15, D-52062 Aachen. - Tel.: 0241-806076. - Fax: 0241-404595.
A: Vertretung der Fachinteressen in der Öffentlichkeit.
B: Stellungnahme zu bildungs-, fach- und hochschulpolitischen Fragen. Schaffung eines Forums zur Standortbestimmung und zur Entwicklung von Zukunftsperspektiven der Germanistik in Forschung und Lehre. Ausrichten der Germanistentage und anderer Fachtagungen. Publikation: *Mitteilungen des Deutschen Germanisten-Verbandes* (→ E 880).
G: 1954.
MA: Tätigkeit an Hochschulen, Fortbildungsstätten und Forschungseinrichtungen.
MZ: 750.
O: Vorstand, Mitgliederversammlung.
V: Prof. Dr. Ludwig Jäger, Prof. Dr. Hans-Georg Werner, Prof. Dr. Hans-Jürgen Bachorski.

K 110 *Deutscher Germanistenverband, Fachgruppe der Deutschlehrerinnen und Deutschlehrer, c/o Prof. Jürgen Wolff, Oelschlägerstr. 22, D-70619 Stuttgart. - Tel.: 0711-478623. - Fax: 0711-4790662.
A: Die Fachgruppe der Deutschlehrerinnen und Deutschlehrer im Deutschen Germanistenverband verfolgt den Zweck, den Deutschunterricht, das Fachgespräch, die Ausbildung des Nachwuchses, die Fortbildung der Deutschlehrer und die Verbindungen mit den Fachgruppen, den Kulturverwaltungen, den Bildungs- und Fortbildungseinrichtungen zu fördern. Der Germanistenverband tritt in Bund und Ländern dafür ein, daß das Fach Deutsch einen gewichtigen Platz im Fächerkanon behaupten und seine Ziele erreichen kann.
B: Ausrichtung von Fachtagungen.
MA: Beitrittserklärung.
MZ: 2500.
O: Mitgliederversammlung, Landesverbände, Bezirksverbände, erweiterter Vorstand, geschäftsführender Vorstand.
V: Prof. Jürgen Wolff (1. Vors.), Annemarie Anteführ (2. Vors.).

K 115 *Verband deutscher Lehrer im Ausland, c/o Wolfgang Baier, Pf 1112, D-25801 Husum. - Tel.: 04841-81269. - Fax: 04841-81981.

A: Förderung der Völkerverständigung durch Bildung und Erziehung; Unterstützung des deutschen Auslandsschulwesens; Wahrnehmung der beruflichen, rechtlichen, wirtschaftlichen und sozialen Interessen deutscher Lehrer im Ausland.
B: Edition der Zeitschrift *Der deutsche Lehrer im Ausland*. Organisation und Durchführung von Tagungen zum Auslandsschulwesen.
V: Wolfgang Baier (Vors.), H. J. Reichenbach (Stellvertr.).

K 120 *Deutsche Gesellschaft für Allgemeine und Vergleichende Literaturwissenschaft (DGAVL), c/o Dr. Stefan Matuschek, Breul 5 a, D-48143 Münster.

A: Förderung der Forschung, der Lehre und des Studiums der Allgemeinen und Vergleichenden Literaturwissenschaft; Information über Probleme und wissenschaftliche Vorhaben und Institutionen; Bildung eines Diskussionsforums.
B: Ausrichtung von Kongressen (alle 3 Jahre); Herausgabe der *Mitteilungen der DGAVL*; Zusammenarbeit mit der Zeitschrift *Arcadia* (→ E 630).
G: 1969.
MA: Antrag an das Sekretariat.
MZ: 200 (alle Mitglieder der DGAVL sind gleichzeitig Mitglieder der ICLA/AILC [→ K 450]).
O: Mitgliederversammlung, Vorstand.
V: Prof. Dr. Maria Moog-Grünewald (Vors.), Prof. Dr. Martin Brunkhorst (Stellv. Vors.), Dr. Stefan Matuschek (Sekretär).

K 130 *Deutscher Philologen-Verband. Bundesgeschäftsstelle, Bahnhofsweg 8, D-82008 Unterhaching. - Tel.: 089-625.1619 und .1719. - Fax: 089-625.1818.

A: Mitarbeit an der Entwicklung des Bildungswesens auf der Grundlage einer sachgerechten Bildungspolitik. Förderung und Weiterentwicklung des Gymnasiums und anderer Bildungseinrichtungen. Förderung der Ausbildung, Fort- und Weiterbildung von Lehrerinnen und Lehrern im Sekundar- und Tertiärbereich. Vertretung und Förderung der beruflichen, rechtlichen und sozialen Interessen der Mitglieder auf Bundesebene unter Anwendung aller verfassungsmäßig zulässigen gewerkschaftlichen Mittel. Unterstützung und Koordinierung der schul- und bildungspolitischen sowie der beruflichen Bestrebungen der Landesverbände. Zusammenarbeit mit Lehrerverbänden des In- und Auslandes.
B: Ausrichtung bildungspolitischer Tagungen auf Bundes- und Landesebene und des Deutschen Philologen-Tages. *Profil* (Monatszeitschrift).
G: 1903.
MA: Bewerbung.
MZ: 66000.
O: Bundes- und Landesverbände. Vorstand, Mitgliederversammlung.
V: OStD Heinz Durner (1. Vors.), StD Peter Heesen (Stellvertr.), StD Gabriele Lipp (Geschäftsführerin).

K 140 Verband Bildung und Erziehung (VBE), Bundesgeschäftsstelle, Dreizehnmorgenweg 36, D-53175 Bonn. - Tel.: 0228-959930. - Fax: 0228-378934.

A: Förderung des gesamten Schul- und Bildungswesens, der pädagogischen Wissenschaft und Praxis aller Einrichtungen, die diesem Bereich dienen. Förderung der rechtlichen, wirtschaftlichen, beruflichen und sozialen Belange aller Mitglieder. Vertretung der Mitglieder bei der Gestaltung ihrer dienstrechtlichen Beziehungen. Weiterentwicklung und Modernisierung des gesamten Dienstrechts.

B: Ausrichtung von Lehrerfortbildungstagungen. Edition einer Bundeszeitschrift (*Forum E*) und von Landeszeitschriften. *VBE Pressedienst.*

G: 1974.

MA: Tätigkeit im Erziehungs- und Lehrberuf (zusätzlich auch Förder- und Schutzmitgliedschaft).

MZ: 140000.

O: Bundesleitung, Bundesvorstand, Bundeshauptvorstand, Bundesvertreterversammlung.

V: Dr. Ludwig Eckinger (Bundesvors.), Albin Dannhäuser, Uwe Franke u.a. (stellvertr. Bundesvors.).

K 150 Deutscher Volkshochschul-Verband e.V. (DVV), Obere Wilhelmstr. 32, D-53225 Bonn. - Tel.: 0228-975690. - Fax: 0228-9756930.

A: Förderung der Erwachsenenbildung bzw. -weiterbildung und der Bildungsarbeit an den Volkshochschulen sowie Wahrnehmung und Vertretung der Interessen der VHS-Landesverbände auf Bundesebene. Der Verband erfüllt diese Aufgaben insbesondere durch die Förderung der Zusammenarbeit und des Erfahrungsaustausches der Mitglieder, durch die Entwicklung von Grundsätzen und Leitlinien, durch die bildungs- und verbandspolitische Vertretung auf Bundes- und europäischer Ebene, durch die Förderung der Qualität der erwachsenenpädagogischen Arbeit und durch die Förderung der internationalen Zusammenarbeit. Zur Unterstützung und Durchführung der Verbandsaufgaben unterhält der Verband eine Geschäftsstelle in Bonn und drei Institute: das Institut für Internationale Zusammenarbeit des DVV in Bonn, das Institut für Erwachsenenbildung (PAS/DVV) des DVV in Frankfurt/Main und das Adolf-Grimme-Institut des DVV in Marl.

G: 1953.

V: Prof. Dr. Rita Süßmuth (Präs.), Heinz Theodor Jüchter (Vors.), Dr. Volker Otto (Verbandsdirektor).

L: *Deutscher Volkshochschul-Verband. Stellung und Aufgabe der VHS.* Bonn 1978. - *25 Jahre Deutscher Volkshochschul-Verband.* Hrsg. von Helmuth Dolff. Braunschweig 1978. - *Volkshochschule - das kommunale Weiterbildungszentrum.* Hrsg. vom Deutschen Volkshochschul-Verband. 2. Aufl. Bonn 1993.

K 160 *Verein Deutscher Bibliothekare e.V., c/o Universitätsbibliothek Mainz, Jabob-Welder-Weg 6, D-55128 Mainz. - Tel.: 06131-39.2644. - Fax: 06131-39.3822.

A: Pflege des Zusammenhangs unter den deutschen Bibliothekaren und Wahrung ihrer Berufsinteressen. Austausch und Erweiterung der Fachkenntnisse, Förderung des wissenschaftlichen Bibliothekswesens.
B: Organisation des "Deutschen Bibliothekartages" (jährlich). Publikationen: *Rundschreiben* (vierteljährlich); *Jahrbuch der deutschen Bibliotheken* (alle 2 Jahre); *Zeitschrift für Bibliothekswesen und Bibliographie* (6 x jährlich).
G: 1900. Neugründung 1948.
MA: Wissenschaftliche Ausbildung zum Bibliothekar.
MZ: 1490.
O: Vorstand, Vereinsausschuß, Mitgliederversammlung. Neben dem Bundesverband acht Landesverbände (Baden-Württemberg, Bayern, Bremen, Hamburg, Hessen, Mecklenburg-Vorpommern, Niedersachsen, Sachsen/Thüringen/Sachsen-Anhalt).
V: Leitender Bibl. Dir. Dr. Andreas Anderhub (Vors.), Leitende Bibl. Dir. Dr. Roswitha Poll, Leitender Bibl. Dir. Dr. Berndt von Egidy (Stellvertr.).

K 170 Fachgruppe Journalismus (dju/SWJV) in der Industriegewerkschaft Medien - Druck und Papier, Publizistik und Kunst im DGB, Pf 102451, D-70020 Stuttgart. - Friedrichstr. 15, D-70174 Stuttgart. - Tel.: 0711-2018.238 und 2018.270.
A: Förderung und Vertretung der beruflichen, sozialen, wirtschaftlichen und rechtlichen Interessen ihrer Mitglieder. Förderung der Aus- und Weiterbildung von Journalisten. Förderung der internationalen Zusammenarbeit. Mithilfe bei der Sicherung der im Grundgesetz verankern Informations- und Meinungsfreiheit.
B: Publikationen: *M, Menschen machen Medien.*
G: 1951.
MA: Nachweis der hauptberuflichen journalistischen Tätigkeit.
MZ: 18000.
O: Orts- und Bezirksvorstände, Landesbezirkskonferenzen, Landesbezirksvorstände, Bundeskonferenz, Bundesvorstand.

K 180 Deutscher Journalisten-Verband e.V. (DJV). Gewerkschaft der Journalisten, Bennauerstr. 60, D-53115 Bonn. - Tel.: 0228-222971 bis 222978. - Fax: 0228-214917. - Telex: 886567.
A: Berufspolitische Vertretung der Mitglieder.
MZ: Rd. 23000.
V: Dr. Hermann Meyn (Vors.), Hanni Chill (Stellvertr.).

K 200 *Verband der deutschen Kritiker e.V., Prinz-Friedrich-Leopold-Str. 34 a, D-14129 Berlin. - Tel.: 030-8035657.
A: Förderung der Künste und des Kritikerberufs.
B: Jährliche Vergabe des Deutschen Kritikerpreises auf den Gebieten Literatur (→ M 170), Bildende Kunst, Theater, Tanz, Musik, Film und Fernsehen.
G: 1951.
MA: Nachweis der Ausübung des Kritikerberufes.

MZ: Rd. 150.
O: Vorstand, Mitgliederversammlung.
V: Hartmut Krug (1. Vors.), Monika Burghard (2. Vors.).

K 205 Börsenverein des deutschen Buchhandels e.V., Großer Hirsch-graben 17-21, D-60311 Frankfurt/M. - Tel.: 069-1306.292 (Presse und Information).
A: Spitzenorganisation des herstellenden und verbreitenden Buchhandels in der Bundes-republik Deutschland.
B: Veranstaltung der Frankfurter Buchmesse (jährlich im Oktober); Vergabe des Friedenspreises des Deutschen Buchhandels (→ M 230); Edition des *Börsenblattes für den Deutschen Buchhandel*, des *BuchJournal*, des *Verzeichnisses lieferbarer Bücher* (→ D 4820f.), des *Verzeichnisses lieferbarer Schulbücher* und eines *Adreßbuches für den deutschsprachigen Buchhandel* (→ C 2425).
MZ: Rd. 6500 Mitgliedsfirmen (ca. 2100 Verlage, 4300 Sortimentsbuchhandlungen, 80 Firmen des Zwischenbuchhandels).
O: Hauptversammlung, Vorstand, Abgeordnetenversammlung.

K 210 Arbeitsgemeinschaft alternativer Autoren und Verlage e.V. (AGAV), Pf 3565, D-54225 Trier. - Tel.: 0651-42505.
A: Interessenverband alternativer/linker Verlage, Autoren, Druckereien, Vertriebe und Buchhandlungen mit dem Ziel des Informationsaustausches, der Kontaktvermittlung und Beratung.
B: Organisation der Frankfurter Gegenbuchmesse. Betreuung von Autoren in Haft (Übernahme von Patenschaften, finanzielle Hilfen). Edition eines *Rundbriefes* (unregel-mäßig).
G: 1975.
MZ: 130.
O: Vorstand, Mitgliederversammlung.
V: Michael Rittendorf (1. Vors.), Rainer Breuer (Stellvertr.).

2 ÖSTERREICH

K 240 Österreichischer Schriftstellerverband, Kettenbrückengasse 11/14, A-1050 Wien. - Tel.: [0043] 1-564151.
A: Schutz und Wahrung der Standesehre von Schriftstellern und Journalisten. Förde-rung künstlerischer, wirtschaftlicher und gesellschaftlicher Interessen dieser Berufs-gruppe. Unterstützung notleidender Mitglieder.
B: Ausrichtung von Schriftstellerlesungen. Edition des Mitteilungsblattes *Literarisches Österreich* (viermal jährlich). Ausrichtung eines "Literarischen Stammtisches" (monat-liches Treffen der Mitglieder).
G: 1945 als "Verband demokratischer Schriftsteller und Journalisten Österreichs"; seit 1954 unter heutigem Namen.

MA: Nachweis einer Publikation als Schriftsteller bzw. Journalist. Nachweis der österreichischen Staatsbürgerschaft.

MZ: 350.

O: Generalversammlung, Vorstand, Sonderausschüsse, Rechnungsprüfer, Schiedsgericht, Landesstellen.

V: Dr. Roman Rocek (Präs.), Prof. Dr. Heinz Rieder, Graziella Hlawaty (Vizepräs.), Dr. Wilhelm Pellert (Generalsekr.).

K 250 Österreichischer Autorenverband, Wiedner Hauptstr. 23-25, A-1040 Wien. - Tel.: [0043] 1-5046950.

A: Schutz der geistigen und materiellen Interessen österreichischer Autoren. Förderung und Herausgabe literarischer Erzeugnisse durch Verlage, Förderung und Bildung von Studienzentren, Dokumentationszentren, Fachbibliotheken.

B: Durchführung von Veranstaltungen im Interesse der Förderung und Verbreitung sowie der Darstellung von Literatur.

G: 1975.

MA: Bewerbung.

MZ: 300.

O: Präsidium, Vorstand, Rechnungsprüfer, Schieds- und Ehrengericht.

V: Prof. Lucy Ludikar (Präs.), Prof. Johanna Jonas-Lichtenwallner, OStR. Prof. Mag. Rudolf V. Karl, Reg.Rat DDr. Karl Lengheimer (Vizepräs.).

K 260 IG Autoren (Interessengemeinschaft österreichischer Autoren), Literaturhaus, Seidengasse 13, A-1070 Wien. - Tel.: [0043] 1-526.2044.13. - Fax: [0043] 1-526.2044.30.

A: Vertretung der beruflichen, rechtlichen und sozialen Interessen österreichischer Autoren und Übersetzer.

B: Veranstaltungen (wie jährliche Enqueten zu für schriftstellerisches Arbeiten relevanten Themen, z.B. "Neue Medien", "Kunst und Zensur"). Aus- und Fortbildungsworkshops für Theater-, Drehbuch- und Hörspielautoren. Edition der Zeitschrift *Autorensolidarität* und kultur-/medienpolitischer Bücher.

G: 1971.

MZ: 1800 Einzelmitglieder, über 50 Verbandsmitglieder.

O: Präsidium und Geschäftsführung, Vorstand, General-/Delegiertenversammlung, Regionalversammlungen.

V: Milo Dor (Präs.), Peter Turrini (Vizepräs.), Gerhard Ruiss, Johannes Vyoral (Geschäftsführer).

K 265 Grazer Autorenversammlung (GAV), Rasumofskygasse 20/6, A-1030 Wien. - Tel.: [0043] 1-7131019. - Fax: [0043] 1-7143626.

A: Kulturpolitischer Verein mit dem Zweck der Förderung der ideellen und materiellen Interessen der Autoren und ihrer Mitentscheidung in jedem sie betreffenden Bereich; Förderung der Auseinandersetzung mit allen Fragen künstlerischer Arbeit. Seine Mitglieder lehnen jede Art der Verbreitung faschistischen und kriegshetzerischen Gedankengutes ab.

B: Veranstaltung von Symposien und Lesungen; Unterstützung für Lesungen von Mitgliedern.
G: 1973.
MZ: 470.
O: Vorstand, Generalversammlung, Regionalgruppen.
V: Heidi Pataki (Präs.), Gerhard Kofler (Generalsekretär).

K 270 Verein der Schriftstellerinnen und Künstlerinnen, Seisgasse 18/12, A-1040 Wien. - Tel.: [0043] 1-505.8461.
A: Förderung des Frauenschrifttums, Vertretung der Interessen der Mitglieder.
G: 1885.
MZ: 60.
V: Prof. Johanna Jonas-Lichtenwallner (Präs.).

K 280 Vereinigung sozialistischer Journalisten und Schriftsteller Österreichs, Boltzmanngasse 21, A-1090 Wien. - Tel.: [0043] 1-341273.

K 290 Gewerkschaft Kunst, Medien, freie Berufe (kmfb) im Österreichischen Gewerkschaftsbund, Maria-Theresien-Str. 11, A-1090 Wien. - Tel.: [0043] 1-31316.83800. - Fax: [0043] 1-31316.7700.
A: Organisation für alle künstlerisch, journalistisch oder als Privatlehrer unselbständig Tätigen sowie für Angestellte, Arbeiter und Lehrlinge, die in künstlerischen Betrieben (z.B. Kino, Theater, Film, Rundfunk, Fernsehen) tätig sind oder kaufmännischen oder administrativen Berufen nachgehen. Wahrnehmung der künstlerischen, wirtschaftlichen und sozialen Interessen ihrer Mitglieder. Gewährung unentgeltlichen Rechtsschutzes. Soziales Engagement.
MA: Antrag beim Vorstand.
MZ: 17000.
O: Gewerkschaftstag, Hauptausschuß, Gewerkschaftsvorstand, Präsidium, Zentrale Kontrollkommission.
V: Ing. Stefan Müller, Dr. Adolf Aigner, Ernst Körmer, Siegfried Wagner, Heinz Fiedler, Prof. Paul Fürst, Franz M. Grabner, Dr. Wolfgang Biedermann, Giesela Vorrath, Prof. Rudolf Strobl.

K 300 Österreichischer Übersetzer- und Dolmetscherverband UNIVERSITAS, Gymnasiumstr. 50, A-1090 Wien.-Tel./Fax: [0043] 1-319.7273.
A: Vertretung der Standes- und Berufsinteressen der Mitglieder. Aufklärung der Öffentlichkeit über die Qualifikation universitär ausgebildeter Übersetzer und Dolmetscher. Förderung und Pflege der wissenschaftlichen Arbeiten auf allen das Übersetzen und Dolmetschen sowie die Sprachausbildung betreffenden Gebieten im Zusammenwirken mit den Instituten für Übersetzer- und Dolmetscherausbildung an den österreichischen Universitäten.
B: Ausrichtung von Vorträgen zu Berufsproblemen. Publikation: *Mitteilungsblatt* (vierteljährlich).

G: 1954.
MA: Berufsausbildung.
MZ: 290.
O: Vollversammlung, Vorstand, Sekretariat, Dolmetscherausschuß, Übersetzer-ausschuß.
V: Dipl. Dolm. Annie Weich (Präs.), Mag. phil. Elisabeth Großebner (Generalsekr.).

3 SCHWEIZ

K 310 Schweizerischer Schriftstellerinnen- und Schriftsteller-Verband (SSV), Kirchgasse 25, CH-8001 Zürich. - Tel.: [0041] 01-261.3020. - Fax: [0041] 01-261.3153.
A: Verteidigung der Freiheit der Meinungsäußerung. Unterstützung der Bestrebungen zur Erweiterung der wirtschaftlichen, politischen und rechtlichen Freiheiten der Bewohner der Schweiz. Vertretung der wirtschaftlichen und gesellschaftlichen Interessen der Mitglieder. Gewerkschaftliches und soziales Engagement.
B: Ausrichtung von Fachtagungen, Symposien, Lesungen. Förderung von Auslandskontakten. Ausrichtung von literarischen Wettbewerben. Publikation der Literaturzeitschrift *Forum der Schriftsteller* (→ E 430).
G: 1912.
MA: Nachweis der Publikation eines Buches.
MZ: 650.
O: Mitgliederversammlung, Vorstand, Sekretär, Delegiertenkonferenz, Rechnungsprüfer.
V: Janine Massard.
L: Niederer, Ulrich: *Geschichte des Schweizerischen Schriftsteller-Verbandes.* Tübingen 1993 (Basler Studien zur deutschen Sprache und Literatur, 61).

K 330 Schweizerischer Übersetzer-, Zerminologen- und Dolmetscher-Verband, Postgasse 17, CH-3011 Bern. - Tel.: [0041] 031-312.3303. - Fax: [0041] 031-312.1250.
MZ: Rd. 250.

4 INTERNATIONALE VERBÄNDE

K 340 *International P.E.N. A World Association of Writers, 9/10 Charterhouse Buildings, Goswell Road, GB-London EC1M 7AT. - Tel.: [0044] 71.253.4308. - Fax: [0044] 71.253.5711.
A: Der P.E.N.-Club vertritt die folgenden Grundsätze:
1. Literatur, obgleich national in ihrem Ursprung, kennt keine scheidenden Landesgrenzen und soll auch in Zeiten innerpolitischer oder internationaler Erschütterungen ihre Eigenschaft als eine allen Nationen gemeinsame Währung behalten.

2. Unter allen Umständen, und insbesondere auch im Kriege, sollen Werke der Kunst, der Erbbesitz der gesamten Menschheit, von nationalen und politischen Leidenschaften unangetastet bleiben.

3. Mitglieder des P.E.N. sollen jederzeit ihren ganzen Einfluß auf das gute Einvernehmen und die gegenseitige Achtung der Nationen einsetzen. Sie verpflichten sich, für die Bekämpfung von Rassen-, Klassen- und Völkerhaß und für die Hochhaltung des Ideals einer in einer einigen Welt in Frieden lebenden Menschheit mit äußerster Kraft zu wirken.

4. Der P.E.N. steht zu dem Grundsatz des ungehinderten Gedankenaustausches innerhalb einer jeden Nation und zwischen allen Nationen, und seine Mitglieder verpflichten sich, jeder Art der Unterdrückung der Äußerungsfreiheit in ihrem Lande oder in der Gemeinschaft, in der sie leben, entgegenzutreten. Der P.E.N. erklärt sich für die Freiheit der Presse und verwirft die Zensurwillkür überhaupt, und erst recht in Friedenszeiten. Er ist des Glaubens, daß der notwendige Fortschritt der Welt zu einer höher organisierten politischen und wirtschaftlichen Ordnung hin eine freie Kritik gegenüber den Regierungen, Verwaltungen und Einrichtungen gebieterisch verlangt. Und da Freiheit auch freiwillig geübte Zurückhaltung einschließt, verpflichten sich die Mitglieder, solchen Auswüchsen einer freien Presse, den wahrheitswidrigen Veröffentlichungen, vorsätzlicher Lügenhaftigkeit und Entstellung von Tatsachen, unternommen zu politischen und persönlichen Zwecken, entgegenzuarbeiten. Allen qualifizierten Schriftstellern, Herausgebern und Übersetzern, ohne Unterschied der Nationalität, Rasse, Farbe und Religion, die sich zu diesen Zielen unterschriftlich bekennen, steht die Mitgliedschaft zum P.E.N. offen.

G: 1921.

MA: Wahl nach Vorschlag zweier Mitglieder.

MZ: 8000.

O: Mitgliederversammlung, Präsidium, Vorstand.

V: Ronald Hartwood (Präs.), Alexandre Blokh (Generalsekr.).

K 345 International P.E.N. Women Writer's Committee - European Coordinator, c/o Karin Clark, Weyertal 145, D-50931 Köln. - Tel./Fax: 0221-425180.

K 350 P.E.N.-Zentrum der Bundesrepublik Deutschland, Sandstr. 10, D-64283 Darmstadt. - Tel.: 06151-23120. - Fax: 06151-293414.

B: Ausrichtung von Jahrestagungen und literarischen Kongressen.

G: ab 1923. Wiedergründung des P.E.N.-Zentrums Bundesrepublik Deutschland 1951.

MZ: Rd. 500.

V: Prof. Dr. Walter Jens (Ehrenpräs.), Gert Heidenreich (Präs.), Carola Stern, Prof. Bernd Jentzsch (Vizepräs.), Manfred Bissinger (Generalsekr.).

K 360 Deutsches P.E.N.-Zentrum Ost, Kulturbrauerei, Schönhauser Allee 36-39, D-10435 Berlin. - Tel./Fax: 030-441.3904.

G: 1948.
MZ: 147.
V: Dieter Schlenstedt (Präs.), Joochen Laabs (Generalsekr.).

K 370 Österreichischer P.E.N.-Club, Bankgasse 8, A-1010 Wien. - Tel.: [0043] 01-5334459.
B: Als österreichisches Zentrum des Internationalen P.E.N.-Clubs steht die Pflege von Verbindungen zwischen den österreichischen Autoren einerseits und den Schriftstellern anderer Nationen andererseits im Mittelpunkt der Tätigkeit. Besonderes Gewicht kommt den Kontakten zu den Literaturen der Nachbarländer zu. - Der Österreichische P.E.N.-Club ist förderalistisch organisiert. Einzelne Subzentren arbeiten im Burgenland, Kärnten, Niederösterreich, Oberösterreich, Salzburg, Steiermark und Tirol.
G: 1922. Wiedergründung 1947.
MZ: 310.
V: Dr. Alexander Giese (Präs.), Dr. Ilse Tielsch, Albert Janetschek (Vizepräsidenten).

K 380 Deutschschweizerisches P.E.N.-Zentrum, Pf 403, CH-3000 Bern 14. - Tel.: [0041] 031-372.4085. - Fax: [0041] 031-372.3032.
G: 1979.
MZ: 200.
V: Beat Brechbühl (Präs.), Serge Ehrensperger, Verena Wyss (Vizepräs.), Barbara Traber (Generalsekr.).

K 390 *P.E.N.-Zentrum deutschsprachiger Autoren im Ausland, 92 Inderwick Road, London, N8 9JY. - Tel.: [0044] 81-348.9543. - Fax: [0044] 81-292.1055.
B: Publikation eines *Bulletins* (2 x jährlich), Mitgliederrundbrief (3-4 x jährlich).
G: 1934.
MZ: 151.
V: Fritz Beer O.B.E. (Präs.); Uwe Westphal (Sekr.).

K 400 *Europäischer Schriftstellerkongreß/European Writer's Congress (EWC), General Secretariat, c/o Lore Schultz-Wild, Konradstr. 87, D-80801 München. - Tel.: 089-345581. - Fax: 089-392094.
A: Zusammenschluß europäischer Schriftstellerorganisationen mit dem Ziel, gemeinsam die Interessen der Einzelverbände in den Bereichen Meinungs- und Informationsfreiheit, Urheberrecht, Copyright, sonstige Verwertungsrechte, Steuergesetze und Sozialversicherung zu vertreten und internationalen Kulturaustausch zu betreiben.
B: Organisation von Kongressen und Seminaren; Edition von *The European Writer. Handbook of the European Writer's Congress* (1994); *Newsletter of the EWC; Forum Europa - The Lesser Used Languages of Europe und their Literatures* (1992); *Festival des petites langues et de leur littérature* (1992).
G: 1977/1985.
MA: Nur für Schriftstellerorganisationen (keine individuelle Mitgliedschaft).

MZ: 38 Verbände in 23 Ländern.
V: Jochen Kelter (Präs.), Maureen Duffy, Hans Peter Bleuel (Vizepräs.).

K 405 Luxemburger Schriftstellerverband / Lëtzebuerger Schrëftsteller-verband, B.P. 250, L-4003 Esch/Alzette.
A: Berufsverband zur Vertretung der Interessen Luxemburger Schriftsteller (z.T. deutschsprachig).
G: 1986.
MZ: 95.
V: Roger Manderscheid (Präs.), Jhemp Hoscheit (Sekr.).

K 410 Confédération internationale des sociétés d'auteurs et composi-teurs (CISAC), 11, Rue Keppler, F-75116 Paris. - Tel.: [0033] 01-47205937 und 47202252. - Fax: [0033] 01-47230266.
A: Vertretung der ideellen, wirtschaftlichen und juristischen Interessen ihrer Mitglieder auf internationaler Ebene. Der CISAC gehören als membres ordinaires und als membres associés zahlreiche nationale Verbände mit gleicher Zielsetzung an.
G: 1926.
MA: Antrag und Wahl.
MZ: 105 Verbände.

K 430 International Council of Women (ICW), Committee *Arts and Let-ters*, 13, rue Caumartin, F-75009 Paris. - Tel.: [0033] 01-7421940.
A: Zusammenschluß von Frauenverbänden aller Kontinente. Nichtstaatliche Organi-sation mit Beraterstatus beim Wirtschafts- und Sozialrat der UNO und bei der UNESCO mit dem Ziel, daß sich Frauen nicht nur ihrer Rechte bewußt werden, sondern auch ihrer bürgerlichen, sozialen und politischen Verantwortung. - Das Komitee *Literatur und Kunst* (einer von 12 ständigen Fachausschüssen) widmet sich besonders der Situa-tion der Frau als Schriftstellerin und Künstlerin und deren Verbesserung.
B: *Newsletter* (mehrmals jährlich): *Anthologie de la Poésie Féminine Mondiale* (1973); *Women Writers...* (1980): *Short stories* (1981); *Children's stories from many Lands* (1986); *Women Composers of the 20th century* (1987); Ausrichtung von Tagungen, Fachtagungen der Ausschüsse, Konferenzen.
G: 1888 (in Washington; 1951 wurde der Deutsche Frauenring [DFR] als "National Council of Women" in den ICW aufgenommen).
MA: Mitgliedschaft über den DFR oder als "international Subscriber" Einzelmitglied-schaft.
V: Lily Boeykens (ICW); Rosslyn Tetley (Committee *Arts, Letters, Music*); Beraterin: Ellen Conradi-Bleibtreu (DFR, ICW Com. Arts, L.M.).

K 440 *Internationale Vereinigung für germanische Sprach- und Lite-raturwissenschaft. Sekretariat: c/o Prof. Dr. Michael S. Batts, Dep. of Germanic Studies, University of British Columbia, 1873 East Mall, Vancouver BC V6T 1W5 (Canada).

A: Förderung der Germanistik durch internationale Zusammenarbeit. Unterstützung wissenschaftlicher Unternehmungen, Förderung der persönlichen Beziehungen im Rahmen der vertretenen Fachgebiete, Unterhaltung des Kontaktes mit den Fach- und Landesverbänden. (Germanistik wird hier verstanden als afrikaanse, altgermanische, deutsche, friesische, jiddische, niederländische und nordische Sprach- und Literaturwissenschaft.)

B: Ausrichtung des Internationalen Germanistenkongresses (alle 5 Jahre).

G: 1951.

MA: Ausweis als akademischer Lehrer.

MZ: 1500 (aus 55 Nationen).

O: Vollversammlung, Ausschuß, Finanzkommission, Senat, Präsidium.

V: Prof. Dr. Michael S. Batts (Präs.).

K 450 *International Comparative Literature Association/Association Internationale de Littérature Comparée (ICLA/AILC), c/o Prof. Dr. Manfred Schmeling, Fachrichtung 8.5 Allgemeine und Vergleichende Literaturwissenschaft, Fachbereich 8, Univ. des Saarlandes, Pf 151150, D-66041 Saarbrücken. - Im Stadtwald, D-66123 Saarbrücken. - Tel.: 0681-302.2310. - Fax: 0681-302.4234.

Mitglieder der DGAVL [→ K 120] sind automatisch Mitglieder der ICLA/AILC.

TEIL L: LITERARISCHE
GESELLSCHAFTEN UND STIFTUNGEN

Die Literarischen Gesellschaften und Vereinigungen wurden aufgenommen unter dem Gesichtspunkt überregionaler Aktivitäten. Vollständigkeit wurde nicht angestrebt. Die Angabe der Anschrift und die Kommentierung erfolgten auf Grund der Auskünfte, die von den Gesellschaften dem Verfasser übermittelt wurden (Satzungen). Fehlt der Kommentar, so haben die entsprechenden Gesellschaften trotz mehrfachen Anschreibens nicht auf unsere Bitte um Informationen reagiert. Bei den mit einem * versehenen Literarischen Gesellschaften wechselt die Adresse mit der Neuwahl des Vorstands. Verfügt eine Literarische Gesellschaft auch über eine Postfach-Adresse, sind in der Regel beide Anschriften mit den unterschiedlichen Postleitzahlen angegeben.

Literarische Gesellschaften sind meist eingetragene Vereine, die dem deutschen bzw. österreichischen oder schweizerischen Vereinsrecht unterliegen. Sie stehen in der Regel satzungsgemäß jedem offen; ihre Organe sind: Präsidium/Vorstand, Sekretariat, Mitgliederversammlung. Auf diese Angaben wurde deshalb im Einzelfall verzichtet, sofern nicht abweichende Angaben Vorlagen.

Abkürzungen: **A** = allgemeine Zielsetzungen; **B** = besondere Aktivitäten (Veranstaltungen; Publikationen u.ä.); **G** = Gründungsjahr; **MA** = Bedingungen der Mitgliederaufnahme; **MZ** = Zahl der Mitglieder; **O** = Organe, Organisationsstruktur; **Pf** = Postfach; **V** = Vorstand, Präsidium.

1 DEUTSCHLAND

L 10 Arbeitsgemeinschaft literarischer Gesellschaften e.V., Geschäftsstelle, z.Hd. Christiane Kussin, c/o Literarisches Colloquium Berlin, Am Sandwerder 5, D-14109 Berlin. - Tel.: 030-816996.18.
A: Förderung und Unterstützung literarischer Gesellschaften und ihrer Zusammenarbeit, Vertretung ihrer Interessen bei Bund, Ländern und Kommunen.
B: Edition eines Informationsblattes (halbjährlich), Publikationen über die deutschen Literaturgesellschaften, Veranstaltungen über gemeinsame Fragen und Probleme der Mitgliedergesellschaften. *Literarische Gesellschaften in Deutschland* → C 2420.
G: 1986.
MA: Mitglieder können literarische Gesellschaften und Arbeitskreise der Bundesrepublik Deutschland auf Antrag und Empfehlung werden.
MZ: 94 literarische Gesellschaften.
V: Prof. Dr. Wilhelm Solms (Sprecher des Vorstands).

L 20 *Deutsches Kulturwerk europäischen Geistes e.V., Theresienstr. 132/II, D-80333 München. - Tel.: 089-521827.

A: Förderung und Erhaltung deutschen Geistes und Kulturlebens im Zusammenleben der europäischen Völker.

B: Dichterlesungen, Liederabende, Kammerkonzerte, Vorträge wissenschaftlicher und künstlerischer Art, Rundgespräche über alle Fragen des öffentlichen und privaten Lebens, Besichtigungen, Ausflüge, Feierstunden, Feste, Ausstellungen.

G: 1950.

MA: Aufnahme auf Antrag und Empfehlung, in den Kreis der Schriftsteller und bildenden Künstler nur durch Berufung.

MZ: 1000.

O: Mitgliederversammlung, Kuratorium, Präsidium.

V: Karl Günther Stempel (Präs.), Herbert Hertlein (Stellvertr.).

L 30 The World Cultural Council. World Parliament for World Culture, Hindenburgstr. 1, D-37412 Herzberg. - Tel.: 05521-2279.

A: Die Arbeit des WCC und seiner Mitglieder umfaßt internationale kulturelle und wissenschaftliche Fundamenterrichtung zum Zweck einer besseren und friedvollen Völkerverständigung. Austausch von Erfahrungswerten, Forschungsergebnissen und neuesten Erkenntnissen auf allen Gebieten des Wissens. Traditionelle und moderne Pflege kultureller Belange.

B: Ausrichtung von Kongressen.

G: 1921.

MA: Bewerbung und Berufung.

MZ: 140.

V: Prof. Bernhard Kunze (Präs.).

L 40 Freies Deutsches Hochstift. Frankfurter Goethe-Museum, Großer Hirschgraben 23-25, D-60311 Frankfurt. - Tel.: 069-282824 u. 291884. Fax: 069-293822.

A: Erhaltung von Goethes Geburtshaus; Pflege, Vermehrung und Präsentation der Sammlungen des Goethe-Museums (→ G 30). Förderung und Durchführung von Forschungsvorhaben und Publikationen.

B: Veranstaltung von Ausstellungen und Vorträgen. *Jahrbuch des Freien Deutschen Hochstifts* (→ E 1230). *Freies Deutsches Hochstift. Reihe der Schriften.* Ausstellungs- und Bestandskataloge, Museumsführer.

G: 1859.

MZ: 2250.

V: Dr. Horst Burgard (Vors.), Prof. Dr. Christoph Perels (Direktor).

L 50 Literarische Gesellschaft (Scheffel-Bund), Röntgenstr. 6, D-76133 Karlsruhe. - Tel.: 0721-843818. - Fax: 0721-853544.

A: Förderung der deutschsprachigen Literatur (Schwerpunkt Oberrhein), aktive Mitgestaltung des literarischen Lebens der oberrheinischen Region.

B: Vergabe des Scheffelpreises an Abiturientinnen und Abiturienten in Südwestdeutschland, Dichterlesungen, Vorträge. Veröffentlichungsreihe *rheinschrift*, Publikation einer Jahresgabe und der *Mitteilungen*. Träger des Oberrheinischen Dichtermuseums (→ G 50) mit Dauer- und Wechselausstellungen und des Scheffel-Archivs.

G: 1924.

MZ: 5000.

V: Dr. Hansgeorg Schmidt-Bergmann (Vors.), Vera-Maria Wieland (Stellvertr.).

L 60 Tukan-Kreis, Wilhelmstr. 9, D-80801 München. - Tel.: 381890. - Fax: 089-38189.398.

A: Förderung der Verbreitung deutschsprachiger Gegenwartsliteratur durch Veranstaltungen von Lesungen.

G: 1930.

MZ: 350.

V: Dr. Hans Dieter Beck.

L 70 Kulturkreis der deutschen Wirtschaft im Bundesverband der Deutschen Industrie e.V., Gustav-Heinemann-Ufer 84-88, D-50968 Köln. - Tel.: 0221-3708406.

A: Zusammenschluß kulturell interessierter Unternehmer zur Förderung von Literatur, Bildender Kunst, Musik und Architektur.

B: Vergabe von Preisen. Herausgabe des Jahrbuchs für bildende Kunst *Jahresring*.

MZ: 400.

O: Vorstand, Mitgliederversammlung.

V: Dr. Arend Oetker (Vors.), Dieter Wendelstadt (Stellvertr.), Dr. Bernhard Frhr. Loeffelholz von Colberg (Geschäftsführer).

L 75 Stiftung Frauen-Literatur-Forschung e.V., Prangenstr. 88, D-28203 Bremen. - Tel.: 0421-78613 u. 2184668. - Fax: 0421-341466.

A: Förderung und Unterstützung von Forschungsvorhaben (auch Dissertationen und Diplom-Arbeiten) zur Frauen-Literatur; Durchführung eigener Forschungsarbeiten.

B: Aufbau und Pflege der Datenbank *Schriftstellerinnen in Deutschland 1945ff.* (→ H 155).

G: 1986.

MA: Antrag.

MZ: 42.

O: Mitgliederversammlung, Vorstand.

V: Marion Schulz (Vors.), Ursula Bauer, Ilse-Lotte Hoffmann.

L 80 *Gesellschaft für Exilforschung e.V., c/o Zentrum für für Antisemitismusforschung, TU Berlin, Rohrdamm 20-22, D-13629 Berlin. - Tel.: 030-38006.156. - Fax: 030-314.21136.

A: Erforschung des deutschsprachigen Exils seit 1933 und seiner Nachwirkungen in interdisziplinärer Zusammenarbeit (und in Kooperation mit der Society for Exile Studies, Inc. [USA]).

B: Vortrags- und Diskussionsveranstaltungen zum Exil, Edition des Jahrbuchs *Exilforschung* (→ E 1305) und des *Neuen Nachrichtenbriefes*.
G: 1984.
MZ: über 400.
V: Prof. Dr. Wolfgang Benz (Vors.), Dr. Sigrid Thielking (2. Vors.).

L 90 Dramaturgische Gesellschaft e.V., Tempelherrenstr. 4, D-10961 Berlin. - Tel.: 030-693.2482. - Fax: 030-693.2659.
A: Zusammenfassung der auf dem Gebiete der Dramaturgie tätigen Persönlichkeiten sowie ihre fachliche Förderung und die Stützung ihres Ansehens in der Öffentlichkeit. Ausdehnung des Interessenbereichs auch auf Funk, Film und Fernsehen. (Kein Berufsverband.)
B: Veranstaltung von Jahrestagungen (Vorträge, Diskussionen, Gespräche). Publikationen: *Dramaturg* (vierteljährlich), *Schriften* (bisher 23 Bde.), zahlreiche Einzelveröffentlichungen.
G: 1953.
MZ: 600.
V: Dr. Klaus Pierwoß.

L 100 Gesellschaft für Theatergeschichte e.V., Berlin, Mecklenburgische Str. 56, D-14197 Berlin. - Tel.: 030-82400123 und 82400110. - Fax: 030-82400111.
A: Förderung der Forschung zur Theatergeschichte durch Publikationen.
B: Ausrichtung von Vorträgen.
MZ: 190.
V: Prof. Dr. Peter Sprengel (Vors.).

L 110 Neue Gesellschaft für Literatur e.V. (NGL), Rosenthaler Str. 38, D-10178 Berlin.- Tel.: 030-282.9140 u. 283.3983.- Fax: 030-283.3984.
A: Förderung von Literatur und Literaturverständnis.
B: Ausrichtung literarischer Veranstaltungen, Förderung von Publikationen zur modernen Literatur und Literaturgeschichte, Förderung von Schriftstellern u.a. durch Vergabe von Stipendien und Einladungen.
G: 1973.
MZ: 320.
O: Mitgliederversammlung, Vorstand, Arbeits- und Projektgruppen, erweiterter Vorstand.
V: Bernd Erich Wöhrle (1. Vors.), Dr. Olav Münzberg (Stellvertr.).

L 120 Werkkreis Literatur der Arbeitswelt, Pf 180227, D-50505 Köln. Geschäftsführung: Helga Reufels, Meerfeldstr. 27, D-50737 Köln. - Tel.: 0221-5991866.
A: Darstellung der Situation abhängig Arbeitender und Arbeitsloser vornehmlich mit sprachlichen Mitteln. Produktion, Diskussion und Publikation gesellschaftskritischer, sozial verbindlicher Literatur.

B: Edition von Büchern; Ausrichtung von Bildungsseminaren für Mitglieder und Interessierte. *Werkkreis Literatur der Arbeitswelt* (Reihe im Fischer Taschenbuch Verlag). - Vgl.: *Zehn Jahre Werkkreis Literatur der Arbeitswelt. Dokumente, Analysen, Hintergründe.* Frankfurt 1979 (Fischer Taschenbuch, 2195). - *Neue Kollektion* (Jahrbücher im GNN-Verlag).
G: 1970.
MA: Mitarbeit in einer Werkstatt und Anerkennung des Werkkreisprogramms.
MZ: 150.
O: Örtliche Werkstatt; Einzelmitglieder.
V: Fritz Märkl (1. Sprecher), Helga Reufels (2. Sprecherin).

L 130 *Arbeitskreis für Jugendliteratur e.V., Schlörstr. 10, D-80634 München. - Tel.: 089-1684052. - Fax: 089-1684066.
A: Förderung und Koordinierung aller Bemühungen zur Entstehung, Produktion, Vermittlung und Verbreitung empfehlenswerter Literatur für Kinder und Jugendliche. Anregung und Hilfeleistung für Forschungsarbeiten. Förderung der Leseerziehung und der literarischen Bildung als Teil sozial-kultureller Jugendarbeit. Als Repräsentant der Bundesrepublik Deutschland in allen Fragen der Kinder- und Jugendliteratur ist der Arbeitskreis für Jugendliteratur e.V. gleichzeitig die Sektion der Bundesrepublik Deutschland des Internationalen Kuratoriums für das Jugendbuch (IBBY).
B: Ausrichtung von Seminaren, Tagungen, Kongressen und Workshops. Edition empfehlenswerter Jugendliteratur als Orientierungshilfen für Eltern und Vermittler von Kinder- und Jugendliteratur. Herausgabe der Zeitschrift *JuLit. Informationen des Arbeitskreises für Jugendliteratur.* Im Auftrag des Bundesministers für Frauen und Jugend Organisation und Durchführung des Deutschen Jugendliteraturpreises (→ M 160). Zusammenarbeit mit Verbänden, Institutionen, Gremien gleicher oder ähnlicher Zielsetzung.
G: 1955.
MZ: ca. 200 Einzelmitglieder, ca. 50 Verbandsmitglieder.
O: Mitgliederversammlung, Vorsitzender, Vorstand, Geschäftsstelle.
V: Prof. Dr. Gundel Mattenklott (Vors.), Hans Weber (Stellvertr.), Franz Meyer (Geschäftsführer).

L 140 Förderzentrum JUGEND SCHREIBT e.V. (Zentralbibliothek), Josef-Haubrich-Hof 1, D-50676 Köln. - *Oder:* c/o Harry Böseke, Geschäftsführer, Gervershagener Str. 4, D-51709 Marienheide. - Tel.: 02264-1567.
A: Förderung der literarischen Selbsttätigkeit von Jugendlichen; Aufbau und Begleitung von Literaturgruppen in Jugendeinrichtungen, Jugendverbänden, Jugendgruppen, Schulklassen usw. Koordinierung und Anleitung der Schreibtätigkeit in Zusammenarbeit mit Fachpersonen. Gefördert werden insbesondere gestaltete, erzählende und beschreibende Arbeiten, die sich kritisch, schöpferisch und realistisch mit den Lebensbedingungen von Jugendlichen in der Bundesrepublik Deutschland auseinandersetzen.
B: Buchpublikationen.
G: 1979.

MA: Schreibende Jugendliche und Literaturinteressierte.
MZ: 14 feste Mitglieder, weitere kooperative Mitglieder.
V: Harry Böseke.

L 145 Gesellschaft der Bibliophilen e.V., c/o Resi-Annusch Dust, Theresienstr. 60, D-80333 München. - Tel.: 089-283682.
A: Förderung von Kunst und Kultur des Buches und einer lebendigen, schöpferischen Bibliophilie. Anregung zum Sammeln, Bewahren und Erhalten von Büchern.
B: Durchführungen von Jahrestagungen; Veröffentlichungen aus den Arbeitsgebieten der Gesellschaft und von vorbildlichen Drucken; Ausstellungen; Zusammenarbeit mit in- und ausländischen Organisationen gleicher oder ähnlicher Zielsetzungen; *Wandelhalle der Bücherfreunde* (vierteljährlich), *Imprimatur* (Jahrbuch).
G: 1899.
MZ: 700.
V: Prof. Dr. Eberhard Dünninger (Präs., 1. Vors.), Prof. Dr. Werner Grebe (2. Vors.), Resi-Annusch Dust (Schriftführerin und Schatzmeisterin).

L 147 Alfred-Andersch-Gesellschaft e.V., c/o Prof. Dr. Volker Wehdeking, Gustav-Mahler-Str. 6 a, D-70195 Stuttgart. - Tel.: 0711-690962.
A: Förderung des Nachlebens der Werke von Alfred Andersch durch Lesungen, szenische Aufführungen, Forschungsarbeiten. Förderung junger, von Andersch beeinflußter Autor/inn/en. Förderung einer Werkausgabe sämtlicher Schriften, Briefe und Tagebücher.
B: Herausgabe einer Schriftenreihe und eines Mitteilungsblattes; Organisation von Tagungen (Zweijahresrhythmus) und sonstigen Veranstaltungen.
G: 1994.
MZ: 50.
V: Prof. Dr. Volker Wehdeking (1. Vors.), Dr. Martin Huber, Prof. Dr. Dietrich Harth (Stellv.), Dr. Astrid Grieger (Schriftführerin).

L 150 Stefan-Andres-Gesellschaft e.V., Niederprümer Hof, Hofgartenstr. 26, D-54338 Schweich. - Tel.: 06502-6524 oder 5965.
A: Erforschung von Leben, Werk und Wirkung des Dichters Stefan Andres; Bewahrung seines geistigen Erbes. Nach- und Neudrucke im Inland, Übersetzungen im Ausland. Verwaltung und Ausbau des Stefan-Andres-Archivs (→ G 95).
B: Jahresversammlung. *Mitteilungen für unsere Mitglieder* (jährlich); Einzelpublikationen. Studienreisen "Auf den Spuren von Stefan Andres (literarische Tatort-Erkundungen)".
G: 1979.
MZ: 535.
V: Dr. Jürgen Wichmann (Präs.), Dr. Harald Bartos (Vizepräs.), Ulrich Franz (Kustos und Archivleiter).

L 152 Bettina-von-Arnim-Gesellschaft e.V., c/o Bettina-von-Arnim-Oberschule, Senftenberger Ring 49, D-13435 Berlin. - Tel.: 030-4035521.

A: Förderung der Kenntnis von Leben und Werk B. v. Arnims; Aufbau eines Bettina-von-Arnim-Archivs; Unterstützung der Arbeit der Bettina-von-Arnim-Oberschule.

B: Literarischer Salon (regelmäßige Veranstaltung); Bettina-von-Arnim-Schülerpreis (jährlich); Bettina-von-Arnim-Forschungspreis (zweijährlich); *Internationales Jahrbuch der Bettina-von-Arnim-Gesellschaft* (Bd. 1 [1987] ff.).

G: 1985.

MZ: 108.

V: Lothar Gotter (1. Vors.), Dr. Uwe Lemm (2. Vors.), Monika Klose (Schriftführerin).

L 153 *Ernst-Bloch-Gesellschaft e.V., c/o Kunibert Hammer, Birkenhorststr. 1, D-67141 Neuhofen. - Tel.: 06236-1257. - *Oder:* c/o Ernst-Bloch-Archiv (→ F 280).

A: Förderung der Kenntnis des Werkes und des Wirkens von Ernst Bloch; Verstärkung der philosophischen Forschung auf der Grundlage seines Werkes und seiner Wirkung auch für die interdisziplinäre Diskussion und die Öffentlichkeit. Schaffung eines Forums für kritische Philosophie.

B: In Zusammenarbeit mit dem Bloch-Archiv Edition des *Bloch-Almanachs*, Organisation von Ausstellungen und Tagungen, vorwiegend in Blochs Geburtsstadt Ludwigshafen (alle zwei Jahre).

G: 1986.

MZ: 150.

V: Prof. Dr. Burghart Schmidt (Präs.), Prof. Dr. Gert Ueding, Prof. Dr. Gérard Raulet (Vizepräs.), Kunibert Hammer (Schriftführer).

L 155 *Internationale Wolfgang-Borchert-Gesellschaft e.V., Statthalterplatz 3, D-22605 Hamburg. - Tel.: 040-4123.5918 (Mi 10-15 h).

A: Pflege des Werkes Wolfgang Borcherts und seines Andenkens. Förderung des Gedankenaustausches über sein Werk und seine Wirkung in enger Zusammenarbeit mit dem Wolfgang-Borchert-Archiv in der SUB Hamburg (→ F 320).

B: Herausgabe von Jahresheften, Organisation von Kolloquien.

G: 1988.

MZ: 220.

V: Dr. Gordon J. A. Burgess (1. Vors.), Irmgard Schindler (Schriftführerin).

L 156 Europäische Brecht-Gesellschaft e.V., Literaturhaus im Brecht-Zentrum, Chausseestr. 125, D-10115 Berlin.

A: Trotz mehrfacher Anfrage waren keine Angaben zu erhalten.

G: 1990.

L 158 *Rolf-Dieter-Brinkmann-Gesellschaft e.V., Pf 1445, D-49363 Vechta. - Tel.: 04441-15360.

A: Pflege und Förderung des Werks und des Andenkens von R. D. Brinkmann sowie von Literatur und anderen Künsten, die mit seinem Werk und seiner Wirkung verbunden sind.
G: 1992.
MZ: 41.
V: Dr. Gunter Geduldig (Vors.), Dr. Rainer Kreymborg (Stellvertr.).

L 160 Georg Büchner Gesellschaft e.V., Am Grün 1, D-35037 Marburg.

A: Erforschung von Leben und Werk Georg Büchners und der demokratischen Bewegung im Vormärz.
B: Einrichtung einer Dokumentationsstelle der Quellen und der Literatur; Veranstaltung wissenschaftlicher Tagungen und Vorträge; *Georg Büchner Jahrbuch* (1981 ff.); *Büchner-Studien* (1985 ff.).
G: 1979.
MZ: 480.
V: Dr. Thomas Michael Mayer.

L 170 Wilhelm-Busch-Gesellschaft e.V., Georgengarten 1, D-30167 Hannover. - Tel.: 0511-714076. - Fax: 0511-7011222.

A: Förderung von Wissenschaft und Forschung, Bildung und Erziehung, Kunst und Kultur. Erforschung der Persönlichkeit und des Nachlasses von Wilhelm Busch.
B: Veröffentlichungen originalgetreuer Wiedergaben von Werken Buschs, Edition von Jahrbüchern, Publikation wissenschaftlicher Ausstellungskataloge. Ausrichten von Vorträgen und Veranstaltungen, Sammeln und Ausstellen kritischer Grafik und Karikatur.
G: 1930.
MZ: 3500.
O: Vorstand, Beirat, Geschäftsführung, Mitgliederversammlung.
V: Klaus Schaede (Vors.), Dr. Axel Smend, Prof. Dr. Axel Frhr. von Campenhausen (Stellvertr.), Dr. Hans Joachim Neyer (Geschäftsführer).

L 180 *Dauthendey-Gesellschaft, c/o Dr. Karl Hochmuth, Stefan-Krämer-Str. 16, D-97218 Gerbrunn. - Tel.: 0931-706924.

A: Förderung der Pflege des fränkischen Schrifttums der Gegenwart und des Andenkens an den Dichter Max Dauthendey. Sammlung des Schriftgutes und Bildmaterials für das Dauthendey-Archiv.
B: Ausrichtung von Autorenabenden.
G: 1934.
MZ: 125.
V: Dr. Karl Hochmuth (1. Vors.), Walter Rossdeutscher (2. Vors.).

L 185 *Internationale Alfred-Döblin-Gesellschaft, c/o Dr. Matthias Prangel, Gerberaduin 3, N-2318 XC Leiden. - Tel.: [0031] 71-212278. - *Oder:* c/o Dr. Alexandra Birkert, Reinbeckstr. 29 c, D-70565 Stuttgart. Tel./Fax: 0711-744122.

A: Förderung und Koordination der Erforschung von Döblins Werk in internationalem Rahmen, Anregung interdisziplinärer und komparatistischer Arbeiten, Förderung der Döblin-Rezeption.

B: Internationale wissenschaftliche Colloquien (alle zwei Jahre), regelmäßige Publikation der dort gehaltenen Referate und Vorträge.

G: 1984.

MZ: 90.

V: Dr. Matthias Prangel (Präs.), Dr. Barbara Köhn, Prof. Dr. Anthony W. Riley (Vizepräs.), Dr. Alexandra Birkert (Sekretariat).

L 190 Droste-Gesellschaft, Haus Rüschhaus, Am Rüschhaus 81, D-48161 Münster. - Tel./Fax: 02533-3109.

A: Förderung der Kenntnis von Leben u. Werk der Droste. Unterstützung der Droste-Forschung. Aufbau eines umfassenden Archivs mit einer Handschriftensammlung.

B: Ausrichtung von Vorträgen und Tagungen (Lyriker-Treffen, Rüschhauslesungen), auch zu anderen Autoren, vornehmlich der Gegenwart.

G: 1928.

MZ: 400.

V: Rudolf Beisenkötter (1. Vors.), Prof. Dr. Winfried Woesler (Geschäftsführer).

L 200 Eichendorff-Gesellschaft, Bahnhofstr. 71, D-40883 Ratingen. - Tel.: 02102-965.211 u. 965.212.

A: Erforschung von Leben, Werk und Wirkung Joseph von Eichendorffs sowie allgemein der Literatur, Kunst und Musik der Klassik und Romantik mit Blick auf die übernationale Geltung klassisch-romantischer Kultur.

B: Ausrichtung internationaler Kongresse und von Ausstellungen. Vergabe eines Förderungspreises und der Eichendorff-Medaille. Herausgabe von *Aurora. Jahrbuch der Eichendorff-Gesellschaft für die klassisch-romantische Zeit* (→ E 1300). Eichendorff-Bibliothek (Werkausgaben, Forschungsliteratur) und -Archiv (Manuskripte, Lebenszeugnisse u.ä.). - Oberschlesisches Literaturarchiv.

G: 1931. Neugründung 1952 als Eichendorff-Stiftung. Seit 1969 Eichendorff-Gesellschaft.

MZ: Rd. 500.

V: Prof. Dr. Peter Horst Neumann.

L 210 *Paul-Ernst-Gesellschaft e.V., Geschäftsstelle: Oberthürstr. 11, D-97070 Würzburg. - Tel.: 0931-13807.

A: Förderung der Edition und der Verbreitung der Schriften von Paul Ernst und der Aufführungen seiner Dramen. Sicherung und Herausgabe seines literarischen Nachlasses. "Die Paul-Ernst-Gesellschaft will Menschen verschiedenster geistiger Herkunft, die etwas von dem Auftrag Paul Ernsts an unsere Zeit spüren und einen tieferen Zugang zu seinem Werk suchen, sammeln und ihnen die Möglichkeit geben, sich mit den dort gestellten Zielen in innerer Freiheit und Weite - fern jedem Persönlichkeitskult - auseinanderzusetzen." (Satzung)

B: Förderung von Schriften und Vorträgen über Paul Ernst. Edition der Zeitschrift *Der Wille zur Form. Mitteilungen der Paul-Ernst-Gesellschaft.*
G: 1933. Neugründung 1956.
MZ: 320.
V: Prof. Dr. Louis F. Helbig (Präs.), Doz. Heinrich Steinmeyer (Stellvertr.; Geschäftsführer).

L 213 *Hans-Fallada-Gesellschaft e.V., Eichholz 3, D-17258 Feldberg. Tel.: 039831-20560.

A: Die Aufgaben und Ziele bestehen darin, die kulturelle Lebensleistung Falladas lebendig zu erhalten, sein Werk zu erschließen, zu pflegen und einer breiten Öffentlichkeit zugänglich zu machen. Pflege der Wirkungs- und Gedenkstätten in Mecklenburg/Vorpommern.
B: Durchführung der Fallada-Tage (jährlich); Edition eines *Mitteilungsblattes* und eines *Jahrbuchs*. Veranstaltung von wissenschaftlichen Konferenzen.
G: 1991.
MZ: 80.
V: Dr. Rainer Ortner (Vors.), Sabine Lange (Stellvertr.), Doris Haupt (Schatzmeister).

L 215 Erster Deutscher Fantasy Club e.V., c/o Gustav Gaisbauer, Pf 1371, D-94003 Passau. - Tel.: 0851-58137.

A: Zweck des Vereins ist es, das Verständnis und die allgemeine Verbreitung der Fantasy-Literatur und ihrer artverwandten künstlerischen Bereiche zu fördern und ihr Anerkennung zu verschaffen.
B: Organisation des 'Kongresses der Phantasie' (alle vier Jahre), Verleihung des Deutschen Fantasy-Preises (→ M 150); Edition der Zeitschriften *Fantasia* und *Magira*, von Sonderdrucken und von Fantasy-Spielen.
G: 1978.
MZ: 450.
V: R. Gustav Gaisbauer (1. Vors., 1. Geschäftsführer), Roswitha Gaisbauer (2. Geschäftsführerin).

L 220 *Faust-Gesellschaft e.V., Pforzheimerstr. 51, D-75438 Knittlingen. - Tel.: 07041-42916.

A: Förderung des Faust-Museums und des Faust-Archivs.
G: 1967.
MZ: 250.
V: Rolf Zeeb (1. Vors.), Ella Meiser (2. Vors.), Ulrich Wiedmann (Geschäftsführer).

L 223 Theodor Fontane Gesellschaft e.V., Pf 601524, D-14415 Potsdam. - Lindenstr. 34 a, D-14467 Potsdam. - Tel./Fax: 0331-280.4373.
A: Zusammenführung von Wissenschaftlern und Literaturliebhabern aus dem In- und Ausland; Erhaltung von Werk und Andenken Fontanes, Verbreitung in der Öffentlichkeit. Unterstützung der Sammlung von Fontane-Materialien.
B: Publikationen (*Mitteilungen der Gesellschaft, Schriftenreihe, Fontane-Blätter* [Mithrsg.]), Edition einer hist.-krit. Gesamtausgabe. Organisation von Veranstaltungen (Symposien, Jahrestagungen). Stiftung eines *Theodor-Fontane-Preises* zur Förderung der Beschäftigung junger Menschen (16-25 Jahre alt) mit Fontane und seinem Werk.
G: 1990.
MZ: 707.
V: Prof. Dr. Helmuth Nürnberger (Vors.), Dr. Luise Berg-Ehlers (Stellvertr.), Dr. Joachim Kleine (Schriftführer).

L 225 Goethe-Gesellschaft in Weimar e.V., Pf 251, D-99403 Weimar. - Burgplatz 4, D-99423 Weimar. - Tel./Fax: 03643-202050.
A: Die Goethe-Gesellschaft will zu vertiefter Kenntnis Goethes beitragen, seine Bedeutung für die moderne Welt aufzeigen und der ihm gewidmeten Forschung Anregungen geben. Insbesondere fördert sie die Forschungs- und Gedenkstätten der deutschen Klassik in Weimar und Thüringen (Stiftung Weimarer Klassik → G 10).
B: Ausrichtung von Hauptversammlungen mit wissenschaftlichen Kolloquien, künstlerischen und geselligen Veranstaltungen. Regelmäßige Vortragsveranstaltungen in den Ortsvereinigungen der Goethe-Gesellschaft. Publikationen: *Goethe-Jahrbuch, Schriften der Goethe-Gesellschaft*.
G: 1885.
MZ: 4200.
O: Vorstand mit Arbeitsausschuß, Ortsausschuß in Weimar, Hauptversammlung, Ortsvereinigungen.
V: Prof. Dr. Werner Keller (Präs.), Prof. Dr. Lothar Ehrlich (Vizepräs.), Dr. Gunter Rentzsch (Leiter der Geschäftsstelle).

L 230 Grabbe-Gesellschaft e.V., Grabbe-Haus, Bruchstr. 27, D-32756 Detmold. - Tel.: 05231-24400.
A: Förderung des Verständnisses für Grabbe und sein Werk auf dem Theater, in Wissenschaft und Unterricht. Erforschung und Pflege von Grabbes literarisch-historischem Umfeld, insbesondere des Werkes der weiteren Detmolder Dichter aus dem Vormärz Ferdinand Freiligrath und Georg Weerth.
B: Edition eines Jahrbuches seit 1982 (→ E 1350). Förderung von Publikationen, Veranstaltung von wissenschaftlichen Vorträgen und Symposien, gesellige Zusammenkunft beim jährlichen "Grabbe-Punsch".
G: 1937.
MZ: 330.
V: Dr. Werner Broer (Präs.), Dr. Fritz-Udo Krause (Stellvertr.), Annemarie Schulze-Weslarn (Geschäftsführerin).

L 240 Brüder Grimm-Gesellschaft Kassel e.V., c/o Brüder Grimm-Museum Kassel, Brüder-Grimm-Platz 4 A, D-34117 Kassel. - Tel.: 0561-103235 u. 787.4064. - Fax: 0561-713299.
A: Pflege und Förderung deutscher Kultur im Geiste der Brüder Grimm durch Veranstaltungen und Unternehmungen geeigneter Art. Förderung einer kritischen Gesamtausgabe des Werkes der Brüder Grimm. Förderung des Ausbaues des Brüder Grimm-Museums in Kassel sowie der Grimm-Gedenkstätten in Hanau, Schlüchtern und Steinau.
B: Ausrichtung von Jahresversammlungen und Kongressen. Mitwirkung bei der Verleihung des "Brüder Grimm-Preises" der Universität Marburg. Förderung von Ausstellungen. Herausgabe des *Jahrbuchs der Brüder Grimm-Gesellschaft* (seit 1991) und der *Schriften der Brüder Grimm-Gesellschaft* (bisher 27 Bde.).
G: 1897 (bis 1920). Neugründung: 1942.
MZ: 250.
O: Vorstand, Wissenschaftlicher Rat, Mitgliederversammlung.
V: Prof. Dr. Hans Bernd Harder (Präs.), Dr. Bernhard Lauer (Geschäftsführer).

L 245 *Grimmelshausen-Gesellschaft e.V., c/o Prof. Dr. J.J. Berns, Institut für Neuere deutsche Literatur und Medien, Universität, Wilhelm-Röpke-Str. 6 A, D-35032 Marburg.
A: Förderung der wissenschaftlichen Erforschung, der Verbreitung und des Verständnisses der Werke Grimmelshausens, der Edition von Texten und anderer wissenschaftlicher Publikationen. Austausch von Erkenntnissen und Forschungsergebnissen durch Dialog, Begegnung und Zusammenarbeit von Grimmelshausen-Forschern und Kulturinstituten.
B: Veranstaltung von Symposien, Arbeitsgesprächen und Kolloquien. Edition des Jahrbuchs *Simpliciana. Schriften der Grimmelshausen-Gesellschaft* und von Sondergaben. Ausschreibung eines Forschungspreises zur Förderung des wissenschaftlichen Nachwuchses auf dem Gebiet der germanistischen Frühneuzeitforschung.
G: 1977.
MZ: Rd. 330.
V: Prof. Dr. Rolf Tarot (Präs.), Prof. Dr. Ruprecht Wimmer (Vizepräs.), Prof. Dr. Jörg Jochen Berns (Geschäftsführer).

L 250 *Klaus-Groth-Gesellschaft e.V., Heide, c/o Erich Scheller, Uhlenhorst 14, D-25746 Lohe-Rickelshof. - Tel.: 0481-73513.
A: Erhaltung des Werkes von Klaus Groth; Unterstützung der Groth-Forschung; Ausbau des Klaus-Groth-Museums. Förderung der niederdeutschen Sprache und Literatur.
B: Ausrichtung einer Jahrestagung; seit 1957 Jahresgaben.
G: 1949.
MZ: 510.
V: Prof. Dr. Reimer Bull (1. Vors.), Rolf Gosau (2. Vors.), Erich Scheller (Sekr.).

L 260 Gutenberg-Gesellschaft, Internationale Vereinigung für Geschichte und Gegenwart der Druckkunst e.V., Liebfrauenplatz 5, D-55116 Mainz. - Tel.: 06131-226420. - Fax: 06131-123488.

A: Förderung der Erforschung des Druck- und Buchwesens und Herausgabe des *Gutenberg-Jahrbuchs* und der *Kleinen Drucke*. Edition von Festschriften und Monographien.

B: Unterstützung des Gutenberg-Museums in Mainz (→ G 160). Verleihung des *Gutenberg-Preises*.

MZ: 1700 in 32 Ländern (davon ca. 200 Bibliotheken).

O: Vorstand, Präsidium, Mitgliederversammlung, Senatorenrat.

V: Hermann-Hartmut Weyel (Präs.), Gertraude Benöhr (Geschäftsführerin).

L 270 *Gerhart-Hauptmann-Gesellschaft e.V., Bismarckallee 14, D-14193 Berlin. - Tel.: 030-8928302.

A: Förderung des Andenkens an G. Hauptmann und Pflege seines geistigen Erbes.

B: *Veröffentlichungen der Gerhart-Hauptmann-Gesellschaft* 1ff. Berlin 1980ff.

G: 1952.

MZ: 100.

O: Vorsitzender, Vorstand, Mitgliederversammlung.

V: Dr. Gustav Erdmann (Vors.), Dr. Klaus Hildebrandt (Stellvertr.).

L 280 Hebbel-Gesellschaft e.V., Oesterstr. 6, D-25764 Wesselburen. - Tel.: 04833-49029. - Fax: 04833-8126.

A: Verbreitung der Dichtung und Gedankenwelt Friedrich Hebbels. Belebung und Förderung der Hebbel-Forschung. Förderung des Hebbel-Museums in Wesselburen.

B: Ausrichtung einer Jahresversammlung. Edition des *Hebbel-Jahrbuchs*.

G: 1926.

MZ: 500.

V: Prof. Dr. Günter Häntzschel (Vors.).

L 285 Peter-Hille-Gesellschaft e.V., Am Enskeberg 13, D-33039 Nieheim. - Tel.: 05274-404.

A: Pflege des Andenkens an Peter Hille und seines Werkes. Betrieb des Peter-Hille-Hauses (Geburtshaus) als literarische Gedenk- und Begegnungsstätte.

B: Edition der *Hille-Blätter* (Jahrbuch ab 1984) und der *Hille-Post* (Mitteilungsblatt); Veranstaltung von Lesungen, Vorträgen und Wochenendseminaren.

G: 1983.

MZ: 300.

V: Helmut Birkelbach (1. Vors.), Adrian Frhr. von der Borch (2. Vors.).

L 290 Heinrich-Heine-Gesellschaft e.V., Bolker Str. 53, D-40213 Düsseldorf. - Tel.: 0211-899.5575. - Fax: 0211-320679.

A: Die Heinrich-Heine-Gesellschaft möchte das dichterische und kritische Werk Heines lebendig erhalten, und zwar durch Zusammenarbeit mit Universitäten, Bibliotheken, Volkshochschulen, anderen literarischen Gesellschaften und insbesondere mit dem Düsseldorfer Heinrich-Heine-Institut.

B: Ausrichtung von Vorträgen und anderen Veranstaltungen. Verleihung der Ehrengabe der Heinrich-Heine-Gesellschaft. Edition des *Heine-Jahrbuchs*.
G: 1956.
MZ: 1000.
V: Johanna von Bennigsen-Foerder (1. Vors.), Prof. Dr. Joseph A. Kruse (Geschäftsführer).

L 300 Hölderlin-Gesellschaft e.V., Hölderlinturm, Bursagasse 6, D-72070 Tübingen. - Tel.: 07071-22040.
A: Förderung des Verständnisses für das Werk Hölderlins. Erforschung und Darstellung seiner Werke, seines Lebens und seiner Umwelt.
B: Ausrichtung von Vorträgen, Lesungen (mit Schwerpunkt zeitgenössischer Lyrik) und sonstigen Veranstaltungen. Ausrichtung von Jahresversammlungen (alle 2 Jahre). Edition eines Jahrbuchs und der *Schriften der Hölderlin-Gesellschaft*, der *Turm-Vorträge* und der Reihe *Lyrik im Hölderlinturm*. Pflege der Hölderlin-Gedenkstätten.
G: 1943/1947.
MZ: 1400.
O: Mitgliederversammlung, Vorstand, Beirat, Geschäftsführung.
V: Prof. Dr. Gerhard Kurz (Präs.), Günther Weinmann (Vizepräs.).

L 310 E.T.A. Hoffmann-Gesellschaft e.V., Nonnenbrücke 1, D-96047 Bamberg. - *Oder:* E.T.A. Hoffmann-Haus, Schillerplatz 26, D-96047 Bamberg.
A: Verwaltung und wissenschaftliche Bearbeitung des künstlerischen Erbes E.T.A. Hoffmanns. Bewahrung der erhaltenen Hoffmann-Gedenkstätten.
B: Edition des *E.T.A. Hoffmann-Jahrbuchs* (→ E 1385).
G: 1938.
MZ: 320.
V: Dr. Reinhard Heinritz (1. Vors.), Prof. H.-D. Holzhausen (2. Vors.).

L 320 Heinrich-Hoffmann-Gesellschaft e.V., Schirn, Römerberg, Bendergasse 1, D-60311 Frankfurt. - Tel.: 069-281333.
A: Pflege und Bewahrung des Werkes von H. Hoffmann. Trägerschaft des Struwwelpeter-Museums.
B: Organisation von Ausstellungen.
G: 1981.
V: Prof. Dr. Helmut Siefert (1. Vors.), Mathilde Jung (2. Vors.), Mitsumasa Ito (Schatzmeister), G. H. Herzog (Schriftführer und Museumsleiter).

L 330 Hoffmann-von-Fallersleben-Gesellschaft e.V., Schloß Fallersleben, D-38442 Wolfsburg. - Tel.: 05362-52623.
A: Förderung des Andenkens an den Germanisten, Dichter vieler Kinderlieder, Gelehrten und Schöpfer der deutschen Nationalhymne Hoffmann von Fallersleben.

B: Betreuung des Hoffmann-von-Fallersleben-Museums, Edition der *Mitteilungsblätter*.
G: 1928.
MZ: 500.
V: Dr. K. Schuster, B. Blankenburg (Vors.).

L 340 *Hugo von Hofmannsthal-Gesellschaft e.V., c/o Dr. Hermann Fröhlich, Boehringer Ingelheim Fonds, Stafflenbergstr. 32, D-70184 Stuttgart. - Tel.: 0711-247397. - Fax: 0711-248140.
A: Förderung der Erschließung, Verbreitung und Auslegung des Hofmannsthalschen Werkes. Bildung eines Forums für Gespräche und Informationen.
B: Ausrichtung von Veranstaltungen (mit Vorträgen, Diskussionen u. einem kulturellen Rahmenprogramm) und Tagungen mit kleinen Arbeitsgruppen. Edition der *Hofmannsthal-Blätter*, der *Hofmannsthal-Forschungen* (bis 1992) und des *Hofmannsthal-Jahrbuchs* (1993ff. [→ E 1390]).
G: 1968.
MZ: 600.
V: Dr. Dr. h.c. Marcus Bierich (Vors.), Dr. Elsbeth Dangel-Pelloquin, Dr. Lorenz Jäger (Stellvertr.); Dr. Gisela Bärbel Schmid (Schriftführerin); Dr. Hermann Fröhlich (Schatzmeister).

L 345 *Ricarda-Huch-Gesellschaft e.V., Liebermannstr. 8, D-38106 Braunschweig. - Tel./Fax: 0531-333878.
A: Erschließung, Würdigung und Verbreitung der Werke R. Huchs. Kritische Durchsicht und Auswertung ihrer Arbeiten unter Beachtung literaturwissenschaftlicher und kulturgeschichtlicher Aspekte. Auswertung der Archivmaterialien; Erstellung einer umfassenden Bibliographie. Unterstützung der Huch-Forschung.
B: Editionen, Publikation von *Ricarda Huch. Studien zu ihrem Leben und Werk* (bisher 5 Hefte; ab Heft 4: periodische Bibliographie).
G: 1980.
MZ: 120.
V: Hans-Werner Peter (1. Vors.), Silke Köstler (2. Vors.).

L 347 Humboldt-Gesellschaft für Wissenschaft, Kunst und Bildung e.V., Riedlach 12, D-68307 Mannheim. - Tel.: 0621-771235.
A: Förderung des Kontaktes und des Brückenschlages zwischen den einzelnen Wissenschaften sowie zwischen Wissenschaft, Literatur, den Künsten und der Bildung.
B: Jährlich eine Akademiesitzung in wechselnden Städten. Jährlich eine Synthema-Tagung in Bad Nauheim. Gelegentlich Sommertagungen und Auslands-Missionen. Verleihung von Auszeichnungen, Veröffentlichungen (*Abhandlungen, Beiträge, Mitteilungen, Ensemble, Kleine Schriften* unregelmäßig).
G: 1962.
MA: Bewerbung, in den Akademischen Rat Berufung.
MZ: 720.
O: Präsidium, Vorstand, Hauptversammlung.
V: Prof. Dr. Herbert Kessler (Präs.).

L 350 *Jean-Paul-Gesellschaft e.V., c/o Georg Prechtl, Furtwänglerstr. 82, D-95445 Bayreuth.
A: Förderung des Verständnisses für Jean Paul und der wissenschaftlichen Forschung.
B: Veranstaltung von Lesungen, Vorträgen und Förderung von Veröffentlichungen. Herausgabe des *Jean-Paul-Jahrbuches* ([→ E 1360, bis 1966 unter dem Titel *Hesperus*).
G: 1925, Neugründung 1950.
MZ: 320.
V: Prof. Dr. Kurt Wölfel (Präs.), Dr. Rudolf Hoffmann (Vizepräs.), Georg Prechtl (Schatzmeister).

L 355 Erich-Kästner-Gesellschaft e.V., Schloß Blutenburg, D-81247 München. - Tel.: 089-811.2028. - Fax: 089-811.7553.
A: Förderung des Lebenswerkes Erich Kästners; Ermutigung junger Autoren durch Arbeitsstipendien; Förderung der Kinder- und Jugendliteratur.
B: Vergabe des Erich-Kästner-Preises.
G: 1975.
MZ: 20 (lt. Satzung).
V: Willi Daume (Präs.); Eva-Maria Ledig (Geschäftsführerin).

L 360 *Heinrich-von-Kleist-Gesellschaft e.V., c/o Prof. Dr. Helmut Koopmann, Lehrstuhl für Neuere deutsche Literaturwissenschaft, Universität Augsburg, Universitätsstr. 10, D-86159 Augsburg. - Tel.: 0821-5982781 u. 5982782. - Fax: 0821-5985501.
A: Internationale literarische und wissenschaftliche Vereinigung, die ihre Aufgabe darin sieht, das Werk und Leben Kleists durch wissenschaftliche Tagungen und Veröffentlichungen zu erschließen und die in der Gegenwart fortwirkenden Einflüsse seiner Dichtung durch künstlerische, insbesondere literarische Veranstaltungen für eine breitere Öffentlichkeit zu fördern.
B: Ausrichtung von Fachtagungen, von öffentlichen Veranstaltungen wissenschaftlichen oder künstlerischen Charakters, von Aufführungen u. Lesungen. Regelmäßige Publikationen (*Kleist-Jahrbuch*, 1980ff.). Einzelpublikationen (u.a. *Kleist-Preis-Reden*); jährliche (ab 1994 zweijährliche) Vergabe des Kleist-Preises (→ M 445).
G: Wiedergründung 1960.
MZ: 500.
V: Prof. Dr. Helmut Koopmann (Präs.), Prof. Dr. Hans Joachim Kreutzer (Stellvertr.), Prof. Dr. Klaus Müller-Salget (Schatzmeister).

L 363 Wolfgang-Koeppen-Literaturgesellschaft im Literatursalon Greifswald e.V., c/o Karin Langer, Dostojewskistr. 3 b, D-17491 Greifswald. Tel./Fax: 03834-812910.
A: Pflege und Verbreitung der Werke Koeppens. Die Wolfgang-Koeppen-Literaturgesellschaft ist eine besondere Aktivität innerhalb des Greifswalder Literatursalons mit dem Ziel der Koordination der Bemühungen um das Werk Koeppens in der Bundesrepublik.

B: Durchführung von Lesungen, Konferenzen, künstlerischen Wettbewerben.
G: 1992.
MZ: 35.
V: Karin Langer (Vors.), Dr. Carsten Gansel, Margarete Noack.

L 365 Else-Lasker-Schüler-Gesellschaft e.V., c/o Stadtbibliothek, Kolpingstr. 8, D-42103 Wuppertal.
A: Die Gesellschaft setzt sich zum Ziel, das literarische und künstlerische Werk von Else Lasker-Schüler zu pflegen und als wichtigen Beitrag zur deutsch-jüdischen Kultur lebendig zu erhalten. Sie will ein Forum gegen Ausländerhaß, Rassismus und Gewalt bilden und ein *Centrum für verfolgte deutschsprachige DichterInnen und Künstlerinnen* aufbauen.
B: Herausgabe eines Almanachs; Organisation von Tagungen, Foren u.a.
G: 1990.
MZ: Rd. 600.
V: Anne Linsel (1. Vors.), Dr. Matthias Buth, Hajo Jahn, Hanna Jordan (Stellvertr.), Dietrich Böttcher (Schriftführer).

L 370 *Lichtenberg-Gesellschaft e.V., Waldreiterring 25, D-22359 Hamburg. - Tel.: 040-603.7165.
A: Pflege und Verbreitung der Kenntnis des Schriftstellers und Naturwissenschaftlers G.C. Lichtenberg. Förderung der Erforschung seines literarischen und wissenschaftlichen Werks, seiner Wirkung und Rezeption.
B: Jahrestagungen; Publikationen: *Photorin. Mitteilungen der Lichtenberg-Gesellschaft*, H. 1-12 (1979-1987); *Lichtenberg-Jahrbuch* (1988ff.; → E 1425).
G: 1977.
MZ: 300.
V: Prof. Dr. Wolfgang Promies (Vors.), Margot Weyrauch (Geschäftsführerin).

L 380 Literarisches Colloquium Berlin e.V., Am Sandwerder 5, D-14109 Berlin. - Tel.: 030-8169960.
A: Förderung des Kontaktes zwischen Schriftstellern, Künstlern, Theater- und Filmregisseuren. Anregungen für das literarische Leben in Berlin.
G: 1963.
MZ: 14.
V: Prof. Dr. Karl Riha (geschäftsführender Direktor), Prof. Dr. Walter Höllerer (Stellvertr.), Dr. Ulrich Janetzki (Geschäftsführung).

L 385 *Tübinger Lyrikbibliothek. Gesellschaft für zeitgenössische Lyrik e.V., Holzmarkt 5, D-72070 Tübingen. - Tel.: 07071-84384.
A: Förderung und Pflege der zeitgenössischen deutschsprachigen Lyrik. Aufbau einer Sammlung, die das zeitgenössische Lyrikschaffen in deutscher Sprache im In- und Ausland widerspiegelt (einschl. Übersetzungen und Nachdichtungen): die *Tübinger Lyrikbibliothek*. Einrichtung eines Informationszentrums und Veranstaltungsortes für Lyrik.

B: Organisation von Lesungen. Herausgabe des *bulletin*, eines bibliographischen Arbeitsberichtes.
G: 1992.
MZ: Rd. 400.
V: Gerhard Oberlin (Vors.), Gabriele Dosch-Oberlin, Dr. Boris Schapiro (Stellvertr.).

L 390 *Deutsche Thomas-Mann-Gesellschaft Sitz Lübeck e.V., Königstr. 67a, D-23552 Lübeck. - Tel.: 0451-0451-1600632. - Fax: 0451-1600677.
A: Pflege des Schrift- und Gedankengutes Thomas Manns.
B: Ausrichtung von Vorträgen über Thomas Mann, Publikation des *Thomas-Mann-Jahrbuchs*.
G: 1965.
MZ: 327.
V: Prof. Dr. Dr. h.c. Eckhard Heftrich (Präs.), Lisa Dräger (Vizepräs.).

L 400 *Karl-May-Gesellschaft e.V., Geschäftsstelle Berlin, Maximilian-korso 45, D-13465 Berlin. - Tel.: 030-4061033.
A: Bewahrung des Werkes von Karl May durch Erforschung aller mit Karl May zusammenhängenden Vorgänge (insbesondere literaturwissenschaftliche und biographische Forschung), um ihm dadurch den gebührenden Platz in der deutschen Literatur zu verschaffen.
B: Ausrichtung der Mitgliederversammlung. Edition von *Mitteilungen* und des *Jahrbuches der Karl-May-Gesellschaft* (→ E 1390).
G: 1969.
MZ: 1700.
V: Prof. Dr. jur. Dr. h.c. mult. Claus Roxin (Vors.), Dr. h.c. Hans Wollschläger, Hansotto Hatzig (Stellvertr.).
L: Heinemann, Erich: *Eine Gesellschaft für Karl May. 25 Jahre literarische Forschung 1969-1994*. Hamburg 1994.

L 402 *Ernst-Meister-Gesellschaft e.V., Kongreß-Str. 5, D-52070 Aachen. - Tel./Fax: 0241-29128.
A: Förderung der Erforschung, der Darstellung und des Verständnisses der Werke Ernst Meisters.
B: Edition des *Ernst-Meister-Jahrbuchs* und der *Ernst-Meister-Kolloquium-Bände*.
G: 1989.
MZ: 110.
V: Prof. Dr. Theo Buck (1. Vors.), Prof. Dr. Hildegard Reitz, Hermann Moog, Toni Knippen (Stellvertr.), Dr. Bernhard Albers (Geschäftsführer).

L 405 Justus-Möser-Gesellschaft e.V., c/o Möser-Dokumentationsstelle, Universitätsbibliothek, Pf 4469, D-49074 Osnabrück. - Alte Münze 16, D-49069 Osnabrück. - Tel.: 0541-969.4450.

A: Förderung der Forschung über Justus Möser, Vermittlung der Forschungsergebnisse an weitere Kreise zur besseren Kenntnis von Leben und Werk, Anregung des literarischen und geistigen Lebens in Osnabrück.
B: Durchführung von Colloquien und Kongressen über Möser (Möser-Colloquium); Edition des *Möser-Forums* (alle drei Jahre).
G: 1987.
MZ: 55.
V: Prof. Dr. Winfried Woesler (Vors.), Dr. Horst Meyer (Stellvertr.), Prof. Dr. Anton Schindling (2. Stellvertr.).

L 408 Erich-Mühsam-Gesellschaft e.V., c/o Frank-Thomas Gaulin, Kunsthaus, Königstr. 20, D-23552 Lübeck. - Tel.: 0451-75700 und 70295.
A: "Das Andenken Erich Mühsams zu erhalten, in seinem Geist die fortschrittliche, friedensfördernde und für soziale Gerechtigkeit eintretende Literatur zu pflegen und seine Absage an jede Unterdrückung, Gewalt und Diskriminierung von Minderheiten für die Gegenwart zu nutzen." (Satzung)
B: Aufbau eines Erich-Mühsam-Archivs. Edition der *Mühsam-Magazine* (bisher 3 Hefte) und einer Schriftenreihe (bisher 4 Hefte).
G: 1989.
MZ: 150.
V: Sabine Kruse, Frank-Thomas Gaulin u.a.

L 410 *Internationale Robert-Musil-Gesellschaft, Sekretariat und Geschäftsstelle, c/o Fachrichtung 8.1 Germanistik, Universität des Saarlandes, Pf 151150, D-66041 Saarbrücken. - Tel.: 0681-302.3334.
A: Förderung des Verständnisses für die Werke Musils. Förderung der Herausgabe seiner Werke auf wissenschaftlich gesicherter Textgrundlage. Unterstützung der Aufbereitung und Veröffentlichung des Nachlasses. Verbesserung der Zusammenarbeit der Forscher und Institutionen, die mit Musils Werk und Nachlaß beschäftigt sind.
B: Ausrichtung von Tagungen und Diskussionsveranstaltungen. Edition des *Musil-Forum* (Diskussionsbeiträge, Tätigkeitsberichte, Veröffentlichungen aus dem Nachlaß, Bibliographien).
G: 1974.
MZ: 420.
O: Kuratorium, Vorstand, Mitgliederversammlung, Rechnungsprüfer, Schiedsgericht.
V: Adolf Frisé (Ehrenpräs.), Marie-Louise Roth (Präs.), Joseph P. Strelka, Walter Weiss (Vizepräs.).

L 412 Neuberin-Gesellschaft e.V., c/o Neuberin-Museum, Johannesplatz 3, D-08468 Reichenbach. - Tel.: 03765-524375. - Fax: 03765-63931.
A: Förderung des Verständnisses für das Leben und Wirken der Neuberin; Erschließung ihres Lebenskreises. Unterstützung des Ausbaus und der Erhaltung des Neuberin-Geburtshauses als Dokumentationszentrum und als Museum (→ G 660).

B: Mithilfe bei der Ausrichtung der Neuberin-Festspiele; Mitarbeit bei der Edition von Publikationen über die Neuberin. Projektunterricht-Angebot an Deutschlehrer.
G: 1992.
MZ: 30.
V: Johannes Bögel (Vors.), Marion Schulz (Stellvertr.).

L 415 Internationale Novalis Gesellschaft e.V., Schloß Oberwiederstedt, Schäfergasse 6, D-06333 Wiederstedt. - Tel.: 03476-81.2359. - Fax: 03476-2359.
A: Förderung der Auseinandersetzung mit dem Werk und der Persönlichkeit Friedrich von Hardenbergs; Unterstützung der Erforschung des Werks und der Biographie sowie der Sammlung von Novalis-Dokumenten.
B: Organisation von Ausstellungen, Lesungen, Vorträgen und wissenschaftlichen Fachtagungen. Edition der *Schriften der Internationalen Novalis Gesellschaft*, eines Mitteilungsblattes und von Handschriften-Faksimiles.
G: 1992.
MZ: 210.
V: Prof. Dr. Hans-Joachim Mähl (Präs.), Propst Joachim Jaeger (Vizepräs.), Dr. Gabriele Rommel (Sekr.).

L 420 *Oswald von Wolkenstein-Gesellschaft e.V., c/o Dr. Sieglinde Hartmann, Myliusstr. 25, D-60323 Frankfurt/M. - Tel.: 069-726661. - Fax: 069-174416.
A: Anregung und Förderung der Oswald-von-Wolkenstein- und der Spätmittelalterforschung (z.B. in Literatur, Musik, Bildender Kunst, Kulturgeschichte, Theologie, Philosophie u.a.) mit dem Ziel interdisziplinären Gedankenaustausches.
B: Ausrichtung eines wissenschaftlichen Symposiums (alle drei Jahre), von universitären Arbeitstagungen, von Ausstellungen, Konzerten u. ä. Veranstaltungen zur spätmittelalterlichen Kultur. Publikation des *Jahrbuchs der Oswald von Wolkenstein-Gesellschaft* (alle zwei Jahre). - Oswald von Wolkenstein-Archiv (z.Z. nicht zugänglich).
G: 1980.
MZ: 411.
V: Prof. Dr. Ulrich Müller (1. Vors.), Dr. Sieglinde Hartmann (2. Vors.).

L 430 *Pegnesischer Blumenorden e.V., Verein für Pflege der deutschen Sprache und Dichtkunst, An der Fleischbrücke 2, D-90403 Nürnberg.- Tel.: 0911-2419286. - Fax: 0911-2419773.
A: Pflege und Reinerhaltung der deutschen Sprache. Pflege der deutschen Literatur.
G: 1644.
MA: Vorschlag durch mindestens zwei Mitglieder.
MZ: 78.
V: Dr. Friedrich von Herford (Ordenspräses), Lic. theol. Dr. Siegfried Frhr. von Scheurl (Stellvertr.).

L 435 *Willibald-Pirckheimer-Gesellschaft zur Erforschung von Renaissance und Humanismus e.V. Nürnberg, c/o Prof. Dr. Stephan Füssel, Institut für Buchwesen, Universität Mainz, D-55099 Mainz. - Tel.: 06131-392580. - Fax: 06131-395487.

A: Erschließung des geistigen und kulturellen Erbes des Humanisten Pirckheimer und seiner Umwelt; Untersuchung der vielfältigen literarischen, theologischen, kunst- und kulturgeschichtlichen Fragestellungen, die mit dem Namen des Dürer-Freundes Pirckheimer und der Reichsstadt Nürnberg in der Frühen Neuzeit verbunden sind.

B: Interdisziplinäre und internationale Symposien (öffentlich) zu literarischen Gattungen, Dichterpersönlichkeiten und historischen Ereignissen des deutschen Humanismus (Thomas Morus, Ulrich von Hutten, Astrologie, Bild und Wort) im europäischen Kontext; *Pirckheimer-Jahrbuch* (seit 1985).

G: 1983.

MZ: 170.

V: Prof. Dr. Stephan Füssel (Vors.), Dr. Kurt Löcher (Stellvertr.).

L 440 Raabe-Gesellschaft, c/o Raabe-Gedächtnisstätte, Leonhardstraße 29 a, D-38102 Braunschweig. - Tel.: 0531-75225.

A: Verbreitung und Pflege des Werks Wilhelm Raabes. Förderung der Erforschung von Raabes Leben, Werk und Wirkung im Epochenkontext; Förderung der germanistischen Realismusforschung.

B: Jahrestagungen und Kongresse; Vorträge und Lesungen in den Ortssektionen. Herausgabe des *Jahrbuches der Raabe-Gesellschaft* (→ E 1400) und von *Mitteilungen*.

G: 1911.

MZ: 630.

V: Prof. Dr. Josef Daum (Präs.), Prof. Dr. Horst Denkler, Prof. Dr. Hans-Jürgen Schrader (Vizepräs.).

L 443 *Fritz Reuter Gesellschaft e.V., Geschäftsstelle: Neues Tor, Neutorstraße, D-17033 Neubrandenburg. - Tel./Fax: 0395-442753.

A: Pflege und Förderung des Werkes von Fritz Reuter, der niederdeutschen Literatur und Sprache durch Erforschung von Leben, Werk und Wirkung des Autors.

B: Durchführung von Reuter-Tagen und Symposien; Pflege und Erhaltung der Reuter-Erinnerungsstätten; Vergabe der "Ehrenbriefe"; Jahresgaben; Publikation der *Beiträge* und *Mitteilungen*.

G: 1960.

MZ: 675.

V: Hans-Joachim Griephan (Präs.), Prof. Dr. Dr. Jürgen Grote, Dr. Jürgen Gundlach (Stellvertr.), Dr. Christian Bunners (Geschäftsführer).

L 448 Rückert-Gesellschaft e.V., Schrotturm, Petersgasse 3, D-97421 Schweinfurt. - Tel.: 09721-25377.

A: Förderung des Interesses an Rückerts Leben und Werk; Unterstützung seiner wissenschaftlichen Erforschung. Vermittlung der Forschungsergebnisse an eine breitere Öffentlichkeit.

B: Edition der *Rückert-Studien* (bisher 7 Bde.) und von Einzelveröffentlichungen. Mitwirkung an der Vergabe des Friedrich-Rückert-Preises der Stadt Schweinfurt.
G: 1963.
MZ: 194.
V: Prof. Dr. Wolfdietrich Fischer (1. Vors.), Irene Handfest-Müller (Geschäftsführerin).

L 450 Deutsche Schillergesellschaft e.V., Pf 1162, D-71666 Marbach. - Tel.: 07144-8480. - Fax: 07144-848.390.
A: Verwaltung des Schiller-Nationalmuseums und des Deutschen Literaturarchivs (→ G 20). Ausbau der Sammlungen, Pflege, Erforschung und Vermittlung der neueren deutschen Literatur von der Mitte des 18. Jh's bis zur Gegenwart. Pflege des geistigen Erbes Friedrich Schillers.
B: Ausrichtung einer Jahresversammlung. Edition des *Jahrbuchs der Deutschen Schillergesellschaft* (→ E 1280). Weitere Publikationen → G 20.
G: 1895 (als Schwäbischer Schiller-Verein, ab 1946 Deutsche Schillergesellschaft).
MZ: 3600.
O: Mitgliederversammlung, Ausschuß, Vorstand, Geschäftsführer (Direktor des Schiller-Nationalmuseums und des DLA).
V: Prof. Dr. Eberhardt Lämmert (Präs.), Dr. Walter Seuferle (Vizepräs.), Dr. Ulrich Ott (Geschäftsführer).

L 455 Weimarer Schillerverein e.V., c/o Schillermuseum, Pf 12, D-99401 Weimar. - Tel.: 03643-545363. - Fax: 03643-545290.
A: Ziel des Vereins ist es, Schillers geistiges Erbe lebendig zu erhalten, die Schiller-Forschung, ferner die Vermittlung seines Werkes durch wissenschaftliche Einrichtungen, Schule, Theater und moderne Medien zu fördern. Unterstützung bei der Erhaltung und Restaurierung der Schiller-Stätten in Sachsen und Thüringen.
B: Organisation der Weimarer Schillertage (jährlich im November), Edition von Jahresgaben.
G: 1991.
MZ: 130.
V: Dr. Jochen Golz (Vors.), Christina Tezky (Stellvertr.), Viola Geyersbach (Schriftführerin).

L 458 *Gesellschaft der Arno-Schmidt-Leser e.V., c/o Dietmar Noering, Grabenstr. 33, D-54516 Wittlich. - Tel.: 06571-3255.
A: Bibliographische Erfassung aller Veröffentlichungen von und über Arno Schmidt. Interpretation der Werke, Erforschung der Rezeptionsgeschichte. Aufbau eines Archivs. Sammlung aller Tondokumente, Rundfunksendungen von und über Schmidt. Organisation von Arbeitsgemeinschaften und Tauschringen.
B: Publikation eines Jahrbuchs (*Zettelkasten*, 1986ff.) und eines Mitteilungsblattes (*Schauerfeld*, viermal jährlich). Organisation einer Jahrestagung mit wissenschaftlichen Vorträgen und künstlerischen Veranstaltungen.

MZ: Rd. 200.
V: Dietmar Noering (Vors.), Karl-Heinz Müther, Dr. Peter Aufmuth (Stellvertr.),
Dr. Ulrich Schuch (Schriftführer).

L 460 *Reinhold-Schneider-Gesellschaft Freiburg e.V., Schwarzwaldstr.
68, D-79194 Gundelfingen. - *Oder:* c/o C.P. Thiede, Friedrich-Ebert-
Str. 52, D-33102 Paderborn. - Tel.: 05251-24905.- Fax: 05251-280011.
A: Förderung der Erforschung und Verbreitung des Werkes von Reinhold Schneider
und der christlichen Literatur insgesamt, vor allem bei der Jugend. Förderung von
Veröffentlichungen des Dichters und der Arbeiten über ihn, sein Werk und sein Ethos.
Zusammenarbeit mit dem Reinhold-Schneider-Archiv in der LB Karlsruhe.
B: Ausrichtung von Vortragsveranstaltungen und Tagungen. Verleihung der Reinhold-
Schneider-Plakette. Edition der *Reinhold-Schneider-Blätter* (Mitteilungen der Reinhold-
Schneider-Gesellschaft) und eines Jahrbuchs.
G: 1970.
MZ: 600.
V: Carsten Peter Thiede, M.A. (Präs.), Dr. Friedrich-Christian Stahl, Dr. Pirmin Mei-
er (Vizepräs.).

L 463 *Schopenhauer-Gesellschaft e.V., c/o Prof. Dr. H.G. Ingenkamp,
Albertus-Magnus-Str. 35a, D-53177 Bonn.- Tel. / Fax: 0228-333633.
A: Anregung und Förderung des Studiums und des Verständnisses der Philosophie
Schopenhauers.
B: Organisation von Tagungen (alle 2 Jahre) und der "Frankfurter Vorträge" (4x jähr-
lich); Edition des *Schopenhauer-Jahrbuchs*. - Aktivitäten in zahlreichen Ortsvereini-
gungen.
G: 1911.
MZ: 800.
V: Prof. Dr. H.G. Ingenkamp (Präs.), Prof. Dr. D. Birnbacher (1. Vizepräs.).

L 465 Anna-Seghers-Gesellschaft Berlin und Mainz e.V., c/o Anna-
Seghers-Gedenkstätte (→ G 765) *oder:* Hans Berkessel, Spelzengasse 13,
D-65474 Bischofsheim. - Tel.: 06144-7758. - Fax: 06144-44182.
A: Förderung des literarischen Lebens sowie des Studiums und der Verbreitung der
Werke A. Seghers' in Zusammenarbeit mit dem Anna-Seghers-Archiv (→ F 2675) und
der Anna-Seghers-Gedenkstätte.
B: Durchführung von öffentlichen Lesungen und Vorträgen, wissenschaftlichen Kollo-
quien und Ausstellungen. Edition des Jahrbuchs *Argonautenschiff* (→ E 1283). Unter-
stützung der jährlichen Vergabe des A.-Seghers-Stipendiums für junge Schriftsteller.
G: 1991.
MZ: 190.
O: Mitgliederversammlung, Vorstand, Redaktionsbeirat.
V: Dr. Martin Straub (Vors.), Hans Berkessel, Prof. Dr. Frank Wagner (Stellvertr.).

L 470 Deutsche Shakespeare-Gesellschaft e.V., Markt 13, D-99423 Weimar. Tel.: 03643-64076.

A: Förderung und Verbreitung der Kenntnis und Pflege Shakespeares im deutschen Sprachgebiet.

B: Publikation des *Jahrbuchs der Deutschen Shakespeare-Gesellschaft*, einer Schriftenreihe und einer zweisprachigen, wissenschaftlich kommentierten Studienausgabe der Dramen Shakespeares. Informationsdienst (Archiv mit Daten und Materialien zu Shakespeare-Inszenierungen sämtlicher Bühnen des deutschsprachigen Raums). Förderung des Kontaktes zwischen Wissenschaft, Theater und Schule zum Austausch aktueller Informationen und Erfahrungen. Informationen über Shakespeare-Inszenierungen der jeweils laufenden Theatersaison. Organisation der *Shakespeare-Tage* (jährlich im April) mit Vorträgen, Theateraufführungen, wissenschaftlichen Kolloquien, Konzerten, Filmvorführungen, Ausstellungen und Veranstaltungen für Lehrer.

G: 1864.

MZ: Rd. 3000.

O: Vorstand, Geschäftsführender Vorstand, Hauptversammlung.

V: Prof. Dr. Dieter Mehl (Präs.), Maik Hamburger (Vizepräs.).

L 480 Sokratische Gesellschaft e.V., Riedlach 12, D-68307 Mannheim. - Tel.: 0621-771235.

A: Förderung der Sokrates-Forschung und Wirken im Geiste des Sokrates, wie ihn Platon beschreibt.

B: Durchführung des Sokratischen Treffens (jährlich); weitere Veranstaltungen; Veröffentlichungen im Verlag Sokrates und in der *Grauen Edition*.

G: 1972.

MZ: 150.

O: Vorstand, Hauptversammlung.

V: Prof. Dr. Walter Thoms (Ehrenvors.), Prof. Dr. Herbert Kessler (1. Vors.).

L 485 Friedrich-Spee-Gesellschaft e.V., c/o Heinrich-Heine-Institut (→ G 40). - Tel.: 0211-8995580. - Fax: 0211-8929044.

A: Pflege und Erforschung des Werkes von Friedrich Spee von Langenfeld.

B: Organisation von Veranstaltungen und Ausstellungen. Publikationen (u.a. *Friedrich-Spee-Jahrbuch*, 1994ff.).

G: 1985.

MZ: Rd. 200.

V: Prof. Dr. Walter Scheele (Vors.), Hans Müskens (Stellvertr.), Dr. Bernd Kortländer (Geschäftsführer).

L 490 Theodor-Storm-Gesellschaft e.V., Wasserreihe 31, Storm-Haus, D-25813 Husum. - Tel.: 04841-666270.

A: Verbreitung des Werkes von Theodor Storm. Förderung der Storm-Forschung. Erhaltung und Ausbau der Storm-Gedenkstätten.

B: Ausrichtung einer jährlichen Storm-Tagung in Husum (Vorträge, Referate, Exkursionen, Ausstellungen). Sammlung von Literatur und Dokumenten zu Storm und seiner Zeit (Storm-Archiv). Förderung der Storm-Forschung. Edition der *Schriften der Theodor-Storm-Gesellschaft* und weiterer Buchreihen. Beteiligung an der Vergabe des Storm-Stipendiums der Stadt Husum.
G: 1948.
MZ: 1500.
V: Prof. Dr. Karl-Ernst Laage (Präs.), Prof. Dr. Dieter Lohmeier (Vizepräs.), Dr. Gerd Eversberg (Sekretär).

L 495 *Kurt-Tucholsky-Gesellschaft e.V., c/o Michael Hepp, Rebhuhngang 1, D-27798 Hude. - Tel.: 04408-1357. - Fax: 0441-798.4013.
A: Wahrung und Förderung des Andenkens Tucholskys; Unterstützung der wissenschaftlichen Beschäftigung mit seinem Werk und seiner Person; Unterstützung der Vermittlung von Forschungsergebnissen an die Wissenschaft und die Öffentlichkeit. Im Sinne Kurt Tucholskys Eintreten für Völkerverständigung.
B: Herausgabe der *Tucholsky-Blätter* (2 x jährlich). Organisation einer Tagung mit Symposion (mindestens 1 x im Jahr).
G: 1988.
MZ: 160.
V: Michael Hepp (1. Vors.), Antje Bonitz (2. Vors.).

L 496 Johann-Heinrich-Voß-Gesellschaft e.V., c/o Eutiner Landesbibliothek, Schloßplatz 4, D-23701 Eutin. - Tel.: 04521-72051 und 83521. - Fax: 04521-2337.
A: Idelle und materielle Förderung der Auseinandersetzung mit Leben und Werk des Schriftstellers, Dichters und Übersetzers J. H. Voß und den historischen, geistigen und kulturellen Verhältnissen seiner Zeit. Zusammenführung von Voß-Forschern und -Interessierten.
B: Herausgabe oder Bezuschussung von Veröffentlichungen zu J. H. Voß.
G: 1993.
MZ: 80.
V: Silke Gehring (Vors.), Axel Walter (Stellvertr.), Dr. Frank Baudach (Schriftführer).

L 498 *Internationale Peter-Weiss-Gesellschaft e.V., c/o Ulrich Schreiber, Lütticherstr. 7, D-13353 Berlin. - Tel.: 030-4535616. - Fax: 030-4537612.
A: Förderung der Erforschung des Lebens und Werks von Peter Weiss. Die IPWG möchte "Kulturen verschiedener Länder und sozialer Gruppen in der Perspektive einer Ästhetik des Widerstandes miteinander verbinden" und "die Kräfte der Arbeit, der Wissenschaft und der Kultur zusammenbringen". Anregung zu Berührung von Kunst und Politik.
B: Edition des *Peter Weiss Jahrbuchs* (1992ff.); Organisation von Lesungen, Filmvorführungen und Ausstellungen.

G: 1989.
MZ: 310.
V: Ulrich Schreiber (Vors.), Dr. Birgit Feusthuber (Stellvertr.).

L 500 *Wolfram von Eschenbach-Gesellschaft e.V., c/o Dr. Gisela Vollmann-Profe, Pflanzgarten 7, D-85072 Eichstätt. - Tel.: 08421-8414.
A: Förderung der Erforschung der Literatur und Kultur des Mittelalters; Pflege des internationalen mediävistischen Kontakts durch den Austausch und die Diskussion von Forschungseinrichtungen, -ergebnissen und -methoden.
B: Durchführung von Kolloquien und Arbeitstagungen. Edition der *Wolfram-Studien* (bisher 10 Bde.; ab Bd. 10 mit *periodischer Bibliographie*).
G: 1968.
MZ: 400.
V: Prof. Dr. J. Heinzle (1. Vors.), Prof. Dr. P. Johnson (2. Vors.)., Dr. G. Vollmann-Profe (Geschäftsführerin).

L 510 Carl-Zuckmayer-Gesellschaft e.V., Pf 33, D-55297 Nackenheim. - Tel.: 06135-2835.
A: Erforschung und Förderung rheinhessisch-pfälzischer Poesie und Prosa, insbesondere des Lebenswerkes von Carl Zuckmayer.
B: Edition der *Blätter der Carl-Zuckmayer-Gesellschaft*; Theateraufführungen; Organisation von Vorträgen, Lesungen und Rezitationsabenden.
G: 1972.
MZ: 490.
V: Wolf Ohm (Präs.), Roland Bausch (Vizepräs. und Geschäftsführer).

L 520 Alexander von Humboldt-Stiftung, Jean-Paul-Str. 12, D-53173 Bonn. - Tel.: 0228-833.0. - Fax: 0228-833.212.
A: Förderung der Forschung auf allen Gebieten des Wissens.
B: Vergabe von Forschungsstipendien; Sonderprogramme für ausländische Wissenschaftler; Forschungspreise; Sonderprogramme für deutsche Wissenschaftler (Informationsbroschüre von obiger Adresse). Kontakte Auswahlprogramm: Dr. Hellmut Hanle, Dr. Thomas Hesse.
G: 1860; Wiedererrichtung 1953.
V: Prof. Dr. Reimar Lüst (Präs.), Prof. Dr. Wolfgang Frühwald (Vizepräs.), Dr. Heinrich Pfeiffer (Generalsekr. und Geschäftsführendes Vorstandsmitglied).

L 530 Stiftung F.V.S., Pf 106025, D-20041 Hamburg. - Georgsplatz 10, D-20099 Hamburg. - Tel.: 040-330400. - Fax: 040-335860.
A: Auszeichnung von Bestrebungen zur Bewahrung des europäischen Kulturerbes, zur Förderung der europäischen Einigung.
B: Vergabe von zahlreichen Preisen (allgemeine Kultur-, Kunst- und Literaturpreise sowie für öffentliches Wirken).
G: 1931.
V: Helmuth Toepfer.

L 550 August von Platen-Stiftung, c/o Prof. Dr. Wolfgang Popp, Fachbereich 3, Univ.-GH Siegen, D-57068 Siegen. - Tel. (priv.): 0271-20596. - Fax: 0271-740.2330.

A: Förderung von literaturwissenschaftlichen Arbeiten zum Zusammenhang von Homosexualität und Literatur in den Fächern Allgemeine und Vergleichende Literaturwissenschaft, Anglistik, Germanistik und Romanistik.
B: Vergabe von Stipendien. - August von Platen Bibliothek (→ F 1335).
G: 1989.
V: Prof. Dr. Wolfgang Popp.

L 560 Arno Schmidt Stiftung, Bargfeld, Unter den Eichen 13, D-29351 Eldingen. - Tel.: 05148-1516. - Fax: 05148-1654.
A: Sicherung des literarischen Erbes Arno Schmidts; Edition seines Nachlasses.
B: Publikationen; Vergabe von Stipendien.
G: 1981/82.
V: Jan Philipp Reemtsma.

L 570 Kurt-Tucholsky-Stiftung, Geschäftsführung, Speersort 5, D-20095 Hamburg. - Tel.: 040-331819.
A: Die Stiftung will die internationale Verständigung fördern und zu diesem Zweck insbesondere Studenten der Germanistik, Publizistik, Soziologie oder der Politologie, die bereit sind, im Geiste Kurt Tucholskys auf ihrem Fachgebiet wissenschaftlich zu wirken, einen einjährigen Studienaufenthalt im Ausland gewähren und / oder ausländischen Studenten unter den gleichen Voraussetzungen einen einjährigen Studienaufenthalt in der Bundesrepublik ermöglichen.
V: Prof. Dr. Fritz J. Raddatz.

2 ÖSTERREICH

L 600 Österreichische Gesellschaft für Literatur, Palais Wilczek, Herrengasse 5, A-1010 Wien. - Tel.: [0043] 1-638159 und 630864.
A: Förderung der österreichischen Literatur. Betreuung und Förderung österreichischer Autoren und ihrer Werke durch Zusammenarbeit mit Verlagen, Buchhandlungen, Zeitungen, Zeitschriften usw.
B: Systematische Zusammenfassung aller Bestrebungen zur Förderung der österreichischen Literatur. Unterstützung der Arbeit von Institutionen, die sich mit dem Werk einzelner österreichischer Autoren beschäftigen. Zusammenarbeit mit den österreichischen Kulturinstituten und den österreichischen Vertretungsbehörden im Ausland zur Förderung der österreichischen Literatur.
G: 1961.
MA: Freier Interessentenkreis.
V: Dr. Wolfgang Kraus, Prof. Kurt Klinger.

L 610 Wiener Gesellschaft für Theaterforschung, c/o Institut für Theaterwissenschaft, Hofburg, Batthyanystiege, A-1010 Wien. - Tel.: [0043] 1-5350599. - Fax: [0043] 1-5350590.

A: Förderung der Erforschung des österreichischen Theaters.
B: Durchführung von Forschungsprojekten im Bereich der österreichischen Theatergeschichte und der Theaterdokumentation. Aufarbeitung und Edition von Quellen zur Theatergeschichte. Planung und Durchführung von Aktivitäten im Bereich der Theaterdokumentation und Theaterinformation. Mitarbeit an internationalen einschlägigen Unternehmungen. Veranstaltung von Vorträgen zu Fragen des Fachgebietes. Publikationen: *Jahrbuch der Wiener Gesellschaft für Theaterforschung; Quellen zur Theatergeschichte; Theater in Österreich - THEADOK.*
G: 1941.
MZ: 110.
O: Mitgliederversammlung, Vorstand, Rechnungsprüfer, Arbeitsausschüsse.
V: Prof. Dr. Wolfgang Greisenegger, Dr. Otto G. Schindler.

L 620 Wiener Bibliophilen-Gesellschaft, c/o Antiquariat W.R. Schaden, Sonnenfelsgasse 4, A-1010 Wien. - Tel.: [0043] 1-52177 / DW 213.

A: Pflege und Förderung der Bibliophilie.
B: Förderung bibliophiler Ausgaben vergriffener oder schwer greifbarer literarischer Werke, zeitgenössische bibliophile Ausgaben.
G: 1912.
MA: Anmeldung beim Vorstand; auch Einladung.
MZ: 200.
V: Univ.-Prof. Dr. Peter Leisching (Präs.), Prof. Christian Nebehay (Vizepräs.).

L 625 *Internationale Erich-Fried-Gesellschaft für Literatur und Sprache, Wasagasse 12/1/3, A-1090 Wien. - Tel.: [0043] 1-310.5191. - Fax: [0043] 1-310.6094.

A: Förderung der deutschen Literatur und Sprache, Förderung und Verbreitung des Werkes Erich Frieds, Auswertung seines Nachlasses (in der ÖNB Wien).
B: Ausrichtung von Tagungen; Vergabe der Erich-Fried-Ehrung an eine Persönlichkeit, die dann den Träger des Erich-Fried-Preises für Literatur und Sprache bestimmt.
G: 1989.
V: Prof. Dr. Ernst Jandl (Präs.), Friederike Mayröcker, Christoph Hein (Stellvertr.), Irmelin M. Hoffer (Generalsekretär).

L 630 Wiener Goethe-Verein, Stallburggasse 2, A-1010 Wien. - Tel.: [0043] 1-3618174.

A: Förderung des Verständnisses für Goethes Leben und Schaffen, Aufdeckung seiner Beziehungen zu Österreich. Kulturelles Wirken im Geiste Goethes.
B: Erhaltung des Goethe-Museums in Wien, dem auch eine Bibliothek angegliedert ist. Veranstaltung von Vorträgen wissenschaftlicher und künstlerischer Art. *Jahrbuch* (→ E 1270).

G: 1878.
MZ: 350.
V: Prof. Dr. Herbert Zeman (Präs.).

L 640 Grillparzer-Gesellschaft, Gumpendorfer Str. 15, A-1060 Wien. - Tel. : [0043] 1-586.1090.
A: Verbreitung der Kenntnis von Grillparzers Persönlichkeit und Werk in Verbindung mit der Pflege einer eigenständigen österreichischen Literatur sowie Förderung der sich auf diesem Gebiet betätigenden Forschung.
B: Ausrichtung von Vortragsveranstaltungen. *Jahrbuch der Grillparzer-Gesellschaft.*
G: 1890.
MZ: 200.
O: Vorstand, Generalversammlung, Rechnungsprüfer.
V: Min.-Rat Dr. Leopold O. Knobloch (Präs.), Dr. Robert Pichl, Doz. Dr. Georg Scheibelreiter (Vizepräs.).

L 645 Österreichische Franz Kafka-Gesellschaft, Rathausplatz 1, A-3400 Klosterneuburg. - Tel./Fax: [0043] 02243-81896.
A: Förderung der Kontakte zu und zwischen Kafka-Forschern und -Verehrern; Erforschung des Prager Kreises zur Zeit Kafkas.
B: Durchführung von Literatursymposien; Edition einer wissenschaftlichen Schriftenreihe (jährlich); Vergabe des Kafka-Literaturpreises (alle 2 Jahre).
G: 1979.
MZ: 93.
V: Dr. Wolfgang Kraus (Präs.), Helmut Zuschmann, Kurt Reif (Vizepräs.), Norbert Winkler (Generalsekr.).

L 650 Internationale Lenau-Gesellschaft, Pf 144, A-1103 Wien. - Tel.: [0043] 1-799.4397. - *Oder:* Rathaus, A-2000 Stockerau. - Tel.: [0043] 02266-695.10.
A: Verbreitung der Werke und des Gedankengutes Nikolaus Lenaus. Förderung der Völkerverständigung. Förderung der Literaturwissenschaft.
B: Erarbeitung einer historisch-kritischen Gesamtausgabe der Werke und einer wissenschaftlichen Biographie und Bibliographie Lenaus. Publikationen: *Lenau Forum. Zeitschrift für vergleichende Literaturforschung* (jährlich).
MZ: 130.
V: Bürgermeister Leopold Richentzky (Präs.); Dr. Hermann Lein (Generalsekr.).

L 655 Internationale Nestroy-Gesellschaft, Volkstheater, Neustiftgasse, A-1070 Wien. - *Oder:* Gentzgasse 10/3/2, A-1180 Wien. - Tel.: [0043] 1-4707067.
A: Verbreitung der Kenntnis von Persönlichkeit und Werk Johann Nestroys, Unterstützung der wissenschaftlichen Erforschung seiner Stücke und ihrer Inszenierung sowie des Wiener Volkstheaters allgemein.

B: Unterstützung der neuen historisch-kritischen Gesamtausgabe, Ausrichtung von Vortragsveranstaltungen und Tagungen; Publikation: *Nestroyana. Blätter der Internationalen Nestroy-Gesellschaft.*
G: 1973.
MZ: 250.
V: Prof. Dr. Heinrich Kraus (Präs.); Univ.-Prof. Dr. Jürgen Hein, Prof. Paul Angerer, Univ.-Prof. Dr. Franz H. Mautner (Vizepräs.); Min.-Rat Dipl.-Ing. Karl Zimmel (Geschäftsführer).

L 657 Jura-Soyfer-Gesellschaft, Altes Rathaus, Wipplingerstr. 8, A-1010 Wien. - Tel: [0041] 1-53436.776 (nur Di 8.30-12.30 h). - Fax: [0041] 1-6043378.
A: Förderung der Erforschung von Leben und Werk J. Soyfers. Sammlung und Bewahrung seines literarischen Nachlasses mit dem Ziel der Erschließung.
B: Organisation von Konferenzen, Vorträgen, Lesetourneen und Ausstellungen. Publikationen. Unterstützung der Übersetzungen Soyferscher Werke in andere Sprachen. Soyfer-Archiv (→ F 2705).
G: 1988.
MZ: Rd. 300.
V: Univ.-Prof. Dr. Ulf Birbaumer (Vors.), Dr. Herbert Arlt (Geschäftsführer).

L 660 Adalbert Stifter-Gesellschaft, c/o Historisches Museum, Karlsplatz, A-1040 Wien. - Tel.: [0043] 1-5058747, Kl. 31.
A: Förderung der Kenntnis Stifters als Dichter und Maler sowie der Stifter-Forschung.
B: Erhaltung und Erweiterung des Adalbert-Stifter-Museums in Wien (Tel.: 6370665).
G: 1918.
MZ: 150.
V: Hofrat Dr. Gertrud Rauch (Vors.), Prof. Dr. Herta Wohlrab, Prof. Dr. Heinz Schöny (Stellvertr.), Dr. Karl Albrecht Weinberger (Schriftführer).

3 SCHWEIZ

L 680 Gesellschaft für deutsche Sprache und Literatur in Zürich, c/o Deutsches Seminar, Rämistr. 74/76, CH-8001 Zürich. - Tel.: [0041] 01-257.2561.
A: Förderung des Interesses an den Forschungsergebnissen und Fortschritten der Sprach- und Literaturwissenschaft sowie verwandter Gebiete auch außerhalb der Fachkreise.
B: Ausrichtung von allgemeinen, fachwissenschaftlichen oder fachdidaktischen Vorträgen aus dem Bereich der deutschen Sprache und Literatur.
G: 1894.
MZ: 208.
V: PD. Dr. Rudolf Schwarzenbach.

L 690 *Genfer Gesellschaft für deutsche Kunst und Literatur - Société genevoise d'études allemandes, c/o Peter Schürch, Case postale 987, CH-1211 Genève 3. - Tel.: [0041] 022-3170101.
A: Pflege der deutschsprachigen Kultur aus der Schweiz, Deutschland und Österreich.
B: Ausrichtung von Vorträgen und Lesungen, Exkursionen und Jahresversammlung. Mitglieder-Informationen.
G: 1923.
MZ: 430.
V: Prof. Dr. Hans-Jürgen Schrader (Präs.), Dr. Ingrid Drevermann (Vizepräs.).

L 700 *Gesellschaft für Deutsche Sprache und Literatur St. Gallen, c/o Dr. Hannes Schwander, Notkerstr. 19, CH-9008 St. Gallen. - Tel. : [0041] 071-240914.
A: Förderung des Verständnisses für eine deutsche Schriftsprache. Förderung junger und älterer Dichter und Schriftsteller der engeren und weiteren Heimat. Förderung des alemannischen Schrift- und Kulturgutes.
B: Ausrichtung von Dichterlesungen, wissenschaftlichen linguistischen Vorträgen, Wettbewerben für Schriftsteller.
G: 1934.
MZ: 270.
V: Dr. Hannes Schwander (Präs.).

L 710 Schweizerischer Bund für Jugendliteratur, Zentralsekretariat, Gewerbestr. 8, CH-6330 Cham. - Tel.: [0041] 042-413140. - Fax: [0041] 042-420159.
A: Förderung der Kinder- und Jugendliteratur und der Leseerziehung in der Schweiz. - Schweizerische Sektion des Internationalen Kuratoriums für das Jugendbuch (IBBY).
B: Organisation der jährlich stattfindenden Schweizerischen Jugendbuchtagung und der Schweizer Jugendbuchwoche. Edition der Zeitschrift *Jugendliteratur* (vierteljährlich), Verzeichnis *Das Buch für Dich* (jährlich), Jahrbücher *Das Buch Dein Freund* und *Information Buch Oberstufe* (jährlich).
G: 1954.
MZ: 6300.
V: Dr. Peter Gyr.

L 720 *Schweizerische Bibliophilen-Gesellschaft, c/o Wolfau Druck, CH-8570 Weinfelden. -Tel.: [0041] 072-225353.
A: Pflege und Förderung der Bibliophilie.
B: Ausrichtung von Jahresversammlungen. Edition von *Librarium* (mit regelmäßigen Beiträgen über bibliophile Tätigkeiten in Deutschland, Frankreich, Großbritannien und der Schweiz).
G: 1921.
MZ: 700.
V: Dr. jur. Conrad Ulrich (Vors.), Dr. phil. Daniel Bodmer (Stellvertr.), Marianne Isler (Schreiberin).

L 730 *Gottfried Keller-Gesellschaft, c/o Dr. Rainer Diederichs Zentral-bibliothek Zürich, Pf, CH-8025 Zürich. - Tel.: [0041] 01-2617272. - Fax: [0041] 01-2620373.

A: Pflege des Andenkens an G. Keller und andere bedeutende Zürcher Schriftsteller.

B: Förderung des Gottfried-Keller-Archivs und der Gottfried-Keller-Ausstellung in Zürich. Unterstützung der Werk- und Briefausgaben bedeutender Zürcher Schriftsteller. Ausrichtung von Vorträgen und Besichtigungen. Edition der Jahresberichte mit der Veröffentlichung der im Vorjahr am "Jahresbott" oder "Herbstbott" gehaltenen Rede.

G: 1931.

MZ: 300.

V: Prof. Dr. Egon Wilhelm (Präs.), Dr. Martin Wetter (Quästor), Dr. Rainer Diede-richs (Sekretär).

L 740 Thomas Mann Gesellschaft, c/o Europa-Verlag A.G., Rämistr. 5, CH-8001 Zürich.

A: Pflege des Andenkens an Thomas Mann und seines geistigen Erbes.

B: Edition der *Blätter der Thomas Mann Gesellschaft*.

G: 1956.

MZ: 500.

V: Dr. Erwin Jaeckle, Dr. Willy Staehelin, Prof. Dr. Werner Weber.

L 750 Rilke-Gesellschaft, c/o Schweizerisches Rilke-Archiv, Schweize-rische Landesbibliothek, Hallwylstr. 15, CH-3003 Bern. - Tel.: [0041] 031-322.9258. - Fax: [0041] 031-322.8463.

A: Pflege und Studium von Werk und Persönlichkeit R. M. Rilkes.

B: Ausrichtung von Tagungen. Publikationen (bisher: *Blätter der Rilke-Gesellschaft*).

G: 1971.

MZ: 300.

V: Dr. Rätus Luck (Präs.), Prof. Dr. Joachim W. Storck (Vizepräs.), C. Ebneter (Sekretariat).

L 760 *Schweizerische Schillerstiftung, Im Ring 2, CH-8126 Zumikon. - Tel.: [0041] 01-9182580.

A: Ehrung verdienter Schweizer Dichter, Gewährung von Beiträgen, Förderung jüngerer begabter Dichter. Auszeichnung hervorragender Werke der schweizerischen Dichtkunst.

B: Vergabe von Anerkennungspreisen und Förderpreisen.

G: 1905.

MZ: 300.

V: Prof. Dr. Egon Wilhelm (Präs.), Flavio Medici (Vizepräs.), Estelle Schiltknecht (Aktuarin).

TEIL M: LITERATUR- UND ALLGEMEINE KULTURPREISE 1981 ff.

M 10 Die Untersuchungen von Karla Fohrbeck und Andreas J. Wiesand (→ B 3080) ergaben für die Bundesrepublik Deutschland eine Zahl von rd. 700 Kulturpreisen mit ca. 7000 Einzelvergaben. Diese Zahlen und die Entwicklung der letzten Jahre lassen von einer inflationären Lage auf diesem Sektor sprechen, da heute selbst kleinere Städte und Organisationen in irgendeiner Form Anerkennungs- und/oder Förderpreise vergeben. Aus dieser Situation heraus ergab sich für das *Informationshandbuch* die Notwendigkeit einer strengen Selektion. Kriterium für die Auswahl war die Überregionalität. Wie bei den Verbänden und Literarischen Gesellschaften (→ Teile K und L) werden auch hier nur die Preise auf den Gebieten Literatur und Publizistik (sowie einige allgemeine Kulturpreise) aufgenommen, die überregional vergeben werden. Ein weiteres Kriterium für die Auswahl war der Bedeutungsgrad, den die Öffentlichkeit, gemessen an der Presseresonanz, diesen Auszeichnungen beimißt, so daß sich aus der Reduktion schließlich eine überschaubare Zahl ergab. Die Angaben wurden durch eine Fragebogenaktion gewonnen, die in den Monaten Januar bis März 1994 durchgeführt wurde. Ist bei den Anschriften der Preisverleiher ein Postfach angegeben, entspricht die Postleitzahl der Postfach-Adresse. - Im Hinblick auf das entstehende *Informationshandbuch Theater, Film, Funk und Fernsehen* wurden reine Film- und Fernsehpreise nicht aufgenommen.

M 20 Die Anordnung der Preise erfolgt nach Ländern und innerhalb dieser alphabetisch nach Preisnamen, wobei bei Preisen, die nach einer Persönlichkeit benannt sind, der Familienname Ordnungswort ist. Die Preisträger werden nur für die Jahre 1981ff. genannt. Frühere Daten sowie Angaben zu Preisen, die hier nicht erwähnt sind, können der ersten Ausgabe des *Informationshandbuches* (Frankfurt/Main 1982) bzw. den Verzeichnissen M 30 bis M 50 entnommen werden. - Die von der ehemaligen DDR vergebenen Literaturpreise wurden in der Mehrheit der Fälle eingestellt. Sie wurden nicht mehr aufgenommen. Die Ausgabe von 1990 nennt in der Regel alle Preisträger für 1981 bis zum Auslaufen der Preisvergabe.

Abkürzungen: **AZ** = Allgemeine Zielsetzung; **G** = Gründungsjahr; **L** = Literatur; **PT** = Preisträger; **Pf** = Postfach; **ST** = Stifter und/oder Träger des Preises.

M 30 Handbuch der Kulturpreise und der individuellen Künstlerförderung in der Bundesrepublik Deutschland → B 3080.

M 40 Kürschners Deutscher Literatur-Kalender → C 370.

Speziell zu Kinder- und Jugendbuchpreisen:

M 50 Blaubuch. Adressen und Register für die deutschsprachige Kinder- und Jugendliteratur. Hrsg. vom Arbeitskreis für Jugendliteratur e.V. Neuauflage. München 1994.

1 DEUTSCHLAND

M 60 Konrad-Adenauer-Preis für Literatur

ST: Deutschland-Stiftung e. V., Königstraße 51, D-83254 Breitbrunn. - Tel.: 08051-3041. - Fax: 08051-62497.
AZ: Auszeichnung literarischer Leistungen, die das Verständnis für die europäische Kultur und Geisteshaltung erwecken und fördern. Würdigung bedeutender konservativer Persönlichkeiten.
G: 1966.
PT: Gertrud Fussenegger (1982, *nicht angenommen*); Wladimir Bukowski (1984); Gerd-Klaus Kaltenbrunner (1986); Gertrud Höhler (1988); Gabriele Wohmann (1992).

M 70 Konrad-Adenauer-Preis für Publizistik

ST: Deutschland-Stiftung e.V. → M 60.
PT: Herbert Kremp (1984); Jean-Francois Revel (1986); Wolfgang Höpker (1988); Jens Feddersen (1992).

M 80 Theodor-W.-Adorno-Preis

ST: Magistrat der Stadt Frankfurt am Main, Amt für Wissenschaft und Kunst, Brückenstr. 3-7, D-60594 Frankfurt/M. - Tel.: 069-212.36091. - Fax: 069-212.37859.
AZ: Förderung und Anerkennung hervorragender Leistungen in den Bereichen Philosophie, Musik, Theater, Film.
G: 1976/77.
PT: Günther Anders (1983); Michael Gielen (1986); Leo Löwenthal (1989); Pierre Boulez (1992).

M 85 Bettina-von-Arnim-Preis

ST: Redaktion der Zeitschrift *Brigitte*, c/o Gruner + Jahr AG & Co, D-20444 Hamburg. - Tel.: 040-37030. - Fax: 040-3703.5679.
AZ: Auszeichnung deutschsprachiger Kurzprosa.
G: 1991.
PT: Bettina Grack, Stephan Krawczyk, Alissa Walser (1991); Susanne Geiger, Karla Schneider, Sabine Ludwig (1992).

M 90 Berliner Kunstpreis

ST: Senat Berlin (Senator für kulturelle Angelegenheiten) und Akademie der Künste Berlin (→ I 70).
AZ: Auszeichnung und Förderung künstlerischer Leistungen. Der Berliner Kunstpreis wird als "Großer Kunstpreis" (in der Literatur als "Fontane-Preis) und als Förderungspreis in den Sparten Bildende Kunst, Baukunst, Musik, Literatur, Darstellende Kunst sowie Film- und Medienkunst vergeben (der "Große Kunstpreis" turnusmäßig in der angegebenen Reihenfolge, die Förderpreise jährlich in allen Sparten).
G: 1948.
PT: *Großer Kunstpreis* (Literatur): Brigitte Kronauer (1985); Gerhard Meier (1992).

M 91 Berliner Preis für deutschsprachige Gegenwartsliteratur.
ST: Stiftung Preußische Seehandlung, Spandauer Damm 19, D-14059 Berlin. - Tel.:
030-325.5545 und 325.5652.
G: 1989.
PT: Volker Braun (1989); Christoph Hein, Hans Joachim Schädlich, Wolfgang Hilbig,
Ingomar von Kieseritzky, Uwe Kolbe, Thomas Hürlimann, Libuse Moniková (1992).

M 93 Ernst-Bloch-Preis
ST: Stadt Ludwigshafen am Rhein.
AZ: Auszeichnung von herausragendem wissenschaftlichem und literarischem Schaffen
mit philosophischer Grundhaltung, das für unsere Kultur in kritischer Auseinandersetzung mit der Gegenwart bedeutsam ist. Haupt- und Förderpreis.
G: 1985.
PT: *Hauptpreis:* Dolf Sternberger (1985); Hans Mayer (1988); Leszek Kolakowski
(1991).

M 96 Heinrich-Böll-Preis (*bis Sommer 1985:* Literaturpreis der Stadt
Köln).
ST: Stadt Köln, Kulturamt, Richartzstr. 2-4, D-50667 Köln. - Tel.: 0221-221.3481. -
Fax: 0221-221.4141.
AZ: Der Preis wird jährlich für herausragende Leistungen - auch noch unbekannter
Autoren - auf dem Gebiet deutschsprachiger Literatur verliehen.
G: 1980/1985.
PT: Peter Weiss (1981); Wolfdietrich Schnurre (1982); Uwe Johnson (1983); Helmut
Heißenbüttel (1984); Hans Magnus Enzenberger (1985); Elfriede Jelinek (1986);
Ludwig Harig (1987); Dieter Wellershoff (1988); Brigitte Kronauer (1989); Günter de
Bruyn (1990); Rainald Goetz (1991); Hans Joachim Schädlich (1992); Alexander Kluge
(1993).

M 97 Ludwig-Börne-Preis
AZ: Auszeichnung für deutschsprachige Autoren, die in den Bereichen Essay, Kritik
und Reportage Hervorragendes geleistet haben.
G: 1993.
PT: Joachim Kaiser (1993).

M 98 Bertolt-Brecht-Preis
ST: Stadt Augsburg.
AZ: Auszeichnung von Persönlichkeiten, die sich in ihrem literarischen Werk kritisch
mit der Gegenwart auseinandersetzen.
G: Erstmalige Vergabe 1995 (dann alle drei Jahre).

M 100 Bremer Literaturpreis

ST: Freie Hansestadt Bremen *und* Rudolf-Alexander-Schröder-Stiftung, Herdentorsteinweg 7, D-28195 Bremen. - Tel.: 0421-3612717.

AZ: Förderung und Auszeichnung von Spitzenleistungen im Bereich der Literatur. Ab 1977 zusätzlich ein Förderpreis.

G: 1953/54.

PT: *Hauptpreis*: Christoph Meckel (1981); Peter Weiss (1982); Erich Fried (1983); Paul Wühr (1984); Rolf Haufs (1985); Volker Braun (1986); Jürgen Becker (1987); Peter Handke (1988); Ingomar von Kieseritzky (1989); Wilhelm Genazino (1990); Fritz Rudolf Fries (1991); Ror Wolf (1992); Georges-Arthur Goldschmidt (1993); Wolfgang Hilbig (1994).

L: *Der Bremer Literaturpreis 1954-1987. Reden der Preisträger und andere Texte. Eine Dokumentation.* Hrsg. von Wolfgang Emmerich. Bremerhaven 1988. - *Verleihung des Bremer Literaturpreises 19..* (jährlich).

M 110 Buber-Rosenzweig-Medaille

ST: Deutscher Koordinierungsrat der Gesellschaften für Christlich-Jüdische Zusammenarbeit, Pf 1445, D-61214 Bad Nauheim. - Otto-Weiß-Str. 2, D-61231 Bad Nauheim. - Tel.: 06032-91110.- Fax: 06032-911125.

AZ: Auszeichnung zur Würdigung wissenschaftlicher, künstlerischer oder humanitärer Verdienste um die Verständigung zwischen Gruppen, Religionen, Nationen und Weltanschauungen.

G: 1968.

PT: Isaac Bashevis Singer (1981); Schalom Ben-Chorin (1982); Helene Jacobs (1983); Siegfried Theodor Arndt, Helmut Eschwege (1984); Franz Mußner (1985); Heinz Kremers (1986); Siedlung Neve Shalom (1987); Arbeitskreis "Studium in Israel" (1988); Sir Yehudi Menuhin (1989); Charlotte Petersen (1990); Leo-Baeck-Erziehungszentrum Haifa (1991); Hildegard Hamm-Brücher, Annemarie Renger (1992); Aktion Sühnezeichen /Friedensdienste (1993); Jakob Petuchowski, Clemens Thoma (1994).

M 120 Georg-Büchner-Preis

ST: Deutsche Akademie für Sprache und Dichtung, Darmstadt (→ I 60).

AZ: Auszeichnung von Schriftstellern und Dichtern, die in deutscher Sprache schreiben, durch ihre Arbeiten und Werke in besonderem Maße hervortreten und an der Gestaltung des gegenwärtigen deutschen Kulturlebens wesentlichen Anteil haben.

G: 1923 (1933 bis 1944 nicht verliehen).

PT: Martin Walser (1981); Peter Weiss (1982); Wolfdietrich Schnurre (1983); Ernst Jandl (1984); Heiner Müller (1985); Friedrich Dürrenmatt (1986); Erich Fried (1987); Albert Drach (1988); Botho Strauss (1989); Tankred Dorst (1990); Wolf Biermann (1991); George Tabori (1992); Peter Rühmkorf (1993); Adolf Muschg (1994).

L: *Der Georg-Büchner-Preis 1951-1987. Eine Dokumentation [...]* aktualisiert und ergänzt von Michael Assmann. München 1987.

M 130 Paul-Celan-Preis
ST: Deutscher Literaturfonds, Alexandraweg 23, D-64287 Darmstadt. - Tel.: 06151-40930. - Fax: 06151-409299.
AZ: Auszeichnung einer herausragenden Literaturübersetzung aus dem Französischen zur wechselseitigen kulturellen Förderung der deutsch-französischen Beziehungen.
G: 1988.
PT: Simon Werle (1988); Uli Aumüller (1989); Übersetzerteam der *Cahiers/Hefte* von Paul Valéry (1990); Eva Moldauer (1991); Elisabeth Edl, Wolfgang Matz (1992).

M 135 Ernst-Robert-Curtius-Preis für Essayistik.
ST: Bouvier-Verlag Thomas Grundmann, Pf 1268, D-53002 Bonn.
G: 1984.
PT: Friedrich Dürrenmatt (1989); Günter Kunert (1991); Werner Ross (1992); Peter Sloterdijk (1993).

M 140 Ida-Dehmel-Literaturpreis
ST: GEDOK (→ K 50).
G: 1968.
PT: Barbara Frischmuth (1983); Eva Zeller (1986); Brigitte Kronauer (1989); Sarah Kirsch (1992).

M 150 Deutscher Fantasy Preis.
ST: Erster Deutscher Fantasy Club (→ L 215).
AZ: Förderung der phantastischen Literatur und Kunst.
G: 1978.
PT: Michael Görden (1981); Helmut Pesch (1982); Peter Wilfert (1983); Wolfgang Jeschke (1984); Wolfgang Petersen (1986); Michael Ende (1987); Frederik Hetman [= H.-C. Kirsch] (1988); Corian Verlag (1989); Thomas LeBlanc (1990); Otfried Preußler (1992).

M 160 Deutscher Jugendliteraturpreis
ST: Bundesministerium für Frauen und Jugend, Bonn *und* Arbeitskreis für Jugendliteratur (→ L 130).
AZ: Anregung des Umgangs mit guter Jugendliteratur; Maßnahme im Bereich der außerschulischen Jugendbildung.
G: 1956.
PT: *Bilderbuch:* Margret Rettich (1981); Susi Bohdal (1982); Annegret Fuchshuber (1984); Annalena McAfee (1985); Tony Ross (1986); David McKee (1987); Marit Kaldhol, Wenke Oyen (1988); Nele Maar (1989); Jörg Steiner, Jörg Müller (1990); Kveta Pacovská (1991); Thomas Tidholm, Anna-Clara Tidholm (1992); Wolf Erlbruch (1993). - *Kinderbuch:* Jürgen Spohn (1981); Guus Kuijer (1982); Robert Gernhardt (1983); Gudrun Mebs (1984); Roald Dahl (1985); Els Pelgrom (1986); Achim Bröger, Nell Graber (1987); Joke van Leeuwen (1988); Iva Procházková (1989); Uwe Timm (1990); Wolf Spillner (1991); Benno Pludra (1992); Henning Mankell (1993). -

Jugendbuch: Willi Fährmann (1981); Myron Levoy (1982); Malcolm J. Bosse (1983); Tilman Röhrig (1984); Isolde Heyne (1985); Dagmar Chidolue (1986); Inger Edelfeldt (1987); Gudrun Pausewang (1988); Ingeborg Bayer, Cynthia Voigt (1989); Peter Pohl (1990); Anatoli Pristawkin (1991); Meja Mwangi (1992); A. M. Homes (1993). - *Sachbuch:* Herrmann Vinke (1981); Cornelia Julius (1982); Christina Björk (1984); Gisela Klemt-Kozinowski, Helmut Koch, Luise Scherf, Heinke Wunderlich (1985); Klas E. Everwyn (1986); Charlotte Kerner, Huynh Quang Nhuong (1987); Lena Anderson, Christina Björk, Paul Maar (1988); Irmgard Lucht, Israel Bernbaum (1990); Michail Krausnick (1991); Pelle Eckerman (1992); Helmut Hornung (1993). *Sonderpreis 1991:* Ursula Wölfel. *Sonderpreis 1993:* Josef Guggenmos.
L: Doderer, Klaus; Riedel, Cornelia: *Der Deutsche Jugendliteraturpreis. Eine Wirkungsanalyse.* Weinheim 1988. - *Blaubuch. Adressen und Register für die deutschsprachige Kinder- und Jugendliteratur.* Hrsg. vom Arbeitskreis für Jugendliteratur e.V. Neuaufl. München 1994. - *Das Bilderbuch. Eine Auswahl von Bilderbüchern aus aller Welt.* München 1992. - *Das Kinderbuch. Eine Auswahl von Kinderbüchern aus aller Welt.* München 1993.

M 170 Deutscher Kritikerpreis
ST: Verband der deutschen Kritiker (→ K 200).
AZ: Auszeichnung für herausragende Werke auf den Gebieten Literatur, Musik, Film, Theater, Tanz, Bildende Kunst und Fernsehen.
G: 1950/1951.
PT: *Literatur:* Sarah Kirsch (1981); Paul Nizon (1982); Christoph Hein (1983); Gerd Henninger (1984); Peter Maiwald (1985); Einar Schleef (1986); Robert Gernhardt (1987), Jürgen Fuchs (1988); Irene Dische (1989); Günter Gaus (1990); Dagmar Wittmers (1991); Klaus Bednarz (1992).

M 180 Alfred-Döblin-Preis
ST: Günter Grass und Akademie der Künste (→ I 70).
AZ: Auszeichnung eines noch nicht publizierten epischen Werkes (Hauptpreis und Förderpreis).
G: 1978.
PT: *Hauptpreis:* Gerd Hofmann (1982); Gerhard Roth (1983); Stefan Schütz (1985); Libuse Moníková (1987); Edgar Hilsenrath, Einar Schleef (1989); Peter Kurzek (1991); Reinhard Jirgl (1993).

M 190 Annette-von-Droste-Hülshoff-Preis
ST: Landschaftsverband Westfalen-Lippe, Warendorfer Str. 14, D-48145 Münster. - Tel.: 0251-591.3856 und .5705. - Fax: 0251-591.3282.
AZ: Auszeichnung besonderer dichterischer Leistungen in hoch- und niederdeutscher Sprache.
G: 1935.
PT: Max von der Grün (1981); Hans Georg Bulla (1985); Rudolf Hartung (1987); Jenny Aloni (1991); Ralf Thenior (1993).

M 200 Drostepreis für Dichterinnen
ST: Stadt Meersburg, Kulturamt, Pf 1140, D-88701 Meersburg. - Tel.: 07532-440.260. - Fax: 07532-440.222.
AZ: Ehrung einer lebenden Dichterin deutscher Sprache. Das Schaffen der Preisträgerin soll der Tradition verpflichtet sein, die Annette von Droste-Hülshoff begründete, deren Andenken die Auszeichnung gewidmet ist.
G: 1956.
PT: Maria Menz, Dorothee Sölle (1982); Marie-Therese Kerschbaumer (1985); Elisabeth Plessen (1988); Jenny Aloni (1991).

M 210 Eichendorff-Literaturpreis
ST: "Wangener Kreis" und Gesellschaft für Literatur und Kunst "Der Osten" e.V., Lörrach.- Geschäftsführung: Rathaus, D-88227 Wangen. - Tel.: 07522-74240 und -6401. - Fax: 07522-74111.
AZ: Die Auszeichnung wird für auffallende künstlerische, insbesondere literarische Leistungen vergeben, die sich durch besondere humane Gesinnung auszeichnen und dem Geist der Verständigung und Versöhnung zwischen den Menschen dienen.
G: 1923/1956.
PT: Eberhard Cyran (1981); Christine Busta (1982); Ruth Storm (1983); Reiner Kunze (1984); Dietmar Scholz (1985); Peter Lotar (1986); Dietmar Grieser (1987); Richard Wolf (1988); Walter Neumann (1989); Otfried Preussler (1990); Eva Zeller (1991); Christian Saalberg (1992); Bodo Heimann (1993).

M 220 Sigmund-Freud-Preis
ST: Deutsche Akademie für Sprache und Dichtung (→ I 60).
AZ: Der Preis wird für wissenschaftliche Prosa verliehen.
G: 1964.
PT: Kurt von Fritz (1981); Arno Borst (1982); Peter Graf Kielmansegg (1983); Odo Marquardt (1984); Hermann Heimpel (1985); Hartmut von Hentig (1986); Gerhard Ebeling (1987); Carl Friedrich von Weizsäcker (1988); Ralf Dahrendorf (1989); Walther Killy (1990); Werner Hofmann (1991); Günther Anders (1992); Norbert Miller (1993); Peter Gülke (1994).

M 230 Friedenspreis des Deutschen Buchhandels
ST: Börsenverein des Deutschen Buchhandels, Großer Hirschgraben 17-21, D-60311 Frankfurt. - Tel.: 069-13060. - Fax: 069-1306.201.
AZ: Die Stiftung *Friedenspreis des Deutschen Buchhandels* dient dem Frieden, der Menschlichkeit und der Verständigung der Völker. Der Preis wird an eine Persönlichkeit verliehen, die in hervorragendem Maße vornehmlich durch ihre Tätigkeit auf den Gebieten der Literatur, Wissenschaft und Kunst zur Verwirklichung des Friedensgedankens beigetragen hat.
G: 1950.
PT: Lew Kopelew (1981); George F. Kennan (1982); Manès Sperber (1983); Octavio Paz (1984); Teddy Kollek (1985); Wladyslaw Bartoszewski (1986); Hans Jonas (1987);

Siegfried Lenz (1988); Václav Havel (1989); Karl Dedecius (1990); György Konrád (1991); Amos Oz (1992); Friedrich Schorlemmer (1993); Jorge Semprun (1994).
L: *Friedenspreis des Deutschen Buchhandels. Reden und Würdigungen.* Bd. 1 (1951 bis 1960). 2. Aufl. Frankfurt/M. 1967. - Bd. 2 (1961 bis 1965). Ebd. 1967. - Bd. 3 (1966 bis 1975). Ebd. 1977. - Bd. 4 (1976 bis 1985). Ebd. 1985.

M 240 Friedrich-Gerstäcker-Preis

ST: Stadt Braunschweig, Kulturamt, Steintorwall 3, D-38100 Braunschweig. - Tel.: 0531-470.2445. - Fax: 0531-470.3401.
AZ: Auszeichnung eines hervorragenden Jugendbuches, das der Jugend in fesselnder Darstellung das Erlebnis der weiten Welt vermittelt, wie dies Gerstäcker in seinen Büchern getan hat.
G: 1947.
PT: Klaus Kordon (1982); Sigrid Heuck (1984); Günter Sachse (1986); Rainer M. Schröder (1988); Kurt Wasserfall (1990); Ghazi Abdel-Qadir (1992).

M 250 Goethe-Preis der Stadt Frankfurt am Main

ST: Magistrat der Stadt Frankfurt am Main (→ M 80).
AZ: Auszeichnung einer Persönlichkeit, die durch ihr Schaffen bereits zur Geltung gelangt und deren schöpferisches Wirken einer dem Andenken Goethes gewidmeten Ehrung würdig ist. Der Preis kann auch für literarische Leistungen vergeben werden.
G: 1927.
PT: Ernst Jünger (1982); Golo Mann (1985); Peter Stein (1988); Wislawa Szymborska (1991).

M 290 Franz-Grillparzer-Preis

ST: Stiftung F.V.S. (→ L 530).
AZ: Würdigung beispielhafter Leistungen vornehmlich auf dem Gebiet der Literatur in Österreich (ausnahmsweise können auch deutsche Autoren berücksichtigt werden). Vergabe des Preises alljährlich durch die Universität Wien.
G: 1990.
PT: Peter Handke (1991); Hans Lebert (1992); Albert Drach (1993).

M 310 Brüder-Grimm-Preis der Stadt Hanau

ST: Stadt Hanau, Kulturamt, Schloßplatz 3, D-63450 Hanau. - Tel.: 06181-295498.
G: 1983.
PT: Wolfgang Hilbig (1983); Waltraud Anna Mitgusch (1985); Wilhelm Bartsch (1987); Natascha Wodin (1989); Monika Maron (1991); Harald Weinrich (1993).

M 320 Brüder-Grimm-Preis der Philipps-Universität Marburg

ST: Philipps-Universität Marburg *und* Hessisches Ministerium für Wissenschaft und Kunst, Pf 3260, D-65022 Wiesbaden. - Tel.: 0611-165.435. - Fax: 0611-165.766.
AZ: Auszeichnung hervorragender Leistungen auf den Forschungsgebieten der Brüder

Jacob und Wilhelm Grimm, insbesondere den Sprach- und Literaturwissenschaften, der Volkskunde, der Deutschen Rechtsgeschichte und der Geschichtswissenschaft.
G: 1942.
PT: Kurt Ruh (1981); Walter Schlesinger (1983); Lutz Röhrich (1985); Hans Fromm (1987); Ruth Schmidt-Wiegand (1989); Karl Stackmann (1991); Hermann Bausinger (1993).

M 350 Andreas-Gryphius-Preis

ST: Die Künstlergilde (→ K 40).
AZ: Der Preis wird für ein Lebenswerk oder für einzelne Arbeiten (Prosa, Lyrik, Drama oder Essay) verliehen, die in den letzten fünf Jahren veröffentlicht worden sind und in gültiger Weise den historischen deutschen Osten oder die Begegnung zwischen Deutschen und den Nachbarvölkern im Osten behandeln.
G: 1957.
PT: *Hauptpreis*: Frank Tumler (1982); Horst Bienek (1983); Hans Sahl (1984); Ernst Günther Bleisch (1985); Hans Werner Richter (1986); Otfried Preußler (1987); Martin Gregor Dellin (1988); Ilse Tielsch (1989); Peter Härtling (1990); Ota Filip (1991); Janosch [= Horst Eckert] (1992); Dagmar Nick (1993).

M 360 Friedrich-Gundolf-Preis für die Vermittlung deutscher Kultur im Ausland

ST: Deutsche Akademie für Sprache und Dichtung (→ I 60).
AZ: Auszeichnung hervorragender Leistungen eines führenden ausländischen Germanisten.
G: 1964.
PT: Leonhard W. Forster (1981); Tomio Tezuka (1982); Jean Fourquet (1983); Stuart Atkins (1984); Mazzino Montinari (1985); Siegbert S. Prawer (1986); Viktor Zmegac (1987); Feng Chih (1988); Leslie Bodi (1989); Konstantin Asadowski (1990); Giorgio Strehler (1991); Emil Skála (1992); Patrice Chéreau (1993); Helen Wolff (1994).

M 365 Peter-Härtling-Preis für Kinderliteratur

ST: Programm Beltz & Gelbus im Beltz-Verlag, Am Hauptbahnhof, D-69469 Weinheim. - Tel.: 06201-60070.
AZ: Auszeichnung eines noch nicht in Buchform erschienenen Prosa-Manuskriptes, das sich an Kinder von 10-14 Jahren wendet.
G: 1984.
PT: Karin Gündisch (1984); Cordula Tollmien, Reinhold Ziegler (1986); Margaret Klare (1988); Reinhard Burger (1990); Josef Holub (1992).

M 370 Gerhart-Hauptmann-Preis

ST: Freie Volksbühne e.V., Ruhrstr. 6, D-10709 Berlin. - Tel.: 030-860093.20. - Fax: 030-860093.88.
AZ: Auszeichnung eines Einzelwerkes oder mehrerer Stücke eines Dramatikers mit dem Ziele der Nachwuchsförderung.
G: 1953.

PT: *Hauptpreis:* Peter Turrini (1981); Friederike Roth, E.Y. Meyer (1983); Stefan Dähnert (1985); Klaus Pohl, Florian F. Weyh (1987); Michael Zochow (1990); Matthias Zschokke (1992).

M 380 Johann-Peter-Hebel-Preis
ST: Ministerium für Familie, Frauen, Weiterbildung und Kunst Baden-Württemberg, Hauptstätter Str. 67, D-70178 Stuttgart. - Tel.: 0711-644.2660. - Fax: 0711-644.2659.
G: 1935.
PT: Maria Menz (1982); Claude Vigée (1984); Peter Bichsel (1986); Michael Köhlmeier (1988); Manfred Bosch (1990); Adrien Finck (1992); Peter von Matt (1994).

M 390 Heine-Preis der Landeshauptstadt Düsseldorf
ST: Stadt Düsseldorf, Kulturamt, Pf 1120, D-40200 Düsseldorf. - Tel.: 0211-8996131. Fax: 0211-8929009.
AZ: Auszeichnung von Persönlichkeiten, die durch ihr geistiges Schaffen im Sinne der Grundrechte des Menschen, für die sich Heinrich Heine eingesetzt hat, den sozialen und politischen Fortschritt fördern, der Völkerverständigung dienen oder die Erkenntnis von der Zusammengehörigkeit aller Menschen verbreiten.
G: 1972.
PT: Walter Jens (1981); Carl Friedrich Frhr. von Weizsäcker (1983); Günter Kunert (1985); Marion Gräfin Dönhoff (1988); Max Frisch (1989); Richard Frhr. von Weizsäcker (1991); Wolf Biermann (1993).

M 400 Hermann-Hesse-Preis
ST: Gemeinschaft zur Förderung der Kunst e.V. (Pf 2406, D-76012 Karlsruhe. - Tel.: 0721-387454) *und* Stadt Karlsruhe.
AZ: Auszeichnung eines deutschsprachigen erzählenden, lyrischen oder essayistischen Werkes zu Ehren Hermann Hesses und zur Förderung des Nachwuchses.
G: 1956/1957.
PT: *Hauptpreis:* Natascha Wodin (1984); Uwe Pörksen (1988); Gerhard Meier (1991).

M 405 Friedrich-Hölderlin-Preis
ST: Stadt Bad Homburg v.d.H., Magistrat, Marienbader Platz 1, D-61343 Bad Homburg. - Tel.: 06172-100240. - Fax: 06172-100499.
G: 1982.
PT: Hermann Burger (1983); Sarah Kirsch (1984); Ulla Hahn (1985); Elisabeth Borchers (1986); Peter Härtling (1987); Karl Krolow (1988); Wolf Biermann (1989); Rolf Haufs (1990); Günter Kunert (1991); Hilde Domin (1992); Friederike Mayröcker (1993); Ludwig Harig (1994).

M 410 Hörspielpreis der Kriegsblinden
ST: Bund der Kriegsblinden Deutschlands e. V., Schumannstr. 35, D-53113 Bonn. - Tel.: 0228-213134.

AZ: Auszeichnung eines deutschsprachigen und im vorausgegangenen Jahr von der ARD urgesendeten Hörspiels zur Förderung dieser Kunstform.
G: 1951.
PT: Peter Steinbach (1981); Gert Hofmann (1982); Gerhard Rühm (1983); Friederike Roth (1984); Heiner Müller (1985); Ludwig Harig (1986); Ror Wolf (1987); Peter Jacobi (1988); Jens Sparschuh (1989); Karl-Heinz Schmidt-Lauzemis, Ralph Oehme (1990); Horst Giese (1991); Werner Fritsch (1992); Christian Geißler (1993).

M 420 Peter-Huchel-Preis

ST: Land Baden-Württemberg *und* Südwestfunk, Landesstudio Freiburg (z.Hd. Wolfgang Heidenreich), Pf, D-79095 Freiburg. - Tel.: 0761-3808.116.
AZ: Auszeichnung eines im zurückliegenden Jahr erstmals in Druckform erschienenen Werkes, das einen besonders bemerkenswerten Beitrag zur Entwicklung der deutschsprachigen Lyrik geleistet hat.
G: 1984.
PT: Manfred Peter Hein (1984); Guntram Vesper (1985); Michael Krüger (1986); Wulf Kirsten (1987); Elke Erb (1988); Luise Schmidt (1989); Ernst Jandl (1990); Günter Herburger (1991); Ludwig Greve (1992); Sarah Kirsch (1993); Jürgen Becker (1994).

M 425 Jean-Paul-Preis

ST: Bayerisches Staatsministerium für Unterricht, Kultus, Wissenschaft und Kunst, D-80327 München. - Salvatorstr. 2, D-80333 München. - Tel.: 089-2186.2561. - Fax: 089-2186.2800.
AZ: Auszeichnung des Gesamtwerkes eines deutschsprachigen Schriftstellers.
G: 1983.
PT: Hans Egon Holthusen (1983); Friedrich Dürrenmatt (1985); Botho Strauß (1987); Horst Bienek (1989); Hermann Lenz (1991); Gertrud Fussenegger (1993).

M 428 Marie-Luise-Kaschnitz-Preis

ST: Evangelische Akademie Tutzing, Pf 1227, D-82324 Tutzing. - Schloßstr. 2 u. 4, D-82327 Tutzing. - Tel.: 08158-251.118. - Fax: 08158-251.133.
AZ: Auszeichnung von Autorinnen und Autoren, deren Werk im Geist der Namensträgerin des Preises zu würdigen bzw. zu fördern ist.
G: 1984.
PT: Ilse Aichinger (1984); Hanna Johansen (1986); Fritz Rudolf Fries (1988); Paul Nizon (1990); Gerhard Roth (1992).

M 430 Alfred-Kerr-Preis für Literaturkritik

ST: Verlag und Redaktion des *Börsenblatts für den Deutschen Buchhandel*, Großer Hirschgraben 17-21, D-60311 Frankfurt. - Pf 100442, D-60004 Frankfurt. - Tel.: 069-1306.340. - Fax: 069-289986.
AZ: Auszeichnung eines bemerkenswerten Literaturteils einer Zeitung oder Zeitschrift bzw. eines Hörfunk-/Fernsehprogramms.
G: 1976/1977.

PT: Redaktion der Schweizer Literaturzeitschrift *Drehpunkt* (1981); Redaktionen der *Protokolle* und der *Manuskripte* (1982); Redaktion der Literaturbeilage der *Frankfurter Allgemeinen Zeitung* (1983); Literaturredaktion der Zeitschrift *profil* (1984); Feuilleton-Redaktion der *Neuen Zürcher Zeitung* (1985); Redaktion der Kinder- und Jugendbuchzeitschrift *Fundevogel* (1986); Kulturredaktion des Stadtmagazins *plärrer* (1987); Redaktion der Literaturzeitschrift *die horen* (1988); Redaktion der *Weimarer Beiträge* (1989); Literaturredaktion des Hessischen Fernsehens (1990); Literaturredaktionen der Tageszeitungen *Neue Zeit* und *Neues Deutschland* (1991); Redaktionen "Zeitläufte" und "Politisches Buch" der Wochenzeitung *Die Zeit* (1992); Redaktion der Zeitschrift *neue deutsche literatur* (1993).

M 440 Egon-Erwin-Kisch-Preis

ST: Kulturredaktion des *Stern*, Pf 302040, D-2000 Hamburg 36. - Tel.: 040-41181.
AZ: Auszeichnung hervorragender Reportagen in deutscher Sprache.
G: 1977.
PT: Rolf Kunkel, Volker Skierna, Peter Brügge (1981); Emanuel Eckardt, Günter Kahl, Paula Almquist (1982); Jürgen Leinemann, Hans Conrad Zander, Georg Hensel (1983); Peter Sartorius, Hans Halter, Evelyn Holst (1984); Peter Matthias Gaede, Herbert Riehl-Heyse, Wilhelm Bittorf (1985); Axel Arens (1986); Cordt Schnibben, Carlos Widmann, Christian Jungblut (1987); Peter Schille, Johanna Romberg, Axel Hacke (1988); Michael Gleich, Erwin Koch, Wibke Bruhns (1989); Andreas Altmann, Margrit Sprecher, Jürgen Neffe (1991); Alexander Osang, Uwe Prieser, Johanna Romberg (1992).

M 445 Kleist-Preis

ST: Heinrich-von-Kleist-Gesellschaft (→ L 360).
AZ: Auszeichnung besonderer Leistungen auf dem literarisch-künstlerischen Gebieten, auf denen Kleist tätig war.
G: 1985.
PT: Alexander Kluge (1985); Diana Kempff (1986); Thomas Brasch (1987); Ulrich Horstmann (1988); Ernst Augustin (1989); Heiner Müller (1990); Gaston Salvatore (1991); Monika Maron (1992); Ernst Jandl (1993).

M 450 Kogge-Literaturpreis

ST: Stadt Minden, Rathaus, Pf 3080, D-32387 Minden. - Tel.: 0571-89414. - Fax: 0571-89680.
AZ: Förderung deutscher und ausländischer Literatur aller Gattungen mit dem Ziele der Völkerverständigung.
G: 1962.
PT: Joachim Seyppel (1981); Erwin Jaeckle (1985); Anton Fuchs (1989); Günter Radtke (1993).

M 470 Kulturpreis deutscher Freimaurer
ST: Großloge der Alten Freien und Angenommenen Maurer von Deutschland, c/o
Prof. Dr. Hans-Hermann Höhmann, Großkanzler Hans-Joachim Jung, Ettighofferstr.
64, D-53123 Bonn. - Tel.: 0228-626230. - Fax: 0228-611703.
AZ: Anerkennung wissenschaftlichen, künstlerischen und literarischen Schaffens,
wobei kein Unterschied zwischen Freimaurern und Nichtfreimaurern gemacht wird.
G: 1977/1978 (vorher: Literaturpreis deutscher Freimaurer).
PT: Johannes Mario Simmel; Yehudi Menuhin; Lew Kopelew; Otmar Alt; Reiner
Kunze.

M 475 Elisabeth-Langgässer-Preis
ST: Stadt Alzey, Kulturamt, Ernst-Ludwig-Str. 42, D-55232 Alzey. - Tel.: 06731-
495.306. - Fax: 06731-495.555.
AZ: Auszeichnung von deutschsprachigen Autoren und Autorinnen, deren Werk sich
durch den sprachlichen Ausdruck würdig in die Nachfolge E. Langgässers einreiht.
G: 1988.
PT: Luise Rinser (1988); Rolf Hochhuth (1991); Wulf Kirsten (1994).

M 477 Else-Lasker-Schüler-Dramatikerpreis
ST: Stiftung Rheinland-Pfalz für Kultur, c/o Pfalztheater Kaiserslautern, Fruchthallstr.
24-26, D-67655 Kaiserslautern.
AZ: Förderung des deutschsprachigen Dramas; Auszeichnung eines neuen Theater-
stückes durch materielle Anerkennung und Uraufführung am Pfalztheater. Hauptpreis
und Förderpreis.
G: 1992.
PT: *Hauptpreis:* Kerstin Specht (1993).

M 480 Lessing-Preis
ST: Senat der Freien und Hansestadt Hamburg, Kulturbehörde, Hamburger Straße 45,
D-22083 Hamburg. - Tel.: 040-291882468.
AZ: Würdigung von Dichtern, Schriftstellern und Gelehrten, deren Werke und Wirken
unter dem hohen Anspruch, den der Namensgeber des Preises setzt, Auszeichnung ver-
dienen.
G: 1929/1930.
PT: Rolf Hochhuth, Agnes Heller (1981); Hartmut von Hentig (1985); Alexander Klu-
ge (1989).

M 490 Großer Literaturpreis der Bayerischen Akademie der Schönen
Künste
ST: Bayerische Akademie der Schönen Künste (→ I 90).
AZ: Würdigung eines deutschsprachigen literarischen Gesamtwerkes.
G: 1950 (ab 1985: Großer Literaturpreis).
PT: Botho Strauß (1981); Wolfgang Hildesheimer (1982); Tankred Dorst (1983); Rose
Ausländer (1984); Karl Krolow (1985); Hans Werner Richter (1986); Hans Magnus

Enzensberger (1987); Hilde Spiel (1988); Dieter Kühn (1989); Martin Walser (1990);
Ilse Aichinger (1991); Christoph Ransmayr (1992); Günter de Bruyn (1993); Günter
Grass (1994).

M 510 Thomas-Mann-Preis
ST: Senat der Hansestadt Lübeck, Amt für Kultur, Buddenbrookhaus, Mengstr. 4, D-
23539 Lübeck. - Tel.: 0451-1224102 und 1224105. - Fax: 0451-1224106.
AZ: Auszeichnung von Persönlichkeiten, die sich durch ihr literarisches oder literaturwissenschaftliches Wirken ausgezeichnet haben im Geiste der Humanität, die das Werk
von Thomas Mann prägte.
G: 1975.
PT: Joachim Fest (1981); Siegfried Lenz (1984); Marcel Reich-Ranicki (1987); Günter
de Bruyn (1989); Hans Wysling (1993).

M 570 Ernst-Meister-Preis
ST: Stadt Hagen, Kulturamt, Pf 4249, D-58042 Hagen.
AZ: Auszeichnung eines Schriftstellers / einer Schriftstellerin zum Andenken an Ernst
Meister.
G: 1981.
PT: Christoph Meckel (1981); Oskar Pastior (1986); Paul Wühr (1990).

M 580 Moses-Mendelssohn-Preis
ST: Der Senat von Berlin, Senator für Kulturelle Angelegenheiten, Europa-Center,
D-10789 Berlin.
AZ: Förderung der Toleranz gegenüber Andersdenkenden und zwischen den Völkern,
Rassen und Religionen. Ausgezeichnet wird jeweils eine Persönlichkeit, Gruppe oder
Institution, die durch ihr Wirken auf geistig-literarischem oder religiös-philo-
sophischem Gebiet oder durch praktische Sozialarbeit sich um die Verwirklichung der
Toleranz in diesem Sinne verdient gemacht hat.
G: 1980.
PT: Eva G. Reichmann (1982); Liselotte Funcke, Barbara John (1984), Jehudi Menu-
hin (1986); Helen Suzman (1988); Neve Shalom, Charlotte Schiffler, Wolfgang Thierse
(1992).

M 590 Johann-Heinrich-Merck-Preis
ST: Deutsche Akademie für Sprache und Dichtung (→ I 60).
AZ: Auszeichnung und Förderung literarischer Kritik (Kritik und Essay).
G: 1964.
PT: Hilde Spiel (1981); Albert von Schirnding (1982); Albrecht Schöne (1983); Erwin
Chargaff (1984); Sibylle Wirsing (1985); Heinrich Vormweg (1986); Reinhard Baum-
gart (1987); Ivan Nagel (1988); Lothar Baier (1989); Walter Boehlich (1990); Peter
von Matt (1991); Benjamin Henrichs (1992); Hans Egon Holthusen (1993); Peter
Demetz (1994).

M 595 Mörike-Preis
ST: Stadt Fellbach, Kulturamt, Marktplatz 1, D-70734 Fellbach. - Tel.: 0711 - 5851.364.
AZ: Würdigung herausragender literarischer Leistungen auf den Gebieten Lyrik und Prosa im Andenken Mörikes.
G: 1991.
PT: Wolf Biermann (1991); Sigrid Damm (1994).

M 600 Mülheimer Dramatikerpreis
ST: Stadt Mülheim a.d. Ruhr, Kulturamt, Pf 101953, D-45466 Mülheim. - Tel.: 0208-455.4101. - Fax: 0208-455.4111.
AZ: Förderung und Auszeichnung deutschsprachiger Autoren und Autorinnen, deren Stück in der jeweils letzten Saison uraufgeführt und zu den Mülheimer Theatertagen eingeladen wurde.
G: 1976.
PT: Peter Greiner (1981); Botho Strauß (1982); George Tabori (1983); Lukas B. Suter (1984); Klaus Pohl (1985); Herbert Achternbusch (1986); Volker Ludwig (1987); Rainald Goetz (1988); Tankred Dorst (1989); George Tabori (1990); Georg Seidel (1991; posthum); Werner Schab (1992); Rainald Goetz (1993); Herbert Achternbusch (1994).

M 610 Petrarca-Preis
ST: Petrarca-Stiftung.
G: 1975.
PT: Tomas Tranströmer (1981); Ilse Aichinger (1982); Gerhard Meier (1983); Gustav Janus (1984); Hermann Lenz (1987); Philippe Jaccottet (1988); Jan Skácel (1989); Paul Wühr (1990); John Berger (1991); Michael Hamburger (1992); Gennadij Ajgi (1993).

M 620 Wilhelm-Raabe-Preis
ST: Stadt Braunschweig, Kulturamt (→ M 240).
AZ: Auszeichnung eines lebenden Schriftstellers deutscher Sprache für ein hervorragendes episches Werk.
G: 1944.
PT: Hermann Lenz (1981); Alois Brandstetter (1984); Siegfried Lenz (1987); Gerhard Köpf (1990). - *Zur Zeit ausgesetzt.*

M 630 Fritz-Reuter-Preis
ST: Stiftung F.V.S. (→ L 530).
AZ: Förderung der niederdeutschen erzählenden Literatur.
G: 1954.
PT: Gernot de Vries (1982); Irmgard Harder (1985); Waltrud Bruhn (1989); Ingo Sax (1991); Erna Taege-Röhnisch (1992); Reimer Bull (1993); Ottilie Baranowski (1994).

M 660 Nelly-Sachs-Preis

ST: Stadt Dortmund, Kulturbüro, Kleppingstr. 21-23, D-44122 Dortmund. - Tel.: 0231-50.25177. - Fax: 0231-50.22497.

AZ: Auszeichnung von Persönlichkeiten, die überragende schöpferische Leistungen auf dem Gebiet des künstlerischen oder geistigen Lebens hervorbringen, die eine Verbesserung der kulturellen Beziehungen zwischen den Völkern anstreben, die sich der Förderung der zwischenstaatlichen Kulturarbeit als eines neuen und verbindenden Elementes zwischen den Völkern besonders angenommen und in ihrem Leben und Wirken die geistige Toleranz und Versöhnung unter den Völkern verkündet und vorgelebt haben.

G: 1961.

PT: Horst Bienek (1981); Hilde Domin (1983); Nadine Gordimer (1985); Milan Kundera (1987); Andrzej Szczypiorski (1989); David Grossmann (1991); Juan Goytisolo (1993).

M 670 Schiller-Gedächtnispreis des Landes Baden-Württemberg

ST: Ministerium für Familie, Frauen, Weiterbildung und Kunst Baden-Württemberg (→ M 380).

AZ: Auszeichnung von Persönlichkeiten, die in sprachlich mustergültiger Form ein hervorragendes Werk auf dem Gebiet der Literatur oder der Geisteswissenschaften geschaffen haben. Eine Fördergabe wird an junge Dramatiker verliehen.

G: 1955.

PT: *Ehrenpreis*: Christa Wolf (1983); Friedrich Dürrenmatt (1986); Käte Hamburger (1989); Volker Braun (1992).

L: *Der Schiller-Gedächtnispreis des Landes Baden-Württemberg. 1955-1980. Eine Ausstellung des DLA.* Marbach: Deutsche Schillergesellschaft, 1980.

M 680 Schillerpreis des Deutschen Volkes

ST: Deutsches Kulturwerk europäischen Geistes (→ L 20).

AZ: Würdigung vorbildhafter Kulturträger für Leistungen auf den Gebieten von Philosophie oder/und Literatur oder/und sonstiger Wissenschaft bei bekennender Haltung zum deutschen Volk.

G: 1969.

PT: Gerhard Schumann (1983); Sigrid Hunke (1985); Hermann Oberth (1987); Jürgen Spanuth (1990), Hellmut Diwals (1992).

M 690 Schillerpreis der Stadt Mannheim

ST: Stadt Mannheim, Kulturamt, Collini-Center, Pf 103051, D-68030 Mannheim. - Tel.: 0621-293.9463. - Fax: 0621-293.7468.

AZ: Auszeichnung von Persönlichkeiten, die durch ihr gesamtes Schaffen oder ein einzelnes Werk von bedeutendem Rang zur kulturellen Entwicklung in hervorragender Weise beigetragen haben oder aufgrund ihrer bisherigen Arbeit große Leistungen auf kulturellem Gebiet erwarten lassen.

G: 1953/1954.

PT: Leonie Ossowski (1982); Dieter Hildebrandt (1986); Lea Rosh (1990).

M 710 Geschwister-Scholl-Preis
ST: Bayerischer Verleger- und Buchhändler-Verband *und* Landeshauptstadt München, Kulturreferat, Rindermarkt 3-4, D-80313 München. - Tel.: 089-233.5153. - Fax: 089-233.8622.
AZ: Auszeichnung eines Buches, das von geistiger Unabhängigkeit zeugt, das geeignet ist, bürgerliche Freiheit, moralischen, intellektuellen und ästhetischen Mut zu fördern und dem verantwortlichen Gegenwartsbewußtsein wichtige Impulse zu geben.
G: 1980.
PT: *Auf eigene Hoffnung* (Reiner Kunze, 1981); *Der Sturz des Engels* (Franz Fühmann, 1982); *Widerstand und Verfolgung - Am Beispiel Passaus 1933-1939* (Anja Rosmus-Wenninger, 1984); *Die Neue Unübersichtlichkeit* (Jürgen Habermas, 1985); *Gebranntes Kind sucht das Feuer* (Cordelia Edvardson, 1986); *Störfall* (Christa Wolf, 1987); *Der Brautpreis* (Grete Weil, 1988); *Briefe an Freya 1939-1945* (Helmut James von Moltke, 1989); *Der Tod ist ein Meister aus Deutschland* (Lea Rosh, Eberhard Jäckel, 1990); *Die Absonderung* (Georges-Arthur Goldschmidt, 1991); *Dachauer Hefte,* Bd. 7 (hrsg. von Barbara Distel u. Wolfgang Benz, 1992); *Die Ordnung des Terrors: Das Konzentrationslager* (Wolfgang Sofsky, 1993).

M 720 Stadtschreiber von Bergen
ST: Stadt Bergen-Enkheim. Kulturgesellschaft Bergen-Enkheim mbH, Marktstr. 30, D-60388 Frankfurt. - Tel.: 06109-52240. - Fax: 06109-52.290.
AZ: Der Preis wurde geschaffen, "um die wachsende Gefährdung unseres kostbarsten Kulturgutes, unserer deutschen Sprache, ins öffentliche Bewußtsein zu rücken und ihr entgegenzuwirken. Dies geschieht am besten durch die Förderung dessen, der ernsthaft und verantwortlich um die Bewahrung und lebendige Weiterentwicklung unserer Sprache bemüht ist: des freien Schriftstellers".
G: 1974.
PT: Peter Bichsel (1981); Jurek Becker (1982); Günter Kunert (1983); Friederike Roth (1984); Ludwig Fels (1985); Gerhard Köpf (1986); Ulla Hahn (1987); Eva Demski (1988); Katja Lange-Müller (1989); Horst Bienek (1990); Robert Gernhardt (1991); Ralf Rothmann (1992); Paul Nizon (1993).

M 725 Kurt-Tucholsky-Preis für literarische Publizistik
ST: Kurt Tucholsky-Gesellschaft (→ L 495), Kurt Tucholsky-Stiftung (→ L 570), Ch. Links Verlag, Ostdeutscher Rundfunk Brandenburg.
AZ: Auszeichnung von Werken der literarischen Publizistik, die einen konkreten Bezug auf zeitgeschichtlich-politische Vorgänge erkennen lassen und in der Tradition Tucholskys der Realitätsprüfung dienen.
G: 1994.

M 730 Villa-Massimo-Stipendium
ST: Der Bundesminister des Innern in Verbindung mit den für Kunstförderung zuständigen Behörden der Bundesländer. - Bundesministerium des Innern, Referat K I 4, Pf 170290, D-53108 Bonn. - Tel.: 0228-681.5553. - *Oder:* Deutsche Akademie Villa

Massimo, Largo di Villa Massimo 1-2, I-00161 Roma (Italien). - Tel.: 0039-6-44236394.

AZ: Bei dem "Villa-Massimo-Stipendium" handelt es sich um einen Studienaufenthalt in Rom von sechs, neun oder zwölf Monaten, der begabten und geeigneten jungen Künstlern zur Förderung ihres Schaffens gewährt wird.

G: 1910/1957.

PT: Thomas Brasch, Hugo Dittberger, Otto Jägersberg, Ingomar Kieseritzky, Roland Lang, Rainer Malkowski, Gerald Zschorch (1981/82); Ulla Hahn, Michael Krüger, Frank-Wolf Matthies, Friederike Roth, Peter Schalmey (1982/84); Uli Becker, Gerhard Köpf, Richard Nöbel, Tina Stotz-Stroheker (1985/86); Jochen Beyse, Ludwig Fels, Wolfgang Hegewald, Margrit Irgang, Bodo Kirchhoff, Hans-Ulrich Treichel (1987/88); Peter H. Gogolin, Klaus Modick, Herta Müller, Hanns-Josef Ortheil, Richard Wagner (1989/90/91); Lioba Happel, Klaus Hensel, Uwe Kolbe, Christa Moog, Johanna Walser, Hans Brinkmann (1992/93); Kurt Drawert, Kerstin Hensel, Thomas Hettche, Jan Koneffke (1994/95).

M 740 Johann-Heinrich-Voß-Preis für Übersetzung

ST: Deutsche Akademie für Sprache und Dichtung (→ I 60).

AZ: Auszeichnung eines übersetzerischen Lebenswerkes und/oder einzelner Leistungen.

G: 1958.

PT: Wolfgang Kasack (1981); Heinz von Sauter (1982); Rolf-Dietrich Keil (1983); Anneliese Botond (1984); Elisabeth Schnack (1985); Hanns Helbling (1986); Rudolf Wittkopf (1987); Traugott König (1988); Michael Walter (1989); Manfred Fuhrmann (1990); Fritz Vogelgesang (1991); Simon Werle (1992); Roswitha Matwin-Buschmann (1993); Werner von Koppenfels (1994).

M 745 Peter-Weiss-Preis

ST: Stadt Bochum, Kulturamt, Westring 32, D-44787 Bochum. - Tel.: 0234-910.2108. Fax: 0234-910.1492.

AZ: Auszeichnung für humanistisches Engagement und Widerstand gegen den Zeitgeist, um damit das Andenken des Schriftstellers und Künstlers Peter Weiss zu pflegen und zu ehren.

G: 1990.

PT: George Tabori (1990); Marcel Ophüls (1992).

M 750 Theodor-Wolff-Preis

ST: Fiduziarische Stiftung Theodor-Wolff-Preis des Bundesverbandes Deutscher Zeitungsverleger e.V. Bonn (Kuratorium des Theodor-Wolff-Preises, Riemenschneiderstr. 10, D-53175 Bonn. - Tel.: 0228-376991).

AZ: Die Stiftung verfolgt den Zweck, durch eine wiederkehrende Verleihung des Theodor-Wolff-Preises geistige Unabhängigkeit und demokratisches Verantwortungsbewußtsein als Maßstab für die journalistische Arbeit zu setzen und deren Qualität durch Beispiel und Ermutigung zu fördern.

G: 1960/1961.

PT: (jährlich zahlreiche Preisträger/inn/en).

M 760 Alexander-Zinn-Preis

ST: Senat der Freien und Hansestadt Hamburg (→ M 480).

AZ: Würdigung besonderer literarischer Leistungen; Anerkennung für ein Lebenswerk von Schriftstellern, die in Hamburg oder in seiner näheren Umgebeung leben oder in ihrem Schaffen einen deutlichen Bezug zu Hamburg erkennen lassen.

G: 1963/64.

PT: Hubert Fichte (1985); Geno Hartlaub (1988); Helmut Heißenbüttel (1991).

M 770 Carl-Zuckmayer-Medaille

ST: Land Rheinland-Pfalz, Staatskanzlei, Peter-Altmeier-Allee 1, D-55116 Mainz.

AZ: Auszeichnung von Persönlichkeiten, die sich um die deutsche Sprache und Literatur verdient gemacht haben (Auszeichnung eines Lebenswerks).

PT: Adolf Muschg (1990); Albrecht Schöne (1991); Hilde Domin (1992); Hans Sahl (1993); Fred Oberhauser (1994).

2 ÖSTERREICH

M 960 Ingeborg-Bachmann-Preis

ST: Landeshauptstadt Klagenfurt, Kulturabteilung, Theaterplatz 3, A-9010 Klagenfurt. - Tel.: [0043] 0463-537, Kl. 227 und 228. - Fax: [0043] 0463-537537.

G: 1977.

PT: Urs Jaeggi (1981); Jürg Amann (1982); Friederike Roth (1983); Erica Pedretti (1984); Hermann Burger (1985); Katja Lange-Müller (1986); Uwe Saeger (1987); Angela Krauss (1988); Wolfgang Hilbig (1989); Birgit Vanderbeke (1990); Emine Sevgi Özdamar (1991); Alissa Walser (1992); Kurt Drawert (1993). - *Preis der Klagenfurter Jury (ab 1985: Preis des Landes Kärnten)*: Eva Demski (1981); Birgitta Arens (1982); Gerhard Köpf (1983); Renate Schostack (1984); Birgit Kempker (1985); Ingrid Puganigg (1986); Werner Fritsch (1987); Anselm Glück (1988); Norbert Gstrein (1989); Franz Hodjak (1990); Urs Allemann (1991); Alois Hotschnig (1992); Hanna Johansen (1993).

M 965 Erich-Fried-Preis für Literatur und Sprache

ST: Internationale Erich-Fried-Gesellschaft (→ L 625) *und* Bundesministerium für Unterricht und Kunst (→ M 970).

AZ: Auszeichnung herausragender Leistungen auf dem Gebiet der deutschen Literatur und Sprache.

G: 1989.

PT: Christoph Hein (1990); Bodo Hell (1991); Paul Parin (1992); Robert Schindel (1993); Jörg Steiner (1994).

M 970 Großer Österreichischer Staatspreis für Literatur

ST: Republik Österreich, Bundesministerium für Unterricht und Kunst, Abt. IV, 5, Pf 65, Minoritenplatz 5, A-1014 Wien. - Tel.: [0043] 1-53120.

G: 1950.

PT: Friederike Mayröcker (1982); Ernst Jandl (1984); Peter Handke (1987); Gerhard Rühm (1991).

M 973 Franz-Kafka-Preis
ST: Österreichische Franz Kafka-Gesellschaft (→ L 645).
PT: Stanislaw Lem (1991); Peter Rosei (1993).

M 975 Österreichischer Kinderlyrik-Staatspreis
ST: Bundesministerium für Unterricht und Kunst, Abt. IV, 6 (→ M 970).
G: 1993.
PT: Hans Manz (1993).

M 980 Österreichischer Kinder- und Jugendbuchpreis
ST: Bundesministerium für Unterricht und Kunst, Abt. IV, 6 (→ M 970).
G: 1955.
PT: Friedl Hofbauer, Lene Mayer-Skumanz, Myron Levoy (1981); Wolf Harranth, Lene Mayer-Skumanz (1982); Friedl Hofbauer, Vera Ferra-Mikura, Käthe Recheis, Renate Welsh (1983/84); Meshack Asare, Toshi Maruki, Hans Domenego, Hilde Leiter (1985); Edith Schreiber-Wicke, Gudrun Mebs, Colin Thiele, Hertha Kratzer, Renate Welsh (1986); Gertrud Fussenegger, Hans Domenego, Beat Brechbühl, Christine Nöstlinger, Toeckey Jones (1987); Hans Domenego, Lene Mayer-Skumanz, Hilary Ruben, Käthe Recheis (1988); Libuse und Josef Palecek, Rosemarie Thüminger, Renate Welsh, Sonja Levitin (1989); Sylvia Bengs und Thomas Buttkus, Lene Mayer-Skumanz, Heinz Rudolf Unger, Sigrid Heuck (1990); Torill Eide, Peter Seeberg, Peter Utton, Walter Wippersberg, Reingard Witzmann (1991); Torill Eide und Senta Kapoun, Käthe Recheis, Martin Waddell, Peter Wesely, Heide Kaps-Gabler (1992); Erhard Dietl, Iva Procházková, Tor Fretheim, Werner Laubi (1993); Martin Auer und Simone Klages, Lene Mayer-Skumanz, Hushang Moradi-Kermani, Ghazi Abdel Qadir (1994).

M 990 Österreichischer Staatspreis für europäische Literatur
ST: Bundesministerium für Unterricht und Kunst, Abt. IV, 5 (→ M 970).
G: 1965.
PT: Doris Lessing (1981); Tadeusz Rózewicz (1982); Friedrich Dürrenmatt (1983); Christa Wolf (1984); Stanislaw Lem (1985); Giorgio Manganelli (1986); Milan Kundera (1987); Andrzej Szczypiorski (1988); Marguerite Duras (1989); Helmut Heißenbüttel (1990); Péter Nádas (1991); Salman Rushdie (1992); Tschingis Aitmatow (1993).

M 1000 Österreichischer Würdigungspreis für Kinder- u. Jugendliteratur
ST: Bundesministerium für Unterricht und Kunst, Abt. IV, 6 (→ M 970).
G: 1980.
PT: Vera Ferra-Mikura (1983); Käthe Recheis (1986); Christine Nöstlinger (1989); Renate Welsh (1992).

M 1010 Preis der Stadt Wien für Kunst, Wissenschaft und Volksbildung
ST: Magistrat der Stadt Wien, Abt. 7, Friedrich-Schmidt-Platz 5, A-1082 Wien. - Tel.: [0043] 4000-84716. - Fax: [0043] 4000-99-84716.
G: 1947.
PT: *Literatur*: Michael Guttenbrunner, Otto Breicha (1981); Fritz Habeck (1982); Andreas Okopenko (1983); Gerhard Rühm (1984), Hermann Schürrer (1985); Inge Merkel (1986); Oswald Wiener (1987); Jutta Schutting (1988); Elfriede Jelinek (1989); Elfriede Gerstl (1990); Werner Kofler (1991); Gerhard Roth (1992); Gert F. Jonke (1993). - *Publizistik*: Otto Breicha (1981); Barbara Coudenhove-Kalergi (1982); Marthe Robert (1983); Wieland Schmied (1984); Carl E. Schorske (1985); Hugo Portisch (1986); Franz Schuh (1987); Hermann Langbein (1988); Ulrich Weinzierl (1989); Friedrich Achleitner (1990); Armin Turnherr (1991); Peter Huemer (1992); Trautl Brandstaller (1993).

M 1020 Georg-Trakl-Preis für Lyrik
ST: Land Salzburg *und* Bundesministerium für Unterricht und Kunst (→ M 970).
G: 1952.
PT: *Landespreis*: Christoph Meckel (1982); Alfred Kolleritsch (1987). - *Bundespreis*: Kurt Klinger (1984).

M 1030 Anton Wildgans-Preis der österreichischen Industrie
ST: Vereinigung Österreichischer Industrieller, Schwarzenbergplatz 4, A-1031 Wien. - Tel.: [0043] 1-71135, Kl. 2302.
G: 1962.
PT: Friederike Mayröcker (1981); Ernst Jandl (1982); Jutta Schutting (1983); Peter Handke (1984; nicht angenommen); Gerd Klaus Kaltenbrunner (1985); Kurt Klinger (1986); Inge Merkel (1987); Christoph Ransmayr (1988); Ilse Tielsch (1989); Buchaktion (1990); Norbert Leser (1991); Waltraud Anna Mitgusch (1992); Gert F. Jonke (1993).

3 SCHWEIZ

M 1110 Großer Preis der Schweizerischen Schillerstiftung
ST: Schweizerische Schillerstiftung (→ L 760).
AZ: Auszeichnung herausragender literarischer Werke.
G: 1920.
PT: Denis de Rougement (1982); Giorgio Orelli (1988); Hugo Loetscher (1992).

M 1120 Literaturpreis der Stadt Bern
ST: Stadt Bern, Präsidialdirektion, Abt. Kulturelles, Gerechtigkeitsgasse 79, CH-3011 Bern. - Tel.: [0041] 031-321.7224. - Fax: [0041] 031-321.7226.
G: 1939.

PT: Kurt Marti (1981); Paul Nizon (1984); Maja Beutler (1988); Charles Benoit, Urs Helmensdorfer, Amido Hoffmann (1989); Christoph Geiser (1992).

M 1125 Literaturpreis der Stadt Solothurn
ST: Stadtrat von Solothurn.
AZ: Der Solothurner Literaturpreis ist der einzige Schweizer Literaturpreis, der auch an außerschweizerische deutschsprachige Autoren verliehen werden kann.
G: 1991.
PT: Ilse Aichinger (1991).

M 1130 Literaturpreis der Stadt Zürich
ST: Stadtrat von Zürich, Präsidialabteilung, Pf, CH-8022 Zürich. - Tel.: [0041] 01-216.3111. - Fax: [0041] 01-212.1404.
G: 1932.
PT: Hans Schumacher (1982); Adolf Muschg (1984); Jürg Federspiel (1986); Paul Nizon (1992).

M 1140 Gottfried-Keller-Preis
ST: Fondation Martin Bodmer, c/o Dr. Daniel Bodmer, Schirmensee, CH-8714 Feldbach. - Tel.: [0041] 055-421508.
G: 1922.
PT: Philippe Jaccottet (1981); Hermann Lenz (1983); Herbert Lüthi (1985); Jacques Mercanton (1989); Erika Burkart (1991).

M 1150 Schweizer Jugendbuchpreis
ST: Dachverband Schweizer Lehrerinnen und Lehrer, Ringstraße 54, CH-8057 Zürich. Tel.: [0041] 01-311.8303. - Fax: [0041] 01-311.8315.
G: 1943.
PT: Hedy Wyss (1981); Christin Osterwalder (1982); Kathrin Zimmermann (1983); Emil Zopfi (1984); Regine Schindler (1985); Sita Jucker (1986); Claudia Schnieper, Felix Labhardt, Max Meier (1987); Ingeborg Rotach (1988); Karin Grütter, Annamarie Ryter (1989); Hanna Johansen, Käthi Bhend (1990); Hans Manz (1991); Helene Schär (1992).

4 NOBELPREIS FÜR LITERATUR

M 1200 Nobelpreis für Literatur
ST: Nobelstiftung *und* Schwedische Akademie der Schönen Künste in Stockholm.
G: 1901.
PT: Elias Canetti (1981); Gabriel Garcìa Marquez (1982); William Golding (1983); Jaroslaw Seifert (1984); Claude Simon (1985); Wole Soyinka (1986); Joseph Brodski (1987); Nagib Mahfuz (1988); Camilo José Cela (1989); Octavio Paz (1990); Nadine

Gordimer (1991); Derek Walcott (1992); Toni Morrison (1993). - *Zur Ergänzung werden hier die Namen der deutschsprachigen Preisträger seit Bestehen des Preises angegeben*: Theodor Mommsen (1902); Rudolf Eucken (1908); Paul Heyse (1910); Gerhart Hauptmann (1912); Carl Spitteler (1919); Thomas Mann (1929); Hermann Hesse (1946); Nelly Sachs (1966); Heinrich Böll (1972); Elias Canetti (1981).

L: Martin, Werner: *Verzeichnis der Nobelpreisträger 1901-1987.* 2. Aufl. München: Saur, 1988. - Pribic, Rado: *Nobel laureates in literature. A biographical dictionary.* New York: Garland, 1990 (Garland reference library of the humanities, 849).

VERZEICHNIS DER ABKÜRZUNGEN

*	Die Bedeutung dieses Hinweises wird zu Beginn der Teile I, K und L erläutert
→	siehe
A	Allgemeine Zielsetzungen
AdK	Akademie der Künste
AT	Athenäum-Taschenbuch
Aufl.	Auflage
Ausg.	Ausgabe
B	besondere Aktivitäten
BA	Bestand, Archivmaterial, Ausstellungsstücke
Bd., Bde.	Bd., Bde. = Band, Bände
bearb.	bearbeitet
begr.	begründet
DE	Dokumentationseinheit(en)
DLA	Deutsches Literaturarchiv Marbach am Neckar
E	weitere Einrichtungen
ebd.	ebenda
erw.	erweitert
EW	Erscheinungsweise
FDH	Freies Deutsches Hochstift Frankfurt/Main
fortgef.	fortgeführt
G	Gründungsjahr, Stiftungsjahr
GHS-B	Gesamthochschul-Bibliothek
HAAB	Herzogin Anna Amalia Bibliothek
HAB	Herzog August Bibliothek Wolfenbüttel
Hrsg.	Herausgeber, herausgegeben
I	Inhalt, Gegenstand
Jh.	Jahrhundert
KTA	Kröners Taschenausgaben
L	Literatur, Literaturhinweis
LB	Landesbibliothek
lfd.	laufend(e)
LHB	Landes- und Hochschulbibliothek
MA	Bedingungen der Mitgliederaufnahme
Mitw.	Mitwirkung
MZ	Anzahl der Mitglieder

NF	Neue Folge
NRW	Nordrhein-Westfalen
O	Organe, Organisationsstruktur
P	Publikationen
Pf	Postfach
PH	Pädagogische Hochschule
PT	Preisträger
r(d)e	Rowohlts (deutsche) Enzyklopädie
S.	Seite
SB	Staatsbibliothek
SLA	Schweizer Literaturarchiv Bern
Sp.	Spalte
SStB	Staats- und Stadtbibliothek
ST	Stifter, Träger des Preises
StA	Stadtarchiv
StB	Stadtbibliothek
StLB	Stadt- und Landesbibliothek
StUB	Stadt- und Universitätsbibliothek
SStB	Staats- und Stadtbibliothek
SUB	Staats- und Universitätsbibliothek
SWK	Stiftung Weimarer Klassik
Tb.	Taschenbuch
TH	Technische Hochschule
TU	Technische Universität
u.a.	und andere(s), unter anderem
UB	Universitätsbibliothek
überarb.	überarbeitet
unv.	unverändert
u.ö.	und öfter
UP	University Press
UTB	Uni-Taschenbücher
ULB	Universitäts- und Landesbibliothek
V	Vorstand, Präsidium
verb.	verbessert
vgl.	vergleiche
WR	wiss. Reihe
Zs., Zss.	Zeitschrift, Zeitschriften
zsgest.	zusammengestellt
Ztg., Ztgn.	Zeitung, Zeitungen

REGISTER

Das Register verzeichnet Personen- und Ländernamen, Institutionen, Sachbegriffe, Periodika sowie Titel von Bibliographien, Handbüchern und Lexika (mit mehr als drei Autoren). Die Titel von Büchern und Periodika sind kursiv gedruckt, ebenso die Stellenangaben, die auf den Haupteintrag verweisen. Namen von Städten wurden nur dann aufgenommen, wenn diese als Preisverleiher in Erscheinung treten. Literarische Gesellschaften, Verbände, Institutionen, Periodika u.ä., die den Namen einer Persönlichkeit tragen, sind stets unter dem Familiennamen des Namengebers zu suchen (z.B. Heinrich-Heine-Institut unter Heine-Institut, Gerhart-Hauptmann-Gesellschaft unter Hauptmann-Gesellschaft usw.). *Lehr- und Forschungsinstitute sowie Forschungs- und Arbeitsstellen sind nur dann in das Register aufgenommen, wenn sie über Spezialbestände verfügen.* Die übrigen sind sehr leicht über den Teil I (310 ff. bzw. 1710 ff.) zu finden, da sie dort alphabetisch nach Universitätsorten bzw. Schlagwörtern aufgelistet sind. - Die Fundstellenangaben des Registers verweisen nicht auf Seitenzahlen, sondern auf die laufende Numerierung der Eintragungen. Die für die einzelnen Teile des Handbuches gewählten Buchstaben lassen schon im Register erkennen, ob es sich bei dem entsprechenden Eintrag z.B. um eine Bibliographie, einen Spezialbestand oder eine Forschungsstelle handelt. Dieses Verfahren ermöglicht dem Benutzer eine schnelle Orientierung.

Literaturwissenschaft

Eine Auswahl

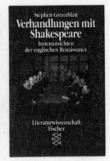

Herausgegeben von
Doris Bachmann-
Medick
Kultur als Text
Die anthropo-
logische Wende
der Literatur-
wissenschaft
Band 12781

Reinhard Baumgart
Selbstvergessenheit
Drei Wege
zum Werk:
Thomas Mann,
Franz Kafka,
Bertolt Brecht
Band 11470

Maurice Blanchot
**Von Kafka
zu Kafka**
Band 6887

Herausgegeben von
Hartmut Böhme/
Nikolaus Tiling
**Leben, um eine
Form der Dar-
stellung zu finden**
Studien zum Werk
Hubert Fichtes
Band 10831

Herausgegeben von
Carl H. Buchner/
Eckhardt Köhn
**Herausforderung
der Moderne**
Annäherungen
an Paul Valéry
Band 6882

Michel Butor
**Ungewöhnliche
Geschichte**
Versuch über
einen Traum
von Baudelaire
Band 10959

Mathieu Carrière
**für eine Literatur
des Krieges, Kleist**
Band 10159

Stephen Greenblatt
**Verhandlungen
mit Shakespeare**
Innenansichten
der englischen
Renaissance
Band 11001

Herausgegeben von
Moritz Baßler
New Historicism
Literaturgeschichte
als Poetik der
Kultur
Band 11589

Fischer Taschenbuch Verlag

Literaturwissenschaft

Eine Auswahl

Herausgegeben von
Gunter E. Grimm
**Metamorphosen
des Dichters**
Das Rollenver-
ständnis deutscher
Schriftsteller vom
Barock bis zur
Gegenwart
Band 10722

Karl E. Grözinger
**Kafka und
die Kabbala**
Das Jüdische im
Werk und Denken
von Franz Kafka
Band 11791

Gerhard Härle(Hg.)
**»Heimsuchung
und süßes Gift«**
Erotik und Poetik
bei Thomas Mann
Band 11243

Käte Hamburger
**Thomas Manns
biblisches Werk**
Band 6492

Joachim Heinzle
**Das Nibelungen-
lied**
Eine Einführung
Band 11843

Gustav René Hocke
**Europäische Tage-
bücher aus vier
Jahrhunderten**
Motive und
Anthologie
Band 10883

Herausgegeben von
Bettina Hurrelmann
**Klassiker der
Kinder- und
Jugendliteratur**
Band 12668

Erich Köhler
**Der literarische
Zufall, das Mög-
liche und die
Notwendigkeit**
Band 11928

Herausgegeben von
Christoph König/
Eberhard Lämmert
**Literatur-
wissenschaft und
Geistesgeschichte
1910 bis 1925**
Band 11471

Ralf Konersmann
Lebendige Spiegel
Die Metapher
des Subjekts
Band 10726

Milan Kundera
**Die Kunst
des Romans**
Essay. Band 6897

Fischer Taschenbuch Verlag

Literaturwissenschaft
Eine Auswahl

Wolfgang Lange
Der kalkulierte Wahnsinn
Innenansichten ästhetischer Moderne. Band 11245

Paul Michael Lützeler (Hg.)
Poetik der Autoren
Beiträge zur deutschsprachigen Gegenwartsliteratur Band 11387

Marcel Reich-Ranicki
Thomas Mann und die Seinen
Band 6951

Dieter Richter
Schlaraffenland
Geschichte einer populären Utopie Band 12780

Marthe Robert
Einsam wie Franz Kafka
Band 6878

Holger Rudloff
Pelzdamen
Weiblichkeitsbilder bei Thomas Mann und Leopold von Sacher-Masoch Band 12170

Heinz Schlaffer
Borges
Band 11709

W. G. Sebald
Die Beschreibung des Unglücks
Zur österreichischen Literatur von Stifter bis Handke Band 12151

Leo Spitzer
Texterklärungen
Aufsätze zur europäischen Literatur Band 10082

Tzvetan Todorov
Einführung in die fantastische Literatur
Band 10958

Joachim Unseld
Franz Kafka
Ein Schriftstellerleben. Band 6493

Achim Würker
Das Verhängnis der Wünsche
Unbewußte Lebensentwürfe in Erzählungen E. T. A. Hoffmanns Band 11244

Fischer Taschenbuch Verlag

fi 97 / 4 c

Otto F. Best

Handbuch literarischer Fachbegriffe
Definitionen und Beispiele

Band 11958

Diese grundlegende Neubearbeitung des bewährten Wörterbuchs literarischer Fachbegriffe umfaßt die wichtigsten Termini der Stilistik, Metrik, Grammatik sowie Epochen- und Gattungsbezeichnungen. Im Gegensatz jedoch zu den üblichen Sachwörterbüchern der Literatur beschränkt es sich nicht auf Definitionen, sondern legt das Schwergewicht auf das erläuternde Beispiel. Indem sich Begriffsbezeichnung und praktisches Beispiel gegenseitig erhellen, wird der Unsicherheitsfaktor, der zwischen Theorie und Praxis, Beschreibung und Anwendung liegt, auf ein Minimum verringert. Als Handbuch, dem das Wesentliche mehr gilt als verwirrende Allseitigkeit, dient es mit seinen angewandten Definitionen nicht nur der kurzen und zuverlässigen Einführung in die Begriffssprache der Literaturwissenschaft, sondern auch als Nachschlagewerk für Fachleute und Laien.

Fischer Taschenbuch Verlag

fi 961 / 4